Romuli Amasaei

# Hellados periegesis. Graeciae descriptio. Graece. Recensuit ex codd. et aliunde emendavit, explanavit Jo. Frider. Facius

Romuli Amasaei

**Hellados periegesis. Graeciae descriptio. Graece. Recensuit ex codd. et aliunde emendavit, explanavit Jo. Frider. Facius**

ISBN/EAN: 9783741149696

Manufactured in Europe, USA, Canada, Australia, Japa

Cover: Foto ©Thomas Meinert / pixelio.de

Manufactured and distributed by brebook publishing software (www.brebook.com)

Romuli Amasaei

**Hellados periegesis. Graeciae descriptio. Graece. Recensuit ex codd. et aliunde emendavit, explanavit Jo. Frider. Facius**

# ΠΑΥΣΑΝΙΟΥ
## ΕΛΛΑΔΟΣ ΠΕΡΙΗΓΗΣΙΣ

---

# PAUSANIAE
## GRAECIAE DESCRIPTIO

---

### TOMUS IV.

### ROMULI AMASAEI

INTERPRETATIONEM LATINAM

# PAUSANIAE

# VETERIS GRAECIAE DESCRIPTIO

## ROMULO AMASAEO

### INTERPRETE.

CAP. I. IN ea continentis Graeciae parte, quae Cycladas insulas et Aegaeum mare spectat, Sunium prominet Atticae promontorium : in cuius ora portus, in vertice Suniadis Minervae templum est. Hinc porro navigantibus brevis ad Lauriam via, ubi olim argenti metalla Athenienfibus fuere. Proxime lacet parva ac deferta infula; Patrocli dicitur, quod Patroclus praefeclus Aegyptiarum triremium, quas Ptolemaeus Lagi filius Athenienfibus auxilio mifit, clam occupatam, muro eam et vallo muniit, quum Antigonus Demetrii filius ipfe cum exercitu agrum popularetur, et maritimam partem clasfe obfesfam teneret. (1) Piraeeus vero, antequam Themiflocles ad rempublicam accederet, non navale, fed curia fuit: nam Phalerum (ab ea enim parte ut minimum urbs diflat a mari) navale fuerat: unde et Mneflheum cum aliquot navibus ad Troiam, et Thefeum multo ante in Cretam, Minoi ob Androgei mortem poenas daturum, folvisfe, memoriae proditum eft. At Themiflocles, posteaquam fummae rerum praefuit, quod multo opportuniore loco nautis Piraea fitum putaret, quum pro unico Phaleri triplex eius portus esfet, in eo navale exaedificavit: et navium quidem ftationes ad meam usque aetatem fletere: et non longe a maximo de tribus portu Themifloclis fepulcrum: fiquidem Athenienfes fui aliquando facti in Themifloclem poenituisfe tradunt, atque eius osfa ex Magnefia fublata, ab ipfius propinquis in patriam reportata. Themifloclis fane liberos conflat reduces in Parthenone tabulam eam dedicasfe, in qua etiam ipfe ineft pictus Themiflocles. (3) In Piraeeo vero quae fpeflentur, haec funt; Iovis et Minervae fanum. Aenea funt deorum figna; Iupiter fceptrum et victoriam. Minerva haflam tenet. Eodem in loco Leoflhenem eiusque liberos pinxit Arcefilaus. Hic ille eft Leoflhenes, qui Athenienfium et ceterorum Graecorum dux Macedonas duobus praeliis vicit: uno in Boeotia. altero ultra Thermopylas, ad Lamiam ; ex adverfo Oetae fitum oppidum, ubi vi intra moenia compulfos obfedit. Longa ibidem quaedam porticus eft, qua pro foro utuntur, qui proxime ad mare habitant. (Nam qui longius a porticu abfunt, forum et ipfi fuum habent.) In ultima vero porticus parte Leocharis exftant opera, Iupiter et populus. Veneris vero aedem. quae mari proxima eft, Lacedaemoniorum triremibus ad Gnidum

in Cariae Cherfonefo profligatis, Conou erexit. Gnidii
enim Venerem in primis colunt: cuius templa apud eos
funt variis deae cognominibus: vetuftiffimum omnium Dori-
tidis Acraeae alterum; poftremum, quam Gnidiam plerique omnes, at Gnidii Euploean Venerem, non Gnidiam, appellant. (4) Sunt et alii Athenienfibus portus. In Munychia
unus, cum Munychiae Dianae templo: in Phalero, de quo
iam diximus, alter, cui adhaeret Cereris aedes: et proxime
Scirradis Minervae, et Iovis paulo longius. Arae praeterea
et deorum, qui ignoti vocantur, et heroum. Quin et
Thefei filiorum, et ipfius Phaleri eo ipfo in loco funt: hunc
autem Phalerum Athenienfes Iafoni Colchicae expeditionis
comitem fuiffe dicunt. Extat et Androgei Minois filii ara,
fub herois tantum nomine: fed Androgei effe norunt, qui
prifcus patriae res diligentius exquirunt. Hinc XX ferine
. ftadia Colias promontorium abeft: quo, Perfarum claffe
deleta, navium. fragmenta aeftu delata funt. Illic et Veneris Coliadis, et dearum, quibus Genetyllides nomen, figna
funt. Has ego, quae in Coliade coluntur, easdem cum illis
effe fufpicor, quas Phocenfes Ioniae populi Gennaidas nominant. In via vero, quae ex Phalero Athenas ducit, Iunonis fine foribus et tecto aedes eft. Incendiffe eam Mardonium Gobryae filium fama prodidit, quum tamen adhuc
in ea extet deae fignum, Alcamenis (ut aiunt) opus: quafi
vero id Perfae non fuerint violaturi.

CAP. II. Ad urbem propius accedenti Antiopes Ama-
zonis monimentum in confpectu eft. Hanc certe Antiopen
a Thefeo et Pirithoo raptam, fcriptum reliquit Pindarus.
Troezenius vero Hegias haec propemodum de ea fcripfit:
Herculem non prius Themiscyran ad Thermodontem amnem,
quam diu oppugnarat, cepiffe, quam Antiope Thefei amore capta
(in ea enim oppugnatione Herculi focium fuiffe Thefeum)
oppidum tradiderit. Haec Hegias. Athenienfes vero, quum
ad urbem Amazones advenrarent, a Molpadia fagitta confixam Antiopen memorant, Molpadiam a Thefeo occifam;
eft enim et Molpadiae apud Athenienfes fepulcrum. (2) Sunt
in via, quae ex Piraeeo ducit ad urbem, ruinae murorum,
quos Conon poft navale ad Gnidum praelium reftituit. Illi
enim, quos poft repulfos Perfas Themiftocles extruxerat,
XXX. tyrannorum temporibus deiecti fuere. Viae adiuncta
funt virorum minime ignota fepulcra, Menandri Diopithis
filii, et Euripidis, illud quidem honorarium. Nam Euripides, quum in Macedoniam ad Archelaum profectus effet,
illic fepultus eft. Mortis vero genus, quale a multis vulgatum eft, tale per me fuerit. (3) Ac cum regibus quidem etiam
poëtae vixerunt. Ante Euripidem enim cum Polycrate Sami
tyranno vixit Anacreon: et ad Hieronem Syracufas Aefchylus et Simonides fe contulere. Dionyfio pofteriori Philoxenus, Antigono Macedonum regi Antagoras Rhodius et
Aratus Solenfis familiares fuere. Nam Hefiodus et Homerus
regum familiaritates aut fortunae invidia nacti non funt, aut

confulto fpreverunt: ille, quod agreftem vitam amplexus, ab erroribus abhorruerit: hic, quod in ultimas terras peregrinatione fufcepta, potentium hominum opes gloriae, quam fibi apud omnes gentes maximam comparavit, poft habuerit: quum alioqui et Demodocum Alcinoo familiarem inducat, et Agamemnonem poëtam nefcio quem apud uxorem reliquiffe commemoret. Non longe vero a porta fepulcrum videas, in cuius faftigio equeftris eft militari ornatu ftatua: ipfum quidem equitem, quis fit, non novi: verum tam equitem quam equum fecit Praxiteles. (4) In primo urbis ingreffu cella eft, pomparum, quas alias ftatis diebus quotannis, alias vero incertis temporum intervallis transmittunt, apparatibus deferviens. Proximum eft Cereris templum, in quo figna funt deae ipfius, et filiae, Iacchi etiam facem praeferentis. Infcriptum in pariete Atticis literis, opera effe Praxitelis. Non longe ab hoc templo Neptunus eft, ex equo Polybotem gigantem, ad quem apud Coos de teftudinis promontorio fabula pertinet, hafta petens: fed infcriptio, quae noftra aetate extat, alium eum effe, quam Neptunum, teftatur. A porta ad Ceramicum porticus aliquot funt: et ante ipfas virorum et foeminarum, quorum non obfcura gloria eft, aenea figna. Habet una quidem earum facella quaedam, et Mercurii (fic enim appellatur) gymnafium: In eademquekeft Polytionis domus, in qua ad Eleufiniorum prope ritum initia ab hominibus inter ceteros Athenienfes minime obfcuris agitari folita, traditum eft. Sed ea in praefentia Libero Patri confecrata fuerat, el nempe, quem Canentem eadem fane de caufa vocant, qua Mufarum ducem Apollinem. Eodem etiam in loco Paeoniae Minervae, Iovis, Mnemofynes, Mufarumque figna funt, et Apollinis poftremo, quod et dicavit et fecit Eubulides. Ad hos Acratus genius, unus de Bacchi comitibus, cuius os e pariete extat. A Bacchi fano cella eft, in qua multae funt fictiles ftatuae, et inter eas Athenienfium rex Amphictyon, tum alios deos, tum Liberum Patrom convivio accipiens. Adeft et Eleutherenfis Pegafus, qui primus Liberi ipfius religiones Athenienfibus tradidit, atque id ex Delphico oraculo, quo praedictum recordabatur, Deum Icarii temporibus adventurum. (5) Regnum autem ad hunc modum ad Amphictyonem pervenit. Actaeum, quo in loco nunc Attica eft, memorant primum regnaffe. Ei fucceffit Cecrops, quitum Actaei filia nupta erat. Huic filiae fuere Erfe, Aglauros, et Pandrofos: filius Eryfichthon, qui ad Athenienfium regnum non acceffit: forte enim ita accidit, ut vivente patre e vita decederet: quo factum eft, ut Cecrope mortuo Cranaus, qui opibus et potentia Athenienfibus praeftabat, regno potiretur. Cranao vero et alias fuiffe filias ferunt, et Aithidem, a qua terra regio, quae prius Actaea dicebatur, Attica nominata eft. Sed Cranaum Amphictyon, nihil affinitatem veritus (fiquidem eius filiam in matrimonio habebat) regno per vim expulit. Verum et ipfe poftea ab Erichthonio,

facta coniuratione, oppreſſus eſt. Patrem certe Erichthonio
mortalium neminem fuiſſe aiunt, ſed Vulcano ex terra genitum putant.

CAP. III. At Ceramicus urbis via a Ceramo heroe,
Liberi Patris et Ariadnes filio, (id enim de eo quoque praedicant) nomen accepit: in quo quae prima ad dexteram ſe
oſtendit porticus, Regis dicitur: nam illic tribunal eius eſt,
qui annuum magiſtratum gerit, quod Regnum appellant.
Circa eius porticus tectum fictiles ſunt aliquot ſtatuae, Theſeus Scironem in mare abiiciens, Aurora Cephalum rapiens.
Eſt enim in fabulis, egregia ſpecie iuvenem Cephalum ab
Aurora raptum, quod eius amore capta eſſet: Cephali ſatu
Phaethontem natum, quem illa templi aedituum fecerit: ſic
enim et ab aliis, et ab Heſiodo in eo, quod de mulieribus
ſcripſit, carmine traditum eſt. Prope porticam eam Cononi
eiusque filio Timotheo poſitae ſunt ſtatuae. Cypriorum
etiam regi Evagorae, cuius ſuaſu Artaxerxes Phoeniſſas
triremes Cononi tradidit: quod ſane tanquam civis Athenienſibus officium praeſtitit, quippe qui originis ſuae primordia ad Salamina, Teucrumque et Cinyrae filiam referebat.
Ibidem Iupiter ſtat cognomento Eleutherius, et Imperator
Adrianus, vir quum de aliis quibus imperabat gentibus, tum
de Athenienſibus optime meritus. (1) Porticus altera. quae
a tergo huius extructa eſt, pictos habet deos, qui XII. appellantur; et in extremo pariete Theſeum, cumque eo una
popularem civitatis ſtatum, et populum. Ea ſane pictura
argumento eſt, Theſeum aequabilem reipublicae adminiſtrationem Athenienſibus conſtituiſſe. Inolevit tamen et alia apud
vulgus fama, Theſeum ſummam rerum multitudini tradidiſſe:
ex eo popularem adminiſtrationem ad id usque tempus manſiſſe, quo republica oppreſſa tyrannidem Piſiſtratus invaſerit.
Sunt certe de hac ipſa re et alii minus veri hominum ſermo-
nes, eorum nempe, qui priſcarum rerum (quod eas ſcilicet
ex literarum monimentis non didicerunt) ignari, quaecunque a pueris ex choris ac tragoediis acceperunt, vera eſſe
exiſtimant. Non deſuerunt, qui memoriae prodiderunt,
ipſum etiam regnaſſe Theſeum, et poſt Mneſthci mortem
regnum ad quartum usque poſteritatis gradum in familia eius
permanſiſſe. Quod ſi mihi de gentilitate eſſet hiſtoria inſtituta, etiam eos, qui a Melantho ad Clidicum usque Aeſi-
midae filium, *et qui poſt eos ad ceps tenuiſſent.* enumeraſſem.
(3) Eadem pictura navatam ab Athenienſibus in praelio adMan-
tineam Lacedaemoniis, quibus auxilio venerant, operam
praefert. Belli autem eius totius ordinem, Cadmeae op-
preſſionem, Leuctricam Lacedaemoniorum cladem, Boeotiorum in Peloponneſum irruptionem, quae Lacedaemoniis
Athenienſes auxilia miſerint, cum alii. tum Xenophon con-
ſcripſere. Picturae argumentum illud habet equeſtre praelium,
in quo ex Athenienſibus Grylli Xenophontis filii, in Boe-
otio equitatu Thebani Epaminondae virtus enituit. Atque haec
omnia pinxit Athenienſibus Euphranor. Et idem in proxima

aede Apollinem fecit, cognomine Patroum: pro foribus
vero Apollinem unum Leochares, alterum Alexicacon cog-
mento (*quod rit et fi Averrunium dixeris*) fecisse Calamis dicitur. Deo cognomen narrant inde extitisse, quod Peloponne-
siaci belli temporibus omnia foedantem pestilentiam, e Delphico oraculo responso quodam edito, is deus sedasset. (4) Deorum etiam Matris, quam Phidias fecit, ibi sacellum est: et in
proximo Quingentorum curia: (sic enim appellantur, qui
apud Athenienses summae rei praesunt) qua quidem in curia
et Apollinis sunt, et Iovis Consiliarli simulacra, Pisae arte
perfecta; et populus, Lysonis opus. Nam legumlatores
Caunius Protogenes pinxit. *Inter hos locum suum mernit* Olbia-
des Callippi illius filius, qui irruentibus in Graeciam Gallis
ducom se Athenienseum praesidio ad Thermopylarum ingres-
sum praebuit. (5) Galli vero, de quibus nonc incidit mentio,
in extremis Europae oris ad vastum mare accolunt, cuius
fines adiri posse navibus negant. Est enim gurgitis aestu,
scopulis et belluarum immanitate, quam mare aliud omne,
multo importunius. Horum regionem amnis Eridanus perlabitur, cuius in ripis Phaethontis casum Solis filiae, illius
sorores, collacrymari creduntur. Verum ut Galli appellarentur, non nisi sero usus obtinuit. Celtas enim quum ipsi
se antiquitus, tum alii eos nominarunt.

CAP. IV. Hi contractis undecunque copiis, ad Ionium
mare conversi, omnes Illyrici populos, et quicquid gentium
ad Macedonicum usque nomen patet, quin et ipsos Macedonas oppressere. In Thessaliam denique impetu facto, quum
proxime ad Thermopylas accessissent, Graecorum sene plerique prorsus nihil ad resistendum excitati sunt; quippe qui
magnis cladibus ab Alexandro et Philippo etiam prius affecti, postremo ab Antipatro et Cassandro pene deleti, nulli
sibi crimini datum iri ducerent, si propter imbecillitatem
auxilium quique suum desiderari sinerent. (2) At vero Athenienses, tametsi et Macedonici belli diuturnitate debilitati,
et adversis aliquot praeliis prope fracti erant, collectis adventitiis aliorum Graecorum copiis, ad Thermopylas contendere. Quo quidem tempore Callippum eius expeditionis
ducem declararunt. Occupato autem quam angustissimo montis aditu, barbaros accessu prohibebant: at illi tramitem
eam nacti, per quem Persas olim Ephialtes Trachinius
duxerat, Phocensiumque inde praesidio deturbato, in Oeta
superanda Graecos impune fefellerunt. (3) Ibi Athenienses
barbarorum multitudine a lateribus circumventi, fortiter
pugnando, Graeco se nomine dignos, ut qui maxime, praebuerunt. At qui ex ipsis in navibus remanserant, graviter
laborarunt. Nam quum Lamiacus sinus ad ipsas Thermopylas maxime cbenosus sit, propter aquam (ut opinor) ca-
lidas, quae ea parte in mare influunt, difficile dictu est,
quanto labore receptis in foros Graecis, graves viris et
armis naves ex ea coeni voragine exemerint. Et ab Atheniensibus quidem ad hunc modum Graeci servati sunt. (4) A

Galli montis angufliis fuperatis, nihil fua magnopere exifti-
mantes intereffe, reliqua oppida capere, in Delphos et Apollinis donaria cupiditatis fuae omnem conatum converterunt.
Et illis quidem et Delphi, et Phocenfes, et ex aliis Parnafi
urbibus multi in unum congregati, affumtis Aetolorum
copiis, (quae gens per ea tempora iuventutis robore praeftabat) inftructa acie occurrerunt. Ut vero ad manus ventum eft, et *tenebra de caelo* fulmina, et fponte avulfa de Parnafo
faxa *divinitus* Gallorum aciem perculiffe memorant. *Adiiciunt*
*miraculo*, armatos tres terribili fpecie contra eos ftetiffe:
quorum duos usque ab Hyperboreis, Hyperochum fcilicet
et Hamadocum, veniffe; tertium Pyrrhum fuiffe aiunt Achillis filium. Quo factum, ut annua parentatione ex eo Delphi gratiam Pyrrho retulerint, quum antea eius fepulcrum
tanquam hoftis nullis honoribus unquam dignum putaffent.
(5) Sed Gallorum magna pars in Afiam claffe transvecti, ad
illud usque tempus maritimam eius partem populationibus
infeftam reddiderunt, quo Pergamoni, qui tam, quae olim
Teuthrania appellata eft, regionem tenent, eos longe a
mari fugatos, in finitimam partem, *quae sunt Gallograecia*
*dicitur*, compulerunt: ubi Illi, Ancyra Phrygum oppido occupata, ultra Sangarium amnem confederunt. Eam urbem
Midas Gordii filius condiderat: et ad meam fane usque
aetatem permanfit ancora ab eo inventa in Iovis aede. Et
fons ille, quem Midae nominant, *monftrabatur:* in quem vinum infudiffe Midam, ut Silenum captaret, vulgo creditum
eft. Neque vero Ancyram folum, verum et Pefinuntem ad
montem Agdiftin, nobile Attis tumulo oppidum, ceperunt.
(6) Sunt adhuc apud Pergamenos Gallorum fpolia, et pictura
eorum teftis, quae in Gallos geffere. Quam vero Pergameni incolunt terram, eam Cabiris facram fuiffe perhibent.
Se ipfi ex eo Arcadum numero effe volunt, qui cum Telepho in Afiam traiecerint. Bellorum vero (fi quae forte alia
gefferunt) ad alias gentes fama fortaffis non pervafit. Tria
certe praeclara rerum geftarum monimenta reliquerunt;
quorum illud primum fuit, quod inferioris Afiae imperium
adepti funt: alterum, quod Gallos ex eo, quem prius occuparant, loco cedere coegerunt: tertium, quod Telepho
duce cum Agamemnonis copiis manum conferere aufi funt,
quum Graeci *per locorum infcitiam* ab Ilio aberrantes, e Myforum agro, Troianum illum effe rati, praedas agere aggreffi effent. Sed ad id redeo, unde eft hiftoria ab Initio
digreffa.

Cap. V. Quingentorum curiae proximus locus eft, qui
Tholus dicitur, ubi Prytanes rem divinam facere confueverunt: quo in loco non fane magna funt aliquot ex argento
figna. Paulo vero fuperius heroum eorum ftatuae pofitae
funt, a quibus recentiora nomina Athenienfium tribus acceperunt. Qui certe tribuum numerum auxerit, ut decem pro
quatuor effent, novaque nomina pro prifcis impofuerit, id
fane ab Herodoto traditum eft. (2) Ex Eponymis autem (fic

enim appellantur, *a quibus tribus nominaa funt terrae*) unus eft
Hippothoon Neptuni filius, ex Alope Cercyonis filia: alter
Antiochus Herculi e Meda Phylantis genitus: tertius Aiax
Telamonis filius. Ex Athenienſibus Leo, quem filias ex
oraculo pro ſalute publica devoviſſe ferunt. Habet et inter
Eponymos locum ſuum Erechtheus, qui Eleuſinios praelio
vicit, eorumque ducem Immaradum Eumolpi filium interfecit. Ad hos Aegeus, et Pandionis nothus filius Oeneus,
et ex Theſei liberis Acamas. (3) Vidi etiam Cecropis ſtatuas
et Pandionis inter eos, a quibus tribuum funt cognomina:
ſed utris eorum honorem habeant, non plane dixerim. Regnavit enim et Cecrops maior, quicum Actaei filia nupta fuit:
et minor, Erechthei filius, Pandionis nepos, pronepos
Erichthonii, a quo eſt in Euboeam colonia deducta. Regnavit etiam Pandion Erichthonii, et alter minoris Cecropis
filius, qui cum filiis a Metionidis regno pulſus, quum ad
Pylam Megarenſium regem, cuius filiam in matrimonio habebat, confugiſſet, morbo confectus illic diem fuum obiit:
eſtque eius mari vicinum monumentum eo in loco Megarenſis agris qui Minervae Aethyiae (*id eſt mergi*) ſcopulus eſt
appellatus. (4) At filii rurſus eiectis Metionidis, Megaris Athenas reverſi funt: ubi regnum maximus natu Aegeus obtinuit. Et Pandion quidem non ſatis aequo fato eduxit filias:
neque filios, qui ſuas perſequerentur inlurias, ullos reliquit.
Thraciae certe regem, quo opes ſuas firmaret, ſibi affinitate
devinxerat. Sed fati vim effugere nulla poſſunt homines
ratione. Nam quum Tereus, cui nuptam Progne dara fuerat, Philomelae eius ſorori, contemptis Graecorum legibus,
vitium intuliſſet, et puellae inſuper corpus ferro violaſſet,
mulieres ad ſceleris poenam expetendam provocavit. Pandionis vero et altera ſpectatu digna eſt in arce ſtatua. (5) Et
hi quidem funt priſci homines, a quibus Athenienſes tribubus nomina indiderunt. Natu autem multo inferiores et
alii funt, Attalus ſcilicet Myſus, et Ptolemaeus Aegyptius,
et penes quem aetate mea imperium eſt, Adrianus, qui et
Deos unus omnium religioſiſſime colit, et populorum, quotquot ipſi parent, felicitati maxime conſulit. Is bellum
omnino nullum, niſi invitus, ſuſcepit. Hebraeorum duntaxat, qui ſupra Syros funt, defectionem ultus eſt. Quae
ſane Dis templa vel erexerit, vel donariis et operibus exornarit, quae item ultro Graecis, quaeque rogatus barbaris
dona civitatibus dederit, Athenis in communi Deorum omnium templo conſcriptum eſt.

CAP. VI. Attali vero et Ptolemaei rerum geſtarum memoriam quum vetuſtas magna ex parte abolevit, tum eorum
negligentia interiit, qui, ut eam literis mandarent, cum
illis vixere. Quamobrem mea intereſſe duxi, et quas hi
res geſſerint, et quemadmodum ad eorum maiores Myſorum et Aegyptiorum finitimarumque gentium imperium
pervenerit, exponere. (2) Ptolemaeum quidem Macedones a
Philippi Amyntae filii, verbo Lagi filium exiſtimant: eius

enim matrem uterum ferentem a Philippo Iago uxorem
datam ferunt. Hunc et alia in Afia praeclara facinora geffiffe memorant: et Alexandro in Oxydracis periclitanti, prae
cunctis regis amicis, auxilio fuiffe. Eundem etiam Alexandro mortuo, iis, qui ad Aridaeum Philippi filium regnum
univerfum deferebant, *acriter* reftitiffe, regnumque in plures
dividendi autorem in primis extitiffe. (3) Quo tempore ipfe
in Aegyptum profectus. Cleomenem, quem Aegypto praefe-
cerat Alexander, quod Perdiccae ftuderet,' fibi fufpectum
occidit: atque iis Macedonibus, quibus negotium datum
erat, ut Alexandri cadaver Aegas reportarent, ut fibi illud
traderent, perfuafit, acceptumque Macedonico ritu Memphi
condidit; nihilque omnino dubitans, bellum fibi Perdiceam
illaturum, Aegyptum praefidiis firmavit. Perdiccas vero ad
fpeciem quandam in exercitu Aridaeum Philippi filium, et
Alexandrum puerum, Alexandro et Rhoxane Oxyartae filia
genitum, habuit: *quafi vero illis regnum vindicaret:* quum re
tamen Aegypti regnum Ptolemaeo eripere conaretur. Verum
ex Aegypto pulfus, amiffa magna ex parte exiftimatione,
quam in bellicis rebus confecutus fuerat, et iam ante in
magnam apud Macedones invidiam adductus, a fatellitibus
fuis interfectus eft. (4) Ptolemaeum Perdiccae caedes ad res
gerendas excitavit: Syriam igitur ftatim et Phoenicen imperio fuo adiecit: mox Seleucum Antiochi filium ab Antigono
eiectum, ad fe confugientem, in fidem recepit. Ad haec
in Antigonum et Caffandrum Antipatri filium, armis eorum
fe infolentiam perfecuturum profeffus, bellum movit. Lyfimachum Thracine imperantem facile ad focietatem induxit,
quum et Seleuci fugam commemoraret, et Antigoni opes
cunctis formidolofas fore, fi quid amplius creviffent, moneret. (5) Interea Antigonus bellum utique apparabat, belli
tamen fortunam tentare prius non eft aufus, quam audita
Cyrenaeorum defectione Ptolemaeum in Libyam moviffe re-
nuntiatum eft; tunc enim et Syros et Phoenicas primo
impetu in poteftatem fuam redegit. Quibus quum Demetrium
filium, illum quidem perndolefcentem, verum fumma virtute
et fpe iuvenem, praefeciffet, ipfe in Hellespontum rediit.
Sed antequam traiiceret, quum audiffet, a Ptolemaeo Demetrium praelio fuperatum, retro copias egit. Demetrius
non prorfus tota provincia hofti cefferat; quin et Aegyptiorum non magnam utique manum infidiis opprefferat. Ap-
propinquantem Antigonum Ptolemaeus non expectandum
ratus, in fuum fe regnum recepit. (6) Hyeme vero acta, Demetrius in Cyprum cum claffe profectus, Menelaum primum
Ptolemaei praefectum navali praelio, deinde Ptolemaeum
ipfum propius accedentem vicit: mox in Aegyptum fugientem
perfecutus terra Antigonus, mari Demetrius urgebat. Ptolemaeus omni ex parte periculo circumventus, praefidio
tamen ad Pelufium conftituto, et triremibus e flumine in
hoftem deductis, ita reftitit, ut fuum fibi regnum facile tutatus fit. Antigonus quidem ex praefentium rerum difficultate

occupandi Aegyptum fpem omnem abiecerat: Demetrium
tamen cum ingenti exercitu et navibus multis contra Rhodios mific, ut qui fe redacta in poteftatem fuam infula opportuno adverfus Aegyptios propugnaculo ufurum fperaret.
Sed Rhodii quum ipfi per fe bellica virtute et operibus ad
machinis acriter obfiftebant, tum illos Ptolemaeus omni
ope copiisque fuis invabat. (7) Antigonus igitur aeque Rho-
dienfi ac prius Aegyptiaca expeditione infeliciter tentata,
non ita multo poft contra Lyfimachum, Caffandrum, et Seleucum acie dimicare aufus, magnam exercitus partem amifit: ac poftea belli adverfus Eumenem diuturnitate confectus
e vita deceffit. Ex omnibus autem, qui Antigonum oppu-
gnarunt, regibus fumma fuiffe impietate Caffandrum iudico:
qui quum Antigoni opera Macedoniae regnum confervaffet,
non dubitavit viro optime de fe merito bellum inferre. (8) Antigono vero mortuo, Ptolemaeus Syriam et Cyprum iterum
fubegit, Pyrrhumque in Thefprotidem Epiri reduxit, et per
Magan Berenices, quam tunc in matrimonio habebat, filium Cyrenen, quae a fe defciverat, quinto poft defectionem
anno recepit. Quod fi Ptolemaeus revera Philippo Amyntae
filio genitus eft, intemperantem usque ad iofamiam in mulieres amorem a patre nimirum ei quafi hacreditarium fulffe,
facile credi poteft. Quum enim Eurydicen Antipatri filiam
uxorem duxiffet, ex eaque liberos etiam fuscepiffet, Berenices nihilominus (quam Eurydicae comitem in Aegyptum
Antipater miferat) amore captus, filios ex ea quoque genuit.
Ex iis Ptolemaeum iam prope moriens fibi regni fucceffo-
rem declaravit, a quo Athenienfibus tribus una eft.

CAP. VII. At hic etiam Ptolemaeus Arfinoes germanae
fororis amore victus, eam fibi matrimonio adiunxit: atque id non fane ex Macedonum; fed Aegyptiorum, quibus
imperabat, lege fecit. Minorem autem fratrem Argaeum
infidias fibi comparantem (ut fama eft) interfecit. Idem
etiam Alexandri cadaver e Memphi deportandum curavit.
Alterum quoque fratrem, ex Eurydice natum, quum ab eo
Cyprios ad defectionem folicitari perfenfiffet, de medio fus-
tulit. At Magas, eius ex eadem quidem matre frater,
patre vero Philippo, Macedone illo quidem, fed ignobili
et plebeio genitus, quum Cyrenaeis, quibus a Berenice
praefectus fuerat, ut a Ptolemaeo deficerent, perfuafiffet,
in Aegyptum cum exercitu movit. (1) Ptolemaeus, quum
aditus ex omni parte muniffet, fe ad Cyrenaeorum impetum
fuftinendum comparabat: fed ubi Magae in itinere de Mar-
maridarum (ea Libyae Nomadum gens eft) defectione eft
allatum, Cyrenas agmen retroagere conatus eft. Quo quum
illum perfequi Ptolemaeus conaretur, id ei fuit impedimento,
quod, quum ad fuftinendum Magae impetum et alios merce-
narios milites, et Gallorum quatuor ferme millia conducta
haberet, et eam manum comperiffet de Aegypto occupanda
confilia inire, eos in defertam infulam per Nilum deduxit:
quo in loco ad unum; omnes quum mutuis confoffi vulne-

ribus, tum fame enecti periere. (3) Magas vero quum Apamen
uxorem duxiffet, Antiochi filiam, focero perfuadet, ut,
violato foedere, quod eius patri Seleuco cum Ptolemaeo
ictum fuerat, in Aegyptum invadat. Quod quum Antiochus
comparato exercitu moliretur, Ptolemaeus in omues populos, quibus imperabat Antiochus, copias dimifit, quae
imbecilliores excurfionibus praedonum more ac populationibus infeftos redderent, validiores acie adorirentur. Quod
fane confilium omnem in Aegyptum Antiocho proficifcendi
facultatem eripuit. Hic nempe ille Ptolemaeus eft, qui (ut
ante expofui) auxiliariam claffem Athenienfibus contra Antigonum et Macedonas mifit: qua tamen re non magnopere
ad falutem Athenienfium profectum eft. Huic filii ex Arfinoe,
non fane forore, fed ea, quae Lyfimachi filia fuit, nati funt. Nam
foror, quam fibi matrimonio iunxerat, antequam pareret,
diem fuum obiit: a qua Arfinoitis regio cognomen accepit.

CAP. VIII. Poftulat autem locus, ut etiam, quae ad Attalum pertinent, exponantur, quum et ipfe ex eorum numero
fit, a quibus Atticis tribubus cognomina indita funt. Vir
fuit Macedo, Docimus nomine, unus de Antigoni ducibus,
qui fe poftea opasque fuas omnes Lyfimacho tradidit. Hic
Philetaerum Paphlagonem eunuchum habuit: a quo quae
gefta fuerint, quum defeciffet a Lyfimacho, et quemadmodum
Seleuci partes fuerit focutus, inter ea inferam, quae de Lyfimacho fuerint commemoranda. (1) Hic autem Attalus Attali
quidem filius fuit: regno vero, quod Eumenes frater Phi-
letaero concefferat, fui patruelis potitus eft. Is omnium
quae geffit, maximum illud fuit, quod Gallos in eam, quam
etiam nunc tenent, terram a mari confugere coegit. (3) Iam
fecundum eorum ducum, unde tribus appellatae funt, ftatuas figna deorum fpectantur, Amphiaraus, et Pax Plutonem puerum ferens. Ibidem Lycurgus ex aere, Lycophronis filius: et Callias, qui pacem Athenienfibus (ut vulgo
memorant) ab Artaxerxe Xerxis filio confecit. (4) Demofthe-
nes etiam, quem in Calaurean, quae infula iuxta Troezenem
eft, Athenienfes exilii caufa concedere coegerunt: revo-
catumque paulo poft, iterum poft Lamiacam cladem in exilium mifere: quo tempore in eandem infulam reverfus
haufto veneno interiit. Hunc ex omnibus Graecis exulibus
unum ad Antipatrum et Macedonas non traxit Archias.
Thurius erat Archias patria. Negotium is valde inhumanum
fufceperat: nam omnes, qui ante cladem a Graecis acceptam in Theffalia Macedonibus adverfati fuerant, captos ad
Antipatrum poenas daturos trahebat. Huc igitur Demofthenis nimius in patriam amor evafit. Quo mihi illud
praeclare dictum videtur, hominem nimis reipublicae ad-
miniftrationi deditum, et populari aura fidentem, haud unquam feliciter diem extremum claudere. (5) Prope Demofthenis
ftatuam Martis eft aedes, in qua duo funt Veneris figna.
Martis Alcamenes, Minervae fignum Parius vir fecit,
Locrus nomine. Ibidem eft etiam Bellonae fignum, Praxi-

telis filiorum opus. Ad templum adflat Hercules, et Thefeus, et Apollo taenia redimitus, Virorum autem flatuae
funt Calades, quem legumlatorem Athenienfes perhibent,
et Pindarus, qui, quod Athenienfes carmine laudavit, et
flatuam, et alia meruit praemia. Neque longe funt Harmodius et Ariflogiton Hipparchi interfectores: cuius facinoris
caufam et modqm alii explicarunt. Ex his flatuis aliquot
Critias, antiquiores fecit Antenor. Ac quum has Xerxes,
urbe capta, quam cives deferuerant, cum alia praeda afpor-
taffet, Antiochus poftea Athenienfibus remifit. (6) In theatri
vero (quod Odeum vocant, *quafi cantilenarium dicas*) ipfo veftibulo Aegyptiorum regum funt flatuae: quibus eft omnibus idem Ptolemaei nomen, inter eos difcrimen faciente
cognomine. Namque alium Philometora, Philadelphum alium
appellarunt : at Lagi filio Soteris cognomentum Rhodii
dedere. Philadelphus vero is fuit, cuius a nobis mentio,
quum fermo de iis effet, a quibus tribubus funt nomina, facta
eft. Huic Arfinoes fororis appofita eft flatua.

CAP. IX. At qui Philometor eft dictus, octavus eft a
Ptolemaeo Lagi filio. Id autem cognominis per illufionem
nactus eft. Neque enim regum quisquam fuit unquam ex
omnibus, quem maiori mater odio profecuta fuerit: hunc
enim, maiorem quamvis natu, regem falutari non eft paffa,
et, ut in Cyprum vivente patre ablegaretur. effecit. (1) Cuius
in filium acerbitatis quum alias fuiffe caufas Cleopatrae memorant, tum quod Alexandrum natu minorem fibi obfequen-
tiorem fore fperabat: ob eamque rem primum, ut eum
Aegyptii regem crearent, fuadebat: deinde, quum repu-
gnante plebe id affequi nequiffet, in Cyprum Alexandrum
mifit, imperatoris quidem nomine, re vero, ut per eum
Ptolemaeo formidolofior effet ipfa. Poftremo ex omni eu-
nuchorum numero, quos amantiffimos effe fui putabat, fau-
cios in concionem produxit, Ptolemaeum infimulans, et
infidias fibi feciffe, et euauchos vulneribus foedaffe. Qua
re Alexandrini commoti, non multum abfuit, quin Ptolemaeum impetu facto opprimerent: fed quum ille navi fe
periculo proripuiffet, haud ita multo poft e Cypro reverfum
Alexandrum regem appellant. Digna autem facinore poena
Cleopatram confecuta eft: eam enim filius, quem fuis ipfa
confiliis ad regnum evexerat, peremit. (3) Quo fcelere detecto,
quum civium metu aufugiffet Alexander, Ptolemaeus in Aegyptum rediit: ac iterum regno potitus Thebanis, quod ab
ipfo defecerant, bellum intulit: ac tertio a defectione anno
in poteftatem fuam redactos tam graviter mulctavit, ut, qui
ante Graeciae ditiffimas quasque civitates, Delphos etiam
ipfos, penes quos erat facrata Deo pecunia, et Orchomenios opibus fuperarant, nullum priftinae fortunae vefligium
retinuerint. Ipfi quidem Ptolemaeo non ita multo poft fuo
fato defuncto, pro multis eius erga fe meritis, Athenienfes
et alia multa, quae nihil neceffe eft exponere, decreverunt,
et aeneam flatuam cum Berenice, quae fola illi e legitimo

toro fuscepta fuerat, erexerunt. (4) Poſt Aegyptios vero reges
Philippo et eius filio Alexandro ſtatuae poſitae ſunt; quorum res geſtae maiores fuere, quam ut aliis de rebus ſusce-
ptae hiſtoriae inſeri debeant. Aegyptiis quidem regibus ad
veri honoris monimentum, tanquam bene de ſe meritis,
praemia ſunt conſtituta: Philippo vero et Alexandro ad-
ulatione potius multitudinis. Nam et Lyſimacho, non tam
eius ducli ſtudio, quam temporibus conſulentes, eundem
honorem habuerunt. (5) Fuit Lyſimachus natione Macedo,
Alexandri ſatelles, quem rex ira incenſus in eandem cum
leone caveam coniici iuſſerat: ſed quum ab eo beſtiam exa-
nimatam intellexiſſet, viri perpetua admiratione virtutem
proſecutus, eodem illum, quo optimum quemque e Macedonibus, loco eſſe voluit. Mortuo vero Alexandro. et Thra-
ciae-parti, quae Macedoniae finitima eſt, imperavit: quam
Philippus etiam ante et Alexander tenuerant. (6) Eſt autem ea
regio non ſane magna. Nam reliqua Thracia adeo hominum
multitudine abundat, ut, niſi forte Galliam excipias, cuivis nationi hominum frequentia anteponi poſſe videatur: quod in cauſa
fuit, ut univerſam ante Romanos nemo imperio ſuo adiecerit. Nunc autem et Thracia tota, et quicquid Gallici nominis eſt, Romano imperio paret: ſed Galliae bene cultas
tantum partes. cuibus imperarent. dignas iudicantes. reliquas, quae nulli uſui viſae ſunt, quod aut immodicis frigo-
ribus, aut ſoli ſterilitate laborarent, conſulto miſſas fecerunt.
(7) Eius igitur Thraciae partis compos ficlus Lyſimachus, e
finitimis primos Odryſas bello eſt aggreſſus: deinde in Dro-
michaeten et Getas profeclus, quum praelium initum eſſet
cum hominibus et rei bellicae nequaquam imperitis, et numero multo ſuperioribus, fuga ſe e ſummo periculo. in quod
res ſuas omnes deduxerat, eripuit. In ea pugna Agatho-
cles eius filius, paterno duclu militaris diſciplinae rudimen-
tis tunc primum aſſueſcens, a Getis captus eſt. Quare
Lyſimachus aliis etiam praeliis nihilo ſecundioribus belli
fortunam expertus, *de ſumma ſerum ſolicitus*, et, quod filius in
hoſtium poteſtatem veniſſet, minime levem cladem numerans,
cum Dromichaete et Getis pace facla, illi, temporum neceſſitati
obtemperans, et filiam deſpondit, et ea Thraciae parte
ceſſit, quae trans Iſtrum eſt. Sunt, qui non Agathoclem,
ſed ipſum Lyſimachum ab hoſtibus captum fuiſſe dicant, deinde ab Agathocle iis conditionibus, quas diximus, foedere
cum Getis iclo, liberatum. Et vero rediit, Agathocli Ly-
ſandram, Ptolemaei (eius, qui Lagi filius fuerat) et Eurydices
filiam, uxorem duxit. (8) Claſſe deinde in Aſiam traiecit:
et Antigoni regno capto, eam, quam nunc quoque Epheſi
mari proximam incolunt, urbem condidit: in quam Lebe-
dios et Colophonios, eorum urbibus everſis, deduxit. Eas
vero urbium exciſiones Phoenix iamborum ſcriptor deplorat.
Nam Hermeſianacla. qui elegos ſcripſit, ad illud usque tempus ſuperſtitem fuiſſe non crediderim: neque enim is in aliqua carminum ſuorum parte exciſam Colophonem non deflef-

fet. (9) At Lyſimachus Pyrrhum quoque Aeacidae filium bello
eſt adortns. Eius namque ab Epiro profectione obſeryata,
(quum faepe ille domo abeſſe conſueſſer) et reliquam Epirum
hoſtilem in modum populatus eſt, et ad regum ſepulcra pervenit. (10) Addit Hieronymus Cardianus, (quod ut credam,
adduci non poſſum) Lyſimachum ſepulcris disiectis regum
oſſa diſſipaſſe. Sed hic ipſe Hieronymus ob id quo in reges
odio laborabat, haec ſcripſiſſe creditur, quum unum tamea
Antigonum multis idem et haudquaquam debitis lauilibus
exornet. Nec ulli dubium fuerit, haec illum de regum Epiri
monimentis ad calumpiam commentum. Quis enim credi-
derit, hominem Macedonem ſepulcra regum Eẓ b i violaſſe?
Neſciebat forraſſe Lyſimachus, eos non Pyrrhi ſolum, ſed
Alexandri etiam maiores fuiſſe, quum Alexander maternum
genuȿ ab Epiro, atque adeo ab Aeacidis duceret. Atgu-
mento eſt praeterea inter Pyrrhum et Lyſimachum non multo
poſt conciliata ſocietas, nulla per bellum inuria fuiſſe inter
ipſos ad reditum in gratiam ſpem intercluſam. Sed Hieronymus et alias forſan habuit cum Lyſimacho ſimultatis cauſas,
et eam procul dubio maximam, quod ille, Cardianorum urbe
everſa, pro ea Lyſimachiam in Iſthmo Thraciae Cherſonneſi
condiderat.

CAP. X. Et Lyſimachus quidem, quantiſper Aridaeus,
et poſt Caſſander eiusque liberi regnarunt, a Macedonum
amicitia non diſceſſit: ubi vero Demetrius Antigoni filius
regnum adeptus eſt, ne ſe ille provocaret, metuens,
prior contraȿeum arma movit. Noverat enim, paternum ei
eſſe, de promovendo imperio ſemper cogitare. Ut primum
igitur illum in Macedoniam profectum, Alexandro Caſſandri
filio, a quo accerſitus fuerat, interempto, eius regno potitum
comperit, probabilem belli cauſam nactus, (1) ad Amphipolim cum Demetrio congreſſus, parûm abfuit, quin de Thraciae quoque regno in dubium veniret. Quo tempore Pyrrhi
auxiliis confirmatus et regnum retinuit, et Neſtiis deinde
ac Macedonum parti imperavit. Nam Pyrrhus cum exercitu
veniens ex Epiro, dum Lyſimacho rebus pro tempore llude-
ret. magnam Macedoniae ſibi partem vindicarat. Ac quum
in Aſiam Demetrius contra Seleucum traieciſſet, quantiſper
nihilo inferior, armis fuit Demetrius, in Lyſimachi ſocietate
Pyrrhus perſtitit: ubi vero Demetrius in Seleuci poteſtatem
venit, diſſolutum eſt inter eos amicitia. Bello itaque utrinque
comparato, Lyſimachus Antigono Demetrii filio et Pyrrho
ipſo magno praelio ſuperatis, et Macedonia univerſa potitus
eſt, et Pyrrhum in Epirum redire coegit. (3) Multae vero et
magnae ſolent ex amore hominibus exiſtere calamitates. Hio
enim Lyſimachus quum natu iam grandior eſſet, et quum
ipſe ſuſceptis liberis fortunatus haberetur, tum vero Agathoi
cli ſilio ex Lyſandra liberi geniti eſſent, Arſinoen tamen Lyſandrae ſororem ſibi matrimonio adiunxit. Eam,
quum timeret, ſui ne filii, mortuo Lyſimacho. in Agathoclis
poteſtate eſſent, de Agathoclis caede conſilia iniſſe ferunt.

Sunt, qui scriptum reliquerint, Arsinoen Agathoclis amore captam, quumque ad obsequium adolescens pellici non potuisset, ab ea per insidias de medio sublatum: Lysimachum postea, ubi tam audax facinus uxorem ausam cognovit, quod nihil tamen vehementius optasset, supra, quam dici possit, gavisum. (4) Eius itaque permissu interempto Agathocle, Lysandra ad Seleucum profugit: secum vero habuit filios et fratres. Qui dum ad Ptolemaeum confugerent, de rei atrocitate nuntium acceperant. Fugientibus vero se comitem addidit Alexander, Lysimachi ille quidem, sed ex Odrysiade uxore filius. Hi quum Babylonem pervenissent, a Seleuco, ut bellum contra Lysimachum susciperet, supplices contenderunt. Eodem vero tempore et Philetaerus, cui omnis Lysimachi pecunia commissa fuerat, Agathoclem interfectum dolens, seque ob eam rem Arsinoae suspectum existimans, Pergamum supra Caycum occupat, atque inde per legatum se pecuniamque omnem Seleuco tradit. (5) Quod ubi Lysimacho nunciatum fuit, statim in Asiam traiicit, ac bellum prior Seleuco infert: collatis vero signis cum eo congressus in ipso praelio, magna clade accepta, occubuit. Eius cadaver a Lysandra multis cum precibus impetratum Alexander Lysimachi filius ex Odrysiade (ut ante dixi) sustulit, et in Chersonnesum deportatum sepulturae mandavit, eo sane in loco, quo nunc etiam inter Cardian vicum et Pactyam insignis ei tumulus exstat. Et haec quidem a Lysimacho gesta sunt.

CAP. XI. Apud Athenienses autem Pyrrhi etiam conspicitur effigies, cui cum Alexandro Magno sola generis propinquitas intercessit. Nam Pyrrhus Aeacida Arybbae filio, Olympiade vero Neoptolemi filia Alexander genitus est. Neoptolemo et Arybbae pater fuit Alcetas Tharypi filius. A Tharypo autem retro ad Pyrrhum Achillis quindecim sobolis gradus numerantur. Is enim primus Ilio exciso. omisso in Thessaliam reditu, in Epirum appulit, atque ibi Heleni vatis monitu consedit. Cui quum nulla ex Hermione proles esset, ex Andromache tres suscepti sunt filii. Molossus, Pielus, et natu minimus Pergamus. Ex eadem vero Cestrinum Helenus genuit, quum ei Andromache Delphis Pyrrho interfecto nupsisset. Quum autem Helenus moriens Molosso Pyrrhi filio regnum reliquisset, Cestrinus collecta Epirotarum manu, eam, quae supra Thyamin fluvium est, regionem tenuit. (2) At Pergamus quum in Asiam traiecisset, Arium in Teuthrania dominantem, singulari de imperio certamine dimicans, occidit: et urbibus, quod etiam nunc manet, ex suo et Andromaches nomine cognomentum dedit. Andromache enim filium secuta est: et ibidem utriusque adhuc exstat heroicum monimentum. Pielus vero in Epiro mansit, ad quem potius quam ad Molossum Pyrrhus Aeacidae, et maiores eius originemreferunt. (3) Fuit autem ipsum etiam Epiri imperium usque ad Alcetam et Tharypum in unius potestate. Nam Alcetae filii inter se dissidentes non prius concorditer re-

gnarunt, quam aequaliter inter fe regnum diviferunt. Poflea
vero Alexandro Neoptolemi filio in Lucania exflinclo, Antipatri metu in Epirum reverfam Olympiadem Aeacides Arybbae filius quum aliis oft officiis profecutus, tum vero eam
fuis copiis iuvit ad bellum cum Aridaeo et Macedonibus
gerendum, atque il invitis etiam ac fequi reculantibus Epirotis. (4) Olympias victoriam adepta, multa in morte Aridaeo.
inferenda, pluraque ac magis nefaria, dum Macedonas
infoelatur, inumanitatis exempla edidit. Quo minus cuiquam
mirum fuit, eam paulo poft graves quidem, fed meritas
fceleris et crudelitatis fuae Caffandro poenas dedifle. Eius
certe invidia Aeacidae, quo minus flatim ab initio in regnum ab Epirotis reciperetur, maxime obfuit. Nam quum
aequis iam et placatis utreretur, Caffander illi iterum eft
adverfatus. Ac pugna quidem inter Philippum Caffandri
fratrem et Aeacidem ad Oeniadas commifla. Aeacides ex
vulnere non ita multo poft de vita deceflit. (5) Alcetam deinde
Arybbae quidem filium, et Aeacidae fratrem natu grandiorem, Epirotae regnare iufferunt, hominem plane impotentis
iracundiae, ob eamque caufam a parte eiectum. Hunc,
quum regnum inifler, more ingenii fui furentem cives noctu
adorti cum filiis opprimunt. Quo de medio fublato, Pyrrho
Aeacidae filio regnum reflituunt. Ei ad regnum primum
accedenti Caffander bellum intulit, homini peradolefcenti,
et ad refiflendum non magnopere parato. At is, Macedonibus in fines fuos iam invadentibus, in Aegyptum ad Ptolemaeum Lagi filium fe contulit; a quo mox, accepta eius
in matrimonium filia, ex eadem, qua ceteri Prolemaei liberl,
matre fufcepta, cum clafle et Aegyptiorum copiis eft in
regnum reductus. (6) Regno igitur iam conflituto, in Corcyraeos primum arma movit: quorum quum infulam finibus
fuis ex adverfo fitam videret, ne aliquando hoflibus pro fla-
tione effet, metuebat. Quas autem poft captam Corcyram
a Lyfimacho clades acceperit, et quemadmodum pulfo Demetrio Macedoniae ad illud usque tempus imperarit, quo a
Lyfimacho pulfus eft, et Pyrrhi fimul res geftas, quae memoria digniffimae vifae funt, dum de rebus Lyfimachi
ageremus, expofuimus. (7) Graecorum vero neminem ante
Pyrrhum bellum Romano imperio intulifle fatis conflat.
Nam neque Aeneas quidem ipfe a Diomede, aut Argivis,
qui Diomedem fecuti funt, ulla efl omnino pugna lacefitus.
Athenienfibus certe et alias orbis terrae partes, et univerfam Italiam armis opprimere cogitantibus, Syracufana clades, quo minus cum Romanis belli fortunam experirentur,
impedimento fuit. Alexander vero Neoptolemi filius, Pyrrhi
gentilis, natu eo grandior, in Lucanis ante e vita exceffit,
quam potuerit cum Romanis figna conferre.

CAP. XII. Pyrrhus itaque primus omnium e Graecia
adverfus Romanos ultra Ionium mare copias transportavit,
a Tarentinis ille quidem accerfitus. (2) Ii enim quum bellum
diuturnum cum Romanis geffiffent, iamque fe illis impares

intelligerent, devincta fibi prius beneficiis Pyrrhi voluntate,
quod eum Corcyraeos oppugnautem navalibus copiis iuve-
rant, per legatos regi, ut focia arma fecum iungeret, perfuaferunt, Italiam docentes toti Graeciae felicitate praeffare,
nec effe fatis aequum, fe amicos, et fupplicum mero auxilia
rogantes, iniquiffimis temporibus fuis deferi. Haec expo-
nentibus legatis, Troiani bulli eventus Pyrrho in mentem
veniebat, ac fpem concipiebat, ex animi fententia omnia
eventura, quando ipfe ab Achille originem ducens adverfus Troiae coloniam arma fumturus effet. Ut vero primum
in Italiam traiicere ftatuit, (quae hominis erat in rebus gerendis alacritas) naves ftatim longas inftruxit, navigiaque
opportuna ad equos et milites transvehendos, ut praeilo
offent, curavit. (3) Libri exftant non fane illuftrium autorum,
qui RERUM GESTARUM COMMENTARII infcripti funt: quos
dum lego, Pyrrhi quum alacritatem, quam in praeliis prae
fe tulit, tum providentiam, qua fe ad futuras dimicationes
comparavit, non poffum non magnopere admirari. Nam
priusquam Romani refcierint, in Italiam claffe transmifit:
et quum iam appuliffet, non prius adeffe eum Romani
animadvertere, quam commiffa cum Tarentinis pugna fe
ille cum exercitu inopinato oftendit, factoque repente impetu, hoftium (ut par fuit) agmen turbavit. Ac tunc quidem, quum fe Romanis haudquaquam acie parem effe intelligeret, elephantos compararat, quos inter praeliandum
in illos immitteret. (4) Belluas autem has primas ex Europae
principibus Alexander, Poro et Indis devictis, in poteftate
habuit. Quo mortuo, et alii reges, et plurimas Antigonus
fibi comparavit. Pyrrhus vero in pugna, quam cum Demetrio commifit, elephantos aliquot cepit. Ii quum ad Tarentum in mediam irrupiffent aciem, non parum Romanos
exterruere, plerisque aliud quum belluas effe exiftimantibus.
Ebur enim hominum opere et arte prifcis temporibus expoliri
folitum norant haud dubie multi: beftias autem ipfas, priusquam Macedones in Afiam traiicerent, praeter Indos et
Libyas, finitimosque illis populos, nulli viderant. Quod
ipfum ex Homero facile coniicias, qui quum regum lectos,
et opulentiorum inter hofce domos ebore ornatas dixerit,
belluae tamen nufpiam mentionem facit. Quod fi aut ele-
phantem vidiffet, aut de eo quicquam audiffet, antiquius
opinor duxiffet hoc, quam, Pygmaeorum ot gruum pugnam
commemorare. (5) Pyrrhum poft haec in Siciliam Syracufanorum avocavit legatio. Nam quum Carthaginienfes claffe in
Siciliam invafiffent, iamque omnes Graeci nominis urbes
ad vaftitatem redegiffent, ac poftremo ipfas Syracufas, quae
fola civitas adhuc incolumis erat, circumfederent, Pyrrhus,
de Syracufanorum legatis re cognita, Tarentum, Italicam-
que omnem oram miffam fecit. In Siciliam vero quum transiffet, *primo ftatim adventu* barbaris repulfis Syracufis obfidione
liberavit. Deinde quamvis Carthaginienfes navali difciplina
(quippe qui effent e Tyro Phoenices oriundi) barbaris plane

ceteris praestare intelligeret, cum illis tamen, *soli*. Epirotarum copiis fretus, confligere non dubitavit. Epiri certe ne post captum quidem Ilium maxima pars aut mare norat, aut salfis escis refcebatur. cuius mihi rei Homerus in Odyssea testis est:

— — — nec norant caerula ponti,
Nec dapibus vefcum falis admifcere faporem.    L

CAP. XIII. At enim victus navali praelio, cum paucis, quae a clade superfuerant, navibus Tarentum fe recepit: ubi rebus fuis vehementer attritis, de fuga (quum fibi per Romanos fine pugna difcedere minime liciturum fperaret) tale cepit confilium. E Sicilia post cladem acceptam reverfus, legatos cum literis ad Afiae reges, et ad ipfum Antigonum dimifit, ab aliis pecuniam, ab aliis auxilia, ab Antigono vero utrumque expofcens. Quum legati reverfi literas ei reddidiffent, Epirotarum et Tarentinorum principes in concionem vocat: ibi quas acceperat literas non fane recitavit, fed propediem affutura auxilia affirmavit. Quum percrebuiffet igitur fama in Romanorum etiam exercitu, et e Macedonia, et ex Afia magna Pyrrho auxilia adventare, nihil illi novi moliri aufi funt. Pyrrhus vero ea, quae confecuta est, nocte ad *E. t. i* montes. quae Ceraunia vocant, classe transvectus est. (2) Mox ab Italica clade quum paululum conquiolfet, milite confirmato. Antigono ilatim bellum indixit, quum et alia ei crimini daret, et illud maxime, quod fuam, dum in Italia cum exercitu effet, nullis miffis auxiliis, fpem fruftratus effet: atque Antigoni quidem quum proprias copias, tum Gallorum mercenarias, *p. imo impetu* fudit fugavitque, et ad maritimas usque urbes perfecutus est. Ex ea victoria fuperiorem Macedoniam et Theffaliam in ditionem fuam redegit. Praelii certe magnitudinem, et Pyrrhi victoriam, quanta fuerit, declarant Gallorum fcuta in Itonlae Palladis templo, quod inter Pheras et Lariffam est, dicata, cum epigrammate hujusmodi:

Hos tibi Gallorum clypeos rex donat, Itoul,
    Pyrrhos ab audaci rapta trophaea acie,
Viribas Antigoni fradis. Iam maxima in armis
    Quae folt Aeacidum gloria, femper erit.

Haec quidem illic. In Dodonaei autem Iovis templo ipforum Macedonum fcuta fufpendit, cum infcriptione tali:

Dilibus haec Afiae terris opibusque potits,
    Iam premere audebant Hellada fervitio,
Sacra Iovis templo pendent quae affixa columnis,
    Erepta Emathiis fcuta cruenta viris.

(3) Atenim quum parum abeffet, quin totam Pyrrhus Macedoniam fubigeret, etfi unus erat omnium ad praefentes occafiones arripiendas paratiffimus, Cleonymus tamen eum a Macedonia in Peloponnefum avocavit. Patria quidem Spartanus fuit Cleonymus; cum exercitu tamen in Lacedaemoniorum fines hoftiliter invafit. Eius rei caufam, quum

Cleonymi genus percenfuero, exponam. Paufanias. qui Graecis ad Plataeam dux fuit, Pliftoanacta filium reliquit. Hic alterum Paufaniam genuit: cuius Cleombrotus filius fuit, is qui in Leuctrica pugna dimicans adverfus Thebanorum ducem Epaminondam occubo:t. Huic duo fuere filii, Agefipolis et Cleomenes. Mortuo autem fine liberis fratre, Cleomenes regnum obtinuit: qui Acrotatum maiorem, et Cleonymum natu minorem genuit. Quum autem Acrotatus prius,.nec multo poft Cleomenes diem fuum obiffent, inter Areum Acrotati filium, et Cleonymum.de regno orta eft contentio. Eius itaque rei caufa regoum fibi quo iure quave iniuria Cleonymus vindicaturus, Pyrrhum in patrios fines induxit. (4) Lacedaemonii quidem ante Leuctricam cladem nullum unquam belli adverfum cafum experti fuerant, eoque fe nunquam pedeftri pugna victos gloriabantur. Nam Leonidae, parta fere victoria, quo minus Perfas ad internecionem deleret, fatigati longa pugna militis robur defuiffe afferebant: et quae Athenienfes Demofthene duce ad Sphacteriam infulam geffiffent, belli potius fortum quoddam, quam victoriam fuiffe. Prima illis illata eft in Boeotiis clades : alteram, qua maiorem in modum opes eorum afflictae funt, ab Antipatro et Macedonibus acceperunt. Iam tertiam eorum finibus calamitatem intulit illatum infperantibus a Demetrio bellum. (5) Quum vero iam quarto Pyrrhum cum infefto exercitu fines ingreffum viderent, obviam illi, affumtis in focietatem Argivis et Meffeniis, venere. Quos quum Pyrrhus praelio viciffet, parum omnino abfuit, quin eodem impetu urbem caperet: fed quum agrum populationibus infeftum reddidiffet, praedamque inde *magnam* egiffet, paululum temporis requieti dedit. . Interea Lacedaemonii ad fustinendam oppugnationem fe confirmarunt. Sed et Spartam ante, Demetrio oppugnante, praealtis foffis et validiffimis quibusque operibus munierant: quaque facilior aditu erat, propugnacula etiam excitarant. (6) Dum haec aguntur, Pyrrho Spartano hello occupato, Antigonus, quum Macedonum urbes praefidiis et munitionibus firmaffet, in Peloponnefum copias duxit, quippe qui fciret, Pyrrhum, Lacedaemone et Peloponnefi parte fubacta, . in Epirum non ftatim rediturum, fed in fe Macedonicumque nomen arma converfurum. Quum autem Argis egreffus in Laconicum agrum Antigonus exercitum effet immiffurus, ei Pyrrhus fit obvius. Ibi inito praelio victor Pyrrhus fugientes in urbem perfecutus eft. (7) Ubi, quum eius exercitus (ut fere fieri folet) in diverfa abiffet, repugnantibusque acriter hoftibus pro templis, aedibus, et angiportis, aliisque urbis locis, Pyrrhus a fuis relictus effet, in capite vulnus accepit. Ferunt, eum tegulae icto, a muliere deiectae, interiiffe. Argivi vero non mulierem illam, fed Cererem affumta mulieris forma fuiffe, affirmant. Et haec quidem illi de Pyrrhi morte: quod et Lourceas prodidit, qui carminibus indigenarum res confcripfit. Eft praeterea :Argis, quo loco Pyrrhus ca-

eidit, ex oraculo Cereri erectum fanum: et in eo Pyrrhus
ipfe fepultus efl.

CAP. XIV. Illud vero maxime mihi mirandam videri
folet, omnes ex Aeacidarum gente et nomine divinitus
oblata nece occubuiffe. Achillem enim Homerus memoriae
prodidit ab Alexandro Priami filio et Apolline interfectum.
Pyrrhus certe, eius filius, oraculi iuffu a Delphis occifus efl. .
Huic autem Aeacidae filio, quale et Argivi et Leuceas dixerunt, mortis genus obtigit. De eius tamen caede non fatis
conftare fcripfit Hieronymus Cardianus: quem fcilicet cum
rege viventem in eius gratiam fcribere maxime fuit neceffe.
Nam fi Phililllus venia dignus habetur, qui quum Syracufas
fe reftitutum iri fperaret, multa.Dionyfii flagitia diffimulavit,
Hieronymo certe multa ad Antigoni gratiam fcribenti igno‑
fcendum. Et huc quidem Epirotarum potentia evafit. Quum
vero Athenis Odeum introieris, et alia fpectatu digna, et Li‑
berum Patrem confpicies: iuxta quem fons eft. Hunc, quia
per novem folientes aquam diffundit, Enneacrunon vocant: eum
Pififtratus exornavit. Putei quidem paffim in urbe multi;
hic autem unicus eft fons. Templa vero fupra fontem duo
funt: unum Cereris et Proferpinae: in altero Triptolemi
fignum eft; (2) de quo quaecunque dicuntur, mox omiffis, qui
de Deiope iactantur, fermonibus exponam. Inter Graeciae
populos maxime de antiquitate et Deorum muneribus cum‑
Athenienfibus certant Argivi, non aliter quidem, quam in‑
ter barbaros cum Phrygibus Aegyptii. Memoriae Itaque
proditum eft, Cererem Argos venientem a Pelafgo hofpitio
acceptam: ibi ex Chryfanthide de filiae raptu cognoviffe.
Poft haec Trochilum facrorum antillitem ab Agenore Argis
pulfum in Atticam veniffe: quumque Eleufine uxorem duxif‑
fet, Eubuleum et Triptolemum genuiffe. Haec Argivi.
Athenienfes vero et finitimi, Triptolemum Celei filium fuiffe,
qui primus fationem et frugum cultum tradiderit, nihil dubi‑
tant. At Mufaeus carminibus (fi modo ea Mufaei funt) Tripto‑
lemum Oceani et Terrae filium prodidit: et Orpheus (quan‑
quam et ea Orphei effe ut credam, adduci non poffum) Eu‑
buleo et Triptolemo Dyfaulem patrem fuiffe: eos a Cerere
frumenta ferendi rationem accepiffe, quod ex illis primum
Ceres filiae raptum cognoviffet. Choerilus Athenienfis in
ea fabula, cui Alope nomen eft, Cercyonem et Triptolemum
fratres fuiffe, ex Amphictyonis filiabus, fcripfit: et Tripto‑
lemo Rharon, Cercyoni Neptunum patrem fuiffe. Longiore
vero oratione conantem fingula perfeqni, et omni‑, quae
de templo, cui Eleufinio nomen eft, commemorari poffent,
planius explicare, quaedam me vifa per fomnum fpecies
deterruit. Ad ea igitur redeo, quae literis mandare nulla re‑
ligione prohibeor. (3) Pro templi foribus, quo loco etiam Tri‑
ptolemi fignum eft, bos aenea fpectatur, ita ornata, ut victi‑
mae, quae ad aram trahuntur. Ibidem fedentem videas Epi‑
menidem Gnofium: quem, quum in agrum exiffet, in fpelunca
fomno oppreffum memorant, neque prius experrectum.

quam annos XL obdormiviffet: poftea vero et heroicos verfus feciffe, et quum alias urbes, tum Athenas luftraffe.
Quod ipfum apud Lacedaemonios fedata peftilentia fecit
Thales. Epimenidis tamen neque propinquus, neque civis,
quum illum Gnofium, hunc Gortynium fuiffe dicat Poly-
mnaftus Colophonius in eo carmine, quod de Thalete Lacedaemoniis fecit. (4) Paulo hinc longius Eucleae (*quod eft, ut fi
illufl; i; fomae dixeri.*) delubrum, a Perfis, qui Marathonem
occuparant, dicatum. Nullam autem fuiffe victoriam, qua
fint magis Athenienfes gloriati, quam ea, quam ex Marathonia pugna funt adepti, hinc praecipue ut credam adducor,
quod Aefchylus, quum prope iam effet, ut e vita decederet,
qui de fe ipfo ante prorfus conticuerat, vir tanta in poëfi
nominis celebritate, cuiusque virtus navalibus praeliis ante
ad Artemifium et Salaminem enituerat, *de Marathonia pugna
quum fuum extinea ederet,* in ipfa operis fronte fuum et patriae
nomen infcripfit: Marathonium enim faltum et Perfas, qui
illuc defcenderunt, fuae teftes virtutis citat. (5) Supra Ceramicum, et porticum, quae regia dicitur, Vulcani eft fanum:
in quo quod Minervae pofitum fit fignum, nihil fane admi-
ror, quum ad ea, quae de Erichthonio vulgo traduntur,
animum refero. Deae vero fignum, quod glaucos habeat
oculos, Libycam de ea re fabulam comperio: Minervam
Neptuni et Tritonidis paludis filiam effe, atque ideo glaucos
illi itidem, ut Neptuno, oculos effe. (6) Non longe abeft coeleftis Veneris delubrum: quam primi omnium Affyrii coluere:
a quibus Paphii in Cypro acceptum facrorum ritum cum
Phoenicibus, qui in Palaeftina Afcalonem urbem incolunt,
Phoenices cum Cytheriis communicarunt. Athenis vero eam religionem induxit Aegeus, quum Veneris ira et fibi prolem non
obtigiffe, et fororibus calamitatem immiffam putaret. Quod
aetate noftra exftat deae fignum ex Pario lapide, Phidiae
opus fuit. Sed Athmonenfium apud Athenienfes curia eft.
Eius curiales multo ante Aftaeum Porphyriona regnaffe ferunt, ab eoque, quod apud ipfos eft, coeleftis Veneris templum dedicatum. Sed et alia *unita* longe diverfa ab iis,
quae communi urbanae plebis opinione recepta funt, per
curias incfantur.

CAP. XV. Pergentibus vero ad eam porticum, quae a
picturae varietate Poecile dicitur, Mercurius aeneus in confpectu eft, quem Forenfem vocant. Prope porta eft, ad quam trophaeum ab Athenienfibus erectum, iis nempe, qui Pliftarchum
Caffandri fratrem, cui ille equitatum fuum et conductitiam militem commiferat, equeftri certamine fuderunt. (2) In ipfa
autem porticu Athenienfium primum acies in Oenoe (Argivi
agri vico) adverfus Lacedaemonios inftructa. Expreffa vero
res eft non ad pugnae iam effervefcentis effigiem, quum
quisque pro fe virtutis documenta dare contendit, fed accedere adverfae acies videntur, et iam cominus congredi.
In medio autem pariete Athenienfes funt Thefeo duce cum
Amazonibus dimicantes. Hae vero folae ex omnibus foe-

minis nulla unquam clade deterreri potuerunt, quin belli
novam semper aleam subirent. Nam et Themiscyra capta,
et copiis, quas contra Athenienses miserant, deletis, ad
Troiam cum Atheniensibus ipsis et universis Graecis pugnarunt. (3) Post Amazones Graecos cernas Ilium exscinden-
tes, et reges ob Aiacis in Cassandram nefarium facinus in
unum congregatos: quo in loco tum ipse Aiax, tum captivarum aginen mulierum, et inter ceteras Cassandra ipsa picta
est. (4) In extremo picturae loco sunt, qui in Marathone ad-
versus Persas pugnarunt: ex Boeotis Plataeenses i et Item Attici nominis omnes, qui cum barbaris conflixerunt. Spectatur
autem in pugnando par in utraque acie alacritas. Qua in
parte praelium commissum est, fugiontes videas barbaros,
et in ipsa fugae trepidatione se tenere in paludem trudentes. In
ipso operis fine Phoenissae naves sunt, et barbarorum, qui
in eas se coniecerant, a Graecis facta caedes. Ibidem et
Marathon heros est pictus, a quo campi nomen habent.
Theseus quoque tanquam a littore solvens; Minerva item
et Hercules: a Marathoniis enim Herculi primum (ut ipsi
memorant) honores habiti sunt, Inter pugnantium imagines
maxime illustres sunt, Callimachus, cui postea Athenienses
imperium detulere: inter duces, Miltiades, et Echetlus
heros, cuius posterius mentionem faciam. (5) Eodem in
loco aenei clypei infixi sunt, cum inscriptione, Scionaeorum
eos et auxiliariorum esse. Qui vero pice obliti contra temporis iniurias sunt, eos clypeos, et alia simul spolia, quae ibi
spectantur, de Spartanis esse dicunt in Sphacteria insula
captis.

CAP. XVI. Ante porticum statuae sunt aeneae, Solon
in primis, qui Atheniensibus leges dedit. Non longe abest
Seleuci statua, cui haud obscura prodigia suturam felicitatem
significarunt. Quum enim ex Macedonia cum Alexandro
profecturus Pellae Iovi sacrificaret, ligna aris imposita ultro
ad dei simulacrum accesserunt, nullisque subiectis ignibus
accensa sunt. Mortuo vero Alexandro, hic ipse Seleucus
Antigonum Babyloua cum exercitu advenientem timens, ad
Ptolemaeum Lagi filium confugit. Mox Babylona reversus,
Antigoni exercitum fudit, ipsumque Antigonum occidit:
ac deinde victum praelio. Demetrium Antigoni filium cepit.
Quae quum illi omnia prospere evenissent, ac non ita multo
post Lysimachi opes corruissent, totius Asiae imperium Antiocho filio tradidit, ipse magnis itineribus in Macedoniam
rediit. E Graecorum sane et barbarorum copiis Seleuci
exercitus conflabat. (2) At Ptolemaeus Lysandrae frater a Lysimacho, ad quem antea confugerat, discedens, vir tanta
in rebus gerendis alacritate, ut Fulmen sit cognomento
appellatus, quum Seleuci exercitum Lysimachiam attigisse
certior factus esset, eum impetu facto adortus fudit et occidit.
Omnem vero eius pecuniam quum regibos diripiendam tradi-
disset, Macedoniae regno ipse potitus est: deinde primus
ex omnibus (quos ipsi novimus) regibus acie cum Gallis

congredi aufus, ab illis interfeſtus eſt: Macedoniae vero regnum Antigonus Demetrii filius a ſe ſervatum obtinuit. (3) Seleucum quidem iuſtitia et pietate reges omnes antecelluiſſe facile adducor: quippe qui Apollinis coloſſum Mileſiis a Xerxe ademptum, et Ecbatana aſportatum, in Branchidas reportandum curavit. Et quum condita Seleucea ad Tigrin fluvium, in eam Babylonios inquilinos deduceret, neque muros Babylonis demolitus eſt, neque Beli templum evertit, et Chaldaeis, ut proxima templo loca inhabitarent, permiſit.

CAP. XVII. In foro et alia ſunt opera, quae praecipuam quandam Athonienſium in Dis colendis diligentiam declarant, et Miſericordiae ara: cuius numini, quod magna habeat in tota hominum vita et caſuum varietate momenta, ſoli ex omnibus Graecis ſingularem quaedam honorem habent Athenienſes. Neque vero illi maiorem quam ceteri in homines humanitatem, ac non in deos etiam religionem prae ſe ferunt. Eſt enim ſua apud illos Pudori, Famae, Alacritati ara. Quanto vero ceteris deorum cultu praeſtent, ſecunda, qua in praeſentia utuntur, ſortuna argumento eſſe poteſt. (1) In gymnaſio, quod Ptolemaeum a conditore nuncupatum a foro non longe abeſt, lapides ſunt (Hermae nominantur), qui ſpeſtentur, ſane digni: Ptolemaei quoque ex aere ſtatua: Iubae etiam Libyci, et Solenſis Chryſippi. Proximum gymnaſio eſt Theſei templum, in quo haec picta ſunt: Athenienſium contra Amazonas pogna, quae et in Minervae clypeo, et in Olympii Iovis baſi inciſa eſt. Piſta ibi etiam eſt Centaurorum et Lapitharum rixa, ubi Theſeus Centaurum occidens ſpeſtatur, quum inter alios aequo Marte pugna committi videatur. Quae in tertio ineſt pariete piſtura, non ſatis iis, qui, uti res geſta ſit, non didicerint, cognita eſſe poteſt, quum et vetuſtas multa aboleverit, et Micon non ſuerit pingendo totam rem perſecutus. (3) Minos quum Theſeum, ceteramque puerorum manum in Cretam abduceret, amore Periboeae captus eſt: cuius quum Theſeus libidini adverſaretur, et alia in illum ira incenſus maledicta contulit, et Neptuni filium eſſe negavit, quod, quam habebat ipſe exelatam gemmam, in mare ſi abieciſſet, non eſſet eam ad ſo reportaturus. Vix ea locutus, gemmam dicitur abieciſſe. Theſeum vero memorant cum ea et corona, quam ab Amphitrite dono acceperat, e mari emerſiſſe. (4) De Theſei autem morte multa plane inter ſe diſcrepantia traduntur. Alunt enim eum a Plut-ae vinſtum, non prius dimiſſum, quam ab Hercule ſolveretur. Illa veri multo ſimiliora aliquando audivi: Theſeum in Theſprotidem, ut regis uxorem raperet, veniſſe cum Pirithoo, (is enim quaerendae ſibi uxoris cupiditate nimia impulſus arma ceperat,) exercitus vero magna parte amiſſa, a Theſprotorum rege in vincula ad Cichyrum conieſtum. (5) In Theſprotide quidem et alia valde, quae ſpeſtentur, digna ſunt, et Iovis in Dodona templum, ſacraque ei fagus. Ad Cichyrum Acheruſia eſt palus, et

Acheron amnis. Fluit ibidem Cocytus, aqua infuauiſſima.
Quae loca quum vidiſſet (ut opinor) Homerus, multa ex
illis in ſuom de inferis poema tranſtulit, et ipſa etiam carminibus omnium nomina interuit. (6) Quum vero in vinculis
adhuc Theſeus detineretur, Aphidnam cum exercitu Tyndari
filii adorti, capta urbe Mneſtheum in regnum reſtituerunt.
Et Mneſtheus quidem Theſei liberis, quo minus ſe ad
Elephenorem in Euboeam reciperent, nihil obſtitit: ſed
quum ſe Theſeo, ſi unquam e Theſprotide rediſſet, viribus
multo inferiorem fore intelligeret, multis obſequiis populo
ſibi conciliato, obtinuit, ne rediens reciperetur. Miſſus itaque Theſeus ad Deucalionem in Cretam, quum adverſa tempeſtate in Scyron inſulam delatus eſſet, a Scyriis, tum ob
generis claritatem, tum ob rerum praeclare geſtarum
magnitudinem, benigne acceptus eſt. Quae res effecit, ut
eum Lycomedes per inſidias de medio tollendum curaret.
Theſeo vero templum Athenis dicatum eſt non multo poſt
Marathonem a Perſis occupatum: quo tempore Cimon Miltiadis filius, Theſei mortem ultus, Scyron delevit, eiusque
oſſa Athenas reportavit.

CAP. XVIII. Caſtorum exis templum perantiquom eſt,
in quo ipſi iuvenes equis inſidentes ſpectantur. Hic eorum
res geſtas Polygnotus pinxit, et Leucippi filiarum nuptias:
Micon vero eos, qui Colchos cum Iaſone navigarunt: o-
mnium autem accuratiſſime Acaſtum, eiusque equos fecit.
(2) Supra Caſtorum Aglauri lucus eſt, cui, et Herſae ac Pandroſo ſororibus, Minervam aiunt Erichthonium in ciſtam
abditum commiſiſſe. admonitis, ne, quid intus eſſet, cu-
rioſe inſpicerent. Pandroſon quidem paruiſſe ferunt, ſorores vero ciſtam reſignaſſe, viſoque Erichthonio, ſuriis
agitaras, ſe de arcis maxime praerupto loco praecipites
miſiſſe: ea ſane parte, qua Perſae irruptione facta ex Athenienſibus eos, qui ſe quam Themiſtoclem oraculum acutius intelle-
xiſſe arbitrati, arcem ligneis operibus munierant, occiderunt.
(3) Proxime abeſt Prytaneum, in quo Solonis leges perſcriptae
adſervantur. Signa verum deorum ibi poſita, Pacis et
Veſtae. Virorum imagines, quum aliorum, tuut Autolyci
pancratiaſtae. Nam Miltiadis et Themiſtoclis ſtatuas,
priori abolita inſcriptione, Romano et Thraci homini attri-
buerunt. (4) Hinc ad inferiores urbis partes deſcendentibus
Serapidis ſanum ſe oſtendit, cuius religionem a Ptolemaeo
Athenienſes acceperunt. Apud Aegyptios autem complura
ſunt eius dei templa, ſed omnium clariſſimum habent Alexandrini, antiquiſſimum Memphitici, quo neque exteris hominibus, neque ſacerdotibus ipſis aditus patet, priusquam
Apim bovem humarint. (5) A Serapidis ſano non longe
abeſt locus, ubi primam Pirithoum et Theſeum, ſocietate
inita, memoriae traditum eſt Lacedaemona, ot deinde in
Theſprotidem profectos. Proximo olim loco orcülum ſuit
Lucinae templum, quam ex Hyperboreis Delum veniſſe memorant, ut parturienti Latonae opem ferret: e Delo vero

ad alias gentes Lucinae nòmen pervafiſſe. Ac Delii quidem Lucinae divinam rem faciunt, et as sins as an hymnum Olenis cantant.
Cretenſes incolae Gnoſiae regionis ad Auniſum eam genitam putant: Iunonis filiam fuiſſe. Soli autem omnium Athenienſes deae ſigna usque ad imos pedes volant. Eorum
duo ſe Creta advecta Phaedram dedicaſſe, tertium, omnium
antiquiſſimum, ab Eryſichthone e Delo deportatum foeminae
aiebant. (6) Olympii vero Iovis templum Adrianus Imperator
dedicavit, et in eo ſignum, quod magnitudine eum Komanis
et Rhodienſibus coloſſis conferri poſſit. Videas ibidem et
alia ſigna ex ebore et auro, in quibus aeque artem ac magnitudinem admirere. Sunt et duae Adriani ſtatuae ex Thaſio,
totidem ex Aegyptio marmore: ad templi vero columnas
urbium, quas colonias Athenienſes appellant, ex aere erecta
ſunt ſimulacra. Eſt autem totius templi ambitus ſtadiorum
amplius quatuor, neque eius ulla pars ſtatuis vacat. ſingulae enim urbes in eo Adriano ſtatuam poſuerunt: quas
omnes Athenienſes longo intervallo ſuperaruht, erecto
eidem mirandi operis coloſſo in poſtica templi parte. (7) In
eodem ambitu vetera ſunt, Iupiter aeneus, Saturni et Rheae
delubrum, et lucus, quem Olympiae nuncupant. Ibi in
eublti ſere altitudinem ſolum ſubſidit, qua poſt Deucalionis
eluvionem aquam defluxiſſe memorant. In eum hiatum quotannis e melle et triticea farina polentam proiiciunt. (8) In
columna eſt Iſocratis ſtatua. Is tria reliquit praeclara actae
vitae monimenta: primum perſeverantiae, quod, quum octo
et nonaginta annos vixiſſet, nunquam diſcipulos habere deſiit: alterum modeſtiae, quod ſemper ſuit a publicis negotiis
et curis ſeiunctus: tertium, quod ſibi libertatem cariſſimam
rerûm omnium fuiſſe declaravit. Poſt acceptum enim de
pugna ad Chaeroneam nuncium prae animi aegritudine
voluntariam mortem oppetiit. Ibi etiam poſiti ſunt e marmore Phrygio Perſae, aeneum tripodem ſuſtinentes, tam
ipſi, quam tripos, qui ſpectentur, digni. Olympii quidem Iovis vetulliſſimum templum Deucalionem aedificaſſe,
vulgo proditum eſt: nam Athenis habitaſſe Deucalionem, pro
valde perſpicuo ſigno habent ſepulcrum eius, quod ab hoc
ipſo templo non longe abeſt. (9) Adrianus vero et alia
Athenienſibus opera exaedificavit, et Iunonis ac Iovis Panel-
lenii templum, communemque omnibus diis aedem. Spectantur inter cetera opera, ut quae maxime, columnae
centum et viginti ex Phrygio marmore, et ex eadem materia
parietes in porticibus exſtructi: et in iis cellae, quae inaurato lacunari et alabaſtro praefulgeat, ſignis ipſae et picturis
undique exornatae. Bibliotheca eſt in eodem templo, et
gymnaſium Adriani cognomento, in quo columnae centum
e Libycis lapicidinis.

CAP. XIX. Proxime Olympii Iovis templum Apollinis
Pythii ſignum eſt: et alia item Apollinis, quem Delphinium
appellant, aedes. Ea quum ad faſtigium perducta iam eſſet,
aiunt incognitum adhuc Theſeum urbem introiiſſe talari

palla, et coma eleganter compofita: atque ut primum ad
Delphinii accellit, rogatum per illufionem ab iis, qui faſtigium erigebant, quid ita nubilis virgo fola eraret: eumque
nihil aliud refpondiffe, fed disiunctis a plauftro, quod in
proximo erat, bobus, culmen templi altius, quam fabri fta-
tuerant, proieciffe. (2) De ea vero urbis reziuncula, quam
Hortos vocant, et Veneris in ea templo fignoque, quod templo adfiftit, figura, ut Hermae, quadrata, nihil fide dignum
eft ab Athenienfibus traditum. Epigramma autem indicat, coeleftem Venerem effe, earum, quae Parcae appellantur, natu maximam. Sed quod in hortis fignum Veneris
eft, Alcamenis opus fuit, et inter ea, quae Athenis cum
admiratione fpectantur, fuum obtinet locum. (3) Eft etiam
Herculis delubrum, quod Cynofarges dicitur: quod ab alba
quidem cane effe appellatum, qui oraculum norint, nihil
dubitant. Ibi arae funt Herculis, et Hebes, quam Iovis
filiam, et cum Hercule nuptam fama vulgavit. Alcmenea
etiam ara et Iolai, qui multorum Herculis laborum comes
fuit. (4) Lyceuma Lycio quidem Pandionis filio nomen habet.
Apollonis autem illud templum fuiffe, et olim, et his etiam
temporibus creditum eft, Lyciumque inde primum Apollinem
dictum. Termiffenfes quoque, ad quos Aegeum fugiens
Lycius fe recepit, ab eo Lycios appellatos memorant. (5)
Eft fecundum Lycii Nifi Megarenfium regis monimentum:
quem quum Minos interemiffet, fublatum Athenienfes eo in
loco fepelierunt. De hoc quidem Nifo fabula vulgata eft,
capillum purpureum habuiffe; quo falvo, mori fe non poffe
ex oraculo cognorat. Itu vero accidit, ut, quum Cretenfes
eius fines hoftilem in modum adorti, et alia in Megaride oppida fubitis Incurfionibus cæpiffent, et Ipfum intra Nifaeae
moenia compulfum obfediffent, Nifi filia Minois amore capta,
crinem patri detonderit. Et haec quidem fic propemodum
narrantur. (6) Amnes in Attica nobiles funt, Iliffus, et
in eum cadens Eridanus, eodem cum Gallico Eridano nomine.
Iliffus vero ille eft, ad quem ludentem Orithylam Boream
rapuiffe, fibique matrimonio adiunxiffe memorant, ob eamque cum Athenienfibus affinitatem barbarorum multas trir-
mes demerfiffe. Iliffum Athenienfes et aliis Dis, et Mufis
facrum putant; quarum in eius ripis ara eft, Iliffiadum Mufarum dicta. Non longe ab eo locus oftenditur, ubi Peloponnefii Codrum Melanthi filium, Athenienfium regem, in-
terfecerunt. (7) Ubi Iliffum traieceris, locum oftendas qui Agrae
dicitur, et venatricis Dianae aedem: ibi enim primum,
quum ex Delo paulo ante in ea loca veniffet, venationibus
operam dediffe Dianam ferunt, obeamque eaufam eius fimulacro arcus additur. Quod iam dicam, non facile, qui
audierint, ut credant, adduci poterunt: mirantur, qui viderint.
Stadium eft e candido marmore, ea magnitudine, quam facile
hinc coniicias. Supra Iliffum mons eft. Is lunata forma ad amnis
ripam recta duplici muro pertendit. Hoc ftadium Herodes Atticus erexit, multumque ex Pentelicis lapicidinis in eo confumfit.

CAP. XX. E Prytaneo in viam defcendas, quam Tripodas appellant: in qua furgunt deorum delubra, et in his tripodes dicati, unde nomen viae eſt. Aenei ii funt, in quibus infunt memoratu digna illuſtrium artificum opera. Inter ea Satyrus, quo Praxitelem magnopere gloriatum ferunt. Nam quum Phryne, cuius erat amator, ab eo fibi depopofciſſet, quod eſſet eius operum pulcherrimum, non fano renuit: verum quod ipfe de fuis operibus iudicium facere pertinaciter recuſarat, hoc aſtu mulier expreſſit. Eius fervus accurrens nunciat, Praxitelis officinam igni correptam flagrare, bonamque eius operum partem iam periiſſe, non tamen adhuc omnia exuſta. Examinatus Praxiteles foras exfiluit, et, Actum eſt, inquit, de laboribus meis, fi Satyro et Cupidini flammae non pepercerunt. Tum Phryne eum bene fperare iubet: nihil enim triſte accidiſſe, fed illum dolo cogere voluiſſe, ut, quod pulcherrimum operum fuorum eſſe iudicaret, confiteretur: atque ita fibi Illa Cupidinem delegit. Libero vero Patri in proximo templo dicatus eſt Satyrus puer, poculum porrigens. Amorem Libero affiſtentem, et Liberum ipfum Thymilus fecit. (2) Eſt etiam Liberi iuxta theatrum antiquiſſimum templum: intra cuius ambitum duo funt delubra, et totidem Bacchi figna: quorum alterum Eleuthereus cognominato dicitur: alterum Alcamenes ex ebore et auro fecit. Picturae eodem in loco hae funt: Liber Vulcanum in coelum reducens: qua de re haec Graecorum fabulis vulgata: Vulcanum recens natum a Iunone abiectum, nihil vero illum iniuriae oblitum, dono matri auream fellam mififfe cum occultis quibusdam vinculis: deam, quum affedUfet, ſtatim vinculis implicitam: quum vero, praeterquam Libero Patri, fidem deorum nemini haberet Vulcanus, vino delinitum Liber in coelum eum reduxit. Picti funt etiam Pentheus et Lycurgus, fuae in Liberum temeritatis poenas dantes. Ad haec Ariadna dormiens, Thefeus in patriam rediens, et Bacchus ad rapiendam Ariadnam defcendens. (3) Non procul a Liberi theatroque ei proximo aedificium eſt, quod exſtructum ferunt ad fimilitudinem Xerxis tabernaculi. Inſtauratum id quidem eſt: vetuſtius enim illud Sylla captis Athenis cremavit. Syllanae illius Athenarum expugnationis caufa haec fuit. Mithridates barbaris Ponti Euxini accolis imperavit: quo vero nomine Romanis bellum intulerit, quoque modo, quum Afiam invafiſſet, alias eius urbes vi in ſuam poteſtatem redegerit, alias focietate fibi devinxerit, qui cupiunt res a Mithridate geſtas cognofcere, exquirant accuratius: ego ea tantum, quae ad Athenarum calamitatem pertinent, exponam. Ariſtion quidem erat Athenienfis, quem confueverat Mithridates ad Graecas civitates legatum mittere. Hic cum Athenienfibus egit, ut in amicitia Romanis Mithridatem praeferrent: nemini tamen id praeterquam de p'ebe feditiofiſſimo cuique perfuaſit. Nam qui aliqua fuerunt exiſtimatione, fe ad Romanos ultro contulerunt. Commiſſa vero pugna multo fuperiores Romani fuere: nam in fugam

verſos, Ariſtionem et Athenienſes ad urbem; Archelaum
vero et barbaros in Piraeeum perſecuti ſunt. Erat hic Ar-
chelaus unus ex Mithridatis ducibus, quem non multo ante
Magnetes Sipyli incolae incurſionibus finea ſuos vaſtantem,
multis ex barbarorum agmine caeſis, vulneraverant. (4) Obſidione Athenienſes quum urgerentur, Taxilus Mithridatis
dux, qui tunc forte Elateam in Phocide circumſedebat, ex-
citus rerum earum nuncio, in Atticam copias ſuas traduxit.
Id quum audiſſet Romanus Imperator, copiarum partem ad
urbem obſidendam reliquit, ipſe cum multo maiore Taxilo
in Boeotis occurrit. Triduo poſt in Romana oullra ultro
citroque miſſi nuncii venere: Syllae quidem, Athenarum
muros captos; obſidentibus vero, Taxilum praelio ad Chaeroneam vi.Ꞩtum. Sylla igitur ubi Athenas rediit, omnes, quos
ſibi adverſatos noverat, in Ceramicum concluſos, forte
decimum quemque ad ſupplicium duci imperavit. Quumque
nihil omnino de ſua in Athenienſes iracundia remitteret,
clam. fugientes nonnulli Delphos veneror: quibus conſulentibus, numquid fato deleri Athenas neceſſe eſſet, reſpondit
Pythia de utre neſcio quae. Poſt haec in illud morbi genus
Sylla incidit, quo Pherecydem quoque Syrum conſumtum
accepimus. Eius multa ſane immania et Romano homine
indigna in Athenienſes facinora memorantur: ex quibus
tamen illi non omnem exiſtimo calamitatis cauſam extitiſſe,
ſed violati ſupplicis vindicem Deum ſuiſſe, quod Ariſtionem,
qui in Minervae templum confugerat, vi extractum interfici
iuſſiſſet. Athenae in hunc modum Romanorum bello affectae
imperante Adriano denuo floruerunt.

CAP. XXI. In theatro Athenis ſunt Tragicorum quorundam et Comicorum, eorum tamen minime illuſtrium, ſtatuae multae. neque enim praeter Menandrum quisquam ibi,
cuius celebre fuerit nomen, aſpicitur. Ex Tragicis. vero
nobiles poſiti ſunt Euripides et Sophocles. (1) Diem eſt,
ſub idem tempus, quo ſupremum diem clauſerit Sophocles,
in Atticam irrupiſſe Lacedaemonios: eorumque ducem ſibi
viſum Liberum Patrem videre, mandantem, ut novam Si-
renem omnibus, qui mortuis haberi conſueverunt, honoribus proſequeretur. Id vero in quiete viſum Sophoslem
et eius habuit poëſin. Obtinuit certe conſuetudo, ut nunc
etiam poëmata, et orationum qnodvis genus, in quo inſit
ſuaviloquentia, cum Sirenis cantu conferatur. (3) Aeſchyli
imaginem multo poſt eius mortem, et picturam eam, qua
eius ad Marathonem virtus expreſſa eſt, factam puto. Hoc
autem ipſe de ſe ſcriptum reliquit: puero ſibi olim, dum
uvas cuſtodiret, in agro dormienti Bacchum imperaſſe, ut
Tragoediam ſcriberet: ſeque. quum primum illuxiſſet, dicto
audientem, periclitatum, quid in ea re poſſet, omniaque ſe
minimo negotio conſecutum. (4) In muro, quem auſtraloω,
vocant, qui ab arce ad theatrum excurrit. Gorgonis Meduſae inauratum caput incluſum eſt: aegis addita. In theatri
vertice ſpecus e ſaxis arcem ſubit. (5) In eo eſt tripos, in quo

Apollo et Diana cernuntur, Niobes filios de medio tollentes.
Ego fana Nioben ut viderem, in Sipylum montem afcendi.
Silex et praerupta crepido imminet: quae prope affiftenti
neque mulieris, neque lugentis formam oftentat: qui vero
procul afpexerit, mulierem lacrymantem et moerentem videre fibi videatur. (6) In ea via, quae a theatro in arcem ducit, Calus fepultus eft: quem fororis filium et difcipulum,
quum Daedalns interfeciffet, in Cretam aufugit, atque inde ad Cocalum in Siciliam. (7) Aefculapii vero aedes, quum
ob plurima eius et filiorum fimulacra, tum ob *egregias* picturas, quae fpectetur, digniffima. In ea fons eft, ad quem
Halirrhothium Neptuni filium a Marte, cuius filiae Alcippae
vitium obtulerat, interfectum tradunt: deque ea caede
primûm capitis iudicium factum. Ibidem et alia *complura*,
et Sarmatica dicata eft lorica: quam qui intueatur, nihilo
quam Graecos ob artes excolendas barbaros minus folertes
putabit. (8) Nam Sarmatis nulla funt ferri met illa, neque ad
eos *aliunde* ferrum importatur: Sunt enim hi prae cunctis
earum regionum barbaris ab hominum commerciis alie-
niffimi. Ob eam igitur ferri penuriam vimineis hafta-
rum cufpidibus uti pro ferreis excogitarunt. Arcus
et fagittas ex corno habent, et earum item vimineas
cufpides. Catenas vero in quemcunque affecuti fuerint hoftium
iniicientes, averfis a *cursu* equis; laqueis implicatos fubver-
tunt. Loricas hoc ferme modo faciunt. Magna equorum
armenta habent. Neque enim in partes terra defcripta priva-
torum ufibus fervit. aut quicquam praeter agreffem fylvam
fert. Compafcua igitur tota regio eft, et incolae Nomadae
(*id eft, vagi paftores*) appellantur. Equis non ad belli munia
folum utuntur, fed ex eodem pecore et hoftias dis fuis caedunt, et fibi cibum comparant. Ungulas ubi legerint, per-
purgatas ac diffectas ad fimilitudinem fquamarum draconis
expoliunt. Quod fi quis draconem non viderit, haud errarit,
fi opus illud ungulis confertum pineae nucis adhuc viridis
torulis fimile effe putarit. Has itaque fquamulas perforant,
et equinis vel bubulis nervulis confuunt. Inde fibi loricas
concinnant, quae neque elegantia, neque firmitate loricis
Graecorum inferiores funt. Eae namque tum cominus, tum
eminus percuffae, ictus fuftinent. Nam lineae loricae haudquaquam pugnantibus utiles, quod ferro vehementius immiffo
perviae funt: fed venatoribus certo praefidio funt. In illis
namque leonum et pardorum dentes retunduntur. (9) Et
linteas quidem quum in aliis, tum in Grynaei Apollinis
templo dicatas videas: ubi lucus tam ex fativis arboribus
eft, quam ex iis, quae folo odore et fpecie delectant.

C a p. XXII. Poft Aefculapii fanum, qua ad arcem iter
eft, Themidis delubrum furgit, et ante ipfum Hippolyti
monumentum, quem diris confixum e vita exceffiffe memorant. Norunt autem vel barbari, qui Graecae linguae
expertes non funt, quae de Phaedrae amore et nutricis
audaci obfequio vulgata funt. (2) Eft vero etiam apud Troe-

zenios Hippolyti tumulus : de quo haec ipfi tradiderunt:
Thefeum, quum Phaedram ducturus effet, veritum, ne, qui
gignerentur liberi, aut ipfi Hippolyto, aut illis Hippolytus
imperaret: ob eam rem Hippolytum Troezenem ad Pittheum
amandaffe, tum ut apud illum educaretur, tum vero ut in
eius regnum fuccederet. Poft haec Thefeum, quum Pallantem
et eius filios res novas molientes occidiffet, Troezenem, ut
de caede purgaretur, veniffe. Ibi tunc primum Phaedram
vifum Hippolytum: adolefcentiaque amore infanientem, de
morte fibi confcifcenda confilium cepiffe. Myrtus adhuc
apud Troezenios oftenditur, perterebratis undique foliis.
Eam fane talem ab initio fuiffe negant, fed ex amoris aegri-
monia Phaedram crinali acu folia transfixiffe. (3) Veneris
popularis et Suadelae culrum induxit Thefeus, quum in unam
civitatem ex agris Athenienfem populum compuliffet. Eorum numinum vetera fimulacra, mea quidem aetate, nulla
exftabant: quae nunc exftant, artificum haudquaquam igno-
bilium opera funt. Eft et Telluris puerorum nutricis, et
Cereris pubefcentis templum. Cognominum vero caufas e
facerdotibus, qui fcifcitari fuerint, difcent. (4) Ad aroem
unicus eft aditus: nam ex aliis partibus aut praeruptis rupibus, aut valido muro incingitur. Veftibula, quae Propylaea
appellant, e candido marmore faftigia habent. Quo fane
opere hac ipfa aetate nihil aut ornatu, aut lapidum magnitudine praeftantius. Equeftres ftatuae quorumnam fint,
non habeo dicere, Xenophontisne filiorum fint, an vero ad
fort duntaxat decorem politae. Ad veftibuli dexteram involucris Victoriae facellum eft. (5) Qua ad mare profpectus patet, iude fe Aegeum abieciffe ferunt. Nam Thefeum aiunt,
quum ad Minotaurum proficifceretur, virtuti fuae nonnihil
fidentem, patri affirmaffe, candidis velis ufurum fe, interempto fi Minotauro rediiffet. Quod quum ob raptum Ariadnae effet oblitus, Aegeum, nigris velis confpectis, quum
filium periiffe exiftimaffet, in mare fe praecipitem dediffe.
Et Aegei quidem apud Athenienfes fepulcrum eft, quod
Aegei heroum dicunt. (6) Ad laevam veftibuli cella quaedam
eft multis ornata picturis: quarum aliis vetuftate abolitis,
adhuc exftant Diomedes e Lemno Philoctetae fagittas repor-
tans, et Ulyffes ex Ilii arce Palladium furripiens. Ibidem et Oreftes Aegifthum, et Pylades Nauplii filios obtruncans, qui Aegiftho in auxilium venerant. Ad Achillis
etiam tumulum ducitur mactanda Polyxena: quod confulto,
tanquam immane facinus, praetermififfe videtur Homerus.
Nam et idem, quum everfam ab Achille Scyron memoriae
prodidiffet, vixiffe tamen in ea infula cum virginibus (quod
alii poëtae plerique omnes fcriptum reliquerunt) non dixit.
Haec vero omnia Polygnotus pinxit. Addidit Ulyffem Nau-
ficaae et lavantibus cum ea veftem puellis affiftentem, fecutus
nempe, quae de ea re finxit Homerus. Sunt et picturae aliae,
et Alcibiades cum equeftris ad Nemeam victoriae monumentis. Perfeus etiam in Seriphon ad Polydecten Medufae

caput portans. Quae vero de Medula fabulis prodita funt, ea mihi de Atticis rebus fcribenti commemorare non libet. (7) Inter eas picturas, ut puerum omittam hydrias portantem, et palaeftritem, quem Timaenerus fecit, Mufaeus eft: quem ex veterum carminibus cognovi Boreae dono volituffe. *Quae Mufaei inferibuntur*, ea Onomacritum feciffe arbitror: nam Mufaei nihil exftat certi, praeter hymnum in Cererem, quem Lycomedi fecit. (8) In ipfo vero arcis aditu Mercurii ftatua, quam Propylaeam appellant, et Gratias feciffe dicunt Socratem Sophronifci: cui inter homines fapientiae primas Delphici Apollinis oraculum detulit, quum id Anacharfi quidem *Scythae* non tribuerit, qui tamen eius laudis cupiditate ductus Delphos venit.

CAP. XXIII. Graeci de fe quum alia inclant, tum vero *e fuis maioribus* feptem fuiffe fapientes: inter quos Lesbium tyrannum, et Periandrum Cypfeli filium connumerant: fod profecto Periandro Pififtratus, et filius eius Hippias, humaniores et fapientiores, omni etiam bellica et civili laude fuperiores fuere: praefertim vero priusquam Hippias, Hipparcho interompto, et in alios caedis confcios, et in Leaenam meretricem tam acerbe iracundiam exerceret fuam. (2) Eam etenim (dicam, quae ante litteris mandata non fuerunt, ab Athenienfibus tamen vulgo credita) tamdiu fuedis cruciatibus laceravit, dum animam eidaret: quod fcillcet, Ariftogitonis quum amica fuiffet, coniurationis eius, per quam occifus ell Hipparchus, ignaram non fuiffe fufpicabatur. Verum Athenienfes Pififtrati filiorum tyrannide liberati, tanquam de fe bene meritae, aeneam Leaenam pofuere: cui adiunctum eft Veneris fimulacrum, quod Calliae quidem donum,' Calamidis opus fuiffe dicunt. Proxime eft Diitrephis aenea ftatua fagittis confixa. (3) Hic Diitrephes et alia, quae fama celebrant Athenienfes, geffit, et conductitios Thracas, qui, Demofthene Syracufas iam cum claffe profecto. ferius, quam oportuerat, venerant, reduxit: quumque ad Chalcidicum Euripum veniffet, Mycalefum (ea Boeotiorum mediterranea urbs eft) navibus expugnavit: oppido vero capto, non tantum militaris aetatis viros,fed foeminas etiam ac pueros Thraces trucidarunt. *Eius interemtionis id mihi* argumento effe poteft, quod aetate noftra, quae Boeotiorum oppida olim Thebani everterant, ab iis iam reftituta funt, qui ex clade profugerant: ut dubitandum non fit Mycalefios etiam redituros fuiffe, nifi cuncta plane civitas fuiffet a barbaris deleta. (4) Illud certe non poffum non plurimum mirari, Diitrephis ftatuam fagittis confixam: quum fatis conftet, eo tempore folis ex omnibus Graecis Cretenfibus gentilitium telum fagittas fuiffe. Locros quidem Opuntios novimus Perfico bello gravi armatura ufos, quos ad Troiam cum arcu et funda veniffe fcribit Homerus. Sed neque Malienfes fagittarum ufum retinuerunt, quem ipfum ante Philocteten ignoraffe eos crediderim. (5) Proxime ad ftatuam Diitrephis pofita funt (neque enim libet minus clara perfequi) deorum

figna, Hygiae, quam filiam Aefculapii fuiffe dizunt:
et Minervae, cui itidem Hygiae (ti *el, jof, mae*) cognomentum. (6) Ibidem eſt lapis non maior, quam ut parvi hominis
fedile effe poſſit. Super eo, quum Liber in Atticam primum venit, quievifſe Silenum memorant: maximos, enim
natu Satyrorum Silenos nuncupant. De Satyris autem, quinam fint, ut aliquid certius, quam ab aliis traditum fit, cog-
nofcerem, fingula ex multis fum percunctatus. (7) Narravit
autem mihi Euphemus Car, f?, quum in Italiam navigaret,
ventorum impetu in Oceani extremas oras delatum. Ibi
defertas effe infulas multas, quas agreſtes homines incolant:
et ad. alias quidem noluiſſe nautas appellere, quum et ante
appuliffent, et a quibus incolis tenerentur, non ignorarent:
tunc vero tempeftate appulſos. Infulas a nautis appellari
Satyridas: incolas ruffos effe, et caudas haud multo equinis
minores infra clunes habere. Eos ubi primum hofpites fenferunt prope adeffe, ad navim concurſu facto, nulla emiſſa
voce, in mulieres, quae in navi erant, manus inieciſſe: nautas vero ad extremum pavefactos, barbaram foeminam ex-
pofuiſſe: in eam Satyros irruentes, non eam tantum, quae
a natura viris expofita eſt, partem, fed aliam quamlibet
petulantiſſime appetiviſſe. (8) In Athenienſium arce et alia
memoratu digna fpectavi, et Lycium Myronis aeneum puerum, labellum tenentem: Myronis praeterea Perfeum; et eius
in Medufam facinus. (9) Ibidem eſt Brauroniae Dianae facellum. Deae fimulacrum Praxitelis opus eſt: Brauronia vero
Ipſa a Braurone curia dicta, ubi eius prifci operis fignum eſt,
quam Tauricam Dianam effe dictitant. (10) Equus etiam Durius
ax aere ibi pofitus: quem machinam fuiſſe bellicam ab
Epeo factam ad muros deiiciendos, fateatur neceſſe eſt, qui
Troianos nolit ſtuporis ac ſtultitiae condemnare. Verum
quoniam traditum eſt, Graecorum fortiſſimum quemque in
equum illum fe abdidiſſe; convenit equi aenei forma cum
iis, quae de Troiano memoriae prodita funt. Mneftheus
enim, Teucer, Thefei etiam filii, ex equo erumpunt. (11) Inter ceteras vero ſtatuas, quae pofitae fecundum equum funt,
Epichurmi, qui fe in armatorum curfu exercuit, imaginem videas a Critia factam. Oenobii quoque praeclariſſi-
mae actioni fuus honos eſt. Hic enim fcitum fecit, ut in
patriam Thucydides Olori filius reſtitueretur: cuius, quum
poſt reditum dolo fuiſſet peremptus, ad Melitidem portam
fepulcrum eſt. (12) De Hermolyco vero pancratiaſte, et
Phormione Afopichi filio, quae ab aliis fcripta funt, omitto.
Hoc unum de Phormione non praeteribo. Is quum et vitae
integritate, et maiorum fplendore Athenienſium culvis
par effet, accidit, ut aere alieno obrutus, in Paeanienfem
curiam fecederet: ubi quum a republica feiunctus degeret,
eſt ei tamen ab Athenienſibus claſſis imperium decretum.
Atenim Phormio fe Iſud non fufcepturum, quod apud milites, nondum aere alieno diffoluto, nihil effet autoritatis
habiturus: fed quum eum claſſi imperare Athenienſes omni-

no vellent, omnem quam debuit *traditoribus* pecuniam diſſol-
verunt.

CAP. XXIV. Eodem in loco Minerva eſt Marſyam Sylenum
caedens, quod tibias, quas ipſa abiecerat, ſuſtuliſſet. (2) Praeter ea, quae haćlenus recenſui, Theſei pugna eſt contra eum,
qui eſt Minois taurus appellatus, ſive is homo, ſeu monſtrum (quod iam fama obtinuit) fuerit. Multo certe *diis*
mirabiliora aetate noſtra mulieres monilra pepererunt.
Ibidem Phrixus eſt Athamantis filius, arietem, a quo eſt in
Colchos delatus, immolans, incertum, cui deo: verum coniicere poſſis, eundem eſſe, quem Laphyſtium nuncupant Orchomenii. Succiſa Phrixus Graecorum ritu femora dum
torrentur, intuetur. Sunt et alia *deorum* ſigna, et Hercules
angues (ut ſabulis vulgatum eſt) necans. Minerva etiam
de lovis vertice prodiens: et taurus. Areopagitarum donum,
Quae vero dedicationis cauſa fuerit, multa quivis ſuſpicari
poſſit. (3) Diximus autem ſuperius, Athenienſes deorum cultu
ſtudioque religionis longe ceteras omnes civitates anteire.
Primi enim Minervam Erganen cognomento appellarunt:
primi mutilos Mercurios coluerunt: iidemque primi bonorum *virorum* Genio templum dedicarunt. Iam qui artificium
plurimi aeſtimat, haec antiquiſſimi operis ſigna quae intuentur
habeat. Vir quidam eſt galeae innitens, Cleoctae opus,
cui artifex idem ungues argenteos fecit. Eſt etiam Terrae,
a Iove imbres implorantis, ſimulacrum, vel quod Athenienſes aliquando pluvias deſiderarint, vel quod tota Graecia
ſoli ſiccitate laborarit. Ibi et Timotheus Cononis, et ipſe
Conon poſitus eſt. Prognen filium tollere meditantem, et Ityn
ipſum dicavit Alcamenes. Primam etiam oleae plantam
Minerva, et Neptunus undam proferens ibi ſpeĉlantur: (4) et
Iovis ſimulacrum, cui Polieo cognomentum, Leocharis
opus: cuius ſacrorum ritus quum expoſuero, cauſam
tamen obſcuram eſſe facile patiar. In Poliei Iovis ara hordeum tritico permiſtum apponunt. neque cuſtodes adhibent.
Bos ad ſacrum comparata, dum ad aram accedit, fruges eas
attingit. Ex ſacerdotibus is, quem Buphonum (i. e. *bovis*
*peremptorem*) nominant, ſecurim in illum iaculatus (hic enim
ſacri ritus eſt) fugiens abit: qui adſtiterunt, tanquam eum,
qui bovem percuſſerit, non viderint, ſecurim in iudicium
reum citant. Et haec quidem, quo diximus modo, peraguntur.
(5) In eo vero templo, quem Parthenona appellant, ac *teſtudinis*
ea parte, quae Aquilae dicuntur, ſigna poſita ſunt ad Minervae natales pertinentia. In poſtico Minervae et Neptuni
de Attica certamen: Deas ſignum ex ebore et auro faĉlum:
in galeae cono Sphinx eminet: de ea, quae memoriae prodita ſunt, tunc exponam, /quum ad Boeotorum res ventum
fuerit. Utramque galeae partem Gryphes tenent. (6) Hos cum
Arimaſpis, qui ſupra Iſſedones ſunt, auri cauſa *ajſidue* bel-
lare. Ariſteas Proconneſius carminibus teſtatus eſt: et aurum
quidem, quod cuſtodiunt Gryphes, e terra naſci: Arimaſpos
ipſos unicum habere oculum: et Gryphes, belluas leonibus

fimiles, roſtrum et pennas habere aquilinas. Haec de Gryphibus. (7) Minervae ſignum rectо ſtatu eſt, cum tunicatalari.
In eius pectore Medufae caput ex ebore factum: et Victoria cubitorum fere quatuor, manu haſtam tenet: iacet
ad pedes ſcutum, ad imam haſtam draco, quem Erichtho-
mium effe exiſtimare poſſis: in baſi, quae de Pandorae ortu
traduntur, elaborata ſunt. Hefiodus quidem et alii poëtae
prodiderunt, Pandoram primam foeminam fuiſſe, neque,
priusquam illa gigneretur, exſtitiſſe muliebrem ſexum. Eo
in loco unicam videro meminì ſtatuam, Adriano imperatorì
pofitam: unam item in ipfo templi aditu, Iphicrati, qui
multa et ſune admirabilia virtutis documenta dedit. (8) Extra
templum eſt aeneus Apollo, quem a Phidia factum dicunt:
Parnopium (a braʃʃhis newʃʃe) appellant, quod fe deus bruchos,
qui totum agrum magna afficiebant calamitate, extra
fineʃ pulſurum dixiſſet: et pulfos quidem ſciunt, quo autem
modo, non tradunt. Scio equidem, ter in Sipylo monte de-
letos bruchos, non uno tamen modo. Nam vehemens
aliquando et fubita procella eos eiecit: iterum acrì
aeſtus vapore, qui ſtatim eſt imbres confecutus, enecti
ſunt: iam tertio repentino frigore oppreſſi perierunt.
Atque haec quidem, quae de abolitis bruchis memoravi,
aetate mea acciderunt.

CAP. XXV. In Athenienſium arce Periclis Xanthippi
filii ſtatua eſt, ipfius etiam Xanthippi, qui ad Mycalen cum
Perfis navali praelio conflixit. Sed Periclis ſciuncta eſt a
ceteris: Xanthippo vero adfiſtit Anacreon Teius, qui primus
poſt Lesbiam Sappho magnam carminum fuorum partem in
exprimendis amoribus confumfit. Habitus eius eſt veluti
hominis per ebrietatem cantantis. Foeminas eas, quae prope
funt, Io Inachi, et Calliſto Lycaonis filiam, fecit Dinomenes. Eadem fere omni ex parte de utraque narrabtur. amor
ſcilicet Iovis. Iunonis ira, et mutatio utriusque, Inus in
bovem, Calliſtus in urſam. (2) In eo arcis muro, qui ad
auſtrum converfus eſt, Gigantum, qui Thraciam et Pallenes
anguſtias incoluerunt, vulgo celebratum bellum: Athenienſium contra Amazones pugnam: ad Marathonem in Perſas
praeclariſʃimum facinus: Gallorum in Myſia internecionem:
haec omnia Attalus dedicavit: fingula duum fere cubitum
ſpatio continentur. Inter ceteras ſtatuas locum fuum
obtinet Olympiodorus: quem honorem confecutus eſt, quum
ob rerum, quas geſſit, magnitudinem, tum quod iniquiſſimis
temporibus et crebris cladibus afflictos Athenienfes, ac iam
ſpem omnem poſteri temporis abiicientes erexerit et con-
firmarit. (3) Accepta enim illa ad Chaeroneam plaga in-
gruere omnibus Graecis importatae ſunt calumitates. Nam
et qui periculum ſpectarant, quaſi fua nihil iutereſſet, et qui
cum Macedonibus in acie ſteterant, in ſervitutem fimul
omnes redacti ſunt. Urbes quidem tum Philppus quamplu-
rimas cepit: Athenienfes vero per ſimulationem pacis quàm
graviſſimis affecit detrimentis, quum et infulas illis, et

marls impèriùm admmiffet: aaquantifper regnavit Phllippus,
ac'dciude Alexander, nihil omnino novi molíri Athenienf*s
aufi funt. Quum vero Macedones mortuo Alexandro Ari-
dæo regnum detuliffent, (commiffa tamen Antipatro imperii
adminiflratione) non ferendùm uffe amplius vifum ell, Græco-
rum sea tamdiu a Macedonibus oppreffas teneri. Quare et
ipfi flatim arma ceperunt, et ad bellum alios etiam excitarunt.
(4) Quae vero urbes cum Athenienfibus focietatem coierunt,
hae propemodum fuere. Ex Poloponnefo Argi, Epidaurus,
Sicyon, Troezen, Elei, Phliafii, Meffenii: ex iis, qui extra
Corinthiorum Ifthmium funt, Locri, Phocenfes, Theffali,
Caryflus, Acarnanes, qui cum Aetolis cenfentur: at Boeotii,
qui Thebis deletis Thebanum agrum tenebant, quum veriti
effent, ne Athenienfes Thebas, eo colonia deducta, adverfus fe reflituerent, non modo in eam focietatem nomen fuum
non ediderunt, fed etiam cpes fuas omnes in Macedonum
ftudia contulerunt. Quum vero civitates, quae tunc belli
gerendi caufa confpirarant, fingulos duces dediffent, ab
univerfis imperator declaratus eft Leofthenes Athenienfis,
quum propter patriae dignitatem et militaris rei fcientiam,
tum quod praeclara eius viri in omnes Graecos merita ex-
flabant. Nam quum Alexander Graecos, qui Dario flipendia
fecerant, in Perfidis urbes dividere flatuiffet, hic eos, antequam id fieret, claffe in Europam reportavit: et plane
quum hominum de fe fpem virtute vinceret, fuit eius mors
non magis luctuofa cunctis, quam calamitofa. Tunc enim
demum Macedonum praefidia, impetu in Athenienfes facto,
Munychiam primum, Piraeeum deinde, et longos muros
occuparunt. (5) Verum Antipatro mortuo, Olympias ex
Epiro profecta, fublato Aridaeo, non diu regnum tenuit.
Nequu enim multo poft a Caffandro per obfidionem capta,
Macedonum multitudini tradita eft. Regno vero inito Caffander (ut cetera, quae ad Athenienfes non pertinent, miffa
faciam) Panactum Atticae caftellum, et Salamina cepit, ty-
rannumque Athenienfibus impofuit Demetrium Phanoftrati
filium, hominem fapientiae laude praeftantem. Hunc Demetrius Antigoni filius adolefcens, e fingulari quodam in
Graecos ftudio gloriam captans, non ita multo poft eiecit:
fed rurfus Caffander, pro acerbiffimo quo in Athenienfes
laborabat odio, Lachari, qui ad illud usque tempus principem in plebe locum tenuerat, in fidem fuam recepto, ut tyrannidem invaderet, perfuafit: et is quidem omnes, de quibus
aliquid literis mandatum fit, acerbitate in homines, in deos
impletate fuperavit. At Demetrius Antigoni filius, etfi
nonnihil ab Athenienfibus diffidebat, evertit tamen et Lacharis tyrannidem. Is ubi captos vidit muros, ad Boeotios
confugit. Quo quum aurea fcuta ex arce direpta, et Minervae ipfius, quae removeri poterant, ornamenta omnia afpor-
taffet, propter eam quae de ipfius divitiis erat opinionem,
a Coronaeis eft interemptus. Liberatis vero Athenienfibus
tyrannorum dominatu, non flatim Demetrius poft Lacharis

easdem Piraeeum reddidit: quin poftea, quum bellica vi urbem in poteftatem redegiffet, praefidio et munitionibus eum locum firmavit, quod Mufeum appellant. (6) Eft autem intra vetus pomoerium, e regione arcis. collis, in quo Mufaeum vatem canere folitum, atque ibidem fene-luto confumtum humatum ferunt. Eodem poftea in loco Syro homini monumentum eft erectum. Eum fune collem Demetrius occupatum munivit.

Cap. XXVI. Aliquot poft annis excitavit optimum quemque Athenienfium rerum a maioribus fuis geftarum memoria. Quare quum viderent, quurfum evafiffet fortoe-fi,fimus reipublicae decus, confeftim Olympiodorum ducem deligunt. Is habito delectu, in quo neque fenibus neque pueris vacatio fuit, exercitum contra Macedones eduxit, non robore magis quam militum alacritate oonfifus, priftinam fe belli gloriam patriae vindicaturum. Praelio itaque Macedonas fudit; ac fugientes in Mufeum perfecutus, loco capto, Athenienfes Macedonum dominatu liberavit. (2) Quo tempore quum omnes reipublicae egregiam operam navaffent, Leocriti tamen Protarchi filii virtus excelluit. Is enim primus muros adfcendit, primusque intra Mufeum irrupit: atque ei quidem in pugna caefo et alii ab Athenienfibus honores habiti funt, et eius clypeum Iovi Liberatori dedicarunt, cum infcriptione, nominis et praeclari facinoris indice. (3) At Olympiodorus non unum hoc virtutis fuae, quod paulo fuperius commemoravimus, fpecimen dedit: fed, praeterquam quod Piraeeum et Munychiam recepit, idem Macedonas Eleufinem invadentes, comparata Eleufiniorum manu praelio vicit: et ante, quum in Atticam Caffander effet hoftiliter ingreffus, navibus in Aetoliam profectus, ab Aetolis, ut auxilia mitterent, impetravit. Quae res, maximo bello impendente, faluti Athenienfibus fuit. Sunt igitur illi apud Athenienfes fua, quum in arce, tum in Prytaneo monumenta: et Eleufinii picturae res eius geftas mandarunt. Quin et e Phocenfibus qui Elateam incolunt, ex aere ftatuam Olympiodoro Delphis pofuerunt, quod illis, quum a Caffandro defeciffent, opem tuliffet. (4) Prope Olympiodori ftatuam Dianae ex aere fimulacrum ftat, Leucophrynes cognomento: Themiftoclis filii dedicarunt. Magnetes enim, quibus ex regis liberalitate imperavit Themiftocles, Leucophrynen Dianam colunt. (5) Sed enim mihi non eft, univerfae Graeciae hiftoriam contexenti, in hac parte diutius immorandum. Endoeus patria fuit Athenienfis, Daedali difcipulus, qui fugientem Daedalum ob caedem Cali eft in Cretam fecutus: hic fedentem fecit Minervam, cuius eft infcriptio, dedicaffe Calliam, Endoeum feciffe. (6) Eft ibidem aedes, quod Erechtheum appellant. In veftibulo, Iovis fupremi ara eft: ad quam victimas non caedunt fed liba duntaxat apponunt: ac vino quo minus utantur, religione prohibentur. In ipfo aditu araefunt, Neptuni una, ad quam ex oraculo etiam Erechtheo rem divinam faciunt:

Butae herois altera : tertia Vulcani. In parietibus picta sunt,
quae ad Butadarum gentem pertinent. Aedes ipsa duplex
est. In ea marinae aquae puteus: quod certe miraculo non
adscripserim. Nam et ex iis. qui mediterranea incolunt,
alii, et in primis in Caria Aphrodisienses, talem puteum
habent. Sed quod literis mandandum sit, id nempe est,
quod flante austro undarum sonitum reddit : quodque in saxo
tridentis forma incisa est. Quae esse monumenta dicunt eius,
quod *Minervae cum* Neptuno fuit de Attica, certaminis.
(7) Et sacra quidem Minervae quum urbs, tum regio est
universa. Curiae enim et suos quaeque deos privatim colunt,
et Minervae communiter divinam rem faciunt. Omnium
vero sanctissimum Minervae signum illud est, quod iam inde
ab initio de communi omnium curiarum consilio dedicatum
est in arce, quum ea urbis nomine appellaretur. Delapsum
quidem de coelo fama vulgavit : sed mihi id neque affirmare,
neque refellere in praesentia in animo est. Lucernam ex
auro deae Callimachus fecit : in quam oleum infusum non
consumitur, nisi exacto demum anno, quum tamen lucer-
na dies noctesque ardeat. Id adeo evenit, quod lucernae
inest e lino carpasio funiculus, quod sane linum unum ex
omnibus igni non conficitur. Eminet supra lucernam palma
aenea : quae quum ad lacunar consurgat, exceptum vaporem facile dissipat. Callimachus vero ipse, qui lucernam
fecit, etsi multo est infra summos artifices, solertia tamen
ceteris longe praestitit: primus enim lapides terebravit :
nomen vero Cacizotechnon, *quasi artis dives suae calumniator*,
aut sibi ipse imposuit, aut ab aliis impositum usurpavit.
Cap. XXVII. Erectus autem est in Poliadis delubro
Mercurius ligneus, (fuisse aiunt Cecropis donum) inter
myrti ramos valde conspicuus. Inter vetustissima donaria,
quorum mentio fiat, digna sunt lecticaria sella compactilis,
Daedali opus, et de Persarum spoliis Masistii, qui ad Plataeas equitum dux fuit, lorica, et acinaces, qui Mardonii
fuisse dicitur. Masistium quidem ab Atheniensium equitatu
interemptum scimus. Mardonius vero in acie contra Lacedaemonios dimicans, a Spartano milite est interfectus.
Eius igitur acinacem aut omnino non sustulissent Lacedaemonii, aut certe sublatum Atheniensibus non concessissent.
(2) De olea vero aliud nihil memorant, nisi esse eam Minervae de Attica certaminis monumentum. Addunt, incensa
a Persis urbe conflagrasse, eodemque die in duum cubitum
proceritatem germinasse. (3) Cum Minervae templo Pandrosi
aedes coniuncta est, quae sola ex sororibus fidem in depo-
sito servavit. (4) Iam vero, quae magnae mihi sunt admirationi, neque apud omnes vulgata, ea, uti se habent, exponam. Virgines duae non longe a Poliados habitant : eas
Athenienses Cisliferas appellant. Hae certum tempus
apud deam commorantur : deinde ubi lestus dies advenit,
per noctem capite tollunt, quae illas Minervae sacerdos ferre
iusserit, quum neque ipsa, quid ferendum det, neque virgines,

quid ferant, fciant. Eſt in urbe feptum quoddam, non
longe a Veneris, quae in hortis dicitur. Ibi in nativam ſpecum quandam defcendentes, onus deponunt, et pro eo
aliud item velatum et occultum tollunt: ac foras quum egreſ-
ſae fuerint, exautoratae in poſterum, quo velint, abeunt: ſed
pro illis totidem alias, quas in areem adducant, capiunt.
(5) Ad Minervae. anus eſt ailabre elaborata, cubitali fere altitudine: quam eſſe aiunt Lyfimachen deae miniſtram. Sunt
etiam ex aere ſigna duo grandia, quaſi inter fe dimicantium:
eorum alterum Erechtheum appellant, alterum Eumolpum:
neque tamen ignorant, qui res priscas norunt. Immeradum
eſſe hunc Emnolpi filium, quem Erechtheus occiderit. (6) In
baſi interiore ſtatuae eorum funt, qui vates Tolmidae fuerunt, Tolmides etiam ipfe, qui Athenienſium claſſis dux
et alios magnis affecit incommodis, et in primis Peloponneſiorum maritimum agrum excurſionibus infeſtum reddidit.
Idemque Lacedaemoniorum ad Gythium navalia incendit;
finitimos dein adortus, Euboeam et Cytheriorum infulam
cepit. Quum in Sicyoniorum deinde fines traieciffet, eos
qui armis, ne agrum popularetur, impedire conati ſunt,
intra urbem repulit. Inde Athenas reverfus, Euboeam et
Naxum colonias deduxit. Idem, cum exercitu in Boeotos
impetu facto, agrum depopulatus eſt. Capta mox per obſidionem Chaeronea, in Haliartiorum fines excurrit: ubi et
ipfe dimicans cecidit, et copiae eius omnes fufae fugataeque
funt. Atque haec quidem de Tolmide comperta habeo.
(7) Exſtant prifca Minervae ſigna, quae ſaepe integra manferunt,
decolorata tamen fumo, et quae ictum omnino nullum va-
leant fuſtinere. Ad ea enim flamma pervaſit, quo tempore,
quum naves confcenderent Athenienfes, urbem, quam militaris aetas deferuerat, Xerxes occupavit. Spectatur et
apri venatio: parum vero liquet, an is Calydonius aper fit.
Cycni etiam cum Hercule pugna. Ab hoc quidem Cycno
et alios interemptos ferunt, et Lycum Thracem, propoſitis
de ſingulari certamine praemiis: ad Peneum autem amnem
ab Hercule eſt ipfe interfectus. (8) Atque ad ea quidem,
quae de Thefeo Troezenii commemorant, addunt, Herculem Troezenem ad Pittheum veniſſe: quumque accumbere
vellet, leonis bellem depofuiſſe: acceſſiſſe et alios Troezeniorum pueros, et Thefeum annum agentem ferme feptimum:
ceteros, ut leonis pellem viderunt, perterritos aufugiſſe:
Thefeum, niſtil magnopere metuentem, propius veniſſe, ab-
reptaque de fervorum manibus bipenni, quod viventem
leonem eſſe putaret, invadere illam voluiſſe. Et haec quidem de Thefeo prima apud Troezenios hiſtoria vulgata eſt.
Alteram adiiciunt: crepidas Aegeum fub faxo, et enfem
depofuiſſe, quo ea ſibi ſigna in filio agnofcendo forent, ac
deinde Athenas reverfum: Thefeum, quum iam fextum decimum aetatis annum attigiſſet, umoto faxo depoſitum fuſtuliſſe. Res tota ex aere, praeter faxum, in arce expreſſa
eſt. (9) Eodem in loco aliud Thefei facinus memoriae commen-

darunt, de quo huiusmodi narratur hiſtoria. Cretenſium
agrum quum alium, tum eum, qui Tethrini amni adiacet,
taurum infeſtum reddidiſſe; fuiſſe enim priſcis temporibus
belluas *multo immanioris atque* hominibus formidoloſiores.,
Cui rei teſtimonio ſunt Nemeaeus et Parnaſius leo: dracones in pluribus Graeciae locis: apri etiam, Calydonius atque Erymanthius, et in Corinthiorum finibus Crommyonius.
Has feras partim terram protuliſſe, partim dis fuiſſe ſacras:
nonnullas etiam ad homines plectendos exſtitiſſe ſerunt.
Taurum enim hunc Cretenſes Neptuni ira immiſſum memorant, quod Minos late mari toti, quod Graeciam alluit,
Imperans, nihilo quam ceteris dis Neptuno maiorem honorem habuiſſet: e Creta vero eundem taurum in Peloponneſum traicriſſo, unumque fuiſſe de duodecim Herculis laboribus. In Argivorum vero campos actum, per Corinthiacum
Iſthmum in Marathoniam Atticae regionem fugiſſe: ibi inter
alios multos, quos caſus obtulerat, Minois etiam filium
Androgeum interemiſſe:. Minoem *qua l'er co tefe commotum*,
quum id Athenienſium fraude accidiſſe interpretaretur, comparata claſſe Athenas oppugnatum veniſſe, ac non prius
Athenienſes vexare deſiiſſe, quam ſe pacti eſſent pueros ſeptem, ac totidem virgines *quotannis* in Cretam miſſuros, qui
Minotauro, quem Minos in Labyrintho Gnoſi incluſerat,
traderentur. Marathonium vero taurum poſtea Theſeum
fama eſt in arcem egiſſe, ac ipſi deae mactaſſe: cuius rei
Imaginem Marathoniorum curia dedicavit.

Cap. XXVIII. At Cylonem cur dignum putarint, cui
aeneam ſtatuam ponerent, comperti nihil habeo, quum de
tyrannide eum conſilia iniſſe conſtet. Habitum tamen hunc
illi honorem coniicio, quod et formae dignitate praeſtiterit,
et gloria fuerit minime vulgari. Nam in Olympia victor de
iterato ſtadio renunciatus eſt, et Theagenis Megarenſium tyranni filiam in matrimonio habuit. (2) Praeter ea vero, quae
adhuc recenſui, duo ſunt ex bellicae praedae decimis inſignia apud Athenienſes opera: de Perſarum, qui in Marathoniorum fines invaſerant, manubiis Minervae ex aere
ſignum, quod Phidias fecit: in cuius clypeo Lapitharum et
Centaurorum pugnam Mys caelavit, quam eam Myi, et quae
in clypeo ſpectantur reliqua, Parrhaſius Evenoris filius pin-
xiſſet. Haſtae cuſpis et in ſumma galea criſta a Sunio
usque adnavigantibus conſpicua eſt. De Boeotiorum vero
et Chalcidenſium, qui in Euboea ſunt, decimis aeneus currus.
Duo praeterea dona dedicarunt, Periclem Xanthippi filium,
et (quae omnibus Phidiae operibus antecellit) Minervam:
quam, quod a Lemniis dedicata eſt, Lemniam appellant.
(3) Arcem ipſam, praeter eam partem, quam Cimon Miltiadis filius exſtruxit, muris cinxiſſe Pelasgos homines tradunt,
qui imam eius partem tenuerunt· Agrolam, et Hyperbium,
de quibus quum ſtudioſe ſciſcitatus fuerim, aliud nihil comperi
quam e Sicilia eos in Acarnaniam migraſſe. (4) Quum iam
deſcenderis, non tamen ad inferiores urbis partes, ſed

paulo infra propylaea, fontem videas, et illi proximum
Apollinis et Panos fanum, et in eo ipfo fpecum, in quo
cum Creufa Erechthei filia Apollinem concubuiffe fama vulgavit. De Pane vero haec memoriae prodita funt: nuncium
ad Lacedaemonios de Perfarum in Atticam irruptione Phi-
lippidem miffum hunc, quum rediiffet, retuliffe, Lacedaemonios minus maturo copias educere, quod religione impedi-
rentur cum exercitu exire, antequam luna orbem compleffet:
fibi vero ad Parthenium faltum Pana obvium factum, qui
fe Athenienfibus pro fua erga eos benevolentia in pugna
ad Marathonem praefto futurum pollicitus fuerit. Ex eo
nuncio deo honores haberi coeptos. (5) Quae vero urbis
regio Areopagus dicitur, inde nomen accepit, quod Mars
eo in loco primus capitis caufam dixerit. Nam et Halirrhothium ab eo occifum, et qua de caufa, ante expofuimus.
Eadem vero in loco poft Orefti de matris caede iudicium eft
conftitutum. Exftat adhuc Minervae Areae (id eft, deprecatri-
cis) ara, quam Oreftes iam abfolutus dicitur dedicaffe. Sa-
bella ibidem, qua faxa ipfe videntur, duo funt argentea, quibus accufatores et rei infident; alterum contumeliae, impu-
dentiae alterum vocant. (6) Proxime dearum eft aedes,
quas Athenienfes Severas, Hefiodus in eo, quod de Gentilitate deorum fecit, carmine Erinnys nominat. Earum
ferpentibus effe crinem implicitum, primus omnium finxit
Aefchylus. Nihil tamen vel harum, vel ceterorum, quae
illic pofita funt, inferorum numinum fimulacra quicquam
horribile prae fe ferunt. Nam Plutonis, Mercurii, et Telluris ibidem funt figna: ad quae rem divinam faciunt, quicunque in Areopagitico iudicio capitis periculo fuerint liberati;
fed alii etiam, quum hofpites, tum cives. (7) Intra feptum
Areopagi Oedipi monumentum eft, de quo quum fedulo
quaererem, eius offa Thebis eo deportata comperi. Quae
enim de Oedipi morte Sophocles finxit, Homerus fecit, quo
minus vera fuiffe credam. Ab eo enim traditum fcimus,
Mecifteum Thebas profectum, iis ludis, qui ad Oedipi tumulum facti funt, decertaffe. (8) Sunt etiam apud Athenienfes
alia iudicia, fed matro minus illuftria: eorum unum Paraby-
ftum, alterum Trigonum nominant. Illud ab obfcuro urbis
loco, in quo leviffimae prorfus caufae cognofcuntur: hoc a
loci forma nomen affumfit. Batrachii vero et Punicei a
coloribus in hunc usque diem nomina permanfere. Maximum vero omnium, et quo frequentiffimi conveniunt, He-
liaeam vocant. (9) In eo foro, quod Palladium appellant,
caedis caufae agitantur. Atque in eo quidem primum Demophontem cauffam dixiffe nemo ambigit: cuius vero is criminis reus fuerit, non fatis inter omnes convenit. Diomedem quidem tradunt, Ilio capto, quum in patriam reveheretur, per noctem viae errore ad Phalerum appuliffe. Ubi quum
Argivi, qui cum eo erant, in agrum tanquam hoftilem populabundi excurrerent, ut qui aliam quam Atticam terram inter
tenebras crederent, Demophontem aiunt, et ipfum nefcium

tem, Argivorum eam claffem effe, ad propulfandas popula-
tiones accurriffe. Quumque, aliquot interiectis, Palladio
erepto, domum abiret, ab eius, equo Athenienfem hoininem,
quum parum is profpiceret, fubverfum alifumque interiiffe.
Demophontem itaque alii ab eius, qui Interfectus fuerat, propinquis, alii vero ab Argivorum republica,reum factum memorant. (10) In Delphinio caufam dicunt, qui fe iure occidiffe defendant: quo iudicio et Thefeus, quum Pallanta
eiusque filios res novas molientes interemiffet, abfolutus eft.
Ante Thefeum enim. interfectorem neceffe erat exilii caufa
folum vertere, aut talionis poenam fufcipere. (11) In Prytaneo de ferro aliisque inanimis iudicium fit: cuius rei hoc initium fuiffe arbitror. Erechtheo Athenis regnante, bovem
facerdos is, qui Buphonus eft appellatus, ad Poliei Iovis
aram occidit, ftatimque relicta bipenne e finibus exceffit:
bipennis iudicio abfoluta eft. Et eum quidem ritum quotannis
fervant. Dicuntur autem alia quoqne fenfu carentia lege
plecti. Pulcherrimum vero et ad Athenienfium gloriam
maxime infigne monumentum Cambyfae acinaces praebuit.
(12) In Piraeei maritima parte gurges quidam eft, ubi qui in
exilium abeunt, fi quod novum fuerit in eos crimen confla-
tum, e navi iudicibus in littore confiftentibus caufam dicunt: ac Teucrum aiunt primum omnium eo fe modo Tela-
moni purgaffe, quum de Aiacis caede culpa vacaret. Et
haec quidem de iudiciis commemoravimus, ut, quantae ea
curae Athenienfibus fint, intelligi poffit.

CAP. XXIX. Non longe ab Areopago navis oftenditur
ad Panathenaeorum pompam fabricata, qua fortaffe maior
alia facile inveniatur: ea vero, quae Deli eft, omnes, quas
ego norim, magnitudine fuperat. E foris enim eius novenis
eminent remigibus tranftra. (2) In curiis ipfis extra urbem,
et in viis paffim, deorum templa, heroomque et hominum
funt fepulcra. Non longe a muris Academia eft, privati
olim hominis ager, nunc gymnafium: In suius primo aditu
intra feptum quoddam Dianae pulcherrimae et optimae figna
vifuntur. 'Effe vero ea Dianae cognomina, et ipfe coniicio,
et Sapphus carmina teftantur; de quibus nihil hoc loco attinet dicere, quum multa tamen tradita fint. Eft et Bacchi
Liberatoris aedes, non fane magna; in quam ftatis diebus
quotannis dei fignum deportant. (3) Iam vero inter fepulcra primum obtinet locum Thrafybuli Lyci filii, viri Athenienfium omnium, qui ante ipfum fuere, quique funt eius
aetatem confecuti, omni laudum genere praeftantiffimi: de
quo, quum nihil nunc neceffe fit omnia commemorare,
unum tamen, ex quo fit eius virtus teftata, non praetermittam. Is triginta tyrannorum dominatum initio cum fexaginta non amplius fociis, Thebis profectus, evertit, et
Athenienfibus diuturnis feditionibus pene afflictis, compo-
fitionis et concordiae autor fuit. Alii deinceps funt tumuli,
Periclis, Chabriae, et Phormionis. (4) Eft etiam fuum
omnibus Athenienfibus, qui aut navalibus aut terreftribus

praeliis *pro patria* mortem oppetiere, monumentum, iis
exceptis, qui ad Marathonem ceciderunt. Illis enim eodem,
quo occubuerunt, loco fepulcra ad virtutis memoriam erecta.
Alii *vero*, in via funt, quae ad Academiam ducit, fepulti, ac
pilae tumulis impofitae, cum elogiis nomen cuiusque et
curiam teftantibus. In primis eorum fepulcra fpectantur,
quos, quum Thraciam iam omnem ad Brabifcum usque oc-
cupaffent, Edoni de improvifo adorti interemerunt: quos
ipfos etiam fulminibus ictos periiffe dicunt. Duces *iis* et alii
fuerunt, et Leagrus, cui copiae omnes fuerant commiffi et
et Decelenfiu Sophanes, qui Eurybaten Argivum de quinque in Nemea certaminibus victorem Aeginetis opem ferentem occidit. Et hunc quidem extra Graeciam tertium exercitum Athenienfes mififfe conftat. Nam Priamo et Troianis
Graeci omnes communi confenfu bellum intulerunt: Athenienfes vero ductu proprio in Sardiniam primum, deinde in
Ioniam, tertio in Thraciam arma promovere. (5) A fronte
monumenti columna eft, in qua pugnantes equites duo
cernuntur, quorum uni Melanopo, alteri Macartato nomen:
qui adverfus Lacedaemonios et Boeotios dimicantes, in ipfis
Eleufiniorum et Tanagraeorum finibus cecidere. Exftant et
Theffalorum equitum tumuli, qui pro vetere amicitia Athenienfibus auxilio venerunt, quum in Atticam Peloponnefii, duce
Archidamo, invalifent: ac fecundum eos Cretenfium fa-
gittariorum: Athenienfium rurfus, Clifthenis primum, qui
certa iura, quae adhuc confervantur, in tribus defcripfit.
Equitum deinde eorum, qui in eadem cum Theffalis pugna
ceciderunt. Eodem etiam in loco Cleonaei iacent, qui cum
Argivis in Atticam venerant. Qua autem de caufa venerint,
tunc exponam, quum ad Argivorum res defcenderit hiftoria.
Sunt et eorum Athenienfium ibi tumuli, qui ante Perficum
bellum cum Aeginetis pugnarunt. (6) Aequitatis autem
pleniffimum illud plebifcitum fuit, quo publicae fepulturae
honor eft cum fervis communicatus: eorumque nomina columnis incifa funt, quod fideliter et ftrenue dominis in praelio
operam fuam navaffent. Sunt et aliorum virorum monumenta, qui diverfis in locis pugnantes ceciderunt: clariffimi
vero omnium, qui ad Olynthum pugnarunt. Ibi videas et
Melefandri monumentum, qui navibus adverfo Maeandro
in fuperiorem Cariam contendit. (7) Ibidem conditi funt,
qui Caffandri bello occubuerunt, Argivis opem ferentes.
Huius vero focietatis cum Argivis hanc fuiffe caufam tradunt.
Sparta terrae motu concuffa, Hilotes (*rustica scilicet opera,*
*captivi Meffenii*) in Ithomen fecefferunt. Fecit ea defectio, ut
Lacedaemonii et ab aliis, et ab Athenienfibus auxilia pofcerent. Miffi funt itaque lectiffimi viri cum Cimone Miltiadis
filio: fed eos Lacedaemonii, quod fufpectos haberent, remiferunt. Ubi igitur illi domum rediere, Athenienfes ea
contumelia graviter commoti, cum Argivis Lacedaemoniorum hoftibus foedus fecerunt. Poftea quum ad Tanagram
cum Boeotiis et Lacedaemoniis, effent Athenienfes praelium

commiſſurl, auxilia illis quidem Argivi miſerunt: neque
multum abſuit, quin ex acie ſuperiores diſcederent. Verum
nox. quo minus. utri viciſſent, cerni poſſet, obſtitit.  Poſſero
vero die Theſſalorum equitum proditione a Lacedaemoniis
Athenienſes victi ſunt.  Sed eorum ducum, quorum in eo
loco monumenta exſtant, longe clariſſimus Apollodorus
mercenariorum dux, qui quum Athenienſis eſſet, ab Ariſto
(eius Phrygiae, quae ad Helleſpontum eſt, ſatrape) *cum auxiliis*
miſſus, Perinthlorum civitatem, eius fines Philippo cum exercitu ingreſſo, ſervavit.  Hic igitur illic ſepulcus eſt: item
Ebbulus Spinthari filius; alii etiam, quorum virtuti fortuna
ſuit iniquior.  Eorum enim alii, quum in Lacharem tyrannum coniuraſſent, alii vero, quum de eiiciendo ex Piraeeo
Macedonum praeſidio conſilia iniiſſcnt, priusquam negotium
conficerent, conſciorum indicio oppreſſi ſunt. (8) Siti etiam
ibi ſunt, qui ad Corinthum ceciderunt: ubi facile declaravit
Deus, quemadmodum et poſt in Leuctrica pugna, nihil intereſſe, ſpectata quemquam virtute eſſe, eius conſiliis fortuna
ſi non reſpondeat.  Nam Lacedaemonii, qui Corinthios ante,
Athenienſes, Argivos, et Bocotios armis domuerant, ad
Leuctra tam ingenti clade a ſolis Boeotiis afflicti ſunt. (9) Poſt
eorum tumulos, qui ad Corinthum periere, columnam unam
multis erectam eſſe, inſcripti elegi teſtantur,  Hos enim in
Euboea, illos in Chio, quosdam in extremis continentis
Aſiae finibus.  alios in Sicilia eecidiſſe indicant.  Duces
etiam adſcripti ſunt  praeter Niciam; et Placaeenſes milites
una cum oppidanis.  Niciam quidem praetericum non aliam
ob cauſam, quam Philiſtus prodidit, crediderim.  Scribit
enim ille, Demoſthenem in deditione facienda ſe unum excepiſſe; ac quum in hoſtium poteſtatem reniret, ſibi ipſi
manus conſciſcere conatum.  Niciam vero ultro deditionem
ſeciſſe: eamque ob rem nomen eius in columna inſcriptum
non eſſe, quod, ſe quum hoſtibus ultro dedidiſſet, quod
imperatore ac ſorti viro dignum eſſet, non ſecerat. (10) Sunt
in alia columna inſcripti, qui in Thracia et ad Megaram
pugnarunt: quique cum Alcibiade ſuerunt, quum eius autoritatem ſecuti Arcades, qui Mantineam tenent, et Elei, a
Lacedaemoniis defeciſſent; et qui ante Demoſthenis in Siciliam adventum Syracuſanos vicerunt. (11) Sepulcra etiam
eorum viſuntur, qui ad Helleſpontum navali praelio conflixerunt, et qui ſteterunt contra Macedonas in Chaeronea,
quique ſub Cleone ad Amphipolim meruerunt.  Ad hos,
qui ad Delium in Tanagraeorum finibus ceciderunt, et quos
in Theſſaliam Leoſthenes duxit, et qui cum Cimone in Cyprum navigarunt: illi etiam, qui Olympiodorum ſecuti, tredecim non amplius viri, *Macedonum* praeſidium eiecerunt.
(11) Ferunt Athenienſes, Romanis aliquando ſe finitimum
quoddam bellum gerentibus auxilia non ſane magna miſiſſe:
triremes etiam quinque Atticas navali praelio contra Car-
thaginienſes interfuiſſe.  Sua igitur iis etiam militibus ſunt
monumenta. (13) Tolmidae vero, et militum eius res geſtae,

quoque modo interierint, superius expofuimus: eorum
etiam, fi quis forte id nolle aveat, in eadem via fepukra
funt. (14) Siti praeterea illic funt, quorum magna exftitit
Cimone duce bellicae virtutis et perilluftris gloria. Eodem
enim die boftes ad Eurymedontem terreftri praelio navalique
fuperarunt. Conon exinde, et Timotheus ibidem fepulti: qui poft Miltiadem et Cimonem primi, pater et filius,
res magnas et praeclaras gefferunt. (15) Conditi ibi etiam
funt Zeno Mnafeae filius, Chryfippus Solenfis, Nicias Nico-
mediae filius, in pingendis animalibus aetatis fuae longe
praeftantiffimus: Harmodius et Ariftogiton, qui Pififtrati
filium Hipparchum occiderunt. Oratores vero Ephialtes,
qui Areopagi inftituta, ut qui maxime, pervertit: Lycurgus
Lycophronis filius, (16) qui talentorum fex millia, et amplius
quingenta, plus quam Pericles Xanthippi filius coëgerat,
in aerarium intulit: idemque ad Minervae pompas ornamenta
multa, et aureas victorias comparavit, ac virginibus centum
mundum dedit. Ad belli autem ufus fcutorum et jaculorum
numerum auxit: claffem fupplevit, at quadringentae triremes
ad navales pugnas deduci poffent. Inter opera vero, quae
exaedificavit, theatrum eft, quod quum alii inchoatum reli-
quiffent, ipfe abfolvit: ac dum reipublicae praeeffet, navale
in Piraeeo, et eo in loco, quod Lycium dicitur, gymnafium
erexit. Ac opera quidem ex auro et argento, quae illa deli-
narat, Lachares tyrannus fuftulit: aedificia permanent.

CAP. XXX. In primo Academiae aditu Amoris eft ara
eum infcriptione, Charmum Athenienfium primum Amori
dedicaffe. Eam enim aram, quae intra urbem eft, quam
appellant Anterotis, inquilinorum donum fuiffe dicunt, ac
dedicationis huiusmodi caufam exftitiffe: Meles Athenienfis
amatorem fuum Timagoram inquillnum hominem faftidiens,
per contemtum, ut de fummo faxo fe abiiceret, iuffit. Timagoras,
qui femper omnia, quae puer imperaret, facienda putaffet, animam etiam ipfam facile profudit: unde enim iuffus erat,
impigre fe praecipitem dedit. Meletem vero re cognita ita
in illum acerbitatis adeo poenituit, ut ex eodem felpfum etiam
faxo deiecerit. Ex eo tam atrod rei eventu ab inquilinis, ut
in eo ipfo loco Anteros genius, Timagorae Amoris vindex,
coleretur, inftitutum. (2) In Academia Promethei ara eft,
a qua homines in urbem accenfas lampades praeferentes de-
feurrunt. In eo enim certamen eft, ut in curfu accenfae
conferventur. Cuius enim fax exftincta fuerit, is victoria
fucceffori cedit: eademque ratione ille tertio. Quod fi nulli
ardentem perferre licitum fuerit, palma in medio relinquitur.
In ea tem Academia Mufarum funt et Mercurii arae; interius
Minervae, fua etiam Herculi. Olea inter haec fpectatur,
quae fecunda fertur e terra prodiiffe. (3) Non longe ab Academia Platonis eft monumentum, cuius in philofophias
ftudio praeftantiam divinitus fignificatam tradunt. Socratem
enim ea nocte, quam dies ille eft confecutus, quo fe Plato
in eius difciplinam tradidit, vidiffe per quietem, cygnum fibi

in finum advolaffe. Cygnuui autem canoram maxime avem
effe. vulgo creditur. Cygnum enim Ligurum (qui in Gallia
Transpadana funt) regem Muficae laude clarum fuiffe memorant, eumque, quum deceffiffet, ab Apolline in fui nominis avem mutatum. Ego vero, apud Ligures regnaffe in
Muficis folertem hominem, ut credam, facile adduci poffum:
fed hominem in avem mutatum, minime fide dignum videri
poteft. (4) In hac agri parte Timonis eminet turris, illius
nempe, qui folus novit, felicitatis compotem effe non poffe,
qui hominum aliorum confuetudinem non defugiffet. Oftenditur etiam locus, quem Equeftrem Collem appellant: in
quam Atticae partem Oedipum primum veniffe ferunt, qui
do eo diverfa ab Homeri carminibus memoriae prodiderunt.
Ibi et equeftris Neptuni, et equeftris Minervae aras, ac Pirithoi, Thefei, Oedipi. Adrailî, videas heroica monumenta.
Neptuni lucum ac templum Antigonus incendit, quo tempore cum exercitu in Atticam invadens, alias etiam eius
partes magnis affecit calamitatibus.

CAP. XXXI. Parvae Atticae curiae, quae paffim, uti
fors tulit, incoluntur, haec nobis, quae literis mandemus,
praebent. Apud Halimufios Cereris Legiferae et Proferpinae fanum eft. In Zoftere prope mare Minervae, Apollinis,
Dianae, et Latonae templa funt: ac Latonam quidem hic
peperiffe negant. Sed quum non longe pariundi tempus
abeffet, zonam folviffe dicunt: inde loco nomen inditum.
Profpaltii et ipfi Cereris et Proferpinae aedem habent: Ana-
gyrafii Matris Deum delubrum. Apud Cephalenfes Caflores praecipua quadam coluntur religione: magni enim
Dii ab iis appellantur. (2) In Prafientibus Apollinis eft templum, quo Hyperboreorum primitias mitti tradunt. Eas
enim Hyperborei Arimafpis committunt, Arimafpi Iffedoni-
bus: ab jis acceptas Scythae Sinopen, inde ad Prafienfes
Graeci deportant: eas deinde Delon Athenienfes mittunt.
Absconditae illae quidem in triticea ftipula funt, neque eas
cuiquam fas eft intueri. Apud eosdem Prafienfes Eryfi-
chthonis monumentum eft, qui quum e Delo, quo cum facris
iverat, domum reveheretur, in ipfo navigationis curfu e vita
deceffit. Cranaum vero Athenienfium regem ab Amphictyone
genere regno pulfum, ante diximus. Confugientem illum
quidem cum fuis copiis ad Lamprenfes diem fuum obiiffe, et
eodem in loco fepultum tradunt. Cranai certe monumentum in
Lamprenfibus etiamnum exftat. Ionis quoque Xuthi filii (in Attica enim is habitavit, et in bello adverfus Eleufinios Athenienfium dux fuit) in ea Atticae curia, cui Potami nomen, tumulus eft. Et haec quidem apud incolas vulgata. Phlyenfes
vero Apollinis Dionyfodoti et Dianae Luciferae aras oftendunt,
Bacchi Floridi, Ifmenidum Nympharum, et Telluris, quam
magnam deam appellant. In altero vero templo, Cereris
Anefidorae, Iovis Ctefii. Minervae Tithrones, et Proferpinae Primigeniae, et dearum, quas nuncupant Severas.
(3) Myrrhinunte Colaenidis eft fignum. Athmonenfes Amary-

fiam Dianam colunt: de qua percunctatus, neminem nancifci potui, qui liquidam eius nominis caufam explicaret.
Quantum vero ipfe coniectura aflequor, Amarynthus
Euboeae oppidum eft: ibi Amaryfia Diana colitur: et ipfi
etiam Athenienfes Amaryfiae Dianae feftum diem agitant
nihilo quam Euboeenfis minore celebritate. Inde igitur ad
Athmonenfes nomen mamaffe crediderim. Colaenidem vero,
quae Myrrhinunte eft. a Colaeno dictam exiftimo. Diximus
autem et alibi, ex Atticae curiis multos effe, qui Athenis
ante Cecropem regnatum affirment. Colaenus itaque, ut
Myrrhinufii credi volunt, ante Cecropem in Attica rex fuit.
Eft et Acharnae Atticae curia. Hi Agyieum Apollinem, et
Herculem venerantur: et iidem Minervae Sofpitae aram habent. Equeftrem quoque Minervam, et Canentem cognomine Bacchum vocant: eundem etiam deum Hedereum. Eo
enim primum in loco hederae plantam vifam tradunt.

CAP. XXXII. Montes in Attica funt, Pentelicus, ubi
lapicidinae: Parnes, qui aprorum et urforum *inculentam* venatoribus copiam praebet: Hymettus paftiones habet apibus
omnium aptiffimas, quaeque folis cedunt Halizonum pafcuis.
Apud Halizones certe adeo manfuetae funt apes, ut cum hominibus una pabulatum exeant, ac libere vagentur, quippe
quae alvearibus nullis continentur: paffim vero opus faciunt,
illudque ita concretum, ut mel a cera nequeas feiungere.
Haec quidem ita fe habeot. (2) Deorum vero figna in Atticae
montibus haec funt. In Pentelico Minervae: in Hymetto
Hymettii Iovis ftatua eft. Pluvii etiam Iovis, et Apollinis
Praefagi arae: in Parnethe Parnethius Iupiter ex aere, et
Semalei Iovis ara. Eft item ara ibidem alia, ad quam Iovi,
quem modo Pluvium, modo Innoxium appellant, rem divinam faciunt. Anchefinus etiam mons eft non fane magnus,
et *in eo* Iovis Anchefmii fignum. (3) Sed antequam ad infulas ftylum convertam, quae ad Atticae curias pertinent,
accuratius perfequar. Marathon curia pari fpatio ab Athenis
abeft et Caryfto Euboeae oppido. Ad hanc *olim* Atticae partem
Perfae primum appulerunt: ac praelio fufi, non paucas in
ipfa fuga naves amiferunt. In *huius regionis* campis tumulus
eft Athenienfium, qui in pugna ceciderunt: et ex eo pilae
emiuent, in quibus caeforum nomina et tribus infcriptae
funt. Eft et alter, Plataeenfibus Boeotis *fruitus*, et fervis.
Tunc enim primum fervi ftipendia fecerunt. Seorfum vero
monumentum eft Miltiadis Cimonis filii: culus virtuti quum
non fatis fecunda fortuna, dum Paron obfideret, refpon-
diffet, non ita multo poft, quam populi invidia damnatus eft,
e vita deceffit. In his campis audiuntur fingulis noctibus
equorum hinnitus, et pugnantium etiam virorum fpecies
cernuntur. Atque haec quidem qui de induftria audieum
fpectatumve venerint, male multati abeunt: iis vero, qui
fortuito id animadverterint, ex ira manium nihil omnino
trifte accidit. (4) Honorem Marathonii prae cunctis iis habent,
qui in pugna occubuerunt, heroasque eos appellant: multo

vero maximum Marathoni, a quo eft curiae nomen; et poft
eum Herculi, cuius facra fe primos inftituiffe dictitant. Accidit autem, ut in ea pugna (ut illi memorant) vir quidam
fpecie atque habitu agrefti opem tulerit: qui quum ex barbaris quamplurimos aratro interemiffet, repente evanuit:
neque vero quaerentibus, quisnam ille fuiffet, Athenienfibus
aliud refpondit oraculum, quam ut Echetlaeum heroa colerent. E candido vero lapide eo in loco trophaeum erexerunt. Ac Perfae quidem *in pugna capti* ut humarentur, fe
curaffe dicunt Athenienfes: quod femper pium effe
exiftimarint mortuos terrae mandare. Verum ego neque tumulum, neque aggerem ullum, nec aliud fepulturae veftigium
offendi. For Itaque fufpicari poffum in foveam quampiam,
ut fors tulit,abiectos. (5) In Marathone Macaria fons eft, de
quo haec memoriae prodita funt: Hercu'em, quum e Tirynthe Euryftheum fugeret, ad Ceycem Trachiniorum regem,
amicum fibi hominem, veniffe: quumque ex hominum con-
fortio exceffiffet Hercules, Euryftheum vius fibi liberos tradi
poftulaffe: Trachinium vero, *quum propter opum tenuitatem*
*bellum fuftinere fe poffe diffideret*, Athenas eos ad Thefeum mififfe, a quo pueros defendi poffe fperaret. Quum igitur ii
fupplicum habitu veniffent, Peloponnefios ferunt, quod Thefeus petenti Euryftheo pueros dedere *conftanter* recufaffet,
Athenienfibus tunc primum bellum intuliffe: oraculum mo-
nuiffe, victoriam in fpe fore, fi fe unus ex Herculis liberis
ultro devoviffet: ibi Macariam Herculis ex Deianira filiam,
quum fibi mortem confciviffet, et victoriae compotes Athenienfes feciffe, et fonti nomen dediffe. (6) Eft etiam in
Marathone lucus, magna ex parte ebenfux: in quem per
viarum errorem fugientes Perfas irruiffe, et quamplurimos
in ipfa fugae trepidatione caefos dicunt. Supra eum lacum
lapidea praefepia Artaphernis equorum funt, et in faxo
tabernaculi veftigia. E lacu amnis effluit;- ad cuius caput
aquae pecori aptiffimae funt: non longe vero a mari falfae
et marinis pifcibus refertiffimae. Modico a *Marathoniis* campis intervallo mons eft Panis: :in quo haec funt, quae fpectentur, digniffima: fpecus, cuius eft ingreffus peranguftus:
ubi vero penetraris, et cellas videas, et lavacra: caprarum
etiam ftabulum, quod Panos appellant: tum faxa, caprarum
propemodum forma.

CAP. XXXIII. A Marathone non multum abeft Brauron:
quo Iphigeniam Agamemnonis filiam cum Taurica Dianna
primum appuliffe, eaque ibi relicta, Athenas, et deinde
Argos veniffe perhibent. Eo quidem in loco vetus oft Dianae fignum. Qui vero e barbaris populis Tauricae Dianae
fignum habeant, fententiam de re meam in alia hiftoriae
parte exponam. (2) A Marathone ftadia LX Oropum verfus
per litus progreffis Rhamnus occurrit: ubi et hominum funt
aedes, et Nemefis deae fanum. Haec fe deorum una maxime infolentioribus hominibus implacabilem praebet: et eius
in primis ira Barbaros ad Marathonem afflictos putant. Quum

enim illi Atheniensium opes contemnerent, Parium marmor,
ac si hostem iam viciffent, trophaei erigendi caufa in hunc loca
deportandum curarant. (3) Ex eo Phidias Nemesis signum
secit: in cuius capite corona cervos habet, et Victoriae sigilla:
ipsa laeva fraxini ramum, dextera phialam tenet. In phiala
Aethiopes caelati sunt: de quibus neque, quid ipse coniiciam,
habeo, neque eorum tamen, qui se rem intelligere profitentur,
opinioni affentior: Aethiopes in phiala factos ad Oceanum amnem significandum: ad ipsum enim Aethiopas accolere, et eundem Nemesis patrem effe. (4) Nam ad Oceanum, non sine flumen, sed extremum mare, quo navibus scilicet pervadi possit,
accolunt Hispani et Galli: et in eo Britannia insula est.
Supra Syenem ad mare rubrum extremi habitant Ichthy-
ophagi: a quibus sinus is, quem circumquaque tenent, Ich-
thyophagus appellatur. Hominum vero iustissimi Meroën,
et campos, qui Aethiopici vocantur, incolunt. Menfam hi
Solis ostentant. Sed neque mare, neque flumen omnino aliud
quam Nilum habent. Sunt et alii Mauris finitimi Aethiopes,
ad Nafamonas usque pertinentes. Nafamones quidem ipsi,
quos Atlantas Herodotus effo existimavit, qui orbis terrae
spatia nosse profitentur, Loxitas appellant, qui in extremis
Libyae finibus Atlantem accolunt: ferunt autem omnino
nihil, sed agrestium tantum vitium fructu aluntur. Verum
neque hi Aethiopes, neque Nafamones ullos habent amnes:
quae enim ab Atlante aqua defluit, etsi in alveos tres discedit,
nullus tamen ex hisce in modum iusti fluminis crescit. Quicquid enim aquae exstitit, statim arena absorbet. Ex quo
facile intelligi potest, non amnis, sed Oceani maris Aethiopes
accolas effe. Et aqua quidem, quae ex Atlante descendit,
turbulenta est, circaque eius fontes crocodili gignuntur nihilo
cubitalibus minores: qui ubi propius homines accedere sen-
serint, in fontem se demergunt. Quae res effecit, ut nonnulli
suspicarentur, ab hac ipsa aqua e mediis arenis emergente
Nilum Aegyptiis oriri. (5) Atlas mons adeo celsus est, ut
vertice coelum tangere dicatur: inacceffus ille quidem, viam
undique aquis et arborum crebritate intercludente. Ab ea itaque duntaxat parte, quae Nafamonas spectat, cognofcitur. Ad
maritimam enim eius oram neminem adhuc navibus acceffiffe,
comperimus. (6) Sed ut, unde digreffa est, redeat oratio,
Nemesis neque hoc, neque aliud vetus signum alas habet.
Apud Smyrnaeos, quae maxima cum religione coluntur eas
deae signa, alas habere postea animadverti. Cuius rei eam
effe caufam fufpicor, quod, quum eius numen ad amatores
maxime pertineat, idcirco ei, ut Cupidini, alas addunt. (7) Sed
ea iam, quae in signi bafi funt, exponam, fi unum prius, quo
res tota clarior fiat, explicavero. Helenae matrem fuiffe
Nemesin, Graeci dicunt, Ledam vero nutricem: nam patrem omnes Iovem, non Tyndarum perhibent. Quae quum
Phidias noffet, Ledam ea fpecie fecit, ut Helenam ad Nemesin adducere videatur. Addidit Tyndarum et filios: hominem praeterea cum equo affistentem, quem Equitem

appellant. Adfunt Agamemnon, Menelaus, et Pyrrhus Achillis filius, quod ei primum Hermione Helenae filia defponfata fuit. Oreftes vero ob impium in matrem fucinus praeteritus eft: quem tamen Hermione nunquam deferuit, quum filium etiam ei peperiffet. In baſi deinceps eft. quem Epochum dicunt, et alter item adolefcens: de quibus aliud accepi nihil, nifi eos Oenoes fratres fuiffe, a qua eft curiae nomen.

CAP. XXXIV. Oropium autem agrum, qui medius eft Inter Atticam et Tanagraeos, olim tenebant Boeoti: aetate noftra in Athenienfium poteftate eft. Nam quum diu Athenienfes de eo dimicaffent, non ante potiti funt, quam cum a Philippo,. quum Thebas° ille expugnaffet, acceperunt. Urbs quidem ipfa, cui Oropus nomen, ad mare fita eft; nihil vero hiftoria dignum prae fe fert. Longe ub ea, circiter XII ftadia, Amphiarai templum eft, (2) quo fcilicet loco Thebis fugientem cum curru abforptum terrae hiatu ferunt. Sunt, qui id accidiffe dicunt in via, qua Thebis Chalcid.m iter eft, qui locus Harma nunc etiam (id eft currus) dicitur. In deorum vero numerum Amphiaraum primi omnium Oropii retulerunt, quos reliqui Graeci fecuti funt. Poffum etiam alios recenfere, quibus, quum homines ante fuiffent, Graeci divinos honores poſt mortem habuerunt, quibusque etiam urbes dedicatae fuerunt: ut Eleus in Cherronnefo Protefilao: In Boeotia Lebadea Trophonio: apud Oropios templum Amphiarao, et eidem e candido lapide fignum. Ara quidem eius in partes diftributa eft quinque. Earum una Herculi, Iovi, Apollini Paeonio: altera heroibus, eorumque uxoribus: Veftae tertia, Mercurio, Amphiarao, et Amphilochi filiis: (nam Alcmaeon propter Eriphyles caedem in nullam aut Amphiarai, aut Amphilochi honorum partem receptus eft) et quarta arae pars Veneri, Panaceae, Iafoni, Hygiae, Minervae Paeoniae: quinta Nymphis, Pani, Acheloo et Cephifo amnibus facra eft. Amphilochio in ipfa urbe apud Athenienfes ara fua eft: in Ciliciae vero urbe Mallo eiusdem oraculum: quod omnium eft, quae aetate mea exftant, minime fallax. (3) Eft etiam apud Oropios fons templo proximus, quem Amphiarai nuncupant: ad quem neque divinam rem faciunt, neque aut ad luftrandum, aut ad manus lavandas, aqua ea uti fas putant: folum, qui morbo oraculi monitu levati fuerint, fignatum aurum argentumve more maiorum in fontem abiiciunt. Hinc enim iam deum Amphiaraum afcendiffe tradunt. Iophon autem Gnofius, qui vatum oracula heroicis verfibus expofuit, Amphiaraum confulentibus Argivis, quum Thebas profecturi effent, his verfibus refpondiffe, memoriae prodidit. Defunt hi versus. Sed nimirum quod vulgi opinione receptum eft, pervicaciter defenditur. Praeter eos enim, quos Apollinis afflatu futura praedixiffe antiquitas teftata eft, nemo omnino fatidicus fuit. Nam reliqui aut fomniorum interpretes fuere, aut avium volatus et extu infpiciendi peritiam profitebantur. Quo fit, ut Am-

phiaraum coniectandis fomniis in primis folertem fuiſſa
fufpicer. Conſtat enim, illum, fomniorum divinatione tradita, tum demum in deorum numerum relatum. Confulendi
qui·lem cauſa qui accedunt, luſtrantur omnes. Pro piaculo
res divina eſt: quam quum Amphiarao ipſi faciunt, tum
ceteris, quorum in eadem ara inſcripta funt nomina. Deinde
arietem ei immolant; cuius fubſtrata pelle, dormientes nocturna viſa exſpectant.

CAP. XXXV. . Infulae·terrae Atticae non longe ab ipſo
litore diſtant. Earum una Patrocli dicitur: de qua, *quas
hiſto·ia digna viſa fuerunt,* ante commemoravimus. Altera fupra Sunium eſt, ad laevam in Atticam navigantibus: ad
quam poſt Ilii everſionem Helenam appuliſſe ferunt, et idcirco Helenen appellatam. (2) Salamis a regione Eleuſinis
ſita, ad Megarici etiam agri fines pertinet. Huic a Salamine Aſopi matre nomen inditum tradunt: Aeginetas poſtea
in eam a Telamone deductos: traditam poſtea Athenienſibus
a Pbylaeo, Euryſaeis filio, Aiacis nepote, quum ab ipſis
fuiſſet civitate donatus. Salaminios vero multis poſt annis
Athenienſes eo nomine damnatos, quod diſſimulanter male
rem geri concupiſſent, dum bellum cum Caſſandro gereretur,
et in Caſſandrum ac Macedonas propenſo animo fuiſſent,
urbe deleta, e fuis ſedibus eiecerunt. Aſcetadem etiam, qui
praetor infulam obtinuerat, capitis damnarunt, ac ſibi iureiurando eius proditionis memoriam fempiternam ſanxerunt.
Spectantur hac etiamnum aetate fori ruinae, et *later eas* Aiacis templum cum ſtatua ex ebeno. Decreti quidem Aiaci
et Euryſaci eius filio ab Athenienſibus honores adhuc manent: et Euryſacis etiam Athenis ara eſt. Oſtenditur Salamine non longe a portu faxum, ſuper quo Telamonem
confediſſe aiunt, quum navem, qua Aulidem filii ad Graecorum
claſſem vecti funt, oculis profequeretur. (3) Tradunt incolas,
poſt Aiacis interitum apud fe primum florem enatum, can-
didum, rubentem modice, lilio quum ceteris partibus tum
foliis minorem, inſcriptum vero iisdem, quibus hyacinthum,
literis. Audivi quidem, quae Aeolenſes, qui Ilium poſt *eius*
*everſionem* tenuerunt, de annorum iudicio produnt, *atque illud*
*in primis:* poſt Ulyſſis naufragium arma, *de quibus certamen*
*fuerat,* ad Aiacis fepulcrum *tempeſtate* delata. De Aiacis vero
magnitudine narravit mihi Myſus quidam, fepulcrum eius,
qua parte ad litus converſum eſt, maris alluvione multo aditu
facilius effectum. Inde vero, aiebat, de Aiacis magnitudine
me coniecturam capere poſſe, quod genuum vertebrae, quas
molas medici appellant, diſci inſtar eſſent eius, quo athletae
ii, qui funt Quinquertiones appellati, utuntur. Equidem Gallorum, qui in extremis *orbis terras* partibus habitant, finitimi
defertis prae nimio frigore regionibus, quos Cebarenſes
nominant, nihil fum magnitudinem admiratus. Neque enim
apud eos cadavera videas maiora iis quae oſtendunt Aegyptii.
(4) Quae vero *in hoc genere maxime* admiratione digna mihi viſa
funt, ea commemorare non gravabor. Apud Magneſios,

qui ad Lethaeum fuat, quidam fuit Protophanes, qui de
pancratio et lucta eadem die in Olympia victor est renunciatus. In huius sepulcrum aliquando latrones praedae spe-
ducti penetrarunt: post illos alii multi, ut cadaver duntaxat
spectarent. Eius certe costae non *ic.*, *ut ulterorum hominum*,
discretae fuerunt: sed pro illis continens os habuit ab hu-
merio ad eas costas, quas medici nothas nuncupant. (5) Apud
Milesios vero ante ipsam urbem est Lade insula. Ea rursus
in duas parvas scinditur insulas. Earum alteram Asterii dicunt, quod fuerit in ea sepultus Asterius Anactis filius:
(Anacton Terrae filium fuisse tradunt) cadaver eius nihilo
est decem cubitis brevius. (6) Quod vero mihi magnae fuit
admirationi, in superiori Lydia non magna urbs est, quae
Temeni porta dicitur. Ibi, ambefo tempestatibus sepulcro,
ossa detecta sunt, quae nisi humanorum ossium figuram reti-
nuissent, propter magnitudinem nemo eas hominis fuisse, ut
crederet, adduci facile potuisset. In vulgus repente sermo
manavit, Geryonae illud cadaver esse Chrysaoris filii: sol lum-
que eius fuisse, quod in montis fragmento excisum cernebatur.
Torrentem vero, qui proxime alluebatur, Oceanum appellari
aiebant: addebant etiam, agricolas boum cornua saepe inter
arandum eruisse, quod scilicet Geryonem eximia specie boves
aluisse fama vulgasset. Quorum opinioni quum ego neutiquam assentirer, Gadibus habitasse Geryonem dicebam, neque ullum eius monumentum exstare, arborem tantum ostendi,
cuius admodum esset varia species. Ibi e Lydis antiquitatis
periti homines, quae vero propiora sunt, disseruerunt: Hylli
cadaver illud esse: fuisse vero Hyllum Terrae filium, a quo
regionis fluvius nomen acceperit: et Herculem propter Om-
phales consuetudinem filium de fluminis nomine appellasse.
   CAP. XXXVI. Salaminae (ut, unde fueram digressus, redeam) Dianae templum est, et trophaeum in memoriam
eius victoriae, cuius Themistocles Neoclis filius Graecis
omnibus auctor fuit. Erectum Cychreo etiam templum. Com-
misso enim cum Persis praelio, draconem inter naves con-
spectum memorant: de quo sciscitantibus Atheniensibus Cychreum
fuisse heroa Apollinem respondisse. (2) Ante Salaminem
insula est, cui Psyttalia nomen: in eam ex Persarum exercitu
quadringentos descendisse, proditum est. Deleta vero Xerxis
classe, quum eodem Graeci transmisissent, etiam hos ad internecionem caesos. Signum in insula nullum quidem exstat
arte expolitum: Panos tantum quaedam rudia sunt. (3) Qua
Eleusinem Athenis iter est, per eam viam, quam sacram appellant, Anthemocriti monumentum conspicitur: quem violato
iure gentium per summum nefas Megarenses occidere, quum
fetialis edictum missus fuisset, ne *sacram* illi terram colerent.
Sed *suspicabiles* in hunc usque diem laesi numinis poenas dederunt. Solos enim ex omnibus Graecis ne Adrianus
quidem Imperator sublevavit. Post Anthemocriti cippum
Molossi tumulus est: cui imperium Athenienses decrevere,
quum in Euboeam Plutarcho auxilia mittenda censuerunt.

Vicus prope eſt, cui Scirum nomen. Appellationis huiusmodi
cauſa prodita eſt. Dum Eleuſinii bellum cum Erechtheo gererent, vate uſi ſunt Dodonaeo, cui Sciro nomen. Is Sci-
radis Minervae vetuſtum templum in Phalero dedicavit, quumque in pugna cecidiſſet, ſepultus eſt non longe a torrenti
amne. Locus itaque et amnis ab heroe nomen habent. (4) Prope viſitur Cephiſodori monumentum: qui quum populo
praeeſſet, Philippo Demetrii filio Macedonum regi vchemen-
ter reſtitit: et cum Athenienſibus Myſorum regem Attalum, et Aegyptiorum Ptolemaeum, ex liberis vero gentibus Aetolos, ac inſularum incolas Rhodios et Cretenſes
amicitia et ſocietate coniunxit. Verum quum e Myſia,
Aegypto, et Creta plerumque ſerius auxilia mitterentur, ad
Rhodii, qui alias quum navales copias non haberent, contra
gravem Macedonum armaturam parvo omnino eſſent praeſidio futuri, cum parva ſuorum manu in Italiam veniens, a
Romanis auxilia impetravit. Ii vero exercitu et imperatore miſſo Macedonum vires adeo fregerunt, ut non multo
poſt Perſeum Philippi filium non regno tantum eiecerint,
ſed captjvum etiam Romam pertraxerint. Fuit Philippus
Demetrii filius: qui Demetrius primus ex hac familia, (quemadmodum ante expoſuimus) Alexandro Caſſandri filio inter-
feſto, Macedoniae regnum obtinuit.

CAP. XXXVII. Secundum Cephiſodori Heliodori Alicoſis
ſepulcrum eſt: cuius piſtam imaginem et in magno Minervae
templo videas. Sepultus ibidem eſt Themiſtoclesi Poliarchi filius,
Themiſtoclis eius pronepos, qui navale praelium cum Xerxe
commiſit. Huius quidem poſteros, praeter Acellium, commemorare neceſſe nihil habeo. Haec Xenoclis, Sophoclis filii, Leontis nepotis, filia fuit, ac vivens ſuos omnes a Leonte proavo
Daduchos vidit: aequales etiam eodem ſacerdotio honeſtatos,
Sophoclem fratrem, Themiſtoclem virum, et eo mortuo
Theophraſtum filium. Atque illa quidem eiusmodi fortuna
uſa eſt. Longius progreſſis Lacii herois lucus in conſpeſtu
eſt, et Lacidarum ab eo nominata caria. Nicoelis etiam Tarentini monumentum, culus ſupra omnes ſere citharoedos
celebre nomen fuit. Eſt eodem in loco ara Zephyro erecta,
Cereri et Proſerpinae templa: quibus cum Minerva et Neptuno communes honores habentur. (1) In hac ipſa regione a
Phytalo aiunt Cererem hoſpitio acceptam, eique fici ſtirpe
donata gratiam relatam. Id verſus teſtantur in Phytali ſepulcro inciſi:

Hic Cererem teſtis Phytalus ſuſceperat heros,
Cul primum ſacri largita eſt ſemina pomi,
Quam mortale genus ficam vocat. Illius ergo
Muneria aeterno hic Phytali gens floret honore.

Priusquam Cephiſſum amnem transeas, Theodori monumentum eſt, cui de Tragoedis primas aetas ſua detulit. Iuxta
fluvium ſimulacra duo ſunt: alterum Mneſimaches, alterum
filii, Cephiſſo crinem ſuum detondentis. Fuiſſe vero patrium Graecis omnibus, crinem fluminibus tondere, ex iis

Homeri verfibus coniicias, in quibus eft, Peleum Sperchio pro felici Achillis a Troia reditu crinem voviffe. (3) Trans Cephiffum Placidi Iovis (*Hilichum nuncupant*) vetus ara eft: ad quam Thefeus a Phytali polleris de caede purgatus dicitur, quum et alios latrones, et Sinin a Pitcheo *materum ava* fibi propinquum occidiffet. Sepulcra ibidem funt Theodectis, Phafelitae, et Mnefithei, quem medendi arte claruiffe accepimus, ac figna multa dedicaffe, atque ex iis Iaccho unum. In ipfa via aedes non magna vifitur: Cyamitae templum (*ut fi Fabarii dixeris*) appellant. Compertum autem non habeo, fabarumne hic fationem primus docuerit, an vero heroum alicui fit id nominis tributum. Neque enim fabarum inventum Cereri adfcribere poffunt. Nam qui vel initiis, quae Eleufine fiunt, interfuerint, vel ea, quae Orphica appellantur, legerint, facile id, quod dico, intelligent. (4) Monumenta *eo quidem in loco duo* et magnitudine et operis magnificentia praeftant: alterum eft Rhodii cuiusdam viri, qui fe Athenas contulit: alterum Harpalus Macedo excitavit, is nempe, qui Alexandrum fugiens ex Afia in Europam claffe traiecit; quumque Athenas veniffet, ab Athenienfibus captus, corruptis quum aliis, tam Ipfius Alexandri amicis, periculum effugit. Sed is ante Pythionicen uxorem duxerat, cuius neque genus, neque patriam novi: tantum fcio, Athenis eam et Corinthi corpus vulgaffe. Eam vero tam perdite amavit Harpalus, ut mortuae monumentum pofuerit, omnium, quae in Graecia funt, veterum operum, quod fpectetur, digniffimum. (5) Templum etiam ibi fpectes, in quo Cereris, Proferpinae, Minervae, et Apollinis figna funt. Ab initio fuit aedes uni Apollini dicata. Cephalum enim aiunt Deionei filium cum Amphitryone primum ad Teleboas, in eam infulam, quae de ipfius nomine Cephalenia dicta eft, profectum: nam Thebas ante Athenis, ob Procridis uxoris caedem exul, migrarat. Eius Cephali pofteros, decem iam exactis aetatibus, Chalcinum et Daetum, quum Delphos navigaffent, ac deum de reditu in antiquam patriam confuluiffent, refponfum accepiffe, ut in Atticam reverfi, quo in loco huml currentem triremem vidiffent, ibi Apollini rem divinam facerent. Quum itaque ad montem, quem l'oecilum appellant, appropinquaffent, draconem offendiffe celeri fe lapfu in latebras demittentem: ibi eos rem divinam Apollini feciffe, ac mox ab Athenienfibus in civitatem receptos. Poft hoc templum Veneris aedes eft: cuius in fronte paries exftructus eft e rudi lapide, opere tamen infigni.

CAP. XXXVIII. Iam alvei, qui Rheti appellantur, folo curfu fluminibus fimiles funt; nam eorum aqua maris faporem refert. Quae res alicui fortaffe perfuaferit, e Chalcidico eos Euripo per continentem terram fafligio in mare defluere. Rheros quidem Cereri ac Proferpinae facros effe tradunt: neque eos, qui in illis nafcuntur pifces, cuiquam licet praeterquam facerdotibus capere. Atque hi quidem veteres Eleufinii funt et Attici agri fines, uti accepi. (2) A-

grum vero, qui trans Rhetos eft, tenuiffe dicitur Crocon;
et locus ille Croconis nunc etiam Regia appellatur. Cum
hoc Crocone Celei filiam Saefaram nuptam fuiffe, Atheniea-
fes memorant. Neque tamen haec omnium, fed eorum
tantum, qui e Scambonidarum curia funt, opinio eft. Croconis certe fepulcrum invenire nunquam potui. Eumolpi
vero tumulum et Eleufinii et Athenienfes agnofcunt. (3) Veniffe Eumolpum iftum e Thracia, filiumque Neptuni et Chio-
nes fuiffe, traditum eft: Chionen vero Boreae ex Orithyia
genitam. De illius fane parentibus nihil omnino Homerus
prodidit: in quadam tantum verfuum fuorum parte ahimi
praeftantem appellat Eumolpum. Euimvero commiffa inter
Eleufinios et Athenienfes pugna, hinc Erechtheus rex, illine
Eumolpi filius Immaradus ceciderunt. Arma inde his conditionibus pofita, ut Eleufinii fe, fuaque cetera omnia in
Athenienfium poteftatem traderent, initis ipfi tanquam propria retinerent; ac ui Cereri et Proferpinae Eumolpus et
Celei filiae facra facerent. Eas iisdem nominibus Pamphus
et Homerus appellant, Diogeneam, Pammeropen, Saefaram.
Ex Eumolpi vero filiis natu minimus Ceryx patri fuperftes
fuit: quem tamen Praeconum natio, *qui fum ei originem re-
fernnt*. ex Aglauro Cecropis filia et Mercurio, non Eumolpo,
procreatum dicunt. (4) Eft *eodem in loco* heroicum Hippo-
thoontis monumentum, a quo tribus nomen habet: atque
illi proximum Zarecis, quem tradunt Muficam apud Apollinem didiciffe: ego vero Atticae inquilinum fuiffe, patria
Lacedaemonium, et ab eo maritimam Laconiae urbem Zaraca appellatam exiftimo. Quod fi quis fuit Atticae indigena
Zarex, de eo quod dicam, plane nihil habeo. (5) Cephiffus
vero amnis per Eleufinium agrum curfu multo, quam quovis
alio in loco, concitatiore defertur. Prope locus eft, cui Ca-
prifico nomen: unde Circum rapta Proferpina defcendiffe,
fama vulgavit. Ad hunc Cephiffi alveum Thefeus latronem
Polypemonem, Procruften cognomiue, occidit. (6) Apud
Eleufinios Triptolemi aedes eft, Propylaeae Dianae, et
Neptuni patris: puteus, quem Callichorum appellant, ubi
primum chorum Eleufiniorum foeminae inftituerunt, et deam
cantu veneratae funt. In campis vero, quos Rharios vocant,
frugum primum iacta femina adoleviffe ferunt: in cuius rei
memoriam hordeum ex eo ipfo folo demeffum in facris ad
molas et liba adhibent. Oftenditur ibidem area, quae Triptolemi dicitur, et ei dedicata ara. At quae intra facrum
parietem fervantur, fcribere fomnio prohibemur. Iis enim,
qui initiati non fuerint, non tantum enrum adfpectu interdictum eft, verum etiam ne percontari quidem aut audire
fas quicquam eft. (7) Eleufinem vero heroem, unde oppidum
nomen habet, nonnulli Mercurio et Daira Oceani filia genitum putant. Alii Ogygi fuiffe filium fabulati funt. Nam
prifci Eleufinii quum ad nullam fere aetatem hominum origines fuas habeant referre, multis quum alia fingendi, tum
quae de heroum familiis prodita funt, locum dedere. (8) Qua

ah Eleufine in Boeotiam iter eft, Athenienfibus Plataeenfis
ager finitimus eft: Atticam tamen olim et Boeotiam Eleu-
therenfex dirimebant. Sed pofteaquam Eleutherenfes in
Athenienfium poteftatem venerunt, Cithaeron mons finis
utriusque regionis haberi coeptus eft. Attico vero nomini
non illi quidem bello fubacti fe adiunxerunt, fed quod eam
in primis reipublicae formam, qua Athenienfes utebantur,
expetiverunt. quodque capitali in Thebanos odio femper
laborarunt. In iisdem campis Liberi Patris templum eft: atque inde eft Athenas olim fignum eius deportatum. Nam quod
Eleutheris hac etiam aetate exftat, ad illius fuit fimilitudinem factum. (9) Non procul fpecus aboft, modica quidem
magnitudine: fons proximus frigidae aquae. In eo fpecu
Antiopen narrant, quos pepererat geminos. expofuiffe, pa-
ftoremque fublatos pueros fafciis exemtos illis aquis laviffe.
Eleutherarum quum muri. tum aedium etiam velligia rema-
nent. Ea res planum facit, oppidum ipfum non multum
fupra campos Cithaeronem verfus fuiffe.

CAP. XXXIX. Altera ab Eleufine via Megara ducit:
per eam qui ingrediuntur, puteum offendunt, cui nomen
Florido. Super eo Pamphus verfibus mandavit Cererem
poft raptum Proferpinae, anus facie fumta, confediffe: atque
inde illam Celei filias, quod nempe Argivam effe anum putaffent, ad matrem deduxiffe: Meganiram vero ei filium
educandum tradidiffe. (2) Non longe a puteo eft Meganirae
facellum, et eorum, qui ad Thebas ceciderunt, tumuli.
Quum enim Creon, qui Laodamantis (Eteoclis filii) tutela fuscepta Thebis imperabat, non fineret caeforum cadavera humari, Thefei opem Adraftus imploravit. Commiffa
itaque Inter Athenienfes et Thebanos pugna, victor Thefeus
in Eleufiniam agrum deportanda cadavera, atque ibi fepe-
lienda curavit. Thebani tamen neque fe, quin humarentur,
prohibuiffe, neque ullum fibi cum Athenienfibus obrem tonjam
certamen fuiffe dicunt. (3) Poft Argivorum fepulcra Alopes monumentum eft: quam, quum Neptuno Hippothoontem
peperiffet, eo ipfo in loco a Cercyone patre interfectam ferunt.
Cercyonem ipfum traditam eft in omnes hofpites immanem
fuiffe, praecipue tamen in eos, qui in luctae certamen defcendere recufaffent. Ac aetate quidem mea locus quidam, qui
ab Alopes tumulo non longe abeft, Cercyonis palaeftra appellatur, ubi dicitur Cercyon omnes, qui lucta fecum certaffent,
occidiffe, praetor Thefeum tamen, a quo luctandi in primis
arte eft fuperatus. Paleftricen enim Thefeus primus invenit:
et ab eo profecta palaeftritarum difciplina, ab eius rei magiftris celebrari coepta, quum ante fola corporis magnitudine et robore in lucta certaretur. Haec funt, quae apud
Athenienfes (uti ego fentio) aut praedicantur, aut cum admiratione fpectantur, quum ea ab initio miffa fecerim, quae
leviora funt, quam ut ullam inftitutae hiftoriae poffint dignitatem afferre. (4) Eleufini finitima eft Megarica terra: cuius
Imperium Pylae regi a Pandione relictum Athenienfes olim

adepti funt. *Eius rei haudquaquam dubia* teſtimonia funt, quòd in Iplis Megarenſium finibus exſtat Pandionis ſepulcrum: quodque, quum Aegeo, qui in ea familia natu maximus erat, Athenienſium regno Niſus conceſſiſſet, Niſu Megara obtigerunt, et quicquid agri ad fines usque Corinthiorum pertinet. Manet apud Megarenſes adhuc navale, quae Niſaea ab ipſo appellatur. Regnante vero Codro, quum Peloponneſii bel-lum Athenienſibus intuliſſent, ac nihil omnino inſigne ad gloriam in eo aliud geſſiſſent, dum ſe domum reciperent, Megara Athenienſibus ademerunt, Corinthiosque ac ceteros auxiliarios, qui nomina dediſſent, illuc coloniam deduxerunt. Quae res effecit, ut Megarenſes. lingua cum moribus mutata, *ex Atticis* Dorienſes fierent. Urbem vero ea. nomine appellatam putant, Care Phorónei filio regnante. Tunc enim pri-mum Cereris templa apud ſe erecta, eaque Megara appellata, Megarenſes ipſi commemorant in lis, quos de rebus ſuis habent, ſermonibus. (5) At Boeotii Megareum dicunt Neptuni filium Oncheſti ſedem habuiſſe. *Iudiqur* cum Boeotiorum manu Niſo contra Minoem auxilio veniſſet quumque in praelio cecidiſſet, eo ipſo, in quo ceciderat, loco ſepultum urbi, quae ante Niſa appellabatur, nomen dediſſe. Ad haec addunt Megarenſes, Lelegem, duodecim poſt Cara Phoronei filium aetatibus, ex Aegypto veniſſe: eoque regnante indigenas Lelegas appellatos. Clefone vero Lelegis filio Pylan ortum, Pyla Scironem, cum quo nupta Pandionis filia fuerit. Hunc Scironem et Niſum Pandionis filium de regno disceptantes iudicem Aeacum delegiſſe: adiudicaſſe illum Niſo regnum, eiusque poſteris: Scironi vero exercitus, totiusque rei bellicae imperium. Megareum deinde Neptuni filium, cui Niſus Iphinoen filiam nuptum dederat, ſocero in regnum ſucceſſiſſe. Nam de Cretico bello et urbe regnante Niſo capta omnia Megarenſes diſſimulant.

CAP. XL. In oppido aquae ductus eſt, quem Theagenes exaedificavit. Theagenis vero et ante mentionem feci-mus, ubi filiam eius Cyloni Athenienſi nuptam fuiſſe diximus. Hic itaque Theagenes in tyrannide aquae ductum erexit, opus quum magnitudine, tum ornatu et columnarum numero valde praeclarum. Aquam influentem Sithnidum Nympharum appellant: ac eas quidem Nymphas indigenas eſſe dicunt ſuas, atque ex earum unius filia Iovi Megarum natum: ac Megarum quidem Deucalionis diluvium in Geraniae verticem eſugiſſe, quum nondum mons ille id nominis haberet. Nam quod Mega-rus gruum praetervolautium vocem ſecutus illuc natando eva-ſiſſet, inde monti inditum nomen tradunt. (2) Non longe ab aquae ductu vetus eſt quaedam aedes: in qua exſtant netato etiam noſtra Imperatorum Romanorum imagines, et ſignum ex aere, quod Dianae Soſpitae appellant. Hanc eſſe cogno-minis cauſam dicunt. - Quum Perſae, vexato excurſionibus Megarico agro, ſe Thebas ad Mardonium ducem ſuum re-ciperent, obortis *nymvou* Dianae numine tenebris, per erro-rem viarum ad montanam eos regionis partem deflexiſſe;

Ibi obiecta hoſtilis agminis ſpecie, ſagittas miſiſſe; ad
quarum ictus quum proxima ſaxa tanquam gemitus imaginem redderent, homines eſſe, qui ex vulneribus gemerent,
opinantes, non ante iaculari deſiiſſe, quam ſagittas omnes
profudiſſent.  Quum vero iſluxiſſet, Megarenſes armatos,
contra inermes impetu facto, magnam eius agminis partem
trucidaſſe, atque ex eo *ri turasa* Dianae Soſpitae ſignum de-
dicaſſo.  In eodem templo XII deorum ſigna ſunt, Praxitelis,
ut ferunt, opus.  Nam Dianam Stroogyllon fecit.  (3) Iam vero
Iovis lucum ingreſſus, quem Olympieum dicunt, templum
videas plane inſigne, etſi Iovis ſignum expolitum non eſt.
Opus enim Peloponneſiacum bellum interpellavit: per quae
ſunt tempora Athenienſes, terreſtribus maritiuisque copiis
quotannis fere Megarenſium publicas et privatas opes vehementer attriverunt.  Ipſius quidem Iovis os auro et ebore
conſtat: reliquum vero corpus e gypfo et fictili eſt materia.
Opus hoc leciſſe dicunt Theocoſmum civem ſuum, adiuvante
Phidia.  In Iovis capite Horae et Parcae inſiſtunt.  Fata
enim Iovi parere, et eius nutu temporum viciſſitudines de-
ſcribi, nemo eſt, qui neſciat.  In templi poſtica parte ligna
quaedam ſunt duntaxat informata: quae Theocoſmus auro
et ebore fuiſſet ornaturus ad ſignum Iovis abſolvendum.
(4) In eadem templi parte triremis aeneum roſtrum poſitum
eſt.  Eam voro ſe triremem cepiſſe Megarenſes dicunt in praelio
navali, quod cum Athenienſibus de Salamine certantes fecerunt.  Neque Athenienſes inficiantur, defeciſſe aliquando
a ſe ad Megarenſes Salaminem: Solonis vero elegis excita-
tos de inſula prius disceptaſſe, deinde eam ſe bello recepiſſe.  At Megarenſes exules quosdam dicunt, quos ipſi
Dorycleos vocant, Salaminem in coloniam deductos, eam
per proditionem Athenienſibus dedidiſſe.  (5) A Iovis luco
quum in arcem adſcenderis, quam a Care Phoronei filio aetate
etiam noſtra Cariam nominant, Bacchi Nyctelii aedem videas,
et Veneris Epiſtrophiae (*quaſi prxcat atri is atas*) facellum.
Noctis praeterea oraculum, et Iovis Pulverei delubrum ſine
tecto.  Aeſculapii vero et Hygiae ſigna Bryaxis fecit.
Eodem in loco eſt Cereris *nobile templum*: Megaron *appellant*:
quod aedificaſſe Cara, dum regnaret, memorant.

CAP. XLI.  Ab ea arcis parte, quae ad ſeptentriones eſt,
deſcendentibus Alcmeneſe oſtendit monumentum, proxima
ad Olympii Iovis aedem.  Proficiſcentem enim eam Argis
Thebas in Megarenſium finibus in ipſa via mortuam ferunt:
inter Herculis vero filios disceptatum, eius cadaver Argosne
reportandum, an vero Thebis eſſet ſepeliendum, quum Herculis ex Megara filiorum et Amphitryonis Thebis eſſent
ſepulcra: reſpondiſſe Delphicum Apollinem de ea re conſulentibus, eam in Megarico agro ſepelliri ſatius *malto* eſſe.
(2) Hinc me rerum patriae ſuae peritus interpres in vicum
deduxit, quem Rhun appellari dixit, ob eam videlicot cauſam, quod ex imminentibus oppido montibus quondam in
eum aqua defluebat: eam vero aquam alio Theagenem

tyrannum derivaſſe. ſed in eo ipſo, unde aquam deduxerat, loco
Acheloo aram dedicaſſe. (3) Prope eſt Hylli Herculis filii
monumentum, qui cum Echemo Arcade Aeropi filio ſingulari certamine depugnavit. Quis vero hic Echemus fuerit,
qui Hyllum orcidit, in alia hiſtoriae parte exponam. Hyllus ipſe Megaris ſepultus eſt: ut recte quidem haec Heraclidarum expeditio appellari poſſit, in Peloponneſum ſuſcepta. Oreſte regnante. (4) Non longe ab Hylli monumento eſt Iſidis aedes, et ſecundum eam Apollinis ac Dianae.
Hanc dedicaſſe Alcathoum, Icone, quem Cithaeronium ap-
péllarunt, confecto: et ab eo ſane Icone quum alios, tum
Megarei regis ſui filium Euippum laniatum fuiſſe tradant.
Quum. enim e duobus *Megarei filiis* natu maior, cui Timalco
nomen, cum Callore et Polluce Aphidnam oppugnatum veniſſet, ſuiſſetque a Theſeo interfectus, Megareum aiunt orbatum filiis, et filiae nuptias et regnum ei ſpopondiſſe, qui
Cithaeronium leonem confeciſſet. Alcathoum igitur Pelopis
filium, aufum cum bellua congredi, ex eo certamine victorem disceſſiſſe. Regno itaque potitum, Agroterae (*id eſt
venatrici*) Dianae, et Agraei Apollinis templum dedicaſſe.
(5) Et haec quidem ad hunc modum *a multis* commemorantur.
Ego vero etſi hercule nolim ea ſcribere, quae a Megarenſium ſermonibus discrepent, id tamen qui fieri potuerit,
non reperio. Nam leonem Cithaeronium ab Alcathoo confectum ut credam, facile adducor: Timalcum vero Megarei
filium quis unquam literis prodidit cum Callore et Polluce
Aphidnam veniſſe? Sed ut maxime venerit, qui potuit a
Theſeo interfici, quom Alcman carmine, quod in Caſtoras
fecit, ſcriptum reliquerit, eo tempore, quo illi expugnatis
Athenis Theſei matrem captivam abduxerunt, Theſeum
ipſum domi non fuiſſe? Neque vero, quae Pindarus ſcripſit,
magnopere diverſa ſunt: Theſeum, quum affinitatem Caſtorum ſibi expetiſſet, domo profectum, ut Pirithoum prius,
celebres illas fama nuptias affectantem, adiuvaret. Sed quicunque ille fuerit, qui Gentilitates perſecutus eſt, eadem
nimirum fuit, qua Megarenſea, inſcitia, ſi utique Theſeus a
Pelope genus duxit. Sed Megarenſea de induſtria veritatem
non tam ignorant, quam ambagibus involvunt. Quod enim
fateri prorſus nolunt, Niſo regnante urbem captam, ſucceſſiſſe ei Megareum generum, Megareo Alcathoum commi-
niſcuntur. Nam Niſo iam mortuo, et everſis Megaris,
conſtat ab Elide Alcathoum veniſſe. Teſtimonio mihi fuerit,
quod muros ipſe de integro erexit, quorum fuerant veterem
ambitum Cretenſes demoliti. Sed de Alcathoo ac leone,
ſive is eum in Cithaerone, ſive quo alio in loco occidarit,
deque Dianae Agroterae et Apollinis Agraei dedicatione
haec hactenus. (6) Iam vero ex hoc templo deſcendentibus
in conſpectu eſt Pandionis heroicum monumentum. Sepultum quidem Pandionem eo loco, qui *Mergi* ſcopulus *ſiue* Aethyiae Minervae appellatur, ante diximus. Sed eidem
parentant intra urbem etiam Megarenſes. (7) Prope aſt

Hippolytae monumentum, de qua quae Megarenses dicunt, non praetermittam. Quum Amazones ob captam Antiopen bello. Athenienses lacessiffent, a Thefeo fuperatae funt. Quumque earum multae in praelio cecidiffent, Hippolyten tradunt, Antiopes fororem, cui foeminarum ille parebat exercitus, Megara cum paucis aufugiffe: ibi quum re male gesta animum defpondiffet, praefertim quod fo Themifcyram in patriam fuam redire poffe defperaffet, prae animi angore e vita exceffiffe: fepultam vero eo, quo diximus, loco, et eius fano monumentum Amazonici clypei formam prae fe fert. (8) Ab eo non longe abeft Terei fepulcrum. eius nempe, qui Progneo Pandionia filiam uxorem duxit. Regnavit autem Tereus, ut Megarenfes dicunt, circa fontes, qui Megaridis appellantur: uti vero ego exiftimo, atque indicant, quae adhue exftant *eius ergo* velligia, Daulide fupra Chaeroneam. Eius enim Graeciae, quae nunc Hellas appellatur, multas olim partes barbari tenuerunt, quas poft allatam Philomelae rim, et in-er mptum a mulieribus Ityn, Tereus in poteftatem redigere non potuit. Atque ille quidem fibi ipfi Megaris manum confcivit, quo in loco ei ftatim tumulum ftruxerunt, ad quem annuum faciunt facrum, et in eo calculis pro farre utuntur: atque eo quidem primum in loco upupam aren vifam memorant. Mulieres quum Athenas confugiffent, prae luctu et moerore ob ea, quae et paffae fuerant, et fecerant, contabuerunt. Vulgatam certe de eis fabulam, earum alteram in lufciniam, in hirundinem alteram mutatam, ex uo exiftimo, quod avis utraque miferabiles et luctuofos cantus edunt.

CAP. XLII. Habent Megarenfes et arcem alteram, cui ab Alcathoo nomen eft: ad quam qui afcenderint, ad dexteram Megarei monumentum videant. Is enim Cretico bello ab Ouchello Megarenfibus auxilio venit. Oftenditur etiam deorum focus, quos Prodomeos vocant, *quod eft quafi praeftructores ditas:* quibus rem divinam feciffe tradunt Alcathoum, quum effet murorum fundamenta iacturus. Iuxta eam focum lapis exftat, fuper quo citharam depofuiffe Apollinem tradunt, quum muros facienti Alcathoo operam effet fuam navaturus. Accenfu olim Athénienfium comprehenfos fuiffe Megarenfes, id mihi argumento eft, quod fatis conftat, ab Alcathoo filiam Periboean una cum Thefeo in Cretam tributi nomine miffam. Eam certe in fabricandis muris ab Apolline adiutum, Megarenfes affirmant, atque cum, de quo dixi, lapidem, ubi citharam depofuit, pro teftimonio habent: reddit enim, calculo fi quis eum percufferit, eundem, quem pulfae fides, fonum. (1) Quae mihi res plane admirabilis vifa eft: quanquam coloffum, qui Thebis Aegyptiis eft trans Nilum, non longe ab eo loco, quae Syringes (*id eft fiftulae*) appellantur, maiore utique cum admiratione fpectavi, Statua ibi eft fedentis hominis. Eam multi Memnonis nominant: quem ex Aethiopia in Aegyptum veniffe, ac Sufa etiam usque penetraffe tradunt. At ipfi Thebani Memnonem affe negant,

Nam Phamenophem fuiſſe indigenam hominem dicunt. Audivi etiam, qul Sefoſtris illam ſtatuam eſſe dicerent. Eam Cambyſes diffidit: et nunc etiam ſuperior pars a vertice ad medium truncum humi neglecta iacet: reliquum adhuc ſedere videtur ac quotidie ſub ipſum ſolis ortum ſonum edit, qualem vel citharae vel lyrae nervi, ſi forte, *dum tenduntur*, rumpantur. (3) Apud Megarenſes curia eſt, *ubi* fuit olim Timalci ſepulcrum, quem ante diai non videri mihi a Theſeo interfectum fuiſſe. (4) In ipſo arcis iugo Minervae templum eſt, et in eo Deae ſignum *totum* inauratum, praeter manus tamen et imos pedes; quae, uti ipſum os, ex ebore ſunt. Alterum ibidem eſt delubrum Minervae, cui Victoriae cognomentum: aliud etiam Aeanditis, de quo quum nihil a ſcriptoribus Megarenſium monumentis mandatum ſit, ego ex opinione mea pauca adſcribam. Telamon Acaci filius Alcathoi filiam Periboaam uxorem duxit. Eius filium Aiacem, quum Alcathoo in regnum ſucceſſiſſet, ſignum Minervae dedicaſſe exiſtimo. (5) Apollinis vero aedes priſca fuit laterculis exſtructa: quam Adrianus princeps e candido lapide reſtituit. Apollinis vero Pythii et Decumani· ſimulacra nihil fere ab Aegyptiorum ligneis ſignis differunt. Eius vero, quem Archegetam (*H eſt ſimilitatis autorem*) nuncupant, Aegineticis operibus perſimile eſt, totumque ebeno conſtat. (6) Audivi autem Cyprium hominem oppido quam peritum in herbarum generibus ad medendi uſum notandis, quum diceret, ebenum nuſta folia, nullumque omnino fructum ferre: nec ſtirpem eſſe ſoli expoſitam: radices tantum terra occulturi, quas eruant Aethiopes, atque li in primis, qui, quo maxime loco reperiantur, norunt. (7) Eſt non procul Legiſerae Cereris fanum; unde qui deſcenderint, Callipolidis Alcathoi filii monumentum videant. Sed et alteram habuit natu maiorem filium Alcathous, Echepolidem: quem'in auxilium Meleagro miſit in Aetoliam contra aprum *Calydonium*. Quum vero a fera fuiſſet adoleſcens interemptus, atque id primus reſciſſet Callipolis, ad patrem, qui ſacrum Apollini tunc ſorte faciebat, in arcem accurrit, ac ligna e ſacris focis diſturbavit. Quem quum piaculum commiſiſſe Alcathous, qui filium periiſſe ignoraret, iudicaſſet, ira incitatus, ſtipite ex iis ipſis, quae ille diaiecerat, lignis capiti impacto, filium interfecit. (8). In via vero quae ad Prytaneum ducit, Inus monumentum exſtat. Id lapidum maceria incingitur, et ſponte natis oleis conveſtitur. Soli enim ex omnibus Graecis Megarenſes Inus cadaver in maritimam ugti ſui oram eiectum ferunt; ac illud Cleſo et Tauropolim, Cleſonis filias, Lelegis neptes, ſublatum ſepulturae mandaſſe: ipſamque Ino primum apud ſe Leucotheam appellatam. Ei quidem quotannis rem divinam faciunt.

CAP. XLIII. Sed iidem Iphigeniae *etiam* heroicum monumentum monſtrant, atque eam Megaris mortuam aiunt. Ego vero etiam,quae longe ſecus de IphigeniaArcadas narrant, audivi. Neque ignoro, Heſiodum eo poëmate, quo illuſtres

foeminas recenſet, ſcripſiſſe, non eſſe caeſam Iphigeniam,
ſed Dianae numine Hecaten factam. A quibus nihil diſcre-
pant, quae ſcripſit Herodotus, Tauros in Scythia naufragos
virgini immolare: virginem vero apud ipſos nuncupari Iphigeniam Agamemnonis filiam. Habent Adraſto etiam Megarenſes honorem: quem, dum exercitum a Thebarum expu-
gnatione domum reduceret, mortuum apud ſe tradunt. Mortis vero ei cauſam fuiſſe ſenectutem, et animi angorem ob
Aegialei filii interitum. Exſtat et Dianae templum, quod
Agamemnonem erexiſſe dicunt, quum ad Calchantem, qui
Megaris habitabat, venit, ei, ut ſe ad bellum Troianum
ſequeretur, perſuaſurus. (2) In Prytaneo Menippum Megarei filium, et Alcathoi Echepolin ſepultos dicunt. Eſt
ad Prytaneum ſaxum: Anaclethra appellant, quod ibi Ceres poſt longos errores (id ſi fide hominum cuiquam dignum
videri poteſt) filiam evocarit. Noſtra quidem etiamnum,
aetate Megarenſium foeminae anniverſario caeremoniarum
ritu fabulam confirmant. Sunt intra oppidum ſepulcra: et
unum quidem eorum, qui cum Perſis pugnantes mortem
oppetierunt. Aeſymnium vero quod appellant, heroum et
ipſum eſt monumentum. (3) Nam quum Hyperion Agamemnonis filius, qui poſtremus Megaris regnavit, propter ava-
ritiam et inſolentiam a Sandione occiſus fuiſſet, non eſſe
amplius uni parendum cenſuerunt, ſed annuos magiſtratus, qui
viciſſim ſummae rerum praeeſſent, creandos. Quo tempore
quum Aeſymnus, autoritate nemini inter Megarenſes ſecundus, Delphos veniens oraculum conſuluiſſet, qui fieri poſſet,
ut patria ſecundis rebus uteretur: et alia accepit reſponſa,
et illud in primis, bene eventurum, ſi plurium conſilio
civitas uſu fuiſſet. Quare quum ad mortuos oraculum pertinere interpretati eſſent, curiam ibi aedificandam, intraque
eius parietes heroum ſepulcrum includendum curarunt.
(4) Hinc ad Alcathoi heroicum monumentum progredientes,
ad eam locum perveniunt, quo pro tabulario mea aetate Megarenſes utebantur: eſſe vero perhibent Pyrgus Alcathoi uxoris monumentum, quam ille habuit in matrimonio, priuſquam
cum eo eſſet Euaechmo Megarei filia. Iam ad Iphinoës
Alcathoi filiae tumulum, quam virginem e vita deceſſiſſe
memorant, patrio ritu puellas ante nuptias inferias mittunt,
crinisque primitias devondent, non aliter quam Hecaergae et
Opidi Deliorum filiae. (5) In primo aditu ad Liberi Patris
fanum, (quod Dionyſion appellant) ſepulcrum eſt Aſtycratiae et
Mantus filiarum Polyidi, Coerani filii. Abantis nepotis,
Melampodis pronepotis. Polyidus quidem ipſe veniſſe dicitur
Megara, ut Alcathoum de caede Callipolidis filii luſtraret:
et Liberi templum aedificaſſe, cum ſimulacro, quod totum
aetate noſtra praeter os occultatur. Id enim unum eſt in
conſpectu. Adſiſtit Satyrus e Pario lapide, Praxitelis opus.
Atque hunc quidem Patrium Liberum appellant: alterum
vero, Daſyllium cognomento, Euchenorem Coerani filium,
Polyidi nepotem, dedicaſſe ferunt. (6) Secundum Liberi

Veneris delubrum eſt, cuius ſignum ex ebore: deae cognomen Praxis: atque eius ſignum *omnium eſt. quae* in eo delubro *ſpectatur*, vetuſtiſſimum. *In eodem* Pithus deae (*id eſt; Suadelae*) eſt ſimulacrum: et eius item deae, quam Paregoron (*hoc eſt, conſolatricem*) nuncupant: operis autor Praxiteles. Viſuntur ibidem et Scopae Amor, Appetitus. Cupido, tam diverſo inter ſe habitu ac ſacie, quam diverſa ſunt nomina ex ipſis numinum poteſtatibus indita. Iuxta Veneris Portunae aedes eſt: ipſa dea a Praxitele elaboram. In proximo delubro Muſas et aeneum Iovem fecit Lyſippus. (7) Eſt etiam apud Megarenſes Coroebi ſepulcrum: de quo quae verſibus mandata ſunt, exponam, etſi eadem ab Argivis celebrantur. Regnante Argis Crotopo, eius filiam Pſama-, then tradunt puerum, quem ex Apolline pepererat, ut patrem, a quo ſibi plurimum metuebat, celaret, expoſuiſſet quumque ita accidiſſet, ut a canibus regii pecoris cuſtodibus dilaceraretur, Apollinem Argivis *diram quae dam brillucam* immiſiſſe: Poenam *ipſi appellavuas:* quae e matrum gremiis infantes rapiebat: *monſtrum* vero illud Coroebum Argivorum miſeria adductum confeciſſe. Verum quum *dei tra* nihil remiſiſſet, et peſtilenti morbo civitas vexaretur, veniſſa Delphos Coroebum ultro, ut de Poenae caede Apollini ſatisfaceret: Pythiam, quum illi in patriam redeundum negaſſet, ut e templo tripodem tolleret, imperaſſe, quoque loco excidiſſet, ibi templo Apollini aedificato conſideret. Quum itaque tripos illo imprudente lapſus ad Geraniam montem excidiſſet, *in mentem ei continuo oraculi veniſſe,* eumque ibi vicum, cui Tripodiſco nomen eſt, condidiſſe. Coroebi vero ſepulcrum Megaris eſt in foro; in quo inſcripti elegi rem totam de Pſamathe et Coroebo teſlantur. Tumuli inſigne eſt Coroebus Poenam conficiens: quae ſigna omnium, quae in Graecia e lapide facta viderim, antiquiſſima eſte iudico.

CAP. XLIV. Non longe a Coroebi monumento ſepultus eſt Orſippus, is, qui, quum veteri athletarum more cum ſubligaculo *gymnicas* ludos obire conſueſſet, in Olympico tamen curriculo nudus vicit: idemque poſtea, quum exercitus imperator eſſet, finitimis agri partem *brilo* ademit. Non invito crediderim Olympiae ſubligaculum delapſum, nempe qui noſſet, ſine eo multo quemvis eſte ad curſum expeditiorem. (2) E foro quum redeas in viam, quae Recta dicitur, ſi paululum diverteris ad dextram, ad Apollinis Praeſtitis accedas. Ibi eſt Apollinis nobile ſignum, Dianae, et Latonae, et alia item ſigna, quae fecit Praxiteles: Latona eſt cum liberis. (3) Ad porram, quam Nymphadem appellant, in veteri Gymnaſio lapis eſt, qui non magnae pyramidis formam prae ſe fert. *Lapidem* eum Apollinem Carinum nominant. Eſt ibidem Lucinae aedes. Atque haec quidem, quae oſtentare poſſit, Megara habent. (4) Ad navale vero, quam aetate etiam mea Niſaeam vocant, ſi deſcendas, Cereris Oviſerae templum videas. Cognomen vero deae, praeter alia multa, quae ea de re prodita ſunt, ab iis inditum

cenfent, qui primi oves in ea regione aluerunt. Faflleium
quidem templi vetuflate collapfum quivis coniiciat. (5) Ea·
dem fere in parte arx confurgit, quae et ipfa Nifaea dicitur.
In imo arcis clivo ad maritimam *oppini* partem Lelegis
monumentum eft. Hunc ex Aegypto appulfum regnaffe
alunt: filium vero fuiffe Neptuni, et Libyes Epaphi filiae.
Finitima eft Nifaeae infula non magna, quo Creticam claffem appuliffe Mlnoêm ferunt, quum bellum Nifo intuliffet.
(6) Montana Megarici agri pars Boeotis finitima eft. In
ea habitantur oppida Pagae et Aegiflhaena. In viae militaris, quae Pagas ducit, ipfo diverticulo faxum eft fagittis
confixum. Eas per noftem Perfae eiaculatos quondam tradunt. (7) Pagis Dianae cognomento Sofpitae fignum eft
aeneum, magnitudine ei par, quod Megaris eft, neque ipfa
figura diffimile. Eft etiam Aegialei Adrafti filii heroicum
monumentum: qui quum eo praelio, quod commiffum eft,
quum Argivi iterum ad Thebas veniffent, in primo conflictu
ad Glifautem occidiffet, propinqui eum fublatum Pagas in
Megaricum agrum deportarunt: ac *illins* quidem monumentum
Aegialeum appellatur. (8) Aegiflhaenis Melampodis Amythaonis filii templum eft; et in eo non magni utique viri
fignum columnae infidit. Melampodi facrum faciunt, et feftum diem quotannis celebrant. Futura vero praedicendi, neque
e fomniis, neque ex alia ulla ratione, ei fcientiam tribuunt.
Audivi etiam, *quum* in Erenea Megarici agri vico *ejus*. Au-
tonoën Cadmi filiam ex Aftaeonis cafu, et reliquis paternae
domus calamitatibus, moerore et luftu confeftam, hus
Thebis transmigraffe. Autonoës quidem in eo vico monumentum oftenditur. (9) In via, quae Megaris Corinthum
ducit, et alii tumuli funt, et Telephanis Samii tibicinis:
quem faciundum curaffe dicitur Cleopatra, Philippi eius,
quem Amyntas genuit, filia. Vifitur et Caris Phoronei filii
monumentum. Id quum initio terrae tantum agger effet,
poft ex oraculo Conchite lapide exornatum eft. Et is quidem lapis apud folos e Graecis omnibus Megarenfes caeditur.
Ex eo multa funt in ipfa etiam urbe opera. Eft ille quidem
infigni candore, et alio quovis lapide mollior. Marinae
In eo conchae undique cernuntur. Talis quidem hic lapis
eft. (10) *Viam* vero, quam Scironem appellant, primus,
quum Megarenfium copiis praeeffet; muniffe dicitur Sciron,
ita ut expeditis hominibus nequa effet. Adrianus vero imperator eandem eousque dilatavit, ut per eam agi poffent
duo obvii currus. (11) De faxis vero, quae in viae anguftiis
eminent, fabula prodita eft huiusmodi. Ino fe cum Melicerte, natu minore filio, de faxo, quam Moluridem petram
appellant, in mare praecipitem dediffe, quum natu malorem
Learchum pater occidiffet: ac Athamantem quidem in uxorem et liberos furore impulfum funt qui dicani ita faeviffe:
alii vero ira vehementer incenfum, quod uxoris nefario
facinore immiffam refciffet Orchomeniis famem, ac fimul ab
Illa de medio fublatum Phrixum putaret: atque omnino ac-

cidiſſe omnia non divinitus, fed novercae dolo, Interpretaretur. Illam igitur tunc aiunt arrepta fuga fe cum filio in mare de Moluride petra abieciſſe: puerumquidem a delphino exceptum, quum in Corinthiorum Iſthmum fuiſſet expoſitus, mutato nomine, ex Melicerte Palaemonem appellatum: eique quum alios habitos honores, tum vero Iſthmicos ludos decretos. (12) Moluridem certe petram Leucotheae et Palaemoni facrarunt. Nam alia faxa, quae Moluridi adiacent, infamia et confcelerata putant, quod; quum ea ac coleret Sciron, inde. quoscunque nactus eſſet hofpites, in mare detruderet. Eos vero adnatans marina teſtudo conficere dicebatur. Suntautem marinae teſtudinesmagnitudine tantum et pedibus terreſtribus diſſimiles: pedes enim habent, quales vituli marini. Sed eodem poſtea Sciron mortis genere fcelus luit, a Thefeo in idem abiectus mare. (13) In montis iugo Iovis Apheſii cognomento fanum eſt. Eſſe vero ita appellatum tradunt, quod, quum ad deprecandam fqualidam agri ficcitatem Aeacus in Aegina divinam rem, ex quodam oraculo, Panellenio Iovi faceret, quum eſſet perlitatum, deus calamitatem removiſſet. Ibidem Veneris, Apollinis et Panos figna funt. (14) Qui longius proceſſerint, Euryſthei monumentum oſtendent: quem ab Herculis liberis praelio fuperatum, quum ex Attica fugeret, quo loco fepultus eſt, fuiſſe ab Iolao occifum dicunt. Iam vero ab hac via defcendentibus, in confpectu eſt Latoi Apollinis aedes, et cum ea fere coniuncti Megarenfium et Corinthiorum fines, ad quos Hyllum Herculis filium fingulari certamine cum Arcade Echemo congreſſum, hominum fermone percrebuit.

---

## CORINTHIACA SEU LIB. II.

CAP. I. CORINTHIACA quidem regio ad Argivorum fines pertinet: a Corintho vero nomen accepit, quem Iovis fuiſſe filium, quum ſtudiofe quaefierim, nondum inveni, qui tradiderit, praeter Corinthiorum multitudinem. Nam Eumelus Amphilyti filius e gente Bacchiadarum, qui carmina dicitur feciſſe, In Corinthiaca hiſtoria fcriptum reliquit, (ſi modo Eumeli illud opus eſt) Ephyren Oceani filiam primam in iis finibus confediſſe: Marathonem deinde Epopei filium, Aloei Solis filii nepotem, patris iniquitatem et contumeliam fugientem, in maritimam Atticae partem coloniam deduxiſſe: audita vero Epopei patris morte, In Peloponnefum reverfum, ac mox inter filios regno diſtributo, in Atticam rediſſe. Ab alus quidem filio Sicyone Afopian; a Corintho vero Ephyraean nomen accepiſſe. (2) Co-

rinthi in praefentia nulli iam funt indigenae: eſt enim penes
eos civitas, quos in coloniam Romani miſere. Huius rei
cauſa fuit Achaeorum concilium: In quo quum Corinthii
cenſerentur, et ipſi una com ceteris bellum Romanis intulerunt, Critolai autoritatem ſecuti. Is enim, quum belli
dux ab Achaeis eſſet deſignatus, et Achaeos, et ex iis, qui
funt extra Peloponneſum, multos ad defectionem ſollicitavit.
Romani vero rerum potiti, et ceteraeGraeciae arma eripuerunt,
et munitarum omnium urbium muros demoliti ſunt. Deletam
quidem a Mummio conſule Corinthum, a Caeſare (a quo Romana respublica eam quam nunc etiam retinet, formam accepit)
reſtitutam ferunt. Nam etCarthaginem etiam idem reſtituiſſe dicitur. (3) In Corinthiaco agro ſuus eſt, cui Cromion nomen, a
Cromo Neptuni filio. In eo educatum ſerunt Pityocampten, cui
funt, eſt later Theſei aerumnas latas. Operis index eſt pinus,
quae in ipſo adhuc litore ſe progredicutibus oſtendit. Fuit
hoc ipſo in loco et Melicertae ara. Eo enim a delphine evectum
puerum memorant: quem quum offendiſſet expoſitum Siſyphus, et humarit in Iſthmo, et Iſthmicos in eius honorem
ludos inſtituerit. (4) In prima Iſthmi fronte locus eſt, ubi
Sinis latro, curvatis ad terram diverſarum pinorum ramis,
ad eos, quos pugnando viciſſet, arctis utrinque vinculis al-
ligabat, ut, quum in ſuam naturam arbores rediſſent, miſ-
rabiles illi in modum diſtraherentur: quo ipſe poſtea ſupplicii
genere a Theſeo affectus eſt. Totam enim eam viam, quae
Athenas a Troezene ducit, Theſeus a latrociniis perpurga-
vit, et iis, quos ante nominavi, interemptis, et Epidauri
Periphete, quem Vulcano natum putabant, quique in pugna
aenea clava utebatur. (5) Iſthmus autem ipſe Corinthiacus
mari utrinque alluitur. Duobus eius latera promontoriis
terminantur, Cenchreis, et Lechaeo. Ea res interiorem
regionem continentem facit. Nam quicunque Peloponneſum
inſulam facere conatus eſt, morte oppreſſus, opus imper-
fectum reliquit. Qua ſine Iſthmus ſodi coeptus fuerit, operis exſtant veſtigia. Saxoſa eius pars omnino tentata non
fuit. Quare ſitus adhuc ſui naturam ſervat. Alexandro
quidem Philippi filio id unum ex animi ſententia non ceſſit,
quod Mimantem fodere non potuit. Gnidios vero ad Iſthmum ſodiendum aggreſſos oraculum Pythii Apollinis deterruit. Tam ſcilicet difficile eſt; divinitus attributam certis
rebus naturam humana arte ſuperare. (6) Quod vero Corinthii de terra ſua praedicant, non ipſi, opinor, primi
commenti ſunt. Nam ante eos Athenienſes ad Atticam or-
nandam deorum contentionem memoriae prodiderunt. Ipſi
quidem Corinthii Neptunum narrant In certamen cum Sole
de regione deſcendiſſe: diſceptatorem inter eos Briareum
fuiſſe: qui quum Iſthmum Neptuno, Soli vero promontorium,
quod urbi imminet, adiudicaſſet, ex eo Iſthmum Neptuni
fuiſſe. (7) Inſignia vero illic opera theatrum et ſtadium
e candido lapide. Qua ad ipſum dei fanum aditus eſt, una
in parte athletarum poſitae ſunt ſtatuae, qui victores in

Iſhmiis renunciati fuere: in altera pinus conſitae, et earum mbltæ quaſi ad rectam lineam. In templo, quod modica ſunt magnitudine eſt, aenei ſtant Tritones: et in antica eius parte (*Prontoa appellant*) Neptuni ſigna duo, Amphitrites unum, ipſum etiam mare aeneum. Quae intus ſunt, dedicavit aetate noſtra Herodes Athenienſis, equos quatuor inauratos, praeter ungulas tamen, quae ex ebore ſunt: et iuxta equos Tritones duos aureos ad pubem usque. Nam reliqua eburna ſunt. In curru ſtant Amphitrite et Neptunus: et rectus delphini inſiſtit Palaemon puer: ebore et auro haec etiam expolita. In media baſi, quae currum ſuſtinet, mare expreſſum, et ex eo emergens Venus. Adſiſtunt utrinque Nymphae, quae Nereides appellantur: quibus et in aliis Graeciae locis aras dedicatas novi, quum lucos illis Poemenel conſecrarint, ubi et Achilli honores habentur. Apud Dotos in Gaballa ſanctiſſimum eſt templum. Exſtat in eo peplus, quem filio Alcmaeoni ſumſiſſe Eriphylen Graeci dicunt. (g) In eadem baſi Neptuol inſculpti ſunt etiam Tyndari filii, quod ipſi quoque ſalutaria creduntur navibus et vectoribus numina. Tranquillitatis praeterea *illis et* maris ſimulacrum: et equus *drindo*, cuius quae ſunt infra pectus partes, ceti figuram praeferunt. Ino ad haec, Bellerophontes, et equus Pegaſus.

CAP. II. Intra templi ſeptum ad ſiniſtram eſt Portani aedes: in qua ſigna ſunt Neptunus, Matuta, et ipſe Portunus. Eſt et cella, quod penetrale appellant: aditus eſt ad eam ſubterraneus. Ibi vero Portunum latere aiunt: ac ſi quis vel civis, vel hoſpes eo in loco peierarit, quin periurii poenas det, effugere nulla ratione queat. (1) Eſt etiam vetus, quam Cyclopum appellant aram, ad quam Cyclopibus divinam rem faciunt. Sepulcra vero aut Siſyphi, aut Nelei, ubinam ſint, ut maxime Eumeli carmina perlegas, non poſſis deprehendere. Nam etſi Neleum ſint qui tradant, quum Corinthum veniſſet, morbo vitae extremum diem clauſiſſe, et circa Iſthmum ſepultum: eius tamen monumentum ne Neſtori quidem ipſi a Siſypho monſtratum ferunt: ac plane ignotum eſſe omnibus expedire. Siſyphum ipſum ſepultum quidem in Iſthmo, ſed eius ſepulcrum paucis omnino, qui aequales eius fuere, notum ſuiſſe. Iſthmici ludi, ne exciſa quidem a Mummio Corintho, intermiſſi ſunt: ſed etiam in ipſa urbis vaſtitate, ut eos faciundos curarent, datum negotium ſuit Sicyoniis. Reſtituta Corintho, ad eos, qui nunc ſunt, inquilinos *priſtinus* honos rediit. (3) Corinthiorum navalibus Leches et Cenchrias nomina dedere: quos Neptuno ex Pirene Acheloi filia genitos credunt: quanquam iis cocninibus, quae Magnae Eoeae ſunt appellatae, Oeballi fuiſſe filiam Pirenen proditum eſt. In Lechaeo Neptuni templum eſt cum ſigno aeneo. In via, quae ab Iſthmo Cenchreas ducit, Dianae templum eſt, et ſignum pervetus ligneum. In ipſis Cenchreis Veneris delubrum, et marmoreum ſignum. In maris fere alluvie Neptuni ex aere. In altero

vero portus cornu Aefculapii et Ifidis fana. Cenchreis e
regione funt Helenae balneae. Aqua e faxo in mare defluit, multa illa quidem et falfa, nihilo calidior, quam quae
igni primum intepuerit. (4) Qua vero adverfo clivo ad
Corinthum acceditur, et alii funt in via tumuli, et ad ipfam
portam Diogenis Sinopenfis, quem cognomento Graeci
Canem appellarunt. Maxime fuburbanus eft cupreflorum
lucus, cui Craneo nomen. In eo Bellerophontis fanum eft,
et Veneris Melanidis delubrum: Laidis etiam fepulcrum,
cui leaena infculpta eft, prioribus pedibus arietem tenens.
Oftenditur etiam in Theffalia Laidis monumentum. Veniffe
enim et in Theffaliam dicitur, Hippoftratum amatorem
fuum fecuta. Primum quidem Hyccaris (Siciliae id oppidum
eft) a Niciae militibus captam, quum adhuc puella effet;
Corinthum deinde ab eo cui vendita eft, adductam, mere-
trices aiunt aetatis fuae omnes corporis forma longe anteiffe. Tantae vero fuit Corinthiis admirationi, ut nunc
etiam de Laide certent. (5) Multa in urbe praeclara opera,
quae partim reliquiae funt antiquitatis. partim vero florente
pofterioribus aetatibus Corinthiorum civitate facta funt. In
foro, ubi plurima funt templa, Diana eft Ephefia cognomento, et Liberi Patris figna duo lignea, inaurata, praeter
ora tamen, quae minio oblita funt: Lyfium alterum,
alterum Baccheum nominant. (6) Quae de iis fignis
permagata funt vulgi fermonibus, et ipfe fcribam. Pentheum
aiunt, quum Liberum Patrem multis contumeliis vexaret,
et alia infolenter facere aufum, et poftremo, ut foeminarum
operta facra fpecularetur, ad Cithaeronem profectum, in
arborem afcendiffe, atque inde omnia confpicatum. Quod
quum Bacchae animadvertiffent, impetu facto viventem eum
laceraffe, ac membratim difcerpfiffe. Corinthii redditum
fibi poftea oraculum narrant, ut eam arborem quaererent, et
inventae divinos honores haberent. Illius igitur oraculi
monitu fe imagines illas faciundas curaffe. (7) Eft praeterea
Fortunae aedes, cuius fignum recto ftatu, e Pario lapide.
Templum adiunctum eft Dis omnibus dicatum. Proxime
erectus eft aquae ductus, cui infiftit Neptunus ex aere, fub
cuius pedibus delphinus aquam profundit. Eft etiam ex aere
Apollo cognomento Clarius: et Venus, Hermogenis Cy-
therii opus. Sunt et Mercurii figna duo, et ipfa ex aere, et
recto ftatu; fed eorum alterum cellam fuam habet. Iovis
vero fub divo polita figna tria: quorum unum cognomen
non habet, alterum Terreftrem, tertium Celfiffimum nuncupant.

CAP. III. In medio foro eft Minerva ex aere; in cuius
bafi Mufae infculptae funt. Ultra forum Octaviae aedes eft
Augufti fororis, qui Caefari in imperium Romanum fucceffit, ei nempe, a quo eft Corinthus reftituta. (1) Quum
e foro exieris Lechaeum verfus, veftibula videas, ac fuper
ipfa inauratos currus duo; quorum altero Phaethon Solis
filius, altero Sol ipfe vehi videtur. Ultra propylaea ingreffis,

ad dexteram eft Hercules aeneus. (3) Ab eo aditus eft ad
Pirenen fontem: de quo fabulis vulgatum, Pirenen nympham,
quum filium Cenchriam lugeret, quem Diana per impruden-
tiam occiderat, tantam profudiffe lacrymarum vim, ut in
fontem fui nominis converfa fuerit. Ornatus fons eft candido
marmore: in eo cellulae excifae, e quibus tanquam e fpe-
luncis in patulum os fubdialem alveum aqua prohuit guftatu
fuavis, et qua aes Corinthium caudens immergi autumant,
quum aliisqui nullum habeant aes Corinthii. Eft autem et
Apollinis ad Pirenen fignum, et feptum, in quo piclum
Ulyffis in procos facinus. (4) Rurfus in via, qua ad Lechaeum recta iter eft, Mercurius ex aere fedens vifitur: cui
adfiftit aries, quod unus prae ceteris Mercurius greges tueri
et augere exiftimatur: ut Homerus in Iliade fignificat:

Hic tibi natus erat, pecoris diliffime Phorba,
Quem fibi prae cunctis charum Cyllenia proles
Dicarat Teucris.

Quae cognita in Magnae Matris initiis mihi funt de Mercurio
et ariete, confulto reticeo. Poft Mercurii fignum Neptunus
eft, et Matuta, et delphino Infiftens Fortunus. (5) Balneae
vero paffim Corinthiis, et aliae e publica pecunia exftructae,
et quas impenfa fua Adrianus Imperator exaedificavit. Quae
vero omnium funt nobiliffimae prope Neptuni, eas Eurycles
Spartanus condidit, et quum aliis lapidibus, tum vero eo,
qui in Croceis Laconici agri eno exciditur, exornavit. Ad
laevam aditus Neptunus; fecundum eum venatricis habitu
Diana ftat. Aquae ductus multi in diverfis urbis regionibus,
(luculenta enim Corinthiis perennium aquarum copia fuppeditat) et is, quem ducta e Stemphylo aqua erigendum curavit
Adrianus. Spectatu digniffima funt, ubi a Dianae figno
difceffons, Bellerophontes, et ex ipfa Pegafi equi ungula
manans aqua. Alteram vero qui viam tenuerint a foro Sicyoniam verfus, a dextra Apollinis aedem cum aeneo figno
videant: et modico hinc intervallo fontem, qui Glauces dicitur, quod in illum fe Glauce abiecit, falutarem fibi aquam
fore fperans contra Medeae veneficia. (6) Supra fontem
hunc aedes eft, quod Odeum appellunt. Proximum ei Medeae
filiorum fepulcrum, quorum nomina Mermerus, et Pheres,
Lapidibus vero a Corinthiis obrutos memorant, propter
ea, quae a matre Glaucae munera attulerunt. Sed enim quod
per vim oppreffi innocentes fuere, nece fua illis Corinthiorum liberi poenas dederunt ex oraculo, et annua illis facra
fieri coepta, Pavorisque Imago dedicata. Enftat illa hac
etiam aerate, muliebri habitu ad terrorem quammaxime
efficta. Deleta vero a Romanis Corintho, et indigenis ex-
ftinctis, priftinum facrificandi morem coloni non retinuerunt:
neque amplius illis pueri aut crinem tondent, aut atram
veftem induunt. (7) Medeam quidem ipfam, quum Athenas
veniffet, Aegeus in matrimonio habuit: fed infidiis, quas
Thefeo fecerat, detectis, in Afiae eam partem, quae tunc
Aria vocabatur, profugit; ubi de fe Medis nomen dedit.

Iam filium, quem fecum in Arios abduxit, Aegeo genitum tradunt, Medoque ei nomen fuiſſe: Hellanicus tamen Po-lyxenum nuncupat, et patrem ei Iafonem fuiſſe ſcribit. Car-mina Graeci habent, quae Naupactia nominant. In illis ſcriptum exſtat, Iaſonem poſt Peliae mortem Corcyram mi-graſſe: ibique Mermerum eius filium natu maiorem, in con-tinenti ea, quae e regione eſt, venantem, a leaena interfe-ctum: de Pherete autem nihil *in iis* eſt memoriae proditum. Cinaethon Lacedaemonius (nam et is Gentilitates verſibus mandavit) Medum et Eriopin filiam ſuſcepiſſe Iaſonem ex Medea ſcriptum reliquit, neque amplius quicquam, quod ad pueros pertineat. (8) At Eumelus Solem dicit Aloeo Aſopiam terram Ephyraeam Aeetae tradidiſſe: Aeeten deinde Colchos profectum Byno regoum ſuum commendaſſe: Bunum ipſum Mercurio ex Alcidamea genitum: qui quum e vita deceſſiſſet, Epopeum Aloci filium Ephyraeorum impe-rium obtinuiſſe: deinde vero quum Corinthus Marathonis filius nullos reliquiſſet liberos, Corinthios ex Iolco Medeam in regnum vocaſſe: eam vero Iaſonem regni compotem fe-ciſſe, ac filios quidem peperiſſe, ſed in lucem quicquid edidiſſet, to Iunonis ſano occultare ſolitam, quod nempe Immortales futuros ſibi perſuaſerat. Verum quum neque id ex voto eveniſſet, et, re comperta, Iaſon non modo de-precanti veniam non dediſſet, ſed ea relicta Iolcon revertiſ-ſet, et ipſam Corintho profectam Siſypho imperium tradidiſſe. Haec perinde, ut mihi comperta ſunt, expoſui.

CAP. IV. A ſepulcro non multum diſtat Fraonatricis Minervae (*Chaliniida appellant*) ſanum. Minervam etenim aiunt prae ceteris Dis Bellerophonti quum aliis in rebus opitulatam, tum vero a ſe domitum, fraeno iam impoſito, Pegaſum dediſſe. Ligneum eſt deae ſignum: os tamen, ma-nus et imi pedes e candido lapide ſunt. (2) Neque vero Bellerophontem regnum Corinthiorum unquam poſſediſſe, ſed in Proeti Argivorum regis poteſtate fuiſſe, et ipſe, ut credam, facile adduci poſſum, ac nihilo minus, qui Homeri carmina non indiligenter legerit. Satis etiam conſtat, te-nente iam Lyciam Bellerophonte, Corinthios perpetuo iis, qui aut Argis aut Mycenis rerum ſummae praeeſſent, paruiſſe: quando privatim ipſi nullum ad Troiam ducem miſerunt, ſed Agamemnonis ſigna et auſpicia ſecuti, eius expeditionis participes fuere. (3) Siſyphus quidem non Glaucum dun-taxat Bellerophontis patrem genuit, ſed praeter eum Or-nytionem etiam, et poſt hunc Therſandrum, et Almum ſuſ-cepit. Ornytione Phocus natus, Neptuni tamen creditus, Is Thyraeam in ea regione, quae nunc Phocis dicitur, colo-niam deduxit: Thoas eius frater natu minor Corinthi man-ſit: eo Demophon, Demophonte Propodas, Propoda Doridas et Hyanthidas geniti ſunt. His regnantibus Dorienſes ex-arcitum duce Aleta Hippotae filio, Phylantis nepote, Antio-chi pronepote, et Herculis abnepote, contra Corinthum duxerunt. Ibi Doridas et Hyanthidas, regno Aletae tradito, ipfi Corinthi manferunt: at plebs praelio vict fedibus fuis pulfa eft. Aletes ipfe et eius pofteritas aetates quinque usque ad Bacchin Prumnidis filium regnum tenuit: (4) aetates totidem Bacchiadae, usque ad Teleften Ariftodemi filium: quo ab Arieo et Peranta de medio fublato, regno finis impofitus. Prytanes enim deinceps ex Bacchiadarum gente annuum imperium tenuerunt. Hos, tyrannide occupata, Cypfelus Eetionis filius expulit. Nepos Cypfelus fuit Melanis, Antufi filii. Melana quondam ex Gonuffa *oppida*, quod fupra Sicyonem eft, Corinthum deducendae coloniae caufa cum Dorienfibus profectum, Aletes primum ex quodam oraculo in aliam Graeciae partem dimifit: deinde vero *mutato fententia et* oraculo neglecto, eum fibi *fociam et* contubernalem adfcivit. Atque hinc cafuum varietate Corinthiorum reges iactatos comperi. (5) Templum vero Minervae Fraenatricis iuxta theatrum eft: et ei proximum Herculis nudo corpore ligneum fignum, quod a Daedalo factum tradunt. Ac Daedali quidem opera rudia funt, neque afpectu decora, attamen numen veluti quoddam prae fe ferunt. Supra theatrum templum eft Iovis, quem Capitolinum Romanorum voce, Graeca lingua Coryphaeum recte appellaris. (6) Ab hoc theatro fatis multum diftat prifcum gymnafium, et fons, quam Lernam vocant. Incingitur is columnis, atque item fedilibus *plane* appofitis ad eos excipiendos, qui aeftate frigus capritum veniant. Coniuncta funt cum ipfo fere gymnafio deorum delubra *duo*, Iovis alterum, alterum Aefculapii. Aefculapius ipfe et Hygia e candido lapide funt: at Iupiter aeneus eft. (7) Iam qui in Acrocorinthum afcendant, (montis id iugum eft urbi imminens, quod Soli in difceptatione Briareum dedifle, Solem Veneri conceflifle narrant Corinthii) fana duo Ifidis videant, alterum Pelagiae, alteram vero Aegyptiae cognoinento: totidem Sarapidis, quorum alterum Canopitani appellant. Sunt deinceps Solis arae, Neceflitatis et Violentiae aedes, in quam ingredi fas efle negant. Supra eam Matris deum delubrum: columna item et folium, utrumque lapideum. In Parcarum vero, Cereris, et Proferpinae aede figna aperta non funt. Eadem in parte eft Bunaeae Iunonis templum, a Buno Mercurii filio dedicatum, a quo et dea cognomen accepit. Iam in ipfo ad Acrocorinthum aditu delubrum eft Veneris: figna *is eo* ipfa *dea* armata, Sol et Amor arcum tenens.

CAP. V. Fontem vero eum, qui a tergo delubri eft, aiunt ab Afopo conceflum Sifypho, quod, quum raptam a Iove fciret Aeginam Afopi filiam, tum demum indicaturum dixerit, quum in ipfo Acrocorintho perennem aquam haberet. Quare quum Afopus, *ne ranfare amplius poffet, fontem* dedifl{et, indicavit *faltem* ille: et eius indicii. fi fatis id credi poteft, poenas aiunt apud inferos dare. Audivi etiam, qui dicerent, eum fontem Pirenen efle, et aquam ex eo in oppidum defluere. (2) Nam Afopus *amnis* fuos habet in Phliafiorum finibus ortus; atque inde per Sicyonium agrum lapfus, in

mare iuxta Corinthum exit. Filias vero Afopo Phliafii fuiſſe
dicunt, Corcyran, Aeginam, Theben: et à prioribus dua,
bus infulas eas, quarum altera ante Scheria, Oenone altera
fit appellata, novum nomen accepiſſe: a tertia Theben, quae
fub Cadmea eſt, nominatam. Thebani tamen id minime
conſitentur. Eam enim Theben Boeotii fuiſſu, non Phliafii
Afopi, contendunt. De flumine vero Afopo eadem a Phlia-
fiis et Sicyoniis traduntur, eſſe non indigenam, ſed adver-
nam amnem: Maeandrum etenim a Celaenis per Phrygiam
et Cariam delapſum, in mare ad Miletum erumpere, inde in
Peloponneſum ſubterfluere, atque illic Afopum fieri. Neque vero ab hac opinione diſſidont, quae a Deliis me au-
diſſe memoria tepeo: Inopum amnem e Nilo occulto meatu
ad ſe pervenire. Quin et ipſum Nilum fama eſt Euphraten
eſſe, qui, ubi paludi immerſus diu latuerit, ſupra Aethiopas
Nilus evadat. Haec de Afopo mihi audita ſunt. (3) Ab
Acrocorintho, qua in montanam partem divertitur, eſt porta
Teneatica, et Lucinae fanum. Oppidum, quae Tenea dicitur,
ſtadia ferme LX kinc diſtat. Oppidani ſe Troianos fuiſſe
affirmant, qui captivi e Tenedo a Graecis abdudti, eum Io-
cum ab Agamemnone acceptum teneant: et illi quidem
Apollinem in primis venerantur. (4) A Corintho vero qui,
mediterranea parte relidta, rella Sicyonem verſus contendant,
non longe ab urbe templum ad viae laevam incenſum videant.
Fuerunt Corinthiorum fines multis aliis bellis infeſti; per
quae vero poteſt videri ſimile, quum ſacra, tum profana
aedificia in ſuburbanis igni fuiſſe conſumta. Hoc certe tem-
plqm Apollinis eſſe, at a Pyrrho Achillis filio exuſtum ferunt.
Audivi autem et aliud de eo quiddam huiusmodi; aedem
hanc Iovi Olympio Corinthios creviſſe, eamque ſubito incendio, incertum unde igni immiſſo, conflagraſſe. (5) Sicyonii
(ſunt enim in hac parte Corinthiis finitimi) haec de origi-
nibus ſuis commemorant: exſtitiſſe primum in ea regione
Aegialeum indigenam: atque eo regnante, eam Peloponneſi
partem, quae Aegialus hoc etiam tempore nuncupatur, nomen ſumſiſſe: ac illum quidem plano loco oppidum, cui
Aegiales nomen, condidiſſe: fuiſſe vero ibi arcem, quo
loco eis nunc Minervae templum eſt: Aegialeo patre Europem natum, Europe Telchinem: huic filium Apin fuiſſe;
cuius ante Pelopis in Olympiam adventum eousque opes
creverint, ut ea tota regio, quae intra Iſthmum eſt, ab eo
fuerit Apia nuncupata. Iam vero Apis Thelxionem ſuſcepit;
Thelxione ortus Aegyrus, Aegyro Thurimachus, Thuri-
macho Leucippus: Leucippo virilis proles non fuit, filia
unica Calchinia; eam e Neptuno puerum peperiſſe, quem
Leucippus ſublatum eductumque regni ſucceſſorem moriens reliquerit; nomen huic Perato fuiſſe; de cuius filio Plemnaeo
quae memoriae prodita ſunt, plane miraculo mihi adſcri-
benda videntur. Nam quum omnes, qui ei naſcebantur, filii
in primo vagitu animam agerent, poſtremo Plemnaei vicem
miſeratam Cererem ad eius uxorem peregrinae ornatu Aegia-

Ieam veniffe memorant, Plemnaeoque Orthopolin recens natum educaffe. Orthopolidi filia fuit Chryforthe; quam ex Apolline peperiffe Coronum pro certo habeut. Corona ortus Corax, et eo natu minor Lamedon.

CAP. VI. Corace vero fine liberis mortuo, Epopeus, qui id temporis e Theffalia venerat, imperium fibi vindicavit. Hoc primum regnante hoftilem exercitum tradunt in fines fuos invafiffe, quum ante perpetua pace ufi fuiffent. (1) Eius vero belli huiuscemodi caufa perhibetur. Antiopes Nyctei filiae celebre fuit ob formae excellentiam apud Graecos nomen: quam fama proditum etiam eft non Nycteo, fed Afopo amne, qui Thebani et Plataeenfis agri fines interfecat, genitam. Eam Epopeus, quod ante uxorem fibi petiffet, libidine et petulantia impulfus rapit. Hanc iniuriam quum armis Thebani perfequerentur, commiffo praelio, Nycteus vulnus accepit. Ipfe etiam Epopeus faucius ex acie, victoria tamen potitus, disceffit. Nycteus, quum fui eum Thebas aegrum reportaffent, non ita multo poft moriens regni adminiftrationem Lyco fratri ad tempus reliquit, Labdaeo Polydori filio, Cadmi nepote, cuius ipfe ante tutor fuerat, in eius tutelam tradito; a quo multis precibus contendit, ut maiore exercitu in Aegialeam ducto Epopeum ulcifceretur, atque ipfam etiam Antiopen, fi capere poffet, male mulctaret. Epopeus interea pro victoria dis gratulatus, ludisque et facris eo nomine peractis, Minervae templum eroxit: ac opere iam abfoluto deam eft precatus, fibi fignum aliquod ut daret, num ei accepta fuiffet fani dedicatio. Statim itaque oleum tradunt ante templum divinitus fluxiffe. Verum et ipfe Epopeus paulo poft ex vulnere negligentius curato diem fuum obiit. Quo fictum eft, ut belli caufa remota fuerit, fiquidem Lamedon, qui in regnum ei fucceffit, ultro Antiopen Lyco dedidit. Quae quum Thebas reduceretur, in ipfa, quae Eleutheras ducit, via partu levata eft. Qua de re verfus hosce fecit Agis Amphiptolemei filius:

Antiope peperit Zethum, atque Amphiona dium,
Afopo celeri currenti vortice nata:
Iupiter hos genuitque fimul regnator Epopeus.

Sed hos ad auguftiores multo natales retulit Homerus, quum Thebas ab illis primum conditas dixerit, quippe qui, uti mihi videtur, inferiorem urbem a Cadmea diftinguat. Porro Lamedon regno inito uxorem Athenienfem duxit Pheno Clytii filiam. Bello mox contra Achaeos Archandrum et Architelem fufcepto, ex Attica belli gerendi fibi focium Sicyonem adfcivit, data ei in matrimonium Zeuxippe filia: a quo poftea iam regnum adepto et regio tota Sicyonia, et urbs, quae ante Aegiale fuit, Sicyon nuncupata eft. (2) Ac Sicyonem quidem ipfum non Marathone Epopei filio, fed Marione Erechthei genitum ferunt; quibus Afius affentitur. Nam Hefiodus Erechtheo Sicyonem, Ibycus Pelopi attribuit. E Sicyone vero Chthonophyle gignitur: quae Mercurio Polybum peperit, ex eademque et Philante Liberi

Patris filio, qui habuit eam in matrimonio. Androdamas
nascitur. At Polybus Lysianassam filiam Talao Biantis filio
Argivorum regi locavit. Ad Polybum Adrastus Argis eiectus Sicyonem confugit: eoque mortuo regnum ipso adiit.
Post Adrasti deinde in patriam reditum Ianiscus Clytii eius
nepos, cuius filia cum Lamedonte nupta fuerat, ex Attica
veniens regnum iniit: a cuius obitu Phaestus e filiis Herculis
unus (ut vulgo ferebatur) regnat. Sed quum is ex oraculi
responso in Cretam migrasset, Zeuxippus Apollinis e Syllide
nympha filius regnum dicitur obtinuisse. (2) Qui quum decessisset, Agamemnon Sicyoniis, et ipsi regi Hippolyto Rho-
pali filio, Phaesti nepoti, bellum intulit. Is opibus diffisus
suis Agamemnonis et Mycenaeorum se imperata facturum
spopondit. Hippolyto Lacestades filius fuit. *Hoc regnante*,
Phalces Temeni filius cum Dorienfibus Sicyonem nocturno
impetu occupavit: in eum tamen, quod ex Hercu'is nepotibus effet, nihil acerbe aut crudeliter commisit, quinimo
imperium cum eo communicavit. Ex eo Sicyonii Dorienfes
facti, et inter Argivos censeri coepti.

CAP. VII. Aegialei vero urbem in campis fitam quum
Demetrius Antigoni filius evertisset, vetustae arci urbem,
quae nunc permanet, adiunxit. Et caufam quidem, quamobrem tantopere Sicyoniorum opes attritae fuerint, non
facile quis, etiamsi studiose quaesierit, invenire possit.
Quare id, quod Homerus de Iove dixit, pro caufo esto:

Urbes qui multas a reif~ culmine vertit.

Iam vero magnis quum cladibus Sicyonii afflicti essent, i-
psam urbem terrae motus sermo ad solitudinem et vastitatem
redegit: ac tunc multa, quae admirationi fuerunt, opera in-
terierunt. Eodem vero cafu Cariae et Lyciae urbes magnis
calamitatibus affectae: et Rhodus in primis infula tam vehementer concussa est, ut Sibyllae vaticinatio Rhodi sit exitio
comprobata. (2) Qua ex Corinthiaco agro in Sicyonium
iter est. Lyci Messenii monumentum exstat, quicunque
Lycus ille fuerit. Neque enim Lycum ego ullum Messenium
comperio, qui vel in quinquertio se exercuerit, vel in Olympicis ludis palmam tulerit. Est hoc quidem *monumentum*
terrae tumulus. (3) Ad hunc enim ferme modum suorum
cadavera condunt Sicyonii: corpus terra contegunt, deinde
lapides basi exstructa columnas erigunt, quibus *fastigia* (*vel,
ut Graeci vorant*, aquilas) imponunt, eadem prope specie, qua
sunt templorum culmina. Inscribunt vero sepulcris plane
nihil: sed eius, quem extulerunt, nomen appellantes, patris
mentione praetermissa, illum valere iubent. (4) Iam vero
post Lyci monumentum trans Asopum ad dexteram Olympium est. Ad viae laevam modico intervallo sepulcrum
Eupolidis Athenienfis, comoediarum scriptoris. Hinc qui
progressi fuerint, ad ipsam quasi urbem a diverticulo redituri,
Xenodices, quae e partu mortua est, monumentum videant.
Illud quidem non eadem est forma, qua sepulcra faciunt Sicyonii. In eo enim, in quo pingi posset, locus relictus est;

et pictura fane, uti alia quaevis, eft, quae fpectetur, digniſſima. Porro hinc qui proceſſerint, fepulcrum invenient Sicyoniis exſtructum iis, qui ad Pellenen, ad Dymen Achaeorum, ad Megalopolim, et ad Selaſiam mortem oppetierunt: de quibus poſterius omnia exponentur pleniſſime. Ad portam fons eſt in fpecu; cuius aqua non e terra ſcaturit, fed e fpecus faſtigio manat: qua de re Stazuſan nuncupant. (5) In arce, quae nunc exſtat, Fortunae Acraeae aedes; et fecundum eam Caſtorum: numinum ipſorum e ligno utrobique ſigna funt. In theatri, quod infra arcem aedificatum eſt, ſcena viri fcutum tenentis ſtatua viſitur: quam Arati (Cliniae filii) eſſe dicunt. (6) Non longe a theatro Liberi Patris templum eſt. Dei ſignum ex auro et ebore; iuxta adſtant ei Bacchae e candido lapide. Has quidem facras foeminas eſſe dicunt, Liberi Patris inſtinctu afflatas. Alia ſigna Sicyonii in facrario condita habent. Haec quotannis ſtata nocte in Bacchi templum deportant, ex eo loco, quod Cofmeterium (id eſt, pompas uti collaſiuni) nuncupant. His faces accenfas praeferunt, et patriis cantibus pompam profequuntur. Pompae velut dux eſt, quem Baccheum nominant, ab Androdamante (ut ipſi dicunt) Phliantis filio dicatus. Portatur poſt eum Lyſius, quem Thebis Pythiae menitu Phanes huc dicitur transtuliſſe. Venit quidem Phanes Sicyonem eodem tempore, quo Ariſtomachus Cleodami filius. Ab oraculo enim ipſi edito quum aberraſſet, a reditus itidem in Peloponnefum praeſtituto tempore aberravit. Qua a Liberi Patris in forum defcenditur, ad dexteram Dianae templum Limnaeae eſt, cuius tectum vetuſtate collapfum eſſe, facile eſt afpicienti cognofcere. De ſigno vero dcae neque, fueritne aliunde deportatum, neque, quo caſu perierit, quicquam afferunt. (7) In foro Pithus (Suniſius) aedes eſt. Suadelam vero hac de cauſa colere inſtituerunt: Apollinem et Dianam, Pythone caefo, ut fe expiarent, Aegialeam veniſſe tradunt: fed incuſſo terrore, eo ipfo in loco, qui nunc Phobus dicitur, in Cretam ad Carmanorem divertiſſe: ac ſtatim peſtilentem morbum Aegialenſibus immiſſum: quem depellt non poſſe, vates monuerunt, ni Apollo et Diana placarentur. Miſſos itaque pueros feptem ac totidem virgines ad Syzhan amnem fupplicum ornatu: quorum precatione perfuafos deos in arcem vaniſſe. Eo itaque in loco, quo primum venere, Suadelae aedem dicatam. Idem vero ritus hoc etiam tempore fervatur. Pueri enim feſto Apollinis die ad Sythan veniunt, ac deorum ſigna in aedem Suadelae deportant, deinde in templo Apollinis ea reponunt. Ac ipfum quidem templum, quod hoc tempore exſtat, in foro eſt: vetuſtum vero a Proeto dedicatum tradunt, quo in loco eius filiae furoris morbo liberatae funt. (8) Addunt, Meleagrum in hoc ipfo templo haſtam pofuiſſe, qua aprum Calydonium confecerat. In eodem etiam templo dedicatas fuiſſe Marfyae tibias. Poſt adverfum enim Sileni cafum eas Marfyan amnem in Maeandrum, deinde in Afopum detuliſſe: eiectas inde in agrum

Sicyonium paſtorem quendam ſuſtuliſſe, et Apollini dicaſſe. Ex iis donariis nullum ſane incendium illud, quo templum conſiagravit, reliquum ſecit. Nam quae exſtant aetate mea, quum templum, cum ſignum, Pythocles dedicavit. CAP. VIII. Quod vero ſanum iuxta Suadelae aedem Romaniae imperatoribus conſecratum eſt, fuit olim Cleonis tyranni domus. Nam Cliſthenes Ariſtonymi filius, Pyrrhonis nepos, tyrannidem tenuit, quum inferiorem urbem Sicyonii incolerent: Cleonis vero in ea, quae nunc manet, urbe dominatus fuit. (2) Ante Cleonis domum heroicum eſt Arati monumentum, qui rerum geſtarum gloria in Graecia aequales omnes vicit ſuos: de quo haec potiſſimum commemorari poſſunt. Poſt Cleonis mortem tam effraenata civitatis principes inceſſit dominandi cupiditas, ut eorum duo eodem tempore tyrannidem invaſerint, Euthydemus, et Timoclidas: quibus eiectis, populus ſummae rerum Clinian Arati patrem praeſecit. Verum non multis poſt annis, quum Clinias e vita iam exceſſiſſet, ad tyrannidem acceſſit Abantidas. Quo dominante Aratus, vel quod ab eo eiectus fuerit, vel quod voluntate ſua ceſſerit, in exilium abiit. Ipſum certe Abantidan cives trucidarunt. Dominatum tamen eius pater Paſeas occupavit: quem mox quum Nicocles ſuſtuliſſet, ipſe ſibi tyrannidem vindicavit. Hunc Aratus, comparata exulum et Argivorum conductitiorum militum manu, pellere adortus, quum ad muros nocte acceſſiſſet, praeſidium partim ſefellit, partim vi ſuperavit: atque ita oppido potitus, quum iam illuceſceret, aſſumta plebe, ſumma cum celeritate ad tyranni domum accurrit: quam non magno utique negotio cepit: ſed Nicocles furtim eſt elapſus. (3) Tum Aratus civitatis liberam adminiſtrationem Sicyoniis tradidit. Domos et praedia, quae divendita fuerant, emptoribus precio diſſoluto, exulibus quum reddidiſſet, diſſidiorum et controverſiarum cauſas concordia conſtituta ſuſtulit. Idemque quum Macedones, Antigono Philippi acceptam a Demetrio eius patre tutelam gerente, Graecis omnibus formidoloſi eſſent, Sicyonios, tametſi Dores erant, cum Achaeorum concilio coniunxit. Imperator vero ab Achaeis declaratus, exercitum contra Amphiſſenſes Locros duxit: et Aetolorum fines ingreſſus, agrum populatus eſt. (4) Quumque Corinthum Antigonus impoſito Macedonum praeſidio teneret, ſubito impetuMacedonum animos perculit, et pugna commiſſa, quum alios multos, tum ipſum praeſidii ducem Perſaeum, Zenonis (Mnaſeae filii) philoſophi auditorem, occidit. Corinthum itaque quum Aratus liberaſſet, addiderunt ſe ad Achaeorum concilium Epidaurii, ac Troesenii, qui Argolicum litus incolunt, quique extra Iſthmum ſunt Megarenſes. Quare cum Achaeis Ptolemaeus ſocietatem coiit. Lacedaemonii vero Agidem Eudamidae filium regem ſuum ſecuti, ſubita incurſione Pellenen occuparunt: verum Arato ſuperveniente, praelio victi, relicta Pellene domum ſe certis conditionibus receperunt. (5) Ibi Aratus, quum Peloponneſiacas res proſperos habuiſſent ſucceſſus, indignum

uus negligenter ferre, Piraeeum, Munychiam, Salaminem
: Sunium a Macedonibus teneri, quia fpes non erat, per
m inde eos eiici poffe, Diogenem praefidiorum praefectum
dduxit, ut, talentis CL acceptis, ea loca dederet: ipfeque
ua pecuniae fextantem Athenienfibus dedit. Perfuafit etiam
riftomacho Argis dominanti, ut popularem rempublicam
rgivis redderet, eamque cum Achaeorum concilio coniun-
eret.    Idem Mantineam a Macedonibus occupatam cepit.
ed enim hominibus haudquaquam ex animi fententia cuncta
reniunt: quandoquidem Aratum neceffitas impulit, ut fe
i Antigoni Macedonum regis focietatem adiungeret. Res
a gefta eft.
    CAP. IX.  Cleomenes Leonidae filius, Cleonymi nepos,
artae regnum adeptus, Paufaniam fibi imitandum propo-
it, nempe qui et tyrannidem appetiit, et legibus ante
ncitis fibi ftandum non putavit.   Verum, ut qui ferocior
it multo, et minus vitae retinendae avidus, per animi
ationem et audaciam brevi omnia perdidit.  Nam ut ex
tera familia Eurydamidam regem adhuc impuberem per
phoros veneno de medio fuftulit, ad fratremque *fuum* Epi-
idam imperium transtulit: et fenatus auroritate everfa,
teronomos (*quafi dixeris patriarum legem autores*) pro eo or-
ine, quoad ipfum duntaxat nomen, inftituit.  Mox rerum
ique maiorum, et *uti* Graeciae imperandi cupiditate inci-
tus, Achaeis primum bellum intulit, vel quod victos fore
i auxilio fperabat, vel quod fuis eos conatibus impedi-
ento effe nolebat: atque eos quidem ad Dymen (qui vicus
pra agros Arati eius ipfius fuit, qui tunc Achaeis impe-
bat) praelio vicit.  (2) Aratum itaque coëgit, Achivis et
cyoni ipfi metuentem, Antigonum in auxilium accerfere.
leomcnes enim, pace Antigoni violata, quum alia multa
erte praeter foederis conditiones fecerat, tum vero Me-
lopolitanos fedibus expulerat.  Quare quum Antigonus
Peloponnefum tranfiffet, Achaei ad Selafian cum Cleo-
ene figna contulerunt.  Quo victo, et Selafian diripuerunt,
ipfum etiam Lacedaemonem expugnarunt.  Lacedaemo-
is vero Antigonus et Achaeis priftinam reipublicae formam
ddidit.  De Leonidae vero liberis Epiclidas in pugna cedit: (3) Cleomenes vero, quum in Aegyptum fugiffet,
onorificentiffime primum eft a Ptolemaeo tractatus: at
einde in vincula coniectus, eo crimine damnatus, quod
iverfus regem Aegyptios concltaffet.  Et is fane tunc efu-
it: fed mox quum Alexandrinis novi tumultus autor exfti-
ffet, iterum comprehenfus, mortem fibi confcivit.  Cuius
fu Lacedaemonii regio dominatu liberati, ad hunc us-
ie diem eius, quam tunc inftituerunt, reipublicae veftigia
tinent.  Arato Antigonus, ut de fe bene merito viro, et
rum geftarum gloria infigni, perpetuam praeftitit bene-
lentiam. (4) At eum Philippus, quum iam regnare coe-
ffet, quod multa, quae ille in eos, quibus praeerat, agebat
cundius, Aratus non probabat, ac faepe etiam animi

Impetu vehementius concitatum coërcebat, nihil tale timen-
tem veneno dato necavit. Eius quidem cadaver Aegio, ubl
supremum diem clauserat, Sicyonem relatum, *ug.·/ae* sepultum eſt: et hac ipſa etiam aetate heroicum eius monumentum Aratuum nuncupant. Idem verô Philippus eodem
necis genere oratores duos Athenienſes, Euryclidem et
Miconem, qui apud populum dicendo non parum valebant,
tollendos curavit. (5) Sed ipſi etiam Philippo mortiferum
poculum perniclem fuerat allaturum. Nam quum alterum
ex eius filiis, Demetrium, natu minor Perſeus veneno per-
emiſſet, ipſe animi aegritudine confumtus eſt. Quod obi-
ter expofui ad ſententiam illam divinitus ab Heſiodo verſu
prolatam, animum referens malum confilium in ipfummet
primum autorem vertere. (6) Poſt Arati monumentum ara
eſt Iſthmio Neptuno dicata. Sunt item Miichii Iovis, et
Dianae, cui Patroae cognomentum, *ratia et* fine ulla ara
facta ſigna. Milichius pyramidis, Patroa columnae figuram
habet. Eodem in loco curiam aedificarunt, et porticum,
cui a conditore nomen Cliſtheniae. Eam enim de manubiis
exſtruxit Cliſthenes, quum belli contra Scironem geſſi focius
Amphictyonibus fuiſſet. In fubdiali fori parte Iupiter aeneus
fpectatur Lyfippi: proxime Diana inaurata. (7) Nec longe abeſt
Apollinis facellum, Lycaei cognomento: quod vetuſtate lam
collapfum, nihil omnino ſpectandum praebet. Cognominis
huiusmodi caufa fuit: quum lupi ovilia tantopere vexarent,
ut nullos iam ex illis capi fructus poſſet, indicavit Apollo,
quo loco aridum quoddam lignum iaceret: cuius corticem
carnibus permiſtum quum ex eodem oraculo lupis appo-
ſuiſſent, illi, fimulatque guſtaverunt, interempti funt. Lignum quidem ipfum in aede Lycaei Apollinis poſitum eſt:
ſed quo fit ex arbore, ne ipſi quidem norunt civitatis *antiquitatum* interpretes. Continenter poſita funt aenea ſigna:
filias eſſe Proeti dicunt: verum Inſcriptio alias foeminas_
nominat. Ibidem Hercules ex aere, a Lyfippo Sicyonio
factus. Proxime Mercurius Forenfis..

CAP. X. In gymnaſio, quod a foro non longe abeſt,
Hercules e marmore, Scopae opus. Eſt et alibi Herculis
ſedes. Huius vero loci confeptum ambitum omnem Paedizen,
nominant: in caius medio templum: et in eo ligneum fignum prifci operis Laphaes Phliafius fecit. In Herculis
quidem facro traditum a Phaeſto morem retinent. Is enim
quum in Sicyoniam veniſſet, animadvertit, Herculi tanquam
heroi parentari: indigne vero ferens, divinos illi honores
non haberi, Inſtituit, quod adhuc a Sicyoniis fervatur, ut
iugulati agni ad aram pernas adurerent: carnium vero parte
una, non aliter quam victimarum foliti eſſent, vefcerentur,
altera Herculi tanquam heroi parentarent. Feſtorum vero dierum, quos in Herculis honorem agitant, priorem Onomatan,
Herculeum alterum vocant. (2) Hinc via ad Aefculapii
ducit. Accedentibus ad feptum, duplex fe laeva in parte
cella ôſtendit. In antica Somui ſignum poſitum, cuius prae-

ir caput nihil eft reliquam: poftfcum eft Apollini Carneo
icatum, quo nulli praeterquam facerdotibus fas eft pene-
are. In porticu balaenae os ingenti magnitudine locatum
l. Prope Somnii fignum eft, et leonem fopiens Somnus,
pidotes cognomento. Qua patet ad Aefculapii acceffus,
i altera Panos, Dianae in altera parte figna vifuntur: illud
dentis, hoc flantis habitu. (3) Ingreffus ipfum videas
efculapium imberbem, ex auro et ebore a Calamide factum,
tera fceptrum, altera vero fativae pinus fructum tenentem,
eum ipfum aiunt, draconis induta fpecie, Nicagorae (Si-
/oniae mulieris, Agaficlis matris, Echetimi uxoris) opera
pidauro ad fe muforum bigis deportatum. De templi la-
inari figna quaedam non magna pendent: e quibus, quae
raconi infidet, Ariftodaman effe dicunt Arati matrem.
ratum enim ipfum Aefculapii filium autumant. Atque ille
iidem ambitus nihil habet aliud memoratu dignum. (4) Ex
i vero ad aliud Veneris templum tranfeas, in quo primum
Antiopes fignum offert: eius enim filios perhibent Sicy-
aios fuiffe, et eorum caufa Antiopen ad fe venilfe, fibique
im ea affinitatem interceffiffe. In Veneris illud templum
tae ingrediuntur aeditua mulivr, cui viri confuetudine eft
iterdictum, et virgo, quae annuo fungitur facerdotio: Lu-
ophoron eam a lavarro quod portat, appellant. Ceterin ab
ifo duntaxat veftibulo, omnibus deam afpicere pariter
que adorare fas eft. Eius effigiem fedentem fecit Cana-
aus Sicyonius, is nempe qui et Didymaeum MileGis, et
hebanis Ifmenium Apollinem fecit. Venus ipfa ex auro et
iore facta, capite apicem, qui Polus vocatur, geftat; manu
tera papaver, altera malum tenet. Victimarum itti omnium
mora, praeterquam fuum, confecrant: ceteras partes iuni-
eri lignis adolent. Verum et dum femora torrentur, cum
lis una paederotis folia incendunt. (5) Nafcitur paederos
erba ibi intra feptum fub dio: neque alibl ufpiam provenit,
e in ipfa quidem Sicyonia. Folia el minora fagi, ilicis
alora. Forma eadem fere cum quercus folio. Altera pars
ibnigra, alba altera: neque omnino diffimilis color ei, qui
i albae populi foliis cernitur. (6) Hinc ad gymnafium
Jeuntibus, ad dexteram Pheraeae Dianae fe aedes oftendit.
eae ligneum fignum Pheris huc deportatum dicunt. Gy-
inafium id Clinias Sicyoniis exaedificavit; in quo puberes
ac ipfa etiam aetate erudiuntur. In eo Dianae fignum e
indido marmore pube tenus expolitum: et Hercules infe-
iore trunci parte quadratis Mercurii fignis perfimilis.

Cap. XI. Iam qui hinc ad portam, quae Sacra dicitur,
iverterint, templum Minervae non longe ab ipfa porta
deant: Epopeus olim dedicavit: id magnitudine et orna-
entis omnibus eius temporis operibus praeftitit. Verum
. huius famam vetuftas oblivione obruit: de coelo tactum
inflagravit: ara tantum, quod illi uni fulmen pepercit,
talem Epopeus fecit; adhuc manet. (2) Ante aram Epo-
o monumentum, aggefta in tumulum terra, exftructam.

Prope fepulcrum Di vifuntur Averrunci, quibus eodem ritu, quo Graeci folent mala deprecari, rem divinam faciunt. Epopeum e proximis templis unum Dianae et Apollini aedificaffe dicunt, alterum Iunoni Adraftum: in eorum neutró fignum ullum reliquum. In Iunonis receffu aram alteram Pani, alteram e candido lapide Soli *Adraftus idem* ftatuit. Iam vero qua in campos fere defcenditur, Cereris templum eft: quod Plemnaeum dedicaffe ferunt, quo gratiam deae pro filii nutricatione referret. A templo, quod Iunoni dedicavit Adraftus, paululum abeft Carnei Apollinis aedes, cuius folae ftant columnae: parietes vero, tectum etiam nullum omnino invenias. Neque plus quicquam de Prodomiae Iunonis aede exftat. Hanc Phalces dedicarat Temeni filius, ducem fibi deam Sicyonem proficifcenti futuram fperans. (3) A Sicyone recta Phliuntem contendentibus, in diverticulo, quod a via ftadia ad fummum decem abeft ad finiftram, lucus occurrit, cui Pyraeae nomen: facrum id Praeftiti Cereri, et Proferpinae, una cum templo. Ibi viri feorfum *a foeminis* feftos *illis* dies agitant. Nam aedem Nympharum (*Nymphoneum ipfi appellant*) foeminis, ubi facra facerent, concefferunt: funtque in eo Nymphone Liberi Patris, Cereris, et Proferpinae figna, ot *tantum* oftendentia. Iam quae Titanen ducit via, ftadia ferme fexaginta procedit, ob anguftias vehiculis invia. (4) At qui per eam ftadia, opinor, XX promoverint, et ad laevam Afopum *amnem* transmiferint, ad lucum accedant ilicibus condenfum: ubi fanum deorum, quas Athenienfes Severas, Sicyonii Eumenidas nominant. Iis die ftato quotannis facrum facientes, praegnantes oves mactant, ac mulfo pro libamine, pro corollis floribus uti folenne habent. Eodemque propemodum ritu ad Parcarum aras, quae in fubdiali *eiusdem* luci parte funt, facra faciunt. (5) Hinc in viam reverfus, cum rurfum Afopum traieceris, mox in montis verticem pervenias, quem Titana incoluiffe indigenae ferunt: fuiffe vero eum Solis fratrem, a quo regiunculae nomen Inditum. Fuit autem Titan hic (nifi mea me coniectura fallit) in obfervandis anni temporibus admodum folers, *nausque optime omnium moras*, quibus quae femina, quasque ftirpes temporibus, quos item fructus fol *facile* augeret et coqueret. Quocirca Solis illum fuiffe fratrem commenti homines funt. (6) Poft *quem* Alexanor Machaene Aefculapii filio genitus, in Sicyoniam profectus, in Titane Aefculapii fanum erexit. Id et alii accolunt, maximam vero partem dei ipfius fervi tenent. Intra feptum cupreffetum eft, ex vetuftis admodum arboribus. Signum e quo fit vel ligno, vel metallo, neque quis eius fuerit artifex, quisquam omnino poffit cognofcere: nifi quis forte ad ipfum Alexanore opus referat. Signi ipfius fola fe facies, manus, et imi pedes oftendunt; partes ceterae lanea tunica alba et pallio velantur. Eodem ferme habitu eft Hygiae fignum: nam et hoc non facile confpicias. Velatum enim undecunque eft, partim comis, quas deae mulieres detonderunt, partim

rero Babyloniae veſtis laciniis. Qua vero cunque re litura
ſuis volueris, eadem traditum eſt illud etiam numeñ placari,
:ui eſt Hygiae nomen. *Valetudinem bonam mas appellamus.*
7) Alexanori vero,, et Euamerioni, (ſua enim et ipſis ſigna
unt) alteri tanquam heroi poſt ſolis occaſum parentant,
Euamerioni autem divinos honores habent. Atque hunc
ſuidem Euamerionem, ſi recte coniicio, Pergameni ex quo-
lam oraculo Teleſphorum, Acelium Epidaurii nominant.
it Coronidis quod exilat ligneum ſignum, nulla eſt in aedis
arte conſtitutum: verum ubi deo ipſi tauro, agno, ſue ſe-
erunt, Coronidem ipſam in Minervae tranſportant, ibique
am colunt. Neque vero victimarum femora ſuccidere ſatis ha-
ent, ſed *totas* humi *perndes* adurunt, praeter aves: eas
nim aris imponunt. (g) In iis faſtigii partibus, quas aquilas
ocant, Hercules inſiſlit: in extremis Victoriae ſigna. In
orticu ſigna poſita Liberi Patris, et Hecates: Venus ad-
aec, Ceres, et deorum fortuna, lignea omnia: e marmore
ero Aeſculapius, cognomento Gortynius. Ad angues qui-
em *aro* ſacros quo minus accedant homines, terror obſtat.
Cibum Illis In primo aditu apponunt, neque amplius quic-
uam eorum cauſa ſaraguñt. Intra ſeptum ſtatua poſita eſt
iraniani Sicyonii, qui in Olympicis palmas tulit de quin-
uertio duas, de ſtadio unam, de iterato ſtadio (*drauton
kuni*) duplicem, quod et nudus et cum ſcuto cucurriſſet.
9) In Titane Minervae quoque aedes viſitur, quo Coroni-
is ſignum deportant: et in ea Minervae ligneum ſignum
etuſtum, quod Ipſum etiam de coelo tactum ferunt.

CAP. XII.  E vertice deſcendentibus (in vertice enim
:mplum ſitum eſt) ara ſe ventorum oſtendit: ad quam nocte
na quotannis ſacerdos ſacrum ſacit. Facit etiam ad foveas
uatuor arcana neſcio qtae, appoſita ad ventorum ſaevitiam
lacandam. Accinit praeterea, uti narrant, magica quae-
am Medeae carmina. A Titane qua iter eſt Sicyonem, qui
i mare deſcendunt, Iunonis templum videant ad laevam:
uod neque ſignum ampliüs. neque lacunar habet: dedicaſſe
'runt Proetum Abantis filium. (1) Iam qua deſcenditur
i portum, qui Sicyoniorum dicitur, ſi ad Pelleneorum
uvale, quod Ariſtonautas appellant. flexeris, paulum ſupra
iam Neptuni delubrum videas ad laevam. At ſecundüm
»ſem viam militarem Fliſſon, et poſt eum Sythas amnes
1 mare decurrunt. (3) *Hoc loco* Phliaſius ager Sicyoniis fi-
itimus. Urbs ipſa XL potiſſimum ſtadia diſtat a Titane:
Sicyone Phliantem recta via ducit. Phliaſios quidem non
Te Arcadici nominis, *ſoris* declarant Homeri verſus, qui-
is Arcades enumerantur: neque enim ipſi eo delectu com-
ehenduntur. Argivos veto ab initio ſuiſſe, tum Dorienſes
flos poſt Herculis liberorum in Peloponneſum reditum,
ſe hiſtoriae progreſſus declarabit. Ac de Phliaſiis quum
eraque inter ſe diſcrepantia memoriae prodita non igno-
m, ea duntaxat perſequar, in quae maxime conſenſum eſt.
) Primum omnium in his finibus Arantam exſtitiſſe tradunt

indigenam hominem, qui oppidum condiderit in eo colle. qui noftra etiamnum aetate Arantinus dicitur: neque ita longe abeft ab altero vertice, in quo Phliafiorum arx eft, et Iuventae aedes. Hic igitur *Aras* urbem condidit? ab eoque olim et urbs et regio Arantia eft appellata. (5) Eo regnante Afopus Ceglufae et Neptuni (fic enim creditum eft) filius amnem fuum adinvenit, quem ab ipfo inventore Afopum vocant. Arantis vero fepulcrum eft in vico, quae Celaenae nominantur: quo etiam in loco Dyaaulen hominem Eleufinium fepultum dicunt. Aras filium Aorin, et filiam Araethyrean habuit. Hos Phliafii et venandi peritia, et bellica virtute praeftitiffe memorant. Mortua autem Araethyrea, Aoris, quo teftatam fororis memoriam relinqueret, regionem totam Araethyrean nominavit, quam Homerus inter eos populos numeravit, qui Agamemnonis imperio continebantur:

> Orneasque colunt, et Araethyrean peramoenam.

Arantis quidem filiorum fepulcra non in alia regionis parte quam in Arantino colle effe coniicio. Stant enim illis ad Cereris infignes pilae, et ante deae initia eodem in templo Arantem cantu celebrant, et ad libamina eius filios evocant, ad ipfa monumenta converti. (6) Phliantem ipfum, a quo tertium acceffit regioni 'nomen, Cafo Temeni filio natum, quod eft in Argivorum hiftoriis, nentiquam, ut credam. adduci poffum; quippe qui eum Liberi Patris filium habitum norim, et ex iis unum, qui navem Argo confcenderunt: cui rei Rhodii poëtae verfus teftimonio funt:

> Venit Araethyrea Phliax Bacchi inclyta proles,
> Divas opum, ftabili troujit dum fede penates,
> Areaque, quae vitreis Afopus perfluit undis.

Phliantis vero matrem fuiffe Araethyrean, non Chthonophylen: quum Chthonophyle uxor eius fuerit, ex qua Androdaman fuscepit.

CAP. XIII. Herculis autem liberis redeuntibus Peloponnefi cunctae civitates praeter Arcadas trepidarunt. Aliae enim Dorienfes in civitatem receperunt, aliae, antiquis civibus eiectis, novos accipere funt coactae. Quae vero ad Phliuntem pertinent, ita fe habent: Rhegnidas Dorienfis, Phalce Temeni filio genitus, ab Argis et Sicyonia cum exercitu Phliuntem venit:as ceteri quidem non recufabant,quod ille poftulabat,ut fedes quiquefuas retinerent, ipfi regnum deferrent, fociis agrum affignarent: ut Hippafus, totaqueeius factio,obfiftendum cenfebant, neque omnino fine pugna tam multa ac praeclara bona Dorientibus concedenda. Sed enim quum eius fententiam populus repudiaffet, Hippafus cum iis, qui fequi voluerunt, Samum exilii caufa conceffit. (2) Hippafi huius pronepos fuit Pythagoras, cui fapientiae laus attributa eft, a Mnefarcho Euphronis filio. Hippafi nepote procreatus. Haec de rebus fuis Phliafii, qoibus Sicyonii in plerisque affentiuntur. (3) Addentur iam, quae *apud Phliafios* in primis oftenduntur, quaeque memoratu digniffima videri poffint. In arce cupreſſetum eſt, in quo templum exſtat antiqua. religione ſacroſanctum. Deam, cui id eſt dedicatum,. priſci Ganymedam, recentiores Ilebeo nominent, cuius et Homerus mentionem fecit, ubi Alexandri et Menelai ſingulare certamen exponit: eam quidem Oenochoon (*id eſt, vini miniſtram*) appellans. Idem quo in loco deſcendentem facit ad inferos Ulyſſem, uxorem eam Herculis eſſe dixit. At Olen poëta eo carmine, quo Iunonem exornat, ab Horis educatam Iunonem ſcriptum reliquit: filios vero eam habuiſſe Martem et Heben. Habent huic deae Phliaſii honores multos, ſummum vero omnium, quod, qui ſupplices huc confugerint, cuiusvis criminis impunitatem conſequuntur. Quin et, qui vincti ante fuerunt, ad eas arbores, quae in luco ſunt, compedes ſuspendunt. Dies etiam feſtos quotannis celebrant, quos ciſſotomos (*iso eſt ac ſi Hederiſicos dicas*) appellant. Signum quidem neque in operto cuſtodiunt, neque in aperto ullum oſtendunt: atque eius rei religione ſancitam rationem quandam referunt. Exeuntibus e foro ad laevam delubrum eſt cum ſigno e marmore Pario. In arce ſeptum aliud, Cereri ſacrum. In eo templum cum Cereris et Proſerpinae ſignis. At Dianae (exſtat enim et Dianae ex aere eodem in loco ſignum) per mihi antiquum eſſe videbatur. Qua ex arte deſcenditur, Aeſculapii aedes ad dexteram eſt, in qua ſignum imberbe. Infra aedem theatrum: a quo non longe Cereris templum, et priſca in eo ſigna ſedentia. (4) In ipſo foro capra ex aere, magna ſui parte inaurata, cui ob eam cauſam honos eſt a Phliaſiis habitus, quod ſidus, quam Capram vocant, ortu ſuo vitibus perniciem afferre conſuevit. Ne itaque coeleſtis Capra vinetis noceat, forenſem illam ex aere quum aliis afficiunt honoribus, tum vero auro eam exornant. (5) Eſt eodem in loco Ariſtiae Pratinae filii monumentum: uterqua Satyris faciundis omnibus, praeterquam Aeſchylo, praeſtiterunt. (6) In poſtica ſori parte domus eſt, quam Phliaſii Fatidicam nuncupant. In eam enim Ingreſſus Amphiaraus (quemadmodum ipſi narrant Phliaſii) quum noctem unam obdormiſſet, ſtatim divinare coepit, quum ante indoctus plane fuiſſet. Id quum ita eveniſſet, in reliquum omne tempus occluſae illae aedes fuerunt. (7) Non longe locus eſt, qui Umbilicus dicitur, meditullium totius Peloponneſi, ſi modo ita ſe habet res, uti ipſi dicunt. Ab Umbilico progreſſus, Liberi vetuſtum templum videas: Apollinis etiam unum, et aliud Iſidis. In eis Liberi et Apollinis ſigna expoſita omnium oculis ſunt: Iſidis vero ſolis ſacerdotibus conſpicere fas eſt. (8) Pervagata eſt inter Phlialios fama, Herculem e Libya redeuntem abreptis Heſperidum malis Phliuntem veniſſe ſui cuiuspiam negotii cauſa. Ad eam ibi commorantem Oeneum ex Aetolia, qui ſocer eius eſſet, acceſſiſſe. Ibi quum vel Oeneus Herculem ad coenam vocaſſet, vel ipſe apud eum accumberet, dicitur Hercules digito uno Cyathi pueri, qui erat Oeneo a calice, eius in fundendo miniſterio offenſus, tam graviter caput percuſſiſſe,

at ex eo ictu puer diem suum statim obierit. In eius facti
memoriam Phliasii ad Apollinis cellam aedificarunt, in
qua e marmore signa sunt, Cyathus Herculi poculum porrigens.

CAP. XIV. A Phliunte stadia ad summum quinque
Celeae absunt; quo in loco quarto duntaxat quoque anno,
non singulis annis, Cereris initia referuntur: quibus praeest
antistes, cui non est perpetuum sacerdotium illud, verum
novus legitur sub ipsum initiorum tempus: et is quidem,
quin, si velit, uxorem ducat, nulla religione impeditur.
Initia vero ipsa, etsi ab Eleusiniis quibusdam in rebus differunt, multa tamen ex illis accepta a se retineri ac servari
ipsi Phliasii fatentur. (1) Aiunt enim Dysaulen Celei fratrem, quum ad ipsos confugisset, initiorum ritum monstrasse:
pulsum autem illum Eleusine ab Ione Xuthi filio, quum illum Athenienses bello contra Eleusinios suscepto imperatorem delegissent. At ego Phliasiis nunquam assentiar,
quenquam ex Eleusiniis pugna victum in exilium abiisse, quum
ante belli eventum utrinque certae conditiones acceptae sint,
et Eumolpus ipse Eleusine manserit. Potuit hic quidem Dysaules alia de causa, quam ob eam, quae a Phliasiis prodita
est, Phliuntem venisse. Neque vero, uti ego sentio, aut
ulla ei fuit cum Celeo cognatio, aut omnino claro fuit inter
Eleusinios loco. Neque enim eum suis versibus praeteriisset
Homerus. Is enim quo carmine Cererem celebrat, recensens
eos omnes, qui initia a dea docti sint, nullum omnino Dysaulen nosse videtur. Sunt autem hi versus eius:
Μυσ̇ εα (ερ̇ρ̇ραμ διϝα διδιϲερε μαγ ιλτα
Τριπϲ̇ολεμος, Διοϲλεϲ̇ϲ̇υε ιισμι fraenatos equorum,
Εμπλπυϲ. Celeusque duces, populiqne parentes.
Hic igitur Dysaules, uti Phliasii memorant, et initia illic
tradidit, et primus vicum Celeas appellavit. Exstat igitur
ibi, ut ante dixi, Dysaulae monumentum: quo tamen ve-
tustius est Arantis sepulcrum. Neque enim eo regnante, sed
multo post, ut Phliasii testantur, Dysaules venit. (3) Aequalem enim Prometheo Iapeti filio Arantem fuisse asserunt,
tribusque aetatibus superiorem Pelasgo Arcadis filio, et iis,
qui apud Athenienses Aborigines sunt appellati. In eo
templo, quod Anactorum appellant, de tholo currus pendet:
quem Pelopis fuisse tradunt. Et haec quidem prae ceteris
historia digna apud Phliasios sunt.

## ARGOLICA.

CAP. XV. Media est inter Corinthum et Argos urbs
non utique magna, Cleonae, a Cleone, quem Pelopis fuisse
filium tradunt, appellata. Non desunt tamen, qui Cleonen
unam ex Asopi amnis, qui Sicyonem praeterfluit, filiabus
dicant fuisse. Nomen certe urbi ab horum alterutro impositum est. In ea aedes Minervae signum habet Scyllidis et
Dipoeni arte factum: fuisse eos aiunt Daedali discipulos.
Sunt, qui Daedalum velint uxorem duxisse Gortynis Nnan,

e qua fint ei hi liberi geniti. Praeter hanc aedem Cleonis, Euryti et Cteati monumenta funt: quos, quum Elide ludos Iflhmicos fpectatum ivilfent, Hercules fagittis confixit, indigne ferens, illos Augeae bello contra fe in acie ftetilfe. A Cleonis Argos viae duae ducunt: expeditis altera commodior, et compendiaria. Nam quae ad Tretum eft, angufta et ipfa, quum undique montibus concludatur, verum facillus multo vehicula transmittit. (2) In illis ipfis montibus leonis Nomei fpecus adhuc oftenditur: a quo vicus Nemea non longius quam ftadia abeft quindecim. Ibi Nemei Iovis templum plane infigne: tametfi reftudo collapfa eft, neque ullum in eo reliquum iam fignum. Circa templum cuprefferum: quo in loco quum nutrix Ophelten in herba pofuilfet, a dracone peremptum memorant. Sacra Iovi Nemeo Argivi in Nemea faciunt, eique certum facerdotem deligunt: et armatis viris curfus certamina proponunt in ipfo Nemeorum conventu, qui per brumae dies celebratur. (3) Eft ibidem Opheltae fepulcrum lapidea maceria incinctum: intra cuius ambitum arae funt: eft etiam e cefpite tumulus Lycurgi, Opheltae patris. Proximum fontem Adraftean appellant, vel alia quavis de caufa, vel quod eum Adraftus monftrarit. Regionem vero appellatam dicunt a Nemea Afopi filia. Eft fupra Nemean Apefas mons: In quo Perfeum primum Iovi Apefantio rem divinam fecilfe tradunt. (4) Iam qui redeant ad Tretum Argos accefluri, ad laevam Mycenarum ruinas vident. Et Mycenarum quidem conditorem Perfeum Graeci agnofcunt: caufam vero urbis eondendae, et qua poftea re impulfi eam everterint Argivi, ipfe exponam. Neque enim in ea regione, cui nunc Argolidi nomen, res ulla vetuftior hominum eft memoriae commendata. Inachum aiunt, quum regnaret, praeterfluentem amnem de fuo nomine nuncupalfe, et Iunoni facrum fecilfe. (5) Vulgatum etiam eft. Phoroneum primum in ea terra exftitilfe, cui pater Inachus non fane vir, fed fluvius fuerit: Fuilfe vero eundem Phoroneum arbitrum cum Cephiflo, Afterione, et Inacho fluviis, inter Neptunum et Innonem de regione difceptantes: qui quum litem fecundum Iunonem dedilfent, iratum Neptunum aquam illis omnem ademilfe: et ex eo factum, ut neque Inachus, neque alius eorum amnium quisquam aquam acuolis fuppeditent, nifi imbribus adiuti. Per aeftatem enim in magna foli ficcitate fola Lerna aquam habet. Phoroneus quidem Inachi filius primus difperfos ante homines et feorfum habitantes in unus civitatis ius compulit: et ab eo oppidum illud, quo congregati funt, Phoronicum eft nuncupatum.

CAP. XVI. Nam regio ab Argo Phoronei ex filia nepote, qui poft Phoroneum regnavit. nomen accepit. Argo Pirafus et Phorbas, Phorbante Triopas, Triopa genti funt Iafus et Agenor. Io quidem, Iafi filia, vel quo fcripfit Herodotus modo, vel ut Graeci narrant, in Aegyptum profecta eft: Crotopus vero Agenoris filius Iafo in imperium fuccelfit, e quo natus Sthenelas. Poftea Danaus ex Aegypto veniens, pulfo Gelanore

Sthenelae filio, Agenoris nepotes regno fubmovit. Et
Danai fane cafus, eiusque filiarum audax in patrueles facinus,
aeque Graecis omnibus notum: notum etiam, Danao vitae
muneribus functo, Lynceum regnum tenuiffe. (2) Iam vero
Abantis filii, Lyncei nepotes, ita regnum inter fe partiti
funt, ut Acrifius Argis munferit; Proetus Heraeum, Midean, Tiryntha et Argolici agri maritimam oram poffederit;
euius imperii adhuc Tirynthe exftant monumenta. Interiecto
dein tempore Acrifius quum vivere etiamnum Perfeum, et
virtutis multa documenta dare cognoviffet, Lariffam ad Peneum amnem conceffit. At Perfeus quum vifendi avi materni,
eumque fibi tum oratione tum factis conciliandi cupiditate
effet incenfus, Lariffam venit. Ubi et aetatis robore, et
difci a fe inventi gloria elatus, dum artem in hominum conventu oftentat, Acrifium adverfo fato intervenientem difci
impetu occidit: atque ita dati olim Acrifio refponfi vocem
ratam fecit, quem a futi certo eventu vindicare non potuit
vel in filiam, vel in nepotem excogitata crudelitas. (3) At
Perfeus Argos reverfus, quum eius parricidii infamia
magno fibi duceret dedecori, Megapenthi Proeti filio perfuafit, ut fecum regnum commutaret. Tunc ipfe illius imperio fufcepto Mycenas condidit: quam urbem eo nomine
appellavit, quod eo in loco et enfis fungus (id eft, capuli
ipfam implevlum) excidiffet: (Mycrtem cubm id eadem, quo fungum, vo-
mine vocant). Andivi etiam, qui dicerent, fitientem humo
fungum fuftuliffe, ac repentinis aquae fcatebris fiti magna
cum voluptate depulfa, ex eo cafu urbem Mycenas nominaffe.
Homerus quidem in Odyffea Mycenes mulieris eo verfu
mentionem fecit:

Tyro atque Alcmene, ferriaque ornata Mycene.

Ac Mycenen quidem Inachi filiam Areftoris uxorem fuiffe,
illis verfibus confcriptum eft, quas Graeci Eoeas magnas
appellant. Eam itaque nomen aiunt urbi dediffe. Quem
vero fe audiffe commilficuntur fermonem, Myceneum Spar-
tonis fuiffe filium, Spartonem Phoronei, mihi utique non
probant; fiquidem neque Lacedaemonlis, apud quos Amyclis eft Spartae mulieris effigies; Spartonem vero Phoronei
filium fuiffe fi audiant, ex ipfa nominis opinor novitate
non parva admiratione afficiantur. (4) Mycenas certe ipfas
Argivi malevola quaedam obtrectatione ducti everterunt, quod,
ipfis in Perfici exercitus irruptione ceffantibus, ea civitas
octoginta homines ad Thermopylas mififfet, qui Lacedaemoniis praeclari facinoris focii fuere. Ille itaque praereptae quafi
gloriae dolor Argivos, ut Mycenas exfcinderent, folliciavit.
Reftant tamen ambitus quum aliae partes, tum porta una, cui
leones infiftunt. Cyclopum vero et haec opera effe aiunt,
et eosdem Proeto Tirynthis muros fepiffe. (5) Inter Mycenarum autem ruinas fons eft, Perfea nomine, Atreique
et filiorum fubterraneae cellae, in quibus eorum fuere thefauri: fepulcrum etiam Atrei, et eorum item omnium, quos
cum Agamemnone a Troja reverfos in convivio Aegifthus

occidit. Nam de Caſſandrae ſepulcro inter Mycenaeos et
Amyclaeos, *utra in arte ſit*, diſceptatur. Eſt ibidem et ipſius Agamemnonis monumentum, tum Eurymedontis aurigae: unum
etiam idemque Teledami et Pelopis, quos peperiſſe geminos
Caſſandram dicunt, infantes vero adhuc parvulos ad parentum
tumulum ab Aegiſtho iugulatos. Electrae etiam. Ea enim
ab Oreſte Pyladae nuptum data eſt: e qua Hellanicus ſcriptum reliquit Medontem et Strophium Pyladae genitos.
At Clytaemneſtra et Aegiſthus modico a muris intervallo
ſepulti. Neque enim digni ſunt habiti, qui intra muros
*eadem in loco* humarentur, quo Agamemnon et ceteri, qui cum
eo occiſi ſunt.

CAP. XVII: Ad laevam Mycenarum ſtadia XV abeſt
Iunonis fanum. Praeter viam aqua fluit, quae dicitur Eleutheria. Ea ad arcanas expiationes utuntur templi et ſacrorum antiſtitae. (1) Fanum ipſum in planiore Euboeae parte
ſitum eſt. Euboeam vero montem appellant. Aſterionis
etenim amnis filias, Euboean, Proſymnan, et Acraeam, Iunonis
nutrices fuiſſe dictitant: et ab earum una Acraean montem
appellatum, qui ex adverſo Iunonis eſt: ab Euboea eum montem, in quo templum eſt: Proſymnam vero vocatam *de ſo porte
tendu nondum* aream. quae Iunonis templo ſubiacet. Aſterion
ipſe Infra Iunonis fluit, ac deinde in ſpecum demerſus abs-
conditur. Ad eius ripas herba naſcitur, quam Aſterionem
nominant: eam herbam Iunoni quum integram offerunt,
tum e foliis coronamenta contexunt. (3) Fani architectum
Argivum Eupolemum produnt. Quae ſupra columnas opera
ſunt, ea partim ad Iovis natales, partim ad gigantum cum
dis pugnam, partim etiam ad Troianum hellum et Ilii everſionem pertinent. Statuae pro veſtibulo ſtant, quum foeminarum, quae ſacerdotio Iunonis functae fuerint, tum heroum et aliorum et *hyſius in priuis* Oreſtis. Nam quae nomine
Auguſti inſcripta eſt, Oreſtem illum fuiſſe aſſerunt. Iu prima
templi aditu ad laevam Gratiarum priſci operis ſigna exſtant: ad dexteram Iunonis lectus. *In templi antea parte,*
*quem Pronaum appellari ante diſtum eſt,* poſitum etiam ſcutum
illud, quod Euphorbo quondam Menelaus in bello Troiano
eripuit. (4) Deae ſignum in ſolio ſedet eximia magnitudine,
auro et ebore fabricatum, Polycleti opus. Corona capiti
impoſita. Ea Gratias et Horas egregie factas habet. Dea
manu altera Punicum malum, altera vero ſceptrum tenet.
Quae de malo Punico arcanis conſignata ſunt ſacris, ſilentio
praetereo. Cuculum vero avem idcirco ſceptro aiunt impoſitum, quod virginis Iunonis amore captus Iupiter in eam
ſe avem verterit, quam puella tanquam ludicrum captarit.
Haec ego, et quae *his* ſunt ſimilia de dis vulgata, etſi vera
neutiquam exiſtimo, non putavi tamen negligenda. (5) Ad-
ſtitiſſe etiam tradunt Iunoni, Hebes ſignum. Naucydis arte
factum, ipſum etiam ex auro et ebore. Eſt etiam ſuper columna vetus Iunonis ſignum: omnium vero vetuſtiſſimum,
e piro ſylveſtri factum: quod quum Piraſus Argi filius Ti-

rynthem asportasset, Argivi oppido everso in Iunonis reportarunt. Ipse illud vidi sedentis forma, et modica magnitudine. (6) Dona quidem digna, quae historiae mandentur, in eo templo sunt: primum ara, in qua cxelatae Herculis et Hebes nuptiae, argentea omnia. Deinde pavo ex auro et fulgidis lapidibus, quem dedicavit Adrianus Imperator. Ea enim Iunoni sacra avis habetur. Aurea deinde corona, et purpurea palla, Neronis dona. (7) Sunt autem supra templum hoc antiquioris templi fundamenta, et si quid aliud reliquum flamma fecit. Crematum illud quidem est, quum somnus Chrysidem Iunonis sacerdotem oppressisset, incensa proximae lucernae lumine coronamentis. Ipsa quidem Chrysis Tegean ad Aleae Minervae aram supplex confugit: neque tamen ea calamitas Argivos usque eo commovit, ut eius statuam deiiciendam putarent. Manet ea adhuc in priore parte eius templi, quod conflagrasse diximus.

CAP. XVIII. Qua Mycenis Argos iter est, ad laevam Persei iuxta Ipsam viam heroicum monumentum exstat. Nam Perseo hoc etiam in loco honores a finitimis habentur, multo vero maximi in Seripho. Est et apud Athenienses Persei delubrum: et in eo Dictyis et Clymenes, qui Persei servatores appellati sunt, ara. (2) At in Argivorum finibus, qui paululum a Persei monumento progressi fuerint, ad dexteram Thyestae sepulcrum videant; cui aries e marmore impositus est. Aurei enim velleris agnum fratri Thyestes subripuit, quum eius uxorem stupri consuetudine sibi conciliasset. Atreus vero nulla potuit adduci ratione, ut par duntaxat pari referret: verum illius liberorum caede et decantatis in suca epulis poenas a fratre expetivit. De Aegistho utique et Agamemnone non habeo pro comperto dicere, iniuriamne Aegisthus prior intulerit, an vero ulcisci voluerit Tantali Thyestae filii caedem, cui Clytaemnestra a patre Tyndaro virgo desponsa fuerat. Ego sane innatas ipsos malitiae condemnare nolim. Sed si Pelopis in Myrsilum facinus nepotum fuit poena luendum, congruunt nimirum his rasbus, quae Glauco Epicydis filio Spartanorum regi, quum ille peierasset, Pythia respondit, commissam periurio fraudem in nepotes redundaturam. (3) Ab Arietibus (sic enim Thyestae monumentum vocant) qui aliquantulum processerint, ad laevam cernent regiunculam, cui Mysia nomen: in qua est Mysiae Cereris aedes. Nomen id sumtum a quodam Mysio, quem Cereris hospitem fuisse Argivi dicunt. Eius aedis tectum collapsum est. Sed in eo delubrum aliud e coctilibus laterculis erectum: in quo e ligno Proserpinae, Plutonis, Cereris signa. Hinc progressus ad Inachum amnem pervenias. Quam ubi transieris, ad aram primum Solis accedes; deinde ad portam, quae de proximo templo nominatur, Lucinae. (4) Et Argivos quidem solos ex omnibus Graecis in tria regna divisos novi. Quo enim tempore regnum tenuit Anaxagoras Argei filius, Megapenthis nepos, is furor foeminas invasit, ut, quum intra do-

mesticos parietes contineri non possent, per totum agrum
palantes vagarentur. Inventus tandem est Melampus Amythaonis filius, a quo fanarae sunt. Ei Anaxagoras ita gratiem
retulit, ut aequis cum eo fratreque eius Biante partibus
regnum communicaret. A Biante regnarunt *princeps* viri
quinque per aetates quatuor, usque ad Cyanippum Aegialei
filium, *innes* a Neleo genera materno originem ducentes. A
Melampode sex, per totidem aetates, usque ad Amphilochum
Amphiarai filium. At indigenarum gens, Anaxagorae nepotes,
regnum longiore multo tempore retinuerunt. Iphis unim
Alectoris filius, Anaxagorae nepos, Sthenelo Capanei
fratris filio imperium reliquit. Aedeinde quum post eversum
Ilium Amphilochus in eum locum migrasset, qui nunc ab eo
Amphilochi appellantur, et Cyrnippus fine liberis obiisset,
solus Cylarabes Stheneli filius regnum obtinuit. (5) Verum
neque is liberos ultos reliquit. Orestes itaque Agamemnonis filius paterno regno eiectus, quum in proximis locis
exularet, Argis primum potirus est: deinde Arcadum manu
et Phocensium auxiliis fretus, ut ea semper opem imploranti
praesto fuerunt, Spartae regnum occupavit. Lacedaemoniis
vero haudquaquam invitis Orestes imperavit. Illi enim Tyndari nepotem, cui parerent, digniorem putarunt, quam Nicostratum et Megapenthem, quos Menelaus e serva genuerat.
At quum e vita excessisset Orestes, ei in regnum successit
Tisamenus filius, quem ex Hermione Menelai filia susceperat. Nam Penthilum nothum ei filium Erigonen Aegisthi
filiam peperisse, versibus Cinaethon suis testatus est. (6) Tisameno regnante Herculis posteri in Peloponnesum rediere,
Temenus et Cresphontes Aristomachi filii, quique eos secuti
sunt, Aristodemi, qui iam e vita decesserat, tertii eorum
fratris filii. Ac de Argis quidem, eorumque regno, iure
optimo, uti mihi videtur, certabant. Erat enim Tisamenus
Pelopis nepos, ut Heraclidae a Perseo originem ducebant.
Iam vero Tyndarum ipsum eiectum felebant *etia* fuisse ab
Hippocoonte: Hippocoontem eiusque filios ab Hercule interfectum, regnum apud Tyndari liberos depositum. Eodemque iure Messeniae regnum repetierunt, quod Hercules,
Pylo excisa, regionem hanc apud Nestorem depositam reliquisset. (7) His igitur adducti rationibus, Argis et Lacedaemone Tisamenum, ex Messenia Nestoris posteros
expulere, Alcmaeonem Silli filium, Thrasymedis nepotem,
et Pisistrati filium Pisistratum: ad hos Peoonis, qui ex
Antilocho natus est, liberos: cumque his Melanthum Andropompi filium, Bori nepotem, Penthili pronepotem,
abnepotem Periclymeni. Tisamenus itaque cum suis copiis,
eiusque filii cum eo in eam *Graeciae partem*, quae nunc Achaia
dicitur: Nelei posteri, praeter Pisistratum, (hic enim ad
quos se contulerit, compertum non habeo) reliqui omnes
Athenas venere: a quibus Paeonidarum et Alcmaeonidarum
gens nomen accepit. Nam Melanthus regnum etiam, pulso
Thymoete Oxyntae filio, qui postremus de Thesidis regna-

vit, Athenis obtinuit. Verum de Crefphonte et Ariftodemi
liberis nihil attinet hoc loco dicere.

CAP. XIX. Temenus vero *Argivorum regno potitus* Deiphonte Antimachi filio, Thrafyanoris nepote, prinepote
Ctefippi, abnepote Herculis, fuis ipfius filiis prætereritis,
quum ad bella omnia tum ad res ceteras gerendas focio et
confiliario utebatur. Quem quum fibi etiam generum ante
adfcivilfet, ac Hymæthoni filiæ plus multo quam ceteris liberis ftuderet, In fufpicionem venit, ne *remotum a filiis* regnum in ipfam et Deiphontem transferret. Quare infidiis
illum filii de medio fuftulerunt. Eorum deinde natu maximus Cifus regnum tenuit. (2) At Argivi, qui iam tum ab
Initio libertatis et iuris aequabilis perfludiofi fuorant, regiam
poteflatem usque eo in ordinem cotgerunt, ut Cifi liberis
eiusque pofteris nihil omnino aliud quam regni nomen reliquerint. Meltam poftremo Lacidai filium, Medonis nepotem, *cui bis* damnatum populus imperio fpoliavit. (3) Apud
Argivos longe omnium templorum eft nobililfimum Apollinis Lycii, in quo quod aetate noftra exftat dei fignum,
Attali. fuit Athenienfis opus. Antiquiffimum e ligno Danaus dedicavit cum ipfa aede. Puifle vero Illis temporibus
figna omnia e ligno, et in primis quae Aegyptii feciffent,
crediderim. Ac Lycium quideo Apollinem huiusmodi de
caufa dedicavit Danaus. Quum Argos veniffet, de regno
cum Gelanore Sthenelae filio contendit: ac quum eorum
uterque ad populum multa, et ea maxime prohabilia et iuri
confentanea dixiffet, neque omnino, quae Gelanor afferebat,
minus aequa viderentur, caufa ampliate eft in craftinum.
Poftero die prima luce in boum gregem in pomoerio pa-
fcentium lupus impetum fecit: atque is taurum ipfum gregis
ducem adortus eft. Vifum eft Argivis, Gelanori cum tauro,
cum lupo effe Danao aptiffimam convenientiae rationem:
quod fcilicet, uti lupus animal eft homini minime familiare,
fic propemodum ad id temporis nulla fuiffet Danaus Argivorum ufus confuetudine. Quare quum taurum lupus confeciffet, e re nata Argivi Danao imperium adiudicarunt.
Tunc Danaus lupum ab Apolline immiffum interpretatus,
Lycii Apollinis:aedem dicavit. (4) In ea eft Danai ipfius
folium, et Bitonis ftatua, vir humeris taurum portans. Verfibus enim Lyceas teftatum reliquit, quom pompa Nemeorum Iovi ab Argivis traduceretur, Bitonem eo fuiffe corporis
robore, ut fublatum taurum portaret. (5) Non longe ab
hac ftatua ignem accendunt: Phoronel ignem appellant.
Neque enim iis affentiuntur, qui traditum a Prometheo
ignem hominibus dicunt, quum totum ignis inventum ad
Phoroneum referant. (6) Lignea Veneris et Mercurii fimulacra, alterum Epei opus, Hypermneftrae donum fuiffe
alterum dicunt. Hypermneftram enim Danaus in iudicium
vocavit eo crimine, quod una ex omni filiarum numero
patris imperata facere neglexiffet. Nam qui ex Lyncei falute fe periculo carere non poffe putaret, ab ea, quae man-

datum facinus, uti forores, non perpetraffet, infigni fe nota-
tum infamia interpretabatur. At Argivorum illa fententiis
abfoluta, in eius iudicii memoriam Venerem, *quae victorem*
*praefeit*, (Nicephoron *vocant*) dedicavit. In ipfo templo
Ladas eft, qui pedum celeritate cunctos anteivit aetatis fuae
homines. Mercurius etiam, e fublata teftudine lyram facere
meditans. Pro aede bafis eft, in qua incifa eft tauri et lupi
pugna: incifa etiam virgo, quae lapidem in taurum mittit.
Dianam illam virginem nominant. Haec Danaus dicavit,
et loco proximo columnas cum ligneis Iovis et Dianae fignis.
(7) Sepulcra ibidem funt Lini Apollinis filii, et Pfamathes
Crotopi filiae. Et Linum quidem hunc eundem effe dicunt,
qui carmina fecit: verum quae ad hunc magis pertinent, in
alium hiftoriae locum aptiorem differo. Nam de Pfamatho
fatis multa, qua in parte Megarenfium res perfecuti fumus,
expofuimus. Praeterea, *quae enumeravimus*, eft ibidem Apollinis Agyiei (*id eft, viarum praefidis*) fignum, et Pluvii Iovis
ara: ad quam, qui foedus de Polynice in regnum reftituendo
percufferunt, coniurationem fecere, fi Thebas exfcindere
non potuiffent, mortem omnino fe appetituros. De Promethei monumento minus, quam Opuntii, quae veritati fint
confentanea, mihi videntur Argivi dicere.

CAP. XX. Parentidam tamen aiunt Creuganti pugili
effigiem de Corinthiis trophaeum erexiffe. Simulacrum
*praeterea* confpicitur Iovis Milichii, (*quod eft os fi Manfueti di-*
*cas*) e candido marmore, Polycleti opus. Dedicatum vero
ob huiusmodi caufam audivi. Lacedaemonii, fufcepto femel
contra Argivos bello, nullum belligerandi finem fecerunt,
priusquam utrosque Philippus Amyntae filius definitis iam
tum ab initio imperii terminis circumfcripfit. Nam fuperioribus temporibus Lacedaemonii de iis, quae extra Peloponnefum effent, nihil laborantes, de Argivorum femper aliquid
finibus carpebant. Poftremo Argivi ad bellicam rem ftrenua
converfi, dum illi forte extra fines bellarent, occupato tempore in eorum agrum invaferunt. Quare vehementer exa-
cerbatis utrinque animis. Argivi fibi ftatuerunt lectiffimorum mille hominum praefidium alendum, quibus dux praefectus Bryas Argivus. Is et alia infolenter *ac libidinofo* multa
in populum fecit, et virgini cuidam, dum ad virum duceretur, iis ipfis, qui ducebant, ereptae vitium obtulit. At illa eadem nocte Bryantem fomno oppreffum oculis orbavit: depre-
henfa, ubi illuxit, fupplex ad populum confugit. Enimvero populus eam non dedere ad fupplicium depofcentibus mille viris.
Quare ad pugnam re utrinque deducta, victor populus in
perfequendis hoftibus irae indulgens, nullum fupplicii genus praetermifit. Interiecto dein tempore et alia expiandi
civilis fanguinis caufa facta funt, et Manfueti Iovis fignum
dedicatum. (2) Prope funt in marmore fculpti Cleobis et
Biton, qui impofitam plauftro matrem ipfimet in Iunonis
templum trahunt. (3) E regione Nemei Iovis aedes: in qua
fimulacrum dei recto ftatu ex aere, Lyfippi opus. Hinc

ad dexteram progreffis oflendit fe Phoronci fepulcrum.
Phoroneo quidem noftra etiamnum aetate parentant. Supra Nemei Iovis Fortunae fanum eft perantiquum: in quo
inventas a fe primum teiferas Palamedes dedicavit. Proximum monumentum Choriae Maenadis appellant. Liberi
enim Patris caftra, et alias foeminas, et hanc fecutum, quum
ille Argos exercitum duceret, memorant: at Perfeum, dum
victoria potiretur, ex illis foeminis multas occidiffe: ac ceteris commune monumentum, huic vero, quod dignitate anteibat, fuum eft feparatim pofitum. (4) Non longo Horarum
eft aedes. Illinc rediens pofitas videas ftatuas Polynicis
Oedipodis filii. et eorum omnium ducum, qui cum illo fub
Thebarum muris pugnantes ceciderunt. Eos f ptem duntaxat recenfuit Aefchylus, quum plures tamen e primariis
viris Argivorum, et e tota Meffene, atque Arcadiae parte,
In eius belli focietatem veniffent. Verum et ipfi Argivi
Illum .Aefchyli numerum fecuti funt. Proxime eorum firae
ftatuae funt, qui Thebas cepere, Aegialeus Adrafti filius,
Promachus Parthenopaei, Talai nepos: Polydorus Hippomedontis, et Therfander: Amphiarai praeterea liberi, Alcmaeon et Amphilochus: Diomedes ad hos, et Sthenelus:
quin et Euryalus Mecifteis et Polynicis filii Adraftus et
Timeas. A ftatuis hifce non longe oftenditur Danai monumentum, et honorarius eorum Argivorum tumulus, qui aut
ad Ilium cecidere, aut iam reduces morte oppreffi funt.
(5) Eft ibidem Servatoris Iovis aedes. E qua in cellam venias, ubi Argivorum matronae Adonin lugent. Ad dexteram eius aditus templum Cephiffo flumini dicatum eft.
Eius fluminis aquam non femel a Neptuno exhauftam credi
volunt, quum ipfi tamen eo ipfo in loco, ubi templum eft,
pro comperto habeant fubter amnem fluere. Iuxta Cephiffi
Medufae e marmore caput. Cyclopum hoc etiam opus fuiffe
dictitant. Vicum, qui a tergo eft, Criterium in hoc ufque
tempus nominant, quod in eo de Hypermneftra a Danao
iudicium factum memoriae proditum fit. (6) Non longe
theatrum eft. In eo et alia digna funt, quae fpectentur, et
vir virum caedens, Othryadam Spartanum Perilaus Argivus
Alcenoris filius. Et is quidem Perilaus ante de lucta victor
in Nemeis renunciatus fuerat. (7) Supra theatrum Veneris fanum: in cuius fronte e pavimento columna furgit, cui
infiftit Telefilla, quae cantica fecit. Ad pedes eius carminum
volumina iacent: ipfa galeam afpicit, quam capiti iam im-
pofitura manu tenet. Fuit Telefilla haec et aliis de caufis
inter foeminas illuftris, et honorem praecipuum ex poëtica
meruit. Haec illa Telefilla eft, quae tale virtutis mulicbris documentum dedit. Quo tempore Argivi maiore, quam dicendo
explicari poffit, clade a Cleomene Anaxandridae filio Lacedaemoniorum rege afflicti funt, aliis in praelio caefis, ii,
qui fupplices in Argi lucum confugerant, partim ad pacis
conditiones evocati, nihilo minus violati funt; partim vero,
ubi fe dolo circumventos fenferunt, fe ipfos et lucum fimul

tremarunt. Quare Cleomenes, confumta Argivorum militari
aetate et robore, ad Argos oppugnandum conteflim Lacedaemoniorum copias duxit. (8) Ibi Telefilla, ad murorum
praefidia fervitlis, et iis omnibus, qui per aetatem arma ferre
non poffent, amandatis, e domibus et templis armis, quae
reliqua fortuna belli fecerat, refixis, omnes, quae integra
aetate erant, foeminas obarmavit, et ibi eas collocavit, qua
ad oppidam Lacedaemonios acceffuros exploratum habebat.
Neque vero illae, hofte appropinquante, bellico clamore ex-
territae funt: quin fortiter et praefenti animo pugnantes,
hoftium impreffionem fuftinuerunt. At Lacedaemonii qaum
cogitare coepiffent, fi foeminas violaffent, invidiofam fore
eam victoriam: fin victi effent, fe turpiffime difceffuros,
omnem ab illis belli iram abftinuerunt. Atque hoc quidem
facinus multo ante Delphici oraculi vox praedixit, quam
Herodotus vel aliis, vel iisdem plane expofuit verfibus:

> Namque animofa viros quum vincet foemina, et omnem
> Auferet Argolicae publ Mavortis honorem,
> Tunc Argiva phalanx fuevis lacerabitur armis.

Haec de praeclaro foeminarum facinore Apollo.

Cap. XXI. Iam vero qui a Veneris fano defcenderint,
et ad forum flexerint, Cerdus Phoronei uxoris monumentum
offendant. Sunt ibidem templa Aefculapii, et Dianae cognomento Suadae. Hoc Hypermneftra dicavit, quo tempore
in iudicio patrem vicit, quum ille eius criminis ream egiffet,
quod Lynceo peperciffet. (2) Eft ibidem Aeneae ex aere
ftatua, et vicus, cui Delta nomen. Nominis quae fuerit caufa,
quoniam, quae vulgo prodita funt, mihi non probantur, confulto praetereo. Ante eum vicum ara erecta eft Phyxii (it eft Liberatori) Iovis, et prope Hypermneftrae monumentum Amphiarai matris: alterius etiam Hypermneftrae, Danai filiae.
Sepultus in eodem tumulo Lynceus eft. E regione exftat
fepulcrum Talai Biantis filii, de quo, eiusque pofteris, iam
ante egimus. (3) At Minervae Tubae cognomento aedem
Hegelaum exftruxiffe aiunt: fuiffe autem eum Tyrrheni
filium: ac Tyrrhonum Hercule et Lyda muliere genituni
primum tubam inveniffe: cuius poftea cantum Hegelaus
Dorienfes eos docuerit, qui Temenum fecuti funt. Quocirca nominaffe eum Minervam Tubam. (4) Ante aedem
Minervae fepulcrum videas, quod effe dicunt Epimenidis.
Lacedaemonios enim, dum bellarent cum Gnofiis, Epimenidem vivum cepiffe: ac deinde, quum eum occidiffent, quod
minime laeta praediceret, fublatum cadaver eo in loco hu-
maffe. (5) At aedificium e candido marmore, quod in media
ferme fe foro attollit, trophaeum de Pyrrho Epirotarum rege
eft, ut ipfi praedicant Argivi. Quo enim in loco cadaver
eius crematum eft, ibidem ei fuiffe erectum monumentum:
in quo quum alia, quibus in praeliis utebatur, infculpta, tum
vero elephanti. Atque hoc quidem opus ad eius buftum
eminet, offa vero funt in Cereris condita, quum ita cecidiffet, ut proximo loco interiret, perinde atque eft a me in

libro de Atticis rebus expositum. Et in primo quidem aditu templi Cereris licet adhuc videre in supero forium limine ipfius Pyrrhi affixum fcutum. (6) Non longe vero ab eo opere, quod in foro Argivorum eft, tumulus terrae confurgit, in quo conditum ferunt Medufae Gorgonis caput: de qua nullum ut fabulae rationem habeamus, haec memoriae prodita funt. Phorci eam filiam fuiffe: patre mortuo, acceptum ab illo regnum eorum populorum, qui Tritonidem paludem accolunt, tenuiffe. Solitam in venationes et pugnas exire cum Afrorum, quibus imperabat, manu. Quare quum Perfei copiis, quas ille lectiffimus ex Peloponnefo adduxerat, acie occurriffet, noctu per infidias oppreffam. Mortuae pulchritudinem admiratum Perfeum, praecifum caput, ut fpectaculo effet. In Graecium reportaffe. (7) At Proclus Carthaginienfis Eucratis filius veri fere fimiliorem hiftoriam literis mandavit. In Africae defertis beftias gigni multas mirabili fpecie atque inufitata, feros inter eas viros et foeminas, ac virum fe Romam illinc deportatum vidiffe teftatur. Coniicere itaque fe, ex illis foeminis unam fuiffe Medufam: quae quum a fuis gregibus aberrans veniffet ad Tritonidem paludem, quos accolas male mulctarit, usque dum a Perfeo eft occifa. Adiutricem vero Perfeo Minervam fuiffe, idcirco proditum, quod, qui ftagnum illud accolunt homines, Minervae facri funt. (8) Iuxta hoc Gorgonis monumentum eft Argis Gorgophones Perfei filiae tumulus: cui quare fit id nominis, impofitum, omnibus, ad quorum aures pervenerit, per fe ftatim perfpicuum effe poteft. Hanc primam fuiffe aiunt, quae, Periere Aeoli filio, quicum virgo nupta fuerat, mortuo, alteri viro Oebalo nupferit; quum ante fanctum et folenne foeminis fuiffet, μ viro mortuo, fecundis nuptiis, abftinere. (9) Ante hoc fepulcrum trophaeum erectum eft lapideum de Laphaë Argivo homine. Hunc (fcribo, quae ipfi Argivi de fe memorant) dominatu, facto impetu, populus eiecit. Quumque is ad Lucedaemonios confugiffet, conati illi quidem funt in priftinam eum, tyrannidem reducere: at Argivi praelio victos reiecerunt, multosque de Lacedaemoniorum numero, ac ipfum in primis Laphaëm, interemerunt. (10) Ab hoc trophaeo non longe, abeft Latonae aedes: fimulacrum Praxitelis opus eft. Eius, quae deae adliftit, virginis effigiem Chlorin vocant: filiam Niobes fuiffe dicunt. eique ab initio Meliboeae nomen fuiffe. Peremptis vero a Diana et Apolline Amphionis filiis, de eo fratrum ac fororum numero hanc, et Amyclan, quod folae Latonam fuerint deprecatae. fervatas fuiffe: ac Meliboean quidem prae terrore ftatim pallidam factam: qui quum ei color perpetuus fuiffet, pro Meliboea, fumto ex rei eventu nomine, Chlorin appellatam. Et ab his quidem *Niobes fuperftiti-bus liberis* initio templum Latonae factum Argivi afferunt. At ego, qui Homerum autorem fequor ftudiofius aliquanto, quam ceteri, nullum omnino felictum de Niobes liberis exiftimo. Teftimonio verfus ille eft:

Quique fuperfuerant, geminis fixere fagittis.
Totam fane funditus Amphionis domum excifam, compertum habuiffe videtur.

CAP. XXII. Ad Latonae dexteram eſt Iunonis Antheae
(*quaſi Floridae dixeris*) aedes. Pro aede earum mulierum tumulos, quae ab Aegaei maris infulis Liberi Patris caſtra
fecutae, contra Argivos eorumque ducem Perfeun pugnantes ceciderunt. A maritimis quidem, unde venerant, locis Marinas eas nominant. (2) Ex adverfo ei monumento Cereris eſt
fanum cognomento Pelafgidis, quod illud dedicarit Pelafgus
Triopas filius. Prope adeſt Pelafgi ipfius fepulcrum. Quod
ubi praeterieris, aeneum cippum videas modica magnitudine.
Is vetuſta, fuſtinet fimulacra, Dianae, Iovis, Minervae.
(3) Lyceas verfibus mandavit, Mechanei Iovis *(quaſi Machi-
natoris dixas)* fignum illud effe. Et hoc in loco Argivos tradit ad Troiam ituros coniuraffe, non ante fe ab eo bello
difcoffuros, quam aut Ilium expugnaffent, aut in pugna
mortem oppetiffent. (4) Non defunt, qui in eo cippo Tantali offa condita dicant: illius nempe, quicum (five Thyeftae,
feu Brontei filius fuerit: utrumque enim traditur) nupta
fuit Clytaemneſtra, priusquam Agamemnoni nuberet. Is
Tantalos hoc in loco fit an alibi fepultus, per me non fuerit
controverfum. At enim qui Iovis et Pluti eſt habitus, eius
ego monumentum, valde illud quidem infigne, Sipyli vidi.
Sed neque ulla eum vis adegit, ut e Sipylo fugeret, ficuti
poſtea Pelopem, quem armis et exercitu eiecit Ilus. Phrygis
filius. Sed haec hactenus fatis a nobis quaefita fuerint.
Quae vero rite ad proximum fcrobem peraguntur, ea indigenam hominem Nicoſtratum inſtituiſſe aiunt. Mittunt
autem in eam foveam hoc etiam tempore ardentes Proferpinae faces. (5) Exſtat eodem in loco Neptuni cognomento
Profclyſtii (*ut eſt Inundatoris*) templum. Diluiffe enim maximam partem agri eo tempore Neptunum memorant, quo
Inachus, quique ei in confilio adfuerunt, terram eam Iunonis, non Neptuni effe debere pronunciarunt. At deinde,
quam Iuno eum exoraſſet, ut mare deduceret, per quem locum unda refluxit, in eo Proſclyſtio Neptuno templum Argivos erexiſſa. (6) Ubi aliquantulum procefferis, Argi
fepulcrum offendas, quem Iovis et Niobe Phoronei filia genitum putant. Exinde Caſtoris et Pollucis templum: in quo
fimulacra quum ipforum, tum liberorum, Anaxidis et Mna-
finoi: atque eorum utriusque matrum, Hilairae et Phoebes,
Dipoeni et Scyllidis arte facta e ligno ebeni. Ipfis etiam
equis maior pars ex ebeno facta: reliqua, exigua quidem,
ex ebore. (7) Prope Caſtorum Lucinae fanum dicavit Helena, quo tempore, Thefeu cum Pirithoo in Thefprotos profecto, a Caſtore et Polluce Aphidna capta, Helena Lacedaemonem reportata eſt: fuiſſo eam aiunt a Thefeo gravidam,
et Argis enixam templum Lucinae erexiffe: puellam vero,
quam peperit, Clytaemneſtrae educandam tradidiffe: fuiſſa
enim iam tum cum Agamemnone Clytaemneſtram) ipfam

vero poftea Helenam Menelao nuptam. . Quare et Euphorion
Chalcidenfis, et Alexander Pleuronius, et ante eos Stefichorus
Himeraeus, idem, quod Argivi celebrant, verfibus teftati
funt, Iphigeniam Thefeo ex Helena genitam. (8) Ultra
Lucinae fanum eft Hecates deiubrum: deae fignum Scopae
opus, e marmore. Atque e regione funt duo eiusdem deae
figna ex aere; alterum Polycletus; Pericleti fraer alterum.
Naucydes Mothonis filius, fecit. Qua per viam rectam iter ad
gymnafium, quod (a Stheneli filio) Cylarabi nuncupatur,
fepulcrum exftat Licvmnii Electryonis filii, quem dixit Homerus a Tleptolemo Herculis filio caefum: cuius caedis caufa
Argis exulavit Tleptolemus. (9) Qui paululum a Cylarabi
gymnafio, et ea porta, quae proxima eft, diverterint, Sacadae monumentum inveniant, qui primus Pythicum cantum
tibia Delphis cecinit; quo placatus Apollo, rediit cum tibicinibus in gratiam, quum ante eos male odiffet propter
Marfyae et Sileni, qui deum ipfum provocarant, certamina.
(10) In Cylarabi gymnafio fignum eft Minervae, cui Paniae
cognomen. Stheneli ibidem tumulum, ipfius etiam Cylarabi oftendunt. Praeterea exftructum fuit non longe a gymnafio commune monumentum iis Argivis, qui cum Athenienfibus claffe, ut Syracufas et Siciliam in poteftatem redi-
gerent, profecti funt.

   CAP. XXIII. Hinc ex contendentibus via, cui nomen,
oftendit fe ad dexteram Liberi Patris aedes; cuius fignum
delatum tradunt ex Euboea. Nam quum, Graecis ab Ilii ex-
pugnatione redeuntibus, ad Caphareum fractis navibus *****
ipforum pars inter fcopulos periffet, Argivi, qui e naufragio terram
prenfare potuerunt, frigore prope et fame confumti, precati dicuntur, ut quis deorum fe in tantis rerum difficultatibus falvos vellet. Quum itaque proceffiffent, fpecum Liberi
Patris animadvertere, et dei in eo fignum. In eum vero
fpecum multae fe caprae filveftres frigus fugientes grega-
tim immiferant: quibus mactatis, carnibus famem, pellibus
frigus repulerunt. Deinde vero, quum hyems remififfet,
reparatis navibus in patriam revecti, fignum, quod tunc e
fpecu afportarunt, hac etiam aetate religiofe colunt. (1) Proxime ad Liberi Patris Adrafti domum videas, et paulo
longinquius Amphiarai fanum : ultra fanum Eriphyles
monumentum: pofthaec Aefculapii delubrum, et Batonis
aedes. Fuit hic Baton Amphiarai gentilis, et ipfe de Me-
lampodidarum genere: qui quum Amphiarao in praeliis
aurigae operam navaret, reiectis a Thebarum muris Argivis, eodem terrae hiatu, quo ille, cum curru hauftus evanuit.
(3) Iam vero a Coele redeuntibus, qui in confpectu eft tumulus, Syrnethus effe dicunt. Quod fi honorarium velint
effe, atque in eius foeminae memoriam exftructum, non
omnino abfurda dicunt: fin Syrnethus ipfius cadaver ibi conditum, mihi id nullo pacto perfuaferint. Id enim facilius illi cre-
diderint, quibus Epidauriorum res ignotae funt. (4) De
Aefculapii vero templis quod apud Argivos nobiliffimum

eß, habet dei ſignum, quod aetate noſtra exſtat, ſedens, e candiſo lapide. Aſſidet Bona Valetudo: aſſident, qui ſigna ipſa ſererunt, Xenophilus et Straton. Templum dedicavit initio Sphyrus Machaonis ſilius, Alexanoris illius, cui apud Sicyonios Titanae honores habentur, frater. (5) Pheraea vero Dianae (Pheraean enim Argivi etiam venerantur) tam apud Sicyonios, quam apud Atheninſes ſignum eſt, quod hi ad ſe Pheris (quae civitas eſt in Theſſalia) deportatam tradunt. Iam vero quod apud ſe Argivi eſſe dicunt Delaaulrae Oenei ſiliae monumentum, et Heleni Priami ſilii; Minervae etiam ſignum poſt Ilii everſionem ad ſe translatum, illud ſcilicet ipſum, quod unum fuit de lis, quibus demum amiſſis capi Ilium potuit: illis egoneutiquam aſſentior. Nam Palladium (ſic enim eſt Mirervae ſignum appellatum) ſatis manifeſtum eſt Aeneam in Italiam deportaſſe. Ac Deianiram Trachine ſcimus, non Argis, finem vivendi feciſſe: quum eius tumulus iuxta Heracleam ſub Oeta monte adhuc exſtet. (6) Quae vero ad Helenum Priami ſilium pertinent, ea funt a me ſuperius expoſita: veniſſe illum in Epirum cum Pyrrho Achilli ſilio, reqiu mortuo, ſuſcepta eius liberorum tutela, Andromachen uxorem duxiſſe: ac Ceſtrinen Epli parim a Ceſtrino Heleni ſilio nomen accepiſſe. Neque vero ignorant, qui res veteres Argivorum in commentarios retulerunt, non omnia ſe ad hiſtoriae fidem commemorare: vulgaſae tamen opinioni, a qua diſſidere multo diſicillimum eſſe exiſtimant, ferviunt. (7) Habent Argivi alia multa, quae ſpectentur, digna: inter ea ſubterraneum aedificium: in quo ſuit thalamus ex aere, quem feciſſe dicitur Acriſius ad ſiliae cuſtodiam: verum eum everſit Perilaus, dum tyrannide oppreſſam urbem teneret. Nunc Crotopi in eo monumentum eſt, et Creſii Liberi templum. (8) Libero enim, quum, exſtincto bello, quod cum Perſeo gerebat, inimicitias poſuiſſet, et alios magnos uſique ac praeclaros honores decretos memorant, et nominatim hoc ei delubrum dicatum: Creſium vero nuncuyatum, quod eo in loco mortuum Ariadnam ſepulturae mandaſſet. Tradit Lyceas, quum templum reſlitueretur, ſiclilem urnam inventam, in qua Ariadna condita fuiſſet: ſpectaſſe illam ſe, et de Argivis multos. Prope Liberi eſt etiam Coeleſtis Veneris fanum. (9) Arcem Lariſſam appellant de Pelasgi ſiliae nomine: a qua duae, etiam eodem nomine nuncupatae ſunt urbes in Theſſalia: quarum altera eſt ad mare, altera vero ad Peneum amnem.

Cap. XXIV. Aſcendentibus in arcem oſtendit ſe Acraeae Iunonis fanum: Apollinis etiam aedes, quam primus omnium Pythaeus Delphis veniens erexiſſe dicitur. Quod nunc exſtat in eo ſignum, ex aere eſt, recto ſtatu, Diradiotes Apollo cognomento. Nam et locus ipſe, in quo templum, Diras (hoc eſt, lugum) vocatur. Oraculum in eo templo (nam hac ipſa aetate in eo reſponſa conſulentibus redduntur) hoc inſtituto celebratur. Foemina, cui viri conſuetudine interdictum eſt, oraculo praeſidet. Ea noctu agna facit fingulis menfibus, ac ftatim victimae fanguine libato, furore divinitus afflatur. (2) Diradiotae templo proximum eft Perfpicacis Minervae, a Diomede dicatum, quod pugnanti ad Ilium caliginem dea ab eius oculis removiffet. His ftadium adiunctum eft, in quo Iovi Nemeo et Iunoni ludos faciunt. (3) Qua ad arcem iter, ad viae laevam Argypri filiorum monumentum hoc etiam in loco eft. Sunt enim hic abfciffa a reliquo corpore condita capita, ficuti in Lerna fine capitibus corpora. Nam ot eorum caedes ad Lernam commifa. Adolefcentes vero quum foeminae trucidaffent, capita abfciderunt, quo certum facinoris indicium ad patrem deferrent. (4) In extrema arce (cui Lariffa nomen) aedes eft Iovis cognomento Lariffaei. Faftigium ea iam nullum habet; neque dei fignum, quod ligneum eft, bafi ulli amplius infiffit. Iam Minervae aedes proxima valde digna eft, quae fpectetur. (5) In ea quum alia figna pofita funt, tum Iovis ligneum)oculos habens duos, qua in parte homini eos natura locavit, tertium vero in fronte. Hunc illum effe Iovem Patrium tradunt, qui in Priami Laomedontis filii regia fub divo pofitus fuit, ad cuius aram dicitur Priamus capto Ilio confugiffe: obtigiffe vero eum in divifione praedae Sthenelo Capanei filio, hocque ipfo in loco ab eo in rei memoriam dicatum. Habere autem eum tres oculos idcirco coniicere quis poffit. quod communis omnium hominum fermo regnare in coelo Iovem praedicat. Quod autem, idem etiam fub terris imperet, Homeri verfu teftatum eft:

Iupiter infernus, atque inclyta Perfephones

Aefchylus quidem Euphorionis filius ipfum maris etiam regem Iovem appellat. Quare hac ductus ratione, quicumque illum fecit, tres ei oculos attribuit, unum et eundem fignificans deum tribus, quas di tres fortiti inter fe dicuntur, mundi partibus imperare. (6) Iam viae aliquot Argis in alia Peloponnefi loca ducunt: una ad Tegean Arcadiae urbem. Ad eius dexteram Lycone mons, in quo inter ceteras arbores cupreffi multae. Erectum eft in montis vertice Orthiae Dianae templum: ubi figna Apolloni, Latonae, et Dianae dicata ex candido marmore, Polycleti effe opera aiunt. Qua ex monte defcenditur, ad publicae viae laevam alia Dianae aedes: a qua non longe ad dexteram mons, qui Chaon dicitur: cuius imae partes fativis arboribus veftiuntur. Erumpunt hic manifefto emerfu Erafini aquae, a Stymphalo illae quidem Arcadiae ortum ducentes, haud aliter quam fcatebrae illae, quae Rheti appellantur, ab Euripo ad Eleufinem, inde vero in id ipfum mare profluentes. Ad ipfam hanc Erafini e monte Lycone eruptionem Libero Patri et Pani facra faciunt. Libero quidem feftos etiam dies agunt, quam Turbam nominant. (8) Iam vero ad eam viam, quae Tegean ducit, fi redeas, ad dexteram via eius, quem Trochon appellant, Cenchreae funt. Cui caftello unde fit nomen, memoriae non eft traditum: videri tamen poffit et ipfum a

Cenchreo Pirenes filio nuncupatum. Bufta eo in loco funt (*quae Pityandria appellant*) Argivorum, qui Lacedaemonios ad Hyfias viceruat: quod praelium inter ipfos factum Invenio, Pififtrato apud Athenienfes fummum magiftratum gerente, anno quarto aius Olympiadis, qua Eurybotus Athenienfis victor de curriculo renunciatus eft. (9) Qua certe parte ad planiora defcenditur, ruinae fe oftendunt Hyfiarum, oppidi in Argolide quondam fiti: quo in loco cladem Lacedaemonius accepiffe tradunt.

Cap. XXV. Quae vero Argis Mantineam ducit via, non eft omnino eadem, qua Tegeam iter eft: verum haec a porta Initium habet, loco ei, quam Dirada diximus appellari, proxima. In hac via templum erectum eft aditu duplici, quorum alter ad orientem, alter ad occafum converfus eft in Illo Veneris ligneum fimulacrum; in altero ad occafum Martis pofitum eft. Utrumque Polynicis, et Argivorum qui auxilio oi fuerunt in perfequenda fratris iniuria, dona fuiffe aiunt. (2) Hinc progreffus quum torrentem traieceris, cul nomen Charadro, ad *viam* accedas, qui Oenoë dicitur. ab Oeneo (ut Argivi dicunt) nuncupata. Oeneum enim aiunt Aetolias regno pulfum ab Agrii filiis ad Diomedem Argos confugiffe: illum vero, ducto in Calydoniam exercitu. Oeneï quidem iniurias ultum, negaffe tamen fe poffe illic permanere. Hortatum itaque effe, ut fe Argos fequeretur: quod quum feciffet, tum allos ei honores, perinde atque aequum fuit paterno avo, habuiffe, tum vero vicum eum in quo e rita exceffit, Oenoën vocaffe. (3) Supra Oenoën Artemifium mons eft, et in eius iugo Dianae templum. In eodem monte Inachi amnis fontes haudquaquam dubii, etfi aqua minimo longinquum terrae fpatium praeterfluit. Illic nihil aliud vifitur, quod quemquam poffit magnopere detinere. (4) Ab eadem porta, quae ad Diradem eft, via altera Lyrcean deducit. In hoc oppidum confugiffe dicitur Lynceos, quum de quinquaginta fratribus unus eft necis periculo liberatus; atque hinc face prolata fignum dediffe. Ita enim ei cum Hypermneftra conveniffe, ut quum Danaï infidias effugiens in tutum fe recepiffet, Inde facem oftentaret. Ipfam etiam viciffim Hypermneftram aiunt a Lariffa facem protuliffe, quo fe fignificaret periculum omne evafiffe. In cuius rei memoriam Argivi quotannis feftum diem celebrant, quae Fax dicitur. Oppidum quidem ante Lyncea vocabatur: verum quum Lyrcus idem poftea tenuiffet notitus Abantis filius, ab eo Lyrcea nomen, *litera tantum nuta mutata*, accepit. In Ipfis ruinis et alia exftant nihil omnino digna, quorum fiat mentio, et pila cum Lyrci ftatua. Argis Lyrcea abeft ftadia ad fummum LX: totidem ab Orneis. (5) Ac Lyrcoae mentionem in Graecis, qui funt ad Troianum bellum profecti, percenfendis, nullam omnino fecit Homerus: eo quo ea iam tum aetate defertum id oppidum fuiffe conftat. Quod vero Orneae incolumes erant, proinde ut loco priores in Argivorum finibus funt, ita ab eodem poëta prius quam aut

Phllus aut Sicyon nominantur. Nomen habuere ab Orneo Erechthei filia: cui Peteus genitus eft filius, Peteo Mneftheus is qui Agamemnonem cum Athenienfibus in evertendo Priami regno iuvit. Eiecti vero poftea fedibus fuis Ornoatae ab Argivis, eorum civitatis inquilini facti funt. Eft Ornels adhuc Dianae fanum: in eo ligneum ftat fignum. Exftat et aedes altera, dis eadem omnibus dicata. Citra Orneas funt Phlia- fiorum et Sicyoniorum fines. (6) Qua Argis in Epidaurio- rum agrum iter eft, ad dexteram aedificium furgit pyramidis forma. In eo fcuta, ea figura, qua funt Argolici clypei. Commiffam eo ipfo in loco inter Proetum et Acrifium pu- gnam de regno aequo marte memorant: pacem poftea inter eos conciliatam, quod neutrius fatis firmum fine alterius opi- bus effe poffet imperium: congreffos autem tunc primum cum fcutata utrinque acie. Atque iis quidem, qui ex utroque exercitu ceciderant, quod res inter cives et propinquos gefta fuerat, commune ibi fepulcrum eft erectum. (7) Hinc progref- fis ad dexteram fe Tirynthis ruinae oftendunt. Ipfi certe Argivi etiam Tirynthios eiecere, quod, iis in civitatem fuam receptis, augeri civium multitudine urbem voluerunt. Tiryntha quidem heroem, a quo urbi nomen, Argi filium, Iovis nepotem fuiffe perhibent. Urbis muros, qui foli inter ruinas reliqui funt, Cyclopum fuiffe opus, fama vulgavit: exftructi vero funt e rudibus lapidibus, quorum finguli ea magnitudine funt, ut ne minimus quidem eorum loco mo- veri poffit iumentorum bigis. Parvi vero inferti funt olim lapides, ut per eos maiores aptiore ftructura coagmenta- rentur. (8) Qua ad mare defcenditur, Proeti filiarum tha- lami funt. Quod fi in militarem viam redeas, ad Mideam, quae ad eius laevam eft, venias. Regnaffe hic ferunt Ele- ctryonem Alcmenae patrem: aetate quidem noftra ita deleta eft, ut fola area reftet. (9) Qua Epidaurum recta contenditur, vicus eft Leffa, in quo Minervae delubrum, et dene ligneum fignum, nihil omnino ab eo differens, quod in Lariffa arce eft. Supra Leffam Arachnaeus mons: Sapyfelaton quum ante diceretur, regnante Inacho ita coeptus eft appellari. In eo arae Iovis et Iunonis, ad quas in magna foli ficcitate immolant.

Cap. XXVI. Ad Leffan cum Argivorum agro Epidau- riorum fines iunguntur: in quorum priusquam urbem in- troeas, in Aefculapii venias. (1) Hanc regionem qui ante Epidauri in eam adventum tenuerint, non habeo dicere: quin Epidauri etiam ipfius qui pofteri fuerint, non potui de incolis cognofcere. Regnaffe illi quidem ante Dorienfium in Peloponnefum adventum Pityreum memorant, Ionis nepotem. Xuthi pronepotem: ab eoque fine pugna traditum, Deiphonti et Argivis imperium: veniffe vero eum cum ci- vibus fuis Athenas; ibique domicilium conftituiffe: Dei- phontem Epidauriam terram occupaffe cum ea manu Argi- vorum, qui a reliquis Argivis Temeno mortuo defciverant. Deiphontes enim et Hyrnetho Temeni liberos oderant: et

quae fecuta eſt eos multitudo, plus illis multo; quam Cifo
et fratribus ſtudebat. (3) Epidaurus ipſe, a quo regioni
nomen, uti Elei tradunt. Pelope natus eſt. Quod ſi Argivorum opinionem ſequimur, et eorum carminum, quas Eoeas
magnas appellant, Epidauro pater fuit Argus Iovis filius. Ipſi
enimvero Epidaurii Apollini Epidaurum attribuunt. (4) Cauſam vero huiusmodi afferunt, quare ſacra ſit Aeſculapio regio.
Veniſſe in Peloponneſum Phlegyan viſendae eius terrae ſtudio ſi-
mularo, re tamen ipſa, ut ſpecularetur, quam frequens ea eſſet
incolarum multitudine, quidque militaris aetatis ac roboris
haberet. Fuit enim Phlegyas omnium ſui temporis bellator
acerrimus: quippe qui, in quamcunque partem excurſiones
feciſſet, ex ea quum frumenta, tum reliqua omnia agebat
et rapiebat. Is quum iam Peloponneſum intraſſet, filia,
quae patrem ſequebatur, quam adhuc ſe uterum ex Apolline
ferre patrem celaſſet, in Epidauriorum finibus puerum
enixa, illum in monte expoſuit, cui hac ipſa etiam aetate
Titthion nomen, (ſi ſi ut ſi Mamillam dicas) quum ante Myr-
tion appellaretur. Mutati nominis cauſa. quod expoſito infanti
lac praebuit capra, quae cum ceteris in eo ſaltu paſcebat,
dum interea eum canis cuſtodiret. Ibi Areſthanas (fuit enim
hoc caprario nomen) quum a reliquo grege in pecore recen-
fendo capellam unam, eumque ea canem aberraſſe animadvertiſſet, totum eum ſaltum ſtudioſe quaeritans peragravit:
inventum vero puerum quom tollere vehementer cuperet, ac
iam propius accederet, effulſiſſe aiunt coeleſtem ab illo
ignem: quo deterritum prodigio paſtorem, quum divinum quiddam id eſſe, uti erat, ſuſpicaretur, ſtatim retroceſſiſſe. Mox
fama per terras ac maria omnia vulgavit, ſanari ab illo
quovis morbo laborantes, mortuos etiam excitari. (5) Alia
etiam eadem de re prodita eſt hiſtoria: Coronidem Aeſculapio iam gravidam cum Iſchye Elati filio concubuiſſe: ob
id interemptam a Diana, quod illa Apollini factam contumeliam ulciſci voluit: ardente vero rogo, e media flamma
puerum a Mercurio ereptum. (6) Sed et tertia quaedam de
Aeſculapii natalibus fabula vulgata eſt, quae mihi quam
longiſſime a veritate abhorrere videtur: Aeſculapium Arſinoë Leucippi filia natum. Etenim Apollophani Arcadi,
quum Delphos veniſſet ex deo quaeſiturus, genituſne ex
Arſinoë eſſet Aeſculapius, et civisne eſſet Meſſeniorum, reſponſum a Pythia his verſibus datum:

> Aſclepi, auxilium cunctis mortalibus almum,
> Filia quem Phlegyae peperit mihi ſonſia cubili
> In campis, Epidaure, tuis, formoſa Coronis.

Quod ſane oraculum facile declarat, non eſſe natum ex Arſinoë Aeſculapium: verum id aut Heſiodus, aut ex iis
aliquis, qui Heſiodi carminibus verſus ſuos interpoſuere, in
Meſſeniorum gratiam finxerunt. (7) Teſtimonio vero multa
mihi ſunt, Epidauri genitum Aeſculapium, ac omnem huius
dei cultum ex Epidauro acceptum. Nam et Athenienſes
initiorum diem unum, quem Aeſculapio tribuant, Epidauria

nuncupant, atque ab illo se die divinos honores habere
Aesculapio coepisse tradunt: et Archiae Aristaechmi filius
e convulsione membrorum, qua inter venandum apud Pin-
dasum correptus fuerat, in Epidauria sanatus, ird- dei religionem Pergamum traduxit: acceptam a Pergamenis deinde
Smyrnaei templo consecrarunt, quod nostra aeta o Aesculapii nomine ad mare est. Quin et, qui colitur Balanagria
apud Cyrenaeos Aesculapius, Medici cognomento, ex Epidauro sumtus est.   Ad Cyrenaici quidem similitudinem
factum est id Aesculapii templum, quod Lebenae (quae est
Cretensium urbs) exstat.  Dissimilis in eo sacri ritus, quod
Cyrenaici capras mactant, quum ab Epidauriis traditum hoc
omnino non fuerit.   Deum vero statim ab initio habitum
Aesculapium, neque eius religionem solo temporis progressu
et fama hominum profecisse, et aliis argumentis colligo, et
ex Homeri versibus, quibus haec ille de Machaone dicentem
facit Agamemnonem:

  Talthybi, huc propera, magnamque Machaona nobis
  Duc, hominem Asclepi genitum de sunt re.
Idem est enim, ac si dixisset hominem dei filium.

CAP. XXVII.  Aesculapii lucum circumquaque montes
incingunt: intra cuius ambitum mori quenquam, aut nasci,
religio est:  eodem scilicet ritu, qui et in Delo insula servatur.   Iam vero quicquid civis peregrinusve immolarit, id
totum intra eundem ambitum consumitur: quem ritum Titanae etiam servari novimus.  (1) Aesculapii simulacrum
dimidio ferme minus est eo, quod Athenis est Iovis Olympii:
auro illud quidem et ebore perfectum.  Testatur Inscriptio,
opus esse Thrasymedis, Arignoti filii, Parii hominis.  Sedet
in solio scipionem tenens: altera manu draconis caput premit, cane ad pedes decumbente.  In ipso solio Argivorum
heroum opera caelata sunt: Bellerophontes Chimaeran conficit, Perseus Medusae caput abscissum tenet.  Supra templum aedes sunt, in quibus, qui precatum deum venerunt,
dormiunt.  (3) In propinquo aedificium est rotunda figura,
atque excandido marmore. (Tholum appellant) dignum certe,
quod visatur.  In eo Pausiae pictoris opus, Cupido, abiecto
arcu et sagittis, lyram tenens.  Ebrietas etiam ab eodem
opifice facta.  Bibit ea e vitrea phiala.  Expressa ita est in
tabula vitrea phiala, ut per eius perspicuitatem muliebre so
os ostendat.  Pilae vero intra ambitum priscis temporibus
multae steterunt, e quibus sex aetate mea reliquae.  In iis
virorum et foeminarum, quae a deo curatae sunt, nomina
incisa: morborum etiam, quo quisque laborarat: addita est
curationis ratio.  Scripta vero sunt omnia Dorica lingua.
(4) Seorsum est ab aliis antiqua pila.  In ea incisum, dicisse
Aesculapio Hippolytum equos XX.  Huius pilae inscriptioni
consentanea Aricini dicunt, discerptum ob Thesei imprecationes Hippolytum in vitam ab Aesculapio revocatum: neque postea patri unquam ignoscere voluisse, verum, omni eius
deprecatione spreta, in Italiam venisse, ibique dicato Aricinae

Dianae templo regnaffe. Mea quidem etiamnum aetate iis, qui ad templum fingulari certamine vicerint, praemium deae facerdotium propofitum eft. Sed in certamen iftud ingenuus nemo defcendit: fervi duntaxat, qui fuga fe dominis fubduxerint. (5) In ipfo fano apud Epidaurios theatrum eft omnium operis dignitate mea fententia praeftantiffimum. Nam quae apud Romanos vifuntur, antecellunt illa quid m tam cetera ornamentis, quam, quod eft Megalopoli apud Arcadas, magnitudine. De arte vero, partium convenientia ac pulchritudine, quis Polycletum audeat in certamen provocare? Polycletus enim ipfe theatro aedificando praefuit, idemque rotundam aedem fecit. (6) In luco aedes eft Dianae cum fimulacro, Epiones cognomento, *ex eo fortaffe, quod morbos mitigare hos numen credatur:* Veneris cella, ac Themidis. Curriculum praeterea magna ex parte agger: aquae ductus, quum teftudine, tum reliquo opere ita exornatus, ut cum admiratione fpectetur. (7) Quae vero opera Antoninus vir fenatorius aetate noftra fecit, haec funt: Aefculapii balneae, deorum templum, quos Epidotas nominant. Dicavit praeterea aedem Bonae Valetudini, Aefculapio, Apollini cognomento Aegyptio. Porticum adhaec reftituit, quae Cotyos eft appellata: ea vero collapfo tecto tota corruerat, ut quae e crudis fuerat extructa laterculis. Quumque Epidaurii fani accolae aegerrime ferrent, quod et foeminae fub tecto non parerent, et aegri fub dio animam agerent, Antoninus, domo aedificata, incommodum removit. Fuit itaque in pofterum et ad moriendum aegris, et ad pariendum mulieribus confecratus religione locus. (8) Montes fupra lucum funt duo: Titthion alter, alter vero Cynortium, in quo Maleatae Apollinis templum, quod folum de antiquis operibus extat: Nam quae circa templum ipfum funt cetera, et aquae ductus caftellum, cum receptaculo depluentis aquae, ea omnia Epidauriis fecit Antoninus.

CAP. XXVIII. Dracones quidem quum omnes, tum in primis eorum quoddam genus fulvo colore confpicuum, Aefculapio facri habentur; funtque illi hominibus cicures. Eos fola Epidauriorum terra alit: quod in certis animalium generibus aliis etiam regionibus video contigiffe. Siquidem fola Africa terreftres crocodilos gignit, duum cubitum nihilo minores. Ab Indis vero folis quum alia, tum vero aves pfittaci afferuntur. At ferpentes, qui Megalaunae appellantur, fupra XXX cubitum magnitudinem excrefcentes, quales et India et Africa nutrit, non dracones, fed ex alio quodam genere Epidaurii effe affirmant. (1) Qua ad montis verticem afcenditur, fecundum viam eft olea, quae ftrepta (*i. e. inferta*), nominatur. Manu eam ab Hercule in orbem circumductam eam figuram memorant acerpiffe. An vero eam terminum Afinaeis ftatuerit iis, qui in Argolica terra funt, non poffim ego facile iudicare. Nam neque alio ullo in loco, eorum tota regione ad vaftitatem redacta, ulla fe oftendunt fatis manifefta finium monumenta. In fummo monte eminet Co-

syphaeae Dianae templum: cuius in cantico quodam suo Te-
lesilla mentionem fecit. Qua in ipsam Epidauriorum urbem
descensus est, agrum videas undique agresti olea convestitum.
Eum vocant Hyrnethlum. (3) De Hyrnethone autem, quae
ab Epidauriis accepi, quaeque maxime probabilia videntur,
ea scribam. Cisus et Temeni reliqui filii intelligebant, non
modiocri dolore Deiphontem affectum iri, si quo modo
ab eo possent Hyrnethonem abducere. Venerunt itaque Epidaurum Cerynte et Phalces; nam minimo eorum
natu Agraeo fratrum consilium minime probatum est.
Constiterunt illi cum curru ante muros, evocata per caduceatorem ad colloquium sorore: quae quum venisset, primum omnium adolescentes Deiphontem criminari, deinde
illam obnixe orare, ut Argos reverti vellet, pollicentes quum
alia multa, tum viro se eam nuptam daturos, et rebus omnibus
multo, quam Deiphontes esset, meliori, et quum hominum
numero, tum agri felicitate longe superiori. Quae audiens
Hyrnetho indignissime tulit, ac. ut par pari referret. Deiphontem respondit sibi merito placere plurimum, suiisque
eum Temeno generum minime poenitendum: at illos Temeni percussores potius quam filios appellari posse. Ad haec
illi nihil respondentes, foeminam comprehensam atque in-
currum impositam abduxere. Quum vero Epidauriorum
quidam ad Deiphontem detulisset, a Ceryne et Phalce invitam abduci Hyrnethonem, et ille quam potuit celerrime
fugientes est insecutus, et Epidaurii, re audita, praesto fuere.
Deiphontes quidem homines assecutus, Cerynen iaculo trans-
fixit: at Phalcen, quum Hyrnethonem arcte complexus teneret, iaculari veritus, ne illam, si forte aberrasset, interi-
meret, cominus cum eo congressus, abstrahere à muliere
conabatur. At Phalces pertinacius et violentius retinens
ac trahens, facile mulierem, quum gravida esset, exanimavit.
Atque ille quidem, quum se in' sororem tam impium facinus
commisisse animadvertisset, incitato vehementius curru sese
in fugam dedit, quo anteverteret, priusquam Epidauriorum
concursu opprimeretur. Delphontes cum liberis (ex illa
enim mares susceperat Antimenem, Xanthippum, et Ar-
geum, filiam vero Orsoblam, quam postea Pamphylus Aegimii
filius uxorem duxisse fertur) sublatum Hyrnethus cadaver
in locum hunc deportarunt, qui ab ea Hyrnethium vocatur:
condito vero heroico monumento, et allos illi honores habuere, et sanxerunt, ne, quae aut ex oleis, aut alia ulla ar-
hora in eo agro enata, vi aliqua abscissa avulsave forent. a
quoquam asportari ad profanum ullum usum possent, sed quod
sacra essent Hyrnethoni, omnia illic ut relinquerentur. (4) Non
longe ab urbe est Melissae monumentum, quae cum Periandro Cypseli filio nupta fuit. Est item Patroclis Melissae
patris, qui Epidauriis imperavit, quemadmodum et gener
eius Periander Corinthiis.

CAP. XXIX. Ipsa quidem Epidauriorum urbs haec habet, quae monumentis literarum mandentur, dignissima. Fa-

i

num est Aefculapii, in quo ipsius dei, et Epiones signa.
Epionen uxorem fuisse Aesculapii. memorant. Haec sub dio
sunt e lapide Pario. Intra muros templa sunt Liberi Patris,
et Dianae lucus. Dianae ad imaginem metentis facta est. Veneri
etiam templum exstructum. Nam quod est apud portum in
proiecto in altum promontorio situm, id Iunonis esse aiunt.
Iam Minervae ligneum quod in arce signum est, valde illud
quidem insigne, Cissaeam Minervam nominant. (2) Aeginetae insulam incolunt, quae e regione Epidaurii agri est: in
qua ab initio nullos fuisse incolas dicunt: fed in eam vacuam
et defertam a Iove Aeginam Asopi filiam deportatam: e
qua, quum Oenone ante vocaretur, nomen acceperit. Verum quum Aeacus iam adolevisset, rogasse Iovem aiunt, ut
Inquilinos fibi daret. Illum itaque e terra homines, a quibus infula teneretur, protulisse. Neminem vero praeter
Aeacum, qui in ea insula regnarit, nominare possunt. Ac
fatis quidem scimus, neminem omnino de Aeaci filiis in Aegina permanfisse. Peleus enim et Telamon ob Phoci caedem
folum verterunt. Phoci autem filii circa Parnassum tenuerunt
eam regionem, cui nunc Phocidi nomen est. (3) Una tamen
ante aetate hoc ei nominis est inditum a Phoco Ornytionis,
qui coloniam illuc deduxit. Hoc fane Phoco regnante, ea
duntaxat regio Phocis est nuncupata, quae est ad Tithoream
et Parnassum. Postea vero ab Aeaci filio proxima etiam loca
omnia nomen acceperunt: sicuti Minyas appellantur, turn
qui Orchomeniis finitimi sunt, tum vero qui ad Scarphean
Locrorum urbem pertendunt. (4) Et a Peleo quidem Epiri
reges fuere oriundi: quod vero ad Telamonis filios attinet,
minus fuit ab Aiace, quum privatam ille semper vitam egisset,
illustre genus: praeterquam quod Miltiades, cuius ductu ad
Marathonem ab Athenienfibus pugnatum est, et Cimon eius
filius, infignem gloriam adepti funt. At Teucri posteri Cypriorum regnum usque ad Euagoram obtinuere. Iam Phoco
Afius poëta filios fuisse memoriae prodidit Panopeum et
Crifum. E Panopeo natus est Epeus, qui Durateum equum
fecit, uti Homerus memorat. Crifi nepos fuit Pylades, Stro-
phio Crifi filio, et Anaxibia Agamemnonis forore genitus.
Haec fuit gentis, qui funt Aeacidae appellati, omnis posteri-
tus: qui ab eadem stirpe profecti, domo profugi alio commigrarunt. (5) Interiectis deinde temporibus Argivorum
pars ea, quae Epidaurum cum Deiphonte occupavit, in Aeginam transmisit, atque eius insulae indigenis permista, Dorienfium in eam quum mores, tum linguam importavit. Post
haec vero eousque auctae funt Aeginetarum opes, ut navalibus copiis Athenienfibus fere ipfis fuerint potentiores: et
Perfico quidem bello fecundum Athenienfes maximum navium numerum deduxere. Verum parum fuit haec ipfis
potentia diuturna: fiquidem eiecti fedibus fuis ab Athenien-
libus, Thyraean ab Lacedaemoniis acceptam in Argivorum
finibus incoluerunt. Ac licet infulam, oppressis ad Hellespontum Athenienfium triremibus, receperint: ad priftinas

tamen opes atque copias nunquam eis licitum eft adfpirare.
Eft ipfa infula e mari longe omnium, quae in Graecia funt,
aditu difficillima. Incingitur enim undique latentibus cautibus,
ac coccis durfis. Eas moles contra praedonum excurfiones
et omnem hoftilem impetum, de induftria iecifle dicitur
Aeacus. (6) Prope portum eum, quo maxime appellitur,
Veneris templum eft. Celeberrimo autem urbis loco *fitum eft*,
quod Aeaceum appellant. Septum id eft quadratum e candido lapide. In primo aditu *ῥωπαικ ftatuae* funt, qui ad Aeacum a Graecis quondam miffi venere. Eius legationis caufam eandem, quam Aeginetae, reliqui etiam Graeci fuiffe
narrant. Quum diuturna ficcitate Graecia laboraret, ac
non minus reliqua, quae extra Ifthmum eft, Graecia, quam
tota Peloponnefus coeleftium aquarum penuria affecta effet,
miffi Delphos funt, qui ex oraculo calamitatis caufam ac remedium cognofcerent. Ibi refpondit Pythia, Iovem placandum: utendum vero, modo ut velit obfequi, Aeaco depre-
catore. Ex eo itaque refponfo miffi ex fingulis urbibus ad
Aeacum, ut deprecationem fufciperet, oratum. Ille, Panellenio Iovi facris rite peractis, et votis nuncupatis, Imbrium
Graeciam compotem fecit. *Ai rei memoriam* legatis Aeginetae ftatuas illas pofuerunt. Intra feptum oleae funt antiquitus confitae: et ara paulum fupra aream eminens. Eam
aram monumentum effe, quod Aeaci dicitur, in arcanis eft.
(7) Iuxta Aeaceum Phoci tumulus eft, incinctus in ambitum
crepidine. Incumbit afperum et rude faxum: quo, quum
Phocum ad quinquertium fratres Peleus et Telamon invitaf-
fent, pro difco ufi funt: ac eodem Peleus confulto Phocum,
quum loco ei fuo lapis effet mittendus, dicitur percuffiffe.
Quod illi facinus, ut matri obfequerentur, dicuntur commififfe. Ipfi enim e Scironis filia. Phocus e Thetidis forore
(fi Graecorum eft fermonibus fides habenda) natus fuerat.
Quare non folum ob Oreftis amicitiam, fed ut proavum ulcifceretur, videtur mihi Pylades eius caedis, qua Neoptolemus
occifus eft, particeps fuiffe. Ac tunc quidem quum difci
ictu Phocus concidiffet, ftatim fratres Endeide nati, navi
ex infula profugerunt. Telamon non ita multo poft caduceatorem ad patrem mittit, qui fuis verbis neget cogitato
Phoci caedem admiffam. Aft Aeacus illum defcendere in
infulam vetuit: tantum de navi, vel, fi ita mallet, ab exftructo in mari aggere iuffit caufam dicere. Ille igitur
noctu intra portum, qui Occultus dicitur, navi vectus, aggerem exftruxit: et is quidem agger noftra etiamnum aetate
exftat. Damnatus vero eo crimine, quod de Phoci nece
culpa non caruiffet, Salaminem cum claffe iterum abiit.
(8) Non longe ab Occulto porta theatrum eft, quod fpectetur,
fane dignum, magnitudine ac reliquo opere proximum ei,
quod eft apud Epidaurios. Unico confurgit latere, quo
theatrum, quantum operis patitur convenientia, fulcit.

    CAP. XXX. Aedes facrae non multum inter fe diftant,
Apollinis una, Dianae altera, Liberi Patris tertia. In

Apollinis dei fignum nudum e ligno, arte factum patria:
at Diana et Liber vefte velati: cum barba Liber. At Aefculapii templum in diverfa regione eft, cum fimulacro fedenti e marmore. (2) Prae ceteris vero diis in primis Hecaten colunt Aeginetae, cuius initia quotanuis celebrant.
Initiorum autorem Thracem. Orpheum perhibent. Maceria
templum ambitur. In eo ligneum fignum. factum a Myrone,
cuius unicum os, ut corporis truncus unicus. Nam primus,
uti ego exiftimo, Alcamenes Athenienfibus triplex fecit
iunctis corporibus Hecates fignum, quam Epipyrgidian Athenienfes appellant, iuxta involucris Victoriae aedem pofitum.
(3) Apud eosdem Aeginetas contendentibus ad Panellonii
Iovis montem eft Aphaeae fanum, in quam Pindarus Aeginetis canticum fecit. Cretenfes quidem (ipfi enim *maxum*
*primi* patrios quosdam fermones de hac dea protulerunt)
Carmanoris, eius, qui de Pythonis caede Apollinem purga-
vit, Eubulum filium fuiffe aiant: Iove et Carme Eubuli filia
Britomartin genitam: quae quum fe totam in currendi ve-
nandique ftudia tradidiffet, fuiffe eam Dianae multo cariffi-
mam. Verum quam Minoëm prae amore infequentem fugeret, ac fe *in mare* abieciffet, in retia, quae ad pifces
capiendos in mare miffa fuerant, *incidiffe:* a Diana in deorum
numerum relatam. Colunt eam non foli Cretenfes, fed ipfi
etiam Aeginetae, quod in infula vfiam Britomartin autumant.
Et eadem fane Aeginetis Aphaea eft, quae apud Cretenfes
Dictynna. (4) Panellenium, praeter Iovis aedem, nihil
habet mons aliud memoratu dignum: eam vero ab Acaco
Iovi dicatam tradunt. (5) Quae vero de Auxefia et Lamia,
quemadmodum fcilicet quum Epidaurii diu imbres defideraf-
fent, atque ex oraculo quodam figna haec ex olea ab Athenienfibus accepta feciffent: tum vero quemadmodum, quum
Epidaurii tributum imperatum Athenienfibus non penderent,
quod ea figna penes Aeginetas effent, Athenienfes, qui infulam ad ea repetenda transmiferant, omnes perierint: haec
omnia quum fubtiliter perfecutus fuerit Herodotus, non eft
libitum ab eo luculenter perfcripta referre. Id unum ad-
dam, vidiffe me ea fimulacra, remque illis divinam feciffe.
Fiunt autem illis non alio, quam facra Eleufinia, ritu. Atque
haec hactenus de Aegina. et Aeaco, dequo operibus iis, quae in
ea infula vifuntur. (6) Finitimi funt Epidauriis Troezenii. Hi
res fuas, quantum qui maxime. amplificant. Orum aiunt
primum in ea terra genitum. Mihi tamen Aegyptiacum,
non Graecum nomen Orus effe videtur. At illum regnaffe
dicunt, et ab eo regionem Oraeam nuncupatam. Poftea vero
Althepum, Neptuno ex Leide Ori filia genitum, accepto ab
avo regno, Althepiam eam nominaffe. Interea dum hic
regnum teneret, difceptaffe Neptunum et Minervam de loci
tutela: ita ex eo certamine difceffiffe, ut ex Iovis arbitrio
communis utrique is honos effet. Eam ob rem Minervam.
venerantur Poliadem et Sthenidem, duobus eandem cognominibus, et Neptunum Regem cognomento. Quin et

vetuſtus eius pòpuli nummus tridentis nota, et Minervae
capite lignatus eſt. (7) Succeſſit Althepo Saron. Hunc ad
mare aiunt Saronidi Dianae templum aedificaſſe, loco pa-
luſtri ac radoſo t ob eam cauſam Phoebaeam paludem dictam.
Saronem ipſum narrant, quum venandi ſtudio plurimum de-
lectaretur, cervum usque ad mare perſecutum: atque inde
quum fugientem acrius urgeret, ſo in eam alluviem demi-
ſiſe: nantem vero longius iam a litore feram quum praedae
cupiditate captus non dimitteret, in pelagus provectum; ibi
et labore confectum, et maris aeſtu iam prope ſubmerſum diem
ſuum obiiſſe. Eius cadaver ad Phoebaeam paludem in Dianae
luco, atque adeo intra aedis maceriam conditum. Aeſtuarium
illud ab eo eaſu pro Phoebaea Saronidem paludem appellatum perhibent. Poſteriorum vero regum uſque ad Hypere-
tem et Anthan neminem norunt. Hos quidem Neptuni
ferunt et Alcyones Atlantis filiae ſatu ortos, ab illisque
Hyperem et Anthean in ipſa regione oppida condita: quorum alterum Aetius Anthae filius, accepto a patre patruo-
que imperio, priore nomine mutato, Poſidoniadem appellarit. (8) At enim quum Troezen et Pittheus ad Aetium
veniſſent, tres iam pro uno reges fuerunt. Firmiores certe
Pelopis filiorum opes fuiſſe, ea res argumento eſſe poteſt,
quod, quum Troezen deceſſiſſet e vita, Pittheus Hyperean et
Anthean in ius ac formam unius civitatis redactas, ex utraque in unum coacta multitudine, Troezena de fratris nomine
nuncuparit. At Troezene multis quidem poſt annis, qui
ab Aetio Anthae filio originem ducebant, in coloniam
miſſi, Myndum et Halicarnaſſum in Caria deduxerunt: Troe-
zenis filii Anaphlyſtus et Sphettus in Atticam migrarunt; a
quibus curiae Athenienſium duae nomina acceperunt. Hoc
loco de Theſeo Pitthei ex filia nepote, quod ſatis ſunt omnibus eius res notae, nihil ſcribo; (9) ſed ea, quae addenda
cenſeo, in praeſentia perſequor. Herculis liberos poſtliminio
reverſos ipſi etiam Troezenii in civitatem ſocietatem receperunt: quippe qui et Dorienſibus, qui Argis venerant, et ipſis
etiam Argivis ante paruiſſent. Nam et Homerus in exercitu
Graecorum recenſendo Diomedem illis imperaſſe dicit:
ſiquidem Diomedes et Euryalus Meciſlei, ſuſcepta Cyanippi
Aeglalei filii tutela, Argivos ad Troiam deduxere. Sthenelus vero (uti ante expoſul) natalibus multo fuit clarioribus,
nempe qui de eorum eſſet gente, qui ſunt Anaxagoridae appellati. Ei itaque in primis Argivorum debebatur imperium.
Haec de Troezeniorum rebus hiſtoriae mandata ſunt: quanquam et multa fortaſſe de iis, quas deduxerunt, coloniis
addi poſſent. Iam vero templorum ornamenta, et alia maxime inſignia opera perſequar.

Cap. XXXI. In Troezeniorum foro Dianae cognomento
Soſpitae templum cum ſigno eſt. Dicatum id a Theſeo
tradunt, deamque ipſam ita nominatam, quum illa e Creta,
interempto Aſterione Minois filio, rediſſet. Fuiſſe autem
omnium Theſei factorum hoc memoratu digniſſimum exiſtimo.

non ob id folum, quod Afterion viribus longe fuit omnibus iis, quos Thefeus confecerit, fuperior: verum multo ob eam caufam magis, quod, quum ex Labyrintho clam patrato facinore effugerit, omnesque loci difficultates fuperarit, certum dederit documentum, quum fe cum focios vf divinae providentiae fervatos. (1) In eadem funt aede doum inferum arae. Hac enim u Libero Patre Semelen ab inferis reductam, hac item ab Hercule extractum Ditis canem, fama vulgavit. Ego vero Semelen ne mortuam quidem omnino arbitror, quae Iovis uxor fuerit. De Plutonis vero cane quae funt fabulis vulgata, quemadmodum ea accidiffe putem, alia in parte differam. (3) A templi tergo eft Pitthei monumentum. Solis fuper eo tria e candido lapide. In iis Pittheum cum duobus viris, qui ei aderant in confilio, ius dicere folicum aiunt. (4) Non longe abeft Mufarum cella. Feciffe eam dicitur Ardalus Vulcani filius: a quo tibiam inventam putant. Mufas has ab illo, Ardalidas nominant. In ea cella dicendi artem docuiffe Pittheum tradunt: ac librum quidem a Pittheo fcriptum, ab Epidaurio vero homine editum, ipfe legi. (5) Seorfum ab hoc Mufeo ara eft vetus, ab eodem Ardalo (uti aiunt) dicata: ad eam aram Mufis et Somno facra faciunt, Mufis omnium deorum maxime amicus Somnum ipfum cenfentes. (6) Iuxta theatrum Lyceae Dianae aedem exftruxit Hippolytus. Cur ita fuerit nuncupata, adhuc neminem reperi de iis, qui antiquitatis memoriam profitentur, qui me docuerit. Illud mihi in mentem venit coniicere, eam fuiffe cognominis caufam, quod lupos, qui agrum infeftum redderent, Hippolytus confeciffet: vel quod a macre, quae una fuit de Amazonibus, dum apud eam viveret, cognomen acceperit: vel alia fortaffe prodi poffit caufa, mihi prorfus ignota. (7) Lapidem vero eum, qui ante aedem iacet, et facer dicitur, illum effe dicunt, fuper quo novem viri de Troezeniorum civitate Oreften a matris caede purgarunt. (8) Non procul a Lyceae Dianae templo arae funt modicis, diftautes intervallis. Earum una Liberi ex quodam oraculo Saotae (quafi Servatoris dixeris) cognomento: Themidom altera nominatur. Hanc Pittheus dicitur dedicaffe. Soli vero Liberatori iure optimo aram mihi videntur erexiffe, metu Xerxi et Medis ferviendi liberati. (9) Thearii Apollinis templum aedificaffe Pittheum et exornaffe dicunt. Eft illud quidem templorum omnium, quae ego novi, vetuftiffimum. Nam etfi pervetus eft Minervae apud Phocaenfes in Ionia, quod Harpagus olim Medus exuffit; pervetus et Pythii Apollinis apud Samios: multo tamen ferius, quam hoc Troezeniorum, aedificata illa fuerunt. Signum, quod nunc exftat ab Aulifco dedicatum, Troezenii Hermonis opus eft. Eiusdem Hermonis arte elaborata Caftorum lignea fimulacra. (10) In fori porticu foeminarum et puerorum ftatuae pofitae funt, utraeque e marmore. Sunt autem foeminae illae, quas eum filiis Athenienfes Troezenii fervandas commiferunt, quo tempore ftatuerunt ipfi urbem deferere, quod Perfarum im-...

petum non esse sibi terrestribus copiis sustinendum censuerunt.
Neque vero omnibus statuas, quae non multae sunt, positas
putant, sed iis tantum, quae dignitate ceteras antcibant.
(11) Ante Apollinis aedificium, quoddam est, quod Orestis
tabernaculum appellant. Prius enimquam materni sanguinis
maculam expiationibus Orestes elueret, de Troezeniis nemo
eum recto recipere voluit: sed in ea ipsa cella illum consistere iusserunt, ibique, qui ei lustrationi praefuerunt, epulas
ei praebuerunt, quantisper rite expiatus est Manet adhuc
ritus, ut illorum posteri statis diebus eodem in loco coe-
nitent. Defossis autem non longe ab ea taberna piaculis,
laurum eam enatam tradunt, quae adhuc viret, proximo ei
tabernae loco. Ad eum vero lustrandum et alia februorum
genera adhibita dicunt, et aquam ex Hippucrene. (12) Habent
enim ipsi quoque Troezenii Hippucrenen: de qua alius
quam a Boeotis proditus est sermo. Nam quum et ipsi dicant, Pegasi equi ungula effosso solo e terra fontem manasse,
addunt, Troezenem venisse Bellerophontem, quum uxorem
sibi a Pittheo Aethran poposcisset: verum ita accidisse, ut ante
nuptias Corintho in exilium mitteretur. (13) Est ibidem
Mercurii lignum, qui cognomento Polygius dicitur. Ei clavam ab Hercule dedicatam perhibent. factam ex oleastro.
Quod adiiciunt miraculum, haud scio an cuiquam fide dignum
videri possit, eam clavam radicibus aclis regerminasse.
Oleaster certe ille hic etiam aetate monstratur, Clavam vero
Herculem ab oleastro, quem ad Saronidem paludem invene-
rit, abscidisse ferunt. (14) Visitur praeterea Iovis sanum,
cui Servator cognomentum est: erectum dicunt ab Aetio,
quum Anthae patri in regno successisset. Amnem habent
Chrysorrhoan, *hoc est, ac si Auriflumen dicas* Hunc unicum solum suam aquarum perennitatem servasse narrant, quum in
magna siccitate, desideratis per annos IX imbribus, nullae
aquarum venae non exaruissent.

CAP. XXXII. Hippolyto etiam Thesei filio lucus eximia
pulchritudine dedicatus est, cum templo et prisci operis
simulacro: quae omnia Diomedem tradunt faciunda curasse,
eundemque Hippolyto primum omnium rem divinam fecisse.
Hippolyti apud Troezenios sacerdos eo honore, quamdiu
vivit, fungitur. Sacra ipsa anniversaria sunt. Praeter ceteros sacrorum ritus virgines ante nuptias succisum sibi capillum in Hippolyti templo consecrant. Neque vero iis
assentiuntur Troezenii, qui distractum ab equis *interitus* Hippolytum memoriae prodiderunt, nec omnino, quo loco sepultus fuerit, monstrant: verum eum esse illi a dis habitum
honorem affirmant, ut in siderum numerum relatus idem
ipse sit qui Auriga coelestis dicitur. (2) In eadem area delubrum est Apollinis *Insensori*, Epibaterium *ipsi nominant*. Ab eodem Diomede dedicatum aiunt, quum tempestatem effugis-
set, quae Ilio redeuntibus Graecis immissa est. Quin et
Pythicos ludos in Apollinis honorem Diomedem primum
omnium instituisse. De Lamia vero et Auxesia (nam suum

etiam illis apud Troezenios honos est) longe alius est quam
Epidauriorum et Aeginetarum sermo: veniffe enim virgines
ex Creta, quumque civitas tota seditionibus laboraret, a
concitata multitudine ipfas etiam lapidibus obrutas. Kellum
quidem diem in eius rei memoriam Lapidationem nominant.
(3) Adhaeret maceriae septo curriculi eius pars, quod Hippolyti nuncupant: supraque Ipsum Veneris Speculatricis delubrum, unde descendentem exercitationis caufa Hippolytum
in stadium, intuebatur Phaedra. Est hic (quod mittu into
scripsi) myrtus illa perterebratis foliis, quod amore furens
Phaedra, quum nullam malo levationem nancisci posset,
trivaliaw huius myrti folia transhgens, infaniam fuam ob-
lectabat. Est ibidem Phaedrae sepulcrum, quod non longe
ab Hippolyti monumento abest: illud vero proximo myrto
Ipsi loco eminet. Aesculapii lignum fecit quidem Timotheus,
verum Troezenii non Aesculapii eam, sed Hippolyti effigiem
esse autumant. Hippolyti certe domum ipse vidi. Ante eam
enigma fons est, qui Herculeus dicitur, quod aquam iliam
ab Hercule inventam Troezenii memorant. (4) In arce delubrum est Minervae, quam Stheniadem appellant. Simulacrum deae e ligno fecit Callon Aeginetes. Fuit autem
Callon hic Tectaei et Angelionis discipulus, qui Deliis fimulacrum fecerunt Apollinis: illi vero artem eam a Dipoeno
et Scyllide didicerant. (5) Qua ex arce descenditur, Panos
Solutoris cella est. Deus enim hic per fomolorum visa monstrasse dicitur iis, qui rerum fummae apud Troezenios praeerant, famis levationem, qua prae ceteris afflictabantur
Athenienses. (6) In Troezeniorum agrum descendens,
templum Isidis videas, et superiore loco Veneris Acrabae.
Delubrum quidem Troezene, in ipsa scilicet urbe totius regionis principe, Halicarnassenses fecerunt: lignum vero
Isidis Troezeniorum plebs dedicavit. (7) Contendentibus
per montes Hermionem versus, fons se ostendit Hylrci amnis,
cui Taurio ante nomen fuit. Saxum etiam illud Thefei nominatum, mutato nomine, quod crepidas et enfem Aegei fub
ipso abditum sustulerit Thefeus: Sthenii Iovis ara ante appellabatur. Prope saxum Veneris Sponsae cella est, a
Thefeo, quum Helenam uxorem duxisset, aedificata. Extra
oppidi muros delubrum Phytalmii Neptuni: erectum eo
tempore aiunt, quo iratus deus agri fructus dicitur eripuisse,
inmissis in arhusta salfis aquis. Deo vero facris et votis
placato, desiisse terram ea calamitate affici. Supra Neptuni
est Legiferae Cereris fanum, ab Althippo (uti hominum
sermo vulgavit) dedicatum. (8) Qua ad portum descenditur (est is apud vicum. qui Colenderis nominatur) regiuncula
exstat, quae Natalitia appellatur, quod eo in loco Thefeum
natum ferunt. Ante eam regiunculam Martis delubrum,
quo loco praelio funt Amazones a Thefeo superatae. Fuerint
vero illae ex eodem agmine, quod in Attica cum Thefeo et
Athenienfibus pugnavit. (9) Ad Pfiphaeum mare progreffis,
offert fe oleafter, quem Rhachtum intortum vocant. Rha-

chum certe, quamvis oleae plantam fructus expertem, Co-
tinon *tium*, Phyllian, et Elaeum, Troezenü appellant. At
Intortum idcirco nominarunt, quod ad eius arboris truncum
implicatis habenis subverfi fuerint Hippolyti currus. Hinc
non longe abeft Saroniae Dianae aedes, de qua, quae dici oportuit, fuperius a me funt expofita. Unum illud nunc adiicio, Dianae quotannis feftos dies celebrari, quae Saronia nuncupant.

CAP. XXXIII. Iam vero de lis infulis, quae ad Troezeniorum ditionem pertinent, una eft continenti terrae adeo
proxima, ut pedibus *fere* in eam transiri poffit. Quae quum
ante diceretur Sphaeria, ea, quam fubiiciam, de caufa Sacra nominata eft. Sphaerus in ea (quem Pelopis fuiffe
aurigam dicunt) fepulcrum fuum habet. Huic Aethra per
fomnium Minervae monitu inferlas miffura. quum in eam
infulam transiffet, cum ea Neptunum congreffum dicunt.
Eam ob rem Aethram Minervae Apaturiae delubrum (*quafi
Fall-ts oln, fi*) dedicaffe, infulamque. Sphaeria quae ante
dicebatur, Sacram nominaffe. Inftituiffe eandem, ut Troezeniorum virgines ante nuptias zonam Apaturiae Minervae
dicarent. (2) At Calaurean Apollini dicunt ab initio facram
fuiffe, quo fcilicet tempore Delphi Neptuni erant: permu-
taffe vero deos inter ipfos ea loca. Qua de re oraculum
etiam quoddam proferunt:

> Par fuerit Delonque Calaureanque habitare,
> Et Pytho facram, et parientem Taenaron aurae.

(1) Eft itaque In Calaurea regione fanctiffimum Neptuni
fanum, in eoque facerdotio fungitur virgo usque ad nuptiarum maturitatem. Intra fani feptum Demofthenis fepulcrum
eft, in quo mihi videtur, uti in Homero multo ante, quam
iniqua bonis fortuna fit, oftendiffe. Neque enim contenta,
oculis Homerum privaffe, ut priori malo aliud calamitatis
genus adderet, inopia oppreffum. victum fibi emendicantem,
errare per omnes prope terras coëgit. Demofthenivero iam
grandi natu exilii experiundi et confcifcendae fibi mortis
neceffitatem obtulit. (4) Ac de Demofthene quidem multa
quum ab aliis, tum ab ipfomet dicta funt, *ex quibus fatis liquet*,
non cepiffe ipfum ullam eius pecuniae partem, quum ex
Afia attulerat Harpalus. Sed qui fuerit hac de re poftea
fermo, hoc loco commemorabo. Harpalus Athenis fugiens,
quum in Cretam claffe traieciffet, non multo poft a fervis,
quorum opera utebatur, occifus eft. Sunt tamen, qui dicant,
Paufaniae Macedonis eum dolo interfectum, quo tempore
eius difpenfatorem Rhodum fugientem Philoxenus item Macedo comprehendit, is nempe, qui et Harpalum ab Athenienfibus fibi dedi poftularat. Habita itaque quaeftione de iis
omnibus, qui ab Harpalo pecuniam cepiffent, eorum omnium
nomina in lis literis, quas ea de re ad Athenienfes dedit,
percenfuit, quantumque finguli accepiffent: Demofthenis
tamen, etfi fuerat Alexander in eum animo offenfiffimo, et
Philoxenus ipfe privatim cum illo fimultates exercuerat, nullam prorfus mentionem fecit. Honores certe Demofthenis-

adhuc et in aliis Graeciae partibus, et apud Calaureae incolas habentur. CAP. XXXIV. Troezenii agri pars Isthmus est, qui per longum spatium in mare porrigitur. In eo non magnum oppidum supra mare Methana incoluntur. Isidis fanum habet, et in foro Mercurii signum unum, et Herculis item unum. (1) Ab eo oppido stadia ferme XXX absunt calidarum aquarum balineae. Aquas eas e scatebris primum erupisse aiunt, Antigono Demetrii filio in Macedonibus regnante; ac prius quidem repentinis ignibus eum locum aestuasse. Eae aetate etiam nostra manant, calidae, et vehementer falsae. Ibi qui laverint, frigidis perfundi non possunt, quod neque dulces ullae prope sunt, neque potest quisquam sine periculo se in proximum mare natandi causa mittere, propter quum alias belluas, tum vero canes, quorum vim magnam pelagus illud gignit. (3) Quod vero mihi magnae Methanis admirationi fuit, id ipsum iam scribam. Africus e Saronico sinu agrum et vineas perflans, novos pampinos acriter torret. Id quoties accidit, vento etiam nullum spirante, viri duo gallum gallinaceum albis alarum pinnis in contrarias partes distractum lacerant, ac deinde dimidiam uterque galli partem praeferens cum cursu vites ambiunt: mox in eum ipsum locum, unde currere coeperunt, rursus congressi, uvem ibi defodiunt. Hoc ab illis excogitatum est, iis quam praesentissimum remedium contra uostra Africi flatus. (4) Iam parvas illas insulas, quae ante continentem terram sitae sunt, novem numero, Pelopis appellant: quarum unam in maximis eluvionibus imbrium expertem fuisse narrant. Itane evenerit, compertum non habeo: id certe, qui Methana incolunt, affirmant. Equidem ipse vidi homines, qui sacris et incantamentis grandinem averterent. Methana ipsa Isthmus Peloponnesi est. (5) Isthmo vero Troezenia finitima est Hermione. Priscae urbis conditorem Hermionenses ipsi fuisse aiunt Hermiona Europis filium. Ipsum Europem, ut maxime Phoronei fuerit, nothum certe filium fuisse, Troezenius Herophanes scriptum reliquit, in maximi motus rationis, quod ad Argum Phoronei e Niobe filia nepotem neutiquam fuisset Argivorum imperium perventurum, si legitimum Phoroneus filium habuisset. Ego tamen, etsi prius quam Phoroneum scio legitimum eius filium Europem a vita excessisse, affirmare posse mihi videor, nunquam Illum Niobes filio parem potestate futurum fuisse, quum hic Iovis esse putaretur. Tenuerunt posterioribus etiam temporibus Hermionen Dorienses, qui Argis venerunt : neque ego bellum ullum Hermionensibus cum Argivis fuisse existimo, etsi ab Argivis id proditur. (6) Via, quae a Troezene Hermionen ducit, in eadem est parte, in qua saxum illud, quod, quum Sthenili Iovis ara ante diceretur, postquam agnitionis monumenta sustulit Theseus, Thesei coeptum est nuncupari. Ab eo itaque saxo montanam viam tenentes ad Apollinis Platanistii cognomento aedem perveniunt. Ibi visus Ilei, et

In eo Cereris et Proferpinae cellae. Ad mare, ubi Hermio-
nenfis agri fines, Cereris templum, cui Thermefiae cognomentum. (7) Abeft hinc (ut quam longiffime) ftadia
LXXX promontorium Scyllaeum, cui a Nifi filia nomen.
Nam pofteaquam per eius proditionem Nifaean et Megara
Minos cepit, non modo uxorem eam duxit, verum etiam fuis,
ut in mare illam abiicerent, imperavit. Mortuam aeftus
ad promontorium hoc detulit: neque vero eius uspiam fepulcrum oftenditur. Nam cadaver infepultum iacuiffe aiunt,
usquedum a marinis volucribus difcerptum eft. (8) A Scyl-
laeo urbem verfus navigantibus alterum fe promontorium
oftendit, Bucephalos nomine. Iuxta aliquot infulae. Earum
prima Haliufa portum habet ad navium appulfum perquam
idoneum. Proxima Pityufa: tertiam Arifteras nominant.
Has praetervecti promontorium offendant e continenti prominens; Acran appellant. Succedit Tricrana Infula; et
mons fe in mare e Peloponnefo attollens, Buporthmos. In
eo Cereris et Proferpinae templa, Minervae etiam, cui Pro-
machorma cognomentum. (9) Ex adverfo infula eft, Ape-
ropia nomine. Ab ea non longe abeft, quae Hydrea dicitur.
Hinc per continentem excurrunt in lunae formam finuata
litora. Ora eft, quantum foli usque ad Neptuni patet.
Haec incipiens, qua parte mari ab ortu alluitur, declinat le-
viter ad occafum. In ea portus aliquot. Longitudo eius
orae ftadium circiter VII: latitudo, qua maxima, ftadium
trium, nihilo plus. (10) In hac prifca fuit Hermionenfium
urbs. Exftant ibidem aliquot fana: Neptuni in ipfo orae
principio. Unde vero a mari ad altiores orae partes afcenditur,
Minervae delubrum: et in proximo loco ftadii manent
fundamenta, in quo exercere fe folitos Tyndari filios dicunt.
Altera etiam eft Minervae aedes non magna, cuius tectum
collapfum eft. Solis praeterea templum, et Gratiarum lucus. Erectum et Serapidi ac Ifidi fanum: ambiunt maceriae
q praegrandibus et lectis lapidibus. In eo fano facra Cereri
arcana faciunt. Haec in ea ora habent Hermionenfes.
Quae aetate noftra exftat eorum urbs, a promontorio, in
quo Neptuni fanum, abeft ut maxime ftadia IV: et e plano
primum loco molliter furgente clivo fe erigit. (11) Collem,
in quem fe attollit, Pronem (id eft, lugum) nominant. Muro
undique ambitur. Multa illa quidem, quae litterae im monumentis ornentur, habet: fed quorum in primis mentionem faciendam cenfui, Veneris aedes eft, cui Pontiae eidem et Limeniae cognomina, quafi Marinae, et Opportunae
dixeris. Signum eius e candido lapide, quum magnitudine,
tum opere reliquo infigne. Eft et aliud Veneris templum.
Inter ceteros qui habentur deae ab Hermionenfibus honores
ea religio obfervatur, ut virgines, quin et viduae, quae iri
viri manum conventurae funt, rem ei divinam ante nuptias
faciant. Thermefiae vero Cereri templa duo dicata: alterum
in finibus Troezeniorum, in iis, qui adhuc manent, pagis:
alterum vero in ipfo oppido.

CAP. XXXV. Iuxta Id Liberi Melanaegidis aedes. Huic
quotannis muficl ludi fiunt, et natandi ac certatim remigandi
praemia proponuntur. (2) Sua item aedes Dianae, Iphigeniae cognomento: ubi ex aere Neptunus, pede altero
delphinum premens. Iam qui in Vaftae tranfieriot, ibi
fignum nullum videant. Unica ara eft, et fuper ea facra
Veftae faciunt. Apollinis tria funt delubra, ac totidem figna.
Eorum unum fine cognomine, alterum Pythaea, tertium Ho-
rioa nominant. Et Pythaei quidem nomen ab Argivis acceperunt. Ad eos enim primos ex omnibus Graecis veniffe
Pythaeum Apollinis filium, Telefilla memoriae prodidit. Ho-
rium vero quam ob rem appellent, nihil pro certo habeo
dicere. Coniectura adducor, finibus vel armis vel iure potitos Apollini Horio (*hoc eft ac fi Terminatori dicas*) rota folviffe. Fortanae aedem omnium, quae apud fe funt, recen-
tiffimam effe dicunt. Stat deae coloffus e iParioj lapide. E
duobus aquarum ductibus alterum valde prifcum effe aiunt;
in cuius alveum occulto meatu aqua profluit, neque unquam
deficit, etiamfi tota civitas aquatum eo defcendat. Alterum
vero aetate noftra munierunt. Vico, e quo in eum aqua defluit, Pratum nomen. (3) In collis iugo, quam Prona
appellari diximus, eft, quod biftoriae mandetur, dignum Cereris templum. Id Clymenum Phoronei filium, eiusque
fororem Chthoniam aedificaffe, memorant Hermioneofes.
At Argivi Cererem, quam fines agri fui effet ingreffa, ab
Athera et Myfio hofpitio acceptam tradunt: Colontan vero
non modo eam domum fuam non Invitaffe, fed ne alium quidem ullam deae honorem habuiffe, quum id fieri Chthonia
eius filia indigne ferret. Colontam itaque cum Ipfis aedibus
crematum: puellam vero Hermionen a Cerere deportatam
ibi illi templum dedicaffe. (4) Chthonia certe et dea ipfa
appellatur, et flati fefti dies, qui aeftate anni in eius honorem agitantur, Chthonia dicuntur. In iis hoc ritu fuppli-
catio fit. Pompae agmen ducunt facrificuli, et qui fenuae
magiftratus gerunt: fequuntur foeminae ac viri. Ipfie
etiam pueris folenne eft deam cum pompa deducere.
Incedunt autem il cum albis veftimentis, capitibus coronas ferentes. Sunt eae corollae e flore contextae,
quem Comofandalum incolae appellant. Hyacinthum illum ego affe exiftimo. Eft enim ei tum magnitudine, tum
colore perfimilis: habet praeterea easdem luctus Indices
literas. In extremo agmine fequuntur, qui animias boves
vinculis diftentas et ferociter reluctantes ad templum trahunt. Ibi earum unam Immiffis retinaculis intro agunt.
Tunc qui ad fores apertas fteterant, ubi bovem Intromiffam
vident, fores obdunt. Eam aniculae quatuor de induftria
Intus relictae falcibus exceptam conficiunt. Collum earum
una, ut cafus tulerit, hoftiae praefecat. Rurfus patefactis
foribus, ii, quibus id negotii datum eft, alteram bovem, mox
tertiam et quartam intrudunt: ac fingulae eodem modo ab
illis aniculis mactantur. Aliud in hoc facro miraculum ere-

H 2

nit. In quod latus prima bos conciderit, in idem et reliquae
procumbunt. Et hic quidem est apud Hermionenses sacri
eius ritus. In templi vestibulo statuae forminis Cereris sacerdotio perfunctis positae sunt, non ita multae. Intus
sellae erectae Us aniculis quae boves, usque dum intromit-
tantur, opperiuntur. Signa praeterea non admodum prisca
Minervae et Cereri. Id vero, quod religiosius multo quam
cetera colunt, neque ipse vidi, neque vir quisquam, sive
peregrinus, sive civis fuerit. Quid id, aut quale sit, vetulae
illae scierint. (5) Aliud item templum, undique statuis exornatum, e Chthoniae regione situm est: Clymeni dicitur:
In quo Clymeno ipsi sacra fiunt. Ego vero hoc nomine nullum Argivum hominem venisse Hermionem arbitror: sed esse
hoc unum de eius dei, qui apud inferos regnare dicitur,
cognominibus. Est praeterea hoc ipso in loco aliud delubrum
Martis, et in eo signum. (6) Ad dexteram Chthoniae porticus est, quam Echus incolae vocant. Eius ea est natura,
ut missa vox ut minimum imaginem triplicet. (7) A tergo
Chthoniae areae tres sunt. Earum unam Clymeni, Plutonis
alteram, Paludem Acherusiam tertiam Hermionenses appellant. Omnes lapideis maceriis sepiuntur. In ea, quae
Clymeni est, fovea visitur, per quam Ditis canem extraxit
Hercules, sicuti ipsi dictitant Hermionenses. (8) Ad portam,
a qua via recta Masetem ducit, in pomoerio interiore est
Lucinae fanum. Deam certe quotidie summa cum religione,
quum hostiis, tum odoribus ac donis quamplurimis venerantur: eius tamen signum nemini omnino, praeterquam iis,
quae rem divinam faciunt, foeminis conspicere fas est.
    CAP. XXXVI. In ea ipsa via, qua recta Masetem iter,
progressos stadia ferme septem, et ad laevam divertentes
via excipit, quae Halicen ducit. Halice ipsa aetate mea deserta est, quum tamen olim habitaretur. Halicensis certe oratio
est, in Epidauriorum pilis, in quibus incisa sunt prodita aegris
ab Aesculapio morborum remedia. Neque alibi usplam scriptum ullum fide dignum vidi, in quo vel de Halicensi civitate,
vel de Halicensi quopiam homine ulla fieret mentio. (2) Via
tamen est, quae Halicen ducit, media illa inter Pronem collem,
et eum, qui prisco nomine Thornax dicitur. Nam postea
ex Iovis ibi in cuculum avem mutatione, ut Coccygius appellaretur, accidisse aiunt. Sacrae quidem aedes exstant
etiamnum in summis montibus: in Coccygio Iovis, in
Prone Iunonis. Ad haec in ima Coccygii parte templum est sine
foribus, sine tecto, sine simulacro. Apollinis id esse dicebatur. (3) Hinc qui a recta via digressi fuerint, in viam eant,
quae Masetem ducit. Fuit olim Mases oppidum, cui locum
tribuit suum Homerus, ubi Argivorum civitates enumerat:
aetate vero hac pro navali utuntur Hermionenses. A Masete
quae via ad dexteram est, ea ad Struthuntem promontorium
ducit: a quo promontorio per montium iuga iter est stadium
CCL; ad Philanorium et Boleos. Sunt Bolei selectorum
lapidum strues. (4) At vicus, quos Didymos (id est. Geminos)

nominant, a Boleis diſtat ſtadia XX. Ibi cellae ſunt Apollinis, Neptuni; Cereris etiam. Signa e candido lapide, recto ſtatu. (5) Proximum his locis eſt oppidum Argivorum: Aſine olim appellabatur. Eius nunc ruinae ad mare iacent. Nam quo tempore Lacedaemonii cum rege Nicandro Charilli filio, Polydeclis nepote, pronepote Eunomi, Prytanidis abnepote, amepote vero Eurypontis, in Argolidem hoſtiliter invaſerunt, Aſinaei ſuas cum illis copias coniunxere, as ſimul Argivorum agrum populati ſunt. Ubi vero Lacedaemonii domum exercitum reportarunt, Argivi Eratum regem ſuum ſecuti obſeſſum venere Aſinem. Aſinaei aliquandiu de muris hoſtis impetum ſuſtinuerunt; ac de Argivis quum alios, tum Lyſiſtratum, de iis unum, qui ounprimis bellica virtute enitebant, cociderunt. Occupata tandem muri parte, uxoribus ac liberis clam in naves impoſitis, urbe et agro eeſſere. Argivi oppidum ſolo aequarunt, agrum finibus ſuis addidere. Pythaei tantum Apollinis templo pepercerunt, ut etiamnum videre eſt: ac proxime id Lyſiſtratum humarunt. (6) Diſtat ab Argivorum urbe ſtadia nihilo plus XL mare, quod ad Lernam eſt. Qua ad Lernam deſcenditur, in ipſa ferme via eſt Eraſinus. Inſluit is in Phrixum: Phrixus in mare illud exit, quod inter Temenium eſt et Lernam. Ab Eraſino ad laevam ſtadia plus minus octo digreſſis Caſtorum ſe Praeſtitum *cognominato* templum.oſtendit. Lignea ſunt eorum ſigna, haud alla forma, quam quae in ipſa urbe facta ſunt. (7) Iam ſi in rectam viam redieris, Eraſinum traiicies, et ad Chimarrum amnem pervenies. Iuxta eſt o lapidibus ſeptum. Hac Plutonem fama eſt, rapta Proſerpina, ad ea, quae ſub terris eſſe homines putant, regna deſcendiſſe. Lerna ipſa, uti ſuperius dixi, ad mare eſt: quo in loco mitla Cereri peraguntur, quae Lernaea vocantur. (8) Lucus in ea ſacer a monte, quem Pontinum dicunt, incipit. Mons Pontinus exceptam e coelo pluviam aquam non eſſundit, ſed ipſe eam abſorbet. Profluit ab eo amnis, cui a monte Pontino nomen. In montis vertice aedes eſt Minervae Saiſidis, cuius ſola manent rudera. Fundamenta etiam manent domus Hippomedontis, qui Polynici Oedipodis filio in bello Thebano auxilio venit.

CAP. XXXVII. Ab hoc igitur monte lucus ille magna ex parte ad mare excurrit, platanis condenſus: terminatur una ex parte Pontino amne, ex altera Amymone, qui fluvius a Danai filia nomen accepit. (2) In luco ſigna ſunt Cereris Proſymnae, Liberi: ac Cereris ſimulacrum non magnum, ad ſedentis imaginem. Haec e marmore facta ſunt. In altero templo Liber ipſe cognomento Saotes (*id eſt Servator*) ſignum e ligno habet, ſedentis itidem forma. Eſt ibidem Veneris ad mare e marmore ſignum. Dicatum aiunt a Danai filiabus, ipſumque Danaum aedem Minervae ad Pontinum erexiſſe. (3) Initia vero Lernaeorum Philammon inſtituiſſe dicitur. Myſteriorum effata, quod non ita priſca ſunt, perſpicua ſunt omnibus. Atquae in ſorde ex oſcibalca fabricato inscripta audivi, ea sano non sunt Philammonia, quod Arrhiphon ortu Triconiensis ex Aetolia illa invenit. Nam quae nunc exstant, eorum autor Lycion, vir ut qui maxime spectatus, et ad ea excogitanda solers, quae, nemo ante ipsum omnino novit. Ex eo id colligas, quod quae tum versu, tum soluta versibus permista oratione, omnia Dorica conscripta sunt lingua. Nam ante Herculis liberum in Peloponnesum reditum eadem Argivi lingua, qua Athenienses, utebantur. Philammouis certe temporibus ne Doriensium quidem nomen, uti ego existimo, fuit omnino Graecia omnibus notum. Haec igitur ille sic edidit. (4) Ad Amymones fontem platanus exsurgit. Sub ea platano hydram educatam narrant. Ego enimvero facile adducor, bellum illam tum multo maximam ceterarum fuisse, tum vero cum insanabili veneno, ut eius telle spicula sagittarum Hercules infecerit. Caput vero, uti ego opinor, unicum, et non plura habuit. At Pisander Camirensis, quo et fera terribilior, et carmina sua plus dignitatis habere viderentur, pro uno illi plura capita dedit. (5) Vidi etiam fontem, qui Amphiarai dicitur, et stagnum Alcyonium, per quod Liberum ad Inferos Semelen reducturum descendisse tradunt Argivi. monstratam autem a Polymno viam hanc. Eius stagni insipita est altitudo, neque est adhuc hominum quisquam repertus, qui imum eius solum ullo machinae genere consequi potuerit. Quin ipse Nero, lunctis ad multorum stadiorum spatium funibus, ad eosque plumbo *pro perpendiculo* religato, additis eo aliis inventis ad hunc usum Instrumentis, nullam tamen potuit altitudinis terminum deprehendere. Audivi praeterea aliud huiusmodi: aquam illam, etsi quieta est specie ipsa, *et perpetuo* tranquilla, ea tamen esse natura, ut, qui innare ausi fuerint, ad imum eos fundum trahat. Est paludis eius ambitus nihilo stadii unius triente amplior. Margines herba et iuncis vestiuntur. Quae circa illam quotannis Libero Patri nocturna sacra fiunt, ea mihi nefas scribendo in vulgus efferre.

CAP. XXXVIII. Jam a Lerna Temenium contendentibus, (pertinet Temenium ad Argivorum fines, ao nomen a Temeno Aristomachi filio accepit: ille enim quum vicum eum occupasset, aq munisset, exinde bello cum Doriensibus contra Tisamenum et Achaeos suscepto, tanquam e castello ad praeliandum exibat) sed qui huc proficiscantur, erumpentem Phrixum in mare videant. Neptuno est in Temenio una, et item Veneri altera sedes erecta. Est ibidem et Temeni sepulcrum. Ad ipsum parentant Dorienses, qui sub Argivorum sunt ditione. (2) Distat a Temenio Nauplia L (uti mihi videtur) stadia: desertum hac aetate oppidum. Eius conditor fuit Nauplius, quem Neptuno et Amymone genitum crediderunt. Exstant murorum rudera, Neptuni templum, portus aliquot, et fons, cui nomen Canathus. In eo fonte vulgo apud Argivos proditum Iunonem, ubi quotannis laverit, denuo virginem fieri. Manavit hic sermo ab arcanis lawlorum, quae Iunoni folenni ritu fiunt. (3) Hoc loco, quod a Naupliae incolis de afino dicitur, (abrofo palmite vitem multo feraciorem redditam, et afellum, quod farmentorum putationem monflrarit, propterea in faxo effictum affe) tanquam minime, quod hifloriae mandetur, dignum, praetennitto. (4) Ducit a Lerna altera etiam ad mare via: qua in parte vicus eft, quod Genefium vocant: ubi in litore Neptuni Genefii aedes, non ea fane magna. Coniunctus fere eft cum eo vico alter, sui nomen Apobathmi, ac fi Appulfus diceris. Ad hoc primum Argivi agri litus appuliffe Danaum eum liberis tradunt. Hinc iis, qui Anigraea fuperevarint, (anguftus hic et pene invius trames) ad laevam terra ad mare patet, quae quum ad alias arbores, cum ad oleas educandas maxime opportuna eft. (5) Qua vero parte in continentem terram a hiers afcenditur, ibi Thyrea vicus eft: quo in loco de agri finibus lectiffimi viri ex Argivis trecenti, totidemque iridem lecti ex Lacedaemoniis inter fe pugnarunt: quumque omnes praeter Spartanum unum et Argivos duos occidiffent, eodem, quo occubuerunt, loco tumuli funt illis congefti. Agro Thyreate Lacedaemonii, victis Argivis praelio, quod univerfo agmine utriusque populi commiffum fuerat, potiti, Aeginetis poftea ex infula ab Athenienfibus eiectis, illum tradiderunt. Aetate mea Argivi eum colebant, difceptatione et iudicio, uti ipfi aiunt, receptum. (6) A fepulcretis progreffi Athenen pervenlant, quam plim Aeginetae incoluerunt. Proximus alter vicus, Neris: tertius Eua, pagorum illorum maximus. In eo eft aedes Polemocratis. Fuit is et ipfe Machaonis filius, Alexanoris frater. Medelas morborum et hic incolas docet: quare illi accolae honores habent. (7) Supra pagos mons eft, in quo termini finium funt inter Lacedaemonios, Argivos, ac Tegeatas. Erecti funt pro terminis lapidei Hermae, a quibus regiunculae nomen. Infra amnis eft Tanus. Unus hic per Argivorum fines ex Parnone defluens in Thyreatem, finuum exit.

---

# LACONICA SEU LIB. III.

Cap. I. Poft Hermas ad occafum Laconica terra eft. In ea regnaffe primum Lelegem indigenam, et ab eo Leleges, quibus imperabat, populos nominatos, ipfi teftantur Lacedaemonii. Lelege Myles, et natu minor Polycaon genit. Quo vero gentium, et quam ob caufam Polycaon fecefferit, alio exponemus loco. (2) Mylete mortuo, Eurotas filius ei in regnum fucceffit. Is quum ftagnantem in campis aquam ad mare alveo deduxisset, quod suit aquarum reliquum, in iusti amnis morem defluens *de suo nomine* Eurotam nuncupavit. Hic quum e vita decessisset, nulla suscepta virili sobole, regnum Lacedaemoni reliquit. Erat hic quidem matre Taygeta genitus, (a qua mons nomen accepit) patrem vero Iovem ei fuisse, fama praedicabat. (3) Uxorem autem duxerat Sparten Eurotae filiam: ac ut primum ad regnum accessit, regioni et incolis omnibus de se nomen indidit: urbem deinde, quam condidit, de uxoris nomine, quod nostra etiam aetate retinet, Sparten appellavit. Huius filius Amyclas, quum aliquod et ipse cuperet nominis sui monumentum relinquere, in agro Laconico Amyclas oppidum munivit. Is quum filios *plures* suscepisset, Hyacintho natu minimo, egregia forma puero, *praehiesta* morte erepto, superstes suit. Pueri tumulus Amyclis est sub Apollinis signo. Amyclas mortuo, Argalus eius liberum natu maximus regnat: regnum ipse moriens Cynortae per manus tradit. Cynorta Oebalus nascitur. (4) Is e Gorgophone Argiva uxore, Persei filia, Tyndareum suscepit. Fuit huic cum Hippocoonte, imperium sibi aetatis causa vindicante, certamen. Verum Hippocoon, adscito in societatem Icario, eiusque factione, longo intervallo superior discessit. Quare sibi male metuens Tyndareus Pellanam (uti Lacedaemonii commemorant) aufugit. *Longe vero alia sunt, quae* a Messeniis dicuntur. Aiunt enim, Tyndareum ad Aphareum in Messeniam confugisse: fuisse autem Aphareum (Perieris filium) Tyndareo ipsi ex eadem *tantum* matre fratrem: ac tunc quidem Thalamis (quod est Messeniae oppidum) domicilium habuisse: quo in loco liberos etiam ipsum suscepisse: intereecto dein tempore in regnum ab Hercule restitutum. Regnarunt etiam Menelaus Atrei filius, Tyndarei gener; et Orestes, quod Menelai filiam Hermionen uxorem duxerat. Quum vero Heraclidae postliminio redissent, Tisameno Orestis filio regnante, Messeniorum et Argivorum altera factio Temeno, altera viro Cresphonti regnum detulit. (5) Quumque *eodem tempore* Lacedaemone geminos filios reliquisset Aristodemus, regiae familiae duae exortae sunt, atque id Delphici Apollinis oraculo approbante. Aristodemus enim ipse e vita excesserat Delphis, priusquam Dorienses in Peloponnesum redirent. Hunc Lacedaemonii, de rebus suis magnificentius loquentes, sagittis ab Apolline confixum tradunt, quod consulendi causa non venisset ad oraculum, sed Herculem, in quem forte prius inciderat, qui Doriensibus in Peloponnesum reditus confici posset, consuluisset. Verior autem fama est, a Pyladae et Electrae filiis, Tisameni Orestis filii consobrinis, Aristodemum occisum. (6) Eius Aristodemi filiis nomina Procles et Eurysthenes indita: qui quum gemini essent, voluntate nihilo minus magnopere dissidebant. Non obfuit tamen odii, quo inter se laborarunt, acerbitas, quo minus communi consilio Theran matris Argiae fratrem, ab *Iove oriundum*, tutorem vero suum, in coloniis deducenda fequerentur. (7) Coloniam deduxit Theras in infulam eam, quae illis temporibus Callifle vocabatur: e cuius regno ultro fibi Membliari pofteros dracfuros fperavit, proinde ac illi fecerunt, ea fcilicet ratione adducti, quod ad Cadmum Therae genus referendum effet, quum ipfi a Membliaro defcendiffent, quem plebeia ftirpe natum Cadmus in ea infula colonorum ducem reliquiffet. Theras itaque infulam mutato nomine de fe appellavit, et ei quidem Theraei hac etiamnum aetate tanquam coloniae conditori quotannis parentant. Procli quidem et Euryftheni in Therae mandatis duntaxat obeundis par fuit et concors alacritas, in ceteris voluntatum ac confiliorum omnium fumma diffenfio. Quod fi etiam optima inter fe convenientes fuiffent, non tamen eorum pofteros poffe me putem una et eadem rerum gefta, rum expofitione comprehendere, quum nulla unquam aetate aut patrueles qum patruelibus, aut eorum inter fe liberos, ac omnes deinceps pofteros aeque iure vixiffe contigerit. De utraque itaque familia feparatim agam, neque ullo pacto in unum confundam, *quae neutiquam fuat temporal gefta confenfu.*

CAP. II. Euryfthene Ariftodemi filio natu grandiore Agin genitum ferunt: a quo funt omnis Euryfthenis pofteritas Agidae appellati. Agide regnante, Patreum Preugenis filium in condenda urbe in Achaia, *et colonia deducenda,* quam de nomine Patrei hac etiam aetate Patras vocant, adiuverunt Lacedaemonii: comites etiam ac focios cum Graide Echelati filio, Penthili nepote, Oreftis pronepote, in coloniam claffe transmittenti, miferunt. Et ille quidem regionem eam, quae inter Ioniam et Myfos eft, cui aetate noftra Aeolidi nomen, occupavit, quum eius avus Penthilus multo ante Lesbon, infulam *Aeolidis* huius continenti adiacentem, cepiffet. (2) At Echeftrato Agidis filio Spartae regnum obtinente, Lacedaemonii Cynurenfes omnes, qui militari effent aetate, fedibus fuis expulerunt. Crimini datum, quod praedones e Cynuriaeo agro Argivorum, qui fibi confanguinei effent, fines populationibus infeftos redderent: ipfique adeo Cynurenfes in eundem agrum aperte excurfiones facerent. Cynurenfes quidem ab Argivis oriundos effe, et. in coloniam a Cynuro Perfei filio deductos, memoriae proditum eft. (3) Non multis poft annis Echeftrato Labotas filius in regnum fuccedit. Hunc Labotan Herodotus in hiftoria, quam de Croefo confcripfit, in Lycurgi, qui Lacedaemoniis leges tulit, tutela fuiffe fcribit: fed Leobotan eum, non Labotan, nominat. Hoc regnante, Lacedaemonii tunc primum Argivis bellum indicunt. Caufa belli fuit, quod illi Cynurenfem agrum, quem armis ipfi cepiffent, invaferant, quodque finitimos focios fuos ad defectionem follicitarent. In eo tamen bello nihil omnino memoria dignum geftum eft. Iam qui in regnum ex hac familia fuccefferunt Labotae, videlicet Doryffum, et Doryffi filium Agefilaum, mors brevi utrumque oppreffit, (4) Agefilao tamen regnante, Lycurgus Lacedaemoniis leges tulit: quas

eum nonnulli ab oraculo accepiſſe, alii autem Cretenſium
ſcita uſurpaſſe tradidere. Cretenſes ipſi iſtas Minoï legea
acceptas referunt; de quibus illam ferunt Iovem conſuluiſſe:
quod ipſum his verſibus videtur Homerus ſigniſicare voluiſſe:

    Quas inter magni Minois regia Gnoſſos,
    Quem Iovis alloquium tes terna aeſtate benvit.

Verum de Lycurgo alias. (5) Ageſilaus Archelaum filium
ſibi ſucceſſorem reliquit. Dum hic regnaret, Lacedaemonii
unam de finitimis urbibus, Aegyn nomine, bello ſubactam
exciderunt, Aegytarum ad Arcidis defectionem metuentes.
In ea urbe evertenda opem tulit Archelao Charilaus ex altera
familia rex: cuius ductu quae geſſerint Lacedaemonii, tunc
exponemus, quum eorum res geſtas ſtylo perſequemur, qui
Eurypontidae ſunt appellati. (6) Archelao Teleclus naſcitur.
Huius temporibus Lacedaemonii finitima oppida, Amyclas,
Pharin, Geranthras, quas Achaei occuparant, bello captas
everterunt. Ex his Pharitae et Geranthratae Dorienſium adventu territi, certis conditionibus e Peloponneſo deceſſe-
rant: Amyclenſes vero non ſunt illi quidem primo impete
ejecti, ſed acriter reſiſtentes, belli diuturnitate ſuperati, quum
multa prius virtutis documenta dediſſent. Id ipſi Dorienſes
trophaeo de Amyclenſibus erecto teſtati ſunt, quod nihil
ſcilicet illis temporibus, quod memoriae conſecrarent, dignius
geſſiſſe ipſi ſibi viſi ſunt. Non ita multo poſt Teleclus a
Meſſeniis in Dianae occiditur. Templum id in vico fuit,
quae Limnae appellatae ſunt, inter Laconici et Meſſeniaci
agri fines. (7) Teleclo demortuo ſucceſſit Alcamenes filius.
Eo regnante Lacedaemonii Charmidem Euthyïs filium, de
optimatibus unum, in Cretam mittunt, qui ortas inter Cretenſes ſeditiones comprimat, perſuadeatque, ut, quas oppida
a mari longius abeſſent, parum illa quidem munita, relinquerent. et pro iis ea incolerent, ad quae facile navibus ap-
pelli poſſet. Eodem tempore maritimum etiam oppidum quod
ab Achaeis tenebatur, Helos nomine, averterunt; et Hilotis
auxilia ferentes Argivos praelio vicerunt.

Cap. III. Alcamene mortuo, eius filius Polydorus regnum adiit. Hoc regnante Lacedaemonii colonias duas in
Italiam deduxerunt, Crotonem et Locros ad Zephyrium promontorium. (2) Bellum etiam, quod Meſſeniacum eſt appellatum, hoc ipſo tempore exarſit. Neque vero easdem eius
belli cauſas Lacedaemonii et Meſſenii referunt: ſed quae
utrinque dicantur, ei rei unde bellum fueris, et quem finem
habuerit, ſuo loco explicabimus. Hoc interim non omitte-
mus, primum Meſſeniacum bellum, ex parte maxima, Theopompi Nicandri filii ex altera gente regis ductu geſtum. Confecto autem bello, ac Meſſeniis in poteſtatem redactis, Poly-
dorum ſpectatae virtutis virum, Spartanisque omnibus atque
ſummis ab inferis et in primis plebi carum, quod nihil unquam
aut per vim egiſſet, aut duxiſſet cum alterius contumelia,
iuſtitiam in tota iuriſdictione cum ſumma humanitate conjun-
xiſſet, ob eamque rem gloria in omnem Graeciam florentem,

Polemarchus occidit, Spartanus homo, non obſcuro omnine loco, Inſigni vero (quantum res ipſa indicavit) audacia. Mortuo Polydoro Lacedaemonii honores minime vulgares habuerunt. Eſt tamen et Polemarchi Spartae monumentum, vel quod ante vir bonus habitus fuerit, vel quod propinqui eum clam ſepelierint. (3) Eurycrate Polydori filio regnum tenente, Meſſenii Lacedaemoniis aequo ſatis animo paruerunt, neque Argivorum multitudo In rerum novarum ſtudium incubuit. (4) Iam vero Eurycratis filio Anaxandro regnante, Meſſenios ſata ſua extra Peloponneſum eiecerunt. Quum enim a Lacedaemoniis defeciſſent, pares illis aliquandiu bello fuere: poſtremo ſuperati, ex pacto convento univerſi e Peloponneſo exceſſerunt: qui relicti ſunt, omnes in nexum a Lacedaemoniis abducti, praeter eos tamen, qui maritima oppida incolebant. Quae in eo bello eveneriut, quod geſtum eſt poſt Meſſeniorum defectionem, non videntur ſatis apte cum hac hiſtoriae parte cohaerere. Anaxandro Eurycratee gignitur, Eurycrate minore Leon. (5) His regnantibus Lacedaemonii a Tegeatis clades complures acceperunt. Iidem ſub Anaxandrida Leontis filio ſecundiore multo, quam Tegeatae, fortuna uſi ſunt. Res autem ſic propemodum geſta eſt. Lichas Lacedaemonius Tegeam venit: erant enim tunc foederis iure Inter eas civitates pacata omnia. (5) Is Oreſtis oſſa, quae ex quodam oraculo quaerere iuſſi fuerant Spartani, deprehendit in aerarii fabri officina defoſſa, ad oraculi ſcilicet verba referens inſtrumenta ſingula aerariae fabricae. Ventos enim folles, quod ipſi etiam conceptae auras vi expellunt, pulſum malleum, repercuſſum incudem, hominum perniciem ferrum (quod in praeliis iam uſurpari coeptum fuerat) interpretatus eſt. Nam ſi ad heroeum ſeculum reſpexiſſet Apollo, per hominum perniciem aes accipiendum fuiſſet. Huic autem reſponſo, quod Lacedaemonii acceperunt, perſimile fuit, quod Atheolenſibus poſtea redditum eſt, ut oſſa Theſei e Scyro Athenas deportarent: non poſſe enim, Id ni factum eſſet, Scyron capi. Quo tempore Cimon Miltiadis filius eodem uſus in contiriundo acumine, Theſei oſſa adinvenit, neque ita multo poſt inſula potitus eſt. Ex aere autem heroum temporibus omnia pariter arma fuiſſe, Homerus teſtatur, quum ſecurim Piſandri, et Merionae ſagittam deſcribit. Argumento etiam eſt Achillis haſta Phaſelide In Minervae templo poſita; et apud Nicomedenſes in Aeſculapii Memnonis enſis totus ex aere, quum haſtae illius ima tantum et ſumma cuſpis aerea ſit. Haec ita eſſe, pro comperto habemus, (7) Anaxandrides, Leontis filius, unus ex omnibus Lacedaemonis uxores duas eodem tempore habuit; unde illi ſoboles duplex. Nam quum, priorem, proham illam quidem, ſed ſterilem, ut dimitteret, Ephori iuſſiſſent, id ut faceret, in animum Inducere non potuit: eatenus tamen paruit, quod alteram cooptavit, e qua Cleomenem ſuſcepit. Tunc prior, quae adhuc uterum non tulerat, Dorieum peperit, deinde Leonidam, mox Cleombrotum. (8) Mortua

Anaxandrida, quum longe praeftare confilio et belli artibus
Dorieum exiftimarent, Cleomeni tamen, quod natu effet
maximus, regnum inviti fane detulerunt. At Dorieus, quum
adduci non potuiffet, ut in patria permanens Cleomeni
pareret, in coloniam eft ablegatus.

CAP. IV. Cleomenes ut primum regnum iniit, comparato ex Lacedaemoniis et fociis exercitu, - in Argivorum
fines invafit: Argivos vero ipfos obviam cum armis egreffos
praelio fudit. Eorum quum ad quinque millia in proximum
Argi Niobes filii lucum confugiffent, Cleomenes (quippe
qui nonnunquam e poteftate exiret) per Hilotas in lucum
ignem immittit: quo incendio et lucus, et qui fe illuc rece-
perant fupplices. exufti funt. (1) Hinc Athenas duxit. Ibi
Athenienfibus Pififtrati filiorum dominatu liberatis, ingentem
ab initio quum Lacedaemoniis, tum fibi apud eundem Graecos gloriam peperit. Sed paulo poft Athenienfis cuiusdam
Ifagorae gratia duflus, quum Athenienfibus illum tyrannum
imponere conatus effet, ac libertatem fuam fortiter tuendi-
bus Athenienfibus, ea de fpe decidiffet, et reliquum Atticae
agrum, et regionem Orgadem appellatam, diis, qui Eleufine
coluntur, facram, populatus eft. (3) In Aeginam deinde
transmifit: ubi infulae ehus principes, qui Medis ftudentes
civibus fuis, ut terram et aquam Dario Hydafpae filio dede-
rent; perfuaferant, in vincula coniecit. Dum in Aegina
Cleomenes tempus terit, Demaratus eum ex altera familia
rex ad populum criminatur. (4) Ea re commotus Cleomenes, ut primum rediit, rationem iniit, per quam collegam
e regno eiiceret. Delphicam enim vatem pretio corruptam
fubornat, ut, quod ipfe praefcriberet, confulentibus Lacedaemoniis refponderet. Idemque Leotychidem, Demarati
propinquum, e regia item domo, infligat, ut de regno Demarato litem intendat. Et ille quidem in eo indiilo verba ea
obiecit, quae Ariflon eius pater temere effuderat, quum
rumor natum Demaratum dixit a fe genitum non credere.
Eam difceptationem quum ad Delphicum oraculum, ficuti
alia omnia confueverant, Lacedaemonii retuliffent, refpondit Pythia, quae Cleomenes iufferat. Quo factum, ut Demaratus non aequo iudicio, fed adverfarii oppreffione regno
fuerit fpoliatus. (5) Cleomenes poft haec diem fuum obiit,
quum, per furorem fibi ipfi manus confcifcens, totum corpus foediffimis vulneribus laceraffet. Argivi, ea mortis
acerbitate dediffe eum poenas fupplicibus, qui ad Argum confugerant: Athenienfes, quod Orgadem violaffet: Delphi,
quod interpretem Apollinis, ut Demaratum infimularet,
corrupiffet, id ei accidiffe interpretati funt. Heroum autem et deorum in hominem irae, praeter hoc Cleomenis, alia
etiam reperiuntur exempla. Siquidem et Protefilaus, cui
honores ad Eleuntem habentur, heros Argo nihilo clarior,
per fe ipfum Perfam Artabaflen graviter eft ultus. Neque
unquam Megarenfes, pofteaquam facrofanflum agrum colere
aufi funt, deorum, qui Eleufine coluntur, iram plane lenire

potuerunt. Sollicitatum vero *pertio* oraculum, praeterquam tunc a Cleomene, nusquam comperimus. Ubi e vita excessit Cleomenes, quod nullam reliquit virilem sobolem, ad Leonidam Anaxandridae filium, Doriei germanum fratrem, regnum pervenit. (6) Quo tempore Xerxes cum Infinito prope hominum numero in Graeciam invasit, ei Leonidas cum CCC Lacedaemoniorum cohorte ad Thermopylas occurrit. Bella quidem multa quam a Graecis *contra barbaros*, tum inter ipsos barbaros gesta memorantur: sed ea in primis insignia fuere, in quibus unius virtus enituit, ut Achillis ad Ilium, Miltiadae in Marathone. Sed profecto praeclarum illud Leonidae facinus, meo quidem iudicio, omnia cuiusvis temporis *exempla* vicit. Hic enim Xerxi, regum omnium, qui post Medis et Persis Imperarunt, animi elatione et operum magnificentia longe praestantissimo, in Graeciam irruenti tam acriter cum paucis, quorum dux erat, ad Thermopylas restitit, ut ne visurus ille quidem Graeciam, nedum Athenas fuisset incensurus, nisi a Trachinio homine Hydarnis copiae per Oetae montis tramites circumductae Graecos oppressissent. Ac Leonida quidem *cum suis* interempto, Barbari in Graeciam irruperunt. (7) *Pat sed* Pausanias Cleombroti filius non certe regnavit, verum quum Plistarchi Leonidae filii tutor esset, ad Plataeas Lacedaemonios duxit, atque inde in Hellespontum classe transmisit. Huius in Coam mulierem factum non possum, non magnopere collaudare. Is enim Coi hominis non ignobilis *viri*, Hegetoridae filiam, Antagorae neptem, quam Pharandates Persa Theapidis filius invitam *abduxerat*, ex in pallacarum numero habebat, Mardonio ad Plataeas et Persis ad internecionem caesis. Coon ad suos cum omni muliebri mundo donisque omnibus, quae a Pharandate acceperat, remisit. Idem Mardonii cadaver contra Lamponis Aeginetae sententiam violari vetuit.

CAP. V. Iam vero Plistarchus Leonidae filius in ipsis regni initiis diem suum obiit. Cui Plistoanax successit, eius ipsius Pausaniae filius, cuius ductu praelium ad Plataeas factum. Plistoanacte natus Pausanias. (1) Hic Pausanias in Atticam exercitum duxit, verbo cum Thrasybulo et Athenienbus bellum gesturus: re vero ipsa, ut tyrannorum XXX, qui a Lysandro impositi fuerant, dominatum firmaret. Superato tamen ad Piraeeum Atheniensium praesidio, domum exercitum reportare statuit, quod scilicet non esse eam Spartanorum reipublicae maculam omnium turpissimam adspergendam putaret, ut Impurissimorum hominum tyrannidem confirmasse dicerentur. (3) In patriam re infecta reversus, ab inimicis *maiestatis* est postulatus. Apud Lacedaemonios de rege iudicium hoc ritu constitui solet. Confident, qui seniores appellantur, duodetriginta numero: cum iis Ephori, nec non alterius familiae rex. Is erat tunc Agis. Ac XIV sane seniores, et Agis rex. Pausaniam condemnarunt: absolverunt reliquae eius consilii partes. (4) Neque ita multo poſt deleſtum Lacedaemonii contra Thebanos habuerunt. Cuius belli quae cauſa fuerit, quum Ageſilai res geſtas com‑memorabimus, exponetur. Ac tunc quidem Lyſander, uni‑verſus Phocenſibus aſſumtis, cunctatione omni ſublata, in Boeotiam invaſit, et Haliartiorum *primum* oppidum aggreſſus aſt oppugnare. Illi quum adduci non poſſent, ut a Thebanis deficerent, Thebanorum et Athenienſium auxiliis intra urbem receptis, eruptionem fecere. Cum iis Lyſander acie ante ipſa urbis moenia congreſſus, cum magna Lacedaemoniorum manu dimicans occubuit, (5) Interea Pauſanias, a Tegea‑tis et reliqua Arcadia comparatis auxiliis, confecto iam prae‑lio ſupervenit. Is ubi primum Boeotiam attigit, eorum, qui cum Lyſandro fuerant, et ipſius Lyſandri caedem cognovit: nihilo tamen ſecius Thebas perrexit, urbem oppugnaturos. Verum quum Thebani ſe ad omnem impetum ſuſtinendum confirmarent, iamque Thraſybulus cum Athenienſium auxi‑liis adventare nunciaretur, qui id unum exſpectabat, ut prae‑lium Lacedaemonii inirent, quo illos a tergo adoriretur: Pauſanias veritus, ne medius inter duos hoſtium exercitus *auxpiſi periculo* circumveniretur, icto cum Thebanis foedere, eorum, qui ſub Haliartiorum muris ceciderant, cadavera ad ſepulturam tollenda curavit. Ea ſane res neutiquam Lace‑daemoniorum iudicio comprobata eſt: ego vero Pauſaniae conſilium rectum fuiſſe exiſtimo. Nam quum probe memi‑niſſet, ʃLacedaemonios *bis ea* ab hoſtibus circumventos maximas clades accepiſſe, ad Thermopylas ſemel, et iterum in Sphacteria inſula, illud timuit, ne tertiae: ipſe cladis au‑tor haberetur. (6) Verum quum longe aliter ipſius cives iudicarent, quippe qui ei, quod tardius in Boeotiam veniſſet, crimini dabant, non putavit ille ſibi committendum, ut *iterum* cauſam dicere cogeretur. Tegeatae ſupplicem in Aleae Minervae receperunt. Templum illud fuit antiqua religione Peloponneſo univerſae ſacroſanctum, neque violari eos fas erat, qui illuc confugiſſent. Ea ſane religio tunc in Pauſa‑nia, ante vero in Leotychide, et in Chryſide eſt ab Argivis conſervata. Quum illi enim ſupplices ſe in illud templum *tanquam in aſylum* recepiſſent, ne poſtulatum quidem eſt, ut dederentur. (7) Pauſania exulante, impuberes eius filii, Ageſipolis, et Cleombrotus, ſub tutela Ariſtodemi, qui ge‑nere erat proximus. fuerunt. Huius Ariſtodemi ductu Lace‑daemonii ad Corinthum proſpere pugnarunt. (8) Iam vero Ageſipolis ut regnum per aetatem adiit, Argivis primum ex *omnibus* Peloponneſiis bellum intulit. Is quum per Tegeatas in Argivorum fines duceret, Argivi obviam illi ſolialem miſerunt, quo patria quaedam foedera ſanciret iam inde ab initio inter *omnes* Dorienſes percuſſa. At ille non modo foedus ullum cum fetiali non inſtauravit, ſed agrum etiam *ſuum* immiſſo exercitu depopulatus eſt: neque quum terra etiam moviſſet, retro agmen egit, etſi *alias* prae ceteris Graeciae populis Lacedaemonii et Athenienſibus huiusmodi prodigia religioni ac terrori fuerint. Caſtra iam ſuerat Age‑

Epolis fub ipfis Argivorum muris, neque interim defita éft
divinitus terra moveri: quin et milites aliquot de coelo taëti,
nonnullos etiam tonitrua lymphatos atque attonitos reddi-
dere. Invitiffimus itaque ille ex Argivorum finibus caftra
movit, (9) et contra Olynthios belli impetum convertit.
Ibi fatis fecunda fortuna ufus, quum urbes Chalcidenfium
multas cepiffet, ac ipfam poftremo Olynthum fe in poteftatem redaëturum fperaret, morbo oppreffus diem fuum obiit.
CAP. VI. Agefipolide fine liberis mortuo, ad Cleombrotum regnum pervenit. Eo duce Lacedaemonii cum Boeotiis
ad Leuëtra praeliati funt: et ipfe quidem Cleombrotus in
prima acie fortiter dimicans occubuit. Eft haec in magnis
cladibus praecipua fortunae iniuria, ut duces ipfos de medio
tollat, ficuti et Athenienfibus Hippocratem Ariphronis filium
ad Delium, iisdem in Theffalia Leofthenem eripuit. Ex
Cleombroti liberis natu maior Agefipolis nihil omnino geffit
memoratu dignum. Eo mortuo, natu minor Cleomenes
regnum adiit. Qui quum filios. duos Acrotatum et Cleonymum fufcepiffet, ita forte accidit, ut Acrotatus patrem fibi
fuperftitem reliquerit. (2) Quumque poftea Cleomenes e
vita deceffiffet, inter Cleonymum Cleomenis filium, et A-
reum filium Acrotati, de regno coorta lis eft. Ibi quum
fenatus paternum regnum Areo adiudicaffet, Cleonymus fibi
illum praelatum tam indigne tulit, ut eum Ephori neque
aliis praemiis decretis, neque exercitus imperio delato unquam placare potuerint, quo minus hoftili effet in patriam
animo. Quod fane aperte prae fe tulit, quum et alia multa
conatus eft, et Pyrrhum Aeacidae filium intra fines induxit.
(3) Areo vero Acrotati filio regnante, Antigonus Demetrii
filius Athenas terreftribus maritimisque copiis oppugnare
aggreffus eft. Athenienfibus fubfidio miffus cum claffe
Patroclus ex Aegypto: Lacedaemonii quoque cum volunta-
riorum manu Areum regem fecuti, praefto fuere. Quum
Antigonus autem urbem undique ita obfeffam teneret, ut
aditu omni fociorum auxilia prohiberentur, Patroclus per
nuncios Areum et Lacedaemonios monuit, ut praelium cum
Antigono inirent; fe interim Macedonum terga invafurum,
quod fui nequaquam pedeftri acie pares effent Macedonibus,
quippe qui Aegyptii, et nautae effent. Eo nuncio commoti
Lacedaemonii, iidemque quum Athenienfium amicitia, tum
vero nominis fui gloriam ad pofteros propagandi ftudio
duëti, praelii aleam fubire nil recufabant. Verum Areus,
commeatu iam fere omni confumto, exercitum domum reportavit, quippe qui, quod erat opum reliquum, ad patriae
ufus confervandum, neque temere fociorum caufa profun-
dendum cenferet. Atenim quum Athenienfes diu acriter
reftitiffent, Antigonus, pace faëta, praefidium illis in Mufeo
impofuit, quod tamen non multo poft ultro deduxit. Areo
Acrotatus gignitur: Acrotato minor Areus. Is annum agens
oëtavum morbo confumtus eft. (4) Huic, abolita iam fere
tum Euryfthenis pofteritate mafcula, fucceffit Leonidas Cleo-

nymi filius, grandis admodum natu. Graves eum eo inimicitias Lysander Lysandri filius, Aristocratis nepos, exercuit.
Hic Cleombrotum, quicum Leonidae filia erat, in familiari-
tatem allectum subornat, ut et aliorum criminum socerum
reum faciat, et in primis, quod puer Cleonymo patri iureiurando promiserit, qui Spartam deleret, se consilia initu-
rum. Quum igitur regno se Leonidas abdicare coactus esset,
in eius locum Cleombrotus invasit. Quod si animi prae ira
impotens Leonidas fuisset, ac, ut olim Demaratus Aristonis
filius, vel ad Macedonum, vel ad Aegyptiorum regem confugisset, nihil eum omnino, quod facti postea Spartanos
poenituerit, iuvisset. Nunc vero quum a civibus suis e patria pulsus, in Arcadiam exilii causa abiisset, non ita multis
post annis ab iisdem in patriam, et pristinum etiam regnum
revocatus est. (5) De Cleomenis autem Leonidae filii audacia et animi magnitudine, et quemadmodum in eo defece-
rit Lacedaemoniorum regnum, quum de Arati Sicyonii
rebus gestis ageremus, affatim malta diximus. Neque illud
omisimus, quonam mortis genere in Aegypto e vita exces-
serit. Ex Eurysthenis igitur gente regum eorum, qui Agidae
sunt appellati, postremus Cleomenes Leonidae filius fuit.

CAP. VII. Quae vero de altera regum familia accepimus, ita se habent. Procles Aristodemi filius habuit filium,
cui Soo nomen: Soo Eurypon genitus. Hic tantum, est
gloriae consecutus, ut ea tota familia, qui Proclidae ante
sunt appellati, Eurypontidarum ab eo cognomentum acceperit. (2) Euryponte nascitur Prytanis. Eo regnante inter
Lacedaemonios et Argivos inimicitiae ortae: et iam ante,
quam Argivis quicquam crimini daretur, cum Cynurensibus
bellatum fuerat. Ac proximas quidem deinceps aetates,
Eunomo scilicet Prytanide, et Polydecte Eunomi filio regnantibus, perpetua pax Spartanis fuit. (3) Charillus autem
Polydectis filius Argivorum agrum igne ferroque vastavit:
eodemque duce paucis post annis contra Tegeatas exiere
Spartani, quum ambigui et perplexi oraculi autoritatem secuti in spem venerunt, capturos se Tegeatas, Tegeatumque
campos Arcadibus adempturos. (4) Charillo mortuo, Nicander filius in regnum successit. Hoc regnante, Teleclus
ex altera familia rex a Messeniis in Limnadis Dianae fano
interficitur. Idem vero Nicander Argivorum fines hostiliter
ingressus, multis illos et magnis affecit calamitatibus. Eios
facinoris quum participes fuissent Asinaei, graves Argivis
poenas paulo post deleta patria profugi dedere. (5) De
Theopompo vero Nicandri filio, qui post patrem regnavit,
rursus erit mihi mentio facienda, quum ad res Messeniorum
historia descenderit. Eo regnante inter Argivos et Lacedaemonios de Thyreatum quoque finibus dimicatum. Et praelio
Theopompus, senio et animi aegritudine implicitus, non
interfuit. Nam eo vivente Archidamus filius moritur, Zeu-
xidamo tamen filio relicto, cui Anaxidamus item filius successit. (6) Eo imperante Lacedaemoniis, Messenii iterum

bello viſi e Peloponneſo abierunt. Anaxidamo Archidamus,
Archidamo Agaſicles naſcitur. Utriusque tempora omnibus
belli moleſtiis vacua, perpetua tranquillitate inſignia fuere.
(7) Ariſto vero Agaſiclis filius uxorem duxit puellam, quam
Spartanarum omnium virginum fuiſſe tradunt turpiſſimam,
mulierum vero ʒomnium poſt Helenam forma praeſtantiſſimam. Ex ea quum filius natus eſſet menſe ipſo VII, eique
in conſilio Ephororum ſeden:i ſervus nunciaſſet puerum natum, eorum, qui de Euryſthei natali ſunt, verſluin *Homericae*
Illadis oblitus, vel quod illos omnino non ſatis intellexiſſet,
negavit puerum eum, qui non eſſet legitimo menſium numero
natus, a ſe genitum.  Cuius eum poſtea *temoris* effuſae vocis
facile poenituit.  Demaratum enim ſpectata virtute virum,
qui cum Cleomene Athenienſes Piſiſtrati liberum dominatu
liberarat, Ariſtonis inconſiderata oratio, et ſuſcepta cum
Cleomene ſimultas regno privavit.  Quum autem in Perſas
ad Darium *evulsum* abiſſet, in longum ibi tempus eius pro-
pagatam poſteritatem ferunt.  (8) Leotychides vero rex in
Demarati locum creatus. Is Athenienſium ducem Xanthippum
Ariphronis filium ad Mycalen iuvit: idemque in Theſſaliam
contra Aleuadas profectus, facile totam Theſſaliam armis
ſubigere potuit, quum ſemper ei praeliis omnibus vincere
contigiſſet.  Sed quod ab Aleuadis fuiſſet donis corruptus,
*de maioliam* poſtulatus, Tegean indicta cauſa ad aram Minervae Aleae ſupplex confugit.  Leotychidae filius Zeuxi-
damus, patre adhuc vivo et incolumi, morbo abſumtus eſt.
(9) Zeuxidami vero Archidamus avo iam exulante imperavit.
Hic Athenieuſium agros vehementer vexavit, quum in Atticam quotannis excurſiones faceret, et omnia populabundus
ageret, ac raperet.  Idem etiam Plataeenſium, qui *ſo.ii et*
amici Athenienſium erant, urbem per obſidionem cepit,
quum tamen Peloponneſiorum in Athenienſes bellum neutiquam conciraric; quin, ut pax inter eos maneret, quantum
eniti potuit, elaborarit.  (10) Verum Stuenelaidas vir quum
alias potens, tum vero de Ephoris unus, fuſciplendi belli
cumprimis autor fuit: quod ſane bellum Graeciam indies ſo
magis corroborantem de gradu quodammodo deturbavit.
Quo factum, ut facile eam Philippus Amyntae filius vehementer adhuc aegram et laborantem perculerit.

CAP. VIII.  Quum deceſſiſſet Archidamus, filiis *duobus*
relictis, Agis, quod Ageſilao maior natu erat, regnare coepit.  Habuit Archidamus et filiam, Cyniſcam nomine, quae
ad Olympicas victorias virtiſi propemodum animo adſpiravit.
Prima haec foeminarum omnium equos aluit, prima Olympicam palmam tulit.  Poſt eam enim et aliae, in primis vero
e Macedonia nonnullae, ſunt victrices in Olympicis renun-
ciatae: quibus tamen illa longe gloria praeſtitit.  Spartani
vero et poëticen, et omnem, quae ex ea hominibus contin-
gere poſſit, gloriam omnium minime admirati mihi videntur.
Niſi enim in Cyniſcam epigramma feciſſet Simonides, qui
et ante Tripodem inſcripſit, quem Pauſanias Delphis dedi-

cavit, nihil omnino, quod Lacedaemoniorum reges geſſiſſent,
fuiſſet poëtae cuiusquum carminibus celebratum. (2) Agide
Archidami filio regnante, et alia Eleis Lacedaemonii crimini
dederunt, et illud in primis acriter expoſtularunt, quod Olympicis ludis et Iovis templo prohibiti fuiſſent. Fetiali itaque
miſſo Eleis imperant, ut Lepreatas, et alios finitimos, qui
ipſis parerent, ſuis uti ſinerent legibus. Qui quum reſpon-
diſſent, ſimulac finitimas Spartae civitates liberas vidiſſent,
nihil ſibi cauſae fore, quin et ipſi ſociis ſuis libertatem redderent: eo reſponſo commoti Lacedaemonii, cum Agide
rege in Eleorum fines invaſerunt: verum in Olympiam usque,
et ad Alpheum amnem progreſſi, terrae crebris motibus conterriti, retro agmen egere. Anno inſequenti Eleorum
agrum Agis populatus, magnam ex eo praedam egit. Tum
Xenias Eleus, et privatim Agidis, et publice Lacedaemoniorum hoſpes, idemque plebi infenſus. ſub nifus locupletum
factione, urbem hoſtibus dedere eſt conatus. Verum priuſquam cum exercitu Agis praeſto eſſet, Thraſydrus, cui rerum ſumma a populo commiſſa fuerat, Xenian totamque
eius manum pugna ſuperatos urbe pellit. Agis vero domum
cum exercitu reverſus, Lyſiſtratum Spartanum cum parte
copiarum, et Eleorum oxules relinquit, qui cum Lepreatis
agrum quotidianis populationibus vexarent. Tertio demum
eius belli anno, quum Agis exercitu comparato denuo eſſet
in Eleorum fines invaſurus, Thraſydrus de populi ſententia,
affecta iam malorum diuturnitate, et prope conſumta civitate,
pacem his conditionibus accepit: In poſterum finitimis non
imperaturos: urbis muros demolituros: Lacedaemoniis
Olympiae Iovis ſacrum ſacrosque ludos celebrare, et in
eorum ludorum certamina deſcendere licituruм. (3) Inde
Agis in Atticam bellum continuo intulit: idemque ad Dece-
leam contra Athenienſes caſtellum munivit. Deleta vero ad
Aegospotamos Athenienſium claſſe, Agis cum Lyſandro
(Ariſtocriti filio) foederis, quod inter Athenienſes et Lacedaemonios ſancitum fuerat, quum id tamen Spartani non
iuſſiſſent, religionem violavit. Illi enim ſuis dumtaxat ipſorum auſpiciis ſcitum cum ſociis fecerant de Athenienſium
civitate radicitus exſcindenda. Hae fuere Agidis res bellicae
maxime illuſtres. (4) Cuius non alia ſuit de Leotychide filio
quam Ariſtonis de Demarato futilitas: ſiquidem et hic audientibus Ephoris, fortunae quadam malignitate impulſus, non putare ſe dixit, ex ſe Leotychiden natum. Cuius eum ἀνάνευσιν facile
poſtea poenituiſſe conſtitit. Quum enim morbo implicitus ex
Arcadia domum reportaretur apud Heraeam teſtes fecit qui cum
eo erant, omnes, nihil ſe dubitare, Leotychiden ex ſe genitum
eſſe: totique illi multitudini multis cum precibus et lacrymis
iniunxit, ut hoc apud Lacedaemonios teſtimonium dicerent.
(5) Verum Agide mortuo Leotychiden Ageſilaus regno ſacile
expulit, quum ea populo in memoriam redegiſſet, quae de eo
aliquando Agis dixiſſet. Praeſto tamen et Leotychidae ipſi
ab Heraea Arcades fuere, qui morientis iam Agidis verba

renunciarunt. Auxit inter Agesilaum et Leotychiden disceptationem Delphicum oraculum his versibus editum:

> Sparta cave, quamvis te maxima gloria tollat,
> Heu tibi ne claudus refti cruris noceat rex;
> Tunc inopinatos longum patiere labores,
> Letiferique uudam miscentem caufta duelli.

Haec in Agesilaum dixisse Apollinem, contendebat Leotychides, quod altero ille pede claudicaret. At Agesilaus in Leotychiden retorquebat, quod neque legitimus, neque ab Agide esset genitus. Eam disceptationem Lacedaemonii ad oraculum, quum id arbitratu suo facere possent, non retulerunt tamen; autoritatem scilicet Lysandri Ariftocriti filii secuti, qui vehementer, ut Agesilao regnum decerneretur, contendebat.

Cap. IX. Regnum ubi adeptus est Agesilaus Archidami filius, classem Lacedaemoniis placuit in Aliam transmitti, qua bellum contra Artaxerxem Darii filium transportaretur. Cognoverant enim, quum a ceteris civitatis principibus, tum in primis a Lysandro, in bello adverfus Athenienfes non ab Artaxerxe, sed a Cyro fe luisse pecunia adiutos. Agesilaus exercitum in Aliam traducere iussus, ac terreftrium copiarum imperator declaratus, dimisit legatos, qui Peloponnesi populos omnes, praeter Argivos, Graecos item ceteros, qui extra Isthmum funt, ad belli eius focietatem adhortarentur. Corinthii quidem tunc, etfi nihil cupiebant impenfius, quam cius transmissionis esse participes, everfo tamen repentina maris eluvione Iovis templo, cui apud ipfos Olympii cognomen fuit, tanquam prodigio perterrefacti, inviti illi quidem fe domi continuere. Athenienfes Peloponnofiacl belli calamitates reliquas, et in primis peftilentium caufitti, quod fcilicet a fpe priftinae fortunae longisfime abessent, re vero ipsa, quod nuncium acceperant, Cononem Timothei filium ad regem venisse, plane cessarunt. Missus est etiam ad Thebanos Ariftomenides, quod et Agesilai maternus avus erat, et ipsis Thebanis minime alienus; siquidem eorum indicum unus fuerat, qui, capto Plataeenfium caftello, cui Tichos nomen, eos, qui intus deprehensi fuerat, occidendos censuerant. At illi non aliter, quam Athenienfes, auxilia fe missuros negarunt. (1) Agesilaus ftatim domi habito delectu, fociorum auxilils in unum contractis, classeque aedificata et inftructa, Aulidem rem divinam Dianae facturus venit, quod illinc Agamemnon etiam dea placata ad Troiam folvisset. Se certe intelligebat beatioris, quam Agamemnon olim fuisset, civitatis regem esse, neque minus, quam olim ille, cunctae Graeciae imperare. Quod fi Artaxerxem vinceret, et Persarum opibus potiretur, multo maius et clarius facinus hoc videri posse fperabat, quam fuisse Priami regnum evertere. Rei divinae operam dantem Thebani cum armis adorti, accensa iam super aris exta disiiciunt, ipfum e templo expellunt. Hic ille, etfi difturbatum facrum, priusquam litatum esset, molestissime fe-

rebat, in Afiam tamen transmifit, ac Sardeis primum appulit. (5) Erat enim tunc inferioris Afiae pars maxima
Lydia, et in ea urbe nobiliffima Sardeis; quae praeterquam quod
opibus et omni copiarum genere ceteras longe anteibat,
eius, qui maritimam praefecturam obtinebat, iis regia erat,
uti Sufa regis ipfius.  Congreffus vero cum Tiffapherne,
ubi Ioniae funt fines, in Hermi campis, equeftres eius pe-
deftresque copias, quantas neque Xerxes in Graeciam, neque Darius in Scythas atque Athenienfes, nec alius omnino quisquam in hoftem eduxerat, praelio fudit et fuperavit.  Hominis
itaque in bellicis rebus alacritatem admirati Lacedaemonii,
claffis etiam imperium ei detulerunt.  At ille quum ftudium cu-
ramque omnem ad res magnas terreftribus copiis gerendas con-
tuliffet, rebus navalibus Pifandrum uxoris fuae fratrem praefecit.
Verum quo minus voti fieret compos, deorum nefcio quis invi-
dit.  (4) Ubi enim primum audivit Artaxerxes, Agefilaum, aliquot
iam praeliis profpere factis, quae ante pedes (ut aiunt) funt,
praetermittere, ac novos femper rerum progreffus quaerentem
ulteriora appetere, Tiffaphernem apud fe prius illuftri gratia
hominem, capitis damnatum, occidendum curat, eique fuc-
cefforem, qui orae maritimae praeeffet, Tithrauften mittit,
hominem quam in rebus gerendis follertem, tum vero odio
in Lacedaemonios nonnihil laborantem.  Hic ut primum
Sardeis attigit, rationem excogitavit, per quam efficeret,
ut Lacedaemonii imperatorem fuum cum exercitu ex Afia
revocare cogerentur.  Rhodium enim Timocratem eum pecunia in Graeciam mittit, qui, corruptis civitatum principibus,
Graeciae populos ad bellum contra Lacedaemonios fufci-
piendum concitet.  Qui pecuniam cepere, fuiffe dicuntur
ex Argivis Cylon et Sodamas: e Thebanis Androclides,
Ifmenias, et Amphithemis.  Eius etiam largitionis participes
Athenis fuere Cephalus et Epicrates: et fimul e Corinthiis
quotcunque cum Argivis faciebant, fed ipfi in primis eius fa-
ctionis duces Polyanthes et Timolaus.  Bellum aperte geri
coeptum eft a Locris ex Amphiffa.  Nam quum inter ipfos
et Phocenfes de agri finibus effet controverfia, Thebanorum,
et in primis Ifmeniae impulfu frumento, appropinquante
iam meffis tempore, fuciderunt, et cum reliqua praeda
afportarunt.  Excurfiones etiam in Locrorum agrum
Phocenfes cum fubitariorum militum manu populabundi fecere: quos, adfcitis in focietatem Thebanis, prohe ulti funt
Locri.  Nam et ipfi viciffim Phocenfium agros vaftarunt.
(5) Quare Phocenfes, miffis Lacedaemonem legatis, Thebanos
acerbiffime infectati funt.  Eorum commoti expoftulationibus
Spartani bellum in Thebanis fciverunt.  Inter alia crimina
et illud querebantur, quod per fummam contumeliam in
Agefilaum rei divinae operam dantem Aulide impetum
feciffent.  Cognito Lacedaemoniorum decreto, Athenienfes
per legatos rogant Spartanos, armis abftineant, Iure et dis-
ceptatione res repetant.  At illi eam legationem Infeftis
atque Iratis animis acceptam ftatim remiferunt.  Confecutum

deinde bellum illud contra Athenienfes, sui Lyfander praefuit; cuius eft exitus a nobis expofitus, quum de Paufania
rebus geftis ageremus.   (6) Et fane bellum illud, quod eft
Corinthiacum appellatum, ab his primum rerum novarum
motibus ortum, maiores in dies et graviores habuit progreffus. Atque haec quidem caufa Agefilaum perpulit, ut
exercitum ex Afia reportaret.   Quum itaque navibus ex
Abydo Seſton transmififſet, atque inde per Thraciam in
Theſſaliam contenderet, Theſſali, ut eam a Thebanis gratiam inirent, viam ei intercludere conati funt: quod pro
veteri etiam cum Athenienfibus amicitia fibi faciendum putarunt. (7) At ille, fufo hoftium equitatu, Iter fibi aperuit: ac
mox Thebanis et eorum auxiliis ad Coroneam fuperatis, per
Boeotios fibi viam fecit.   Ipfi quidem Boeotii e praelio in
Minervae cognomento Itoniae confugerunt.   Agefilaus vero,
etfi vulnus in pugna acceperat, neutiquam ubi tamen in
fupplicibus violandis religionem contemnendam cenfuit.
CAP. X.  Non ita mulo poft Ifthmicos ludos fecerunt,
qui domo eo nomine effugerant, quod Spartanorum partes
fecuti eſſent.   Corinthii quidem tunc Agefilai metu intra
urbem fe continuere.   At ubi ille caftra movit Spartam rediturus, una eum Argivis et ipfi Ifthmia agitarunt.  Sed
Corinthum rurfus eum exercitu Agefilaus rediit.  Quod tamen Hyacinthia adventarent, Amyclaeenfes Agefilaus domum dimifit, quo ludos Apollini et Hyacintho patrio ritu
facerent.   Eam manum Athenienfes Iphicrate duce in via
adorti trucidarunt. (2) Agefilaus In Aetoliam deinde venit,
Aetolis contra Acarnanas, a quibus bello premebantur, auxilium laturus ; et Acarnanes quidem Ipfos ab armis difcedere
coëgit, quum iam parum tamen abeſſet, quin et Calydona et
alia Aetolorum oppida expugnarent.  (3) Infequenti poftea
tempore in Aegyptum navigavit, ut eos armis perfequeretur,
qui a rege defecerant.  Ac multas quidem res et praeclaras
ab eo in Aegypto geftae poſſunt commemorari.   Erat iam
admodum fenex Agefilaus: quare in ipfo itinere fatum illum
oppreſſit fuum.  Cadaver eius In patrium reportatum Lacedaemonii maiore multo, quam aliorum regum, fepulturae
et funeris honore decorarunt. (4) Archidamo deinde Agefilai filio regnante Phocenfes Delphici Apollinis fanum
diripuere.   Ac Thebani, fufcepto contra Phocenfes bello,
conducto privatim milite ufi funt.   Nam illis Lacedaemonii
et Athenienfes publico decreto auxilia mifere: hi quidem
veterum erga fe meritorum recordatione adducti; Lacedaemonii vero, Thebanorum odio, Phocenfium (ut max fert
opinio) focietatem praetendentes.   At Theopompus Damafiftrati filius, Archidamum, fcriptum reliquit, eius belli
gerendi focium fuiſſe; quod quum ipfum, tum uxorem eius
Dinicham, quo virum ad rem capeſſendam incitaret, Phocenfium primores donis corrupiſſent.   Enimvero et facram
pecuniam copiſſe, et auxilio iis veniſſe, a quibus eft orbis
terrae clariſſimum oraculum vaſtatum, nunquam ego in laude

pofuerim. At illud merito in Archidamo collaudarim, quod, quum Phocenfes Delphorum militarem aetatem omnem trucidare, liberos et uxores in fervitutem abducere, ipfam denique urbem funditus evertere in animo haberent, unus tam infignem eft cladem deprecatus. (5) Idem poftea in Italiam traiecit, quo tempore Tarentinos in bello contra finitimos barbaros auxiliis iuvit. Ibi vero quum in pugna interfeftus fuiffet, quod fepulturae honore caruerit, Apollinis, (*nempe iudus numra latfoi si*) ira faftum eft. (6) Huius Archidami natu maior filius Agis contra Macedoniae regem Antipatrum pugnans occubuit. Minor Eudamidas rebus maxime pacatis Spartae regnavit. Agidis vero Eudamidae, et Eurydamidae Agidis filiorum res geftas pridem perfecuti fumus, quum in Sicyonlorum rebus noftra verfaretur oratio.
(7) Ab Hermis defceudentibus locus occurrit quercetis condenfus; Scoritas ei nomen, *quafi Tenebriofum dicas*. Illud quidem non ab arborum conlinenti umbra, fed a Iove cognomento Scorita, cuius templum a *recta* via ad laevam abeft docem ferme ftadia. In ipfa via paulo longius progreffis ad laevam itidem oftendit fe Herculis fignum et trophaeum. Erectum ab ipfo, proditum eft memoriae, quum Hippocoontem eiusque filios occidiffet. (8) Tertium a recta via diverticulum ad dextram Caryas et ad Dianae perducit: fiquidem victus ille Dianae eft, et Nymphis facer. Et Caryatidis Dianae fub divo fignum eft: quo in loco Lacedaemoniorum virgines anniverfarium feftum obeunt, patrioque ritu faltationem celebrant. (9) Reverfus in viam militarem, ae aliquantulum progreffus, Selafiae ruinas videas: quam victis Lacedaemoniis, eoramque rege Cleomene Leonidae filio, captam ab Achaeis ante fcripfimus. In Thornace, quo hinc profectus non multo poft pervenies, Pythaei Apollinis fignum vifitur, eadem figura, qua Amyclis eft, quod cuiusmodi fit, fuo loco exponam. Eft autem Lacedaemoniis clarior multo, et ipfa religione infignior Amyclaeus ille Apollo; fiquidem aurum illud omne, quod Apollini huic Pythaeo dono miferat Croefus Lydorum rex, ad Amyclael Apollinis ornatum transtulerunt.

CAP. XI. A Thornace defcendentibus urbs ipfa fe oftendit, initio Sparta, pofteris deinde temporibus etiam Lacedaemon nuncupata, quum antea regionis nomen hoc effet. Quod autem in Attica hiftoria profeffus fum, me non omnia perfecuturum, fed, habito delectu, ea duntaxat, quae memoria digna vifa effent, literis mandaturum: Idem nunc mibi, antequam ad eorum, quae de Sparta dicenda funt, commemorationem aggredior, profitendum: fiquidem inftituti operis initio e multis, quae populi ipfi de fe fama vulgarunt, ea mihi feligenda duxi, quae maxime memoratu digna vifa effent: cuius certe minime Improbandi confilii, nihil profecto eft, quamobrem fines transgrediar. (1) Apud Lacedaemonios, qui Spartam tenent, digna, quae fpectantur, funt. Forum primum: in eo curia, quo feniorum ordo ille convenit, quam ipsi Gerusian vocant: Ephororum deinde, Nonophylacum, (*ignes his tutela commissa est*) et eorum, qui Bidiaei appellantur; basilicae. Ac Gerusia quidem ipsi patres sunt, quibus reipublicau summa mandata est. Ephori et Bidiaei magistratus sunt, quini utrique. Hi, quae Istanilla dicuntur, aliaque Epheborum ludicra curant. Ephori gravioribus praesunt negotiis: atque ex his quidem unum eduut, de cuius nomine annum signant; perinde atque Athenienses etiam de eius nomine, qui IX primis praesidet, annos distinguunt suos. (3) In foro *maxumi est operum* nobilissimum porticus ea, quam Persicam appellant, quod de Persarum manubiis est aedificata. In sequentibus deinde temporibus ad eam, quam nunc prae se fert, magnitudinem et ornamentorum speciem illam traduxerunt. Insistunt columnis et alii Persarum duces, et inter eos Mardonius Gobryae filius, candido lapide facti. Est etiam illic statua Artemisiae, Lygdamidis filiae, Halicarnassi reginae. Hanc aiunt ultro contra Graecos Xerxi auxilium tulisso, et praeclara bellicae virtutis navali ad Salamina praelio documenta dedisse. (4) In eodem foro templo sunt duo; Caesari alterum, ei nempe, qui primus apud Romanos solus imperare concupivit, et novam hanc constituit reipublicae formam: alterum eius filio Augusto dicatum, qui et imperium confirmavit, et *in eo* quum dignitate, tum vero opibus *augendo*, paternam gloriam facile superavit. Cognomen vero Augusti idem plane voce ipsa pollet, quod Graecorum 'lingua o *ϑυττος* i. e. *Ju·Jus, ab ipsa quasi numinis sublimitate maiestate colendus.* (5) Ad Augusti aram aenea est Agiae effigies. Agian hunc divinasse ferunt Lysandro, classe Atheniensium apud Aegos potamos esse potiturum, praeter triremes X, quae e fuga se in Cyprum recepere, quum Lacedaemonii ceteras una cum militibus cepissent. Fuit Agias Agelochi filius, Tisameni nepos. (6) Tisameno patria Eleo, ex Iamidarum familia, oraculum redditum est, e quinque ipsum maximo illustribus certaminibus victorem discessurum. Sed enim, quum ab Olympicis ludis de quinquertio victus abiisset, quippe qui in duobus quidem Andrium Hieronymum (cursu scilicet et saltu) superasset, in lucta vero eidem succubuisset, deprehendit, oraculo sibi promitti de praeliis quinque victoriam: *praedictionem suam cursus ipso comprobatum iri.* Lacedaemonii enimvero, quibus ignotum non erat, quid ex oraculo Tisameno promissum fuisset, homini persuadent, ad se ex Elide migret, et in vaticinando Spartanorum reipublicae operam navet. Id quum ille fecisset, praeliorum quinque ei victoriam acceptam Spartani retulerunt. Primum fuit ad Plataeas contra Persas. Alterum in Tegea, quum adversum Tegeatas et Argivos pugnatum est a Lacedaemoniis. Tertium in Dipaeensibus, quo tempore Arcades omnes, Mantinaensibus exceptis, signa cum Lacedaemoniis contulerunt. (Sunt autem Dipaeenses Arcadum parva in Maenalia civitas.) Iam vero quartum eiusdem auspiciis factum est praelium contra Isthmi manum eam, quae

Hilotis Ithomen ademerat. Ipfi quidem Hilorae non ve-
verfi defccerant, fed Meffenici tantum, qui fe a prifcis Hilotis abiunxerant. Verum non multo poft, quae huc pertinent, exponam. Tunc quidem Lacedaemonii eos, a
quibus facta fuerat defectio. Delphici Apollinis oraculo, et
Tifameni monitis adducti, icto cum illis foedere, incolumes
dimifere. Poftremo *quumiam victoriam* praedixit Tifamenus,
quum ad Tanagram Lacedaemonii cum Argivis et Athenienfibus conflixerunt. Haec de Tifameno audita habeo.
(7) Spartanis In foro Pythaei Apollinis Dianae et Latonae
figna funt. Chorus autem tota ea fori pars dicitur ob eam
caufam, quod Gymnicis puerorum ludis, (*Gymnopaedias ηλ*
*vocant*) qui maxime folennes funt, puberes Apollini choros
agitant. (8) Non longe Telluris fedes, et Agoraei Iovis t
Agoracae item Minervae, et Neptuni, quem cognominant
Afphalium. Apollinis aliud ibidem eft, et Iunonis. Vifitur
et Spartanorum populi virili habitu fignum ingenti magnitudine. Eft item apud Lacedaemonios Parcarum fanum t
cui proximum eft Oreftis Agamemnonis filii fepulcrum. Ex
Tegea enim *huc* deportata Oreftis offa oraculi luffu eo in
loco fepeliere. Prope Oreftis fepulcrum eft Polydori regis
Alcamenis filii effigies t cui prae cunctis regibus aliis tantum
honoris Lacedaemonii tribuerunt, ut, quae *publice* obfignari
neceffe fit, ea Polydori imagine magiftratus obfignent. Eft
ibidem forenfis Mercurius Liberum Patrem portans. Sunt
item prifca ea *figna*, quae Ephorea appellantur. Inter haec
eft Epimenidis Cretenfis monumentum, et Apharei Ferieriae
filii. Veriora autem exiftimo, quae a Lacedaemoniis, quam
quae ab Argivis de Epimenide commemorantur. Quo in
loco Parcae funt, *ibidem* eft Hofpitalis Iupiter, et Hofpitalis
item Minerva.

Cap. XII. E foro quam difcedas per eam viam, cui
nomen Aphetae, (*idem prope eft, quoa Curriculi curvetur*) ad eum
locum venias, quae, Boehota (*hoc idem eft, ac fi bobus empta dicas*)
nuncupant. Res poftulare videtur, ut, quare fuerit via ita
appellata, prius exponam. (1) Icarium aiunt Penelopes patrem
curfus certamen procis propofuiffe. In iis ludis Ulyffem
victorem fuiffe, dubitari nihil poteft. Miffi vero in curriculum dicuntur per Apheraidem viam. Icarium quidem ipfum
curforios iftos ludos exemplo Danai celebraffe crediderim t
fiquidem Danaus, quum nancifci non poffet, qui ipfius filias
duceret *pur i idio* pollutas, dimifit, *qui nuntiarent*, nullum fe
a viris fponfalium nomine munus pofcere, *verum optimum puellis daturum*, ut *earum quaelibet fibi eum deligeret*, cuius maxime
effet forma complacita. Verum *huiusmodi ille eas loquendi rationem iniit*. Quum *ad eam famam* non fape multi conveniffent,
curfus certamine propofito, ei, qui ceteros praeveniffet,
quam ille maluiffet t fecundo alteram, eodemque modo ceteras ufque ad extremum locavit. Iam vero quae viros nactae
non effent, exfpectare iubebat, ufquedum novi proci in curfus certamen defcenderent. (3) In hac ipfa via (uti iam

dictum ell) funt apud Lacedaemonios, quae Booneta vocantur. Domus ea fuit Polydori regis: quae, eo mortuo, de eius uxore empta ell. Boves pretium fuere. Nondum enim tunc erat nummus argento auróve fignatus: fed pri:cus fuit mos, uti fibi, quae quisque vellet, per commutationem, bubus, ferviliis, rudi argento et auro ultra citroque daiis et acceptis, compararet. Quin et los ipfo tempore ab Indis, referunt, qui ad ea loca navigarunt, pro Graecorum, quae illuc comportatae fuerint, rebus reponi Indicas merces: nummum vero illos plane ignorare, etfi abundat ea orbis terrae pars auro et aere. (4) Supra Bidiaeorum praetorium Minervae aedes ell, in ea dedicalle Ulylfes dicitur ona fignum, et Celeutheam appellalfe, victis curfu raters Penelopes procis. Ternas vero idem aedes Celeutheae diverfis locis dedicavit. In ulteriore Aphetaidis parte heroum monumenta funt: Iopis, quem tuiffe coniici potell circa Lelegis vel Myletis tempora: Amphlarai Oiclel filii, quod Tyndari filios ei velut patrueli feciffe exillimant: ipfius etiam Lelegis. (5) Nec procul hinc Neptuni Taenarii fauum; Taenarium nuncupant. Nec paulo longius Minervae fignum, quod dedicatum ferunt ab lis, qui in Itallam, et Tarentum maxime, in coloniam deducti funt. Vicum vero eum, quod Hellenium appellant, ex eo alii nominatum tradunt, quod in eo loco, quo tempore Xerxes in Europam traiecit, eae Graecorum civitates, quae contra illum arma ceperunt, qua maxime ratione obfifterent, confultarunt. Alii vero duas eos, qui Menelauum ad Troiam fecuti funt, ibi memorant de tota transmiffionis ratione, deque Helenae raptu vindicando confilii inilfe. (6) Prope Hullenium Talthybii monumentum oftenditur. Monftrant et Aegienfes in Achivis monumentum in foro, quod elfe Talthybii affirmant. Et Talthybius quidem iram ob violatus Darii caduceatores, qui terram et aquum petitum venerant, in Lacedaemonios publico. in Athenienfes privata malo exercuit, quum male fcilicet Miltiadae Cimonis filii domum multaffet, quod isautor Athenienfibus fuiffet, ut caduceatores, qui in Atticam venerant, interficerentur. (7) Ell etiam Lacedaemoniis Acritae Apollinis ara: ell item Telluris aedes, Gafeptum nomine. Supraque eam dicatus ell Apollo Maleatas. In extrema Aphetaide iam prope muros ell Dictynnae aedes, et regia fepulcra eorum, qui funt Euryponutidae nuncupati. Proximam Hellenio ell Arfinoës templum, Leucippi filiae, Pollucis et Calloris uxorum fororis. Qua vero in parte funt, quae Propugnacula appellantur, Dianae delubrum, pauloque longius progreffus monumentum videas, quod iis erectum ell vatibus, qui ex filide venerunt, et lamidae funt appellati. Maronis praeterea et Alphei templum: quorum virtus in praelio ad Thermopylas poll Leoniden maxime enituit. Tropaei vero Jovis aedem fecerunt Dorienfes, bello fuperatis quum aliis Achaeis, qui tunc Laconicum folum tenebant, tum ipfis etiam Amyclaeenfibus. Magnae quidem matris fuarum praecipua colitur religione. Poll ipfum Hippolyti Thefei, et Aulonis Arcadis, Tlefimenis filii, heroica funt monumenta. At Tlefimenem Parthenopaei (Melanionis filii) fratrem nonnulli, filium alii faifle dixerunt. (8) Alter eft e foro exitus; circa quem locum aedificata eft, quae Scias vocatur, quod eft, ut fi Umbraculum dixeris: in quo huc ipfa etiam aerate conciones habent. Hanc Sciadem opus effe memorant Theodori Samii, qui et ferrum fundere primus docuit, et ex eo figna fingere. Eodem in loco Timothei Milefii citharam fufpendere Lacedaemonii, quum ei multam eo crimine irrogaffent, quod feptem veterum nervis quatuor Ipfe In citharae cantu addidiffet. (9) Adiuncta Sciadi aedes eft rotunda, in qua Iovis et Veneris figna, utrumque Olympii cognomento. Eam aedem erexiffe ferunt Epimenidem, de quo quae ab Argivis memorantur, neutiquam ipfi comprobant, nempe qui neque cum Gnoffis bellum unquam fe geffiffe dicant.

CAP. XIII. Prope eft Cynortae Amyclae filii fepulcrum. Cafloris etiam monumentum, et cum eo proxima aedes. Quadragefimo enim poft pugnam adverfus Idan et Lynceum anno Caflores, nihilo omnino maturius, in deos relatos afferunt. Monftratur ad Sciadem Idae etiam et Lyncei fepulcrum. Verifimilius tamen traditur, illos in Meffenia, non autem hoc in loco fepultos. Verum temporis eius diuturnitas, quo calamitatum magnitudine Meffenii e Peloponnefo eiecti errarunt, ita omnia abolevit antiquitatis monumenta, ut agnofcere illa, quum rediffent, non potuerint. Eoque factum eft, ut difceptandi ftudiofis non fuerit difficile in dubium vel certiffima quaeque revocare. (1) Iam vero contra Olympiae Veneris aedes eft Sofpitae Proferpinae, quam Thracem Orpheum condidiffe ferunt: alii Abarin eum, qui venit ex Hyperboreis. At Carnous, quem appellant cognomento Domefticum, coli eft coeptus apud Spartanos, antequam Herculis liberi ob exitia redirent. Deinbrum vero d erectum in Crii (Theoclis filii) vatis domo. Quum enim huius Crii filiam offendiffent Dorienfium fpeculatores, ut forte aquam hauftum ibat, cum ea in colloquium venerunt: moxque quum ad Crium veniffent, ab eo capiendae Spartae rationem didicerunt. (3) Habuit quidem Carnei Apollinis religio, quae apud Dorienfes univerfos obtinuit, a Carno originem: qui patria fuit Acarnan, ab Apolline vero divinandi artem accepit. Hunc enim Carnum quum interfeciffet Hippotes Phylantis filius, iratus Apollo Dorienfium caftra male mulctavit. Hippota in capitis iudicium adducto, Dorienfes Acarnanem vatem ex eo tempore ftatuerunt facris et caeremoniis placandum. Sed enim non amatus Carneus eft, qui apud Lacedaemonios Domefticus dicitur. Illi enim, tenentibus etiamnum Spartam Achaeis, difui honores in Crii vatis domo haberi coepti. Praxilla quidem verfibus prodidit, Europae filium, Carneum fuiffe, educatum vero ab Apolline et Latona. Alius etiam de cognominis huius caufa fermo vulgatus eft: ornos a Graecis in Ida Troiae monte ex Apollinis luco

ad Durateum equam fabricandum excisas: quumque del
numen laesum scirent, ad eius iram leniendam sacra instituisse, et ab arboris nomine (κρανέας Grææ vocant) litera
R transposita, prisca quædam consuetudine, Carneum Apollinem nuncupasse. (4) Non longe a Carneo est signum, quod
, Aphetaei dicitur: a quo loco in cursum missos e carceribus
tradunt Penelopes procos. Prope vicus est, in quo aliquot
sunt porticus forma quadrata, ubi priscis temporibus scruta
venibant. Proxima ara est Iovis Ambulii, Minervae Am-
buliae, Castorum item Ambuliorum. (1) E regione est locus,
quae Colona (i. e. Iugum) dicitur, et Bacchi Colonatae (ex
si Iugalis dicas) aedes. Iuxta eam lucus est illi heroi sacer,
quem vlae ducem Libero Patri Spartam contendenti fuisse
perhibent. Heroi huic prius, quam deo ipsi, sacra faciunt
eae, quae Dionysiades, quaeque Leucippides nuncupantur.
Foeminis vero aliis undecim, quae et ipsae nominantur Dionysiades, cursus certamen proponunt: quod ex Delphico
quodam responso facere iussi sunt. Non longe a Liberi est
Iovis delubrum Euanemi. Ad eius dexteram est Pleuronis
heroicum monumentum. Fuit Tyndarei filiis maternum
genus a Pleurone. Thestium etenim Ledae patrem Areus
carminibus prodidit Agenore Pleuronis filio genitum.'
(6) Ab eo monumento non longe abest tumulus, in quo est
Iunonis Argivae aedes. Dedicatam aiunt ab Eurydice Lacedaemonis filia, Acrisii (Abantis filii) uxore. Hyperchirias
vero Iunonis delubrum ex oraculo aedificatam, quum agrum
Eurotas late diluisset. Operis antiqui signum ligneum Veneris Iunonis appellant. Ad eum pro filiarum nuptiis sacra
facera matronas solenne est. (7) In via tumuli, quae dextrorsum
fert, Hetoemoclis est effigies. Huic et eius patriHippo-
sthæni evenit, ut victores de 'lucta in Olympicis ludis de-
clararentur, ad palmam undecimam utorque: una tamen fuit
pater filio superior.

CAP. XIV. E foro in eam partem, quae ad solis occasum est, contendentibus ostendit se Braidae Tellidis filii
honorarius tumulus. Prope abest theatrum e candido lapide
erectum, insigni valde et spectando opere. Ex adverso theatri est Pausaniae, qui Plataeensi praelio Imperator fuit, se-
. pulcrum et ei proximum Leonidae. Ad ea quotannis in
epiorum laudem orationes habentur; et ludi fiunt, in quibus
est solis certandi locus Lacedaemoniis. Et Leonidae quidem
ossa XL post eius caedem annis a Pausania e Thermopylis deportata, et in hoc loco condita sunt. Erecta etiam pila est, in
qua nomina incisa sunt, et paterna item nomina eorum,
qui ad Thermopylas Persarum impetum sustinuerunt. (2) Est
Spartae vicus, qui Theomelidae dicitur. In eo sepulcra
regum sunt, qui Agidae appellantur; et proxime, quae Le-
sche (id est condilabulum, sive comitium) Crotanorum dicitur.
Sunt autem Crotani Pitanatarum curia. In ea vicinia est
Aesculapii templum, quod Enapades dicitur. Paulo hinc
longius Taenari visitur monumentum; a quo promontorium

in mare prominens appellatum fama vulguvit. Deorum
ibidem aedes, Neptuni Hippucurii, et Dianae Aeginaeae.
Varum fi ad Lekhea pedem referas, ad Ifurae Dianae va-
nias. Eandem vero et Limnaeam vocant. Non eft illa
quidem Diana, fed Britomartis Cretenfium ; cuius eft a me
facta mentio, qua in parte res Aeginetarum expofui. (3) Proxime ea monumenta, quae Agidis pofita funt, pilam afpicias,
in qua inferiptae fynt, quas de *nerou* curriculo tulit palmas
Anchionis vir Lacedaemonius, tum aliae, tum vero Olympicae, quae feptem numerantur, de ftadio fcilicet quatuor,
reliquae de iterato curriculo. At cum fcuto currere, peractis iam prope ludis, nondum invaluerat. Hunc Anchio-
pin cum Batto Theraeo in Africam claffe profectum coloniam Cyrenen deduxiffe, eique in eiiciendis finitimis focium
fuiffe traduunt. (4) Thetidis vero templum hanc memorant
erigendi cau'am fuiffe. Quum armis ulcifcerentur Meffeniorum defectionem, regem fuum Anaxandrum in hoftilem
agrum invafiffe, multas inde foeminas, et inter eas Cleo,
quae Thetidis fuit facerdos, in fervitutem abduxiffe: eam
Anaxandri uxorem Laeandridem a viro popofciffet quumque
fignum illam *unigni operis* habere deae comperiffet, templum
illi dedicaffe quodam monitam fomnio. Signum quidem
ipfum e ligno factum in operto diligenter et religiofe fervant.
(5) At Cererem Terreftrem (*Chthoniam Graei vocant*) colere
fe accepta ab Orpheo religione affirmant. Ego huius deae
cultum ab Hermionenfibus fumtum arbitror, apud quos
Terreftris Cereris nobile vifitur fanum. Eft apud eosdem
Lacedaemonios recontiffimum Serapidis delubrum; et fanum
Iovis cognomento Olympii. (6) Eft apud eosdem Dromus
dictus: qui locus mea quoque aetate adolefcentibus ad curfus meditationes eft attributus. Dromum ab ea parte, in qua
eft Agidarum fepulcrum, ingreffis ad laevam Eumedis monumentum fe oftendit. Fuit et hic Eumedes unus de Hip-
poceontis filiis. Eft ibi pervetus Herculis fignum, ad
quod facra Sphaerei faciunt. Sic enim appellantur apud
Spartanos, qui, quum ex ephebis excefferint, inter viros iam
cenfori coepti fuerint. Sunt in ipfo Dromo gymnafia, quorum alterum fuit a Spartano Euryole dedicatum. Extra
Dromum prope Herculis fignum domus eft, nunc privati
hominis, olim Menelai. Paulo longius a Dromo progreffus
templa videas Caftorum, Gratiarum, Lucinae, Apollinis
Carnei, Dianae Hegemaches, *quod eft, ut fi Dullicris in praeliis
diverfis* (7) Ad dexteram Dromi Agnitae templum eft.
Aefculapii hoc eft cognomentum, quod fimulacrum eius ex
agno. Agnus vero vitea eft a viminum genere, planta
rhamno perfimili. Non longe ab Aefculapii trophaeum
exilat, quod a Polluce de Lynceo *ullo* erectum memorant.
Id ipfum facile eorum mihi opinionem probat, qui Apharei
filios nogant Spartae fepultos. Circa ipfa Dromi principia
Caftores funt Apheterii, *quafi Dimiffae in duas.* Paululum
progreffis offert fe Alconis heroicum monumentum. Huns.

Alconem Hippocoontis dicunt filium fuiſſe. Proxime eſt
Neptuni templum, quem Domatitam nominant. (x) Vicina
regiuncula ab arboribus appellata Platanillas: proceris enim
platanis condenſa eſt. Campus is, in quo ſuas committunt
ephebi pugnas, Euripo circumquaque, non aliter quam mari
inſula, cingitur. Ad eum per pontes aditus patent. In
eorum pontium parte altera eſt Herculis ſignum, in altera
vero Lycurgi effigies: leges ſiquidem Lycurgus tulit quum
ad univerſam rempublicam pertinentes, tum etiam ad epheborum exercitationes et pugnas. (9) Atqui et alia quaedam *ex vetere*
*inſtituto* ephebi faciunt. In Ephebeo enim ante pugnam ſa-
crificant. Eſt autem Ephebeum in ipſis fere Therapnes ſuburbanis. Eo in loco utraque epheborum claſſis caninum
catulum *Marti* Enyalio mactant, fortiſſimo ſcilicet deorum,
victimam ex eo animalium genere illi acceptam exiſtimantes,
quod manſuetis omnibus fortitudine praellat. Catulos quidem caninos haud ſcio an alii Graecorum ulli immolare
ſoleant praeter Colophonios. Mactant etenim et Colophonii deae, quam Enodion (*Compitalibus quaſi dixeris*) appellant,
nigrum catulum. Fiunt autem quum apud ipſos Colophonios, tum Spartae inter ephebos nocturna de more ſacra.
Committunt ii ad pugnam in illis ſacris apros cicures duos.
Solet vero uſu evenire, ut, utrius claſſis aper victor diſceſſe-
rit, ea *de inveutum ludis in plataneto* palmam auferat. Haec ab
illis in Ephebeo peraguntur. Poſtero vero die *pueri* ante
meridiem tranſeunt *pueri* per pontes in eum circum, quem
*Euripo circundatum* diximus. Nocte ſuperiore, qua aditus
parte alterum agmen ingrediatur, ſorti permittitur. Ita
pugnant, ut infeſtis manibus et calcibus inſultent. morſibus
etiam corpora foedent, et oculos hi plerunque illis eruant.
Ac bini quidem ad hunc modum congrediuntur: ſed totis
etiam agminibus impreſſionem faciunt, atque una acies alteram in uquam detrudere omni niſu contendit.

Cap. XV. Ad platanetum eſt etiam Cyniſcae Archidami
regis filiae monumentum heroicum. Ea prima foeminarum
omnium equos alere inſtituit, et prima ludis Olympicis de
quadrigis palmam meruit. (1) A tergo porticus, quae prope
platanetum erecta eſt, monumenta *item* heroica ſunt Alcimi
et Enaraephori: neque magno intervallo Dorcei; ſupraque
hoc Sebri. Filios eos fuiſſe alunt Hippocoontis. A Dorceo
quidem proximum monumento fontem Dorcean nuncupant
a Sebro Sebrium vicum. Ad Sebrii dexteram eſt Alcmanis
tumulus, cui in canticis pangendis nihil omnino Laconica
lingua obfuit, etſi nihil ea in vocibus appellandis habet ſua-
vitatis. (3) Sunt ibi Helenae etiam et Herculis aedes: illa
prope Alcmanis ſepulcrum: haec ſub ipſis urbis muris, in
qua eſt Herculis armati ſignum. Eſſe eo habitu Herculem
aiunt propter pugnam cum Hippocoonte et eius liberis. Et
Herculi quidem odii cauſam in Hippocoontis domum exſtitiſſe, quod, quum, ut de Iphiti caede purgaretur, Spartam
veniſſet, indignum putarint, quem voti compotem facerent

Illud praeterea, quod ad arma rem deduxit, fuit huiusmodi.
Oeonus Herculis confobrinus, Licymnii Alcmenae fratris
filius, quum adolefcentulus adhuc effet, cum Hercule Spartam venit: quumque vifendae urbis caufa obambulans ad
Hippocoontis aedes forte acceffiffot, in eum canis domus
cuftos invafit: at ille lapide canem percuffit. Hippocoontis
filii curfim egreffi puerum fuftibus conficiunt. Ea res Herculem vehementer commovit. Subito itaque animi impetu
impulfus, Hippocoontis filios eft armis adortus. Verum in
ea dimicatione vulnere accepto, fe clam *post illo* fubduxit.
Mox vero copiis comparatis, patre et filio male mulctatis, probe
Oeoni caedem ultus eft. Et Oeoni quidem fepulcrum iuxta
Herculis templum vifitur. (4) EDromo ad folis ortum progreffus ad dexteram in diverticulum venias, in quo Minervae Axiopoenae Kquod eft, as fi Vindicum commerctos noxae dicas)
cognomento aedes oft. Dedicaffe Herculem ferunt, quum
Hippocoontom et eius liberos pro iis, quibus laceffitus fuerat,
iniuriis ultus effet. Cognomen Inde fumtum, quod hominum fupplicia vateres poenas appellarunt. Eft eiusdem
Minervae aedes altera in via, quae a Dromo ad laevam fert.
Dicatam tradunt a Thera Autefionis filio, Tifameni
nepote, pronepote Therfandri, quo tempore coloniam deduxit. In eam infulam, quae de ipfius nunc nomine Thera
nuncupatur, prifcis vero temporibus Callifte fuit. (5) Proximum Hippofthenis templum, qui multis de lucta palmas
tulit. Ei oraculi monitu divinos habent honores, Neptuno
eos haberi cenfentos. Ex adverfo huius templi vifitur prifci
operis fignum Enyalii in compedibus. Eadem vero eft ratio
in hoc fimulacro Lacedaemoniis, quae Athenienfibus in ea
Victoria, quam involucrem appellant. Hi enim vinculis im-
peditum a fe nunquam Martem aufugiturum: illi femper
manfuram fecum, quae pinnis careat, Victoriam interpretantur. Has fecuta rationes urbs utraque, quo diximus
habitu, figna ftatuit. (6) Eft praeterea Spartae Comitium,
quod Varium nuncupant: et proxima illi heroica monumenta,
Cadmi Agenoris filii, et Oiolyci Therae filii pofterorum,
ipfiusque *in primis* Aegei Oiolyci filii. Feciffe vero illa memorant Mnefin, Laean, et Europan: quos Hyraei filios,
Aegei nepotes fuiffe ferunt. Iidem et Amphilocho heroicum Item fecere monumentum, quod horum atavus maior
Tifamonus matre ortus eft Demonaffa Amphilochi forore.
(7) Soli a Graecis omnibus Lacedaemonii folenne habent,
Iunonem colere, quam Aegophagam nominant, eidemque
capras immolare. 'Herculem quidem produnt templum de-
dicaffo, et deae capram mactaffe primum. *Id Ulam feciffe,*
quod contra Hippocoontis filios pugnanti nihil Iuno adverfa
obiecerit, quum proinde atque in aliis certaminibus contra
pugnaturam putaffet. Capra vero feciffe, quod alius generis victimae non fuppeterent. Non procul a theatro aedes
eft Neptuni Natalitii, et heroica monumenta Cleodaei Hylli
filii, et Oebali. De Aefculapii fanis nobiliffimum eft apud

Lacedaemonios ad Booneta; ad cuius laevam Telecll monumentum heroicum. De hoc etiam poſt agam, quum ad Meſſeniorum res oratio pervenerit. (8) Non longe progreſſis collis eſt non utique magnus. In eo pervetus aedes, et. ſignum armataq Veneris. Unum hoc ex omnibus, quae viderim, templis alteram habet ſuperſtruĉtam aedem, tanquam tabulatum alterum; et in ea eſt Morphus cella. Veneris hoc eſt cognomen. Sedere ea videtur cum galericulo et compedibus. Addidiſſe aiunt Tyndareum compedes, quo innueret vinculorum ſimilitudine, quam firma eſſe ſide erga viros ſuos foeminas oporteret. Nam deam ulciſci voluiſſo compedibus (ſunt enim, qui hoc etiam memoriae prodiderint) exprobrantem illi filiarum adulteria, ut credam, adduci non poſſum. Quam enim ridiculum, ſi putaſſet ab effigie, quam e cedro feciſſet Veneris nomine, inleĉtis compedibus poenas expeti poſſe.

CAP. XVI. Proxime eſt Hilairae et Phoebes delubrum. Eas Apollinis fuiſſe filias, Cypriarum carminum autor ſcriptum reliquit. Sacrantur illis virgines, quae eodem. quo deae, nomine Leucippides appellantur. Et alterum quidem ſignum quum e ſacris, virginibus una exornandum ſuſcepiſſet, novam amota vetere faciem repoſuit. Idem vero faĉtura etiam in altero per viſum in quiete deterrita eſt. (2) E templi lacunari pendet ovum taeniis religatum: illud eſſe memorant, quod Leda peperit. Intexunt ei, qui Amyclis eſt, Apollini quotannis mulieres tunicam: quoque intexunt loco, eam officinam Tunicam appellaut. (3) Prope domus eſt, quam initio inhabitaſſe tradunt Tyndari filios. Interleĉto dein tempore. eam Spartanus renuit Phormio. Ad hunc hoſpitum ornatu Caſtores veniſſe dicuntur: ac e Cyrene ſe venire ſimulantes rogaſſe, ut hoſpitio ſe acciperet: eam vero ſibi cellam depopoſciſſe, qua maxime deleĉtabantur, dum inter homines aetatem agerent. At illum, in quam mallent aedium partem, divertere eos iuſſiſſe, cellam illam unam excepiſſe, quod filia virgo in ea habitaret. Poſtero die et virginem, et eius famulatum omnem evanuiſſe. In cubiculo tantum ſigna Caſtorum, et menſam, nc ſuper ea laſerpitii fruticem repererunt. Haec ita eveniſſe memorant. (4) A Tunica fere ad portas eunti heroum eſt Chilonis, ſapientiae nomine clari hominis: et Athenienſis herois, unius de illis, qui cum Dorieo Anaxandridae filio in Sicilienſem coloniam claſſe traiecerunt. Deducendae vero coloniae ea fuit cauſa, quod Erycinum agrum ad Herculis poſteros, non ad eos, a quibus tenebatur, barbaros, pertinere putabant. Herculem enim aiunt cum Eryce luĉtatum, propoſitis certaminis conditionibus, ut, ſi ipſe viciſſet, Erycis regione potiretur, ſin viĉtus eſſet, Geryone boves illi concederet. Egerat ſiquidem eas prae ſe nantes in Siciliam Hercules, mox ipſe transmiſit ad Eleum Cyphum, at ibi gregem cogeret. Verum non eſdem, qua Herculem, multo poſt Dorieum Anaxandridae filium dii ſunt benevolentia profecuti. Erycem enim Hercules occidit,

Dorieus ab Egeftanis eft cum exercitu prope ad internecionem deletus. (5) Lycurgo etiam legum fuarum latori tanquam deo templum Lacedaemonii erexerunt. Eft in poftica
templi parte Eucofmi Lycurgi filii fepulcrum, luxta aram
Lathriae et Anaxandrae. Fuerunt hae forores geninae, (quas
uxores duxere Ariftodemi filii. quum ipfi itidem gemini
effent) Therfandri filiae, neptes Agamididae. qui regnavit
in Cleeftonaeis, quiqua ex Ctefippo Herculis atnopote genitus eft. Ex adverfo templi monumentum eft Theopompi
Nicandri filii: Eurybiadae etiam elus, qui Lacedaemoniorum
triremibus praefuit, quum ad Artemifium et Salamina
claffe cum Perfis pugnatum eft. Proximum his Aftrabaci
(fic enim appellatur) heroicum monumentum. (6) At vicus is,
quod Limnaeum dicitur, Orthiae habet Dianae templum.
Deae fignum aiunt id effe, quod olim e Taurica Oreftes et
Iphigenia fuftulerunt. Deportatum illud intra fines fuos
Lacedaemonii affirmant, quippe qui et regem fuum agnofcunt
Oreften. Atque id mea fententia multo eft probabilius,
quam quod Athenienfes vulgarunt. Qua enim de caufa
Braurone Dianam reliquiffet Iphigenia? vel quum moenibus
excedere pararent Athenienfes, cur et Ipfam in naves non
impofuiffent? An, quum adhuc adeo illuftre fit Tauricae
Dianae nomen, ut Cappadoces cum Euxini accolis,
penes utram fit gentem elus deae fignum, inter fe certent;
et Lydi etiam illi, apud quos Anaitidis Dianae nobile fanum
eft, rem controverfam faciunt; fignum tam celebre, Athenienfes commiffuri fuerint, Perfis ut praedae effet? Quod enim
Braurone fuit, Sufa prius afportatum, Scleuci deinde conceffu hac aetate habent Laodicenfes e Syria. Et Dianae
quidem Orthiae fignum, quod apud Lacedaemonios eft, effe
illud ipfum, quod barbaris ademptum eft, fatis perfpicua
funt indicia. Primum quod Aftrabacus et Alopecus Irbi filii,
Amphifthenis nepotes, pronepotes Amphiclis, Agidis abne-
potes, fimulacro reperto ftatim mente capti funt. Deinde,
quod Limnatae in Spartanis, et Cynofurenfes, quique Me-
foa et Pitane venerant, dum facrum deae facerent, ad iur-
gium et rixam, mox etiam ad caedes converfi funt: quumque
ad ipfam aram multi occubuiffent, reliquos fubita morbi vis
abfumfit. (7) Inde oraculum acceptum eft, aram eam humano fanguine afpergi oportere. Quare quum ante forte
duceretur immolandus, facri ritum Lycurgus ad puberum
plagas transtulit. Quo fit, ut hoc etiam ritu nihilo fere minus fanguine humano ara imbuatur. Sacris praeeft foemina.
Ea tantifper. dum caeduntur pueri, fignum praefert, quod
eft alioqui propter brevitatem leviffimum. Verum fi, quibus
caedendi. negotium datum eft, cum quopiam eorum, qui
caeduntur epheborum, vel ob fpeciem. vel ob natallum claritatem, agant parcius. tunc eousque fignum alunt grave fieri
ut facerdos illud fuftinere nequeat. Quod ubi animadvertit
in caedentes fcilicet caufam confert, feque eorum culpa
grritur onere opprimi. Adeo eft ei figno e Taurica tra-

latitium, hominum fanguine laetari, Eandem fane doam non Orthiam modo, fed Lygodesmam etiam nominant, quod in lygorum (*vitieu id prius*) frutlceto reperta fit. Sic erat autem vitice undecunque involuta, ut nihil a recto ftatu doclimaret. *unde Orthiae nomen i ditum.*

CAP. XVII.   A Dianio non longe abeft Lucinae: aedificatum fanum illud, et Lucinae dedicatum ex oraculo Delphico memorant. (1) Lacedaemonii arcem in excelfo exftructam loco, uti Cadmeam Thebani, aut Argivi Lariffam, non habent: fed quum in urbe multi fint colles, eorum eminentiffimum arcem appellant. (3) In eo Minervae aedes eft, cui Poliuchos et Chalcioecos cognomen. Eius aedificationem Tyndareus orfus eft: eoque mortuo eius liberi opus ad faftigium perducere aggreffi funt, deftinatis In eam exaedificationum Aphidnaeorum manubiis: verum illis fato fuo opprimis, multis poft annis Lacedaemonii et Minervae delubrum, et eiusdem deae fignum ex aere fecerunt. Opifex fuit Gitiadas, homo indigena, qui et alia cantica fecit Doricis modis, et in ipfam deam hymnum. Expreffae in aere funt multae de Herculis aerumnis. multi etiam eiusdem herois voluntarii, et feliciter quidem fufcepti labores. Caftorum quum alia facta, tum vero Leucippi filiarum raptus: Vulcanus matrem e vinculis eximens: (expofitum eft a me, qualia haec fuiffe dicantur, in eo, qui de Atticis rebus eft, libro) Perfeo etiam in Africam contra Medufam moventi dant Nymphae caffidem ac talaria, quibus in fublime feratur. Elaborata etiam funt, quae ad Minervae natales pertinent. Prae cunctis vero illis operibus magnitudine et fpecie praeftant Amphitrite et Neptunus. (4) Eft ibidem poft haec Minervae Erganea templum. In porticu ea, quae in meridiem excurrit, delubrum eft Iovis Cosmetae cognomento, et ante ipfum Tyndarei monumentum: at quae id occafum procedit porticus, habet aquilas duas, quibus Victoriae fingulae vehuntur, Lyfandri donum, cum duplicis victoriae monumentis, de victo fcilicet Antiocho, Alcibiadis gubernatore, et oppreffis Athenienfium triremibus apud Ephefum; tum vero eorundem Athenienfium claffe ad Aegospotamos deleta. (5) Ad laevam Chalcioeci Mufarum aedem dicarunt, quod Lacedaemonii in praelia exeunt non ad tubae cantus, verum ad tibiarum modos, et lyrae canticunculas. In poftico Chalcioeci aedes eft Veneris Armae: *idem prope eft at fi Martiae dicas.* Signa funt eius e ligno tam vetufta, quam alia quaevis in Graecia. (6) In dextera Chalcioeci parte Iovis ex aere fignum factum eft, omnium, quae ex eadem funt materia, vetuftiffimum. Neque enim una et eadem fuit univerfi operis fabricatio, fed particulatim membra excufa, inter fe deinde funt apte clavis confixa, atque ita, ne diffolvi poffint, coagmentata. Feciffe aiunt Learchum hominem Rheginum. quam Dipoeni et Scyllidis nonnulli, alii ipfius Daedali difcipulum dicunt fuiffe. In eo tabernaculo, quod mulieris Scenoma vocitant, effigies quaedam

quam Euryleonidae Lacedaemonii, qui bigis in Olympicis
vicerit, esse dicunt. (7) Ad ipsam Chalcioeci aram duae
sunt Imagines Pausaniae illius, qui imperator Plataeensis
praelium commisit. Quae vero eius fortunae eventa fuerint,
quod satis nota omnibus sunt, in praesentia non commemorabo. Possunt praeterea ea cognoscere, quae veliat, ex iis,
quae de illis accuratissime scripserum. Audivi autem de
Byzantio homine, quum diceret, Pausaniam proditionis reum
factum solum ex omnibus, qui supplices ad Chalcioeci confugissent, impunitatem non meruisse: neque vero aliam ob
causam, quam quod caedis piaculum eluere non potuisset.
(8) Is enim quum ad Hellespontum Spartanae et sociorum
classis imperator castra haberet, virginis Byzantiae cupiditate
incensus est: quum vero prima nocte, quibus negotium
datum erat, Cleonicen ad eum perduxissent, (id enim erat
puellae nomen) somnum iam capiens, repente strepitu est
excitatus. Forte enim illa accedens accensam lucernam
deleceret invita. Ibi Pausanias, qui suorum de Graecia
prodenda sibi consiliorum conscius perpetua animi contur-
batione et pavore agitari solitus erat, perterrefactus, virginem acinace transverberat. Hoc illud fuit facinus, cuius
fraudem nunquam effugere, nullis expiationibus, nullis
Absolutori Iovi deprecationibus susceptis, quam in Arcadiam etiam ad Lustratores eos, qui Psychagogi (id est. Animarum
evocatores) appellantur, Phigaleam venisset, luere potuit. Dedit itaque ille Cleonicae et Deo meritas poenas. At Lacedaemonii Delphici Apollinis iussu et aeneas imagines posuerunt, et genium venerantur Epidoten nomine, averti ab eo
interpretantes omnem numinis offensionem, quae ex contempta Pausaniae deprecatione exsistere potuerit.

CAP. XVIII. Prope Pausaniae statuas est Ambologerae
Veneris (quod est ae sidius, Senectutem retardantis) simulacrum
ex oraculo dicatum. Sua etiam sunt Somno et Morti. Esse
vero fratres, ex Homeri, qui in Iliade sunt, versibus creditur. Eantibus prope ad Alpium, (id est nomen) Minervae
est Ophthalmitidis aedes. Dedicatam a Lycurgo ferunt.
Nam quum alterum ei oculum excussisset Alcander,
cui ab illo latae leges minime placebant, in hunc vicum
confugit: ubi Lacedaemoniorum concursu servatus, quo minus et alterum oculum perderet, Ophthalmitidi Minervae
templum fecit. (2) Hinc progressis Ammonis templum est.
Ac Libyco quidem oraculo omnium Graecorum maxime
initio usos constat Lacedaemonios. Quin et Lysandrum
Aphytin in Pallene oppidum oppugnantem, per nocturnum
visum monitum ab Ammone, melius Lacedaemoniis eventurum, si Aphytaeos desisset bello vexare, et obsidionem
solvisse, et Ammonis religiosius colendi autorem fuisse tradunt. Venerantur certe Ammonem Aphytaei culm nihilo
minore, quam Ammonii ipsi in Libya. (3) De Cnagia vero
Diana haec sunt memoriae prodita: Cnagea hominem indigenam ad oppugnandum Aphidnam cum Castore et Polluce

veuiſſe; in pugna vero captum, et venum ſub corona in Caſtam miſſum, ſerviiſſem ibi ſerviſſe, ubi ſuit Cretenſibus Dianae ſanum: verum exacto temporis curriculo effugiſſe illum, et una ipſam Dianae ſacerdotem, deae ſigno ablato: Inde exiliitiſſe deae Cnagiae cognomen. Sed enim Cnageuam hunc in Cretam alio ego caſu, quam quo dicunt Lacedaemonii, veniſſe crediderim; quippe qui neque pugnam commiſſam ad Aphidnam puto, quum eo tempore Theſeus in Theſprotis detineretur; neque in eius officio eſſent Athenienſes: ſiquidem erant illi in Muneſthei partes multo propenſiores. Atqui neque facto praelio veri Latis fuerit ſimile, quonquam de iis, qui vicerant, captum: praeſertim vero quum tam longo intervallo ſuperiores diſceſſerint Lacedaemonii, ut ipſam etiam Aphidnam ceperint. Verum hactenus de his ſatis quidem multa. (4) A Sparta Amyclas venientes excipit Tiaſa amnis. Nomen ei a Tiaſa puella, quae fuiſſe putatur Eurotae filia. Proxima amni eſt Gratiarum aedes, Phaennae et Cletae, quae ſunt Alcmauls verſibus nobilitatae. Lacedaemona putant Gratiis aedem eam dedicaſſe, nomina etiam impoſuiſſe. (5) Inter Illuſtria opera quae Amyclis viſuntur, columnae Inſiſtit Aenetus quinquertio: qui in Olympia victor declaratus, accepta corona ſtatim e vita exceſſiſſe dicitur. Eius itaque Illic eſt effigies, et aenei tripodes. Nam decem aliis antiquiores eſſe aiunt eo bello, quod cum Meſſeniis geſtum eſt. In eorum primo ſtat Veneris ſimulacrum, Dianae in altero. Quum ipſos tripodes, tum quae ſunt in iis operis ſupervacanei, Gitiadas fecit. Tertius eſt ab Aegineta Callone factus. In eo Proſerpina Inſiſtit. At Parius Ariſtander, et Polycletus Argivus, foeminam ille cum lyra, Spartam ſcilicet ipſam, hic Venerem, quae AD AMYCLARUM vocatur, fecerunt. Praeſtant hi tripodes ceteris magnitudine, et de victoriae ad Aegoſpotamos manobiis dedicati fuere. (6) Bathyclis vero Magneſii, qui ſellam Amyclaei fecit, opera et dona ſunt etiam reliqua, quae ſellae addita ſunt, Gratiae, et Leucophryhes Dianae ſignum. A quo vero Bathycles hic artem didicerit, vel quo Spartae regnante Illa elaborarit, nihil eſt neceſſe hoc loco commemorare. Sellam ipſam ego vidi: quare eius iam omnem ornatum litteris mandabo. (7) Suſtinent eam a fronte et a tergo Gratiae duae, et Horae totidem. In laeva parte Hydra ſpectatur, et Typhon: in dextera Tritones. Quod ſi, quae adventitia ſunt, ſingula exactius confecter, facile nimis multum iis, qui haec legerint, negotii exhibuero. Sunt multa alioqui acutius coniicienti non obſcura. Targeten Atlantis filiam, et eius ſororem Alcyonen aſportant Neptunus et Iupiter. Inſculptus eſt Atlas ipſe, et Herculis cum Cycno pugna: Centaurorum praeterea apud Pholum pugna. Iam vero quare Minotaurum ita fecerit Bathycles, ac vinctus trahi; Theſeo vivens videatur, non ſine novi. Eſt in eadem illa Phaeacum chorus, et Demodocus cantans: Perſei tiam in Meduſam facinus cernitur. Ut miſſum vero facinus

. Herculis cum Thurio gigante certamen, Tyndari cum Euryto,
. vifitur illic Leucippi filiarum raptus. Liberum Patrem, pue-
. rum adhuc, in coelum portat Mercurius: Minerva Herculem
deducit, de coelitibus unum in pofterum omne tempus fu-
. turum. Iam Peleus Achillem Chironi aleifdum tradit; qui
doctor etiam eiusdem, et magifter fuiffe dicitur. Cephalus
. ob formae praeftantiam rapitur ab Aurora: Harmoniae nuptias donis celebrant dii. Venit in operis partem Achillis cum
. Memnone dimicatio: Diomedem praeterea Thraclae regem
Hercules, et ad Euenum amnem Neffum interficit; Mercurius deas in ludicium ad Alexandrum deducit. Ad haec
Adraflus et Tydeus pugnam dirimunt, in quam defcenderant Amphiaraus et Lycurgus Pronaélis filius. Tum Iuno
Jo Inachi filiam Iam bovem factam afpicit; at Minerva in-
. fectantem Vulcanum fugitat. Inter haec efl Herculis in hydram, quo ordine geftum efl,· facinus. Idem etiam Hercules Plutonis canem raptat: Anaxias et Mnafinous
equis uterque infident: Megapenthes et Nicoflratus
. Menelai filii eodem vehuntur equo; Bellerophontes Lyciae monftrum conficit: Hercules rurfus cum Geryonae
boves abigit. (8) In fellae fuperiore margine utrinque
Tyndari filii equis infident: . infra eos equos Sphinges, fupra ferae decurrunt, pardalis contra Caflorem, in Pollucem
vero leaena. Summa folii tenet Magnetum chorus, quod
fcilicet Bathyclem in folio elaborando iuverunt. (9) Interiora illa furt prope: Tritones: apri Calydonii venatio:
Hercules Actoris filios trucidat: Calais et Zetes a Phineo
harpyias arcent: Helenam rapiunt Pirithous et Thefeus:
Hercules leonem ftrangulat: Tityon Apollo et Diana fagittis
configunt. Herculis etiam cum Oreo Centauro pugna, et
Thefei cum Minotauro expreffa efl: Herculis rurfus cum
Acheloo lucta; quaeque de Iunone funt fabulis prodita,
vinctam fcilicet a Vulcano fuiffo: judi deinde, quos patri
fecit Acaflus: quae de Menelao, . et Aegyptio i meteo in
Odyffea commemorantur. Poftremo vero Admetus ad cursum aprum et leonem iungit: Troiani Hectori inferias mittunt.

CAP. XIX. Solium ipfum ea parte, qua deo fellio parata efl, non illud quidem aequaliter plannm, verum fedilia
habet multa, atque inter ea fatis ampla intervalla: medium
omnium latiffime patet: ibi fimulacrum collocatum efl.
(2) Qua id magnitudine fit, nemo, quod fciam, compertum tradidit: quanrum coniectura affequi poffis, haud brevius cubitum XXX videatur. Non fuit eius opifex Bathycles.
Efl enim prifcum, et fine arte factum, nempe quod praeter
os, manus et imos pedes cetera aeneae columnae perfimile fit. Capite galeam, lanceam manibus et arcum
praefert. (3) Simulacri bafis arae formam habet. In ea
Hyacinthum fepultum tradunt. Et in Hyacinthiorum celebritate, prius quam facrum Apollini faciant, in aram iftam
per aeneum oftiolum, . quod in arae laeva parte efl, inferiae
Hyacintho mittunt. (4) In ara illa infculpta funt, hic Bi-

ridis, illic Amphitrites et Neptuni figna: tum vero Iupiter
et Mercurius inter fe bolloquentes. Prope adfiflunt Liber
pater, et Semele; huic proxima Ino. Sunt in eadem five
bafi, five ara. Ceres, Proferpina, Pluto: una cum his
Parcae, et Horae; et illis adiunctae Venus, Minerva,
Diana: in coelum autem hae tollunt Hyacinthum, et fororem eius Polyboean, quam e vita virginem deceffiffe narrant.
Atquo illud quidem Hyacinthi fignum cum barbula eft. Ni-
comedenfis Nicias eximia illum forma fuiffe fcriptum reliquit, quum do Apollinis in illum amore quiddam innueret.
In ea ipfa ara Herculem quoque Minerva et ceteri di in
coelum deducunt. Ibidem et Theftii filiae funt, Mufae, et
Horae. De Zephyro vero, et quemadmodum ab Apolline
fit Hyacinthus imprudenter peremptus, de flore item, longe
fe fortaffe aliter, quam ut exponitur, res habet: perinde vero
fuiffe cenfeatur, ac vulgatum eft. (5) Amycla a Dorienfibus
deleta vici iam formam habet. Infignia illic funt, Alexandrao
templum, et fimulacrum. Alexandram quidem Amyclaeenfes Caffandram Priami filiam effe dicunt. Eft ibidem
Clytaemneftrae effigies, et Agamemnonis flatua; quo loco
eiusdem credunt fuiffe monumentum. (6) Venerantur horum locorum incolae prae ceteris Amyclaeum; et Liberum,
cognomento Pfilan eum appellantes: appofite illi quidem
mea fententia. Pfila enim Dorienfes pinnas nuncupant.
Nam vinum homines perinde, ac aves pinnulae, incitat et
fublevat. (7) Altera ab urbe Therapnen ducit via. In ea
via fignum eft Aleae Minervae. Et antoquam Eurotam transeas, paulo fupra ripam Jovis Opulenti fanum monftratur.
Ubi tranfieris, templum videas Cotylei Aefculapii: quod Hercules dedicavit;deoque id cognominis indidit a vulnere fanatus
quod in pugna priore contra Hippocoöntem eiusque liberos
in cotyle (id eft, commodio) acceperat. Maxime vero eorum,
quae in hac via exftant, operum prifcum eft Martis fanum.
Eiusdem dei ad viae laevam quod vifitur fimulacrum, a Colchis a Caftore et Polluce deportatum furunt. (8) Thuritam
cognomino appellant de nutricis Therus nomine. Ac for-
fitan iftud Theritae nomen Colchicum eft. Neque enim Graeci
ullam norunt Thero Martis nutricem. Mea fert opinio,
non effe a nutrice hoc Marti cognominis, fed a fritate,
quod bellicofum hominem, quum praelium iam ineat, nihil
mite prae fu ferre oporteat, proinde ac de Achille dixit
Homerus:
    Utque leo torvum afpexit.
(9) Therapno a Lelegis filia nomen accepit. In ea Menelai
delubrum eft. Eoque in loco Menelaum et Helenam fepultos tradunt. (10) At Rhodii Lacedaemoniis neutiquam
affentiuntur: aiunt enim, Helenam Menelzo mortuo, errante
etiamnum Orefte, a Nicoftrato et Megapenthe pulfam, ad
Polyxo Tlepolemi uxorem, neceffariam fuam, Rhodum veuiffe: fuiffe vero et ipfam Polyxo Argivam; et quum ante
multo cum Tlepolemo fuiffet, ritum in exilium fecutam

effe Rhodum; ac tunc quidem infulae imperaffe, fufcepta
parvuli filii tutela. Hanc itaque Polyxo ulcifci in Helena
Tlepolemi necem volentem, ubi in poteflate Helenam habuit,
immififfe in eam lavantem ancillas Furiarum habitu: quae
illam comprehenfam, quum ad arborem fufpendiffent, ita
queo necarunt. In eius rei memoriam dedicaffe Rhodios
Helenae Dendritidis fanum. (11) Quae vero de Helena
Crotoniatae vulgarunt, affentientibus Himeracis. ea iam
commemorabo. Eft in Euxino circa Iftri oftia infula Achilli
facra, cui Leuce nomen. Patet ea ftadium XX ambitu,
fylvis undique condenfa, et quam feris, tum mitibus beftiis
referta. In ea Achillis delubrum et fimulacrum eft. Navigaffe in eam primus omnium Crotoniates Leonymus dicitur.
Quum bellum enim inter Crotoniatas et Locros in Italia
gereretur, ac Locri ob eam, quae ipfis erat cum Opuntiis,
propinquitatem, Aiacem Oilei filium, nas duau et auf'icam
praelium commiffuri, invocaffent. Leonymum Crotoniatarum
ducem, in eam hoftilis acisi partem impreffione facta, quam
cum imperio obtinere Aiacem audierat, vulnus aiunt in
pectore accepiffe. Ex eo quum vehementer laboraret,
Delphos opus ab oraculo imploratum veniffe: refponfum vero
tuliffe, fi in Leucen Infulam profectus effet, Aiacem ei vulneris remedium monftraturum. Quum vero iam fanatus
domum revertiffet, commemoraffe, Achillem fe, Aiacem
Oilei filium, et Telamonis item Aiacem vidiffe, cumque
illis una Patroclum et Antilochum: et Achilli quidem nuptam Helenam: mandaffe eam fibi, ut Himeram appulfus
nunciaret Stefichoro, oculorum calamitatem ob Helenae ei
iram accidiffe: ex eo factum, ut earum contrario argumento,
quam Palinodiam vocant, Stefichorus fecerit.

CAP. XX. Ad Therapnen fontem fum confpicatus
Meffeidem: quum non defint tamen e Lacedaemoniis, qui
non hunc, fed fontem tam, qui aetate hac Polydeuces nuncupatur, Meffeidem a prifcis vocatum affirment. Eft vero
Polydeuces fons et Pollucis fanum ad eius viae dexteram,
quae Therapnen ducit. Non procul a Therapne Ephebeum
aft, et in eo Caftorum delubrum: quo in loco puberes facrum Enyalio bellum omnisi faciunt. (2) Non multum hinc
abeft Neptuni templum cognomento (quod terra in eus pof-
fant fi) Gaeaochi. Ab eo Taygetum verfus procedenti vicus
eft: Alefiae nominant: quod eft in fi Molotriae dius, eo in loco
molam primum omnium reperiffe, et fruges molere docuiffe
Myleta Lelegis filium tradunt. Ibidem Lacedaemoni Taygetae filio exftructum eft heroicum monumentum. (3) Ubi
vero amnem Phelliam traieceris, recta Amyclas contendenti,
Pharis olim urbs in Laconico agro habitabatur. A Phellia
abeuntibus ad dexteram via eft, quae ad Taygeton montem
ducit. In ea planitie Iovis Meffapei fanum eft. Id ei cognominis inditum tradunt de facrificuli nomine. (4) Iam
vero a Taygeto vicus excipit, ubi olim Bryfeae urbs inco-
labatur. Exftat ibi Liberi Patris templum, et figna quaedam

fab divo relicta. Nam quod intus eſt, ſolis ſas eſt mulieribus aſpicere. Solae quoque mulieres in operto ſacra ficiunt. (5) Taygeti vertex ſupra Bryſeas Taletum ſuſtinot.
Sacrum Soli appellant: ibique et alias hoſtias, et equos Soli
acedunt. Idem autem ſacrum et Perſis patrium eſſe novimus.
Non procul a Taleto ſaltus eſt, qui Euoras dicitur. Is et
ferarum alia genera, et in primis ſylveſtres capras alit.
Fecit vero qualibet ſui parte Taygetus venatoribus luculentam caprearum, aprorum, cervorum et urſorum copiam.
Quod intereſt ſpatii inter Taletum et Euoram, Theras nuncupant. Ab ipſis Taygeti iugis modice diſtat Cereris delubrum, cui cognomen Eleuſiniae. In eo occultatum
memorant Herculem ab Aeſculapio, dum vulnus ſanaretur.
Eſt ibidem et Orphei ſignum poſitum: Pelasgorum opus fuiſſe
aiunt. Equidem et alios hoſce, quae illic fiunt, ſacrorum
ritus novi. (6) Ad mare oppidulum fuit Helos, cuius eſt
apud Homerum quoque in enumeratione navium mentio:

    Qui quae mari vicinum Helos, et quis patria Amyclae.

Huc deduxit coloniam Helius Perſei liberûm natu minimus.
Poſtea Dorienſes per obſidionem ſunt oppido potiti: ex quo
primum publici exſtitere Lacedaemoniorum ſervi, qui ſunt
a loco Hilotae nuncupati. Obtinuit deinde uſus, ut ceteri
etiam, qui ad ſervitiorum numerum acceſſiſſent, quamvis
Meſſenii (uti priores illi) non eſſent, Hilotae tamen et ipſi
appellarentur: quemadmodum et Hellas ab Hellade, quae
fuit olim Theſſaliae pars, Graecorum univerſa natio dicti.
Ex eo ipſo oppido, quod Helos diximus, vocari, Proſerpinae
ſimulacrum itatis diebus in Eleuſinium deportant. (7) Ab
Eleuſinio ſtadia XV diſtat, quod Lapithaeum appellant a Lapitha homine indigena. Eſt vero et ipſum in Taygeto:
propeque abeſt Derrhion, ubi ſub divo Dianae ſignum Derrhia-
tidis. Proximum fontem Anonum nominant, A Derrhio
ad ſtadia circiter XX Harpiea ſunt ad campos usque pertinentia. (8) Iam vero a Sparta in Arcadiam viâ contendentibus monſtrat ſe Minervae cognomento Pareae
ſignum ſub divo. Dehinc Achillis fanum eſt, quod
recludi religio eſt. At puberibus omnibus, quotcunque in
Platanetum pugnaturi deſcendunt, ſolenne eſt Achilli ante
pugnam rem divinam facere. Aedificaſſe fanum dicunt
Spartani Pracem pronepotem Pergami eius, qui a Neoptolemo eſt genitus. (9) Progreſſis paulo longius eſt Equi monumentum: quo in loco Tyndareus dicitur, convocatis
Helenae procis, ſuper exſecti equi teſtibus iusiurandum con-
cepiſſe, cuicunque Helena deſponſaretur, ennis ſe illius
iniuriam, ſi a quoquam nuptiae illae violatae fuiſſent, viu-
dicaturum. Quum hoc illos ſacramento adegiſſet, equum
eo ipſo in loco defodit. Prope abſunt pilae ſeptem, priſcorum (opinor) ritu erectae, quas errantium VII Stellarum
ſigna eſſe aiunt. Iuxta viam Cranii lucus eſt cognomento
Stemmatii. Eſt et Myſiae Dianae delubrum. (10) Abeſt
ab urbe ſtadia circiter XXX Pedoris ſimulacrum. Acerti de-

num effe ferunt, et hanc celebrant dedicationis caufam. Quum Icarius Ulyſſi Penelopen nuptum dediſſet, Ulyſſis animum tentavit, nunquid Lacedaemone domicilium habere vellet.' Quae ſpes ubi hominem fefellit, filiam orare coepit, *ne ſe deſereret, atque* ut fecum permaneret. Quin et Ithacamiam proficiſcentem, currum profecutus, multis ſolliĉitabat precibus. Ulyſſes tandem victus hominis importunitate, puellae optionem dedit, vel ſe ut ſequeretur, ſi id mallet vel cum patre Lacedaemonem rediret: ihi illam aiunt nihil ſane reſpondiſſe, ſed faciem tantum velaſſe: Icarium, quum ſibi probe noſſe videretur, quid illa animi haberet, ut cum Ulyſſe abiret, permiſiſſe: ſignum vero Pudoris ea in viae parte dedicaſſe, quo Penelope, quum faciem velavit, pervenerat.

Cap. XXI. Qui ſtadia fere XX proceſſerint, ad Eurotam amnem accedent, qui prope ad ipſam viam decurrit. Ibi Ladae monumentum eſt, qui pedum celeritate ſuos omnes aequales vicit, Is in Olympicis ludis de longiore curriculo eſt coronatus; atque inde (uti ego opinor) ſtatim poſt victoriam aeger huc reportatus, quum diem ſuum obiiſſet, ſupra militarem viam humatus eſt. Cognominem vero huic alterum, qui et ipſe ludis Olympicis victor, non tamen de longiore curriculo, verum de ſtadio, eſt renunciatus, Achivum ex Aegio fuiſſe, Eleorum de iis, qui ex Olympia victores diſceſſerunt, commentarii teſtantur. (2) Hinc Pellanam verſus contendentibus *vivus* eſt, cui Characoma (*ac ſi vallum dicas*) nomen. Proxima priſcis temporibus fuit Pellana urbs, in qua Tyndareum habitaſſe tradunt, quum e Sparta, Hippocoontem eiusque filios fugiens, exceſſiſſet. Hic, quae conſpicerentur digna, Aeſculapii fanum, et Pellanida fontem vidi. In eum fontem virginem aquam haurientem concidiſſe narrant: eius vero capitis velamen in alio fonte, cui Lancea nomen, repertum. (3) Abeſt a Pellena Radia ferme centum agri Laconici pars ea, quae Belemina dicitur. Locus eſt maxime irriguus, quem nempe Euroma aqua interluit. Multis certe ac prope unibus ſcatet fontibus. (4) Qua vero Gythion ad mare deſcenditur, vicus eſt Lacedaemoniis, cui Croceae nomen: in eo lapicidinae perpetuo ac nusquam interrupto ſaxo. Caeduntur inde lapides fluvialibus haud abſimiles. qui caelo ſane nonnihil repugnant, elaborati tamen et expolti, ſuam habent etiam in deorum cellis exornandis gratiam; multum iidem et piſcinis et aquarum ductibus aſſerunt decoris. Stat ante vicum lapide elaboratum Croceatae Iovis ſimulacrum: proxime ad lapicidinas Caſtores ex aere. (5) A Croceis divertens ad dexteram de recta, quae Gythion ducit, ad oppidulum venias, quae vocantur Aeglae. Id eſſe putant, quod Homerus carminibus Augeas appellarit. Eſt eo in loco ſtagnum, quod Neptuni dicitur. In eius ferme ripa eiusdem delubrum dei et ſimulacrum. E ſtagno piſces metuunt extrahere, quod, qui eos ceperint, ex hominibus in piſces mutari diĉtitant.

(6) Ab Aegiis diflat Gytheum fladia XXX. Maritima tenent Eleutherolacones. Sic nempe ii appellantur; quos Imperator Auguftus Spartanorum dominatu liberavit. Mari vero tota incingitur Peloponnefus, parte ea excepta, ubi Corinthiorum Ifthmus eft. Fert autem Laconicum mare conchylia, ex quibus ad infecturam vellium purpura comparatur, nobilitate folis iis, quae in Rubro mari capiuntur, inferiora. Urbes quidem Eleutherolaconum XVIII exftant: quarum prima ab Aegiis ad mare defcendentibus eft Gytheum, deinceps Teuthrone, Las, Pyrrhiohus: ad Taenarum Caenepolis, Oetylos, Leuctra, Thalamae, Alagonia, Gerenia; et ad mare propriis multo ultra Gytheum Afopus, Acriae, Boeae, Zarax, Epidaurus cognomento Limera, Brafiae, Geronthrae, Marios. Atque hae quidem reliquae funt Eleutherolaconum urbes, quum ante quatuor et viginti fuiffent. Ceteras, quas iam perfequor, in curias eas defcriptus effe fciat, qui haec leget; quae Spartana civitate continentur, quaeque cum ea cenfuntur neque fuis legibus utuntur, ut quae iam enumeratae funt. (7) Gytheatae nemini omnino mortalium origines fuas acceptas referunt, fed Herculem et Apollinem memorant, quum in certamen de tripode defcendiffent, iam lite dirempta oppidum communi ope atque confilio condidiffe. Quare in foro fua funt dis ipfis pofita fimulacra. Apollini fcilicet et Herculi. Proxime eft Liber Pater, et in diverfa fori parte Apollo Carnias. Eft item Ammonis et Aefculapii aedes cum aereo figno, fine lacunari: tum deo dicatus fons, et Cereris facrofanctum delubrum; praeterea Neptuni Gaeauchi fignum. (8) Quem vero Gytheatae fenem nominant. at in mari habitare dicunt, Nerea effe coniicio; et e verfibus illis Homeri, in quibus Thetidi fermonem tribuit, nomen hoc duxiffe interpretor:

Vos aylte interea ponti vada lata fublte,
Vifurae aequoreumque fenem, et penetralia patris.

Sunt hae in regione portae, quae Caftorides nuncupantur. In arce Minervae aedes et fignum.

CAP. XXII. A Gytheo fladia tria diftat lapis, qui Ociofus dicitur. Oreftem aiunt, quum ibi fediffet, infania liberatum. Ex rei eventu lapis ille Iupiter vocatus eft Cappotes Dorieufium lingua. (2) E regione Gytheo Cranaë infula eft; in qua Alexandrum, rapta Helena, cum ea primum congreffum Homerus dixit. Quare in continentis terrae adverfo litore Veneris eft Migonitidis aedes; quod eft ac fi Coniugalis diceris: ac regio illa tota Migonium vocatur. Templum quidem Alexandrum tradunt faciundum curaffe. At Menelaus octavo ferme poft Troiae everfionem anno domum incolumis reverfus, proxime ad Migonitidis fignum Thetidis et deae Praxidicae (quafi Vindicatricis dicas) dedicavit. Libero vero Patri fupra Migonium facer mons eft, quem vocant Laryfium; so in ineunte feftos agitant Libero dios. Sacri quum alias referunt caufas, tum quod ibi primum uvam maturam repererunt. (3) Ad Gythei laevam.

ftadia ad XXX progreſſis, in continenti terra murl fine
Trinaſi. Sic enim appellatur locus ille: quem ego quondam;
caſtellum, non oppidum, fuiſſe arbitror. Ac nomen ei
inditum reor a parvis inſulis, quae contra litus ſunt numero
tres. A Trinaſo ſtadia circiter LXXX ruinae murorum abi-
ſunt, Helos ubi olim urbs fuit. (4) Iam ſtadia procul XXX
oppidum eſt maritimum Acriae. Illic, quae ſpectantur, digna
matris Deûm aedes et e marmore ſignum. Et hoc quidem
operum omnium vetuſtiſſimum eorum, quae exſtant apud
Peloponneſios matri Deûm dicata, praedicant, qui Acrias
incolunt. Nam Magneſii, qui in Sipyli parte ea ſunt, quae
ad Aquilones converſa eſt, ſuper ſaxo, quod appellant
Coddini, ſignum eiusdem deae habent longe omnium antî
quiſſimum: Brotean vero'Illud Tantali-filium feciſſe perhibent. Acriatae Nicoclem Olympionicen ediderunt, qui
binis ludis de curſu palmas quinque tullt. Monumentum
Nicocli erectum eſt inter gymnaſium, et eam murorum
partem, quae cum portu coniuncta eſt. (5) Ab eadem maritima parte ſupra Acrias ad ſtadia ferme CXX abſunt Geronthrae. Eam urbem celebrem ante Heraclidarum in Peloppon-
neſum adventum Dorienſes, quorum erat in poteſtate
Lacedaemon, everterunt, pulſiſque veteribus incolis, co-
Ioniam deduxerunt. ' Aetate quidem mea civitas haec in
Fleutherolaconum cenſum refertur. In ipſa via, qua Ge-
ronthras ab Acriis iter, pagus eſt, qui Priſcus dicitur. Geronthris Martis delubrum et lucus. Sacra ibi faciunt
anniverſaria, quibus foeminis eſt interdictum. Circa forum
dulcium aquarum fontes ſunt. In arce Apollinis aedes, et
ſigni ex chore caput. Quod ſigni fuit reliquum, una cum
vetuſtiora templo ignis abolevit. (6) At Mariba, aliud
Eleutherolaconum oppidum, a Geronthris diſtat ſtadia U-
Priſcum ibi eſt diis omnibus commune templum. Proximus
locus multis irriguus fontibus. Sunt et in Dianio fontes.
Perennibus quidem aquis aeque atque alia regio Marioſabun-
dat. Pagus eſt ſupra oppidum Glyppia, et hic interior a mari.
Et ad alterum a Geronthris pagum. Selinunten verſus, via
eſt ſtadium XX. (7) Ab Acriis tam a mediterranea; quam
a maritima parte, ſtadia abeſt LX oppidum Aſopus. In eo
Romanorum imperatorum templum: et ſupra oppidum
ſtadia plus minus XII Aeſculapii ſanum eſt, Deum ipſum
Philelaum nominant; quod eſt ex ſi Publiicolam diris, Oſſa ea,
quibus in gymnaſio honos habetur, ſunt illa quidem inſigni magnitudine, hominis tamen fuerunt. Eſt et Minervae in arce aedes, cognomento Cypariſſiae. Ad imam arcis
partem ruinae ſunt oppidi, quod Achivorum Paraepariſſio-
rum nuncupatur. In his item finibus eſt Aeſculapii ſanum,
quod ab Aſopo diſtat ſtadia L. Regiunculam eam, in qua
Aeſculapî ſanum eſt, Hypertelenaton vocant. (8) Excurrit
in mare procul ab Aſopo ſtadia CC promontorium, quam
Aſini maxillam nominant. Eſt in ipſo Minervae templum
ſine ſigno et tecto: factum tradunt ab Agamemnone. Eſt

et Cinadi monumentum. Fuit et hic Menelai gubernator.
(y) Infra promontorium aperit se Boeaticus sinus, in cuius
extremo cornu Boeae urbs est. Eius fuit conditor Boeus,
unus de Herculis filiis: e tribus civitatibus, Etiade, Aphrodifiade, et Sida, colonia deducta. Illarum vero priscarum
urbium duas in hunc sinum tempestate delatum Aeneam,
dum in Italiam fugeret, condidisse ferunt, et alteram de
filiae Etiadis nomine appellasse. Tertiae a Sida Danai filia
nomen datum. Ex his civitatibus profugi, quum quaererent
ubi considerent, responsum acceperunt, Dianam, quo loco
urbem conderent, monstraturam. In terram expositis se le-
pus ostendit. Quem secuti, tanquam viae ducam, quum illo
se ad myrtum recepisset, eo ipso in loco, ubi myrtus illa fuit,
oppidum munierunt. Stirpem eandem nunc etiam colunt,
et Dianam celebrant Servatricem. In Boeensium foro Apollinis delubrum est; et alia in regione Aesculapii. Serapidis
vero et Isidis rudera absunt Boeis haud amplius stadia VII.
Ad laevam huc euntibus adstat Mercurii e marmore simulacrum. Et inter rudera facile conspici potest Aesculapii et
Hygiae templum.

CAP. XXIII. Contra Boeas Cythera sita sunt. Ad Pla-
tanistuntem (ab ea enim parte ut minimum distat a continenti insula haec) sed ad Platanilluntem promontorium ab
eo promontorio, quod in ora Asini maxillam diximus appellari, navigatio interest stadiûm XL. Habent maritima
Cytherorum Scandean navale. A Scandea ad ipsa Cytherorum moenia ascenditur stadiûm X via. Est illic Uraniae
Veneris fanum, eorum omnium, quae apud Graecos Veneri dicata sunt, maxime priscum et sacrosanctum. Deae
signum cum armis est. A Boeis ad ea, quae supra Malean
promontorium sunt navigantibus, stagnum est, quod Nym-
phaeum nominant. Prope Neptuni signum recto statu, et
mari vicina spelunca. In qua dulcis aquae fons. Frequens
est locus circumquaque incolentium hominum multitudine.
(z) Maleam praetervectis ad C fere stadia, vicus est Apollini
sacer in ipsis Boeiarum finibus, cui nomen Epidelium.
Quae enim eo in loco nunc visitur Apollinis effigies, eadem
est, quae olim Deli dedicata fuit. Nam quum esset Delos
totius olim Graeciae emporium; eaque sola religione multa
contra omnes omnium iniurias incolas tueretur, exortus
est Menophanes quidam Mithridatis copiarum dux, qui vel
suapte insolentia, vel regis imperio impulsus (homini enim
ad pecuniam omnia referenti facile divina quoque Inferiora
sunt) in insulam quum murorum, tum armorum praesidio carentem cum classe invisit; ubi et peregrina,
qui illic tunc forte erant, et civibus caesis, ne-
gotiatorum pecunia direpta, donariis compilatis, coniugibus
Deliorum et liberis sub corona venditis, ipsam etiam urbem
solo aequavit. In ea populatione barbarorum quidam effigiem (de qua diximus) petulanter *** in mare abiecit.
Ea maris aestu in hos Boeasturas figes delata loco nomen

dedit Epidelium. (3) Verum dei iram neque Nenophanes,
neque Mithridates ipſo effugit. Mox enim poſt Deli
calamitatem, quum in altum provcherctur Menophanes,
qui eius manus onugerant negotiatores, navibus ex inſidiis
adorti, hominem occiderunt: Mithridatem vero coegit deus
ipſum manus ſibi conſciſcere, quum amiſſo iam regno a Romanis huc illuc pulſus nuſpiam poſſet conſiſtere. Sunt, qui illum
dicant ab uno de barbaris mercenariis magni beneſicii loco
Impetraſſe, ut ſe conſiceret. Has violati uaminis poenae
impii homines dederunt. (4) Finitima eſt Booatis Epidaurus, Limera cognomento. Abeſt ab Epidelio ſtadia circites
CC. Eſſe vero eam uloniam ſiunt non Lacedaemoniorum,
ſed Epidauriorum, qui intra Argivorum ſines ſunt. Quum
enim legati ab Epidauriis publice in Coon inſulam ad Aeſculapium miſi, ad hanc agri Laconici oram appuliſſent, ſo-
mniis quibusdam monitos ſedem eo in loco ſtatuiſſe memorant.
Quin anguem etiam, quem ſecum Epidauro abduxerant, e
navi elapſum, non procul a mari ſe in caverear demerſiſſe.
Quare et viſis per quietem, et eo prodizio adductos ibi con-
ſtitiſſe; et ſibi eppidum communiſſe. Exſtant, quo loco ſe
e conſpectu anguis eripuit, arve Aeſculapio dedicatae inter
ſponte enatas oleas. (5) Progreſſu ad dexteram ſtadia cir,
citer duo aquam videant, quae Inus dicitur. Palus eſt
parva, qua lata eſt: qua vero ſubſidit, alte deſcendens,
In eam teſto Inus die ſolenne eſt paniſicia poriloere. Ea ſi
demerſa retinuerint aquae, ſecunda ei, qui porrecerit, promitti autumant; contra vero adverſa, quoties illa aqua re-
lecerit. Eandem habere portendendi vim dicuntur Aetnae
mentis craterae. Abiiciunt enim in eas homines quum
ſigilla argentea et aurea, tum vero cuiusvis generis victimas.
Eaſtabſorpſerit ignis, lacta ſibi nunciari: contra ſi regeſſerit,
male eventurum ei, a quo illa abja faerit, interpretantur.
(6) Prope viam, quae Boeis ad Limeram Epidaurum ducit, in
Epidauriorum finibus Dianae Limnatidis delubrum eſt. Oppidum ipſum non procul a mari in eminenti loco ſurgit.
Quae ſpectentur, digna illic ſunt Veneris ſanum; et Aeſculapii,
in quo ſimulacrum marmoreum ſtantis habitu: tum in arce
Mineryae aedes; et ad portum Iovis cognomento Servatoris. (7) Promontorium in pelagus ſub ipſa urbe excurrit,
cui nomen Minoa. Sinus, qui bae in parte portum eſiat, nihil
Ille quidem e ceteris differt maris in Laconiae latus irru-
ptionibus. Litus quidem ipſum calculis abundat figura ot co-
lorum varietate ſpecioſis.

CAP. XXIV. Ab Epidauro ſtadia ferme C Zarax abeſt.
Haec ora portum habet valde appellentibus idoneum. Sed
anim ex omnibus Eleutherolaconum civitatibus haec in
primis, magnis affiota eſt cladibus. Nam et Cleonymus
Cleomenis filius, Ageſipolidis nepos, hoc unum Laconici
nominis oppidum delevit. De Cleonymo, quae res poſtula-
vit, alio loco diximus. Ad Zaraca aliud quidem nihil inſigne
eſt: in portu dumtaxat extremis ſinibus Apollinis delubrum

eſt, et ſimulacrum citharam tenens. (2). Hinc ſecundum
mare ſtadia circiter VI progreſſis, atque inde ad mediterranea reverſis ſtadia prope X. Cyphantum (ſic enim ῥόμω ἰ ſt/
ſunt appellati) ruinae ſe oſtendunt: et inter eas Stethaeum,
Aeſculapii fanum, cum ſimu'acro marmoreo. Eſt ibidem
ſaliens frigidiſſimae aquae e ſaxo prorumpentis. Amlantam
a venatione ſiti laborantem, quum ſaxum illud cuſpide per-
cuſſiſſet, aquam elicuiſſe ferunt. (3) Braſiae extremum hac
in parto Eleutherolaconum ad mare oppidum eſt: diſtat a
Cyphantibus CC ſtadiûm navigatione. Incolae ea ſermonibus vulgarunt, quae neutiquam alii Graecorum populi confitentur: Semelen quidem Iovi Liberum Patrem peperiſſes
a Cadmo vero deprehenſam, cum evero recens nato in arcam
coniectam: eam arcam nctſu iaelatam, in fines ſuos eiectam: ibi
Semelen, quae iam mortem obierat, a ſe magnifice ſepul-
tam; ſuperſtitem puerum educatum. Eum fuiſſe erutum, ut
urbs ſua, quae ad illud usque tempus Oreatae appellata
fuerat, iam mutato vocabulo Braſiae dicerentur, iamii .,rume
ab arcae in eam oram eiectione: quando aetate etiam noſtra,
quae maris aeſtu ad terram extruduntur, εκΣειπιΰαι (id
eſt, maris acta eiectio) a multis dicuntur. Addunt et alia
huiusmodi Braſiatae: Ino profugam in agrum ſuum veniſſe;
ibi Liberum Patrem alendum ſuſcepiſſe. Antrum monſtrant,
ubi illa infantem enutrierit; et cavipum appellant Bacchi
hortum. (4) Templa illic ſunt, Aeſculapii unum, Achillis
alterum. Feſtos etiam dies Achilli quotannis agitant. Eſt
Braſiis parvum et molliter in mare excurrens promontorium.
In eo figilla pileata videns ex aere, nihilo pedalibus maiora.
Non facile dixerim, Caſtorumne, an Corybantum en uomi-
nibus ſinxerint. Tria certe ſunt eo i,uiqi qaibus quartum.
acediv Minervae ſimulacrum. (5) Ad Cythli dexteram Las
eſt, citra mare ſtadia X, praeul a Gythio XI. Habitatur
nunc oppidum in medio montium trium intervallo, Ilii, (ſis
enim ax iwix unum appellant) Anxe et Cnacadii. Priſcis quidem
temporibus in Aſiae montis vertice ſitum fuit: veterisque urbis hac ipſa etiamnum aetate ruinae monſtrantur, et ante muros ſignum Herculis, et de Macedonibus erectum trophaeum.
Pars ſuit ea Philippi copiarum, quum in Laconiae ille fines
invalit. Palantes hi a cetero exercitu digreſſi, oram maritimam populationibus infeſtam reddiderant. Inter eas ipſas
ruinas templum exſtat Minervae cognomento Aſiae. Pollucem
et Caſtorem crexiſſe tradunt, quo tempore e Colchica expeditione incolumes reverterunt. Fuiſſe vero et Colchis
Aſiae Minervae fanum. Profecto quidem cum Iaſone Tyndarei filios ſatis habeo cognitum: quod vero Minervam
Aſiam Colchi colant, id ſcilicet a Lacedaemoniis acceptum
ſcribo. Prope urbem eam, quae nunc incolitur, fons eſt,
quem ab aquae colore Cngaconem nominant. Proximum
illi fohti gymnaſium: in quo priſcum Mercurii ſignum. In
eo monte, quod Ilium diximus appellari, delubrum eſt Liberi Patris; et in ſummo iugo Aeſculapii. In Cuacadlo

Carneus Apollo. (6) A Carneo stadia plus minus trigista
abest vicus intra ipsos iam fines Spartanorum, Hypsos nomine: ubi est Aesculapii aedes, et Dianae cognomento
Daphnaeae. Ad mare in promontorio Dianae est aedes Dictynnae, cui festos quotannis dies agitant. Ad sinistram
promontorii exit in mare amnis Smenus, dulcem potantibus
aquam, si quisquam alius, fundens. Habet fontes suos in
Taygeto monte. Ab urbe abest haud plus quinque stadia.
(7) In vico, cui Araino nomen, Lae sepulcrum, et super
monumento statua. Ab eo La oppidum conditum tradunt
incolae: interemptum vero ab Achille: quem huc venisse
credunt, quum a Tyndareo Helenam sibi deposceret. Atenim verius quis dixerit, Lan a Patroclo interfectum, quum
unus hic fuerit de Helenae procis. Nam Achillem Helenam
nunquam petiisse, ut leve habeatur argumentum, quod in eo
carmine quo illustres foeminae enumerantur, nulla sit Achillis
mentio: Homerus certe in ipso serna operis sui initio,
Achillem scripsit, pro suo in Atrei filios studio, non Tyndarei sacramento ullo adactum, ad Troiam venisse. Iam
vero idem poëta, quo loco ludos exponit, dicentem facit
Antilochum, natu esse se grandiorem Ulyssem; ac ipsum
Ulyssem, dum, quae apud inferos viderat, narraret Alcinoe,
inter cetera videre se voluisse Pirithoum et Theseum, viros
aetate sua superiores. Et Helenam quidem a Theseo raptam
scimus. Quo fit, ut quadrare neutiquam possit, Achillem
unum de Helenae procis fuisse.

CAP. XXV. Progressi longius a monumento, fluvium
videant in mare influentem, cui Scyras nomen. Sine
nomine ante fuerat: hoc vero nominis tum accepit, quum
illum classe intravit Pyrrhus Achillis filius ad Hermionen
nuptias a Scyro proficiscens. Trans amnem tum vetus delubrum est seorsum ab ara Iovis. (2) Interior a mari, XL stadia
a flumine recedit Pyrrhichus oppidum. Ab eodem Pyrrho
Achillis filio noncupatum, non defuerunt, qui dicerent: alii
vero a Pyrrhicho, uno de Curetum deorum numero. Sunt
etiam, qui Silenum e Malea profectum hic habitasse dicant.
In Malea quidem educatum Silenum declarant hi versus e
Pindari cantico:

    Ille strenuus choreis,
    Quem Maleae civis e: vir
    Naidis aluit Silenus.

Quod vero Silenus etiam Pyrrhichi sit nomine appellatus,
nuspiam dixit Pindarus; sed eius rei Maleae incolae autores
fuere. In ipso Pyrrhichi foro puteus est. Monstratum sibi
a Sileno aiunt. Quod si puteus is exaresceret, aquae penuria valde laborarent. Habent Pyrrhichii intra fines suos
templum Dianae Astrateae. Causa nominis, quod Amazonum
exercitum hoc aiunt in loco progrediendi finem fecisse. Et
Apollinis eadem de causa Amazonii. Utriusque dei lignea
signa sunt. Dedicasse dicuntur foeminae, quae a Thermodonte venerunt. (2) A Pyrrhicho ad mare descendenten

LACONICA SEU LIB. III. CAP. XXVI. 159

Theuthrone *oppidum* excipit. Conditorem produnt incolae
Teuthrantem Atheniensem. Colunt hi prae ceteris dis *Ilyriam*
Dianam. Fontem habent Naiam. (4) A Teuthrone stadia
procul CL. excurrit in mare Taenarum-promontorium, et
*fafia* portus Achilleus, et Psamathus. In ipso promontorio
templum est speluncae persimile : in culus primo aditu Neptuni
signum. Hac Graecorum nonnulli versibus prodiderunt ab
Hercule Plutonis canem extractum, quum neque meatus
omnino ullus per eam specum subter terram subeat, neque
aeri omnino cuiquam simile videri possit, deorum ulla esse
subterranea regna, quo animi conveniant, *e corporibus quum*
*exusserint.* Hecataeus quidem Milesius rem non absurdam
commentus est; in ea caverna immanem ac tetrum serpentem lustrum habuisse, qui sit idcirco inferorum canis dictus,
quod, quem morsu impetisset, subita eum veneni vi mori
statim necesse esset. Eum serpentem ab Hercule ad Eury-
stheum pertractum. Homerus vero (is enim primus Ditis
canem, quem Hercules extraxisset, appellavit) neque nomen
ei proprium imposuit, neque de eius figura quicquam est
fabulatus, uti de Chimaera. Posteriores et Cerberum appellarunt, et quum cetera cani fecissent similem, tria dixerunt
capita habere, quum tamen Homerus, ut domini familiare
animal canem dixit, sic, qui draco fuisset, inferum canem
appellasse videri possit. (5) In Taenaro et alia sunt sacra
monumenta, et Arion citharoedus delphino insidens. De
Arione quidem et delphino quae audierat, retulit Herodotus,
ubi res gestas Lydorum exponit. Ego sane in Porofelene
delphinum vidi, qui puero, a quo sanatus fuerat, quum a
piscatoribus vulnus accepisset, quasi mercedem curationis
penderet, dicto se audientem praebebat, et eundem, quocunque ille iussisset, dorso transvehebat. Est in eodem Taenaro fons, qui nihil iam, quod cum admiratione intueamur,
habet: olim introspicientibus portus et naves aiunt spectan-
das praebuisse. Aquae miraculum illud foemina quaedam
sustulisse dicitur, quum in ea pollutam vestem abluisset.
(6) Ab ipso promontorio mari stadia circiter XL praetervectos
oppidum excipit Caenepolis, Taenarum et ipsum ante appellatum. Est in eo Cereris fanum, et ad mare Veneris
aedes, et *eiusdem deae* stantis habitu signum e marmore. Illinc
digressis stadia procul XXX, Taenari vertex, Thyrides (*id*
*est Fenestrae*) dicuntur; et Hippolae urbis ruinae monstrantur.
Inter eas Minervae Hippolaitidis facellum exstat. (7) Non
magno abest intervallo civitas Messa et portus. Ab hoc
portu ad Oetylum stadia intersunt CL. Heros, a quo civitas
nomen habet, ortu Argivus fuit, Amphianacte Antimachi
filio genitus. Sunt in Oetylo quae spectentur digna, Serapidis templum, et in ipso foro Caroei Apollinis simulacrum.

Cap. XXVI. Ab Oetylo ad Thalamas via in longitudinem stadia prope LXXX patet. In via Inus fanum et oraculum visitur. In eo futura dormientes provident. Con-
sulentibus enim per somnorum visa, quae opus est, dea

denunclat. Erecta sunt ox agce figna in ea fani parte, quae
fub divo eft, Paphiae unum, Solis alterum. Quod in delubro ipfo eft, non fatis fe illud aperte oftendit; coronamentis omni ex parte velatum: ex aere et ipfum effe dicunt.
Fluit e facro fonte fuovis hauftu aquat Lunae nuncupant.
Thalumatis Paphia non eft utiquo patrium numen. (3) Diftat a Thalamis ftadia XX Pephuos maritima civitas. Parra
adiacet Infula, nihilo omnino ingenti faxo maior El quoque
Pephnos nomen eft. In ea Caftores primum in lucem editos
Thalamatae memorant: quod ipfum in cantico quodam fuo
dixiffe Alcmanem, me certe non fugit. Enutritos quidem
Pephni negant, fed a Mercurio Pellanam deportatos. In
ea tam pufilla infula fub divo aenea funt ipforum Gemellorum figifta, nihilo pedalibus maiora. Ea, etfi hyberno
undis vehementer faxum verberatur, loco tamen nihil moventur: quod miraculo quidem eft: et illud fere haud multo
minori, quod formicae confpiciuntur vulgaribus albicante
colore diffimiles. Eam infulam fuotum fuiffe olim finium,
contendunt Meffenii: eapropter Gemellos ipfos maiore fe
quam Lacedaemonios propinquitate attingere. (3) A Pephno
ftadia XX abfunt Leuctra. Quae civitati nominis origo, non
habeo dicere. Quod fi a Leucippo (uti Meffeniis placet)
Parieris filio nuncupata eft, hoc illud efte arbitror, quod prae
dis coteris Aefculapium colunt, quum Arfinoe Leucippi
filia natum potent. Marmorea funt quum Aefculapii ipfius,
tum Inus diverfa in parte figna. Aedes ibi erecta eft Caffandrae Priami filiae, culus fimulacrum ab incolis Alexandrae
nomine colitur. Sunt et Apollinis Carnei figilla. Huic
enim deo honorem ritu eodem habent, quo a Lacedaemoniis Spartiatae. Leuctris in arce Minervae templum et
fimulacrum eft. Cupidinis in ipfo oppido aedes et lucus,
qui perenni aqua hyeme irrigatur. Folia vere ex arboribus
quae decidunt, ne exuberante quidem aqua alio deteruntur.
(4) Quod vero in maritima Leuctrici agri parte novi accidiffe
aetate mea, feribere non gravabor. Immiffus in fylvam ignis
ventorum vi, magnum arborum numerum exuffit. In ea
tunc parte, quae ftirpibus maxime erat denudata, repertum eft
Ithomatae Iovis fignum ita locatum, uti quae dedicantur locari
folent. Eo maxime teftimonio nituntur Meffenii. dum Leuctra
contendunt olim ad fines fuos pertinuiffe. Sed nihil omnino
prohibet, quin, ut prifcis etiam temporibus Leuctra Lacedaemonii tenuerint, ut ipfis potuerint Ithomatae Iovi honores
haberi. (5) Cardamyle quidem, cuius fecit mentionem
Homerus, ubi dona pollicentem Agamemnonem facit, Lacedaemoniis Spartanis paret, quum a Meffeniis eam feiun-
xerit Caefar Auguftus. Prope abeft a mari Cardamyle ftadia
VIII, Leuctris LX. Eft ad Cardamylon non procul a litore
facer Nerei filiarum lucus. In eum enim locum Nympkas
e mari narrant prodiiffe, ut Pyrrhum Achillis filium ad Her-
miones nuptias Spartam contendentem fpectarent. In ipfo
oppido Minervae aedes eft, et Carneus Apollo, quem pa-

trio Dorienſium ritu venerantur. (6) At quam urbem Eno-
peu Homerus appellat, et ipſa Meſſenici nominis eſt. Facit
autem nunc cum Eleutherolaconibus: aetate noſtra Gereniam
nominant In ea Neſlorem funt, qui educatum dicant; alit
vero huc confugiſſe capta ab Hercule Pylo. (7) Gereniae
Machaonis (Aeſculapii filii) monumentum, et eiusdem
religione nobile fanum, viſitur. Nam et ab ipſo Machaone
morbis hominum medelas monſtrari putant. Sacram et
regiunculam Rhodon nuncupant. Simulacrum eſt ex aere
ſtatu recto: caput corona cingitur, quam Ciphos patria
lingua vocant Meſſenii. Interfectum ab Eurypylo Telephi filio
dixit Machaonem, qui carmina ea fecit, quae Ilias parva
dicitur. Quare non ab re illud in ſacris, quae Pergami in
Aeſculapii fiunt, fervari ſcio, ut quum hymnos a Telepho
exordiantur, nihil Eurypylo laudationis impertiant: quia
et illum in eo templo nominari nefas habent, quod ſcilicet
eum ſciant interfectorem Machaonis fuiſſe. Oſſa quidem
Machaonis a Neſtore ſervata dicunt. At Podalirium, quum
Ilio deleto redirent Graeci, tempeſtate Syron, quae in continenti Cariae urbs eſt, incolumem delatum, ibi confediſſe
tradunt. (8) In Gereniorum agro mons eſt Calathion, et
in eo Claeae facellum: cui ſpecu proximum, anguſto admodum aditu: ſed qui introierint, multa, quae admireantur,
ſpectare poſſunt. A Gerenia ad ſuperiora iam mediterranea
XXX procul ſtadia venientes excipit Alagonia oppidulum:
annumeratum et ipſum in Eleutherolaconum civitatibus.
Quae ibi ſpectantur digna, ſunt Liberi Patris et Dianae
templa.

# MESSENICA SEU LIB. IV.

Cap. I. Meſſenii regionis ſuae ab ea parte, quam ad
Laconas pertinere Rex voluit, ad Gereniam
fines habent: qui ſaltus nunc Choerius dicitur. (1) In hac
primos incolas vicatim habitaſſe proditum eſſe. Mortuo
autem Lelege, (qui in ea Graeciae parte, quae nunc Laconia
dicitur, ab eo vero tunc Lelegia appellabatur, imperavit)
e filiis natu maior Myles ei in regnum ſucceſſit: Polycaon,
quod erat minor, privatam egit vitam ad illud usque tempus, quo Argivam uxorem duxit Meſſenen Triopae filiam,
Phorbantis neptem. Ea, patris dignitate et opibus, quibus
ille tunc prae ceteris Graecis maxime florebat, elata, virum
in ordinem redactum perpeti non potuit. Comparatis itaque
ab Argis et Lacedaemone auxiliis, in hanc ipſam regionem
Polycaon invaſit, deque uxoris nomine Meſſenen univerſam

nominavit. (3) Urbes vero et alias condidit, et in qua regni
fedem effe voluit, Andaniam. Nam antequam Thebani ad
Leuctra praelium cum Lacedaemoniis cominififfent, atque
inde Meffenen, quae hac etiam aetate exftat, fub Ithoma
condidiffent, nullam omnino exiftimo urbem eo nomine
nuncupatam. Adducor autem non minimum Homeri verfibus. Nam quum ille in populis enumerandis, qui ad Ilium
*fuos quisque duces fecut.* venerunt, Pyloo, Arenen, et alias
nonnullas recenfens, nullam prorfus Meffenas mentionem
fecit. Satis vero aperte idem in Odyffea, populum fuiffo,
non civitatem unam Meffenios fignificat:

Nam pecus ex Ithaca rapuit Meffenis pubes.

Apertius vero ubi de Iphiti arcu loquitur:

Illi in Meffena ibi in aedibus occurrerunt
Ortilochi.

Ortilochi domum in Meffenia parvum oppidum Pheras innuit:
quod ipfemet exponit, quo loco de Pififtrati ad Menelaum
adventu agit:

Iam Pheras venient magni fub tecta Dioclis,
Qui fatus Ortilocho.

(4) Primi igitur huius regionis imperium Polycaon Lelegis
filius, et uxor eius Meffene tenuerunt. Ad hanc Ipfam
Meffenen magnarum dearum initia Caucon Eleufine veniens
deportavit. Fuit Caucon Clini filius, Phlyi nepos. Phlyum
ipfum Athenienfes e Terra genitum memorant: quibus facile
affentitur Mufaei hymnus Lycomidis factus in Cererem.
Magnarum vero dearum initia, multis poft Cauconem annis,
Lycus, Pandionis filius, quam auguftiffima, quamque cele-
berrrima ut effent, effecit. Lucum hac etiam aetate Lyci
nominant, ubi ille antiftites myfteriorum luftravit. Et effo
in Meffenico agro faltum qui Lyci dicitur, teftatur eo verfu
Cretenfis Rhianus:

Horrentemque Lyci faltum, iugique afpera ElaeL

(5) Quod autem hic Lycus Pandionis fuerit filius, aperte
declarant verfus, qui funt ad Methapi effigiem. Nam et
Methapus quosdam initiorum ritus reformavit. Fuit hic
quidem Athenienfis patria, initiorum, orgiorumque, et
cuiusvis modi facrorum defignator. Idem vero et Cablrorum
Thebanis initia conftituit, et iuxta Lycomidarum feptum
imaginem eum infcriptione dedicavit. Ea infcriptio quum
alia, tum in primis, quae ad Methapum pertinent, teftatur:

Mercuriique vias luftravi, ac tecta parentis:
Primigenae populis monftravi facra puellae:
Hic ubi mugiarum inftituit ludicra dearum
Meffene, Phlyus Clinum, Caucouaqua Clinus
Quae docuere patres. Mirum mihi contigit illud,
Cuncta Lycus quare prifco Pandione cretus
Andaniam magnis portarit myftica Athenis.

Indicat Infcriptio, ad Meffenen veniffe Cauconem Phlyi nepotem: alia praeterea de Lyco; et illud in primis, veterem
initiorum fedem Andaniam fuiffe. Et confentaneum fane

mihi videtur, Meſſenen et Polycaonem, in qua urbe ſuam
ſibi regiam poſuiſſent, in eadem ſacrorum etiam religionem
conſtituere voluiſſe.

CAP. II. Equidem non mediocre adhibui ſtudium, ut
diſcerem, ecquinam Polycaoni e Meſſene liberi geniti eſſent.
Evolvi itaque et librum, quae *a..g..a* Eoeae Inſcriptae ſunt,
et Naupaclia carmina: omnia praeterea, quae *..f..* Cinaethon et Aſius de Gentilitatibus perſcripſerunt: neque omnino
quicquam, huc quod pertineret, comperi. Nam quum magnae
teſtentur Eoeae, cum Polycaone Butae filio fuiſſe nuptam
filiam Hylli (Herculis filii) Euaechinen, in illis certe nulla
prorſus vel de Meſſenes viro, vel de ipſa Meſſene mentio.
(2) Iam vero aetatibus ferme quinque, non amplius (uti
mea fert opinio) exaclis, quum nullus iam omnino de Po-
lycaonis poſteris eſſet ſuperſtes, accerſitum aiunt in regnum
Meſſenii Perieren Acoli filium: ad eum veniſſe Melaneum,
praeſtantem arcu et ſagittis virum, quique ob artis eius
excellentiam ab Apolline genitus credebatur. Huic a Periere
partem eam regionis attributam, quae Carnaſium *aa.*. Oechalia
tunc dicta eſt, accepto ſcilicet ab uxore Melanei nomine. Theſſali
vero et Euboeenſes (ut omnia forma eſt de Graecae rebus
controverſa hiſtoria) ita inter ſe diſſident, ut illi Eurytium
(vicus eſt hic aetate noſtra *propo* deſertus) Oechaliam priſcis
temporibus urbem dicant fuiſſe. Ab iis, quae hac de re ſunt
Euboeenſium ſermonibus prodita, nihil fere diſſentit Creo-
phylus in Heraclea ſua. At Mileſius Hecataeus in Scio
Eretrici agri partem Oechaliam eſſe ſcripſit. Verum Meſſenii quum alias ob rationes probabiliora quam coteri mihi
dicere videntur, tum in primis ob ea, quae de oſſibus Euryti
poſterius commemorabimus. (3) Poriori geniti ſunt e Gorgophone. Perſei filia, Aphareus et Leucippus. Hi patre mortuo in Meſſenia regnarunt: autoritate tamen ſuperior fuit
Aphareus. Hic dum regnaret, Arenen urbem condidit, *na-*
*minque ri impoſuit* a filia Oebali, uxore ſua et eadem ſorore ex una
et eadem matre genita. Etenim cum Oebalo nupta fuit Gorgophone: ac bis quidem iam de ea nobis ſermo fuit in ſuperioribus
libris, iis quos de Argolica et Laconica terra conſcripſimus.
Hic ipſe itaque Aphareus et urbem in Meſſenia Arenen condidit, et Neleum Crethei filium, Aeoli (qui cognomento
appellatus eſt Neptunus) nepotem, patruelem ſuum, Peliae
ex Iolco minas fugientem, domo recepit ſua, et agri el
partem maritimam aſſignavit: qua in parte et aliae erant
urbes, et Pylos, in qua regiam ſuam conſtituit Neleus.
(4) Venit autem Arenen et Lycus, Pandionis filius, quo
tempore et ipſe Aegei, fratris ſui, metu Athenis profugit:
atque hic quidem magnarum dearum orgia Aphareo, et
eius liberis, et Arenae uxori Andaniam deportata tradidit,
*ut filiius ſenſus*, quod eodem in loco Meſſenen Caucon initia-
verat. Aphareo filii duo fuere: Idas natu maior, et virtute
praeſtantior, minor Lynceus. Is (ſi cui credi poſſint, quae
Pindarus dixiſſe videatur) oculis fuit tam perſpicacibus, ut

in quaraetis per medios arborum truncos cerneret/ Hic an
liberos reliquerit, compertum non habeo: Idas quidem filium
habuit Cleopatram ex Marpessa, quae Meleagri uxor fuit:
quamvis eam, quam Meleager duxit, qui Cypria fecit carmina,
Protesilai fuisse filiam dixerit, eius nempe, qui, appulsis ad
Troiam Graecis, in terram primus descendit. Huius uxorem Polydoram fuisse: ex ea filiam genitam, quae Meleagro
Oenei nupserit. Quod si ita est, tres a Marpessa, perpetua
serie amissis viris semetipsas iugularunt.

Cap. III. Atenim posteaquam Apharei liberi cum Ge-
mellis patruelibus suis de pecore dimicarunt, et Lynceum
Pollux occidit, Idas vero fulmine ictus foto suo perfunctus
est, Apharei domus tota, maribus omnibus consumtis, deleta
est: tunc Messeniorum imperium ad Nellorem Nelei filium
delatum: penes quem quum cetera omnia, tum vero quae
Idae regno continebantur, fueruit: iis tamen *porulis* ex-
euptis, quibus Aesculapii liberi imperarunt. (2) Aesculapii
enim filios e Messenia tradunt ad obsidendam Ilion venisse:
natum siquidem Aesculapium Arsinoe Leucippi filia, non
Coronide, Ac Triccam sane desertum quendam in Messenia
vicum appellant: versus Homeri in *tellimontino* asserunt, quibus Machaonem Nestor sagitta percussum solatur. Neque
enim, inquiunt, tantam omnino benevolentiae significationem
ille dedisset, nisi et vicini, et gentilis casu regis com notus
fuisset. Confirmantur haec, quae de Aesculapii liberis dicuntur, quod et Machaonis monumentum Gereniae ostenditur,
et Pheris fanum Machaonis liberum. (3) Iam vero confecto
bello Troiano, quum diem suum post reditum Nestor obiisset,
reduces postliminio Dorienses cum Herculis liberis duabus
post aetatibus e Messenia Nelei posteros eiecerunt. Porro
haec quasi cumulus quidam eorum fuerunt, qui ad Tisimeni
res pertinuerunt. Verum et illud restat exponendum. Quum
Temeno Dorienses Argos assignassent, ob illis Cresphontes
terram sibi Messeniam depopolcit, quippe qui Aristodemo
natu fuit maior. Aristodemus enim Ipse e vita iam excesserat.
Theras vero Autesionis filius maiorem in modum Cresphonti
adversabatur, Thebanus ille quidem, Polynicis Oedipi filii
atnepos. Tutelam enim is tunc Aristodemi filiorum gerebat,
quod eorum erat avunculus: uxorem siquidem duxerat Aristodemus Autesionis filiam nomine Argian. Cupiebat Cresphontes Messeniam sibi assignari: quare Temenum rogat,
rem ut forti committat. Ille in situlam, quum eam iam
aqua complesset, sortes mittit, re ita constituta, ut fors utra
prior exilset, illi Messenia adiudicaretur: ac *subdole* quidem
Aristodemi liberum sortem e siccata sole argilla, Cresphontis
e coctili laterculo fecit. Quo factum est, ut illa soluta,
haec constiterit, et per eam Cresphonti Messeniae obtigerit.
Neque vero prisci Messenii a Doriensibus eiecti sunt. Nam
facile illi et Cresphonti, novo regi, paruerunt, et Dorienses
in agri partem receperunt: atque eo libentius, quod invidiosa
iam erat apud ipsos regum superiorum potentia, qui erant

ah loco oriundi. Uxorem vero Cresphontes Meropen duxit, Cypseli filiam, Arcadum tunc regis; e qua quum alios suscepit filios, tum vero qui natu minimus fuit, Aepytum. (4) Ae sibi quidem et liberis regiam Stenycleri exaedificavit, quum ante reges alii ab initio, et ipse etiam Perieres, Andaniae habitassent. Aphareus quoque postea quam Arenen munivit, in ea cum liberis imperii domicilium habuit. At Nestori, eiusque posteris, Pylos regia fuit. Postremo Cresphontes Stenycleri regem habitare voluit. Hunc potentiores, quod populariter nimis plebem esset amplexus, eiusque liberos, praeter Aepytum, occiderunt. (5) Solus enim Aepytus, quod apud Cypselum maternum avum adhuc puer educabatur, parenti et fratribus superstes fuit. Illum iam adultum Arcades in Messeniorum regnum, et una cum Arcadibus Doriensium reges, et Aristodemi filii, Simus et Temenus, restituerunt. Aepytus paterno regno recepto patris primum interfectores, quique eius fuerant caedis auctores, ultus est: deinde concillata sibi obsequiis nobilitate, plebe largitionibus delinita, eo pervenit honoris, ut Aepytidae posteri iam omnes appellati sint, quum ante Heraclidae dicerentur. (6) Huius filius Glaucus, a patre accepto imperio, par illi fuit in omnes ordines officiu et aequitate, deorum vero cultu multo superior. Etenim quum in Iovis fano, quod in Ithomes vertice fuit, apud Dorienses Polyxon et Messene non colerentur, Glaucus, illis ut sui haberentur honores, instituit. Idemque Machaoni Aesculapii filio primus in Gerenia rem divinam fecit, et Messenae Triopae filiae solita heroibus decerni munera dedicavit. Cuius pietatem Isthmius eius filius imitatus, Gorgaso et Nicomacho Pheris templum erexit. Isthmio Dotadas genitus: qui ad cetera navalia, quae tunc in Messenia fuerunt, unum Mothonae munivit. Succedit Dotadae filius Sybotas. Is ut reges Pamiso amni anniversaria sacra facerent iussit, et ut ante magnarum dearum (quae ipso etiam regnante Andaniae celebrabantur) initia, Euryto Melanei filio pacemuretur Oechaliae.

CAP. IV. Iam vero Phinta regnante, Sybotae filio, Apollini primum Messenii sacrum cum virorum choro Delon miserunt. Iis canticum, quo deum salutarent, (Prosodium appellant) fecit Eumelus: et haec certe carmina sola sunt, quae Eumelum fecisse pro comperto habetur. Huius ipsius Phintae temporibus discordiarum semina (incertum quanam ex causa) inter Messenios et Lacedaemonios extitere. Causa tamen huiusmodi prodita est. In Messeniorum finibus Dianae Limnatidis cognomento templum fuit, commune solis Doriensium Messeniis et Lacedaemoniis, nulli praeterea civitati. Ad illud templum missas a se more virgines violatas a Messeniis Lacedaemonii commemorant, ac regem etiam suum Teleclum Archelai filium, Agesilai nepotem, Doryllo, Labota, Echestrato, Agide, proavis oriundum, iniuriam propulsare conantem, interemptum: et ipsas quidem virgines dedecus voluntaria morte redemisse. At Messeniis longe diversa fama

*vulgarant:* ad templum venientibus primoribus a Teleclo infidias fudas. Nam quum Mefleniam Lacedaemonii propter
agri bonitatem in primis appeterent, difpofuiffe illum impuberes in morem virginum ornatos, cum pugionibus, qui
illos ex improvifo fedentes adorirentur. (bi Meflenios ad
vim arcendam recurriffe, et quum Teleclum ipfum, tum
vero impuberes illos omnes occidiffe. Lacedaemonios quidem, quod effet facinus publico confilio patratum, confcios-
a fe iniurlam profeslam, *aegre res unquam re,uiife,* neque
regia fui caedem ut ulcifcerentur in animum induxiffe. Haec
ab utrisque prodita funt: credat vero quisque proinde ac in
alterutram fit ftudiis civitatem propenfior. (3) Poft haec,
quaeta ferme aetate una, Alcamene Telecli filio Spartae imperante, ex altera vero regia familia Theopompo Nicandri
filio, qui per pofteritatis gradus VI a Charillo, Polydecle,
Eunomo, Prytanide, Euryponte defcendit; in Meffeniis vero
Antiocho et Androcle Phintao filiis, utriusque populi fimul-
tas in apertum bellum erupit. Priores Lacedaemonii arma
cepere. Caufa fuit eiusmodi, ut ad permovendos pacatos
etiam et integros animos, nedum odio corruptos et exul-
ceratos, et qui in belli cupiditatem iam plus nimio incubue-
rant, gravis, et ipfa rei quafi figura aequa videri potuerit:
Iure tamen et difceptatione controverfiam omnem dirimere
non fuiffet difficillimum futurum, fi animi ad pacem *quam ad*
*bellum* fuiffent propenfiores. Res ita propemodum gefta eft.
(4) Polychares quidam Meflenius fuit, quum cetera minime
obfcurus, tum vero Olympica palma nobilitatus. Quarta
enim Olympiade, quum apud Eleos unicum effet de ftadio
certamen, victor renuneiatus eft. Is boves habuit multas:
quibus alendis quum propria non fuppeditarent pafcua, locavit eas Spartano homini Euaephno in ipfius agro pafcendas,
ea mercede, ut effet foeturae particeps. Erat eiusmodi vir
ille, ut perfacile quaeslui fidem pofthaberet: alioqui difertus
et blandus. Is in Laconiam navibus veniens, pecus mercatoribus venundedit; atque inde *quafi inopinatae rei* nuncius
ultro ad Polycharen venit, praedones excurfione in eum
agrum compafcuum facta, extortaque fibi per vim praeda,
boves et fimul bubulcos abegiffe. Quae quum prope iam
Polychari perfuafiffet, intervenit his fermonibus de bubulcis
unus, qui a mercatoribus aufugerat. Hic Polycharen apud
dominum *morbe expoftulans* redarguit: at ille quum pernegare
non poffet, *nil prius confugit,* fupplexque id fibi, ut ignofceret,
quum Polycharem ipfum, tum eius filium. rogabat: magnam
enim vim in hominum natura quum alia habent multa, tum
nihil eft lucri cupiditate ad animos cogendos valentius.
Indicavit Euaephnus, quanti boves venditae effent, ac fe pretium repofiturum, fi Polycharis filius fecum iffet, reprovifit.
*Cum eo iuniae a patre iuvenes miffus eft.* In Laconiam ubi ventum
eft, foedius multo addidit ille fceleri fcelus. Adolefcentem
enim interficit. Eius rei immanitate *graviter (ut par fuit)*
commotus Polychares, Lacedaemonem ventitans ad reges

·I

et Ephoros, de filii caede affidue multisque cum lacrymis
ad taedium usque, querebatur: exponebat infuper quas ab
eo homine, quem fibi hofpitem adfciverat, cuique prae
cunctis Lacedaemoniis fidem habuerat, iniurias accepiffet.
Verum quum eadem apud omnes magiftratus iterando
nihil omnino ad rei poenam profeciffet, iam mentis parum
compos, furorique fuo nimio plus indulgens, fpreta fua
falute, in quemcunque incidiffet Lacedaemoniorum, eum
tanquam hostem morte multabat. Eius belli itaque caufas
Lacedaemonii prae fe ferunt, tum quod Polychares fibi deditus non effet, tum quod Teleclum Maffenii oppreffiffent ;
poftremo quod fimultates cum Meffeniis haberent, fufceptus
ob commiffam a Crefphonte in fortitione fraudem.

CAP. V. Contra de Teleclo dicunt Meffenii, quae a me
iam funt expofita. Aepytum etiam oftendunt Crefphontis
filium, ab Ariftodemi filiis reftitutum. Non fuiffe id facturos,
fi quid illis cum Crefphonte fuiffet diffidii. Deditum a fe
non fuiffe Polycharem, quod neque ipfi dedidiffent Euae-
phnum. Voluiffe tamen fe, vel apud Argivos, qui utriusque
civitatis effent confanguinei, vel in Amphictyonum confilio,
caufam cognofci. Voluiffe rem eandem Areopagitarum fententiis committere, quod iudicium illud de caede apud
Athenienfes iam pridem fuerat conftitutum. Verum non
eam bellandi caufam Lacedaemoniis dicunt fuiffe, fed quum
alios Graeciae populos, tum fe quoque illos immodica dominandi cupiditate inflammatos, *per calumnias* opprimere
voluiffe. In exemplum Arcadas et Argivos adducunt, quorum fines carpendi finem nullum Spartani fecerint. Commemorant praeterea Croefi donis delinitos, primos e Graecis
cum barbaris amicitiam iniiffe: quo fane tempore Croefus et
alios Afiae populos Graecanicos. et Carias cot tinentem terram,
quam tunc Dorienfes incolebant, imperio fuo adiecerit.
Addunt, Delphici Apollinis templo a Phocenfium ducibus
direpto, eius facrilegii non privatim folum .Spartae reges
et optimates, verum et ipfum publice Ephororum magiftratum, ac fenatum participem fuiffe. Illud certe non praeter-
mittunt, quo facile arguant, Lacedaemonios nihil lucri
caufa non femper aufos: quod focietate fe cum Apollodore
Caffandriae tyranno coniunxerint. Sed cur poftremum hoc
factum tam acriter incefffant Meffenii, non eft mihi propofitum hoc loco disquirere. In Apollodori quidem tyrannide
tollenda, etfi neque tamdiu, neque tanto animi ardore bellatum eft, Caffandrenfium tamen calamitates facile Meffeniorum infortunia adaequarunt. Et ad huiusmodi fane caufas
uterque populus belli initia refert. (2) *Quam inrisque; ad*
*fuperius a nobis eft expofitum. faltem effent iniurias, venere tunc*
ad Meffenios Lacedaemoniorum legati, quid dedi fibi Polycharem poftularunt: 'at Meffeniorum reges relaturos ea de
re fe ad populum refponderunt, ac deinde per publicas
literas, quod populus iuffiffet, Spartanos refcituros. Quare
quum profecti iam effent legati, concione vocata, fententiae

diſtae ſunt valde diverſae. Androcles enim Polychareœ
auctorem impii et nefarii facinoris dedendum omnino cenſe-
bat. Antiochus vero quum alia contra dixit, tum *illud ia
primis*, miſerrimum fore Polycharem ante oculos Euaephni
poenas pendere. Enumerabat quam multa et quam gravia
eſſent futura, quae perpeti illum neceſſe foret. Poſtremo
ao contentio evaſit, ut a ſua, alterutrius faction arma ca-
perentur. Verum *facile a* brevi finem habuit ea dimicatio.
Nam qui cum Antiocho erant, multo ſuperiores numero quum
eſſent, et Androclem ipſum, et earum partium optimum
quemque interemerunt. Antiochus quum ſolus regnum occupaſſet, per literas Spartanis denunciat, ſe iis iudicum
conſiliis, quae ante nominavimus, totam controverſiam
commiſſurum. At illi nihil omnino tabellariis reſpondiſſe
dicuntur. Paucis poſt menſibus quum in demortui Antiochi
locum regnare coepiſſet eius filius Euphaes, Lacedaemonii
neque per ſerialem bellum Meſſeniis Indixerunt, neque
omnino aperte enrum amicitiae renunciarunt, verum (quam
maxime potuerunt) clandeſtinis conſiliis bello apparato, iusiurandum conceperunt, non eſſe arma ſe poſituros, neque
bellandi diuturnitate (ſi bellum in longinquum tompus duceretur) neque ollius cladis magnitudine, priusquam agros
et urbes Meſſeniorum vi captas imperio adieciſſent ſuo.
Haec ante iurati, noctu copias Amphean verſus eduxerunt;
provincia Alcameni, Teleeſi filio, decreta. Fuit Amphea
in Meſſenia Laconiae fiuitimum oppidum, non magnum illud
quidem, ſed in praecelſo colle ſitum, circumfluens aquarum
perennium copla. Opportunus maxime viſus eſt locus, unde
omnia ſe belli apparatus effunderet. Irruptio itaque facta
eſt apertis, quum abeſſent cuſtodiae, portis. Meſſenii qui
ſunt intus deprehenſi, omnes ad unum interfecti, in ipſis
aubilibus alii, alii vero quum animadverſa calamitate ad
templa et aras deorum ſupplices confugiſſent; pauci omnino
periculum effugerunt. (4) Haec prima fuerunt in eo bello
ſuſcipiendo Lacedaemoniorum exordia altero anno nonae
Olympiadis, qua Meſſenius Xenodocus de ſtadio victor renunciatus eſt, quum Athenis nondum ſorte annui magiſtratus ducerentur, quod ſcilicet civitas ea Melanthi poſteros,
qui ſunt Medontidae appellati, primum quidem In ordinem
redactos, aequo Iure et legibus magiſtratum gerere iuſſit:
deinde cavit, ne ultra annos X imperium continuarent. Quo
itaque tempore Amphea capta eſt, Aeſimides Athenienſis,
Aeſchyli filius, quintum iam annum ſummae reipublicae
praeerat.

CAP. VI. Cenſui vero, antequam bellum perſcriberem,
de Meſſenio homine res geſtas, temporum ordinem, et fatalem caſuum varietatem exquirere. Hoc certe bellum, quod a
Lacedaemoniis eorumque ſociis, cum Meſſeniis et iis populis
qui auxilia Meſſeniis miſerunt, geſtum eſt, non ab iis, qui
priores arma ceperunt, nomen duxit, uti Perſicum et Peloponneſiacum; ſed a Meſſeniorum clade Meſſenicum eſt

appellatum : ficuti et illud, quod ad Ilium Graeci gefferunt, pervicit ufus ut Troianum, non Graecum, appellaretur. Hoc ipfum Meffenicum bellum perfcripfere, Rhianus Benaeus verfibus, foluta oratione Prienenfis Myron: fed eorum neuter a bello initio ad finem perpetua ferie eft omnia perfecutus. Nam arbitratu uterque fuo partem eius belli, fibi quam voluit, affumfit. Myron ab Ampheae everfione exorfus, omnia deinceps confcripfit, quae usque ad Ariftodemi mortem confecuta funt: atque eum hiftoriae fuae finem praefcripfit. At Rhianus primum bellum prorfus non attigit, verum ea duntaxat, quae Meffeniis poft defectionem a Lacedaemoniis, evenerunt. Sed neque haec omnia fingillatim literis mandavit: verum de poftrema tantummodo pugna, quae ad foffam, cui Magnae nomen, commiffa eft, (1) deque Meffenio Ariftomene, cuius maxima caufa hanc feci de Rhiano et Myrone mentionem. quod is fcilicet primus, et omnium maxime, Meffeniorum nomen virtute fua illuftrarit; de eo inquam *non foris occurrit* egit in commentariis fuis Prienenfis Myron, quum Rhianus nihilo minus Ariftomenen fuis verfibus, quam Achillem in Iliade Homerus, exornaverit. Quum itaque inter illos non fatis convenlat, reliquum mihi illud eft, ut eorum alterius, non utriusque, auctoritatem reliciam. Rhianus quidem maiorem veritatis de Ariftomenis *praefertim* aetate rationem habuiffe videtur. Myron vero, quod facile ex aliis eius fcriptis cognofcas, atque ex hoc in primis Meffenico eius opere, parum omnino, quam probabilia diceret, attendit. Scriptum enim reliquit, Lacedaemoniorum regem Theopompum ab Ariftomene interfectum, paulo antequam e vita decederet Ariftodemus: quum Theopompum neque in praelio, neque alio quovis mortis genere occidiffe compertum habeamus, nifi confecto demum bello, quando hic ille Theopompus fuit, qui bello finem impofuit. Eius rei teftimonio funt Tyrtaei elegi:

Regi *olim* noftro divum curae Theopompo,
Per quem Meffene lata choris capitur.

Viguit itaque, mea quidem opinione, Ariftomenes pofteriore bello: cuius res geftas. quum ad eam belli partem noftra oratio pervenerit, accuratius perfequar. (3) Meffenii ubi primum captam Ampheam cognoverunt ex eorum fermone, qui *illius noctis* cladem effugerant, ex omnibus civitatibus in unum ad Stenyclerum convenerunt. Ubi vocato ad concionem populo, optimi quique priori loco, ac poftremo rex ipfe exterritos hominum animos ob Ampheae oppreffionem confirmarunt, quum dicerent, non effe protinus de univerfi belli exitu ex ifto adverfo cafu iudicium faciendum, neque omnino effe ad id bellum gerendum quam fe apparatiores Lacedaemonios. Illos quidem ad res bellicas longioris temporis afferre exercitationem; fibi vero neceffitatem impofitam ad excitandos ad virtutem animos acriorum. Caufam praeterea fuam fore Dis ipfis favorabiliorem, quum

et fines fuos defenderent; et hoftes ipfi nulla iniuria la-
ceffiffent.

CAP. VII. Haec et alia huiusmodi quum dixiffet Euphaes, concionem dimifit: et exinde Meffenios omnes in
armis habuit. Nam et tirones ad belli munia erudiendos
curabat, et veteranum militem affidua exercitatione confirma-
bat. Interea Lacedaemonii in hoftilem quidem agrum in-
curfiones faciebant: verum (quippe qui fuum illum iam effa,
interpretarentur) neque arbores fuccidere, neque villas de-
moliri; praedam tantum, fi quam nadi effent, agere, frumenta fructusque alios afportare. Urbes praeterea aliquot
oppugnare aggreffi, nullam omnino expugnarunt, quum
et propugnaculis et firmioribus praefidiis munitae effent:
quin per irritos conatus multis acceptis vulneribus retrocedere coacti, poftremo oppidorum oppugnationibus prorfus
abftinuerunt. Populabantur rurfus Meffenii maritimos Laconiae fines, et quae circa Taygetum erant arva omnia.
(1) Quartus iam menfis exierat poft captam Amphean, quum
Euphaes Meffeniorum alacritate confifus, quorum animos
ira in Lacedaemonios ardere videbat, ac limul fatis iam
ratus per affiduas exercitationes ad rei militaris feientiam
profectum, educturum fe exercitum edixit, fervisque, ut fe
fequerentur, imperavit, cum materia, et omni iaciendi valli
inftrumento. Id quum Lacedaemonii refciffent ex iis, qui ad
Amphean in praefidio erant, et ipfi copias eduxerunt fuas.
Erat in Meffeniorum finibus campus ad figna conferenda
alloqui idoneus, nifi quod profundior eam alveus dividebat.
Ad eum alveum fuam inftruxit aciem Euphaes. Imperatorem
Cleonnin declaravit. Equites, et levem armaturam, pauciores utrinque quingenis, Pythacatus, et Antander ducebant. Ubi in unum acies concurrere, gravem armaturam,
utrinque praecipiti animi ardore pro inveterato odio impreffionem facientem, medius alveus cohibuit. Equites
vero et levis armatura, quae numero et virtute utrinque
par fuit, fupra alvei intervallum praelium inierunt. Anceps
diu certamen. Interea dum acriter dimicatur, iubet Euphaes fervos iacto vallo primum tergum, deinde et latera
fui agminis aggere munire. Pugnantes itaque nox oppreffit
quum iam ipfa etiam frons circa alveum munita effet. Quare
cum prima luce confilio Euphais animadverfo, facile intellexerunt Lacedaemonii, neque fibi pugnandi poteftatem
fore cum Meffeniis, qui iam e caftris non prodirent, et ad
ea obfidenda, quum imparati ad id veniffent, nullam in
promptu effe facultatem. Domum itaque reverterunt.
(3) Deinde qui confecutus aft anno, quum iuventuti feniores
ignaviam et iurisiurandi contemptum exprobrantes, grave
convicium facerent, aperte altera in Meffenios expeditio
fufcepta eft. Rex uterque Theopompus Nicandri filius, et
Alcamenis Polydorus (decefferat enim Alcamenes ipfe) exercitum eduxerunt. His eum agmine fuo occurrerunt Meffenii: ad pugnamque lacefliti, adverfa acie in hoftem con-

tenderunt.   Laevo Lacedaemoniorum cornu|Polydorus,
Theopompus dextero praefuit: mediam aciem ducebat Eu-
rylicon, Lacedaemone quidem natus, fed Thebis a Cadmo
oriundus.   Argei enim filius quum effet, ad Oiolycum,
Thèran et Autefionem quinto pofleritatis gradu origines
fuas referebat.   Iam vero contra dexterum Lacedaemoniorum cornu Antander et Euphaes: adverfus finiftrum, quod
Polydorus regebat, ftetit Pytharatus.   In media acie Cleonnis.   (4) Quum prope lam effet, ut figna conferrent, progreffi in medium duces, fuos utrinque ad rem ftrenue
gerendam cohortati funt.   Ac Theopompus quidem fuos
perbrevi, Lacedaemoniorum more, oratione adhortatus,
memores effe iubere concepti contra Meffenios iurisiurandi;
veniffe tempus monere, quo maiorum fuorum, qui
finitimos armis fubegerant, facile gloriam adaequarent;
materiam habere ipfos iam et maiores res gerendi, et imperio fuo uberiorem multo agrum adiiciendi.   At Euphaes
longiore quam Sparfanus ufus eft oratione: nihilo plura
tamen et hic dixit, quam tempus pati poffe videretur.   Non
effe de agro tantum et fortunis propofitum certamen: habere
fe prae oculis, quae victos maneret fors: coniuges et parvulos
liberos in fervitutem abductum iri: iis vero, qui iam adolo-
viffent, leviffimam poenam mortem fore, ea modo fi abfque
contumelia et cruciatu contigiffet: futurum, ut deorum templa diriperentur, fua cuiusque patria inceodio deleretur.   Neque
vero fe inanes rumores iacere: minime obfcura unicuique
documenta effe poffe calamitates eas, quas belli initio, qui
ad Amphean oppreffi funt, paffi fuerant: redimi hanc eventorum atrocitatem honefta morte poffe.   Facilius effe multo,
priusquam vincerentur, quum adhuc aequo marte pugna-
rent, alacritate hoftes fuperare, quam fracta iam virtute in-
clinantem fortunam reftituere.   Haec Euphaes.

   CAP. VIII.   Ubi vero ducum iuffu elaffice utrinque
cecinerunt, curfu Meffenii in hoftem effufi, impreffionem
fecerunt: quippe qui ira concitati, mortem cupidius oppe-
terent, et pro fe quisque prior pugnae aleam experiri feftinaret.   Lacedaemonii et ipfi greffum contra alacriter
tulerunt: caverunt tamen quammaxime, ne turbatis ordinibus acies folveretur.   Quum iam prope effet, ut congrede-
rentur, primum minis, armorum motu, ac trucibus fe
invicem oculis laeeffebant: contumeliae etiam utrinque
iaelarae.   Lacedaemonii fervos effe fuos Meffenios dicere,
nihilo illos quidem Hilotis liberiores.   At contra Meffenii,
ad impiam illos facinus aggreffos, qui incenfi dominandi
cupiditate, cognatis fuis negotium faceferent; et quum
aliorum qui Dorico nomini patrii effent di, tum vero Herculis ipfius numina laederent.   Iam vero quum a probris
ad manus ventum effet, acriter fe viciffim impellere.   Maiore
vero impetu hoftem Lacedaemonii trudebant.   Urgebat iam
vir virum comminus.   Et bellandi quidem arte atque exercitatione fuperiores erant Laeedaemonii, quin etiam aumero,

Erant enim in eorum potestate finitimi iam prope omnes, iidemque eius belli socii: et Asinaei, ac Dryopes, ab Argivis aetate una ante sedibus suis pulsi, quum Lacedaemonem supplices venissent, iam necessitate adducti arma coniunxerant. Contra levem vero Messeniorum armaturam Cretenses venerant sagittarii, mercede conducti. Messenios quidem quum *futuru, si victi essent*, desperatio, tum pariter mortis contemptus incitabat: quum et quae paterentur omnia, iis, qui patriam suam maxime illustrem esse vellent, necessaria potius quam gravia ducerent: quae vero facerent, quo alacritatis essent pleniora, eo magis ad hostis conatus debilitandos apposita. Et eorum sane multi extra agmen suum exilientes, praeclara edebant summae virtutis facinora: quia et in iis, qui lethalibus acceptis vulneribus iam prope animam agerent, vigor ille apparebat, qui solet a desperatione proficisci. Audiebantur mutuae cohortationes. Viventes namque et integri, saucios hortabantur, ut priusquam fato suo defungerentur, se dignum aliquid gererent, quo possent mortem cum voluptate oppetere. Saucii rursus, quum dilabi iam vires sentirent, neque possent amplius spiritum retinere, superstites monebant, ne se deteriores essent, neve committerent, sua ut mors nihil omnino patriam iuvisse videretur. At Lacedaemonii pugnae initio neque se vicissim adhortabantur, neque ad rem praeclare gerendam, eandem quam Messenii alacritatem afferre videbantur: verum, qui a pueris bellicas artes essent edocti, se intra densiorem phalangem continebant, quod hostem sperabant neque tamdiu in acie persistere, neque in armis laborem, nec vulnera perpeti posse. (1) Sua in utraque acie declarandae virtutis propria studia fuere, ac certum se et proprium mentis propositum ostendebat. Commune illud fuit utrisque, quod nemo vel caedem deprecabatur, vel in pecunia salutis spem repositam habebat. Diffidebant enim fortasse propter odii magnitudinem, se quicquam profecturos: et, quod caput fuit, indignabantur se non priores mortem adversario obtulisse. Iam qui hostem interficiebant, neque se gloriose iactabant, neque probra omnino ulla iaciebant. In neutram enim erat partem spes propensior, utri essent utris e certamine superiores discessuri. Accidebat in primis insignis illis mors, qui iacentem spoliare aggressi, vel *minus*, nudata aliqua parte corporis, missilibus figebantur; vel *communi* de improviso, quum aliud agerent, caedebantur; vel ab iis ipsis etiam, quibus spolia detrahebant, adhuc spirantibus confodiebantur. (3) Fuit et regum ipsorum illustris dimicatio. Theopompus intemperantius se in Euphaem infesto telo intulit. Euphaes in se vadentem conspicatus, Antandrum appellans: Non sunt, inquit, quae Theopompus molitur, diversa a Polynicis, a quo oriundus est, ausis. Ille enim quum adversum patriam ab Argis exercitum duxisset, sua manu fratrem occidit, et ab eo vicissim est interemptus. Ille etiam quaerit Herculis posteritatem eodem

parricidii fcelere contaminire, quo Laii et Oedipodis familia
fe polluit. Atenim non difcedet ille fatis laetus a praelio.
Haec dicens, et ipfe in hoftem invafit. Ibi praelium, quod
fatigatis in urraque acie militibus iam prope elanguefcebat,
confirmatis corporibus, et aucto mortis contempu, acrius
exarfit. Quare primis congreffibus, primaeque fignorum
collationi, inftaurata pugna prope finilis, fi quibus forte
fpectare licitum fuiffet, videri potuit. Poftremo Euphais
globus, qui electiffimis viris conflabat, verfa iam prope
immodica illa audacia in furorem, virtute etiam fua ufus,
in adverfum hoftem impetu facto, Theopompum ipfum loco
deturbant, et Lacedaemonios fibi oppofitos in fugam vertunt.
Sed alterum coepit Mefleniorum cornu graviter laborare.
Quum enim Pythuratus cecidiffet, qui in ea agminis parte
fteterant, duce iam amiffo, et ordines deferuerunt, et animum non parum defponderunt. Non tamen aut fugientesMefle-
niosPolydorus, aut Lacedaemonios alt-Euphaus infecutus. Satius
enim Euphaes et Mefleniorum principes effe putarunt, laborantibus fuis opem ferre. Non tamen cum Polydoro eiusve
cohorte manum conferuerunt. Nox enim iam omnia tenebris obduxerat. Ipfos etiam Lacedaemonios, quo minus
fugientem hoftem infequerentur, plurimum quidem locorum
ignoratio deterruit. Retardavit eos etiam patria difciplina.
Traditum enim a maioribus morem religiofe tuentes, in
fugam verfos hoftes non urgebant cupidius: quod providen-
tius curandum putabant, ne turbarentur ordines, quàm ut
fugientes caederent. Media utrinque acies, hinc Euryleonte,
illinc Cleonni duce, aequo marte pugnavit. Nox fuperve-
niens certamen diremit. (4) Commiffum eft hoc praelium
ex utraque parte gravi maxime peditum armatura. Equeftres enim copiae, et parvae fuere, et nihil omnino memoria dignum gefferunt. Nondum enim Peloponnefii equitaudi
peritiam fuerant adepti. Expediti vero Mefleniorum, et
Lacedaemoniorum Cretenfes fagittarii, ne congreffi quidem
funt, quod more maiorum utrique in pedeftris aclei fubfidiis
fteterant. Poftero die fub primam lucem neutri pugnam
aggredi, aut erigere trophaeum occuparunt. Ubi iam proceffit dies, de cadaveribus tollendis per caducestores pactis
induciis, ad fuos fe uterque exercitus humandos convertit.
CAP. IX. Poft eam pugnam, Mefleniorum res multis
coeptae calamitatibus affligi: primum quidem, quod immodica in urbium praefidia erogata pecunia, iam unde exer-
eitum alerent, non habebant: deinde et fervitia ad Lacedaemonios perfugere: poftremo peftilens morborum vis, etfi
in univerfo omnino non eft graffata, magnam tamen rebus
cunctis perturbationis attulit. De fumma rerum confulentibus, placuit oppida omnia, quae longius a mari abeffent,
deferere, in Ithomen vero montem fecedere. Erat in eo
oppidum non ita magnum, cuius factam effe ab Homero in
Graecorum copiis recenfendis mentionem credunt, quum
Ithomen clebrofam dicit. Facta hac feceffione, vetus po-

moerium, quatenus fat eſſet toti, quae illуc convenerat, multitudini tuendae, ampliarunt. Erat loci natura caſtellum
egregie munitum. Nam et mons ipſo nulli eſt eorum, qui
intra Iſthmum ſunt, magnitudine inferior: et propterea
omni ex parte aditu erat difficillimus. (1) Ibi quum confe-
diſſent, Delphus mittere ſtatuerunt, qui de belli exitu
oraculum confuleret. Miſſus itaque eſt Tiſis Alcidis filius,
vir quum ceteris laudibus praeſtans, tum vero divinandi
ſollertiae maxime deditus. Hunc Delphis redeuntem, ex
inſidiis Lacedaemoniorum aliquot de praeſidio ab Amphea
adoriuntur: ſed enim acriter ſe defendentem et repugnantem
capere non potuerunt: hominem certe ſauciandi finem non
prius fecerunt, quam vox audita, a quo miſſa incertum,
ORACULI NUNCIUM DIMITTE. Ac Tiſis quidem ad ſuos
reverſus, regi reſponſum exponit, neque ita multo poſt ex
illis vulneribus diem obiit ſuum. Convocatis in concionem
Meſſeniis oraculum Euphaes recitat, quod ſuit huiuscemodi:

Neſcia viri puella genis inferis
Aepytidům ab alto ſorte ducta ſanguine
Dei bolla noſturnis ſecunda caedibus.
Vos haec ad undas Hallyi facite ſacra,
Libeuter ipſam. virginem dantes neci.

(3) Oraculi voce audita, virgines ſtatim omnes ex Aepytidarum familia ſorti commiſſae. Quumque Lyciſci filia ducta
fuiſſet, eam Epebolus vates ſacrari vetuit. quod diceret,
non eſſe e Lyciſco genitam; verum uxorem Lyclſcl eam ſibi,
quum ſterilis eſſet, ſuppoſuiſſe. Interea dum vates haec ad
populum agit, Lyciſcus clam aſſumta puella Spartam profugit. (4) Quae res ubi vulgata eſt, quum hominum mentes
vehementer commoviſſet, Ariſtodemus; et ipſe ex eadem
Aepytidarum gente, vir et ceteris vitae ornamentis, et bellica virtute Lyciſco clarior, ultro filiam immolandam obtulit.
Verum hominum plerumque in rebus praeclare gerendis alacritatem nihilo fere minus fatum, quam calculos fluviorum limus,
obruit. Nam patriam per filiae devotionem ſervare cupiens
Ariſtodemo, oblecit ſe huiusmodi offenſio. (5) Meſſenius
civis, cuius nomen non proditur, ſorte Ariſtodemi filiam
amabat, ac propediem erat uxorem ducturus. Is itaque ex
ſponſu agere, puellam vindicans; acriter negare, quae ſibi deſponſa eſſet, in patris eam amplius eſſet poteſtate: ſuum
eſſe, qui ſponſus fit, in illam ius omne. Qua ratione quum
parum proficeret, impudenti mendacio vitiatam a ſe puellam,
et gravidam iam eſſe affirmat. Qua pertinacia eo furoris
Ariſtodemum impulit, ut filiam ſtatim occiderit, et eius
utero exciſo plane omnibus oſtenderit non fuiſſe praegnantem.
Ibi alium iuſſit Epebolus vates filiam devovere, quod interpretaretur virginis caede. quam iratus pater commiſiſſet,
litatum ex oraculo non eſſe. Haec populum docente vate,
nihil propius fuit, quam ut. impetu facto, ab univerſa concione
puellae procus ille interficeretur: quippe qui et Ariſtodemum
parricidii obligaſſet, et ipſis ſalutis ſuae ſpem in dubium re-

ocaſſet. Erat ille Euphai, ut qui maxime amicus. Perſuadet aque Euphaes religione populum nulla amplius teneri,. eque intereſſe, à quo ſit virgo caeſa. Ei vehementer Aepydae omnes aſſenſi. ſunt, quod nihil malebant eorum nusquisque, quam liberari ſe devovendae filiae metu. Quare icile tumultum omnem regis oratio ſedavit. Ad ſacra doide et feſtos ludos omnes converſi.

CAP. X. Lacedaemonii de oraculo certiores faſti, reus ſuis magnopere diffidere: ac reges ipſi in primis ad ellum moliendum multo ſegniores faſti. Anno demum oft Lycifci ſugam oſtavo, Lacedaemonii quum perlitaſſent, homen duxerunt. Iam Cretenſes aberant; et Meſſeniis iam ſocii minus praeſto fuerunt. Suſpecti enim erant oartauis quum alii Peloponneſi, tum vero Arcades, et rgivi maxime. Ac Argivi quidem clam auxilia ad id bellum mmuni conſilio decreverunt, privatae militiae nomine. rcades aparte delectum habuerunt: ſed neque hi ſatis maire venerunt. Nam oraculi fiducia facile Meſſenios adixit, ut belli aleam experirentur ſociorum aopiis uon cpeſtatis. (2) Fuit hoc ſecundum praelium eventu ipſo on aliud valde a ſuperiore. Pugnantes quidem lux defecit; ihil vero eſt in utroque cornu vel ab his vel ab illis inſigne l memoriam geſtum. Neutra enim acies, quem ab initio ſtituerat, ordinem ſervavit: verum ſortiſſimi quique in edium ſe agmen ab utraque parte receperunt: ibique ulto acerrimum exſtitit certamen. Ipſe enim Euphaes auicior, quam regem decebat, et intemperantius in Theompi cohortem invectus, vulnera multa, et ea lethalia :cepit. Humi ſtratum et animam prope agentem, paululum men etiamnum ſpirantem, ad ſe rapere Lacedaemonil onati ſunt. Ibi exarſere in pugnam Meſſeniorum animi. icitabat eos in regem ſuum priſtina benevolentia, neque inus retinendi decoris ſtudium: atque animas quidem ſuas aniteſto periculo oblicere, et ad unum omnes caedi ſatius icebant, quam per ſummam ignominiam regi quenquam perſtitem eſſe. (3) Euphais caſus et pugnae tempus proixit, et utriusque exercitus virtutem incendit. Relatus in fira Euphaes, ai paululum recreatus, ſuos ex eo certamine nſit non inferiores diſceſſiſſe. Paucis vero poſt diebus e ta exceſſit, quum annos regnaſſet XIII, ac totum regni mpus cum Lacedaemoniis bellando conſumſiſſet. (4) Is ium ſine liberis moreretur, regnum populi arbitrio periſit. Cleonnis et Damis cum Ariſtodemo contendere, iod ſe quum cetera vitae dignitate, tum rebus belli geſtis nge praeſtantiores putarent. Antandar enim in pugna ciderat, morte pro Euphae oppetita. Adverſabantur aeterea, vatum duorum, Epeboli et Ophionei, ſententiae, on eſſe dicentium Aepyti et eius poſterum imperium homini iae caede polluto decernendum. Obtinuit tamen populi fragio regnum Ariſtodemus. Ophioneus ipſe Meſſeniorum ites, swini mode meratiensm fui, quum ortu coecus eſſet, bu-

Iusmodi divinationis genere utebatur. Quaerebat *de conjecta-toribus suis*, quid quisque vel privatim vel publice egisset; exinde futura coniiciebat. Ariflodemus, *ut ad cum rede-um*, regnum adeptus, fuis in omnes ordines meritis, tam plebis quam optimatum fludiofiffimus fuit; in primis vero Cleonnin *et* Damin quoris eſt honore dignatus. Idem etiam fludiofe focios colens, per legatos Arcadum, Argivorum et Sicyoniorum primoribus munera mifit. Enimvero bellum Ariſto-demo imperante *utrinque* paucis in hoſtilem agrum populatoribus immittendis, et incurfionibus fub ipfa meffis tempora faciendis geſtum. Et cum Meffeolis quidem milir ab Arcadibus milites in Laconicum agrum excurrere: quum interea Argivi neutiquam ex profeffo Lacedaemonios laceffere aufi fint; ita tamen omnia compararunt, ut contra eos, fi pugna commiffa effet, omnino praelium cum Meffeniis inituros appareret.

CAP. XI. Quintum iam annum regnabat Ariflodemus, quum ad ſtatum condictum praelü dieni (belli enim diuturnitate, et impenfae magnitudine. fracti admodum erant ae debilitati) fui utrisque focii praeſto fuere: Lacedaemonios ex omnibus Peloponnefiis Corinthii foli iuvere. At Meffeniis-in auxilium venere cum univerfo exercitu Arcades, et Argivorum ac Sicyoniorum lectiffimi quique. Steterunt in in Spartanorum acie media Hilotae, et finitimi: cornibus reges imperarunt: phalange ufi funt tam denfa et conferta, quam antea unquam. Ariflodemus copias fuas in hunc modum inftruxit. Meffeniis et Arcadibus, qui corporibus effent valentiffimi, quorumque virtus maxime elliteret, arma divifit optima et lectiffima: üs imperat, ut Argivis et Sicyoniis permifli, comminus cum hoſte congrediantur. Phalangem fuam laxatis ordinibus quam poteſt longiffime, ne puffet ab hoſte circumdari, explicat: providit etiam, ut, difpofitis iam fignis, a tergo fui Ithomen montem haberent. Ac gravi quidem armaturae Cleonnin praefecit: fubfticit ipfe cum Dami, qua in parte levis fult armatura, in qua funditores et fagittarii pauci fuere: reliqua turba ad excurfas faciendos, propter corporum agilitatem, et armorum levitatem, maxime idonei fuere, thorace aut fcuto duntaxat armati. Quod fi quibus ea defuit armatura, ii caprarum et ovium, nonnulli etiam ferarum pellibus tegebantur: maximeque Arcades montani luporum et urforum exuvlis. Iacula finguli plura, lanceas etiam ponnulli praeferebant. (1) Subfederunt ea Ithomes parte, qua minime poffent ab hoſtibus confpici. Et gravis quidem Meffeniorum ac fociorum armatura quum primam Lacedaemoniorum impreffionem fuſtinuit, tum vero in omni praeliandi munere reliquo virtute praeſtiterunt. Erant hi numero hoſtibus multo inferiores; verum lectiffimi quique cum promifcua multitudine, et minime paribus virtute dimicabant. Quare tam alacritate, quam pugnandi ufu facile reſtiterunt. Expeditae etiam cohortes figno dato in hoſtem curfim impreffionem fecerunt, iaculis eminus

latera petentes: nec defuerunt, qui audacia incitati maiore,
longius progressi, cum hoste comminus manum conseruere.
At Lacedaemonii ancipiti iterum periculo circumventi quum
in quandam veluti desperationem rem deduci viderent, non
tamen aciem turbarunt; quin contra levem armaturam conversi, magno conatu, eam ut funderent, conabantur: sed
quum velites facile, nempe quos nulla armorum impedimenta retardabant, subterfugerent, trepidatio primum, tum
ira vehemens Lacedaemoniis incessit. Est vero ita natura
comparatum, ut homines moleste, supra quam dici possit,
ferant, si videant rerum eventa virtuti non respondere.
Quare et qui ex Lacedaemoniis vulnera iam acceperant,
et quicunque ceteris locum suum retinentibus, primi
expeditos adorti fuerant, in eam partem incumbebant,
quo se velites illi istulissent, ac retrocedentes longiore
persequebantur excursu. At Messenii, quo ante coeperant
modo, eos ipsos, qui locum obtinerent suum, et caedebant,
et missilibus figebant: iam vero si insequerentur illi, aversi
cito elabebantur; ac rursus ad suos se recipientes a tergo
urgebant. Haec passim fuit pugnae in diversa agminis parte
forma. Eodem tempore statarius utrinqua miles, ordines
conservans, acrius adversis frontibus dimicavit. (3) Postremo Lacedaemonii praeliandi mora et vulneribus fatigati,
et a velitibus novo quodam more disturbati, solverunt ordines. Terga iam vertentes, iidem velites vel gravioribus
affecerunt incommodis. Certum caesorum numerum in ea
fuga prodere difficile fuerit, magnum omnino fuisse et ipse
crediderim. Iam vero aliis domos cuique suas reditus periculo caruit: (per pacatum enim agrum transiere) at Corinthiis res fuit discriminis plenissima, sive per Argivorum,
sive per Sicyoniorum fines reverterentur.

CAP. XII. Lacedaemonios accepta quidem clades vehementer perculit, quum tum multos, et eos quidem minime obscuros amisissent viros. Sed erat illud fere indignius,
quod spes reliqua omnis belli eius ex animi sententia con-
ficiundi erepta videbatur. Miserunt tamen Delphos, qui deum
de tota belli ratione consulerent. Iis responsum huiusmodi
datum est:

Non Martis tantum suadet tibi munera Phoebus:
Attu capta fuit quondam Messenia tellus,
Prisca fraude novo rursus capietur ab hoste.

Quare ad astum regibus et ephoris conversis, quum aliud
nihil in mentem venisset, quod Ulysses ad Ilium fecit, placuit
imitari. Homines enim Cr qui se perfugas esse simularent,
ad Ithomen speculatum hostium consilia misere: atque ut
plane perfugisse viderentur, publico decreto damnati sunt.
Eos ad se venientes Aristodemus statim his verbis dimisit:
Novas esse Lacedaemoniorum iniurias, vetera eorundem
commenta. (2) Id quum minus, uti volebant, cecidisset, conati deinde sunt a Messeniis socios abducere. Verum ab
Arcadibus reiecti (ad eos enim primum legati venere) quo.

minus ad Argivos proficiscerentur, deterriti sunt. Aristodemus,
cognitis Lacedaemoniorum conatibus, et ipse ad oraculum
misit. (3) Responsum, qui misti fuerant, retulerunt huiusmodi:

Ecce manet fato longi-te gloria belli:
At, Spartana phalanx te vincat fraude, caveto.
Nam bene compacta illorum si vasa habent Mars,
Saevum habitatorem feret alta corona chororum.
Tunc gemini e latebris erumpent forte suo aeras,
Nec prius eventum rerum lux alma videbit,
Iidem quam fato gemini fungantur eodem.

Aristodemus quidem, et oraculorum interpretes, quid sibi
vellet responsum hoc, coniiciendo assequi nequierunt: non
multis vero post annis vocem suam expofuit et ipso eventu
ratam fecit deus. (4) Eo tempore forte accidit, ut Lycisci,
eius, qui Spartam persugerat, filia, quam secum abduxerat,
moreretur. Ad puellae tumulum cum desiderio ventitantem
patrem, Arcadum equites ex insidiis eruptione facta cupiunt.
Ithomen pertractus, et in concionem productus, causam
perduellionis dixit: Non esse patriam a se proditam; verum
secedendum sibi putasse vatis oratione commotum, qui
puellam negasset legitimam esse. Haec quum dissereret, non
ante est ei habita fides, quam foemina quaedam, quae Iunonis
sacerdotio tunc fungebatur, in theatrum veniens, sponte
puellam se illam peperisse confessa est, et a se datam uxori
Lycisci supponendam. Nunc itaque venio, inquit, rem oc-
cultam indicatura, ac simul me ut sacerdotio abdicem. Erat
enim prisca religione apud Messenios sancitum, sive vir, sive
foemina, quae sacerdotium gereret, si quem liberûm ami-
sisset, in eius locum sacerdos ut sufficeretur. Quare vera
esse, quae mulier dixisset, arbitrati, et aliam Iunoni sacerdotem legerunt, et Lyciscum capitis periculo liberarunt.
(5) Aderat tum vicesimus eius belli annus, quum ad oraculum de belli eventu mitti placuit. Consultoribus ad hunc
modum respondit Pythia:

Primus Ithomaei tripodas circum Iovis aram
Qui statuet decies denos, hic forte secunda
Messeneu capiet. Mens haec Iovis. Instrue primus
Ipse dolos, queis sacra simul praedicta refelles.
Utere forte tua. Fatum his nunc, nunc favet illis.

Hoc oraculo promitti sibi victoriam Messenii interpretabantur, eo maxime, quod quum ipsi intra muros Ithomatae
Iovis aedem haberent, nullo pacto viderentur posse Lacedaemonii priores tripodas dedicare. Ligneos certe tripodas
faciendos curarunt, quod ad aeneos pecunia non suppe-
tebat. (6) Exceptam hanc oraculi vocem, e Delphorum
numero nescio quis Lacedaemonem pertulit. Ibi quum nihil
omnino publico consilio excogitari posset ad eam dedientionem
occupandam, Spartanus quidam, Oebalus nomine, homo
genere haudquaquam claro, sed, uti res indicavit, plane
callidus et sollors: is, ut res tulit, tripodas centum e luto

finxN, et in peram abditos, assumtis retibus cum venatoria ornatu Ithomen agresti turbae permissus introiit: et ignotus quidem, (quippe qui neque in patria sua vulgo esset omnibus notus) quumprimum nox supervenit, tripodas illos fictiles dicavit: atque inde ad suos reversus, quod actum fuerat, exposuit. Ne comperta Messenii vehementer commoti sunt; et facile quidem Lacedaemoniorum se astu delusos coniecerunt: multitudinis tamen sollicitudinem Aristodemus quum ea, quam res tempusque ferebat, oratione, tum vero statuendis ad Iovis aram ligneis tripodibus (fabricati enim iam fuerant) lenivit. (7) Accidit etiam eo tempore ut Ophioneus vates, qui a primo statim ortu coecus fuerat, oculis uti coeperit mirabili admodum casu. Nam quum ingenti capitis dolore laborasset, ab ea valetudine luminis compos fuit.

CAP. XIII. Aliis praeterea prodigiis (quum Messeniorum iam res inclinarent, ac prope in perniciem laberentur) suae Di mentis haud dubias dedere significationes. Dianae erat Messeniis ex aere signum, cum aeneis armis: huic scutum sponte excidit. Quum Aristodemus Iovi Ithomatae immolaturus hostias adduxisset, arietes sponte incussis ad aram cornibus moribundi cecidere. Ad haec canes globo facto singulis noctibus ululatum dedere: mox iidem magno agmine ad Lacedaemoniorum castra abierunt. Non haec solum prodigia, sed visum etiam per quietem Aristodemum exterruit. Visus est in somnis videre, quum esset armis iam tumtis ad pugnam exiturus, victimarum extis in mensa appositis, filium in pulla veste assistentem, et nudato pectore vulnera ostentantem: deinde disturbatis e mensa extis, detractis armis, ab ea se aurea corona et albis vestimentis donari. Dum anxio esset animo Aristodemus, quod mortem sibi haud dubie somnium illud portendere interpretaretur (Messenii enim optimates coronatos et candida veste velatos efferunt) ecce tibi nuncius, Ophioneum vatem videre desisse, ac rursus, uti ab initio, oculis captum. Illi vero tunc oraculi *sensus* *interior patefactus: et plane* intellectum est, quum dixit, exitio Insidiis erumpentes duos, et eosdem in pristinum statum reversos. Ophionei oculos Apollinem innuisse. (2) Aristodemus itaque vicem suam graviter dolens, quod filia interempta patriae nihil profuisset. ac simul ad patriae salutem spei nihil esse reliquum facile statuens, ad filiae tumulum sibi mortem conscivit: vir, quantum humano consilio consequi potuit, patriae salutaris, sed cuius acta consultaque omnia fortuna eluserit. Regnavit annos VI, et aliquot amplius menses. Messenios Aristodemi casu perculsos, tanta rerum omnium cepit desperatio, ut de mittendis ad Lacedaemonios deprecatoribus cogitarent; verum quo minus id facerent, obstitit pertinax in hostem animus. (3) Concione vocata regem non crearunt: imperatorem cum potestate summa Damin surrogarunt. Hic collegas Cleonnin sibi et Phyleu cooptavit: tum quasi mox praelium commissurus, ex praesenti rerum copia omnia apparavit: urgebat enim ob-

fidio, et ex obfidione victus inopia eiusmodi, ut iam nihil
effet magis metuendum, quam ne mox fame conficeretur.
Virtus certe, et animi praeflantia, ac bellandi pervicacia,
nullo unquam tempore Melleniis defuit. Ducibus poftremo
omnibus, et opiimis quibusque civibus amiffis, inentis quum
prope V perduraffent, (4) belli eius anno XX iam pene
exaclo, Ithomen deferuere: quod ipfum Tyrtaeus verlibus
teflatus eft:

Anno bis decimo linquentes plogoia culta,
Montis Ithomaei deferuere Inga.

(5) Finem habuit bellum hoc anno primo quartae et vicefimae Olympiadis, qua Damon Corinthius in fladio vicit,
quum apud Athenienfes Medontidae iam decimum, fummum
cepiffent civitatis honorem, et Ilippomeni quidem quartus
iam exaclus effet imperii annus.

CAP. XIV. A: Meffenii tunc, quibus yel Argis, vel
Sicyone, vel in Arcadia hofpitia luerunt, in eas funt urbes
dilapfi. Eleufinem vero migrarunt, qui e facris familiis
oriundi effent, et iddirco magnarum dearum initiis praeoffeut.
Multitudo reliqua, in fuas fe qulsque prifcas patrias receperunt. (1) At Lacedaemonii primum Ithomen folo aequarunt: urbes deinde ceteras adorti, lacile expugnerunt: de
manubiis vero Amyclaeo Apollini tripodas aeneos nri dedicarunt: in quorum uno Veneris, Dianae in altero, in tertia
Cereris et Proferpinae figna infiftunt. Iam vero agri Meffenici
partem Afinaeis, quos Argivi ante eiecerant, eamquam nunc
etiam ad mare tenent, affignarunt. Androclis etiam pofteris (fuperfles adhuc erat Androcli filia, et ex ea nepotes,
qui Androcle mortuo fe Spartam contulerant) regiosem donarunt, quae Hyamia nuncupatur. (3) In Meffenios iram
belli ad hunc modum Spartani exercuere. Primum omnium
iureiurando eos adigunt, nunquam a Lacedaemoniis defe-
cturos, rerum nihil novarum molituros. Deinde vero annni
quidem flipendii nihil imperarunt, ex omnibus tantum ara-
tionibus dimidiam ut frugum partem Spartam deportarent,
edixerunt: praeterea ut viri pariter et mulieres fumtu vefle
pulla, regum et optimatum funera profequerentur: qui
imperata non feciffent, poena iis conflituta. Iniuriofas halce
Meffeniorum poenas declarant Tyrtaei verfus:

Ut fub nos aequo pondere preffi afini,
Crudeles domini quos tergo tollere cogant
Dimidium frngum, quas fua terra parit.

Cum lugubri etiam ornatu coaclos fuiffe intereffe funeribus,
ex his licet colligere:

Ipfi, atque uxores, dominos plorare coacti,
Si quem horum e vita mors rapuiffet atrox.

(4) His malis circumventi, quum in pofterum etiam nibilo Spartanorum dominatum aequiorem fibi fore fperare poffent, et
pugnando mori fatius omnino ducerent, quam pennitus e
Peloponnefo emigrare, nova defectionis confilia inierunt.
Acerrimi erant iuvenes rerum novarum auctores: illi quidem

mnluin belli artium imperiti, fed ea animi elatione, ut
:dere mallent liberam nacti patriam, *fi optio detur*, quam
*l tlementifimam* fervitutem rerum omnium copiis circumfluen-
:s perferre. (5) Educta iam iuventus *extonia* erat Meffeniis
uum, in aliis locis, tum vero numero et robore praeftan-
.flima, Andaniae: eminebat vero inter omnes Ariftomenes,
ui apud Meffenios adhuc inter heroas colitur; et eius quidem
itales maxime nobilitant. Cum eius enim matre Nicotelea
enium quendam feu deum fumta draconis forma concubuiffe
iomorant: quod ipfum deOlympiadeMacedonas,deAriftodama
icyonios novi memoriae prodidiffe. Tantum intereft, quod
riftomenem Meffenii non Herculo aut Jove genitum prae-
cant, ficutl Ammone Alexandrum Macedones, Aratum
efculapio Sicyonil: verum quum Graecorum multitudô
rrhum ei patrem fuiffe dicat, ipfi Ariftomenem Nicome-
s filium in facrorum libationibus celebrant. Vigebat hic
iimis et aetate, et eum aequales, honore prope pares, ad
fectionem incitabant. Rem ad hunc ferme modum exor-
s oft. Miffis clam ad Argivos et Arcadas certis homini-
is tentavit primum utriusque gentis animos, nunquid fibi
hellantibus, nihilo aut fegnius, aut ope minore quam
iore bello, anxilium laturi effent.

CAP. XV. Ac fpe quidem, multo paratiores focios
imadvertere. Iam enim Arcades et Argivi apertiffimas
m Lacedaemoniis inimicitias exercebant. Quare quum
nnia ad bellum comparata effent fubfidia, deferunt Meffenii undequadragefimo poft Ithomes excidium
no, qui quartus fuit fertiae et vicefimae Olympiadis, qua
:it in ftadio Hyperefienfis Icarus: Athenirofium vero res-
hlica annuis iam erat magiftratibus reftituta; ac tunc qui-
m Tlefias Athenis praetor erat. Qui autem effent Spartae
zes, eor Tyrtaeus non nominavit. At Rhianus verfibus
indavit. Leotychide regnante bellum hoc altarum geftum.
enim Rhiano in hac ego re neutiquam affentior: Tyrtaeum
ro id ipfum quod aperte non dixit, fignificaffe tamen facile
leri poffit. Elegi enim ipfius funt de bello priore:

Obfeffam decinis hanc nonaque vidit hyems.
Indomitique animos iam longi monia Marjis
Noftrorum patrum fuftinnere patres.

iibus planum facit, aetate demum tertia poft primum
Ilum iterum Meffenios arma cepiffe. Declarat itaque an-
rum fories, regem eo tempore Spartae fuiffe Anaxandrum,
rycratis filium, Polydori nepotem: ex altera vero fami-
Anaxidamum, Zeuxidami filium, Archidami nepotem,
oneporem Theopompi. Idcirco autem ad pronepotem
icopompi defcendi. quod Archidamo filio ante patrem mor-
o Zeuxidamum e filio nepotem, Theopompus imperii fibi
:cefforem reliquit. At Lentychidem regnum poffediffe
iflat poft Demaratum, Ariflonis filium, quum Arifton ipfe
Theopompo feptimus fuerit. (2) Eo ipfo igitur tempore

contulere cum Lacedaemoniis figna Meffenii ad Deras, qui vicus in Meffenia eft, anno poft defectionem primo. Neutris venere a fociis auxilia: neque penes quos eius fuerit certaminis victoria perfpicuum fuit. Ariftomenem eo praelio tradunt facinora maiora multo, quam pro unius viri captu, feciffe. Quare ftatim poft pugnam rex fuit falutatus. Erat enim ex Aepytidarum genere. Verum quum regnum recufaffet, imperatorem cum fumma poteftate praeeffe rebus bellicis iufferunt. Is eo erat ingenio, ut facillime pateretur fuum iis etiam, qui aliquid in bello memoria dignum geffiffent, honorem haberi. Et antiquiffima quidem ipfi cura fuit, initio belli Lacedaemonios perterrefacere, quo effet illis in omne reliquum tempus formidolofior. Hoc fibi quum propofitum haberet, noctu Lacedaemonem veniens, ad Chalcioeci fcutum affixit, in quo infcriptum fuit, Ariftomenem deae de Spartanorum manubiis dicaffe. (3) Eodem tempore Lacedaemoniis Delphicum Apollinem de belli exitu confulentibus refponfum, ut Athenienfem hominem rerum gerendarum auctorem accerferent. Quare quum per legatos de oraculo docuiffent Athenienfes, ac fimul Athenienfem fibi hominem, cuius uterentur confilio, depopofciffent, ea res animi dubios tenuit Athenienfes. Nam et periculofum nimis fore reipublicae fuae iudicabant, fi Lacedaemonii parte Peloponnefi optima fine infignibus cladibus potirentur: et rurfus divinis vocibus non parere nefarium cenfebant. Confilium ut in re dubia anceps capiunt. Erat Athenis Tyrtaeus quidam ludi magifter, qui neque fatis mente valere credebatur, et altero claudicabat pede. Hunc ad Spartanos mifere. Ibi ille modo civitatis principes, modo plebem, proinde ut locus aut tempus tuliffet, elegos et anapaeftos decantans, quin facto opus effet, mottebat. (4) Anno uno ferme poft praelium ad Deras, quum fui iam utrisque focii praefto effent, ad Apri monumentum (id vico ei nominis eft) ad praelium committendum parati convenere. Meffeniis Elei, Arcades, Argivi, Sicyonii auxilia miferant. Convolarant etiam, qui fponte profugerant e Meffenia; et ab Eleufine, quibus a maioribus tradita fuerant magnarum dearum initia: Androclis praeterea nepotes atque hi quidem omnes fumma alacritate Meffeniis auxilia mifere, Lacedaemoniis praefto fuere Corinthii, et e Lepreatis nonnulli Eleorum odio ducti. Afinaeis foedus cum utrisque iuramento fancitum fuit. Vicus, quem Apri diximus monumentum nuncupari, in Stenyclero Meffenici agri regione eft. Nomen ex eo habet, quod Herculem memoriae proditum, fuper apri teftibus, foedus cum Nelei liberis, fide ultro citroque data et accepta, iciffe. (5) Sacra rite a vatibus utrinque facta. Vates erat Lacedaemoniis Hecatus, nepos et cognominis Hecati illius, qui eum Ariftodemi filiis Spartam poftliminio reverterat: Meffeniis Theoclus. Oriundus hic Theoclus ab Eumantide fuit. Eumantin ipfum, Eleum hominem, (quod erat de genere Iamidarum) Meffeneo Crefphontes adduxerat.

CAP. XVI. Quare quum suum utrique vatem fidenti
datum animo haberent, eo etiam ad rem gnavior gerendam fuere paratiores: sed et ceteri, pro sua quidem quisque
aetate ac virili parte, magnam prae se ferebant alacritatem.
Omnes vero bellicae gloriae cupiditate superabat Anaxander
Lacedaemoniorum rex, quique circa ipsum erant Spartani.
In Messeniorum exercitu Androclis nepotes Phintas et Androcles, tutaque ea manus, quae illorum ductum sequebatur,
egregie ad virtutis laudem, et pari consensu adspirabant.
Tyrtaeus, et magnarum dearum antistites, nulla ipsi belli
munia obiere; extremos tantum sui quique agminis cohor-
ationibus ad pugnandum accendebant. (1) Quod vero ad
Aristomenem attinet, stipabant eum octoginta e Messeniis,
eximii iuvenes, eius aequales: quorum magno sibi unus-
quisque honori ducebat, quod se ille, quom in praetoriam
cohortem prae ceteris adscisceret, dignum putasset. Et erat
ane eorum quilibet miro animi vigore, sive mutuum poscen-
tium auxillum, sive ducis pugnam vel iam aegredientis, vel
iam prope aggressuri, significationes obfervare opus esset.
Steterunt hi in acie contra Anaxandri cohortem, in qua
uit Spartani exercitus robur. Quare magno quidem negotio
primum ad multas horas dimicassent, multaque avide accepissent vulnera, iamquo prope nihil esset spei reliquum,
postremo pervicacia et impetu hostem fundunt. Fusum
Aristomenes ut alia cohors persequatur imperat: ipse cum
suis ad integros, et adhuc suum obtinentes locum conversus,
ibi et illos dare terga coegit, mox alios, et subinde alios
acrius adoritur, donec totam Lacedaemoniorum aciem,
quum modo in hanc, modo in illam partem se inferret,
erribilior multo quam ut hominis unius illa videri posset
iudacia, dissipatis atque disturbatis ordinibus in fugam vertit.
Iam vero quum paluntes ageret, qui neque in fugiendo
modum haberent ullum, neque tantisper consisterent, dum
in unum convenirent, ad sylvestrem pyrum, in ea campi
parte enatam, ventum. Ibi Aristomenem a cursu Theoclus
vates revocabat, quod in ea arbore Castor et Pollux conse-
dissent. Sed Aristomenes, iu ipso pugnae ardore impetu
raptus, non auditis omnibus Theocli vatis munitis, quum
ad pyrum accessisset, scutum amisit: ibi dum in eo quaerundo
cunctatur, spatium datum est elabendi, qui se ante in fugam
dederant, Lacedaemoniis. (3) Ea clade perculsi Spartani,
ad belli finem spectabant: sed eos Tyrtaeus de sententia
recitatis elegis deduxit; idcunquo milites, qui in cohortibus
desiderabantur, de Hilotum delectu supplevit. Aristomenem
Andaniam reverfum acceperunt matronae *grassibatme*,
taenias in eum, quacunque incederet, et ut anni ferebat
tempestivitas, flores et fructus iacientes: carmen praeterea
illud, quod nostra etiam cantatur aetate, in eum conci-
nentes,

 Per Stenyclerla plana secutus in ardua montium
 Victor Aristomenes est Lacedaemonios.

Scutum poſtea recepit Ariſtomenes. Nam quum Delphos
veniſſet, dei monitu, in Trophonii ſacro penetrali, quod
ad Lebadeam eſt, illud reperit; ac rurſus eodem in
templo dedicavit: quod ego ibi poſitum vidi. Inſigne eius
eſt aquila, paſſis ad extremos *clypei* margines alis. (5) Sed
tunc e Boeotia rediens, clypeo apud Trophonium invento
ac recuperato. ad maiora mox belli ſe opera comparavit.
Collecta enim Meſſeniorum manu, lectiſſimis ſtipatus civibus,
ſub crepuſculum ad Laconicum oppidum, quod in orbium
enumeratione veteri nomine Pharin Homerus, Pharas nuncupant Spartani et finitimi, contendit. Ibi occiſis, qui re-
ſiſtere conati fuerant, ac oppido direpto, dum Meſſenem
eum luculenta praeda redit, Anaxandrum, qui *ſarta re tnj.atlt
'eruptione* cum armatorum globo tergum urgebat, *convertjis ta
hoſtem* in ipſa via iterum ſudit: quin et fugientem acriter
inſequi non prius deſiit, quam tragula femore ſauciuto
retrocedere coactus eſt, quum nihil interea de praeda de-
periſſet. Modico dein tempore intermiſſo, quantum ſcilicet
curando vulneri ſat fuit, quum Spartam ipſam adoriri in animo
haberet, obiecta per viſam Helenae et Gemellorum ſpecie
deterritus eſt. *Rediens,* Caryatides virgines choros Dianae
agitantes, interdiu ex occulto aggreſſus, parentum opibus
et dignitate praeſtantiſſimam quaeque comprehendit, et
ad Meſſeniae vicum quendam perduxit. Ibi virginum cuſtodia certis hominibus de ſua cohorte mandata, uuctem
unam qulevit. Interea iuvenes, vino (ut mea fert opinio)
et libidine transverſos rapiente, virgines eas vitiandi cupiditate exarſerunt, atque adeo, ut ne Ipſius quidem Ariſtomenis vocibus, negantis id ius ſusque Graecis eſſe, conatu
abſiſterent. Quare ut eas ab iniuria vindicaret, adoleſcentes.
aliquot, quorum erat maxime vino incitata licentia, occidere
coactus, captivas tam integras, quam ante fuerant, parentibus
magna accepta pecunia reddidit.

CAP. XVII. Eſt In Laconico agro *vicus* Aegila nomine,
in quo templum Cereris *erecti* religione conſecratum. Huc
matronas per feſtos dies more maiorum ludos ut facerent
conveniſſe, Ariſtomenes, quique cum eo erant, exploratum
habebant. *Eo tempore veniens oppr imere eas conatus eſt: ed* quum
illae numinis ope fretae vim repuliſſent, gladiis eti m,
quibus ad hoſtias mactandas uſi fuerant, armatae. et verubus,
toſtis iam extis. hoſtem invaſerunt: multiſque graviter
ſauciis, ipſum quoque Ariſtomenem facibus percuſſum, ac
male mulctatum, in vincula coniecerunt. Sed eadem nocte
liberatus, ad ſuos rediit. Dimiſiſſe eum dicitur ſacrorum
antiſtita Archidamea, non precio, ſed amore adducta:
(illum enim multo ante amare coeperat) ſimulavit vero effugiſſe exuſtis vinculis. (2) Eodem anno quum prope eſſet,
ut ad Magnam foſſam (hoc loco nomen eſt) praelium committeretur, et Meſſeniis Arcades ex omnibus urbibus auxilium tuliſſent, Ariſtocratem Hicetae filium, patria Trape-
zuntium, Arcadum. regem, et eorum tunc exercitus ducem,

Lacedaemonii pecunia corruperæ. ·Primi enim omnium
Lacedaemonii ex omni antiquitatis memoria hostem dicuntur
nuneribus follicitasse, et venalem fecisse beli eventum.
Prius enim quam ab illis circumveniretur Aristocrates, a
quo Messenii proditi suut, virtute, fortuna, deorum prae-
sidiis res bellica stabat.   Conftat vero Lacedaemonios
eosdem et insequentibus deinde temporibus, quum ad Aegospotamos claffi Athenienfium occurriffent, et alios hoftium
praetores, et Adimantum in primis mercede fibi devinxiffe.
3) Atenim et ipfos Lacedaemonios oppreffit aliquando
poena, quae Neoptolemea dicitur, ex eo fcilicet, quod
quum ad Hercei Iovis aram Neoptolemus Achillis filius Priamum iugulaffet, et ipfi, pollea accidit, ut ad Apollinis Delphici aram interimeretur.   Venit inde in proverbii confuetudinem, ut, quoties qua quis alterum affociffet iniuria, eam
pfe paffus effet, Neoptolemea ultio diceretur.   Nam quum
maxime opibus florerent Lacedaemonii, deleta Athenienfium
claffe, magna Afiae parte Agefilai duclu oecupata, imperium.
Ili quidem non prorfus amiferunt, fed ip.orum arte Perfarum rex ulus, miffa Corinthum, Argos, Athenas, Thebas
pecunia, bellum in Spartanos concitavit, quod ell Corinthiacum appellatum.   Quae fuit caufa, ut Agefilaus in Graeciam,
omiffa Afiatica expeditione, exercitum reportare cogoretur.
Dolum itaque Lacedaemoniorum Di fuo tempore in ipforum
rertere perniciem : (4) Ariftocrates vero accepta a Lacedaemoniis pecunia, Arcadas primum, quid, moliretur, celavit :
deinde vero quum utraque acies figna collatura effet, fuis
errorem et trepidationem fecit, quaji communi foederis, fi ad
manus ventum effet, victis ex iniquo loco exituut nullum
ore : et fibi quidem facrificanti affirmavit, nihil laeti exta
portentiffe.  Edixit itaque ut figno a fe dato, pro fe quisque
uga faluti fuae confuleret.   Quare quum iam praelium ini-
retur, omnesque in hoftem converfi Meffenii, Ariftocrates
abduxit Arcadas, Messeniisque laevum cornu et acies media
nudata eft.   In utraque enim agminis parte conftiterant
Arcades, quum neque Elei, neque Argivi, nec Sicyonii
pugnae intereffent.   Praeterea, quo effet efficacior proditio,
Ariftocrates fugiens per medios Meffenios evafit.   Re in-
fperata attoniti, ac plane quid agerent incerti, a Lacedaemoniis tantum qui fe iam acrius inferebant,   in Arcadas
impune labentes converfi, orabant alii ut manerent, alii
conviciis illos et maledictis inceffebant, proditores et foe-
difragos appellantes.   (5) Spartani interea facile deftitutos
undique circumdato agmine cinxerunt, et obviam maxima
quam minimo labore ac periculo fibi victoriam vindicarunt.
Ariftomenes cum cohorte fua locum tenuit, et incumbentis
impetum hoftis aliquandiu fuftinuit : fed fuere tam pauci
numero, non magno utique praefidio. -Periit omnis prope
multitudo : et qui ante de fervis dominos Lacedaemoniorum
fe futuros rati fuerant, iam ne reliquam quidem falutis
ullam fpem retinebant.   Occubuere tamen et principum

s, Phintas, et, cuius cla-
ritudine in eo praelio virtus eluxit, Phanas, Olympica de
longiore curriculo victoria iam ante illustris. (6) Aristomenes praelii reliquias collegit: quumque suis, ui Andania et
oppidis, quae a mari longius abessent, relictis, se in Iram
montem reciperent, suasisset, eo in loco obsidionem hostium
post acceptam ad Fossam cladem. annos nihil minus XI
sustinuit, quum tamen castellum illud cum ea spo Lacedaemonii oppugnare adorti essent, quasi primo impetu capi
posset. Tessatur, tam longum totius obsidionis tempus fuisse,
his versibus Rhianus: .               , 

    Sereanut Inter candentis devia montis
    Castra bis undenas herbas. totidemque pruinas. .

Circumscripsit scilicet annos per hyemes et aestates. Nam
quum herbas dixit, viridem segetem, vel anni tempus, quod
paulo ante messem est, significavit. .

CAP. XVIII. Ira occupata, reliquo omni agro exclusi
Messenii, praeter oram tamen maritimam, quam illis integram et incolumem Pylii et Mothonaei praedixeruut, praedas non magis ex Laconico, quam ex suo ipsorum agro
agebant, utrumque iam hostilem esso iudicantes. Fiebant
quum ab aliis passim, ut sors ferret, excursiones; tum in primis
Aristomenes quum in unum ad trecentos lectissimos viros
coegisset, agebant illi rapiebantque omnia undecunque quis
poterat; fruges nempe, vinum, pecus absumebant; mancipia, supellectilem, dominis aestimata reddebant. Coegit
ea agrorum direptio Lacedaemonios edicto cavere, (quod
arva non sibi, sed iis, qui in Iram secesserant, seri videbant)
ne colerentur, bello durante, Messenici et Lacunici agri
finitimae partes. (3) Ex eo frugum egestas, et inde seditio
consecuta, locupletibus aegre ferentibus arationes ibi deseri.
Eum fremitum versibus suis Tyrtaeus compressit. (3) Interea Aristomenes cum sua manu per densas iam noctis tenebras egressus, Amyclas magnis itineribus contendit: quo
quum primo diluculo pervenisset, subito impetu oppidum
cepit ac diripuit: atque inde ad suos se prius recepit, quam
e Sparta subsidium mitteretur. Excursionibus hostilem agrum
non prius destitit infestum reddere, quam Lacedaemoniorum
manipulos dimidia parte plures, cum ambobus regibus
nactus, facto cum illis praelio, praesentique se animo de-
fendens, et vulnera alia accepit, et percusso lapidis ictu
capite, caligantibus oculis, vertigine correptus, prope exanimis corruit. Vix adhuc spirantem catervatim irruentes Lacedaemonii, et cum eo quinquaginta de eius praetoria cohorte
captivos Spartam pertraxere. Quos quum in Ceadam abii-
ciendos censuissent, (sic alio schismate foveam vocant, in quam
maximis criminibus capite damnatos praecipites mittunt)
4) alii quidem omnes ad unum periere: Aristomenem, qui
saepe alias, idem et tunc servavit Deus. Cuius qui res
gestas magnificentius extollunt, advolasse aquilam diqunt,
quae cadentis corpus pallis alis subiens, ita illum libraverit,

at omni ex parte illaefus ad eius barathri ima dolatus fuerit.
Fato certe nefcio quo exitus ei e tergo illo hiatu monllratus
eft. Nam quum in imo iam fpecu conflitiffet, vellu obvo-
lutus decubuit, extremam, quam proxime abeffe putabat,
vitae horam exfpectans. Triduum erat ibi iam commoratus,
quum audito ftrepitu quodam, retecta 'acie, per fubluftres
tenebras vulpem vidit cadavera appetentem. Cogitans
itaque per oftiolum omnino aliquod beftiam illuc penetraffe,
ea, quantifper propius accederet opperiebatur. Id quum, uti
volebat, accidiffet, feram manu altera prehendit; altera,
quoties fe illa convertiffet, ch'amydem mordicus prenfandam
obiiciebat: et currentem quidem, qua fe via dabat, curfu
confequebatur: trahendum vero fe belluae per invia praebebat. Vidit poftremo cuniculum nihilo ampliorem, quam
unde poffet vulpes evadere, per quam luminis fe aliquid
oftendebat. Per illum quadrupes ut primum dimifit eam
quafi manumiffam Ariftomenes, luftrum fuum repetiit. At
Ariftomenes anguftam illam ac minime perviam cavernulam
manibus aperiens, in Iram ad fuos tandem evafit. Fuit eius
fortuna, quum captus eft, mira et inopinata: (maior enim
viri fpiritus erat, maior ex rerum geftarum magnitudine
audacia, quam ut quisquam capi illum poffe fperare debue-
rit) fed nihil fuit admirabilius, nullum certius divinitatis
argumentum, quam quod e Ceada elabi potuerit.

CAP. XIX. Ubi falvum Lacedaemoniis renunciarunt
perfugae quidam Ariftomenem ad fuos rediiffe, non plus
credi poffe vifum eft, quam fi mortuum hominem revixiffe
audiffent. Ex huiusmodi vero eventu veritati fides quaefita
eft. Mittebantur a Corinthiis auxilia Spartanis ad Iran oppugnandam. Eos milites Ariftomenes quum per fpeculatores
comperiffet, diffipatos et incuftoditis caftris iter facere,
noctu dormientes adortus, et alios complures, et eorum
duces Hypermenidem, Acbladaeum, Lyfiftmtum, et
Ideflum occidit: ac mox caftrorum praetorium diripuit. Id
facile cognofcere Lacedaemonii potuerunt ab Ariftomene,
neque ab alio quoquam geftum. (2) Fecit poft haec Ariftomenes Ithomatae Iovi facrum, quod Hecatomphonia vocant, quafi Centridium diras. Id facrum fieri patrio inftituto,
veteri traditum ab iis, qui in pugna hoftes centum occidiffent.
Prima itaque quum ad Apri monumentum pugnatum eft, Hecatomphonia fecit Ariftomenes: altera, quum oppreffos
nocturna pugna Corinthios caecidiffet: tertia ab eodem peracta facra referunt, aliis excurfionibus pari, aut eo maiore,
caefo hoftium numero. (3) Spartani, Hyacinthiis, quae iam aderant, folenni ritu interfuturi, dierum XL inducias cum Meffeniis,
qui in Ira fedem habebant, pepigerunt. Ac dum illi quidem
ludos celebrant, Cretenfes fagittarii e Lycto et aliis Cretae
urbibus evocati, interea in agrum Meffeniorum excurfiones
facere non definebant. Aberat Ariftomenes ab Ira. Et
fecurius induciarum fiducia vaganti, infidias ex eo fagitta-
riorum numero VII faciunt, capturaque (quod mox apperiet)

pharetrarum loris vinciunt. Mox id ex illis duo gratulabundi
Spartam nunciant, captum Aristomenem; reliqui in tugurium quoddam Messonici agri captivum pertrahunt. (4) Habitabat in eo *ρωιγωφιω* orbe patre virgo una cum matre sua.
Ea superiore proxima nocte per somnium visa fuerat sibi
videre, pertrahi.illuc a lupis leonem vinctum ereptis unguibus; illum se e vinculis exemisse, et cum eo tanquam cum
viro congressam, un:nes illi dedisse; nec multo post a leone
lupos laniatos. Deducto itaque a Cretensibus *ad eum unum*
Aristomene, agnovit puella expressam vero eventu somnii
imaginem: quaesivit ex matre quisnam ille esset; auditoque
viri nomine, confirmavit se; et quum in eum intueretur,
facile, quod significaret, intellexit. Vinum itaque *largiebatur* Cretensibus fudit: quumque se vinolenti omnes abiecissent, et
quem graviore somno consopitum animadvertit, pugiunculum eripuit; eo ipsa abscidit vincula insidiatoresque Aristomenes jugulavit.suos. Virginem illam, pro navata saluti
suae opera, a filio suo Gorgo uxorem accipi voluit Aristomenes, quum tamen non esset.ille annorum maior decem
et octo.

CAP. XX. Undecimo tandem postquam obsideri coepta
est anno. Ira: pro lati sui necessitate, expugnata est: Mef-
senii illinc eiecti, novas sedes quaerere coacti sunt. Et sane
quae de saluris ratione post cladem ad Fossam acceptam,
sciscitantibus Aristomeni et Theocloe Delphicus Apollo re-
sponsa dederat, ipso rei eventu comprobata sunt. His autem versibus respondit satidica virgo:

Ipse . Nedes dum hircus bibat alta fluenta, nec ultra,
Messenen servo. Prope enim instant tristia fata.

Sunt autem Nedae fontes in monte Lycaeo: fluvius ipse per
Arcadas lapsus verso in Messeniam alveo, Messeniorum et
Eleorum fines maritimos dividit. Ac tunc illi quidem *apud*
*antiquis oraculis* providendum sibi putarunt, ne hirci de Neda
potarent. Aliud vero longe innuerat deus, quod fuit huiusmodi. Caprifici stirpem plerique Olynthon. Messenii ipsi
Caprum (τράγον) nominant. Eo quidem tempore caprificus forte in ripa Nedae enata, quum non in sublime se
crescens erexisset, sed in amnem prona inclinasset, extremis
iam frondibus aquam contingebat. Id Theoclus vates conspicatus, *augurte* coniecit, illam caprifici plantam hircum esse,
qui de Neda, sicut Pythia praedixerat, biberet; ac iam fatale Messeniis exitium imminere. Re tamen apud alios
dissimulata, uni Aristomeni ad eum locum deducto, oraculum explicat, hominique, quod res erat, persuadet, tempus
quo reliquum quid spei erat effluxisse, civitatis suae perniciem differri amplius nullo pacto posse: quod ipsum tamen
Aristomenes etiam *partim* ex praesenti rerum statu, *partim*
*ex falorum aliis quibusdam notionis* praesenserat. (1) Quare quum
haberent operta quaedam *sacra* Messenii. quae si abolerentur,
funditus in posterum omne tempus Messenen occasuram: sin
conservata illa fuissent, redivivum olim imperium ex ipsis

ruinis erupturum, Lyci, Pandionis filii, vaticiniis praedictum
fuerat; neque id ignoraret Ariſtomenes, noctu *illam* egreſſus
in maxime devia ac deſerta Ithomes parte ſacra ea defodit,
Iovi Ithomatae et dis ceteris, quorum ope ad eum diem
Meſſeniorum res ſteterat, ratus curae fore, ut incolumia
depoſitum obſervaretur, neque omnino id in Lacedaemoniorum poteſtatem veniret, quod iam ſo'um ad polleri temporis
ſpem Meſſenici nominis reliquiae haberent. (3) Meſſenios
tunc quidem, ut olim Troianos, *diverſo tamen modo*, adulte-
rium ad extremum exitium perpulit. Ira occupata, ſubicctos
etiam monti campos usque ad Nedae ripas tenebant. Ha-
bitabant nonnulli paullum extra portas: neque interea quisquam e Laconia venit ad eos perfuga. Unus propius accellit
Emperami (clari hominis Inter Spartanos) ſervus. Is quum
domini pecus paſceret, quotidie ſero boves prae ſe ad Nedam
agebat. Ibi Meſſenii hominis in ſuburbano habitantis uxorem aquatum venientem conſpicatus, eius amore captus eſt.
Foeminam primo *benignis verbis* ad colloquium, deinde donis
ad ſtupri conſuetudinem pellexit. Obſervabat hic quo tempore eius vir cuſtodias obiret. Suam enim quaeqe vicem
civitatis pars arcis praeſidium obtinebat. Nam ab eu maxima parte, qe intra moenia ſe inferret hoſtis, metuebant.
Qua itaque hora domo ille diſcedeoat, bubulcus ad cins
uxorem ventitabat. Forte ita accidit, ut eſſet illi nocturna
vigilia cum praeſidiariis militibus obeunda, per eſſuſiſſimos
vero ea nocte imbres ſtationem deſerere cogerentur, qui
excubabant. Ut enim in feſtinatis munitionibus, neque proiectum muri, neque turres habebant, quo coeli incommoda
effugerent: et eo quidem ſecurius abiere, quod pluvia et
hyberna nocte, ſilente luna, negotium ne ſibi hoſtis ſaceſſu-
ret; nihil verebantur. Praeterea Ariſtomenes vigilias pro
more circumire non poterat. Nam quum non multis ante diebus
Lacedaemonii, aſſumtis Apteracis iaculatoribus, Euryalo
Spartano duce, Cephallenium mercatorem, frumenta et
alios, quibus opus erat, commeatus Iran ſolitum comportare,
Intercepiſſent, illum Ariſtomenes *publice* ſibi *ut privatim*
hoſpitem, omnemque eius pecuniam ſervarat: vulnus ipſo
In pugna acceperat. Imperatoris itaque metu ſoluti vigiles,
eo licentius praeſidium deſeruere: et ſaue in eo defertorum
numero Spartani paſtoris amicae vir fuit. Domum itaque
rediit ille, quum intus eſſet adulter. Id ubi ſenſit mulier,
quam celerrime potuit, occultato amatore, virum henignius
etiam multo, quam conſueverat, accipit. Percontatur drinde,
quamobrem *ſed ſua* celerius rediſſet. Hic ille, qui neque
corruptam uxorem, neque moechum domi ſuae latere poterat
ſuſpicari, verum exponit facti cauſam: tempeſtatis vi non
ſe magis quam ſocios omnes e praeſidio pulſos. Subauſcul-
tabat paſtor. Simulac itaque nudatam arcem praeſidio intellexit, quam raptim potuit, in caſtra Lacedaemoniorum
effugit. Aberant rex uterque; et bubulci dominus Emperamus, copiis, quae Iran obſidebant, praefectus fuerat. Ad

eum perductus, deprecatur primum noxam fy zae bubulcus; deinde docet, appofitum illud effe ad Iran capiendam tempus, quae ex Meffenii oratione exceperat, fingula totidem verbis referens.

CAP. XXI. Habita eft eius verbis fides: ac mox eundem fervum fuum itineris ducem fecutus Emperamus, via perdifficili, per denfiffimas tenebras, nihil imbre remittente, fuperatis tamen animi alacritate difficultatibus, ad arcem agmen deduxit. Ibi fcalis admotis, et quo quisque eniti voluit modo, munimenta tranfcenderunt. Meffeniis imminens exitium et alia portenderunt figna: et annum voces obfervatae funt, non quales latrantium effe confueverunt, fed vehementes et perpetui ululatus. Quare quum in fummum lam discrimen rem deductam viderent, non undique contractis armis, et apparatu univerfo; fed *prima* eo quisque telo arrepto, quod cafus obtuliffet, terram eam, in qua fola ium ex omni Meffenia patriae nomen remanferat, tutari conabantur. Primi hoftem effe intra muros fenfere, primique cum armis occurrerunt, Gorgus Ariftomenis filius, et Ariftomenes ipfe; cumque illis Theoclus vates, et item Theocli filius Manticlus: praeterea Euergetidas, vir quum per fe egregius et honoratus, tam per nuptias nobilitatus. Nupta enim cum eo erat Hagnagora, Ariftomenis foror. Ac tunc quidem, quamvis fe quafi intra retia captos atque undique circumventos et oppreffos animadverterent, fpei tamen adhuc aliquid, ut in perditis rebus, habuere. (2) Ariftomenes quidem et vates fatis norunt patriae fata differri amplius non poffe: (tenebant enim memoria, quid oraculo de capro ambagibus fignificatum fuiffet) neque id tamen, *ne paris ia quidem lam cadentia*, prodendum effe vulgo putarunt: quin feftinanter per oppidum difcurfantes, nc modo hos, modo illos prenfantes, ut quisque obvius effet factus, monere, hortari, a priftina virtute ne defcifcerent; alios etiam e fuis ad rem gerendam domibus cunctantes evocare. (3) Atque ea quidem nocte nihil ab alterutris memorabile geftum eft. Illos enim quum locorum inlcitia, tum vero Ariftomenis metus reddebat fegniores. His neque vacarat accipere a ducibus tefferam; ac, fi vel faces, vel aliud quodvis lumen accendiffent, id ftatim venti vis extinguebat. Ut primum illuxit, et fe mutuo confpexerunt, Ariftomenes et una Theoclus cives, ut extrema omnia auderent, incitabant, et alia commemorantes, et in primis infigne illud Smyrnaeorum facinus, qui cum partem Ioniae obtinerent, Gygon, Dafcyli filium, qui urbem magnis Lydorum copiis oppreffam tenebat, virtute et animi praefentia elecrunt. (4) Quibus auditis Meffenii, ipfa fubnifi rerum defperatione, in hoftes, qua cuique viam fortuna oftendebat, irruerunt. Ipfae etiam foeminae de fuperiori loco tegulas, et aliud quicquid miffile nancifci potuiffent, eiaculari conabantur: fed quo minus tecta fcandere poffent, procellae vis obftabat. Annae vero capere aufae, virorum

calaritatem inflammabant, quum eas illi facile perfpicerent
malle in patria mortem oppetere, quam in fervitutem Spartam trahi.  Ea *animorum confpiratione* potuiffent fortaffe fati
iniquitatem fuperare, nifi effufi multo etiam praefractius
imbres, crebris cum tonitribus et fragore micante ob oculos
coelo, omnia pavore compleffent: contra vero hofti con-
fidentiam addidiffent, deos a fe ftare interpretanti : praefertim
vero quum, fulgente ad dexteram Iove, laeta omnia Hecatus
arufpex nunciaffet.  (5) Et ille quidem eiusmodi confilii auctor fuit.  Lacedaemoniorum copiae numero longe fuperiores
fuere: verum quum non aequo campo, aut ordinato agmine,
fed qua quisque in urbis parte congreffus cum hofte effet,
manus confererentur, facile eveniebat, ut poftremi quique
prorfus effent inutiles.  Hos ut in caftra fe reciperent, Hecatus iuffit, ibique corpora cibo ac fomno curarent: quum
advefperafceret, adeffent, feffos levaturi.  Quo factum, ut,
quum fatigatis viciffim recentes fuccederent, facile pugnae
labor fuftineri potuerit.  (6) At contra Meffeniis fuere omnia
mifera et aerumnofa.  Tertium enim iam diem, et noctem
tertiam iidem pro ftatione excubarant.  Vigilia itaque, coe-
lefti aqua, et gelu, fame ad haec et fiti confecti prope erant:
maxime vero foeminas ex armorum infolentia, laborum
affiduitas fregerat.  (7) Ibi Theoclus vates Ariftomenem
appellans, quid inanem, inquit, operam fumis? expugnari
Meffenen fato omnino decretum eft.  Imminentem certe calamitatem iampridem Delphici Apollinis vox nobis prae-
nunciavit: atque id ipfum caprificus nuper aperte oftendit:
mihi fatum eft una cum patria cadere: tu cives tuos, ac te
ipfum periculo exime.  Haec locutus, in adverfos irruit:
ac in Lacedaemonios vociferans, non fore illis perpetuae
voluptati eam victoriam, nec perpetuo mancipio Meffeniorum opes, in obvios quosque invadens, quum animum
caede hoftium expleffet, accepto vulnere animam efflavit.
(8) Ariftomenes lectiffimos quosque viros, quorum virtus
in ea pugna enituerat, adhuc praeliantes reliquit: ceteris
e pugna revocatis, ut uxoribus et liberis in medios ordines
receptis, quacunque viam feciffet, fe fequerentur imperat.
Horum extremo agmini Gorgum et Manticlum praefecit.
Ipfe in principia provolans, caputque quaffans, et haftam
vibrans, claram fignificationem dedit, per eruptionem effu-
gium quaeri.  Placuit Emperamo et Spartanorum principibus
divifa acie fugientibus viam dare, homines tanquam rabie
quadam percitos et ad extremum iam defperationis progref-
fos, non effe amplius efferandos rati: atque id ut facerent,
Hecatus vates iufferat.

CAP. XXII.  Pofteaquam de Ira capta certiores facti funt
Arcades, *univerfi* ab Ariftocrate poftularunt, fe ut educeret,
quo vel fervarent Meffenios, vel cum illis perirent.  At ille,
quippe qui delinitus effet Lacedaemoniorum pecunia, plane
recufavit, neminem fupereffe Meffeniorum, cui iam ferri auxilium poffet, dictitans.  Atenim quum liquido iam conftaret

superflites effe Meffenios, vi certe coactos Iran defcrere, ultro cum vellimentis et cibariis eos accepturi ad Lycaeum montem Arcades occurrere, praemiffis civitatum principibus, qui focios confolarentur, et itinerum duces effent. Quum falvi acceffiffent iam ad Lycaeum, hofpitio comiter accepti funt, ac liberaliter invitati, ut per urbes divifi fecum mane, rent; agri etiam pars oblata. (2) Verum Ariftomenes quum direptae Irae miferatione, tum Lacedaemoniorum odio in- ftinctus, tale confilium init. Seligit ex omni agminis fui numero homines quingentos, quos omnium minime vitae retinendae cupidos norat. Ibi tota Arcadum multitudine, ipfo etiam Ariftocrate audieute, quem nondum refcierat patriae proditorem effe: (quod enim e pugna exceffiffet, non fcelere, fed metu et ignavia factum opinatus fuerat) ab eo Iraque fibi nihil cavens, quaerit de fuis, nunquid patriam ulti fecum nihil recufent mortem oppetere. Quum affenfu effent omnes, quid in animo haberet, aperuit, quod fcilicet inclinante iam die Spartam effet ducturus, quum magna pars ad Iran eifet, alii agendis et rapiendis Meffeniorum rebus effent occupati. Nam fi ita (inquit) cociderit ut volumus, et Sparta fuerimus potiti, licebit illis fua reddere. noftra recipere: fin aliter evenerit, una cademus omnes, illuftrem conatus noftri membriam pofteris relinquentes. Haec quum dixiffet, ex Arcadibus ad trecentos in focietatem fe facinoris obtulerunt. Verum idcirco rem aggredi cunctati funt, quod li- tantibus exta minus laeta fuere. (3) At poftero die Lacedae- moniis confilia fua patefacta, feque iterum ab Ariftocrate proditos haud dubie deprebenderunt. Nam quum Arifto- crates in codicillis omnia accurate perfcripfiffet, quae cogitaret Ariftomenes, cum iis codicillis fervum, cuius maxime bene- volentia confidebat, Spartam ad Anaxandrum mifit. Eum fervum, dum Lacedaemone reverteretur, fpeculati Arcadum nonnulli, (quum alias de republica diffidore ab Ariftocrate foliti, tum eo maxime tempore minimum illi fidei habentes) interceptum, in concilium Arcadum producunt. Ibi quae ad Ariftocratis epiftolam refcripta fuerant, frequenti con- ventu recitata. Memorabat Anaxander, fugam, quam fecif- fet Ariftocrates ad Magnam foffam, non parvo iuiffe Lacedaemoniorum rebus auxilio: relaturos vero ipfi quum pro vetere merito, tum pro recenti indicio Lacedaemonios gratiam. (4) Re in publicum prolata, Arcades in Ariftocra- tem continuo lapides iecere, idemque ut facerent, Meffenios cohortabantur. At illi Ariftomenem intuebantur: is vero humi defixis oculis collacrymabat. Arcades obrutum lapidi- bus Ariftocratem infepultum extra fines abiecere: columel- lam autem in Lycaei fano erexerunt, in eius rei memoriam, bis verfibus incifis:

Ulta dies facile eft dextro Iove longa tyrannum,
Meffenen qui olim prodiderat miferam.
Difficile eft hominem periurum fallere divos.
Tu falve, et ferva Iuppiter Arcadiam.

Cap. XXIII. Messeniorum quôtcunque aut ad Iran, aut quocunque alio loco relicti funt, eos Lacedaemonii in publicorum fervitiorum numerum (*Hilotas ipfi vocant*) conscripferunt. Pylü, et Mothonaei, et ceteri e Meffenico nomine, maris accolae, expugnata Ira, claffibus fe Cyllenen (quod Eleorum navale fuit) receperunt: atque inde ad eos, qui in Arcadiam profugerant, contendere, quo communi clafle et confilio novas fibi terras ac fedes quaererent: ac coloniae quidem deducendae auctorem et ducem cuncti Ariftomeneni pofcebant. At ille, quamdiu vitae compos effet, bellaturum fe cum Lacedaemoniis affirmavit: neque vero dubitare quin opera fua Spartae novi femper aliquid mali creari poffet: illis Gorgum et Manticlum duces dedit. Euergetidas cum reliqua Meffeniorum manu ipfe etiam ad Lycaeum venit. Ibi quum Ariftomenis confilium de Sparta opprimenda flusum atque irritum fuiffe comperiffet, affumtis ad L fociis ex omni agmine, retro ad Iran duxit; ubi quos praedae reliquias perfequentes offendit, male mulctavit: quumque luctu et caede omnia compleffet, poftremo fuper hoftium firage occubuit. Ariftomenes declaratis ducibus, quum Cyllenen omnes conveniffent, edixit, ut eos in coloniam, quicunque vellent, fequerentur. Dederunt omnes nomen, praeterquam quos aut feneclus, aut viatici egeftas a peregrinatione deterritos in Arcadia detinuit. (2) Ira capta finem habuit Meffeniorum et Lacedaemoniorum fecundum bellum, gerente Athenis fupremam civitatis honorem Autofthene anno primo octavae atque vicefimae Olympiadis, cuius victor extitit Chionis Laco. Quum ad Cyllenen conveniffent Meffenii, hyeme iam imminente, hybernandum eo In loco cenfuerunt. Pecuniam et annonam Elei, praebuere. Vere ineunte, quonam dirigi curfum oporteret, confultare coeperunt. Cenfebat Gorgus Zacynthum infulam fupra Cephalleniam occupandam, unde infulani et continentis terrae incolis facti, maritimis excurfionibus oram omnem Laconicam Infeftam redderent. At Manticlus, neque Meffenes, neque iniuriarum, quas a Spartanis accepiffent, memoriam retinendam; verum effe primo quoque tempore in Sardiniam, magnam, et copiis omnibus circumfluentem infulam, transmittendum. (3) Interea Anaxilas ad Meffenios mifit, qui in Italiam eos accerferent. Rhegii hic tyrannidem, quartus ab Alcidamida, *e minis et nepote genitus*, obtinebat. Commigrarat vero a Meffene Alcidamidas Rhegium, poft Ariftodemi regis mortem, Ichome expugnata. Ad Anaxilan itaque eius accerfitu venere Meffenii: quos ille docuit, perpetuum fibi effe cum Zanclaeis bellum: poffidere illos uberem ac luculentum agrum, et urbem valde opportuno Siciliae loco: quod fi eorum imperio potiri poffet, illud fe quamprimum Meffeniis traditurum. *Idcmenter* quum effet omnibus id confilium probatum, traduxit *hofpites et gentiles fuos* Anaxilas in Siciliam. Zanclen ab initio praedones tenuere: caftellum enim deferto loco circa portum, et excurfionum maritimarum re-

ceptum, quo ex alto appellerent, munierunt. Eorum duces
fuere Crataemenes Samius, et Chalcidenfis Perieres. li et alios
poft e Graecis inquilinos adfcifcendos duxerant. (4) Ac tunc
quidem Zanclaeos Anaxilas navali, terrefri praelio Meffenii
judere: qui quum poftea terra marique hinc a Meffeniis, illinc
a Rheginis obfiderentur, magna tum murorum parte deiecta ad
arms ac deorum fedes confugere. Imperabat Anaxilas ut fupplices *multa religionis veretundia* trucidarentur, reliqui cum
uxoribus et liberis fub corona venderentur. At Gorgus et
Manticlus deprecantes *facinoris atrocitatem,* Anaxilan roga-
runt, ne quae per fummum nefas a cognatis paffi effent,
cogerentur ipfi adverfus Graecos committere. Ab aris igitur
excitatis impunitas fuit; fideque ultro citroque data et accepta, domicilium et imperium cum viclis communicatum t
mutato tamen nomine, Zanclen Meffenen placuit appellari.
(5) Haec gefta funt undetricefima Olympiade, qua iterum
vicit Chionis Lacon, principatu civitatis apud Athenienfes
fungente Miltiade. Manticlus Herculis templum novae coloniae erexit. Exftat adhuc intra muros dei fanum, Herculis
Manticli vocant, *famio a conditore nomine* Qua ratione Am-
mon in Africa dictus, et Babylone *Iupiter* Belus: hic ab
Aegyptio Belo, Libyes filio; ille a paftore, qui templa *lovi* dedicarunt. Hoc exules Meffenii modo errorum finem nacti funt.

CAP. XXIV. Ariftomenes interea quum novae coloniae
imperium fibi deferri paffus non effet, fororem primum
Hagnagoram, Tharyci Phigalienfi: duas vero, quas habebat
nubiles filias, maiorem natu Damotholdae Leprcatae, minorem Heraeenfi Theopompo matrimonio Iunxit. Delphos
deinde confulendi caufa profectus eft: quid acceperit refponfi,
non traditur. Eodem vero tempore venerat ad oraculum
Damagetus Rhodius, falyfi rex: ei virgo ex adyto refpondit
fcifcitanti, unde effet potiffimum uxor ducenda, eius, qui
vir effet Graecorum optimus, filiam ut duceret. Reliqua erat
Ariftomeni tertia filia. Hanc fibi ille legitimis nuptiis con-
iugem adfcivit, patrem ipfius longe effe optimum Graecorum
eius aetatis omnium ftatuens. Et ipfe quidem met Ariflomenes filiam Rhodum ad virum deduxit. Inde quum Sardeis ad Ardyn *Lydorum regem,* Gygae filium; et Ecbatana
in Medos ad Phraortem regem transmittere cogitaret, morbo
oppreffus diem fuum extremum obiit. Erant iam, credo,
Lacedaemonii fato defuncti fuo, quum omni effent, quod
illis poffet ab Ariftomene creari, periculo liberati. Mortuo
Rhodii, auctore Damageto, infigne monumentum erexere,
et pro dignitate honores habuerunt. Hoc loco, quae do
Diagoridis, oriundis a Diagora, quem ex Ariftomenis filia
Damagetus ipfe Dorei filius fufcepit, a Rhodiis prodita funt,
confulte praetereo, ne ad aliena videar a propofito digredi.
(2) Lacedaemonii Meffenia potiti agrum omnem, praeter
Afinaeorum fines, inter fe diviferunt: Mothonen Nauplien-
fibus paulo ante e Nauplia ab Argivis eiectis tradiderunt.
At Meffenii, qui forte in agro remanferant, quum in publi-

eorum fervitiorum (quos Hilotas appellant) cenfum pro
fortunae fuae neceffitate veniffent, a Lacedaemoniis denuo
defecerunt, undetricefima ferme Olympiade, qua Corinthius
Xenophon vicit, principatu Athenis fungente Archimede.
Defectionis opportunitatem huiusmodi nacti funt. Lacedaemoniorum nonnulli ob noxam nefcio quam capitis damnati,
fupplices ad Taenarum confugerunt. Eos Ephori ab ara
abftractos interfici iufferunt. Hoc piaculum violatorum in
templo Neptuni fupplicum, everfa funditus urbe, ex ira
eiusdem numinis luerunt Spartani. Eius calamitatis tempore
inter Hilotas (*fic enim pusllicae operae, et agrefte caftellano, uut
genus nuncupabantur*) veterum Meffeniorum reliquiae in Ithomen montem feceffere. Adverfus eos Lacedaemonii omnia
fociorum auxilia, et cum Athenienfium copiis Miltiadae filium Cimonem, publice fibi amicum et hofpitem „ accierunt.
(1) Sed quum in fufpicionem rerum novarum veniffent Athenienfes, eos ab Ithome Spartani avocarunt. At illi, ubi
fidem fibi non haberi fenferunt, cum Argivis amicitia conciliata, Meffeniis, qui Ithomen fub certo foedere hofti de-
diderant, Naupactum ademptam Locris Aetoliae finitimis,
Ozolis cognomento, affignarunt. Saluti fuit Meffeniis loci
natura. Praemoniti praeterea fuerant Lacedaemonii Delphici Apollinis oraculo, piaculum grave admiffuros, fi Iovis
Ithomatae fupplices violaffent. Sub certis itaque conditionibus e Peloponnefo dimiffi funt.

CAP. XXV. Neque vero accepta ab Athenienfibus Naupacto, eique urbi circumiecto agro, quieverunt. Vehemens
enim inceffit cupido cum imperio gloriam augendi. Quare
quum Oeneadas compertum haberent (Acarnanum gentem)
opimum agrum poffidere, hoftes vero fempiternos Athenienfium effe, infefto eos exercitu adorti funt. Numero
erant hofti pares, virtute multo fuperiores. Obvios ipforum
acie fundunt, mox intra moenia compulfos circumfidont.
Ihi nihil quod ad urbes obfidendas homines excogitarint,
omiffum: fcalae admotae, muri ab ima parte fubfoffi: adhi-
bitae machinae omnes, quae pro re ac tempore fabricari
potuerunt. Deiecta itaque muri parte, veriti oppidani, ne,
fi per vim urbs caperetur, ipfi occiderentur, uxores et liberi
fub corona vaenirent, icto foedere urbem reliquere: qua,
et agro fimul toto, Meffenii annum unum potiti funt.
(2) Sequenti dehinc anno Acarnanes contractis omnibus ex
urbibus copiis, ad Naupactum oppugnandam primum eo-
pias ducere in animo habuerunt. Verum id poftea confilii
repudiarunt, quod iter fibi faciendum per Aetolos videbant,
quibuscum affiduas exercebant inimicitias. Praeterea Naupactiis, id quod res erat, in promtu claffem effe fufpicaban-
tur: pedeftribus, vero duntaxat copiis non fatis fore fe
armatos videbant contra eos, qui maritimas etiam opes haberent. Mutato itaque confilio, omnem belli impetum in
Meffenios. qui in Oeniadis erant, convertere. Ad oppidum
igitur obfidendum omnia comparabant, quod adduci non

poterat, tantam hostium paucitatem contra univerſam
Acarnanum gentem aequo marte bellaturam. Ipſi quoque
Meſſenii, etſi frumenta, et alia, quae ad longiorem obſidionem ſuſtinendam uſui forent, contraxerant, decreverunt
non exſpeſtata obſidione, iuſſo praelio belli fortunam experiri.
Neque enim decere ſe arbitrabantur, qui Meſſenii eſſent, neque
virtuti ſed fortunae Lacedaemoniorum ſuccubuiſſent, Acar-
nanicae turbae tumultu terreri. Memoria repetebant, ad
Marathonem Perſarum trecenta millia a triginta duntaxat
millibus Athenienſium ad internecionem caeſa. 3) Acie
itaque cum Acarnanibus decernendum duxerunt. Pugnam
memoriae proditum hoc commiſſam modo. Quum eſſent
hominum multitudine longo intervallo uperiores Acurnanes,
Meſſenios ex omni ſore parte, praeterquam tergum, qua portis obverterant, quaque de muris oppidani hoſtem arcebant,
cinxerant. Frontem itaque et latera miſſilibus acriter urgebant. At Meſſenii in quam partem converti incubuiſſent,
hos caedentes, illos vulnerantes, hoſtium agmen turbabant.
Perrumpere, et in fugam hoſtem vertere idcirco non potuerunt, quod qua parte Acarnanes laxiri manipulos videbant,
concurſo faſto locum occupabant. Quod ſi repulſi Meſſenii
alio impreſſionem feciſſent, itidem reieſti nihilo plus profi-
ciebant. Praeſto enim erant, qui ſuis opem ferentes, penetrare hoſtem coarſtata acie non paterentur. Eo fiebat, ut
ad breve ſpatium loco Acarnanes pellerentur, Meſſenii vero
irruente multitudine concedere cogerentur. (4) Anceps
fuit usque ad extremum diei praelium. Noſte ea, quae conſecuta eſt, quum a proximis urbibus ſupplementum Acarnanibus miſſum eſſet, recipientibus ſe intra moenia Meſſeniis,
ad obſidionem res deduſta. Ac nihil illi quidem metuebant,
ne aut hoſte muros tranſcendente, aut a ſuis deſerta ſtatione
urbs vi expugnaretur: illud calamitati fuit, quod intra men-
ſem oſtavum omnis commeatuum copia exhauſta fuerat.
De muris tamen hoſtem illudentes, ne ſi in decimum quidem
annum obſidio traheretur, defutura ſibi cibaria iaſtabant.
Iam vero ſub primae quietis tempus clam Oeniadarum portis
egreſſi, hoſtem tamen fallere non potuerunt. Quare conferere iterum manus coaſti, circiter trecentos de ſuo agmine
amiſere, maiorem ipſi hoſtium numerum enociderunt.
Mox via ſibi per medios Acarnanas faſta, per Aetolos, quorum amicitia confidebant, Naupaſtum ſe recepere.

Cap. XXVI. Et in poſterum quidem omne tempus magno ac pertinaci in Lacedaemonios odio Meſſenii laborarunt,
quod in primis Peloponneſiaci belli temporibus prae ſe tulerunt. Nam et Naupaſtum copiarum receptaculum, unde
in Peloponneſum incurſiones fierent, Athenienſes habuere:
et oppreſſos ad Sphaſteriam Spartanos. Meſſeniorum e
Naupaſto funditores una cum Athenienſibus de medio ſuſtulerunt. (2) Quamobrem ſuperatis ad Aegospotamos Athenienſibus, Meſſenios Naupaſto quoque Lacedaemonii eiecere,
quum navali eos ante praelio viciſſent. Profugi partim in

Siciliam, partim Rhegium fe ad propinquos fuos contulere:
magna etiam pars ad Euefperitas Libyae populos profecti.
(nam quum hi barbarorum finitimorum bello premerentur,
in civitatum fuarum communionem omnes, qui Graeci effent
nominis, accerfebant) Dux fuit in Libyam profectionis Comon,
quo item duce ad Sphacleriam ufi fuerant. (3) *His ita geftis,*
anno fere uno ante Leuctricam Thebanorum victoriam, divinitus Meffeniis in Peloponnefum reditus *haudquaquam dubiis*
figuificationibus promiffus eft. Nam et Meffanae ad fretum
Herculis facerdotem narrant, per fomnium fibi vifum videre
Herculem, qui Manticlum Iovis accerfitu, in Ithomen hofpitii
caufa vocaret. In Euefperitis vero fomniavit Comon, congredi fe cum matre iampridem mortua; et illam ftatim a congreffu revixiffe. Et is quidem in fpem venit,
quum iam multum poffent Athenienfes navalibus copiis,
Naupactum fe recepturos: atenim Meffenea reftitutum iri
fomnia promittebant. Accidit enim non ita multo poft, ut
Lacedaemonii ad Leuctra debita iampridem fato clade affli-
gerentur: quandoquidem Ariftodemo regi oraculum aliquando
redditum eft, cuius haec erat extrema claufula:

    Utere forte tua, fatum hos nunc, nunc agit Illos.

Significabat fcilicet. ipfum tunc et Meffenios male rem ge-
fturos: fui vero fatalis mali ipfam etiam Lacedaemonem
neutiquam immunem fore. (4) Victores igitur Thebani,
perculfis ad Leuctra Lacedaemoniis, in Italiam, et Siciliam,
ad Euefperitas etiam usque, et quocunque Meffenii profugi
veniffent, demifere legatos, qui eos in Peloponnefum revo-
carent. Dictu hercule mirum eft, quam raptim quum priftinae patriae defiderio, tum Spartanorum fempiterno odio
incitati, cohcurrerint univerfi. (5) Dubius erat animi Epaminondas, ubinam eos confiftere iuberet. Neque enim facile videbatur urbem condere, quae fatis foret contra
Lacedaemoniorum opes munita: et fimul non fatis novae
urbi idoneum in Meffenico agro locum reperiebat. Ipforum
certe Meffeniorum animus ab Andania et Oechalia inftau-
randa abhorrebat, quod in utroque loco iniquiffima fuiffent
ufi fortuna. Haec capiendi confilii difficultas quum valde
Epaminondam follicitum haberet, adflitiffe ei noctu in
fomnio dicitur vir iam grandis natu, cum infulis, et reliqua
antiftitis ornatu, hac eum appellans oratione: Tibi quidem
quodcunque armis expetiveris decus, partum dabo; nomen-
que tuum et gloriam, Thebane dux, quum hominum coetus
reliqueris, immortalitati confecrabo: tu modo Meffenios in
patriam ad fuos penates reduc. Placata enim iam eft et
Geme'lorum ira, quae in illos fuit acerbiffima. Haec ille
Epaminondae. (6) Iam vero Epiteli, Aefchinis filio, quem
Argivi delegerant, qui et fuis praeeffet copiis, et Meffenen
reftitueret, nocturnum illud idem vifum denunciavit, ut
quo loco in Ithome hederam Ciliciam (*smilaca* Graeci vocant) et myrtum vidiffet, humum inter eas ftirpes mediam

fodiens, anum aereo claufam thalamo, iam graviter affe-
ftam, et prope intermortuam exiineret. Epiteles ubi primum
illinxit, ad eum, qui circumfcriptus fuerat, locum veniens,
aeneam urnulam effofa terra offendit. Hanc ille ad Epaminondam detulit: cui quum fomnii imaginem expofuiffet fui,
juffit ille amoto operculo, quid in ea reconditi effet, intueri.
Ille facris operatus. votisque ei deo nuncupatis, a quo fomnium
exflitiffet, vafculum aperuit. In eo volumen repertum ex
albo plumbo in tenuiffimas laminas fparfo, libri forma; in
quo perfcripta erant Magnarum dearum initia. Haec illa fuit
hydria, quam eo loco defoderat Ariflomenes. Illum vero, qui
dormientibus Epiteli etEpaminondae per noclurnum vifum ob-
verfatus eft. Cruconem fuiffe aiunt. qui Andaniam olim Athenis
profeclus, ad Meffenen Triopae filiam faerorum artann deportavit.

CAP. XXVII. Irae quidem Caftorum in Meffenios, antequam ad Stenyclerum pugnatum eft, initium ex huiusmodi (quantum ego contectura confequi poffum) exflitit
caufa. Adolefcentuli duo Panormus et Gonippus, Anda-
nienfes, iam tum aetate ac forma florentes, a primis annis
ufu et confuetudine prope domeflica coniuncli, in Laconiae
fines populandi caufa fimul excurrere foliti fuerant. Forte Lacedaemonii per foflos Caftoris et Pollucis dies, poft folenne epulum In ipfis caftris compotationibus fe ac lufibus obleclabant. Ibi
Gonippus et Panormus in albis tunicis et purpureis lacernis,
equis pulcherrimis invehentes, pileos capite geflantes, haftas
manibus tenentes, de improvifo fe Lacedaemoniis oflendere.
Illi Caftores effe rati, qui facris intereffe fuis voluiffent,
adorabundi occurrerant, eorum fibi numen precibus implo-
rantes. At iuvanes ubi primum in medios recepil funt,
tumultum et ftragem, modo hos, modo illos haftis ferientes,
ediderunt: atque inde violatis per contemptum et contumeliam Caftorum facris, Andaniam impune revertérunt. Hinc
orta, opinor, Caftorum in Meffenios ira. At poffe Inm illis
ipfis Dis approbantibus in patriam reduci, Epaminondae
nocturna Illa imago perfuaferat. (1) In primis vero Bacidis
eum carmina moverunt. Huius Bacidis, quem Nympharum
afflatu divinaffe tradunt, et aliis Graeciae populis edita vaticinia celebrantur, et hoc exflat de Meffeniorum reditu:

Amittet florem imperil tunc Sparta nitentem,.
Atque omnl rurfus Meffene habitubltur aevo.
Quin et Irae oppreffionem quo effet modo eventura compertum
habeo Bacln praedixiffo, cuius praedictionis hic exflat verfus:
Quique a Meffene fontu atque canalibus Istu.

Repertam Initiorum rationem, In commentarios retulerunt
certi homines e facrificulorum gente. (3) Epaminondas ubl
condendae urbi, quam nunc Meffenii tenent, iudicio fuo
locum idoneum cepit, arufpices confuluit, nunquid effet
ea regio Dis cordi futura. Quum facris infivells renunciaffent
illi fecunda exfta, expediri ad urbis exaedificationem omnia
iuffit, materiam, lapides, ti caemente comportari: adeffe homines in metandis viis et angiportis, profanis ac facris aedibus
extruendis, murorum ambitu defignando, murisque ipfis

aedificandis follertes. (4) Pofteaquam in promtu omnia fuere, quum hoftias ad facra facienda exhibuiffent Arcades, fem divinam Epaminondas ac Thebani omnes Libero Patri et Apollini Ifmenio, patrio ritu fecerunt? Argivi, Iunoni Argivae, et Iovi Nemeo; Meffenii, Iovi Ithomatae, et Caftori ac Polluci: facerdotes Mefteniorum Magnas deas, et Cauconem coluerunt. Invocati heroes univerfi ad novae urbis aufpicia, nominatim Meffene Triopae filia ante omnes t tum Eurytus, et Aphareus, *rorumque* filii: de Herculis vero pofteris Crefphontes et Aepytus: prae ceteris confentienti omnium voce celebratum eft Ariftomenis nomen. Atque eum quidem facrorum caeremoniis, et votorum nuncupationibus diem transegere. In fequentibus murorum ambitum excitarunt. Intra eum domos et templa erexere. Atque haec quidem fecere, cantibus aliis repudiatis, ad Boeotiac et Argivae tibiae modos. Et tunc maxime in muficis certaminibus Sacadae et Pronomi cantiunculae coeptae funt ufurpari. Urbi ipfi MESSENE *priftinum fcilicet* nomen inditum. Reftituerunt et alia *in radem regione* oppida. Nauplienfes quidem Mothone non funt eiecti: Afinaeis fua finium iura confervata. His gratiam habuere, quod Lacedaemonlis auxilia contra fe non mififfent: at illis, quod reditum fuum in Peloponnefum gratulati effent, dona etiam venientibus pro copiis fuis mififfent, Dis pro reditu nuncupata vota folviffent. Accedebat vero, quod hi falutem etiam fuam multis cum precibus Meffeniis commendabant. (5) Rediere In Peloponnefum Meffenii, resque fuas poftliminio recepere, ducentis ipfis et octoginta feptem annis poft Irae expugnationem, Dyfcineto Athenienfium fupremum magiftratum gerente, Olympiadis centefimae fecundae anno tertio, qua Damon Thurius victor iterum renunciatus eft. Non breve omnino tempus Plataeenfes etiam patria profugi caruere: non breve Delii, quum fuis ab Athenienfibus eiecti fedibus, Adramyttium coloniam deduxere. Iam vero in Orchomeniis Minyae poft Leuctricam pugnam a Thebanis Orchomeno expulfi cum Plataeenfibus a Philippo Amyntae filio in Boeotiam tandem reducti funt. Thebanos ipfos, quum Thebas evertiffet Alexander, non multis poft aunis Caffander Antipatri filius urbe inftaurata reftituit. Ex iis, quos recenfuimus, populis, etfi Plataeenfes diutiffime omnium exularunt, duarum tamen aetatum fpatium non exceflerunt. At Meffenii trecentos fenne annos extorres e Peloponnefo errarunt: quo temporis curriculo, et patrios ritus conftantiffime retinuere, et Doricam linguam nihil prorfus immutarunt, quae noftra etiamnum aetate ab iisdem, et prope folis Meffeniis maxime integra et plane vernacula confervatur.

CAP. XXVIII. Poft reditum pacata aliquandiu a Lacedaemoniis fuere Meffeniis omnia, quod fcilicet Thebanorum metu, et Meffenen iam reftitutam, et Arcadas in unam congregatos civitatem, armis laceffere non funt aufi. Poftea vero quam Phocenfe bellum (quod Sacrum eft appellatum) abduxit

extra Peloponnefum Thebanos, priftina confidentia fubnifi,
nihil amplius bellum in Meffenios diffulere. (2) At hi Argivorum et Arcadum auxiliis freti, facile reftiterunt. Athenienfium opem quum imploraffent, refponderunt illi, non
effe ullo paƈto fe cum illis in Laconiae fines invafuros: fi
priores arma intuliffent in Meffeniam Lacedaemonii, ad fua
defendenda fe fociis non defuturos poiliciti funt. Cum Philippo
poft haec Meffenii, Amyntae filio, Macedonum rege, focietatem iunxerunt. Quae res effecit, ut pugnae ad Chaero-
neum, etfi fuit illa Graecis omnibus communis, non interfuerint. Non tamen contraGraecos ut bellarent. in animum fibi
unquam induxeruut. Iam vita perfunƈto Alexandro, quum
iterum Graeci contra Macedonas arma cepiffent. et ipfi fua
in eo bello munia obiere, ficuti et ante. quum de Athenienfium rebus ageremus. expofuimus. Galli certe, recufante
Cleonymo Lacedaemoniorum rege cum illis foedus inire.
cum. Graecis figna non contulere. (3) Non multo poft Elidem Meffenii tum bellicis artibus, tum aperta vi occuparunt.
Nam quum Elei, iufti moderatique imperii laude, iam tum
ab initio femper ceteros Peloponnefios anteiffent. poftremo
quum Philippus Amyntae filius iis, quas ante enumeravimus,
calamitatibus reliquam Graeciam afflixiffet, Elidis etiam primores pretio follicitavit. Hinc feditionibus primum inter
fe Elei laborare coeperunt. Armis deinde fumtis, quum
faƈtio altera in Lacedaemoniorum officio effet, cum per
mutua pergunt odia fortunas fuas peffundare, rem ad civilia
bella deduxere. De Eleorum ftatu certiores faƈti Lacedaemonii, auxilia ftatim mittenda partium fuarum ftudiofis cenfuerunt. Ac dum illi quidem deleƈtu habendo, et ordinibus.
defcribendis tempus terunt, interea e Meffeniis leƈtiffimi
quique ad mille feroie homines raptim, clypeis Laconica infignia praeferentes, Elidem veniunt. Eos intra moenia
Spartanorum faƈtio. rati auxiliares fuos adeffe. receperunt.
Oppido potiti Meffenii, eos, qui Lacedaemoniis ftuduerant,
male mulƈtarunt: iis, qui fuarum erant partium, urbem tradidere. (4) Ufurparunt illi quidem opportune commentum
Homericum. Nam et ille in Iliade Patroclum memoravit
arma Achillis indutum, in hoftium fe aciem intuliffe: quumque Troiani ad pugnam rediffe Achillem putaffent, conturbatis ordinibus *omnes in fugam verfos* Sunt et alia callide ab
Homero excogitata militaria confilia: uti quum duos pro
uno fpeculatores narrat e Graecorum caftris noƈtu ad Troianos veniffe. Hominem praeterea fpecie transfugam, re
fpeculatorem, Ilium miffum ad exploranda hoftium confilia.
Ad haec, dum militaris Troianorum acies faƈto agmine
effet ad praelium exitura, ad urbis vel iuniores, vel iam
natu grandiores, qui minus effent ad pugnandum idonei,
cuftodiam difponit. Idem vero in Graecorum caftris iubet
eos, qui vulneribus acceptis pugna excefferint. ne omnino
nihil agant, integros armare. Haec ab Homero adiuvandos homines univerfos edita funt, rerum bene gerendarum exempla.

CAP. XXIX. Verum *ut ad Meffenios redeam,* non multis poft captam Elidem annis, Demetrius Macedonum rex, Philippi filius. Demetrii maioris nepos, Meffenen ditioni fuae fubiecit. Multa nos quidem, quae infolenter egit Perfeus in Philippum et Demetrium, commemoravimus, qua in parte in Sicyoniorum rebus verfata ell hiftoria. Quemadmodum vero Meffene a Demetrio occupata fuerit, nunc exponam. Laborabat Philippus pecuniae egeftate, qua carere nullo pacto poterat. Eam ob rem cum aliquot navibus Demetrium in Peloponnefum mittit. Is in portum quendam appulit Argivorum finium, non fane celebrem: inde vero raptim per *occultos* calles itinere maxime compendiario ad Meffenen duxit; et collocato quidem in agminis fronte, omni, quod tunc forte habuit, levis armaturae genere, recla Ithomen viarum non ignarus contendit, & clam ante diluculum trans-cendit muros, qui medii inter arcem Ithomes et urbem ipfam fuere. Orta iam luce, quum fenfiffet Meffenii fe op-preffos, in tam gravi periculo trepidantes, fufpicari primum fe Lacedaemoniorum fraude captos. Quare veteri in Spar-tanos odio incitati, nibil vitae parcentes, acriter pugnam capeffebant. Ubi vero ex ipfa armorum fpecie, et oris fono, Macedonas et Demetrium ipfum agnoverunt, ingenti funt perculfi terrore. Cogitabant enim fore fibi iam negotium cum gente ad omnes belli artes paratiffima, quaeque adver-fus quodvis hoftium genus fortuna femper ufa fuiffet fecun-diffima. Impendentis tamen mali magnitudo virtutem ul-tra vires auxit; et fimul ad bene fperandum animos illud erexit, quod ex tam longo temporis intervallo, non absque deorum confilio redire fibi in Peloponnefum liciturum fuiffe iudicabant. In Macedonas itaque tam ex urbe, quam a dex-tera parte ex arcis praefidio impetus factus. Et illi quidem initio tum virtute, tum rei militaris fcientia hofti pares fue-re: poftremo, ut qui ex itinere feffi erant, hinc viris ur-gentibus, illinc foeminis tegulam et lapides eiaculantibus, fugam effufiffimam fecere. Multi e faxis pendentibus (ea enim parte maxime praerupta eft Ithome) praecipites corrue-re: pauci abiectis armis incolumes evafere. (2) In Achaeo-rum concilium Idcirco Meffenii non iere, (uti mea fert opi-nio) quod quum ultro mififfent auxilia bellantibus cum Pyr-rho Aeacidae filio Lacedaemoniis, eoque beneficio iam pro-pe inter ipfos pacata effent omnia, illud cavendum putabant, ne, fi in Achaeorum, qui aperti erant Spartenorum hoftes, concilium fe confcribi poftulaffent, veteres inimicitias reno-vaffe viderentur. Ac illud quidem Meffenios, opinor, non fefellit, quod ipfi in mentem mihi venire potuerit: cogitaffe eos, etiamfi cum Achaeis non feciffent, per fe tamen Achaeos Lacedaemoniorum hoftes fore. In Achaico enim concilio Argivi et Arcades non parum habebant loci. (3) Verum et ipfi fe cum Achaeis Meffenii poft longi tem-poris cunctationem coniunxere. Neque ita multo poft Cleo-menes Leonidae filius, Cleonymi nepos, Megalopolin Arca-

diae ... i ... civitatem per fpeciem foederis cepit. In ea
qui deprehenſi fuerunt, plerique omnes interempti. Qui
vero cum Philopoemene Craugidis filio eſſugere (quae multitudo duae amplius civitatis eius partes fuere), eos Meſſenii
*liberaliter* accepere, quum ob veterum erga fe meritorum
memoriam: quibus iam tum Ariſtomenis temporibus fuerant
ab Arcadibus provocati; tum vero ut gratiam parem referrent pro eo, quod ab illis in Meſſene reſtituendi adiuti fuerant. Eſt ita comparatum natura, ut rerum humanarum
viciſſitudo huc illud omnia transferat. Nam et Arcadibus
Meſſenii viciſſim falutis auctores fuere: et (quod magis
praeter opinionem accidit) Arcadas rurfus Spartae capiendae Meſſeniis focios fortuna effe voluit. Quum enim collatis ſignis cum Cleomene ad Sellafiam dimicaſſunt, mox Aratum Achaeorum ducem fecuti Spartam expugnarunt.
(4) Vix dum erant Lacedaemonii Cleomenis dominatu liberati, quum Machanidas tyrannus exortus, quo fubiato, Nabis dominationem invaſit. Is quum profanas et facras aedes fpoliaſſet, brevi ingentem coegit pecuniam: et ex ea
copias, *quibus imperium tueretur et augeret*, ſibi comparavit.
Quum hic ipfe Nabis Meſſenen occupaſſet, Philopoemen et
Me galopolitani eadem nocte praeſlo fuere: quorum inter-
ventu cedere tyrannus coactus fub certis foederis conditionibus. (5) Achaei poſtea iniuria nefcio qua fe provocatos
queſti, omni ope fua bellum Meſſeniis intulere. Ac primum
quidem agrum pervaſtarunt: deinde fub ipfum meſſis tempus, collectis undique copiis, irrumpere in Meſſeſiam conati ſunt. At Dinocrates, qui fummae tunc reipublicae
praeerat, cuique populi fuffragiis exercitus imperium decretum fuerat, occupatis angulliis, qua aditus in Meſſeniam pa-
tebat Arcadibus. Lycortae Achaeorum ducis inceptum effecit ut irritum eſſet, cum Meſſeniis enim et finitimorum auxiliis occurrens, hoſtem facile repulit. Quin et Philopoemenem, qui, quod de Lycortae conatu certior factus non
fuerat, ſerius cum paucis equitibus ſubſidio Achaeorum venerat, reliquo hoſte profpera pugna caefo et fugato, vivum
cepere. Quo autem modo captus fuerit Philopoemen, et
quis eius vitae finis, in eo, qui eſt de Arcadum rebus, libro
enarrabimus. Ii certe e Meſſeniis, quorum fuaſu eſt ille vir
interfectus, meritas poenas luere: ac rurſus Meſſenii Achaeorum funt partes fecuti. Adhuc varia Meſſeniorum infortunia ſtylo fum perfecutus, et quemadmodum eos fortuna fua
procul a Peloponnefo in ultimas terras actos, mox in priſtinas reduxerit fedes commemoravi: hinc ad agri urbisque
partes explicandas orationem convertam.

CAP. XXX. Aetate noſtra in Meſſenia extat Abia oppidum ad mare, longe a faltu Choerio ſtadia haud amplius
XX. Iren olim vocatam ferunt, et de feptem illis unam
fuiſſe, quas Agamemnon apud Homerum fe daturum Achilli
pollicetur. Gleno autem et Dorieo ab Achaeis bello fuperatis, Abiam tradunt Hylli Herculis filii nutricem in hanc

Iren comnigraffe: ibi domici'io fuo conftitu'n. Herculi templum (adiecto Abiae nomine) dedicaffe: Crefphontem poftea
quum grato pinque animo memoriam foeminae celebraret,
et alios ei honore habuiffe; et urbem (mutato nomine)
Abiam appellari voluiffe. Hercu'is quidem in ea urbe et
Aefculapii templa valde illuftria exftant. (2) Abia difcaeden-
tibus abfunt Pharae ftadia ferme lxx. In iola via falfa aqua,
eft. Meffenios qui Pharas tenenr, Auguftus Caefar Laconico nomini adiunxit. Eius opnidi conditorem celebrant
Pharin. Mercurio et Philodamea Danai filia genitum. Pharin nullam virilem fobolem. filiam unicam Telegonen reliquiffe aiunt. Eius gentilitatis perpetuam feriem in Iliade
percenfuit Homerus: Diocli geminos fuiffe, Crethonem et
Ortilochum: Dioclem ipfum Ortilocho Alphei filio ortum.
De Telegone mentionem prorfus nullam fecit. Ea, fi Meffenios audiamus, Ortilochum Alpheo peperit. Audivi et
Illud, quum Pharis effem: praeter geminos, filiam Diocli
fuiffe Anticleam: ex ea, et Machaone Aefculapii filio, Nico-
machum et Gorgafum natos: Pharis eos permanfiffe, et Dio-
cle mortuo regnum adiffe. Creduntur illi hae etiamnum
aetate morbis laborantes, et aliqua captos corporis parte fa-
nare: eoque nomine in eorum fanum victimas facrorum
caufa, et donaria mittunt. Habent et Fortunae fanum Pha-
raidae, cum perveteri figno. (3) Ac Fortunae quidem (cui
*Tyches apud Graecos nomen*) poetarum primus (quod fciam)
mentionem fecit Homerus hymno in Cererem, quum et
alias Oceani filias, et Tychen etiam ipfam, tanquam Oceani
filiam, ludentes cum Proferpina feciffet, his verfibus:

> Una omnes vario per prata comantia flore,
> Candida Leucippe, Phaenoque, Electra, et Ianthe,
> Melobofis, Tyche, et Ocyrhoe praefignis ocellis.

De ea nihil praeterea: neque illud omnino, *quod vulgo creditur*. Deam effe maximam, penes quam fint rerum humanarum momenta omnia, quum idem tamen poeta in Iliade
bellantibus Palladem et Enyo duces praefecerit; Dianam
foeminis parturientibus *fanctam et* verendam effe dixerit;
Veneri autem nuptiarum curam attribuerit. Verum de Fortuna nihil ille plus, quam ante dictum eft, memoriae prodidit. (4) Bupalus certe templis aedificandis, et fimulacris fingendis admodum follers, quum Smyrnaeis Fortunae
fignum omnium, quos ipfi *ex Antiquitaus novimus* cognove-
rimus, primus finxiffet. capiti polum impofuit; altera vero
manu Amaltheae (quod Graeci appellant) cornu tenentem
fecit. Ad hunc ille modum Fortunae munera declaravit.
Mandavit poft hunc et alia de Fortuna verfibus Pindarus,
et eam Pherepolin *(quod eft ac fi dixeris Civitatum nutricem)*
vocavit.

CAP. XXXI. Non longe a Pharis lucus eft Apollinis,
Carnii nomine; et in eo,perennis aquae fons. Abfunt a
mari Pharae ftadia ferme vi. (2) Hinc ad eiusdem Meffe-

niae mediterranea contendentes, stadia procul circiter LXXX,
Thuriatarum urbs excipit. Appellatam Homeri versibus
Antheam putant. Eam Spartanorum civitati subiecit Augustus. Nam quum is cum Antonio civile bellum gereret,
Antonii quidem sectam cum aliis Graecis Messenii idcirco
secuti sunt, quod Augusti partes iuverunt Lacedaemonii.
Quocirca victor Augustus e Messeniis et aliis, qui contra in
acie steterant, levius alios, alius gravius mulctavit. Thu-
riatae ipsi ex oppido, quod iam tum ab initio in excelso fuit
tumulo, in planitiem descendere. Non tamen superiorem
urbem omnino deseruere. Nam et collapsorum murorum
adhuc reliquiae cernuntur, et templum extat, quod deae
Syriae dicitur. Compessirem urbem fluvius praeterlabitur
Aris nomine. (3) In ora interiore Calamiae vicus, et Limnae castellum est. In hoc Limnatidis Dianae aedes: quo
loco Spartae regem Teleclum occisum fama prodidit. Qua
e Thuria Arcadiam fere versus iter est, fontes habet Pami-
sus amnis: quorum aquae infantium morbis medentur.
(4) Iam vero ab his fontibus ad laevam digressis ad stadia
plus minus LX, Messeniorum sub Ithome urbs est, regionis
caput: ea non Ithome solum, sed qua ad Pamisum excurrit,
monte Eua incingitur. Huic monti a bacchantium voce
Euoe nomen inditum ferunt, quum hoc primum in loco et
ipse Liber Pater, et quae eum sequebantur foeminae, sic in-
clamasse credantur. (5) Qui urbem ambiunt muri, toti e
lapide structi sunt: ex iis turres et propugnacula, quo opus
est loco, eminent. Babylonis quidem muros, aut qui Memno-
nii dicuntur Susis in Perside, neque vidi, neque cuiusmodi
sint, de quoquam, qui ipse viderit, audivi. Quas vero urbes
muris munitissimas ipse viderim, Ambrysos est, Phocica;
Byzantium et Rhodos, eae tamen murorum munitionibus
cum ipsa Messeniorum urbe comparandae non sunt. In foro
Iovis est signum Servatoris: et aquae ductus, cui nomen
Arsinoe, a Leucippi videlicet filia. Defluit in eum aqua de
fonte, quem Clepsydran vocant. Delubra deorum duo, Ne-
pruni et Veneris: et, quod memoria maxime dignum est,
Deum matris e Pario lapide signum, Damophontis opus,
qui Olympiae etiam Iovem solutis iam eboris compagibus ad
unguem exactissime coagmentavit: quare sunt ei, verbo ab
Eleis honores habiti. (6) Fecit idem Damophon, quam
Laphriam Messenii nuncupant: cuius ob huiusmodi causam
sancita est religio. Calydonii Dianam in primis colunt,
cognomento Laphrian. Eius caeremonias et cognomen a
Calydoniis recepere Messenii, quum Naupacto ab Atheniensibus accepta, Aetolis essent finitimi. Et tunc quidem Messenii, et ex Achaeis Patrenses duntaxat Laphriae nomen
usurparunt. Ephesiam quidem Dianam urbes prope cunctae
eodem celebrant cognomine: et privatim viri omnes prae
ceteris eam diis prosequuntur honoribus. Hoc, opinor,
quum Amazonum gloriae tribuunt, a quibus fanum illud cum
simulacro dedicatum fama vulgavit; tum operis prisci anti-

quitati. Tria praeterea templi celebritatem augent: magnitudo primum, qua cetera omnia hominum opera anteit: Ephefiorum deinde civitatis folendor. et ipfa poftremo deae claritas. (7) Habent Meffenii Lucinae etiam deluorum, cum marmoreo figno. Proximum eft Curetum aedes, in qua cuiusvis generis animalia immolunt. Facto enim a bobus et capris facri initio, ad aves defcendunt, quas in Hummas porriciunt. Magna etiam cum religione Cereris aedes celebratur. In ea Gemellorum fimulacra funt, ro hatira, quo Leucippi filias rapuere. Eft vero fuperius expofitum, controverfiam effe Meffeniis cum Lacedaemoniis, ab utris Caflores oriundi fint. Hos utique fibi Meffenii vindicant. (8) Plurima vero, et quae fpectantur dignifliina habet figna apud Meffenios Aefculapii fanum. Seorfum enim dei ipfius, et eius liberorum fimulaera; feorfum Mufarum, Apollinis, et Herculis pofita funt. Suum inter cetera locum habent urbs Thebana, Epaminondas Cleomnidis filius, Fortuna, et Diana Lucifera. Horum quae marinorea funt, fecit Damophon, quem unum a Meffeniis flatuarum artificem noviimus non indignum, cuius mentio fuit. Epaminondae effigies e ferro eft: eam alius omnino opifex fecit, non Damophion. (9) Templum etiam extat Meffenes Triopae filiae; cuius ex auro et Pario marmore factum eft fignum. In poftica templi eius parte picti funt, qui in Meffenia regnarunt univers, ante Dorienfium in Peloponnefum advegtum, Aphareus videlicet, et filii. Poft Herculis vero filiorum reditum Crefphontes, unus et ipfe de Dorienlium ducibus. De iis vero, qui Pylum tenuerunt, Neftor, et eius filii Thrafymedes et Antilochus. His enim, quod natu maximi fuere, honos in primis eft habitus, eoque maxime, quod bello Troiano interfuerunt. Pictus eft etiam Leucippus Apharei frater, et cum eo Hilaira, et Phoebe: Arfinoe praeterea, et ipfe (Arfinoe natus, uti praedicant Meffenii) Aefculapius, et Aefculapii filii Machaon et Podalirius. Nam et illorum clarum fuit Troiano bello nomen. Has omnes imagines pinxit Omphalion, Niciae Nicomedis filii difcipulus, quem et ferviffe Niciae, eique in deliciis fuiffe nonnulli tradiderunt.

CAP. XXXII. Quae vero aedes apud Meffenios Hierothyfion vocatur, (quod eft, ac fi dixeris victimarum factarum) habet deorum omnium figna; quorum in Graecia fancitae religiones funt. Inter ea aenea eft Epaminondae effigies. Dedicati etiam funt tripodes verulli, quos axupovs (quasi ti as ignis expertes) appellat Homerus. Iam vero quae in gymnafio figna funt, opera Aegyptiorum artificum fuere, Mercurius, Hercules, Thefeus. Hos enim tum Graeci univerfi, tum barbarae nationes multae, exercitationum praefides habent, eosque in palaeftris praecipue colunt. (2) Aethidam io eo figuorum numero comperi, hominem quam ego fum natu maiorem. Huic Aethidae tanquam heroi ftatuam pofuint; et honores inftitutos dicunt, quod egregie pecuniofus fuerit. Fuiffe alii praeclaram et luculentam pecuniam Aethidae non

negant: pernegunt vero eum, cuius erecta fuerit super columna ftatua, divitem illum Aethidam fuiffe, fed ei cognominem, quo duce Meffenii olim Demetrium Philippi filium,
quum noctu fubito impetu Meffenen oppreffiffet, repulere.
(3) In eodem gymnafio Ariftomenis vifuur monumentum:
quod fane effe inane, *atque honora-jiou duntaxat*, negant. Et
percunctanti quidem mihi quonam modo eius, *qui Rhodi
mortuus dicatur*, offa in eo monumento condita credi poffit:
refponfum eft, Pythii Apollinis iuffu in patriam reportata:
et infuper facri. quod ad eum tumulum folenni ritu fiat,
mihi caeremonias expofuerunt. *Fae huiusmodi f-xt* Arae
deftinatum taurum ad pilam non procul a fepulcro alli-
gant. Is quum ferox et vinculorum fit infolens, evadere
conatur: quod fi dum tumultuatur et exilit, pila moveatur,
fecundum id eft Meffeniis omen: fin prorfus immota ea pila
fteterit, calamitatem fibi aliquam portendi interpretantur.
(4) Interfuiffe vero Ariftomenem, poftquam ex hominum
coetu exceffit, etiam Leuctricae pugnae, et auxilio Thebanis fuiffe, et eius maxime opera magna ifta clade
afflictos Lacedaemonios praedicant. Enimvero primos
omnium Chaldaeos, et Indorum magos memoriae prodidiffe novi, effe hominum animos immortales. Affenfu
deinde funt eis tum alii Graecorum, tum omnium maxime
Ariftonis filius Plato. Id fi communi hominum opinione
comprobetur, facile et illud credi poffit, Ariftomenis in
Lacedaemonios odium, in omne pofterum tempus perduraf-
fe. (5) Non alienum certe eft a Meffeniorum oratione,
quod aliquando de Thebanis audivi, etfi non congruit omni
ex parte utriusque gentis fermo. Aiunt itaque Thebani,
quum prope effet ut cum hofte ad Leuctra congrederen-
tur, miffos qui et alia oracula, et eum, qui in Lebadea colitur, deum confulerent: et fane ab Ismenio, Ptoo, Abis,
Delphis miffa refponfa commemorantur. Quae vero fen-
riis heroicis vaticinatus fuerit Trophonius, haec perhibentur:

> Ne petite ante hoftem facrum quam cura trophaeum
> Sit vobis pofuiue. Hic. fratim ornate, quod acer
> Fixit Ariftomenes Meffenius. Ipfe hulmicas
> Si ubitorum acies, infeftaque tela refringam.

Accepto oraculo impetraffe a Xenocrate precibus Epaminondam tradunt, ut Ariftomenis clypeum accerferet: illum-
que ad trophaei, quod erexerat eo loco, unde poffet a Lacedaemoniis confpici, infignia atque ornamenta addidiffe.
Norant Lacedaemonii fixum in Lebadea fcutum Ariftomenis.
Nam et multi per ocium ad Trophonii profecti illud fuerant confpicati, et plane omnes ita effe audierant. Parta
vero victoria fuum Trophonio donum Thebani reftituere.
Eft etiam in ftadio pofita ex aere Ariftomeni ftatua. A
theatro non procul Serapidis et Ifidis fanum eft.

CAP. XXXIII. Afcendentibus ad Ithomes iugum, ubi
eft Meffeniorum arx, fons, cui Clepfydra nomen, manat.

(2) Longum esset et difficile, ut maxime propositum id quis haberet, populos enumerare, qui Iovem apud se natum et educatum affirmant. Nam et Messenii Iovis incunabula sibi vindicant, eiusque nutrices nominant Nedam, a qua fluvius; et Ithomen, a qua mons nomen acceperit. Has quidem Nymphas surreptum a Curetibus Iovem, ob Saturni metum, in hoc aiunt fonte lavasse, et ab eo Cureturn furto aquae nomen inditum. Inde ad sacra Ithomaitae Iovis per totos dies haullam aquam in templum deportant. (3) Signum Iovis fecit Ageladas iis olim Messenii, qui Naupacti confederunt. Domi suae illud servat sacerdos annuus. Agitant vero et festos anniversarios dies: Ithomaea nuncupant. Ludos etiam priscis temporibus musicos institutos fuisse, et aliunde, et ex Eumeli versibus licet coniicero, quos in Delum prolusit:

Grata etenim semper tibi, Iupiter incola Ithomes,
Musa fuit, puro quae gaudet libera cantu.

Videtur ergo mihi Eumelus et versus istos fecisse, et musicum certamen a Messeniis institutum nosse. (4) Qua ad Arcadiae urbem Megalopolin egressus patet, in ipsa porta Mercurii signum. Attici operis. Athenienses enim quadrangula figura Hermas fecere; et eam ab illis alii Graeciae populi acceptam formam in Mercurii sigillis usurparunt. Abest a porta stadia ferme xxx. Balyra amnis. Nominis eam putant fuisse causam, quod in eum captum oculis Thamyris lyram abiecerit. Philammone et Argiopa Nympha genitum Thamyrin fama vulgavit: Argyopam Parnassi fuisse incolam: quum vero iam uterum ferret, in Odrysas migrasse, recusante puellae nuptias Philammone. Eo evenit ut Odrysen ac Thraca Thamyrin vocent. In hunc fluvium alii duo confluunt, Leucasia et Amphitus. (5) Trans eos amnes campi sunt, qui Stenyclerici nominantur. Heroem aiunt fuisse Stenyclerum. E campi eius regione elna est; prisci Oechaliam, Carnasium lucum aetas nostra appellat. In eo densissima cupressorum sylva est. Signa deorum ibi posita. Apollinis Carnei, et Mercurius arietem portans. Iam vero quae Casta puella dicitur, Ceres ea est, Prope illud simulacrum aqua e scatebris profluit. Quo vero Deabus magnis ritu operentur, (nam in Carnasio sua illis quoque celebrantur initia) facile in arcanis esse patior. Haec certe initia secundum Eleusinia praecipuam quandam mihi sanctimoniam habere videntur. In ea quidem aerea urnula, quam dux Argivus a se compertam protulit, Euryti Melanei filii ossa servari, nulla vel in vulgus prodere somnii religione prohibeor. Labitur prope Carnasium amnis Charadrus. (6) Ad laevam ad stadia ferme octo progressis Andaniae sunt ruinae. Ei sane urbi ab Andania puella nomen impositum. est omnium antiquitatis interpretum consensu receptum. Quibus vero orta sit parentibus, aut qui cum nupta fuerit, non habeo dicere. Ab Andania qui Cyparissias versus iter habent, per oppidulum transeant Electram; quod eodem no-

inine amnis, et idem Coeus praeterfluunt. Haec certe nomina vel ad Electran Atlantis, et Coeum Latonae patrem
referri pollint; vel forte fumta fuero ab indigenis heroibus
Electra et Coeo. (7) Qui ab Electra abierit ad fontem, cui
nomen Achaia, rudera videat Dorii urhis. In hac urbe Tha-
myridi *ouslossom* calamitatem contigisse vorlibus teslatum fuis
Homerus reliquit, quod fcilicet Mufas Ipfas cantu fe fupra-
turum fuiffet gloriatus. At Phocaenfis Prodicus (huius
modo fi funt in Minyadem coufcripta carmina) poenas Tha-
myridi fuae in Mulas petulantiae apud inferos propofitas
fcripfit. Ego vero ex morbo luminibus captum Thamyrin
crediderim, quum idem etiam poft Homern acciderit; qui
tamen infortunio non fuccubuit, neque idcirco, quae infli-
tuerat, non perfecit. At malo victus Thamyris, prorfus defiit carmina facere.

CAP. XXXIV. A Meffene fub Pamifi oftium via excurrit ad ftadia LXXX. Praeterliuit arva Pamifus purus ac pla-
cidus, et furfum verfus a mari decem prope ftadia navium
patiens. Quin et marini eum fuheunt pifces, vere potiffimum appetente: quod ipfum in Rheno et Maeandro evenit.
Maxime vero in Acheloi flumen innatant, qua circa Echinadas infulas erumpit: alia tamen longe forma funt, quae
Pamifus recipit, et omnino quales effu par eft, quos purae
alunt aquae, neque omnino lutulentae, uti eorum amnium
funt, quos paulo ante nominavimus. Mugiles quidem,
quum de genere fint in limo degentium, turbulentis amnibus gaudent. Maleficas certe beftias non alunt Graeciae
flumina, ficuti Indus, Nilus Aegyptius, Rhenus. Ifter, Eu-
phrates, Phafis: educunt enim hi, perniciofas hominibus
belluas, perfimiles forma Tiermi et Maeandri filuris: nam
viribus valentiores, et colore magis atro funt. ludus et
Nilus crocodilos aterque habent: fed Nilus fluviales etiam
equos, haud minus illos quidem infenfos quam crocodili
fint. At Graeciae flumina haec belliarum porreuta non
gignunt. Nam qui in Acheloo, qui per Thefprotidem labitur, funt canes, advenae e mari infiuunt. (2) Eft ad
Pamifi dexteram Corone urbs maritima, fub Temathia
monte. In hac eadem via vicus maritimus eft, quem Inus
facrum putant. Hic enim e mari emerfiffe Ino dicont,
quum Leucothea coepta nominari, in dearum iam fuiffet
numerum relata. Paulo hinc longius Bias amnis in mare
exit. Nomen ei impofitum creditur a Biunte Amythaonis
filio. Iam ftadia prope xx procul a via abeft Plataneti
fons: aqua e patula profluit platano. Eft ea platanus in
fpeluncae modum intus cavernofa: parva quidem latitudine. Defcendit ea aqua potu fuavis ad Coronen usque.
(3) Urbs prifco nomine Aepea vocabatur: poftea vero
quam Thebanorum ductu reftituti funt, Meffeuii, Epimeli-
dem tradunt deducendae coloniae praelectum. Coronean
appellaffe, quod ipfe ex Coronea Boeotiae urbe oriundus
effet : fed ab initio Meffanios non recte eam nominaffe,

et eam nominis depravationem ipso tempore invaluisse. Est
et illud fama vulgatum: quum lulcus muris designandis im-
primeretur, aeream cornicem repertam. Delubra illic extant
Dianae nutricis cognomento, (*Paedotrophon* ipsi *dicunt*) Liberi
Patris, et Aesculapii: et horum quidem figna e marmore.
Iovis in foro Servatoris ex aere fimulacrum est. Aeneum
est et Minervae in arce fub divo, cornicem manu tenens.
Vidi etiam Epimelidae fepulcrum. Qua vero de caufa portum Achaeorum appellent, compertum non habeo. (4) A
Corone stadia prope octoginta progreffis, Apollinis templum
In ora maritima est magna religione percelebre. Nam et
*vantum* effe antiquiffimum autuinant Meffenii, et deus Ipfe
(quem Corynthum Apollinem nominant) *vsvsem* laborantibus
niorborum opem impertit. Signa duo vifuntur: e ligno
unum, quod Argeus fecit: ex aere alterum, quod ab Argo-
nautis dedicatum credunt. (5) Coronaeorum urbi finitimae
funt Colonides. Negant vero qui illic habitant, fe Meffenios effe, fed ex Attica fe terra huc a Colaeno deductos
aiunt: ipfum Colaenum, galeritam ex oraculo fecutum, In
ea loca veniffe: procedente deinde tempore linguam et mores Dorienfium accepiffe. Situe funt Colonides eminenti loco, modico fpatio procul a mari. (6) At Afinaei Lycoritis
ollm finitimi, Parnaffi uccolae fuere. Nomen illis tunc
fuit Dryopes, quod poftea in Peloponnefum reverfi aliquandiu retinuerunt, fumtum fcilicet a coloniae duce. Tribus
vero poll aetatibus, quum Phyiante regnum obtinente, praelio ab Hercule victi, Delphos abducti, et Apollini devoti
fuiffent, ex eiusdem dei refponfo in Peloponnefum ab Hercule deducti, Afinen primum prope Hermionen tenuerunt;
Inde ab Argivis eiecti, Meffeniae partem a Lacedaemoniis acceptam habitarunt. Ac Meffenii quidem in Peloponnefum
pollinninio reverfi, facile eorum civitatem incolumem effe
pafli funt. De rebus vero fuis ita ipfi commemorant Afinaei, ut ab Hercule fe fuiffe praelio fuperatos fateantur, et
urbem fuam io Parnaffo captam: captivos vero fe ad Apollinis pertractos negant. Muris enim expugnatis ab Hercule,
deferto oppido fe diffugiffe narrant ad Parnaffi iuga: ac mox
quum in Peloponnefum navibus transmififfent, Euryfthei
opem fupplicum in morem ornatos imploraffe: et ab illo quidem, quum in Herculem *implacabili* odio laboraret, in Argolica terra Afinen fibi traditam. Soli vero e Dryopum gente
Afinaei noftra etiamnum aetate fe nominis claritate efferunt,
multo certe fecus quam in Euboea Styrenfes. Nam quum
et ipfi ab eo Dryopum numero oriundi fint, qui, quum extra urbis moenia domos haberent, pugnae non interfuerunt,
Dryopum tamen nomen afpernati funt: ficuti et Delphi Phocenfes nominari fe, neutiquam fibi laudi duxerunt. Contra
Afinaei Dryopum appellatione maxime laetantur: idque reli-
giofiffima quaeque apud ipfos templa maxime declarant,
eadem forma exaedificata, qua illa olim fuerant in Parnaffo
dedicata: *duo vero in primis*, Apollinis unum, Dryopis alte-

rum cum pervetere simulacro. Initia quidem quotannis Dryopi peragunt, cuique Apollinis filium fuisse dictitant. (7) Sita et haec urbs ad mare est, uti olim fuit Argolica illa *cosmflor* Asine. Ad eam a Colonidibus quadraginta stadium via est. Tantundem ab Asine abest *regi*, cui Acritae nomen. Excurrit in mare Acritas, et ante ipsum deserta est insula Theganussa. Secundum Acritan portus est Phoenicus, et ipsi proxima insula Oenussae.

CAP. XXXV. Mothone, antequam Graecorum delectus haberetur, Iliaci etiam belli temporibus Pedasos dicta est: mutato deinde nomine, ipsi tradunt Mothonaei ab Oenei filia nuncuparam. Oeneo etenim Porthaonis filio, quum post excisum Ilium cum Diomede in Peloponnesum secessisset, e pellica Mothonen filiam genitam. Mea vero fert opinio, a scopulo, qui Mothon dicitur, loco nomen datum. Is enim portum efficit, dum et angustiorem navibus ipse e mari prominens appulsum relinquit, et simul ab imo fluctibus obsistens, maris impetum et aestus concitatiores frangit. (2) Expositum est in superiore historiae parte, Lacedaemonios NauplienSibus in invidiam apud alios Graeciae populos vocatis, et eo nomine suis e sedibus eiectis, quod partis Laconum essent, Damocratida Argis regnante, Mothonen tradidisse; nec ulla eos propter Messeniorum reditum nova calamitate affectos. Fuere autem (sicuti ego existimo) Nauplienses ex ea Aegyptiorum classe, quae cum Danao ad Argolicam terram appulit: aetatibus vero tribus post, a Nauplio Amymones filio, in coloniam deducti sunt, et a conditore est ea colonia Nauplia nuncupata. At Traianus Caesar Mothonaeis concessit, ut cum liberis populis censerentur, et suis legibus uterentur. (3) Sed ante ea tempora solis ex omnibus Messeniis, qui ad mare sunt, huiusmodi accidit infortunium. Res Thesprotidis per Interregna prope eversae fuerant. Deidamia enim Pyrrhi filia orba liberis diem obiit suum. Regnum illa quidem moriens populo commendavit. Pater ei Pyrrhus fuerat Ptolemaei filius, Alexandri nepos, maioris Pyrrhi pronepos. De Pyrrho quidem Aeacidae filio ante egimus, quum in Atticarum rerum descriptione versaremur. Hunc Procles Carthaginiensis fortuna et rerum gestarum splendore Alexandro Philippi filio inferiorem fuisse testatur: In disponendis vero in acie peditum equitumque copiis, et item capiendi consilii, quo hostis caperetur arte, illo multo meliorem. Accepta libertate populus et aliis in rebus indies erat insolentior, et omnino se nihil magistratibus audientem praebebat. Quare subito impetu ab Illyriis Ionii maris accolis oppressi sunt. Neque vero ullam novimus popularem rempublicam magnos habuisse progressus, Atheniensibus exceptis, qui et praecipua quadam prudentia ceteris Graecia praestiterunt, et suas religiosissime omnium leges observarunt. (4) At Illyrii, gustata semel dominandi dulcedine,

quum augendi imperii cupiditate flagrarent, aedificatis navibus, et alios aggreſſi populos excurſionibus' Inſeſlos red-
didere, uti quisque maxime ſuit iniurlae expoſitus; et amicitiae ſpecie ad Mothonacorum portum appulerunt, atque inde
in urbem miſere, qui vinum ad naves ut deportaretur roga-
rent. Quumque ub oppidanis non ſano multis vinum comportatum eſſet, emerunt quunti bſſet a Mothonaels aeſtima-
rum Illyrii, et viciſſim de mercibus ſuis aliquid illis vendi-
deruot. Poſtero die quum ed portum multo plures deſcen-
diſſent, et illis lucri faciendi copia facta eſt: poſtreino quum
etiam ſoeminae et viri. magna utique manus, ad naves veniſſent, vinum et venderent, et de boſpitum rebus merca-
rentur, ibi Illyrii confirmata audacia viros multos, foeminas
plures vi correptas in naves impoſuerunt, et prope ad ſoli-
tudinem Mothonacorum oppido redacto, per Ionium mare
intra ſuos ſe fines recepere. (5) Eſt Mothonae Minervae
Atremotidis cognomento delubrum, cum ſimulacro: a Dio-
mededicatum aiunt, et deae nomen impoſitum. Nam quum
Intempeſtivis et violentis tola regio ventis graviter laboraret, votis a Diomede Minervae nuncupatis, omnis illa ventorum quaſi ſaevitia in poſterum etiam omne tempus con-
quievit. (6) Extat Ibidem etiam Dianae aedes, ubi aquae
puteus pice permiſtae, quae quum odoris ſuavitate, tum
colore perſimilis eſt Cyziceno unguento. Omnlum quidem,
quas aſpexerim, aquarum maxime caerulea eſt in Thermopylis, neque tamen tota; ſed ea praecipue, quae in natatio-
nem influit, quas incolae mulieres vocant olas. Rutila
vero prope ad ſanguinis colorem aqua per Hebraeorum
terram non longe a mari, agro Ioppae urbi finitimo,
Iabeas viſitur. Perſeum interempto ceto, cui Cephei filia fuerat expoſita, in eo fonte cruorem abluiſſe, indigenarum ſermo vulgavit. Vidi etiam ad Aſtyra nigram aquam. Sunt
Aſtyra calidarum aquarum balneae contra Lesbum,' In eo
viie, qui Atarneos appellatur. Eam Chii mercedem a Perſarum rege accepere, quum illi Padlyam hominem Lydum,
qui ſupplex ad ipſos confugerat, dediſſent. Oſtendunt etiam
Romani non longe ab orbe trans amnem Anienem albam
aquam. In eam qui deſcenderint, initio tam frigidam ſen-
aunt, ut exhorreſcant: at ſi paululum fuerint immorati,
nihil minus incaleſcunt, quam ſi vehementer calidum medicamentum eblbiſſent. Atque has ego quidem aquas, ingenio fontium plane admirabili, ipſe ſum conſpleatus. Nam
vulgata praetereo aquarum miracula. Neque enim aut ſal-
ſam, aut acerbam aquam e fontibus manare magni miraculi
loco ducendum. Non omittam duos diverſa admodum natura et loco fontes. In Cardiae campis, qui Albi nominantur, prope pagum, qoi Daſcyli dicitur, aqua eſt calida,
lacte hauſtu ſuavior. Iam vero ab Herodoto literis proditum memini, amarae aquae rivum in Hypanim amnem in-
fluere: quod certe non video cur a verſtate abhorrere putemus, quum aetate noſtra ad Puteolos (quod eſt Tyrrheni

maris accolarum oppidum, Dicaearchia Graecis dictum ),
aqua extiterit tam acuto calore effervefcens, ut intra paucos annos plumbeos, per quos fluit, tubulos resolverit.

CAP. XXXVI. A Mothone ad Coryphafium promontorium via interest haud minus stadia centum. In ipfo promontorio est Pylos, quam Clefonis filius Pylus condidit,
deductis in eam e Megaride Lelegibus; fed ei parum diuturnum illud fuit imperium: a Neleo fiquidem et Pelasgis
ab Iolco venientibus pulfus eft. Quare inde abiens in proximos fines, Pylon in Elea tenuit. Eo vero dignitatis Pylon
perduxit Neleus, ut *ab eo rege* Nelram urbem verfibus Homerus appellarit fuis. (2) Eft Pyli Minervae templum, cognomento Coryphafiae: et domus, quae Nefloris dicitur.
In ea Neflor ipfe pictus cernitur: et intra oppidum eiusdem eft monumentum. Nam quod extra eft, id Thrafyme-
dis effe ferunt. (3) Oftenditur in ipfa urbe fpelunca, in
qua Nefloris, et ante eum Nelei boum fuiffe ftabulum dicunt.
Boves eas Theffalicas fuiffe genere de grege Iphic'i, Protefilai patris: eas Neleum a filiae procis fponfalitium munus
depopofciffe: Melampodem itaque Biantis fratris adductum
gratia, in Theffaliam veniffe; et a paftoribus quidem Iphicli
in vincula primum coniectum, deinde vero pro refponfis,
quae roganti Iphiclo dedit, vates quum effet, mercedem
boves cepiffe. Fuit hoc praecipuum illis temporibus divitiarum ftudium, luculenta habere equorum et boum pe-
cuaria. Nam praeterquam quod Iphicli boves Neleus expetivit, Herculi etiam imperavit Euryftheus, ut ex Hifpania
boves, quas eximia ibi fpecie effe compererat, ad fe abige-
ret. Eiusdem pecoris ex Erythea abacti *mira* fuiffe incenfum
cupiditate Erycem in Sicilia, ex eo conftat, quod quum in
luctae certamen cum Hercule defcendiffet, hinc Herculis boves, illinc Erycis regnum praemia victori propofita fuerunt.
Teftatum etiam in Iliade reliquit Homerus, Iphidmantem
Antenoris filium boves centum fponfalitium munus focero
fuo dediffe. Quae omnia fatis perfpicuo argumento funt,
bobus in primis prifcos illos homines delectatos. Pafcebant vero, ut mea fert opinio, Nelei armenta ut plurimum
extra fines. Nam quum totus ferme Pyliorum ager areno-
fus fit, alendo certe pecori non fatis eft herbofus. Hoc
idem teftatur Homerus de Neflore loquens, quum eum fere
ubique arenofae Pyli regem appellat. (4) Ante portum
Sphacteria infula prominet, haud aliter quam ante Deliorum
navalem ftationem Rhenea. Eft vero ita plerumque comparatum, ut, quae ante loca obfcura fuerunt et ignota, ex
aliquo hominum cafu et fortunae momento fama celebren-
tur. Nam et Caphareum Euboeae *promontorium* Graecorum
ab Ilio cum Agamemnone redeuntium naufragium nobilitavit. Ac Pfyttalia quidem, *pufilla* ante Salaminem *infula*, non
aliunde nota eft, quam quod in eo loco Perfae prope deleti
funt. Pari itaque ratione Lacedaemoniorum ad Sphacte-

riam clades celebre ad pofteros loco nomen dedit. Athenienfes vero etiam aeneum Victoriae fignum ad illuftrandam
rei ad Sphacteriam geftae memoriam in arce dedicarunt.
(5) Qua a Pylo Cypariflias iter, in fuburbanis non procul a
mari fons eft, quem percuffa thyrfo a Libero Patre terra extitiffe ferunt; eaque de caufa Dionyfiada fontem ipfum nominant. Extat ad Cypariflias Apollinis templum, et Minervae cognomento Cypariffiae. Ad Aulonem delubrum eft
cum figno Aefculapii Aulonii. Illinc proxime Mefleniorum
et Eleorum fines Neda amnis interfluens dirimit.

---

## ELIACORUM PRIOR SEU LIBER V.

CAP. I. GRAECORVM quicunque Peloponnefum in quinque duntaxat partes dividunt, ii fateantur neceffe eft, in ea
parte, quae eft Arcadum, Eleos et Arcades ipfos habitare:
fecundam vero Achaeorum, tres deinde reliquas Dorienfium
effe. Nationes autem, quae Peloponnefum tenent, indigenae Arcades et Achaei funt. Quorum Achaei a Dorienfibus
patria pulfi, non tamen extra Peloponnefum abiere; fed Ionibus ejectis, eam partem, quae Aegialus veteri nomine dicebatur, nunc ab ipfis Achaeis denominata eft, colunt. Arcades vero primae originis terram in hoc usque tempus perpetuo incoluere. At reliqua ab advenis habitantur; fiquidem huius aetatis Corinthii omnium maxime novi in Peloponnefo funt. Abhinc enim annos ferme ducentos decem
et feptem colonia haec ab Imperatore Romano deducta eft.
Dryopes quoque et Dorienfes, ex Parnaffo illi, hi ex Peloponnefi parte advenerunt. (2) Eleos etiam fcimus ex Calydone ceteraque Aetolia huc traieciffe: de quorum antiquitate, quae comperimus, haec propemodum funt. Regnavit
in hac terra primum (ut ferunt) Aethlius, Iovis et Protoge-
niae (Deucalionis filiae) filius; qui Endymionem genuit.
Hunc a Luna adamatum, et ex ea filias quinquaginta fufcepiffe fabulantur. Qui vero magis veritati confentanea lo-
quuntur, ipfum Endymionem aiunt tres tantum genuiffe
filios. Paeonem fcilicet, Epeum, et Aetolum; filiamque unam
Eurycyden: et hos ex Afterodia uxore, five ex Chromia Itoni
filia, Amphyctionis nepte; feu ex Hyperippe Arcadis filia.
Variae enim funt de eius uxoribus fententiae. (3) Propofuit autem in Olympia curfus certamen de imperio filiis
fuis Endymion. Ex eo victor difceffit Epeus, regnoque potitus eft; ac Epei primum, qui fub ditione eius tunc erant,
appellati. Fratrum vero, alterum quidem in patria cum

fratre regnante permanfiffe ferunt: Paeonem fe fuperarum
aegre ferentem, longe a domo peregre profectum, fuper
Axio flumine, regionem, *ubi confliterat*, de fuo nomine Paeo-
niam appellaffe. (4) De Endymionis autem morte non convenit inter Heracleotas, qui Milefiis finitimi funt, et Eleos.
Elei enim Endymionis monumentum oftendunt; Heracleotae illum dicunt in Latmum montem feceffiffe: et eft quidem in Latmo monte Endymionis adytum. Epeus ex Ana-
xiroe Coroni filia, quam uxorem duxerat, filiam fufcepit
Hyrminam, marem omnino habuit nullum. (5) Accidit eo
regnante, ut Oenomaus Alxionis vel (ut poetae canunt, et
vulgi fabula celebrat) Martis filius, qui Pifaeis tunc im-
peritabat, regno expelleretur a Pelope Lydo, qui ex Afia
illuc transmiferat. Occifo Oenomao Pelops et Pifaeam obtinuit; et Olympiam huic finitimam, quae fub Epei ditione
erat, imperio fuo adiecit. Hunc Pelopem dicunt Elei primum in Peloponnefo fanum Mercurio exaedificaffe, et facra
feciffe, quo deum fibi ex Myrtili caede infenfum placaret.
(6) Aetolum, qui Epeo in regnum fucceffit, ex Peloponnefo
fugere oportuit, quod eum, ob admiffam imprudenter caedem, Apidis filii ad poenam vocabant. Nam quum Apin
Iafonis filium a Pallantio Arcadiae *oppido originem ducentem*,
*funebribus* ludis, qui Azani fiebant, incitatis quadrigis obvium *evertiffet atque* interemiffet Aetolus, ab Aetolo Endymionis filio Acheloi accolae, quod in eam continentis terrae
partem *e patria* profugerat Aetolus, *Aetoli* appellati funt.
Epeorum imperium fufcepit Eleus, ex Eurycyda Endymionis
filia et (fi cui id credibile videtur) Neptuno genitus. Ab
hoc Eleo, qui prius nominabantur Epei, nomen acceperunt. (7) Ex eo Augeas nafcitur. Atenim qui Augeae et
*Eleorum* res maxime extollunt, Augeam non Elei, fed Helii
(*hoc eft Solis*) filium fuiffe dicunt. Et huic quidem Augeae
adeo magna boum armenta caprarumque tanti greges fuiffe
dicuntur, ut *copiofiore* fimo obducta agri pars maxima, odiofa
et inculta iaceret. Hercules vel agri Elei parte, vel alia
quacunque mercede, ut agrum a ftercoribus purgaret, adductus eft: quod ille immiffo in ftercora Minyeo flumine
perfecit. Sed Augeas Herculi mercedem abnegavit, quod
eum videret arte potius, quam ullo labore opus perfeciffe.
Huius filius natu maior, cui Phyleo nomen, eft a patre ab-
dicatus, quod eius in bene de fe meritum virum iniuriam
reprehendere folitus effet. Augeas ipfe aditus omnes munivit, qua Herculem, fi in Elidem cum exercitu veniffet, ir-
ruptorum fufpicari poterat. Fillos etiam Actoris, et Ama-
rynceum fibi in belli gerendi focietatem adfcivit. (8) Erat
fane Amarynceus rerum bellicarum ufu maxime follers:
(patre is ortus fuerat Pyttio, homine ex Theffalia oriundo:
qui ex Theffalia in Eleam venerat) acceptusque eft ab Augea in partem imperii. Actor quoque, et eius filii, qui indigenae erant, regni fuere confortes: fiquidem Actor Phorbante Lapithae filio, et Hyrmina Epei filia genitus fuerat,

deque fuae matris nomine urbem in Elea Hyrminen condiderat.

CAP. II. Hercules fuscepto adverfus Augeam bello,
nihil memoratu dignum in ea expeditione gerere potuit.
Eius enim auxilia ab Actoris filiis audacia et aetate vigen-
tibus facile reiiciebantur. Sed enim quum ludos Ifthmicos
indixiffent Corinthii, veniffentque Actoris filii fpectandi caufa, eos Hercules ex infidiis ad Cleonas occidit. (2) Quum
autem, a quo caedes facta effet, ignoraretur, Moliono *Actoris*
*uxor*, a quonam filii fuiffent interfecti, magna cura inveftiga-
vit. Re cognita, Elei ab Argivis (quod tunc forte Tirynthe
Hercules domicilium habebat) auctorem facinoris ad poenam
depopofcerunt. Id quum illi recufaffent, a Corinthiis rurfus contenderunt, ut, quicquid Argolici nominis effet, pro
violato foedere Ifthmicorum ludorum celebritate interdice-
rent. (3) Quod ipfum quum fruftra petiffent, Molione circa
fuos diris dicitur defixiffe, quoteunque in pofterum Ifthmicis ludis non abftinuiffent. Illud Moliones editum tam
religiofe Elei obfervarunt, ut hoc etiam tempore, quicunque
ex Eleis ad certaminum palmas corpora exercuerunt, eius
devotionis metu Ifthmicum neutiquam conventum celebrent.
(4) Da hac ipfa re duplex eft fama. Ab aliis enim Cypfelum
proditum eft Corinthiorum tyrannum aureum Iovi in Olympia fignum dedicaffe. Eo mortuo priusquam nomen dono
infcripfiffet, ab Eleis Corinthios contcudiffe, ut civitatis
fuae nomen inferibi paterentur. Quod quum non inpetraf-
fent, ira incenfos, Eleos Ifthmiorum aditu prohibuiffe. Sed
haud fatis confentaneum videri poteft, Corinthiis Olympicorum conventu non interdictum, fi priores ipfi Eleis, ne Ifthmicis intereffent, edixiffent. Illud item alterum de eadem re
hominum fermo vulgavit. Proleo, viro inter Eleos nobili,
ex Lyfippe uxore Philanthum et Lampum genitos: hos,
quum ad Ifthmia (ut qui pancratiaftae inter adolefcentulos
erunt) veniffent, priusquam in certamen defcenderent, ab
adverfariis ftrangulatos, vel alio mortis genere confectos:
Lyfippes imprecationes in caufa fuiffe. Elei ut Ifthmiis ultro
abftinerent. Facile vero eo argumento hoc ipfum refellitur, quod Timoni Eleo. qui de *alt.* Graeciae certaminibus
quinquertii palmas tulit, in Olympia ftatua pofita eft, cum
elegis, omnes eius viri victorias teftantibus. Eadem quoque infcriptio, quare Ifthmicae non fuerit compos coronae,
his verfibus indicat:

Sifyphia iuvenem vetuit fuccedere terrae
Dira Molionidum poena fecuta hecum.

Atenim fatis iam hac de re dictum fuerit.

CAP. III. Poft haec Hercules collecto ab Argivis,
Thebanis, et Arcadibus exercitu, Elidem captam diripuit:
quo tempore Eleis et Pyliis, qui in Elea terra funt, et Pifaei

auxilia tulerunt: et alteros quidem ultus est Herculet: Pifacis vero quo minus bellum inferret, huiusmodi oraculo,
prohibuit Apollo Delphicus:

Pifa patri curae, mihi celfa cacumina Pythna.

Fuit haec vox Pifacis faluti. (2) Phyleo autem Eleam Hercules verecundia potius, quam bene merendi ftudio adductus tradidit. Eidem captivos, et Augeae poenam condona-
vit. (3) Eo tempore Eleorum foeminae orbatam virili robore patriam miferatao, Palladi vota nuncuparunt, fi gra-
vidae ad primos virorum congreffus herent. Eius voti
damnatae, Minervae cognomento matri templum dicarant.
Et loco quidem, quo primus ille congreffus marium et foeminarum factus, Bady nomen ell. Flumen etiam ipfum,
quod agrum praeterfluit. Bady patria voce appellant. (4) Phy-
leus ordinatis Elidis rebus, quum Dulichium migraffet, et
Augeas iam fenio confectus diem fuum obiiffet, exin Eleorum
regnum Agafthenes alter Augeae filius, cum Amphimacho
et Thalpio fufcepit. Nam quum Actoris filii geminos Dexameni Oleni regis filias uxores duxiffent, alteri quidem eorum ex Theronice Amphimachus. Euryto vero ex Thero-
phone Thalpius nafcitur. Non tamen interea aut Amarynceus, aut Amaryncei filius Diores privatam vituui egerunt,
quod et Homerus Eleos recenfens facile oftendit. Omnem
enim eorum claffem XL navium fuiffe dicit: quarum dimi-
diae parti Amphimachus et Thalpius imperarent: e reliquo
numero decem Amaryncei filius Diores, totidem Agafthenis
Polyxenus duceret. Polyxeno autem a Troia reduci filius
natus eft Amphimachus. Hoc puero nomen, opinor, indidit Polyxenus ob amicitiam, quao ei cum Amphimacho
Cteati filio, qui ad Ilium ceciderat, intercefferat. Amphimacho Eleus oritur. (5) Hoc Eleo Elidis regnum tenente,
Dorienfes cum Ariftomachi filiis comparata claffe moliti funt
reditum in Peloponnefum. Claffis imperatoribus oraculo
denunciatum ell, remigrationis ducem trioculum ut facerent,
Quare addubitantibus, quidnam fibi refponfum illud vellet,
vir forte, qui mulum altero captum oculo agebat, occurrit. Tum nimirum acute coniecit Crefphontes, oraculi
vocem ad hunc hominem pertinere. Eum itaque fibi Dorienfes ducem adfciverunt. Is in Peloponnefum navibus
transmittendum, non pedeftri exercitu per Ifthmum irruptionem tentandam cenfuit. Neque tantum id fieri oportere
monuit, fed ipfo navigationis a Naupacto ad Molycrium
dux fuit: quamobrem illi Dorienfes Eleum agrum petenti
defponderunt. Puit hic quidem vir Oxylus. Haemone Thoan-
tis filio genitus: Thoas vero ipfe Atrei filiorum ad Priami
regnum evertendum focius: a quo ad Aetolum Endymionis
filium aetates retro fex numerantur. Erant autem Heraclidae et alio Aetoliae regibus fanguine iuncti, et eo maxime
nomine, quod Thoantem Andraemon et Hyllum Hercules e
germanis fororibus genuerant. In exilium vero ex Actolia

abierat Oxylus, quod disco ludens imprudenter hominem
occiderat. Eum qui cociderat, alii Thermium, Oxyli fratrem tradidere; Alcidocum alii, Scopii filium.

CAP. IV. Proditum etiam memoriae est aliud huiusmodi de Oxy'o, veritum illum esse, ne Aristomachi liberi,
quum, quam esset sortilis et bene cultus omni ex parte ager
Eleus, cognovissent, eum sibi tradere recusarent: eiusque rei
causa per Arcadum fines, non per Eleorum agrum, Dorienses deduxisse. Et Eleorum quidem Imperium sibi fine armis vindicanti Oxylo non cessit Dius. Facta is provocatione censuit non esse universo agmine decernendum, verum singulos ex utroque exercitu deligendos, qui singulari
certamine de rerum summa dimicarent. Cuius quum pars
utraque sententiam comprobasset, delatum hoc certamen
Degmeno Eleo sagittario, ex Aetolis vero Pyraechmae fun-
ditori. Superior discessit Pyraechmes: quare potitus regno
est Oxylus. Et is quidem priscos Epeos facile pristinas sedes obtinere passus est: sed cum illis Aetolos coniunxit,
agro aequabiliter assignato. Iovi praeterea sacra fecit, et
sancitos veteri religione honores quum ceteris heroibus habuit; tum Augeae eo, qui aetate nostra observatur, more
ut parentaretur, instituit. Eundem aiunt e proximis vicis,
inquilinis intra urbem evocatis, Elin tum moenibus ampliorem tum multitudine frequentiorem, ac simul opibus auctio-
rem reddidisse. (2) Huic quum Delphici Apollinis voce
praeceptum esset, ut de Pelopis genere unum sibi imperii
condendi socium adscisceret, magno undique studio conqui-
situm, Agorium tandem Damasii filium, Penthili nepotem,
Orestis pronepotem invenit, quem ab Helice Achaiae urbe,
cum non magna utique Achaeorum manu, in regni partem
recepit. Oxyli uxorem Pieriam nomine fuisse tradunt, de
qua nihil aliud quicquam memorant. Filios aiunt Oxylo
genitos Aetolum et Laian: et Aetolum quidem immatura morte
ereptum, condiderunt parentes extructo monumento in ipsa
porta, qua in Olympiam ad Iovis templum iter est. Hoc ei
monumentum ex oraculo posuere, quo iussi sunt, neque intra, neque extra urbem illum sepelire. Parentat Aetolo hac
ipsa aetate quotannis state die gymnasii praefectus. (3) Successit Laias in regnum patri. Non tamen uspiam reperi
eius posteros regno potitos. Quare eos consulto praetereo.
Neque enim in praesens ad privatos homines mea descendit oratio. (4) Secundum haec Iphitus ab Oxylo quidem
oriundus, aequalis vero Lycurgi, a quo scriptae Lacedaemoniis leges, ludos in Olympia ordinavit, nundinas Olympicas denuo indixit, et ludorum causa inducias instituit, quum
haec omnia intermissa fuissent aliquandiu. (Eius quidem in-
termissionis causam tunc exponam, quum ad ea, quae in
Olympia suunt, accessero). Etenim Graecia iam prope deleta
intestinis seditionibus et pestilentia, consulendum de reme-
dio earum calamitatum Delphicum Apollinem censuit Iphi-

tus. Refpondit deus, expedire ab Iphito et Eleis Olympicos ludos inftaurari. Suafit praeterea Eleis Iphitus, ut Herculi Immolarent, quum illum ante hoftem iudicuffent. Infcriptio, quae in Olympia eft, Iphitum teftatur Haemonis
filium fuiffe: Graecorum plerique non Haemonis eum, fed
Praxonidae filium dixere. Prifca Eleorum monumenta eius
patrem eodem appellant nomine. (5) Elei quum belli
Troiani, tum vero fufcepti contra Perfas in Graeciam invadentes belli participes fuere. Ac ut miffum 'aciem, quoties,
dum Olympicos ludos inftaurant, cum Pifaeis et Arcadibus
dimicarint, Inviti quidem cum Lacedaemon'is in Athenienfium fines irruperunt. Neque multo poft iuitcitis in focietatem Athenienfibus, Argivis, et Mantinenfibus, contra Lacedaemonios ftetere. Agide vero eum exercitu intra fines
per Xeniae proditionem ingreffo, ad Olympiam magno praelio hoftes vicere, et in fugam verfos Lacedaemonios extra
fani fepta eiecere: interiecto dein tempore arma pofuere iis
conditionibus, de quibus ante fcripfi, dum Lacedaemoniorum res commemorarem. Iam vero Philippo Amyntae filio
Graeciae imperium occupante, Elei quidem ipfi inteftinis
difcordiis iam paene afflicti, fe cum Macedonibus coniunxerunt: non tamen, ut ad Chaeroneam cum Graecis acie confligerent, adduci potuerunt: Philippum tantum Lacedaemonios adoriantem, prifco in eam civitatem odio fuo indul-
gentes inverunt. Iidem mortuo Alexandro cum ceteris
Graecis bellum adverfus Antipatrum et Macedonas geffere.

CAP. V. Infequenti poftea tempore Ariftotimus Damareti filius, Etymonis nepos, Eleorum tyrannide, miffis
ab Antigono Demetrii filio Macedoniae rege auxiliis, potitus eft. Hunc Ariftotimum, fextum iam menfem dominantem, Chilon, Hellanicus, Lampis, et Cylon de improvifo
adorti eiiciunt. Quin et eundem, quum et Iovis Servatoris
aram fupplex fe recepiffet, fua manu Cylon is, quem ante
nominavimus, occidit. Hae fuerunt bellicae Eleorum res
geftae, quas modica In praefratia oratione perftrinximus.
(2) Inter Elei agri miracula byffus eft. Hic enim tantum, nec alibi ufpiam in tota Graecia nafcitur. Tenuitate
quidem nihil eft impar ei, quam fert Hebraeorum terra; minus utique flava. Admirationi iure fuerit illud etiam,
quod, quum in finitimis locis equae ex afinis pariant,
id intra ipfos Eleae terrae fines nunquam ufu evenit.
Cuius rei caufam execrationem quandam perhibent. (3) Ex
Eleo agro egredienti vicus ad mare eft, cui Samicon nomen.
Supra hunc ad dexteram regio, quae Triphylia dicitur. In
ea urbs Lepreos. Lepreatae nunc ipfi Inter Arcadas cenfentur, quum liquido conftet, antiquitus Eleis paruiffe. Nam
quotcunque ex ea civitate in Olympicis vicerunt, eos praeco
Eleos e Lepreo renunciavit; et Ariftophanes verfibus teftatus eft, Lepreon Eleorum oppidum effe. Lepreon a Samlos,

relido ad laevam Anigro amne, via una ducit; eodem altera ex Olympia, tertia ex Elide. Earum quae longissima, unius diei est. (4) Inditum oppido nomen tradunt a Lepreo conditore, Pyrgei filio, quem cum Hercule in edacitatis certamen defendisse aiunt. Ubi quum uterque eodem tempore bovem epulaturus occidisset, ac plane se nihilo ad edendum Lepreus Hercule imparatiorem ostendisset, eo processit certandi cupido, ut eum ad singularis etiam certaminis dimicationem ausus fuerit provocare. Interfectum quidem ab Hercule in ea pugna, in Phigalensium finibus sepultum fuisse tradidere, quum tamen non habeant Phigalenses ipsi, quo loco Leprei monumentum fuerit, indicare. Audivi vero et, qui ad Lepream Pyrgei filiam oppidi originem referrent. Sunt qui primos urbis inquilinos lepram passos dicant, utque ex ea incolarum calamitate urbem nomen acepisse. Narrant sane Lepreatae, fuisse in urbe Leucaei Iovis aedem, et Lycurgi Alei filii sepulcrum: larvum etiam aliorum, et in primis Cauconis. Huius monumenti insigne fuisse virum lyram tenentem. Sed aetate hac neque monumentum ullum extat paulo insignius, neque cuiusquam dei aedes, una excepta Cereris, et ipsa e crudo latere extructa, in qua ne signum quidem ullum est. Non procul ab urbe fons est Arene: nomen ab Apharei uxore imposuturum ferunt. (5) Reversis ad Samicum, recta per vicum eum contendentibus, Anigrus fluvius in mare exit; et exeuntem quidem saepe violentiores ventorum flatus repellunt. Congesta enim e pelago ad ostium fluminis arena, aquam, quo minus profluat, coercent. Quo fit, ut, quum exterius mare, interius amnis ipse arenam diluerit, non sine periculo iumenta, multo etiam minus expediti homines in eam se possint demittere. Descendit flumen e Lapitha Arcadiae monte: ac statim a fonte graviter olentem aquam mittit: quae prius quam flumen aliud. Aciduntem nomine, accipiat, manifestum est ne pisces quidem in ea ali. Quin et quos ipse Acidas influens importat, esculentos esse negant, quum tamen, antequam in Anigrum ipsum innatent, ad cibum expetantur. Fuisse vero Acidanti nomen vetus Iardano, unde ipse conicerem, non habui, sed auditum ab Ephesio homine refero. Tetrum vero illum aquarum odorem e terra, unde effluit, existere crediderim, quemadmodum et supra Ioniam ex eadem causa aquae tam male sunt odoris, ut halitu ipso nonnullae exitium homini afferant. E Graecis vero Chironem alii, alii alium Centaurum Pelenorem, ab Hercule sagitta percussum aiunt, quum vulneratus fugeret, huius fluminis aqua vulnus abluisse; inde Hydrae veneno infectum flumen, foedum odorem contraxisse. Sunt qui in id causam referunt, quod insaniae morbo liberatis Proeti filiabus. Melampus Amythaonis filius piacula in hunc amnem abiecerit. (6) In Samico non longe a flumine antrum est, Anigridum Nympharum iscalas appellant. Huc qui vitiata aliquo vitiliginis genere (nigro vel albo) cute intravit, ubi primum Nymphis rite implorandis,

nuncupatisque cuiuscunque facrificii votis, deinde laborantes corporis partes defricuerit, amnemque nando transmife-
rit, foeditatem eam in aquis relinquere creditur, atque inde
nitidus ac terfus difcedere.

CAP. VI. Anigro transmiffo recta in Olympiam contendentibus modico intervallo ad viae dexteram in eminen-
tiore loco Samia oppidum fupra ipfum Samicum. Et Samicum quidem Polyfpurchonti Aetolo traditum eft adverfus
Arcadas propugnaculum fuiffe. (1) Arenes vero veftigia
neque Mefeniorum, neque Eleorum quisquam, quo loco
effent, vifus eft mihi compertum habere. In diverfius enim
fententias, qui id coniicere conati fuerint, diftrahuntur.
Veri mihi fimillima ii dicere videntur, qui prifcis heroicis
etiam temporibus Samicum ipfam appollatam Arenen exiftimant. Nituntur vero Homeri, qui in Iliade funt, verfuum
feftimonio:

> Proximus Arenae Minyeias in mare currens
> Eda nnis.

Quae fe oftendunt ruinae, proxime Anigrum. funt. Atque
ut. an Samicus appellata fuerit Arene, controverfum eft, fic
fuiffe Minyeium apud veteres, qui nunc Anigrus eft mutato
nomine, fatentur Arcades omnes. Nedue quidem maritimam partem fub Heruclidarum reditum in Peloponnefum
terminum fuiffe inter Meffenios et Eleos, facile deprehendi
poteft. (3) Iam fecundum Anigrum qui longius procefferit
per campos maiori ex parte arena coopertos, in quibus
funt agreftes pinus, ad laevam Scilluntis rudera videat. Fuit
enim una de Triphyliae urbibus Scillus. Ac belli quidem
eius tempore, quod inter Pifaeos et Eleos geftum eft,
Pifaeos Scilluntii fecuti, cum Eleis propalam inimicitias exercuere, qua de caufa poftea ab Eleis deleti
funt. (4) Sed ereptam Eleis Scilluntem Lacedaemonii
poft Xenophonti Grylli filio tunc Athenis exulanti-dona-
runt. Exagitatus vero eft Xenophon a fuis civibus, quod
Cyro, qui fuit Athenienfi populo inimiciffimus, contra Perfarum regem, quo maxime benevolo utebantur, ftipendia feciffet. Quum enim Sardibus effet Cyrus, Lyfandrum Ariftocriti filium ad comparandum contra Athenienfes claffem
pecunia iuverat. Haec itaque Xenophonti exilii caufa fuit.
Conftituto autem ad Scilluntem domicilio. agri partem Ephefiae Dianae, et fanum dedicavit. Abundat Scillus omnibus
ferarum generibus ad venationem, apris in primis, et cervis.
Agrum perlabitur Scilluntium Selinas amnis. Ex Eleis autem ii, quibus curae eft antiquitatis memoriam confervare,
receptam a fuis Scilluntem memorant: et Xenophontem,
quod illam a Lacedaemoniis accepiffet, maietatis in Olympico
confilio poftulatum, caufam dixiffe. eundemque ab Eleis abfo-
lutum, Scillunte impune domicilium habuiffe. Et fane non
longe a Diunio monumentum monftratur cum ftatua e Pen-

telico marmore, quam Xenophontis esse accolae dicunt.
(1) In via, quae Olympiam ducit cis Alpheum, Scillunte vi-
cienti, celfa crepidine praeruptus mons occurrit: Typaeum
illum appellant. Hinc de faxo foeminas deiicere Eleorum
lex iubet, quae ad Olympicos ludos penetrasse deprehensae
fuerint, vel quae omnino Alpheum transmiferint, quibus est
eis interdictam diebus. Non tamen deprehensam esse ullam
perhibent praeter unam Callipatiram, quam alii Pherenicen
nominant. Haec viro mortuo, cum virili ornatu exercitationum se magistrum fimulans, Pifidorum filium in certamen deduxit: iamque eo vincente fepimentum id, quo ma-
gistros feclufos habent, transfiluit veste polita. Foeminam
tamen agnitam omni crimine liberarunt. Illitum hoc ex
iudicum aequitate patris, fratrum, et filii gloriae, qui omnes ex Olympicis ludis victores abierant. Ex eo lege fun-
citum, ut nudati adessent ad ludicrum ipfi etiam ma-
gistri.

CAP. VII. Qui iam in Olympiam pervenerint, Alpheum
amnem videant, uberrima et fuaviffima fluentem aqua: In
quem tum alii nobiles amnes influunt, tum in primis, qui
per Megalopolim labitur Heliffon nomine: Brentheates etiam
ex agro Megalopolitano. At prope Gortynam, ubi Aesculapii fanum, praeterfluit Gortynius. Ex Melaenenfibus, inter Megalopolitanae et Heraiidis terrae fines, Buphagus
E Clitoriorum agro Ladon. Ex Erymantho monti cognominis fluvius. Atque hi quidem ex Arcadia omnes in Alpheum defcendunt. Iam Cladaeus ab Eleis veniens eidem
fe permifcet. (2) Neque tamen Alphei ipfius in Eleo agro,
fed in Arcadia foutes funt: de quo vulgata est fabula, virum
illum fuiffe venatorem, Arethufam amaffe, et ipfam venandi
ftudiofam. Quae quum illius nuptias recufaffet, in infulam,
cui Ortygiae nomen fuit, prope Syracufas, dicitur transmififfe, atque ibi in fontem converfam: ipfi etiam Alpheo
accidiffe, ut prae amore in amnem mutaretur. Quae omnia
fabulofe dicta facile videri poffunt. Meantem vero fubter
mare amnem Hfonti apud Syracufas immifceri, quid caufae fit,
quare non credam, non plane video, quum Delphici Apollinis voce rei fidem factam meminerim. Is enim Archiam
Corinthium ad Syracufas coloniam deducendam proficifci iu-
bens, huiusmodi ufus est verfibus:

> Trinacriam fupra medio iacet infula ponto:
> Ortygiam dicere: ubi cana fluenta refundit
> Alpheus, pulchrae fefe immifceos Arethufae.

Atque ex eo quidem, quod in Arethufam fontem illabitur
Alpheus, fabulae de Alphei amore locum datum crediderim.
(3) Et fane Graecorum quotcunque, vel Aegyptiorum, qui
in Aethiopiam fupra Syenen vel ad Meroen (Aethiopum urbem) profecti funt, Nilum narrant paludem quandam ingref-

fum, atque inde tanquam e continenti terra elapfum, per Aethiopiam inferiorem in Aegyptum decurrere, ac poſtea in mare, quod ad Pharum eſt, erumpere. In Hebraeorum finibus amnem ipſe vidi Iordanem, qui ſtagnum Tiberiadem nuncupatum ſubit; ac deinde in alterum ſtagnum, cui Mare mortuum nomen eſt, ingreſſus, in ea ipſa paludo confumtus evaneſcit. Hoc ipſum mare, quod Mortuum dicitur, diverſa admodum a ceteris aquis natura eſt. In eo enim viventia, etiam ſi nihil ſit moveant, ſupernatant; inanima vero omnia in ima deſcendunt. Eo ſit, ut et piſcibus orba ſit palus. E manifeſto enim periculo ſe piſces ad aquas recipiunt naturae ſuae congruentes. Alpheo perſimilis amnis eſt in Ionia; cuius quum in Mycale monte fontes ſint, mare, quod in medio eſt, perlapſus, emergit rurfus in Branchidis, prope portum, cui Panormo nomen. Atque haec quidem ad hunc modum ſe habent. (4) De Olympicorum vero ludorum origine inter Eleos ii, qui maxime priſcarum rerum memoriam confeſtantur, haec commemorant: Saturnum primum omnium coeli regnum obtinuiſſe: ei in Olympia homines eos, quod aureum genus nuncupatum eſt, templum dedicaſſe. Poſt haec recens natum Iovem Rheam, matrem, Daſtylis Idaeis, qui Curetes alio nomine appellati ſunt, commendaſſe: veniſſe illos poſtea ab Ida Cretae monte ſ: *Eliſdem: ſi ativs hos ſuiſſs: quorum etiam nomina produnt*, Herculem, Paeoneum, Epimedem, Iaſium, et Idam. Herculem, ut qui natu maximus erat, curſus certamen fratribus per ludum propofuiſſe, victoremque oleaſtri corona donaſſe. Magnam vero illos oleaſtri copiam habuiſſe: ſiquidem ſua etiam cubilia eius arboris viridi fronde fubſternebant. Stirpem quidem eam fuiſſe ex Hyperboreis ab Hercule primum ad Graecos deportatam. Eſſe Hyperboreos ipfos gentem ſupra Aquilones, primus certe verſibus mandavit OleniLycius in hymno, quem in Achaeian fecit: veniſſe Delum ex Hyperboreis Achaeian. Poſt Olenem canticum Melanopus Cumanus in Opin et Hecaergen decantavit, quo et ipſas teſtatus eſt prius in Achaciam et Deluui ab Hyperboreis veniſſe. Nam Ariſteas Proconneſius mentionem *duntaxat* Hyperboreorum fecit, quum plura tamen de illis cognoſcere potuerit ab Iſſedonibus, ad quos ſe aliquando profectum carminibus prodidit. Auctor igitur iſtorum ludorum Hercules idaeus celebratur, a quo ſunt Olympia appellati: et ob eam rem quinquennales eſſe placuit, quod fratres quinque numero fuere. Sunt qui Iovem cum Saturno de imperio hoc ipſo in loco colluctatum dicunt. Alii debellatis Titanibus ab eodem ludos inſtitutos; quibus et alii viciſſe narrantur, et Apollo Mercurium curſu ſecum certantem praevertiſſe, pugilatu Martem ſuperaſſe: cuius rei cauſa traditum, ut Pythii tibiarum modi ſilientibus quinquertionibus praecinerentur, quod ſacrum id carmen Apollini aſſet, et ipſe *primus* Olympicas tuliſſet palmas.

CAP. VIII. Quinquaginta vero annis poſt Deucalionis diluvium Clymenum aiunt Cardis filium, ab Idaeo Hercule oriundum, e Creta venientem ludos in Olympia feciſſe, et tum aliis Curetibus, tum vero Herculi proavo ſuo aram dedicaſſe, et ipſum Herculem cognomento Adiutorem ap-pellaſſe. Clymenum hunc Endymion Aethlii filius regno exuit; ac ſuis deinde filiis in Olympia curſus certamen de regno propoſuit. Verum aetate una Pelops Eudymio-ne natu minor, omnium, qui ante ſe fuiſſent, maxime me-morabiles Olympio Iovi ludos fecit. Pelopis vero filiis ex Elide deſtl, et per ceteram Peloponneſum totam diſſipatis, Amythaon Crethel filius, Endymionis patruelis, (fuiſſe enim Aethlium quoque Aeoli, cui Iovi cognomen, filium dicunt) Olympia inſtauravit. Poſt hunc totam ludos novarum Peliae et Neleus communi conſilio. Augeas praeterea, et Her-cules Amphitryonis filius Elide capta. Coronam is quidem Iolao primum detulit, qui equas ab Hercule mutuatus in curſu ceteros anteierat. Et ſane antiquitas traditum fuit alienas equas ad certamen mutuari: ſiquidem Homerus in funebribus Patrocli ludis Menelaum facit Agamemnonis Aetha uſum, altero vero ſuo ipſius. Herculis certe auriga fuit Iolaus; atque hic quidem curru, Iaſius vero Arcas de-ſultorio equo vicit. Ex Tyndarei filiis curſu alter, Pollux meſtibus. Ipſum etiam Herculem fama vulgatum eſt de luſta et pancratio coronatum. (2) Poſt Oxylum (nam et hic ludos fecit) Olympia intermiſſa ſunt usque ad Iphitum. Illa vero inſtaurante Iphito, prorſus iam veterum ludorum obſoleverat memoria. Quare ſingulos, ut in eorum ſorte memoriam rediſſent, ad eos, quos ante celebraſſent, adde-bant. (3) Id ex eo maxime perſpicuum eſt, quod, quantum continuatas Olympiades hominum memoria confequi poteſt, curſus primum certamen, in quo vicit Eleus Coroebus, rela-tum eſt. Neque tamen ulla Coroebi in Olympia ſtatua ex-tat: ſed permanet eius ſepulcrum in Eleorum finibus. Olym-piade vero quartadecima additus eſt duplicati ſtadii curſus (ſiavλos Graeci vocant) e quo, accepta ex oleaſtro corona, victor diſceſſit Hypenus Piſaeus: Acanthus ei, quae confecuta ieſt, Olympiade. At decima octava, quae iam exoleverant certamina quinquertii et luctae, reſtituta funt: quinquertii Lampiſi, luctae praemium Eurybata (utrique Lacedaemonio) obtigit. Tertia dehinc et viceſima Olympiade caeſtuum ludicrum inſtitutum: victor extitit Onomaſtus Smyrnaeus, quum iam tum ad Ionum concilium [Smyrna acceſſiſſet. Quinta ſupra viceſimam iuſtae aeratis equorum curſus introductus; curru vicit Thebanus Pagondas. Octava ſecundum hanc Olympiade, qui toto cor-pore arrisrit (Pancratiaſten venas) et deſultorius equus in curriculum rediere. Antevertit omnes equa Cnauxidae Cra-nonii. Evertit in pancratio adverſarios Lygdamis Syracuſa-nus. Huius Syracuſis prope Latomias monumentum extat. Nunquid is corporis magnitudine par fuerit Herculi The-bano, tempuertum omnias non babee; a Syracuſanis eorte

ipfis ita traditum eft. Puerorum vero certamina nullo veteris memoriae exemplo, arbitratu fuo inftituerunt Elei.
Ac primum quidem de curfu et lucta, feptima et tricefima
Olympiade, pueris propofita praemia. Luctae Hippofthe-
nes Lacedaemonius, curfus palmam accepit Polynices Eleus.
At prima et quadragefima Olympiade pueros in caefluum
pugna commiferunt. Competitores fuperavit Sybaritanus
Philetas. Iam vero gravioris armaturae peditum curfus in
ftadium cum plaufu receptus eft quinta et fexagefima Olympiade: Idonea vifa eft ad res bellicas exercitatio. Qui cum
fcutis decurrerunt, eos primus vicit Demaratus Heraeenfis.
Biiugorum integra aetate equorum (*συνωρίδα vocant, quafi
Bigas dixeris*) curfus *in curriulum* receptus Olympiade tertia et nonagefima: vicit Euagoras Eleus. Undecentefima
vero Olympiade iunctis ad currum pullis certatum eft:
coronam cepit Sybariades Lacedaemonius. Receptae deinde
pullorum bigae; et pullus item defultorius. Bigarum palmam Belifliche, foeminae e maritima Macedoniae ora: de-
fultorii Tlepolemus Lycius abftulit: hic tricefima prima
fupra centefimam Olympiade; illa Olympiade ante hanc
tertia. Poft haec Olympiade centefima et quadragefima
quinta puerile inftitutum pancratium: in quo vicit Phaedi-
mus Aeolenfis ex urbe Troade.

CAP. IX. Id ipfum tamen ludicrum ab Eleis repudia-
tum eft, quod eadem referri non placuit. Nam et puerorum iidem quinquertium trigefima octava Olympiade ufurpatum, de quo palmam Eutelidas Lacedaemonius tulerat,
ita reiectum eft, ut poftero dein tempore nullos admiferint
pueros quinquertiones. Quumque in curriculum recepiffent
Olympiade feptuagefima rhedam, carpentum vero ea, quae
confecuta eft, quarta et octogefima utrumque vehiculum in
pofterum omne tempus exclufum eft. Et primo quidem.
rhedae certamine Therfius Theffalus; carpenti Pataecus
Achaeus ex urbe Dyme victor extitit. (1) Ad carpentum.
iungebantur equae doffuarie; e quibus in extremo curriculo defilientes feffores prehenfis manu fraenis ad metam curfitabant: qui mos aetate mea fervatur ab iis, qui
Anabatae appellantur. Inter rhetarum et carpentorum aurigas tantum intereft, quod his alia funt infignia, et maf-
culos equos agitant. Rhedam trahebant muli iugales bini,
Invento neque prifco, neque eleganti: et alioqui antiquitus
inter portenta Eleis muli fuerunt usque adeo, ut animal id
intra fines ali religio effet. (3) Ludorum aetate mea hic
propemodum ordo eft. Mactatis deo victimis, quinquertii
primum et curfus, deinde equorum certamina committuntur: atque ita eft feptima et feptuagefima Olympiade inftitutum. Nam ante eadem die et equi et homines indu-
cebantur. Pancratiaftae tunc fub noctem prodibant. Neque enim fatis mature poterant accerfiri, quum dies equi-
ris et potiffimum quinquertio confumeretur. De Pan-

sratiaflis Illa Olympide palmam tulit Atheniensis Callias.
Sed in posterum cautum est, ne aut quinquertium. aut equi-
ria pancratio Impedimento essent. (4) In ludorum praefectis a maiorum more aetatis nostrae institutum variavit.
Iphitus enim solus a se editis ludis praefuit. Idemque
post Iphitum ab omnibus Oxyli posteris est observatum.
Quinquagesima Olympiade Duumviris ex ipsa Elcorum civitate forte ductis, Olympiorum cura mandata est: atque
illo quidem binorum designatorum numerus ad multos post
annos. servatus est. (5) Quinta post et vicesima Olympiade
Iudices novem (Hellanodicas vocabant) creati. Eorum tres de
equorum cursu, totidem de quinquertio, de ceteris reliqui
certaminibus, cognoscebant. Secunda deinceps Olympiade
designator decimus additus. At tertia supra centesimam. in
tribus duodecim Elei descripti sunt; ac deinde tribus singulae
suum dedere ludorum cognitorem. Afflicti post haec Arcadum bello, et agri parte multati, curiis omnibus amissis,
quae finibus iis continebantur, qui in hostium deditionem
venerant, in tribus octo contracti sunt. quarta et contisima
Olympiade. Eo factum, ut Hellanodicae totidem legerentur.
Octavo postremo, quae supra centesimam fuit, pristinus est
aedilium decem numerus usurpatus, idemque ad nostram aetatem permansit.

CAP. X. Multa sane habet Graecia. quae vel spectantur vel audiantur cum admiratione: sed omnium accuratissime, divinitus religione imbutis animis, Eleusinia initia,
et Olympici ludi celebrantur. Iovis ἄλσος (id est lucnum) mutato nomine Altin antiquitus vocitant. Et sane Pindarus
in iis versibus, quos in quendam fecit Olympiorum victorem,
Altin appellavit. (1) Templum et signum Iovi de manubiis Elei dicarunt, Pisaeis, aliisque finitimis populis, qui
cum illis defecerant, bello superatis, ac Pisa Ipsa direpta.
Simulacrum a Phidia factum, Inscriptio ad Iovis pedes posita
testatur: PHIDIAS CHARMIDAE FILIUS ATHE-
NIENSIS ME FECIT. Templi Ipsius Dorica exaedifica-
tio est. Ambitus exterior dispositus in orbem columnas
ostentat. Parietes e vernaculo lapide structi sunt. Surgit In
altitudinem ab una area ad aquilas, quae tecti fastigium suffi-
arut, pedes octo et sexaginta: patet in latitudinem nonaginta quinque; excurrit longitudo ad ducentesimum ac tri-
gesimum. Architectus operi praefuit Libon, homo indigena.
Tectum est non coctili tegula, sed caeso ad tegulae formam
e lapicidinis Pentelicis marmore. Inventum hoc Byzae
Naxio tribuunt, cuius statuas Naxi esse, dicunt cum hac inscriptione:

Naxi haec Latoidae fecit sollertia Byzae,
Cai primum facta est tegula de lapide.

Viguisse Byzen hunc illis temporibus proditum est, quibus
in Lydia Alyattes, et Astyages Cyaxarae filius regnavit in
Medis. Eminent in extremis tecti finibus inaurati lebetes.

In medio faftigii apice inaurata item Victoria. Infra Victoriae fignum lixus eft aureus clypeus, in quo Meduſa Gorgon
caelata eft. Clypei infcriptio, et qui dedicarint, et qua de
cauſa, declarat his verſibus:

Ex auro phialem rapta pofuere Tanagra,
Iuverat haec bello quod Lacedaemonios,
Cecropidae Argivique duces, et Ionita proles
Victores partis de fpoliis declinant.

Huius ego pugnae mentionem feci in hiftoria de rebus Atticis, Athenienſium perfequens monumenta. In exteriore
templi parte ad zonam, quae fupra columnas aedem incingit, clypei affixi funt inaurati viginti et unus, a Romani
exercitus imperatore Mummio dedicati, confecto Achaico
bello, capta Corintho, et pulfis extra fuos fines Corinthiis,
qui Dorici nominis fuere. Sub ipfis templi lacunaribus in
antica parte figna funt, apparatum curulis certaminis inter
Pelopem et Oenomaum teftantia. Signo Iovis medius imminet lacunaris vertex: ad eius dexteram galea armatus Oenomaus pofitus eft: adfiftit ei uxor Sterope, una de Atlantis filiarum numero. Sedet ante currum et equos Myrtilus Oenomai auriga. Ipfi quidem equi quatuor funt. Myrtilo proximi viri duo, quibus non funt adfcripta nomina;
fed et illis videri poteft ab Oenomao demandata equorum
curatio. In extremo lacunari Cladei amnis effigies cernitur.
Huic Elei fecundum Alpheum praecipuos habent honores.
Ad Iovis laevam expreffi funt, Pelops et Hippodamia, Pelopis auriga, equi, ac viri duo, et ipfi Pelopis equifones.
Hic fe laquear in auguftum faftigium contrahit. Ea in parte
Alpheus effectus eft. Hominem eum, quo auriga ufus eft,
Pelops, Troezenii Sphaerum nomine prodidere. Interpres
Olympicarum rerum Cillam appellatum aiebat. Habet lacunaris antica pars, Paconii prolem e Menda fuiffe Thraciae:
poftica Alcamenem, aetate fua fignorum opificio uno tantum
artifice inferiorem. In ipfa teftudine Lapithae cum Centauris in Pirithoi nuptiis pugnant. In media lacunaris parte
eft Pirithous. Prope Eurytion, Pirithoi fponfam rapiens,
contra pugnante Caeneo. Altera ex parte Thefeus fecuri
Centauros obtruncans. E Centauris vero virginem alius
pubefcentem, alius puerum rapit aetate ac forma florentem.
Fecit haec, opinor, Alcamenes, quod ex Homeri verfibus
didicerat Iovis Pirithoum filium fuiffe: ac Thefeum fciebat
generis ordine quartum effe a Pelope. In eadem templo
complures ex Herculis aerumnis elaboratae funt. Supra
fores enim Erymanthii apri venatio eft, et quae de Thrace
Diomede tradita funt. Ad haec Herculis eiusdem in Erythea infula contra Geryonam geftae res. Idem etiam Hercules Atlantis onus vicaria opera fubiturus cernitur. Praeterea et Eleorum agrum, fimo emoto de Augeae ftabulo, purgat. At fupra pollici fores Amazoni baltheum eripit.
Iam vero, quae de cervo et Cnoffio tauro commemorantur,

quae Item de hydra *Lernaea*, deque Stymphallis volucribus
et Nemeo leone, ibidem expreſſa ſunt. (3) Iam per aeneas
fores, ingreſſis, eſt ad dexteram ante columnam Iphitus ab
Ecechiria muliere coronam accipiens: nomina elegi indicant. Erectae ſunt In templi parte interiore columnae,
quae ſublimes a terra ſuſtinent porticus, per quas ad Iovis
ſignum aditus patet. Attolit et inde ſe cochlea, per quam
ad templi culmen ſcanditur.

CAP. XI. Sedet in folio deus ex auro et ebore factus.
Corona capiti impoſita eſt, ad oleaginae frondis Imaginem.
Dextera Victoriam, et ipſam ex ebore et auro praeſert, cum
taenia, et corona. Laeva ſceptrum tenet affabre expolitum,
et omnium metallorum varietate diſtinctum, Quae avis
ſceptro incumbit, aquila eſt. Aurei ſunt deo calcei, pallium
item aureum. In eo tum diverſa animalia, tum ex omnibus
florum generibus lilia in primis caelata ſunt. (2) Solium
ipſum auro et precioſis praefulget lapidibus: neque in eo
vel ebenum, vel ebur delideratur: animalium vero formis
intercurrente pictura exornatur. Signa etiam in eo eminent, Victoriae quatuor ſaltantium, ſpecie ad ſingulos ſellae
pedes. Duae itidem ad pedum calcem ſunt: ac prioribus
quidem pedibus utrioque inſiſtunt Thebanorum pueri a Sphin-
gibus rapti. Infra Sphingas, Niobes liberos Apollo et
Diana ſagittis configunt. Inter pedes diſcurrunt regulae,
mutuo illos compage iungentes. In ea, quae in fronte regula eſt ſeptem ſe adhuc oſtendunt ſigilla. Nam eorum
octavum, quae cauſa aboleverit, ignoratur. Sunt autem
illa, priſcorum *inter vires* certaminum ſimulacra. Nondum
enim, qua Phidias viguit aetate, puerorum inſtituta fuerant,
ludicra. Eum vero, qui taenia Ipſe ſibi caput praecingit,
ex corporis ſpecie Pantarcem eſſe ſuſpicantur, Eleum puerum, amore Phidiae devinctum. Idem Pantarces in lucta
puerorum palmam eſt adeptus, Olympiade ſexta ſupra
octogeſimam. In ceteris regulis extat Herculis comitatus
adverſus Amazonas. Numerus utriusque partis coniunctus,
accedit ad XXIX. Inter Herculis ſocios eſt etiam Theſeus.
Non ſoli autem pedes ſolium fulciunt, ſed mediae etiam
inter binos pedes, pedibus magnitudine pares, columnae.
Quod ſi penetrari ſubter poſſet, ut Amyclis intra Apollinis
ſolium, interiora item opera perſequi non eſſemus gravati.
Sed quo minus propius accedant ſpectatores, ſepimentis
quibusdam in parietum modum extructis ſolium intercluditur. *Eorum ſepimentorum* pars, quae ex adverſo ianuae eſt,
caeruleo tantum oblita eſt; latera reliqua Panaeni picturas
habent. Inter eas Atlas eſt, coelum ac terram ſuſtinens:
adſiſtit Hercules iam prope illum onere levaturus. Cernitur etiam Theſeus cum Pirithoo. *Veteris* praeterea Graeciae,
et Salaminis imagines. Haec navium roſtra manibus prae
ſe fert. Herculis cum leone Nemeo certamen. Aiacis in
Caſſandram contumelia. Tum Hippodamia Oenomai filia,
cum matre. Vinculis diſtrictus Prometheus, et eum intuens

Hercules. Traditum enim eſt hoc etiam negotii Herculem
habuiſſe, ut Prometheum aquila, quae illum male in Caucaſo
mulctabat, interempta, e vinculis exemerit. Poſtrema in
pictura ſunt, Penthefilea animam agens, eam ſuſtinente
Achille; Et Heſperides duae mala ferunt, quae ipſarum dicuntur ſuiſſe commiſſa cuſtodiae. Panaenus quidem hic Phidiae frater fuit, qui Athenienſibus etiam in Poecile Marathoniam pugnam pinxit. In folii puteali, ſupra ſimulacri
caput, fecit Phidias Gratias una ex parte tres, totidem Horae
ex altera. Nam et has Iovis eſſe filias poetarum carminibus
prodirum. Horas certe Homerus in Iliade nominavit, coe-
lique illis dixit, quaſi regiae domus excubiis, cuſtodiam attributam. In baſi ea, quae pedibus ſubeſt, (Θρανίον Attici
appellant, μέδων quaſi fultra dixeris) leones aurei, et contra
Amazones Theſei pugna caelata eſt. Fuit haec nempe prima pugna contra exteras gentes ſuſcepta, quae Athenienſium nomen nobilitavit. In eo vero ſcamillo, qui univerſum ſigni molem ſuſtinet, alia quaedam ſunt ſupervacanei
operis, quaſi emblemata ex auro. In currum aſcendunt
Sol, Iupiter, et Luno. Praeſto eſt Gratia. Eam Mercurius
amplectitur: Mercurium Veſta. Continenti ſere ſpatio Amor
Venerem e mari emergentem excipit. cui Suada coronam de-
fert. Adſunt Apollo cum Diana, Minerva, Hercules. In
ima baſi cernuntur Amphitrite, et Neptunus: equum Luna,
ut mihi videtur, ad curſum incitat. Etſi mulis ferunt, non
equis, deam vehi, ſutili quadam de mulo fabula vulgata.
(3) Et Olympii quidem Iovis ſignum, quam alte lateque pateat, linearum deſcriptionibus, qui demonſtrare conati fuerint, quum ſciam non defuiſſe, eorum mihi certe parum eſt,
in metiendo probata ſollertia. Eſt enim ea tota dimenſio
inferior multo prope aſpicientium opinione. Tradunt certe
ipſius dei auctoritate Phidiae artem comprobatam. Nam
quum expolito iam opere Iovem oraſſet, ſignificationem ut
ſibi aliquam daret, numquid illud ipſi acceptum eſſet, et
gratum opus, eam pavimenti partem repente de coelo tactam memorant, quo loco urna aetate mea ex aere (quod
loci eſſet inſigne) poſita eſt. (4) Et a ſigni quidem fronte
pavimentum nigro, non candido marmore conſtratum eſt,
prominente in orbem e Pario lapide pulvinato quaſi lim-
bo, ad oleum ſcilicet ſiſtendum, quo perfuſum ab aquoſi
ſoli iniuria ebur defenditur. Eſt enim Altis in Olympia
maxime paluſtris locus. At contra in Athenienſium arce,
eminenti ſcilicet et ſaxoſo loco, ebur, e qua materia factum
eſt Minervae ſignum, quam ipſi virginem vocant, non oleo,
ſed aquae aſperſu a ſiccioris loci incommodis vindicatur.
Epidauri certe quum percontarer, cur neque oleum, neque
aqua eſſet adhibita ad arcendam ab Aeſculapii ſigno noxam, docuerunt me aeditui, folium, cui ſignum inſideret, puteo
imminere.

Cap. XII. Quod vero ad ebur pertinet, ſi qui hominum ſanctas illas eſſe e belluarum ore exertas, non cornua

exiflimant, ab alce itli Gallica fera, et tauris Aethiopicis
fpecimen capiant. Alcae enim, qui mares funt, (nam foeminis nulla omnino produeunt cornua) e fuperciliis; Aethiopici tauri e naribus cornua extrudunt. Quis igitur in
magno ponat miraculo, effe animal, cuius ex ore erumpant
cornua? Argumento et illud effe *facile*, potell, *illam chois
muolum cornus ror*, quod belline funt, quae certo ratoque temporis ambitu cornua abiiciant, rurfusque illa, quoties ami-
ferint, repooant. Hoc cervis, capreis, et idem elephantis
accidit. Dens certe animalium nulli iam adulto, quum
femel decidit, renafcitur. Quare fi dentes effent, et non
cornua, quae naturae vis, ut renafcerentur, efficere potuiffet? Ad haec, dentes igni domari nequeunt: at boum
et elephantorum cornua fic igni emolliuntur, ut vel ex te-
reti planam vel aliam quamvis accipiant figuram. Quid,
quod ex inferiore mandibula fiuviales equi, et apri fannas
exerunt? In elephantis vero, quum a fuperiore id, quod
dentes multi effe putarunt, defcendat maxilla, me auctore
dubitarit nemo, cornua illa effa, quae a temporibus orta per
os extrorfium refupinata fefe eiferant. Haec ego non au-
ribus, fed ipfis acoepta oculis fcribo. elephanti calvam confpicatus in Dianae; quod templum in Campania nobile, e
Capua (quao regionis totius caput efl) abelt fladia ferme
XXX. Elt igitur longe alia, quam ceteris quadrupedibus
elephanto cornuum eruptio, ficuti ei et corporis vaflitas, et
reliqua forma valde efl a reliquo belvarum genere diverfa.
Quam vero Graeci fplendidi et magnifici, ae minime omnium parci in colendis Dis fuerint, magno illud documento
efl, quod ex India et ab Aethiopibus ebur ad figna deorum
faciendu advehendum curarint. (2) Et in Olympii quidem
templo laneum velum tum textili Affyriorum opere, tum
Phoenicum purpyra luculentum dedicavit rex Antiochus,
Eiusdem donum fuit aegis aurea, addita Gorgona; quae,
Athenis in theatri fafligio inter catera dona locata efl.
Velum non, quo more fit in Dianae Ephefae templo, fubter
lacunar furfum attollitur, fed ad pavimentum usque luxatis
fanibus demittitur. (3) Inter ea vero dunaria, quae intus
vel in atrio templi pofita funt, extat folium Arimpi Hetru-
fcorum regis, qui primus exterorum donum Olympio Iovi
mifit: tum aenei equi, quos Cynifca dicavit, Olympicae
victoriae monumentum, veris illos quidem equis magnitudine inferiores, locati funt in primo templi aditu ingre-
dientibus ad dexteram. Aeneus item tripos iisdem efl;
fuper quo victoribus, priusquam menfa erigeretur, coronae
proponebantur. (4) Romanis vero Imperatoribus flatuas
e Pario lapide, Adriano urbes Achaici conventus, Traiano
univerfi Graeci erexerunt. His imperio P. R. Getas, qui
fupra Thracas funt, adiunxit; et cum Ofroe Arfacis nepote Parthorum rege bellum gellic. Operibus praeterea,
*quam plurimis urbem* exornavit: quorum ceteris magnificentia
praeflant (thermae, quae ab ipfo nomen accceperunt; et

magno extructum ambitu amphitheatrum: ad haec hippodromus, non breviore stadium duum spatio: tum forum Romanum, et reliquo ornatu Insigne, et maxime aere
exornato lacunari. (5) Inter cetera vero, *elus fori infignia*
teretibus insistunt scamillis statuae duae; ex electro una,
Augusti Caesaris ; . altera ex ebore, Nicomedis Bithyniae
regis, de cuius nomine urbs Bithyniae maxima appellata
est, quum ante Astacus nuncuparetur. Condita ea quondam dicitur a Zypoete homine Thraco, quantum ex ipsa
nominis voce coniici possit. (6) Electrum quidem, ex qua
materia statuam Augusto fecerunt, in Padi fluminis arenis
rerum omnino repertu est. Id, qui nacti fuerint, non temere magni aestimant. Est alioqui electrum illud nihil, quam
argento permistum in metallis aurum. *Sed ad ea unde hos ex-
averrimus, revertamur.* (7) Sunt in Olympii fano, quas Nero
donavit, coronae. Earum, quae est ordine tertia, oleastri;
quarta, quercus frondem imitatur. Positi ibidem clypei sunt
XXV aenei, cum quibus decurrunt, qui armati in curriculum descendunt. Erectae vero sunt et aliae pilae, et ea
inter ceteras, in qua foedus tollatum est, quod cum Eleis
in annos centum Athenienses, Argivi, et Mantinenses fecere.

CAP. XIII. Intra Altin est Pelopi multa quondam religione consecrata area: Pelopion appellant. Prae ceteris
enim heroibus tam colitur apud Eleos Pelops, quam Iupiter
prae cunctis Diis. Est igitur ad dexteram, qua patet ad
templum aditus, ab Aquilone, Pelopium, tanto spatio interiecto, ut in eo et statuae, et alia ornamenta poni potuerint; porrigitur autem a media ad posticam templi partem, circumvallante maceria. Tota area, et arboribus con-
vellita, et signis passim est conspicua. Ingressus ad eam est
a Solis occasu. Cum *soli campum* dedicasse Pelopi Herculem
Amphitryonis filium ferunt. Quartum enim a Pelope po-
steritatis gradum tenuit. Idem etiam Hercules Pelopi dicitur ad eam scrobem sacrum fecisse ; (2) ad quam aetate
etiam nostra annui magistratus nigro ariete faciunt. Ao
de ea quidem victima vati portio nulla tribuitur : collum
tantum, more malorum, lignatori datur. Sic enim appellatur unus de Iovis famulatu, cui negotium mandatum est,
ut certo precio ligna ad sacrorum usum, vel publice civitatibus, vel privatim cuivis homini suppeditet. Sunt autem
non ex alia arbore figua ea. quum de alba populo. Quod
si quis (sive Eleus, sive hospes fuerit) carnes ex ea Pelopis
victima comederit, ei templum Iovis introire nefas est.
Idem observatur ad Pergamum, quod supra Caicum est.
Nam qui Telepho immolarunt, religio est illis ante in Aesculapii ascendere, quam corpus abluerint. (3) Sed quod
ad Pelopem attinet, memoriae proditum est, quum Troianum
bellum duceretur, monuisse vates non ante expugnari Ilium
posse, quam Graeci Herculis sagittas, et de Pelopis ossibus
unum comportari curassent. Quare et Philocteten tunc, in

vaſtra accerſitum, et Piſa ſcoptulum opertum Pelopis deportatum. Redeuntibus vero Graecis, ad Euboeam, navim eam,
in quam Pelopis illud os fuerat impoſitum, naufragio periiſſe. Multis deinde annis poſt Ilium exciſum, Eretrienſem
piſcatorem Demannenum iaſto everriculo e mari os extra-
xiſſe: miratum magnitudinem, in arenis id *annotate*re abdidiſſe. Veniſſe eundem Delphos ſcitatum, cuiusnam eſſet
os, et ad quem uſum illud a ſe conſervari oporteret. Tunc
etiam fato quodam aderant, quos Elei conſultum miſerant,
quae ſoret depellendae peſtilentiae ratio. Atque his quidem reſponſum eſt, ut Pelopis oſſa requirerent: Demar-
meno vero, ut, quae reperiſſet, Eleis reſtitueret. Hoc illo
quum feciſſet, et alia accepit ab Eleis munera, et ei, eiusque poſteris cuſtodia oſſis demandata eſt. Scoptulum opertum Pelopis aetate mea iam evanuerat. Id eo accidiſſe opinor, quod quum alte abſconditum fuiſſet, tum vetuſtate,
tum aquae marinae illuvie extabuit. Et in Graeciam quidem Tanta'um et Pelopem coloniam deduxiſſe, certa adhuo
extant indicia, portus, qui Tantali dicitur, et eiusdem ſepulcrum non obſcurum. (4) Pelopis in Sipyli montis vertice
viſitur ſolium, ſupra eum locum, ubi Plaſtenes matris ſanum
eſt. Iam vero ultra Hermum fluvium, ad Temnum oppidum, Veneris ſignum ſpeſtatur e virente a radice ſua myrto: quod faciendum curaſſe Pelopem ferunt, quum ut deam
coleret, tam vero ut Hippodamiae nuptiarum ſe compotem
faceret. (5) Olympii quidem Iovis ara pari intervallo a Pe-
lopio et Iunonis aede diſtat; ante utriusque frontem ſita.
Erectam alii tradiderunt ab Idaeo Hercule, alii ab indigenis heroibus, duabus ipſis aetatibus poſt Herculem. Congeſta illa eſt e cinere collecto ex adultis victimarum femo-
ribus. Talis et Pergami ara eſt, talis Samiae Iunonis, nihilo illa quidem ornatior, quam in Attica, quos Rudes ap-
pullant focos. Arae Olympicae ima crepido, quam *πρόθυσιν*
appellant, ( quaſi primam ſacrorum ſtationem dicas ) ambitum
peragit pedum centum, et amplius quinque et viginti; gra-
duum ſingulorum ſupra imam illam crepidinem ambitus,
pedes explet binos ac tricenos. Univerſa arae altitudo pedes conficit duos prope et viginti. Ducuntur hoſtiae ad imae
crepidinis ſtationem: ibi eas patrio more maſtant; femora
in ſumma ara adolent. Et ad ſtationem quidem ab utroque
latere per lapideos; ad arae altiſſimam ſedem, per cineri-
tios gradus ſcanditur. Et ad ſtationem quidem usque, tam
virgines, quam mulieres, quum in Olympiam venire nulla
prohibet religio, poſſunt aſcendere; longius progredi ſolis
viris fas eſt. Iovi ſane rem divinam vulgo faciunt exteri homines, qui volunt, ad eam aram, etiam illis, quam nondi-
narum temporibus. Elei ſacrorum diem nullum intermit-
tunt. Stato autem die quotannis, Februarii menſis nona
ſupra decimum, aruſpices cinerem ex Prytaneo deportant:
eoque aqua ex Alpheo amne diluto, aram Iovis oblinunt.
Religione ſancitum eſt cinerem ſola Alphei aqua dilui, atque

ex eo tantum luto arae tectorium superinduci. Eam ob rem Alpheus fluviorum omnium Iovi maxime amicus creditur. (5) Est et Didymis (Milesiorum ea civitas est) ara, quam a Thebano Hercule *iure subacto* victimarum sanguine exstructam Milesii tradunt. Non fuit ea tamen victimarum insequentibus temporibus copia, ut ara magnopere potuerit eminere.

CAP. XIV. Sed quod ad Olympicam aram attinet, illud etiam magno miraculo ducitur, quod milvii, etsi avium hoc genus insigni est rapacitate, sacra tamen in Olympia facientibus insensi non sunt. Quod si forte extra vel carnium partem ullam appetierint, dira portendi immolanti creditur. (2) Proditum etiam est Herculem Alcmenae filium, Iovi porricientem, quum muscas abigere non posset, vel quod ei tunc primum in mentem venerit, vel quod trаlatitium fuerit, Abactori muscarum (*αχομμιος* Elei appellant) hostiam mactasse: quum perlitatum esset, omnes repente muscas trans Alpheum evolasse. Inde servatum ab Eleis, ut ad abigendas ex Olympia muscas idem sacrum usurpare-tur. (3) Ex alba vero duntaxat populo, neque ex alia arbore, ad usum Olympicorum sacrorum ligna caedi patrius est Eleis ritus. Credo hunc honorem huic arbori praecipue habitum, quod eam Hercules e Thesprotide primus in Graeciam attulit. Sed ipsum etiam arbitror Herculem, quum Iovi Olympio sacra fecit, non aliis, quam ex alba populo lignis victimarum femora cremasse. Eam vero arborem Hercules in Thesprotide propter amnem Acherontem reperit. Et huc respexisse Homerum putant, quum Acheroidem populum appellavit. (4) Varia autem semper natura fuerunt, et nunc etiam diversi sunt amnes, ad gignenda herbarum et stirpum *varia* genera. Maeandri ripae myricas feliciter alunt. Asopus in Boeotia insigni magnitudine luncum educat. Arbor Persea sola gaudet Nili aqua. Nihil igitur mirum, si ad Acherontem onata primum est alba populus: ad Alpheum oleaster: populus vero nigra Padi et Gallias alumna est. (5) Aga vero quum circa aram maximam iam satis immorati simus, alias item aras oratione persequamur, ut simul doceamus, quibus Dis, et quo ordine, moru maiorum illic sacra fiant. Vestae primum divinam rem peragunt: secundo loco ipsi Olympio Iovi: (intimae hae sunt sani arae) tum ad aram eandem tertium in sacris locum habet Mercurius: quartum ad aram suam Minerva, Diana quintum, sextum Ergane. Huic deae Phidiae posteri, quibus publice negotium datum est, ut Iovis signum ab adventitiis purgatum sordibus et detersum praestent (Phaedryntae ex eo, *quasi purgatores aut illuminatores*, nuncupati) priusquam ad opus aggrediantur, sacra faciunt. Est et alia Minervae prope templum; Dianae etiam quadrangula forma in sublime sensim fastigium ascendens. Post eas aras, quas recensuimus, Alpheo et Dianae ad eandem aram faciunt. Eius rei causam Pindarus in cantico quodam innuit, et nos in Letrinaeorum historia exponimus. Ab hac non longe

alia erecta eft Alpheo ara; prope quam Vulcano fua item
ara polita eft. Sed hanc Vulcani aram nonnulli ex Eleis
Arei (*ii eft Martii*) Iovis nominant. Aiunt iidem Oenomaum,
quoties filiae procis curule certamen proponeret, Areo Iovi
super hac ara rem divinam facere folitum. Poft has Herculi ara
dicata eft, cognomine Parallatae, *has perinde ift quos Adhonidi-
ius*: eius etiam fratribus, Epimedi, Idae, Paeoneo et Iafo.
Idae aram ab aliis non ignoro Acefidae appellatam. Quo
vero loco area eft Oenomai domus, duae extant Iovis arae;
quarum unam Herceo ipfe Oenomaus dedicavit; Cernunio
alteram poft Oenomaum pofitam conficio, quum eius domus
de coelo tacta *confiagra'vit*. Ac de maxima quidem ara, quae
dici opus fuit, paulo fuperius a me dicta funt. Vocatur ex
fano Iovis Olympii. (6) Adiacet ei Ignotorum doorum ara.
Poft eam Catharfii (*ni ift Piacularis*) Iovis, et Vi'lorine;
exinde Iovis, cui cognomen Terreftri: tum vero deorum
omnium, et Iunonis cognomento Olympiae. Haec itidem
e cineris congeftu extructa eft: a Clymeno dedicatam tradunt. Succedit communis Apollinis et Mercurii, ob eam
praecipue caufam, quod lyrae inventum Mercurio, cinharad
Apollini, Graecorum fermo attribuit. Confequuntur Concordiae, Minervae, Matris deum arae. (7) Proxime ad
eum aditum, qua eft ad ftadium acceffus, arae duae funt.
Earum alteram Mercurii Enagonii; (*quar oft quafi Athlesici
dicas*) Opportuni alteram (*qui 'kuips Graece nominat 4f*) nuncupant. In hunc ab Ione Chio factum hymnum fcio; in
quo illius natales memorans, Saturni filiorum natu minimum effe dicit. Non procul a Sicyoniorum thefauro, Curetum, five Alcmenae Herculis *wairh* (nam utrumque suoepe
fanus celebrat) ara eft. (8) Et qua parte Terrae sedes eft;
(*Uaron ipff voeaus*) Telluris ara cernitur, e cinerie ipfa etiam
aggere. Iam cum prifcis temporibus fuiffe ibi Telluris oraculum fama prodidit. In eo autem loco, (quod nominant
Stomium, (*ai fi oftium dicant*) aram Themis habet. At Iovi
Cataebatae (*quem non non affent fortaffe nonnulli Fthictum, digerd
poffimus*) quae dicata ara eft, maceria undequaque ambitur,
et modico a maxima ara' ineritia intervallo diftat. Illud
monenti funt, quicunque haec legerint, aras me non que
fitae funt ordine enumeraffe; fed per eas ita me ftylo vagatum, uri ad earum quamque vel prius vel pofterius Elei
facra faciunt. Pelopis areae adinncta eft ara Liberi Patris
et Gratiarum communis. Dehinc duae, Mufis una, altera
Nymphis pofitae.

CAP. XV. Extra Altin aedificium eft, quae Phidiae
officina nuncupatur. In illis aedibus Phidias operis partes eft fabricatus; et in iisdem ara eft diis omnibus communis. In confpectu redeuntibus intra Altin, e regione Leonidaei. (1) Eft autem Leonidaeum, aedes a Leonida indigena homine dicata, extra fani ambitum, prope eum ad Altin aditum, per quem unum *e multis* pompa facrorum trade-
situr, et ex eo Pompica via eft appellata; aetate vero nua

diverforium fuit Romanorum magiftratuum. Inter Pompicam
viam et Leonidaeum, unica media eft Agyia. Hoc enim
nomine angiportum, quem Attici ϛϛϛϛϛ, vocant Elei.
(3) Ultra Leonidaeum quum ad laevam flexeris, ad Veneris
aram primum, deinde ad Horarum accedes. Ubi pofticum
templi eft, ad dexteram oleafter fe offendit, quem Callifte-
phanum appellant, *quafi Coron rinm dicas* Ex ea enim arbore folenne eft Olympicis victoribus coronam decerpere.
Proxima oleaftro eft Nymphis facra ara. Eas Nymphas
Calliftephanes et ipfas nuncupant. Eft etiam intra Altin
ara Forenfis Dianae, ad Leonidaei dexteram. Habent 'et
deae, quas Dominas vocant, aram fuam. Dominam vero,
quam dearum nominent Graeci, in rerum Arcadicarum commentario docebimus. Poft hanc ara eft Iovis Forenfis: et
ante locum eum, quam Proedrian (*hoc eft Seffionem honoratiorem*) appellant, ara Pythii Apollinis; et ab eo non longe Liberi Patris ara. Hanc neque multis ante aetatibus pofitam,
et a piebeiis hominibus dedicatam ferunt. (4) In ea, quae
ad equorum carceres via ducit, ara eft cum infcriptione
MOERACETAE, '*quod eft. Parcarum ducis*. Effe illud Iovis
cognomen dubitari non debet. Unus enim ipfe *Parcas in
potrftatr habet, folusque* quid fit, vel non fit homini fato prae-
fcriptum novit. ; Adiuncta eft Parcarum ara. oblonga figura :
et poft eam Mercurii: et deinde Iovis, cui cognomen Altif-
fimo, arae duae. Intra ipfos carceres fub divo, medio fere
loco, arae fe offendunt equeftris Neptuni, et equeftris Iunonis. Adhaeret pilae Caftorum ara. Et in primo aditus
ingreffu, quod roftrum vocant, Martis equeftris, et equeftris Minervae. Iam vero intra roftrum ingreffis, eft Bonae
Fortunae ara ; Panos deinde, et Veneris. In intimo receffu,
Nympharum, quas Acmenas (*id eft Vegetas*) nuncupant. A
porticu vero ea, quam Elei de nomine architecti vocant
Agapti porticum, inde redeuntibus, ad dexteram Dianae fe
ara monftrat. Rurfus Altin per Pompicam viam intranti-
bus fecundum Iunonium funt Cladaei amnis et Dianae arae :
tum Apollinis poft eas; quarta Dianae Coccocae; (hoc enim
eft deae cognomen) quinta Apollinis Thermii. Quid hoc
Thermii cognomen fibi velit, non eft difficile coniectura
confequi, quum eandem vocem Attica etiam lingua ufurpet.
Quamobrem vero Coccocam Dianam appellent, nunquam
adhuc ut difcerem ufu mihi evenit. Hoc loco aedes eft
ante aedificium illud, quod Theecaleoneon nominant. In
eius aedis angulo Panos ara dicata. (4) Prytaneum (*curum
Aftires licius*) habent Elei intra Altin, prope ipfum exitum,
qui eft ultra gymnafium illud, in quo curricula funt, et athletarum palaeftrae. In Prytanei veftibulo eft Agreftis Dianae ara. At in ipfo Prytaneo, quum ad eam accefferis cellam, ubi focum habent, ad primi ingreffus dexteram Panos
aram videas. Focus ille e cinere fubftructus, perpetuo igni
tam interdiu, quam nocte adoletur. Solenne eft transportari ab hoc foco cinerem ad Olympii aram, quam fuo loco

e cinere congeſtam diximus; neque Illa aliunde magis in
altitudinem proficit. (5) Et ad earum, quas *nodraun* enumeravimus, ararum ſingulas, quolibet menſe Elei ſacra faciunt,
priſco parentum ritu, thura et molle ſubactum triticum
adolentes: et aras quidem oleagina fronde volant: vino
in libando utuntur. Solis tamen Nymphis, et *ex minni dea-*
*rum numero* iis, quas Dominas appellant; ad communem
etiam deorum omnium aram, vino libare religione prohibentur. Sacrorum caeremoniis, ut quaeque in ſingulorum
menſium ſtatos inciderint dies, rite peragendis praeſunt,
aedituas, augures, feciales, interpres, tibicen praeterea, et
lignator. Quae vero in Prytaneo inter libandum effari .
conſueverint, aut quos decantent hymnos, neutiquam his
cenſui commentariis Inferendum. (6) Neque illi Graecorum tantum dis libant, verum etiam ex *omni* Libycorum deorum numero Ammoniam Iunonem, et Parammonem (Mercurii id cognomen eſt) venerantur. Satis enim conſtat
uſos olim Graecos Lihyco oraculo. Nam arae adhuc in
Ammonis extant, ab Eleis dedicatae: et in illis, de quo
conſuluerint, et quid reſponſi acceperint, et qui ab Elide
publice miſſi fuerint, inciſis literis teſtatum eſt. Haec in
Ammonis. At Elei *(ad ras ut noſtra redeas oratio)* heroibus
etiam, et eorum uxoribus libant, tum iis, qui paſſim in Elea
terra, tum et illis, qui apud Aetolos in honore funt. (7) Et
carminum quidem effata in Prytaneo Dorica enunciant lingua; ſed quis earum fuerit auctor, non traditur. In Prytanei aedicula contra focum, coenatio eſt.

Cap. XVI. Poſtulat iam hic locus, ut ad Iunonis templum accedam, et quae in eo memoratu digno funt, ſtyle
perſequar. Primum omnium Elei tradunt Scilluntios, quae
Triphyliae civitas eſt, ſanum erexiſſe, annis ferme VIII poſtquam Elidis regnum Oxylus iniit. Totius quidem operis figura Dorica eſt, columnis circumquaque ambientibus:
et earum quidem, quae in poſtico templi ſunt, altera e quercu eſt. Porrigit ſe in longitudinem pedes tres et LX. Architectus, qui operi praefuerit, certus nemo proditur. (2) Ad
Iunoni ſane quinto, quoque anno peplum matronae ſedecim
pertexuut, eaedemque ludos faciunt Iunonia. In his curſus
certamen virginibus proponitur, in claſſes ex aetate de-
ſcriptis. Primae enim currunt impuberes puellae, tum grandiores, poſtremo natu maximae. Ornatus idem eſt omnibus:
paſſus capillus, demiſſa tunica ad genua. exertus usque ad
pectus dexter humerus. Deſcendont et ipſae in Olympicum
ſtadium; ſed curriculum parte fere ſexta detracta minuitur,
Accipiunt victrices ex olea coronam. E bove etiam, qua
Iunoni litatum fuerit, partem capiunt. Et pictas quidem earum imagines dedicare ſas eſt. Matronae ſedecim ludis
praeſunt, totidae iis miniſtrae attributae ſunt. (3) Hos
ipſum etiam virginum ludiorum ad res priſcas referunt.
Hippodamiam enim Iunoni de Pelopis nuptiis ut gratiam
referret, primam omnium Illud inſtituiſſe perhibent, ean-

demque XVI foeminarum delectum habuisse. Memoriae
etiam proditum est, Chloridem Amphionis filiam, solam
cum unico de marium fratrum numero superstitem e tota
sobole, de virginum cursu palmam tulisse. De Niobes
equidem prole quicquid compertum habui, tum Argivorum
res persequerer, exposui. (4) Quod attinet autem ad XVI ma-
tronarum collegium, praeter ea, quae paulo superius scripta sunt, hoc etiam amplius memorant: Demophontem Pisae tyrannum, multis ac gravibus incommodis Eleos affe-
cisse: eo mortuo, quod ille nihil egerat de publico civitatis
consilio, facile Elei adducti sunt, ut de iis, quas acceperant
iniuriis, aequo iure cum Pisaeis disceptarent. Ac tunc sane
inter ipsos convenit, ut quum civitates id temporis in Elea
sedecim vigerent, singulae matronam unam ederent, quae
tum aetate, tum vitae ac generis dignitate ceteras anteire
videretur; atque ut his omnium controversiarum arbitrium
permitteretur. Sedecim itaque foeminae e totidem Elidis
urbibus utrique populo pacis conditiones tulere. Eisdem
vero postea et ludos, quae Iunonia sunt appellata, faciendi,
et peplum Iunoni pertexendi cura mandata est. (5) Duos
easdem choros celebrant: Physcoae unam, alterum Hippodamiae vocitant. Fuisse Physcoan tradunt ex Elide, cui
Coelae (quod est tensavas) cognomen: domicilium in curia
Elidis habuisse, quae Orthia dicta est: a Libero Patre adamatam, ei filium, cui Narcaei nomen, peptrisse: Narcaeum
ipsum iam adultum, cum finitimis bellasse: magnas inde
opes consecutum, et Minervae, quam de se Narcaeam appellavit, aedem dedicasse; primumque omnium Libero Patri
honores decrevisse. Physcoae et alii honores habiti, et
chorus alter ab ea nomen sumsit. Servant Elei pristinum
illum sedecim mulierum numerum, sed ex alia, quam totidem urbium descriptione. In tribus enim octo distributis,
e singulis binas deligunt. Neque vero aut XVI foeminae,
aut aediles Eleorum, ullam attingent numerum suorum partem, priusquam se piaculari sue et aqua lustrarint. Eam lu-
strationem ad Pieran fontem suscipiunt. Est fons ille in
campis, per quos iter est ex Olympia Elidem contendentibus. Haec sane ita se habent, uti exposita sunt.

CAP. XVII. In Iunonis templo Iovis est simulacrum;
tum Iunonis ipsius in solio sedens. Adsistit barbatulus quidam, galea armatus. Prisca haec et rudis cuiusdam opificii
opera sunt. Sedentes vero deinceps in soliis Horas, fecit
Emilus Aegineta. Quod proximo loco Themidis (mater
enim ea Horarum est) signum positum est, fecit Doryclidas
Lacedaemonius, Dipoeni et Scyllidis discipulus. Hesperides vero quinque, opus fuere Theoclis, item Lacedaemonii,
quem Hegyli filium fuisse, et ab iisdem magistris Dipoeno et
Scyllide artem didicisse ferunt. At Minervam callide armatam, hasta et scuto, Medontis Lacedaemonii esse opus memorant: fratrem hunc Doryclidae fuisse, et easdem ma-
gistros habuisse. Sedent e regione Ceres et Proserpina;

adverfi ftant Apollo et Diana. Pofita funt ibidem Latonae, Fortunae, Liberi Patris, et volucris Victoriae ligna. Atque haec quidem cuius artificis opera fint, compertum non habeo; valde omnino mihi prifca videntur. Et funt, quae hac in parte recenfui, omnia ex ebore et auro. Pofteriorum aetatum et alia funt dona in Iunonis templo: e marmore Mercurius infantem Bacchum portans, Praxitelis opus; et Cleonis Sicyonii ex aere Venus. Fuit Cleonis doctor Antiphanes. Hic a Pericleto didicerat, Argivi Polycleti difcipulo. Sedet ad Veneris pedes inauratus pufio nudus; quem Carthaginienfis elaboravit Boethus. Atque huc transpofirus, quidem eft ex aede, quod Philippeum vocatur. Sunt haec itidem ex ebore inaurata: et inter ea Eurydice Philippi filia. (2) Arca etiam *in eo templo* pofita eft e cedro, cum aureis et eboreis emblematis, partim vero ex eadem cedro caelatis. In arcam hunc Cypfelum, qui Corinthi poftea tyrannidem eft adeptus, mater fua abdidit, quum recers natum Bacchidae *ad arcem* magna cum follicitudine depofcerent. Arcam deinde in Olympia dedicarunt ipfius pofteri, qui Cypfelidae funt appellati, ob fervatum gentis fuae principem, et parentem. Fuiffe vero hoc nominis Cypfelo traditor, quod eius aetatis Corinthii arcas Cypfelas nuncupabant. (3) In arca incifae funt prifcis literis infcriptiones, recto ordine *et ufitato fcribentibus* quaedam, aliae in gyros revolutae, *Sespedidev* (*a bonm opinor semutilis nilibus in Julio*) Graeci dicunt. A fuperioris enim verfus fine continenter finuatur ad fequentis in.tium verborum feries, ea nempe forma quas eft iterati curriculi, quem diaulum appellant. Adfcriprum eft, alios etiam effe perplexos et inexplicabiles infcriptionum nexus. (4) Quod fi ab ima arca exorfus omnia oculis perfequare, in prima fronte Oenomaum primum videas, qui Pelopem cum Hippodamia fugientem urget. Bigis uterque invehitur, fed pinnati funt Pelopis equi. Tum Amphiarai domus eft, et Amphilochum infantem portans anus nefcio quae. Pro foribus monile praeferens Eriphyle ftat. Adfiftunt filiae, Eurydice, Demonaffa, et nudus Alcmaeon. Alius certe poeta fuis carminibus Alcmaeon etiam ex Amphiarao et Eriphyle genitam memorat. Baton Amphiarai auriga, equorum habenas una, altera manu lanceam tenet. Amphiaraus ipfe in currum alterum iam pedem imponit, enfem vero ftringit in uxorem converfus, ac vix quin ira intenfus in eam irruat, fatis animum in poteftate continens. Supra Amphiarai domum ludi fiunt Peliae funebres: circumftant fpectatores, et *inter eos* in folio fedens Hercules: a tergo ftat uxor eius, quod indicat infcriptio: tibiis illa non Graecas, fed Phrygias inflat. Bigas agitant Pifus Perieris, et Afterion Cometae filius, qui etiam in numero fuiffe Argonautarum dicitur. Pollux praeterea et Admetus: dehinc Euphemus, quem Neptuni fatu ortum poetae vulgarunt, eundemque Iafonis in expeditione Colchica comitem fuiffe. Hic e bigarum curriculo victor difcedit. Defcendit

in caestuum certamen Admotus et Mopsus Ampycis filius.
Stat inter eos tibicen eo ritu tibiis canens, quo solent ne-
rate nostra, iqui modos saltantibus praecinunt quinquertionibus. Luctantur ibidem Iason et Peleus aequo certamine:
Eurybotas discum eiaculatur. (Incertum, quisnam hic sit Eurybotas, qui ludicri eius arte se iactat.) Cursu certamen
ineunt Melanion, Neotheus, Phalareus: quartus in eo numero est Argius, quintus Iphiclus. Huic iam victoriam
adepto coronam offert Acastus. Is est Iphiclus Protesilai pater, qui unus suit de iis ducibus, qui Ilium oppugnatum iere.
Expositi sunt victoribus tripodes. Adstant Peliae filiae.
Ex illis uni adscriptum est nomen Alcestidi. Iam vero
Herculis laborum voluntarius comes Iolaus de quadrigis
palmam aufert. Atque hic extremus est actus eorum, qui in
honorem Peliae facti sunt ludorum. Post haec Herculi adsistit Minerva, dum ille hydram ad Amymones flumen sagittis confixit. Et ipsi quidem Herculi, quod nempe facile ex
operis argumento, et corporis habitu ac figura agnosci potest,
nomen non est appositum. Adest etiam Phineus Thracum
rex, et abigentes Harpyias Boreae filii.

Cap. XVIII. In altero vero arcae latere, quod est a
laeva, ordinem operis in orbem oculis persequeor. foemina
expressa est puerum consopitum dextera album sustinens;
nigrum sinistra, et hunc dormientis effigie, distortis utrinque pedibus. Indicant inscriptiones, quod facile tamen, ut
nihil scriptum sit, coniicere possis, eorum puerorum unum
Mortem esse, alterum Somnum. mulierem illam Noctem
utriusque nutricem. At formosa illa mulier, quae foeda facie alteram, sinistra obstricto collo trahit, dextera fuste caedit, Iustitiam significat, quae Iniuriam male mulctat. At
quae foeminae cum pistillis pilas praeferunt, eas medicamentorum artem calluisse arbitrantur: sed nulla, quae illae fuerint, inscriptio indicat. At quae illa sit, quae virum sequitur, ex adscriptis versibus hexametris facile colligas:

> Idas Marpesam formosam, quam sibi Apollo
> Eripuit, sacra reddueit ab aede volentem.

Prope est tunica amictus vir, dextera calicem, altera torquem tenens; et Alcmena quidem ea est, quae de eius
manibus illa fumit. Illud sane inter Graecos poetarum carminibus celebratum est, Iovem simulata Amphitryonis forma
cum Alcmena congressum. Iam Menelaus loricam indutus
stricto gladio Helenam invadit, capto. scilicet Ilio eam in-
terempturus. Sedenti in solio Medeae a dextera Iason, a
laeva adsistit Venus. Adscriptum est,

> Cypridos Imperio Medeam ducit Iason.

Sunt et Camenae canentes, modos praeeunde Apolline.
Appositi versus duo suus huiusmodi:

Eu pater hic vatum proles Latonia Apollo,
Mufaruuuque chori circum, quibus imperat ille.

Atlas (uti fabulis vulgatum eſt) humeris coelum et terram
ſuſtinet: idemque Heſperidum mala praeſert. Eequisnam
vero ille ſit, qui enſe accinctus ad Atlantem contendit,
nulla indicat inſcriptio peculiaris: fatis vero per ſe quisque coniicere poſſit, Herculem eum eſſe. Id *unum* adſcriptum eſt :

Suſtinet axem Atlas, Idemque hic mala reliuquet.

Mars armatus Venerem abducit. Inſcriptio eſt Ἑργέλιος.
Thetis virgo *inhuc ibidem* expreſſa eſt. Eam Peleus prenſat:
at illa manu altera unguem in Peleum immittit. Meduſae
ſorores pinnatae Perſeum volantem inſeciantur: uni Perfeo eſt nomen adſcriptum, (1) In arce tergo militaris expeditionis imaginem videas. Maior exercitus pars pede-
ſtre agmen eſt; equeſtrium etiam copiarum aliquid in bigis.
Ac partim quidem manum iam conferturi videntur, partim
vero ſe conſalutatione facta mutuo agnituri. Variat interpretum ſermo. Sunt enim qui dicunt, Aetolox, Oxylo duce,
contra priſcos Eleos inſtructos; utrosque conſanguinitatis
recordatioue poſitis inimicitiis ad concordiam ſpectare. At
alii in praelium deſcendere filios et Arcadas ad Phigaleam
urbem, et amnem Iardanum. Illud certe nemini probari
poſſit, *quod ab aliis prodituum eſt*, Cypſeli proavum, quum eſſet
Corinthius, in arca, quam in ſuo eſſet inſtrumento habiturus, conſulto inſculpi noluiſſe res patrias Corinthiorum:
exterorum vero res geſtas, neque illas valde inſignes, ce-
lebrandas curaſſe. Equidem quantum ipſe poſſum coniectura
aſſequi, illud videri probabilius poſſit, quod quum Cypſelo
eiusque maioribus ſexto poſteritatis (ut longiſſime) gradu
origo fuerit a Gonuſſa Sicyonis *filia*, et inter abavos eorum
numeretur Melas Antaſſi filius, hunc Melana cum agmine
ſuo (uti ante in commentario de Corinthiorum rebus expoſui) recipere in civitatis eiusdem communionem recuſabat
Aletes, quod ex Delphici Apollinis quodam reſponſo fidem
ei minus habebat. Atenim, quum ille omnibus Aletem modis ſibi conciliare ſtuduiſſet, et reiectus multis cum precibus redire non dubitaſſet, ab invito quidem receptus tamen
eſt. Quare Melanis illas eſſe copias, quae in ea parte arcae
ſpectantur, facile exiſtimari poſſit.

CAP. XIX. Quod quartum arcae latus eſt, ſi a laeva
ambire eam coeperis, Borean habet Orithyian rapientem.
Anguium illi caudae pro pedibus ſunt. Pugnat cum Gerye-
ne Hercules; trini quidem ex unico exiſtunt corpore Ge-
ryones. *Agnoſdipr* et Theſeus lyram tenens; cui adſtat
Ariadna coronam praeſerens. Iam vero Achilli et Memno-
ni pugnantibus ſua eorum utrique adeſt mater. Sunt ibidem
Melanion; et iuxta eum Atalanta, hinnulum tenens. Aiaci
praeterea ex provocatione et Hectori congreſſis, adſiſtit
Diſcordia, facie illa quidem foediſſima. Ad huius exemplar
pinxit Calyphon Samius Diſcordiam in templo Dianae Ephe-

fiae, quum ad Graecorum naves commissam pugnam faceret. In eadem arcae regione et Castores sunt: eorum ulter impuber, et media inter eos Helena, abiectaque humi ad Helenae pedes cum pulla veste Aethra Pitthei filia. Apposita est inscriptio versu heroico una voce longiore:

Tyndaridae fratres Helenam atque Aethram Athenis Asportant.

Iphidamas praeterea Antenoris filius humi stratus, Pro eo contra Agamemnonem pugnat Coon. In Agamemnonis clypeo Terror expressus est leonis capite. Inscriptio est huiusmodi ad Iphidamantis corpus:

Iphidamas, pro illoque Coon fera praelia miscet.

In Agamemnonis vero scuto:

Hic Pavor est hominum, manibus gerit hunc Agamemnou.

Exin adducit ad Alexandrum Priami filium Mercurius in iudicium de forma deas tres. Rem indicat inscriptio:

Mercurius Paridi ostentat spectanda dearum Corpora, Iunonis, Tritonidis, atque Diones.

Iam vero Dianam quamobrem volucrem fecerint, non facile dixerim. Humeris certe alas applicatae sunt: dextera pardalim praefert, leonem altera. Ad haec Aiax Cassandram a Minervae ligno divellit. Inscriptio rem prodit:

Aiax Locrensis Cassandram a Pallade raptat.

Ex Oedipi filiis Polynicem in genu collapsum frater Eteocles urget. A tergo adsistit foemina dentibus et aduncis manuum unguibus quavis fera immanior. Testatur inscriptio Mortem illam Parcarum unam esse: et fati quidem vi Polynicem succubuisse. Eteoclem vero merito suo cecidisse. In antro Liber Pater iacet barbatulus, auream praeferens pateram, talari amictus tunica: arbores antrum vestientes, vites sunt: mali etiam, et punicae. (1) Arcae abacus nullam omnino inscriptionem habet: ex ipsa vero emblematum facie argumenta coniicias. Intra speluncam mulier cum viro in lectulo decumbit: Circen et Ulyssem eos esse facile ut credamus adducimur, quum ad ancillarum prae foribus numerum, tum vero ad earum opificia respicientes. Nam et quatuor sunt, et iis intentae operibus, quae versibus, de illis loquens Homerus persequitur. Adstat Centaurus. Pedes ei posteriores equini sunt, priores humani. Equorum praeterea bigae insculptae sunt, et in illis insistentes foeminae. Equis aureae sunt alae, et earum foeminarum uni vir quidam arma tradit. *Haec ad Patrocli caedem pertinere non obscura est coniectura. Et eas quidem, quae bigis vehuntur, Nereidas esse: ex earum numero Thetin a Vulcano arma accipere. Nam et vir ille non satis firmis esse videtur pedibus, et famulus eum forcipem tenens sequitur. Quin et Centaurum illum Chironem esse

dictitant, qui iam vitae muneribus perfunctus, ac in deorum
numerum receptus, praesto Achilli est, eius luctum levaturus. Iam vero infidentes cisio virgines duas, quarum altera habenas tenet, altera vero veluto capite sedet, Nausi-
caam Alcinoi filiam esse putant, cum ancilla ad lavacra contendentem. At qui fagittis Centauros petit, et ex iis aliquot confecit, dubitari non potest, Herculem eum esse. Nam
et hoc de Herculis certaminibus unum fuit. Areae opifex
quisnam faerit, coniicere nunquam ego utique potui. Infcriptiones vero alius fortasse legit; ego tamen facile adducor, ut ab Eumelo Corinthio factas putem. Hanc ego tum
ex aliis eius operibus, tum vero maximo ex eo carmine,
quod in Delum fecit, coniecturam duco.

CAP. XX. Spectantur et alia ibi dona, et in primis
modicus quidam lectus ebore magna ex parte exornatus;
Iphiti difcus: et mensa, super qua victoribus coronae de-
ponuntur. Et lectulum quidem Hippodamiae ferunt ludicrum fuisse. Iphiti vero disco ad Olympiorum inducias in-
dicendas usi sunt Elei. Infcriptae euim sunt illae in disco,
non recto versuum ordine, sed orbem ambientibus literis.
Mensa ipsa partim ex ebore, partim ex auro fabricata est.
Opificem fuisse aiunt Coloten; quem ab Hercule genus duxisse affirmant: etsi, quibus fictorum origines curiosius inquirere eurae fuit, Parium esse. Pafitelis vero discipulum
testantur: Pafitelem ipsum artem didicisse. Iuno exinde,
Iupiter, Deum mater, Mercurius, cum Diana Apollo. In
tergo, tota ludorum descriptio. In uno laterum Aefculapius, et filiarum Aefculapii una Hygia: Mars praeterea,
et prope ipsum praelii fimulacrum. At in altero Pluton
est, et Liber Pater; tum Proserpina, et Nymphae duae,
quarum altera pilam, clavem altera tenet. Est enim clavis Plutonis infigne: eaque (ut fama est proditum) a Dite
patre inferorum fedes ita clausa est, ut nemini inde reditus
pateat. (2) Iam vero, quod Ariftarchus rerum Olympicarum auctor *cuiufin* memoriae prodidit, id mequaquam praeterierim. Sua igitur ille aetate, quum Elei Iunonis aedem
farram tectam, quod vitium templi lacunar fecisset, locaf-
fent, inter tabulatum, quod ad speciem expolitum est, et
fcandulare tectum, cadaver cum gravi armatura faucii hominis repertum memorat. Hunc ego virum exiftimo pugna intra Altin contra Lacedaemonios commissa, quum fe
propugnatores in templa deum recepissent, et inde de superiore loco hostem repellerent, vulneribus confectum,
iam moribundum illuc perreptasse; cadaver eius tamdiu
integrum permansisse, quod neque per aestatem, vaporum;
atque per hyemem, in illis latebris abditum, frigoris noxam
contrahere potuerit. Addidit Ariftarchus, elatum extra
Altin, et cum iisdem armis humatum fuisse. (3) Oenomai, quam appellant ipsi etiam Elei columnam, ea extat ab
ara maxima ad Iovis aedem contendentibus. Quatuor fane
erectae funt ad laevam columnae, quibus lacunar fuftine-

tur. Fulciunt eaedem ligneam columnam iam vetuſtate
ruentem, *ferreiſque* incinctam vinculis. Columnam eam fama pervulgavit, in Oenomai domo fuiſſe, ſolamque ſtetiſſe,
quum domus reliqua fulmine conflagraſſet. *Id elegi teſtantur* in aenea tabella, ante ipſam columnam incifi:

Una columna ex his, bofpes, fum fola relicta,
In celſis ſteterunt quae aedibus Oenonial.
Nunc extra Iovis in templo circumdata vincla
Nebilior; nec me flamma voravit edax.

(4) Accidit vero aetate mea quiddam huiusmodi. Quum
Romanus quidam fenatorius vir palmam in Olympicis
adeptus, victoriae ſuae relinquere vellet monumentum, cum
inſcriptione ſtatuam ex aere, ſcrobem altius effodiendam curavit prope Oenomai columnam: repererunt, qui opus
conduxerant, ſcutorum, fraenorum, et armillarum fragmenta; quae ipſe, dum eruerentur, vidi. (5) Aedem quandam inſigni magnitudine, Dorico opere, Matroum priſcum
retinentes nomen appellant: neque vero in ea ullum extat Deum matris ſignum; ſtatuae tantum Romanorum Imperatorum ibi erectae ſunt. Eſt hoc ipſum Matroum intra
Altin; et eodem in loco rotunda figura cella, quod Philippeum vocant. In eius Philippei ſumma teſtudine aeneum
papaver eminet: fibularum id caput eſt cellae trabibus.
Situm eſt aedificium hoc circa Altis exitum ad laevam
Prytanei, e coctili laterculo exſtructum, tectum columnis
circumquaque ſuſtinentibus. Hoc opus erigendum curavit
Philippus, quum ad Chaeroneam graviter Graecorum fortunas attriviſſet. Et dicatae, quidem illic, ſtatuae ſunt Philippo et Alexandro; Amyntae etiam Philippi patri. Eas,
nec non et Olympiadis, et Eurydices, fecit ex auro et ebore Leochares.

CAP. XXI. Venio iam ad ſtatuarum et donariorum
expoſitionem, et *eam quidem bipartitam, quod fallitat* ea de re
conturbate agendum non putavi. Nam *alia longe ratio eſt
eorum omnino donoʒ vin*, quae Athenis in arce poſita ſunt.
Illa *ejm* ſive ſtatuae, ſive aliud quodvis genus ſint, dis
omnia dicata ſunt: at in Alti partim deorum nominibus
cenſentur; partim vero victoribus, quo els hoc etiam veluti quodam corollario honos haberetur, ſuae ſunt poſitae
ſtatuae. Sed harum quidem poſterius fiet a nobis mentio: in praeſentia, ad ea, quae praecipua ſunt deorum inſignia, ſe convertet oratio. (2) A Matroo ad ſtadium recta contendentibus, ad laevam circa Cronii montis finem,
crepido eſt lapidea monti ſubiecta. Ex ea gradus in clivum aſſurgunt. Ad crepidinem locata ſunt, aliquot aenea
Iovis ſimulacra; conflata illa quidem de multatitia pecunia, athletis qui fraudem ludis feciſſent, irrogata. Appellantur ea ſimulacra patria voce Zanes, *quod eſt (expiaos) Iovis*. Earum ſex erecti ſunt octava et quinquageſima Olympiade. Nam quum Eupolus Theſſalus ex ils, qui ad pugilum certamen convenerant, Agetorem Arcadem et Cy-

xicenum Prytanin pecunia corrupiſſet, et praeter eos Phormionem etiam Halicarnaſſenſem, qui in Olympiade ſuperiore
*de pugilatu* victoriam adeptus fuerat, quum ipſum Eupolum,
tum eos, qui pecuniam cepiſſent, quod primi ea corruptela
ludorum religionem polluiſſent, Elei in aerarios retulerunt.
Ex eo ſignorum numero duo fecit Cleon Sicyonius: quatuor
qui reliqua finxerint, non habeo dicere. Tertium et quartum ſignum ubi praeterieris, elogia ceteris adſcripta videas
elegiacis verſibus. Monet eorum primum, non pecuniis,
ſed pedum pernicitate, et *reliqui* corporis robore. Olympiam palmam ucquiri. Altera inſcriptio ſignum erectum deo
teſtatur, ut ſimul et honos Iovi haberetur, et cum Eleorum
religione ad athletarum fraudem coercendam terror con-
iungeretur. E duabus reliquis altera Eleos quum aliis nominibus ornat, tum illis magnae in primis laudi tribuit,
quod pugiles notarint. Altera edicit ſigna illa documento
Graecis cunctis eſſe, non debere cuiquam Olympicae victoriae ſpem in pecunia eſſe repoſitam. (3) Poſt Eupolum memoriae proditum eſt Athenienſem Calippum ab adverſariis,
quinquertii coronam precio avertiſſe. Id accidit Olympiade
duodecima et centeſima. Et multam quidem quum a Callippo, et iis, qui cum eo colluſerant, petiſſent Elei, miſerunt Athenienſes Hyperiden eam multam deprecatum. Verum quum exorari non potuiſſent Elei, eam Athenienſes
animi elationem prae ſe tulerunt, ut ne Olympicorum quidem celebritate prohibiti, iudicatum ſolvere prius voluerint, quam Delphicus Apollo percontantibus reſponſum dediſſet, non reſponſurum ſe, antequam ſatis Eleis feciſſent.
De eius multae pecunia ſigna itidem ſex Iovi erecta ſunt,
et his elegi adſcripti, nihilo mitioribus ſententiis, quam illi
ſint de Eupoli multa. Et indicat prima quidem inſcriptio,
oraculi iuſſu Eleorum de quinquertionum fraude iudicium
comprobante, ea ſigna dedicata. Secunda item et tertia in
laudem eiusdem iudicii. Quarta ad victoriam non pecunia,
ſed virtute adſpirandum docet. Quinta, quam ob rem ſigna
poſita ſint, oſtendit. Poſtrema omnium reſponſum illud Delphici Apollinis, *quo illi quinquertiones iure causati cenſentur*,
commemorat. (4) Duo praeterea ſigna ſunt de multa pa-
laeſtritarum erecta; ſed eorum nomina non tantum me, ſed
ipſos etiam priſcarum apud Eleos rerum interpretes fugiunt.
Appoſitae his. quoque ſuae ſunt inſcriptiones. Earum una
declarat, Rhodios fraude palaeſtritae Olympio Iovi pecunia luiſſe: altera, poſitum lignum de multa, quae iis, irrogata fuiſſet, qui dolo malo de palaeſtritis palmam meruiſ-
ſent. (5) Reliqua omnino ſigna interpretes iidem tunc
dedicata memorant, quum Olympiade octava et ſeptuageſima ſupra centeſimam a Philoſtrato nummos accepit Eude-
lus. Hunc ſane Philoſtratum Rhodium fuiſſe. Sed in publicis Eleorum monumentis, quibus eorum, qui Olympia
vicerunt, memoria commendata eſt, diverſa propemodum
comperi: Stratonem ſcilicet Alexandrinum centeſima

septuagesima octava Olympiade, eodem die de pancratio
et lucta coronatum. Alexandream quidem in Canopico
Nili ostio Alexander Philippi filius condidit. Fuisse tamen
et ante non magnum eodem in loco Aegyptiorum oppidum
Rhacotin, memoriae proditum est. Ante Stratonem hunc,
oleastri coronam de pancratio unam, de lucta vero tres,
viri cepisse perhibentur totidem post eum. De superioribus
primus Eleus fuit, ex ea Graecia, quae trans Aenum est:
Rhodius Aristomenes alter: e Magnetibus, qui funt ad Lethaeum, Protophanes tertius: e posterioribus (qui seilicet post
Stratonem victores palmam meruere) Marion illius civis, et
Stratonicensis Aristeas: (olim ea et urbs et regio, Chrysaoris appellata est) postremus Nicostratus fuit e marit
ma Cilicia, etsi nihil ei, cum Cilicibus praeter nomen commune fuit. Hunc enim Nicostratum adhuc pene infantem,
neque obscuro loco natum, e Prymnesso (quae Phrygiae urbs
est) praedones abduxerunt, euinque ad Aegeas, incertum
cui, vendiderunt. Aliquanto post visus est per somnium
videre sub lectulo, in quo cubabat, humi stratum leonis
catulum. Quum ergo iam adolevisset, multas de pancratio
et lucta palmas ex Olympia abstulit. In aerarios certe et
alios postea, et Alexandrinum pugilem, Elei retulerunt
Olympiade ducentesima ac duodevicesima: nomen ei fuit Apol-
lonio, cognomen (patrium enim Alexandrinis fuit cognomina habere) Rhanti. Damnatus hic primus Aegyptiorum est ab
Eleis non ob datam aut captam pecuniam, sed ob aliam huiusmodi noxam. Ludorum statos dies non obiit: neque multum deprecantem sublevavit, quod ad Cyclades vento se de-
tentum fuisse causatus est. Arguit enim eam purgationem
Heraclides, et ipse Alexandrinus, quum docuisset hominem
in cogenda ex Ioniae ludis pecunia occupatum fuisse.
Apollonium igitur Elei, et alios, si qui forte ad condictam
diem non adfuissent, exegerunt; Heraclidi coronam intacto
partam pulvere decreverunt. Id quum graviter tulisset Apol-
lonius, ut forte ad pugilatum erat loris illigatus, in He-
raclidem iam coronam capientem invasit, et hominem ad
ludorum praesides confugientem est persecutus: quae illi
vecordia magno utique stetit. (6) Iam duo alia signa, nostrae aetatis opera sunt. Sexta enim et vicesima supra du-
centesimam Olympiade, pugiles deprehensi sunt, de una et
eadem palma inter se pacta pecunia societatem coiisse. Ob
eam rem multa illis imposita. Simulaerorum et ea pecunia
Iovi dedicatorum, ad laevam alterum est, alterum ad dexteram, qua aditus ad stadium patet. Pugilibus nomen alteri Didas fuit; et ei, qui pecuniam dedit, Garapammon,
ex eadem sane tribu Aegypti Arsinoite. Perhercule mirum
fuit, exteros homines nihil Iovis numen veritos, ampias
huiusmodi corruptelis fuisse. (7) Sed in miraculo posuerim
maiore, Eleos ipsos in eandem prolapsos fraudem. / Secunda enim et nonagesima supra centesimam Olympiade,
quum in luctae certamen Damonici Elei filius Polystor, et

Sofandri Smyrnaei filius patri cognominis defcendiffent,
euperet vero impenfius Damonicus filium fuum victorem
dilcedere, Sofandri filium dicitur pecunia data *adduxiffe ut
facile fuperaret potuerimt*. Eius rei indignitate commoti iudices, multam ipfis parentibus irrogarunt. Ab illis enim noxa commiffa fuerat. Ex ea pecunia figna duo erecta funt,
alterum in Eleorum gymnafio; ante porticum, quae in Alri
eft, alterum. Appellatur ea porticus Poecile, (*cui eft i arit*)
a picturae *iuliter varietate*, qua olim parietes exornati fuerant. Eandem multi Echus nominant, quod vocis emiffae
Imago fepties et faepius reciprocat. *Signum etiam Iovi* de
Serapionis Alexandrini pancratiaflae multa *dicatum eft*. Damnatum timiditatis tradunt, quod prima poft ducentefimam
Olympiade, pridie quam pancratium committeretur, adverfariorum metu folum verterit. Id uni illi accidiffe, et nomini praeter eum, five Aegyptius, five e quavis terra fuerit, affirmant. Atque ea quidem, quae iam emuneravi
figna, quibus ante dictum eft nominibus dicata comperi.

CAP. XXII. Sunt et alia Iovis fimulacra, partim publico, partim vero privato aere dedicata. Ad aram vero,
quae in Alti eft, prope aditum eum, qui ad ftadium ducit,
nihil ulli deorum immolant Elei: tubicines tantum et
praecones ad eam prifco ritu de palma certant. In proximo fuggeftu fignum Iovis ex aere pofitum eft, altitudine
cubitum fex: utraque mana fulmen tenet: dedicarunt Cy-
naethaenfes. Torquatum vero *Iovem* impuberem l'hliafius
Cleolas dicavit. (a) Iam vero iuxta aedem, quod vocant
Hippodamium, a lapide fuggeftus eft. hemicycli forma. In
medio Iupiter, et Iovi pro liberum falute fupplicantes Thetis et Aurora. Qui vero in utroque femicirculi extremo,
*quaft totam* accincti ad pugnam funt, alter Achilles, Memnon
alter eft. Contra exin e regione ftant Barbari Graecis,
iam finguleri congreffuri certamine, Ulyffes Heleno, quod
hi fapientiae laude in fuo uterque exercitu praeftitere. Iam
propter vetus odium Menelao Paris, Diomedi Aeneas, Aiaci
Telamonis filio Deiphobus. Opera haec fuera Lycii Mi-
ronis filii: dedicarunt autem Ionii maris accolae, Apol-
loniatae, ficuti prifcis literis incifi elegi ad Iovis pedes indicant:

> Urbis Apollineae funt haec monumenta, comatus
> Phoebus, quam ad pontum condidit Ionimm.
> Illa manus, veteris quae cepit Abantidos oras,
> E Thronio votum pertulit hac decimam.

(3) Abantis quidem regio, et in ea Thronium oppidum, in
Thefprotide Epiri fuere, ad montes Ceraunios. Disiecta
enim tempeftate, quum Graeci ab Ilio redirent, claffe, Locri Boagrii fluminis accolae, e Thronio, et Abantes ex Euboea, octo utrique navibus ad Ceraunios montes delati

funt. Ibi quum confediffent, et oppidum Thronium condidere, et agrum intra certos fines communem utrique genti, uno nomine Abantidem regionem appellarunt. Pulfi deinde funt finitimorum Apolloniatarum bello. *Snae;ji/e in eorum locum* Apolloniam e Corcyra deductam aiunt: eius nonnulli praedae participes fuiffe dicunt Corinthios. (4) Paululum hinc progreffis, in confpectu Iupiter eft, ad orientem folem converfus, altera manu aquilam avem, fulmen altera tehens. Impofita eft corona capiti e vernis floribus. Fuit hoc Metapontinorum donum, Ariftonoi vero Aeginetae opus: incertum fane mihi, quis Ariftonoi magifter fuerit; incertum etiam, quo tempore floruerit. (5) Dedicarunt etiam Phliafii Iovem, et Afopi filius, Afopi etiam ipfum. Ea figna ita difpofita funt. Prima omnium eft Nemea fororum natu maxima: poft eam Iupiter Aeginam prenfans. Adfiftit Aeginae Harpinna, cum qua Mars (uti Eleorum et Phliafiorum fermone proditum eft) confuetudinem habuit; et ex ea genuit Oenomaum, qui Pifae regnavit. Proxima illi eft Corcyra, et deinceps Thebe: omnium poftremus Afopus. Corcyram quidem a Neptuno cognitam tradunt. Verfibus Pindarus quaedam mandavit de Thebe et Iove. Leontini quidam privata, non publica pecunia Iovem erexerunt, feptem cubitum magnitudine: laeva aquilam, dextera iaculum praefert, ex poetarum fcilicet defcriptione. *Fuere Leontini illi, qui* dedicarunt, Hippagoras, Phrynon et Aenefidemus: et hunc quidem Aenefidemum alium ab eo arbitror fuiffe, qui tyrannidem in Leontinis adeptus eft.

CAP. XXIII. Ubi viam praeterieris, quae in curiam ducit, Iupiter ftat fine ulla infcriptione. Ad feptentriones vero, quum flexeris, Iovis item fignum videas ad ortum folis converfum: dedicarunt quicunque ad Plataeas e Graeciae populis contra Mardonium Perfarum ducem fteterunt. Incifa vero funt in dextro bafis latere earum civitatum nomina, quarum forti opera *eo praelio profpere* pugnatum eft. Primi omnium Lacedaemonii, poft eos Athenienfes: adfcripti his ordine funt, Corinthii, Sicyonii, Aeginetae: tum vero Megarenfes, et Epidaurii: ex Arcadum concilio Tegeatae, et Orchomenii: ad eos Phliafii, Troezenii. Hermionenfes: ex Argivorum finibus Tirynthii: folique e Boeotis Plataeenfes: ex Argivorum urbibus Mycenaei: ex infulis Chii, Milefii, et Ambraciotae e Thefprotide continente: Tenii item et Lepreatae: et hi quidem Lepreatae foli e Triphylia. Ex Aegio autem et Cycladibus non Tenii foli, fed Naxii etiam, et Cythnii. Ab Euboea Styrenfes. His accefferunt Elei, Potidaeatae, Anactorii: extremi omnium Chalcidenfes Euripi accolae. (1) Ex his *omnibus* urbibus, hae propemodum ita deletae funt, ut earum nulla extet: Mycenas et Tirynthem exciderunt Argivi, poft eiectos e Graecia Perfus. Ambraciotas et Anactorios Corinthiorum colonias, Caefar *Auguftus* Nicopolin ad Actium promontorium deduxit. Nam Potidaeatas bis domo sua pulsos, a Philippo Amyntae filio semel, et ante ab Atheniensibus, reflituit quidam Caffander; sed quae Potidaea fuit, amiffo vetere nomine, Caffandrea nuncupata est a conditore. Signum hoc communi impenfa harum civitatum in Olympia erectum, fecit Anaxagoras Aegineta; cuius tamen ab iis, qui res Plataeenfium confcripfere, nulla omnino facta mentio est. (3) Ante hoc Iovis fignum est a nea columna, in qua foedus incifum Athenienfium cum Lacedaemoniis in triginta annos. Fecerunt Athenienfes foedus hoc redacta iterum in ditionem Euboea, anno tertio Olympiadis eius, in qua Crifon Himeraeus e ftadio victor difceffit: Sancitum in condicionibus illis est, eius pacis communionem ad Argivorum civitatem nihil pertinere: privatim illis cum Athenienfibus licitarum amicitiam iungere. Atque haec quidem illo foedere continentur. (4) Aliud etiam Iovis positum est fignum, non longe a Cleofthenis curru, de quo poflerius nobis erit fermo: dedicarunt Mogarenfes: fecerunt Thylacus et Onaethus fratres, eorumque filii. Quibus vero illi temporibus fuerint, quave patria nati, aut a quibus artem didicerint, mihi fane ignotum est. (5) Prope Gelonis currum ftat Iupiter prifci admodum operis, fceptrum tenens. Hyblaeorum donum effe aiunt. Fuere Hyblae Siciliae civitates duae; cognomine Gereatis una; altera ut erat, ita etiam vocabatur Maior. Retinent hae etiamnum aetate prifca nomina; et earum altera in agro Catanenfi plane deferta est; altera Gereatis in iisdem finibus ad vici formam redacta. In hac fanum est Siculorum celebritate religiofum, duae, quam Hyblaeam vocant, dicatum. Ab hoc ego populo fignum arbitror in Olympiam duportatum. Nam offentorum et fomniorum interpretes effo, et ceteros, qui in Sicilia funt Barbaros, deorum caeremoniis colendis anteire, Philillus Archomenidis filius memoriae prodidit. (6) Prope Hyblaeorum donum fuggeftus est ex aere; et fuper eo Iovis coloffus, altitudinis pedum (quantum coniicere poffum) decem et octo. Eum coloffum, qui dederint, quique fecerint, inscripti elegi declarant:

Hoc fignum moltis ex urbibus expognatis
Clitorii decimus confituere Deo,
Artifices Teletas, frater germanus Ariflon,

Effe vero hos Lacones non omnibus omnino Graecis notum effe exiftimo. De illis quidem habent Elei omnino nihil quod dicant; fed plura multo, ut de fuis civibus, Lacedaemonii.

CAP. XXIV. Exin ara est Laoetae Iovis, Laoetae etiam (quod est ac fi Plebis dixeris) Neptuni. Adiuncta est arae bafis aenea, quae Iovem fuftinet, Corinthiaci populi donum. Mufi opus, quisquis Mufus is fuerit. Inde a curia ad magnum templum contendenti, ad laevam fignum est Iovis cum corona velut e floribus; dextera fulmen tenet. Fuit hoc Afcari Thebani opus, quem docuit *Agelades* Sicyonios. A Theffalis ferunt dedicatum, fufcepto contra Phocenfes bello, ac de Phocenfium quidem manubiis. Bellum hoc aliud ab eo fuit, quod Sacrum nuncuparunt. Geftum enim eft, antequam Xerxes cum Perfarum copiis in Graeciam transmitteret. Non procul hinc Iupiter pofitus eft, quem *ex voto*, quum fuperiores e praelio difceffiffent, dedicaffe Pfophidios teftatur infcriptio. Dextera in parte magni templi ad Solis ortum Iupiter eft altitudinis pedum XII: quem dicatum tradunt a Lacedaemoniis, quum rebellantes Meffenios altero bello vindicare effent adorti. Adicripti elegi funt:

Hoc fata Saturno fignum cape Iupiter alme,
Auxiliumque favens fer Lacedaemoniis.

Romanorum omnino nullus, neque plebeius, neque patritius, ante L. Mummium, quod ego fciam, in Graecorum templis donum ullum ponendum curavit. Primus Mummius de manubiis Achaeorum Iovem in Olympia aeneum dedicavit, ad laevam eius, qui a Lacedaemoniis dedicatus fuerat, proxime ad primam templi columnam. Quod vero maximum omnium aeneorum fignorum, quae in Altipofita funt, Iovis eft coloffus ab ipfis Eleis confecto Arcadico bello dedicatus, altitudinis pedum feptem et viginti. Iuxta vero Pelopis delubrum pila eft modice a folo eminens. Super ea parvum eft Iovis fimulacrum altera manu prolata. Ex adverfo alia funt perpetua ferie collocata figna: inter ea Iovis et Ganymedis. Homerus quidem carminibus mandavit fuis, raptum a dis Ganymedem Iovi ut pocula miniftraret: pro eo vero equos Troi *patri* datos. Dedicavit Gnothis Theffalus: fecit Ariftocles difcipulus et filius Cleoetae. Aius ibidem Iupiter eft impuber, inter Smicythi dona. Quis hic Smicythus fuerit, unde oriundus, et quam ob caufam multa in Olympia dona pofuerit, fuo loco exponemus. Paululum hinc recta progreffis aliud eft Iovis impuberis fignum. Dedicarunt Elaitae, qui a Caico digreffi, Aeolidem primi in ora maritima tenuerunt. Aliud proxime pofitum eft Iovi fignum: infcriptio teftatur Cnidios Cherrhonefi incolas de hoftium fpoliis dadicaffe. Iovi hinc Pelopem, illinc Alpheum amnem appofuerunt. Et Coidiorum quidem urbis pars maxima In continenti Cariae terra condita eft, et ibi fane multa funt memoratu digna. Quae vero Cherrhonefus dicitur, infula eft ponte continenti terrae coniuncta. Illinc Iovi donum hoc in Olympiam miffum, ficuti et Ephefii Ceresi inquilini, communi Ephefiorum nomine fignum pofuere. Eft etiam ad Altis murum, appofitus Iupiter ad folis occafum converfus, fine infcriptione. Vulgavit fama a Mummie de Achaieis manubiis dicatum. (2) In curia Iovis eft fignum fpecie perfidiofa hominibus quam maxime formidanda. Horcius ei cognomen, *id eft Iusiurandi vindex, idem fortaffe, quem Romani Dium Fidium appellant.*

Utraque manu fulmen tenet. Solenne vero athletis omnibus, eorumque parentibus, fratribus, gymnafii magiftris, fuper execli fuis tellibus verbis conceptis deierare, nihil fe fraudis facturos, quo minus Olympici ludi rite fiant. Athletae quidem ipfi hoc amplius iurant, fe decem perpetuos menfes in *Iudiciam* exercitationem *propofiti* certaminis confumfiffe. Iurant praeterea, qui vel de viris, vel de pulls equorum in certamen prodeuntium pronunciaturi funt, ob rem iudicandum pecuniam fe nullam capturos. Qua vero re adducti quemvis aut probarint, aut improbarint, fe non effe in vulgus prolaturos. Iam vero fus ille confecto iureiurando cuinam fit ufui, percontari in mentem non venit. Veteri quidem religione fancitum fcio, ne victima vefcerentur homines, fuper qua iusiurandum conceptum fuiffet. Id Homerus teftatur, quum exfectum illum fuem, fuperquo Agamemnon iusiurandum concepit, Brifeidem fe non attigiffe, in mare a *Talthybio* fetiali abiectum dixit:

> Hoc ait, atque fuis praednro guttura ferro
> Diffecuit; quem Taltuybius conterfit in undas
> Pilcibus aequoreis efcam.

Atque hoc quidem prifci fuit ritus inftitutum. Ante Horcii Iovis pedes aenea tabula eft, in qua incifi elegi funt ad peierantium terrorem compofiti. Enumeravimus quam accuratiffime, quaecunque Iovi intra Altin figna pofita funt. (3) Nam quod prope maximum templum Corinthius quidam dedicavit, (non de prifcis ille quidem Corinthiis, fed quos Caefar deduxit coloniam) is eft Alexander Philippi filius, Iovis ornatu. Cap. XXV. Iam vero et eas perfequemur imagines, quae Iovis non funt fimulacra. Nam quae non religionis caufa, fed ad homines honeftandos pofitae funt ftatuae, eas recenfebimus in athletarum commemoratione. Quum Mamertini freti accolae ad feftos ludorum dies, quos Rhegini folenni ritu agitabant, pueros triginta quinque, cumque his chori magiftrum et tibicinem mififfent, nave fracta, ad unum omnes periere. Eft enim fretum illud foediffimis tempeftatibus infame: fiquidem venti e diverfa fuperi inferique maris regione (quae maria Adriacum et Tyrrhenum vocant) fpirantes, ab alto undas cient, et procellis infelliffimas reddunt. Quin et quum venti pofuere, ea eft influentis et refluentis pelagi concitatio, tam gravis belluarum magna copia innatantium odor, ut naufragis nulla falutis reliqua fiat fpes. Quod fi navem hoc in freto Ulyffes fregiffet, non ille quidem in Italiam incolumis enataffet. Sed nimirum deorum lenitas aliquam in adverfis plerumque fpem falutis reliquam facit. Mamertini iftum puerorum interitum luxere, et quum alios illis honores habuere, tum ftatuam ex aere fuam fingulis pofuere, cumque iis una chori magiftro et tibicini. Vetus infcriptio donum effe Mamertinorum indicat freti accolarum. Interiecto dein tempore, Hippias, qui inter Graecos fapientiae laude claruit, elegis titulos earum

flatuarum fecit. Sunt ille quidem Callonis Elei opus.
(1) Eft ad Pachynum Siciliae promontorium, quod in Afri-
cam.et ad Auftros converfum eft, Motye urbs: quam Afri
Poenis permifli tenent. Ea civitate bello fubacta, Agrigen-
tini de manubiis puerorum aeneas pofuere ftatuas, dexte-
ras tendentium, et vota fe Iovi nuncupare fignificantium.
Adhaerent ftatuae illae Altis muris: Calamidis opus effe,
et ipfe fufpicor, et hominum fermone vulgatum eft. (3) Siciliam quidem gentes itae propemodum incolunt, Sicani,
Siculi, Phryges: et illi qnidem ex Italia, Phryges vero a
Scamandro et Troia transmifere. At Libyes et Poenos una
et eadem claffe in coloniam deduxere Carthaginenfes. Atque
hi quidem e barbaris gentibus Sici iae inquilini. E Graecis
vero Dorienfes, et Iones, Phocici etiam et Attici nominis
pars non utique magna. (4) In eodem Altis muro praeter
Agrigentinorum dona inclufa funt et Herculis figna duo nuda, aetate puerili: uuus idem ad eius imaginem expreffus,
qui fagittis in Nemea Ieonem confecit. Hunc cum leone
dicavit Tarentinus Hippotion. Nicodami alteram opus eft;
alterum vero Anaxippi Mindefii dedicatio fuit. In hunc
locum ab Eleis transportatam eft, quum ante pofitum effet in fine eius viae, quae in Olympiam ex Elide ducit,
et Sacra dicitur via. (5) Dedicarunt vero communi impenfa Achalci concilii populi, eorum figna, qui ex provocatione cum Hectore, forte ducti, erant congreffuri: atque
hi quidem haftis et clypeis armati prope magnum templum ftant. E regione infiftit bafi alteri Neftor, coniectis
in galeam fortibus. Et forte quidem novem exiere, fed
octo duntaxat extant. Nam Ulyffem (fuit enim et ipfe in
eo numero) Nero Romam afportaffe dicitur. Uni vero
tautum, Agamemnoni fcilicet, nomen adfcriptum eft, atque
inverfo qnidem ordine, a dextera in laevam partem excurrentibus literis. Et is quidem, culus in fcuto pro Infigni
gallus gallinaceus, Idomeneus eft Minois nepos, a Pafi-
phae Solis filia oriundus. Gallinaceum certe foli facram
avem celebrant, quod cantu folis ortum nunciet. Incifi
funt in bafi elegi:

Signa Iovi haec olim magno pofuiftis Achivi,
Queis genus a divo Tantalida Pelope.

Opificis nomen in ipfo iufcriptum eft Idomenei fcuto:

Praeftans laude operum multorum fecit Onatas,
Cai patria Aegiue, cuique Micon genitor.

(6) Non longe ab Achaeorum dono Hercules eft, cum
equeftri Amazone pro baltheo pugnans. Euagoras quidem
Zanclaeus pofuit, fecit Cydionates Ariftocles. Eft hic
Hercules inter maxime prifca opera numerandus, neque
omnino eius aetatem poffit quisquam prodere. Satis conftat dedicatum, antequam Zancle (quo nomine aetate noftra
appellatur) Meffene vocaretur. (7) Dedicaruut et Thafii

(qui e Tyro et reliqua Phoenice oriundi, ad Europam quae-
rendam cum Thafo Agenoris filio claſſi profecti ſunt) Herculem in Olympia aeneum, ſuper aenea baſi. Elus magnitudo
eſt cubitum X : dextera clavam, arcum laeva tenet. Et
Thaſi quidem audivi Tyrium eſſe Herculem, quem Thaſii
ab initio eſſent venerati: ſedenim quum ſe illi Graecis ad-
iunxiſſent, coeptos ab iis Amphitryonis etiam filio honores
haberi. Adſcripti ſunt Thaſiorum dono elegi :

> S'gua Micons fatus haec eſt fabricatus Onatai,
> Contigit Aeginae cui coluiſſe domos.

Onatam hunc Aeginetam, cuius haec opera ſuere, nulli
ſecundum ducimus eorum, qui a Daedalo ex Attica officina
nobiles artifices extitere.

CAP. XXVI. E Dorienſibus Meſſeniis ii. qui olim Naupactum ab Athenienſibus acceptam tenuere, Victoriae ſignum
ſuper pila dedicarunt. Opus hoc ſuit Mendaei Paeonii, de
manubiis factum Acarnanum (ſicuti ego exiſtimo) et Oeniadarum. At Meſſenii ipſi monumentum eſſe praedicant rei ad
Sphacteriam cum Athenienſibus geſtae, atque id eo maxime
argumento, quod hoſtium nomen adſcripturi ſuerint. ſi
Acarnanes illi, aut Oeniadae ſuiſſent, quorum certe ſimulta-
tem veriti non ſuiſſent : at ne Lacedaemonios oſtenderent,
de induſtria inſcriptionem miſſam feciſſe. (2) Et Smicythi
quidem multa oſtendi paſſim poſita dona ; et poſt Iphiti Elei
a p<i>a</i> fide induciarum .t.a (Ἐκεχειρίαν Graeci vocant) coronam'
accipientis imaginem, haec propemodum perpetuo ordine
collocata ſont, Amphitrite, Neptunus ; Veſta ; quae omnia
fecit Glaucus Argivus. Idem vero Smicythus ad laevum magni
templi latus Proſerpinam dedicavit, Venerem, Ganymedem,
Dianam : e poetis Homerum et Heſiodum : Deos rurſus alios,
Aeſculapium, et Hygiam. (3) Et inter cetera Smicythi dona, Agonis (it eſt certaminis) ipſius tanquam dei ſignum eſt,
halteres portantis. Sunt halteres athletarum libramenta,
circuli oblongiore figura, illa quidem non prorſus in ambitum circumducta. Nam qua parte manibus prenſantur,
anſulas habent. intra quas digiti, uti intra clypeorum lora,
immittuntur. Haec halterum figura eſt. Prope Agonis
ſignum, eſt Liber Pater, Orpheus Thrax, et Iovis, (cuius ante
mentionem feci) ſignum. Sunt haec omnia Argivi Dionyſii
opera. Alia item dedicata a Smicytho memorant, quae Nero
amoverit. Opificum ipſorum Dionyſii et Glauci Argivorum
certi magiſtri non produntur : quo vero ſuerint tempore,
ex ipſa Smicythi aetate intelligi poteſt. (4) Smicythum enim
Herodotus ſcripſit Anaxilae Rheginorum tyranni ſervum, ac
deinde quaeſtorem ſuiſſe ; mortuo vero Anaxila, Tegean
migraſſe. Teſtantur inſcriptiones ambae, Choerum illi patrem, Graecas urbes Rhegium patriam, et Meſſenen, quae
ad fretum eſt, domicilium ſuiſſe. Epigrammata quidem Tegeae ſunt : dona vero, quae ſuperius memoravi, in Olympia
dicitur ex voto poſuiſſe, liberato filio tabidi morbi periculo.

Qua in parte maiora funt Smicythi dona, quae feoit Argivus Glaucus, prope eſt Minerva galeam et aegidem induta,
Nicodami Maenalii opus, ab Eleis dedicata. (5) Adſiſtit
Minervae Victoria, quam Mantinenſes incertum, quo bello
conſecto dedicarunt. Id enim non indicat inſcriptio. Calamis feciſſe dicitur: alas vero non addidit, exemplar ſecutus ſigni eius prſdſ, quod Athenis eſt, et Involucre nuncupatur. (6) Proximo vero loco minoribus Smicythi donis,
quae Dionyſius fecit, Herculis poſiti ſunt labores: pugna
cum leone Nemeo, et cum hydra; Cerberi raptus, apri Erymanthii caedes. Haec omnia in Olympia Heracleotae dedicarunt evallatis finitimis Maryandinorum finibus. Accolae
Euxini Ponti funt Heracleotae, Megarenſium et Tanagraeorum colonia. E regione horum, quae iam enumeravimus,
donariorum, alia funt continenter poſita ſigna, ad meridiem converſa, proxime ad fanum illud, quod Pelopi dedicatum eſt.

CAP. XXVII. Inter haec illa ſpeſlantur, quae dicavit
Phormis Maenalius. Hic a Maenalo, quum in Siciliam
transmiſiſſet, multa dedit bellicae virtutis documenta, pluribus expeditionibus partim a Gelone Dinomenis ſilio,
partim vero a Gelonis fratre Hierone ſuſceptis. Quare ad
luculentam provectus fortunam, non haec duntaxat Olympio Iovi, ſed alia etiam Delphico Apollini dona dicavit.
Olympica eius dona funt, equi duo, aurigae totidem. Ad
ſiſtit enim ſuus utrique equo auriga. Alterum fecit Diony
ſius Argivus, Aegineta Simon alterum. Inciſa eſt in prioris equi latere inſcriptio, cuius prior pars non eſt metra
adſtricta: hoc fere modo,

Phormis dedicavit Arcas Maeuallus, neucque Syracoſius.

(1) Huic equo hippomanes infuſum Elei tradunt magi hominis aſtu, quo eſſet intuentibus miraculo. Magnitudine
ille quidem et ſpecie inferior eſt equis multis intra Altin
poſitis, et deformiorem cauda praeciſa reddit: ſed illum
mares equi non vere tantum, ſed plane quavis anni parte
appetunt. Irrumpentes enim vel effractis vinculis intra
Altin, vel e rectorum manibus elapſi, illum invadunt, nihil
hercle minus furenter, quam ſi viventem pulcherrimam
equam gregalem inituri adorireantur. Cedunt illis quidem
ungulae; non prius tamen deſinunt hinnitu omnia late complere, rabidoque impetu denuo in eum inſilire, quam ſcuticis et acriori aliqua vi edomiti ab illo aere abſtrahantur.
Aliud certe in Lydia ipſe miraculum vidi, illud quidem a
Phormidis equo diverſum, non tamen magorum artis expers. (3) Sunt in Lydis. qui Perſici cognomine veniunt,
urbes Hierocaeſarea et Hypaepa. In templo utriusque urbis ampliſſimo, cellae cum aris; ſuper his cinis alio longe
colore a vulgari cinere. Huc ingreſſus magus, ubi foco
aridis lignis impoſitis, tiara caput velarit, invocat Deum
neſcio quem. Ex libro enim carmen recitat barbaricum,

lingua plane Ignota Graecis. *Ubi peroravit*, fponte fua e
lignis, nullo igne admoto, puriffima emicat flamma. Sed
ut redeat. unde huc digreffa eft oratio, inter Phormidis donaria ipfius Phormidis ftatua vifitur cum hofte comminus
dimicans, uno, et item altero, ac tertio. (4) Adfcriptum
eft, pugnantem illum militem Phormin Maenalium effe: dedicatum fuiffe a Syracufano Lycorta. Satis perfpicuum cuivis effe poteft, dedicaffe Lycortam neceffitudine adductam
Phormidis. A Graecis tamen, quae Lycortae fuerunt dona,
Phormidis appellantur. (5) At Mercurius arietem
fub ala portans, galea caput armatus, idemque amictus tunica et chlamyde, nihil omnino is ad Phormidis
donaria pertinet. Olympio enim Iovi Pheneatae ex Arcadia illum dedicarunt. Feciffe Onatam Aeginetam,
et cum eo fimul Callitelem, indicat infcriptio. Fuit autem
Onatae vel difcipulus vel filius (uti ego arbitror) Calliteles. Non longe a Pheneatum dono, aliud eft Mercurii
fignum: caduceum is tenet: teftatur infcriptio pofituin a
Glaucia Rhegino: opificem fuiffe Callonem Eleum. (6) Duae
item ex aere boves ibidem funt: alteram Corcyraei, E-e-
trienfes alteram dedicarunt: utraque Eretrienfis Philefii
opus. Quam ob rem vero Corcyraei bovem in Olympia
onem, et unam item Delphis dedicarint, quum ad Phocenfium res pervenerit hiftoria; exponemus. Atenim quod de
Olympica eorum bove me audire memini, id nempe eft:
parvulum puerum quum fub ea bove fedens pronus luderet, fublatum temere caput tam vehementer aeri impegiffe,
ut ex eo vulnere non ita multis poft diebus e vita exceffe-
rit. Elei bovem caedis ream extra Altin exportare in animo habebant; fed Apollinis Delphici oraculo moniti funt,
ut bovem eo ritu expiarent, quo folent Graeci inconfultae
caedis fraudem eluere. (7) Eft fub platanis circa medium
fere Altin ambitum aeneum trophaeum: titulus in affixo
ibi clypeo incifus, docet Eleos victis Lacedaemoniis illud
erexiffe. Haec nempe illa fuit pugna, in qua ille animam
exhalavit, cuius cadaver, quum Iunonis templum fartum tectum curarent, *inter trili faftigium et lacunar* cum armis repertum eft. (8) Mendaeorum certe (qui funt in Thracia)
donum multis videri poffit quinquertionis ftatus. Pofita
illa quidem eft iuxta Eleum Anauchidem, halteres prifcos
tenens. In eius femore infcriptio incifa.

> Mendaei Sipte aevo Mavorte fubacta,
> Primitias fummo hic me pofuere Iovi.

Coniici poteft Sipten Thraciae caftellum vel urbem fuiffe. Mendaei e Graecia, atque adeo ex Ionia oriundi
funt. Incolum maritimam Thraciae oram ad Aenum
urbem.

# ELIACORUM POSTERIOR SEU LIBER VI.

CAP. I. Poſtulat dehinc ſuſcepti operis ordo, ut poſt votivorum donariorum expoſitionem, equos certaminibus nobiles, et athletas, vel ordinarios etiam homines, perſequamur. Et eorum quidem, qui victores e ludis Olympicis diſceſſere, non omnium poſitae ſunt ſtatuae. Nam illos mihi, qui vel certantes praeclare ſe geſſerunt, vel virtutis quovis alio modo ſpecimen aliquod dedere, ſtatuarum tamen honorem non ſunt conſecuti, praetereundos intelligo. Neque enim athletas, qui in Olympicum ſtadium deſcendere, quibusve palma delata eſt, perſequi mihi propnſitum; ſed quum in reliquis donis, tum vero maxime in ſtatuis exponendis haec fuit opera ſumenda. Quin ex iis etiam, quibus poſita ſtatua fuit, multos mihi praetermittendos cenſui, quum ſcirem illos non virtute, ſed ſortis fraude olea-ſtrum adeptos. Eorum enim tantum mentio mihi facienda, qui vel merito ſuo, vel hominum opinione ceteris praeſtiterunt. Ad dexteram Iunonis templi palaeſtrici hominis imago eſt: patria Eleus fuit, Aeſchyli ſocius: prope quem ex Pheneo Arcadiae Neolaidas eſt Proxeni filius, qui e puerorum pugilatu palmam tulit. Poſt hos Archidamus Xeniae filius, pueris in palaeſtra ſuperatis, ipſe etiam Eleus. Horum, quos iam nominavi, imagines fecit Alypus Sicyonius, Argivi Naucydis diſcipulus. Sileni vero filium Cleogenem inſcriptio ex indigenis unum eſſe teſtatur: hunc deſultorio equo de ſuo ipſius grege vieiſſe memorant. Adhaeret Cleogeni Dinolochus, Pyrrhusque et Troilus Alcinoi filii, quibus eſt itidem ex Elide genus. Non omnibus autem eiusdem ludicri palma obtigit. Nam Pyrrhus de ludorum praefectura, et equiriis praemia tulit: Troilus bigis integrae aetatis equorum, et pullorum curru vicit, ſecunda ſupra centeſimam Olympiade. Lege vero poſt Pyrrhi victoriam cautum ab Eleis eſt, ne quis ex ludorum praefectis in poſterum equos in certamen mitteret. Huius fecit ſtatuam Lyſippus. Dinolochi quidem mater, per viſum in quiete videre ſibi viſa eſt, filium ſe coronatum in complexum ſuum recepiſſe. Eo ſomnio monitus puer ſtrenue ſe ad gymnica certamina exercuit: quum autem pueros competitores curſu antevertiſſet, ei ſtatuam poſuere, quam fecit Cleon Sicyonius. De Cyniſca vero Archidami filia, eiusque genere, et Olympicis palmis omnia ſunt ea in parte explicata, qua in enumerandis Lacedaemoniorum regibus biſtoriae operam ſumſimus. Prope Traili ſtatuam crepido quaedam lapidea extat; ſuperque ea. equorum quadrigae, et auriga; ipſius etiam Cyniſcae ſtatua ab Apelle facta, cum aliquot in eam Inſcriptionibus. Proximi ſunt Lacedaemonii aliquot deinceps poſiti, qui equis vicere. Horum primus Anaxander de curuli certamine renunciatus eſt, Teſtatur inſcriptio, Anaxaudri avum ante hunc quinquertii coronam cepiſſe. Eſt hic quidem in modum deo vota nuncupantis ornatus. *Suasit* Polycles, cui Polychalco cognomen fuit. De quadrigis et ipse coronam accepit: taeniam dextera tenet. Adsistunt pusiones duo: eorum alter trochum praesert, taeniam alter appetit. Idem vero Polycles (ut testatur inscriptio) etiam e Pythicis, Isthmicis, et Nemeis equestri certamine victor rediit.

Cap. II. Pancratiastae vero, *quae proxima est*, statuam elaboravit Lysippus. Primus ille quidem ex Acarnania palmam pancratii tulit: Xenarges ei nomen; Philandridae filius fuit. Lacedaemonii certe post irruptionem Persarum in Graeciam, Graecis omnibus equos alendi studio praestitere. Quare praeter eos, quorum superius mentionem feci, hi propemodum e Spartanis equis alendis nobilitati, quorum imagines poll Acarnanis effigiem positae sunt, Xenarges, Lycinus, Arcesilaus, et Arcesilai filius Lichas. Et Xenarges quidem etiam Delphica, post hanc Argolica et Corinthiaca victoria claruit. Lycinus quum ad ludos in Olympiam pullos adduxisset, et eorum unus deterior visus esset, ad equorum iam adultorum curationem animum adiecit, et per eos victoriam est adeptus. Dedicavit ille quidem in Olympia statuas duas, quas Myron Atheniensis fecit. Arcesilao Lichae patri Olympiae victoriae duae obtigerunt: Lichas certe, quum Lacedaemoniis tunc ludorum aditu interdictum esset, Thebani populi nomine currum introduxit, victoremque aurigam sua ipse manu taenia redimivit: eius temeritatis, flagris caesus, Aedilibus poenas luit. Et ea quidem belli inter Lacedaemonios et Eleos causa illius extitit, quo bello Intra Altin praelium commissum est. Positis autem armis hoc in loco statuam Lichas posuit. Indicant Eleorum literae, non Lichae, sed Thebano populo eam palmam decretam. (1) Non longe a Licha, statua posita est Thrasibuli Eleo vati, ex Iamidarum familia, qui suam Manrinensibus contra Agidem Lacedaemoniorum regem, Eudamidae filium, operam navavit; qua de re agam pluribus, quum ad Arcadum res venero. Per vatis dexterum humerum seles repit. Prope canis iacet bipartito dissectus, nudato iocinore. Vetus est, et ab initio instituta ex hoedis, agnis, vitulis, arospicina. Suem primi omnium Cyprii addidere. Cane vero ad extorum significationes nullae omnino gentes usae sunt. Peculiarem itaque credi facile potest a caninis visceribus divinationem sibi Thrasybulum instituisse. (3) Vates, qui Iamidae nuncupantur, ab Iamo oriundi sunt; quem Apollinis satu ortum, et a patre divinandi peritiam accepisse, carmine prodidit Pindarus. (4) Prope Thrasybuli effigiem Timosthenea Eleus positus est, qui pueros in stadio vicit. Milesius deinde Antipater, Clinopatri filius, qui pueros in pugilatu perculit. Huius Antipatri patrem, Dionysii Syracusani legati ad Olympium Iovem cum muneribus missi, pecunia delinitum adduxerant, ut filium Syracusanum renunciari vellet. At Antipater ipse contemptis tyranni

donis, Mileßum fe eſſe, et ex Ionibus primam ſuam in
Olympia ſtatuam dedicaſſe, elogio teſtatus eſt. Fecit eam
ſtatuam Polycletus: Timoſthenis effigiem elaboravit Eutychides Sicyonius, Lyſippi diſcipulus. Hic idem Eutychides
Syris Orontae accolis Fortunae ſignum fecit, quod magna
cum religione apud eas gentes colitur. Proxime ad Timoſthenis ſtatuam, in Alti Timon poſitus eſt, et cum eo
Aeſypus filius tener adhuc, equo inſidens, qua ſcilicet aetate equo iniuze vicit. Timon quidem de curuli certamine
victor renunciatus eſt. Eius et filii effigiem fecit Daedalus
Sicyonius, qui victis praelio Laconibus trophaeum Eleis in
Alti erectum elaboravit. Poſita etiam eſt Samio pugili ſtatua cum inſcriptione, quae dicatam teſtatur a Mecone gy-
mnicorum magiſtro: eademque Samiis in athletleis certaminibus, et uavalibus pugnis, prae ceteris Ioñibus laudem
ſummam tribuit. De pugila quidem ipſo nominatim nulla
mentio. (1) Poſitus ibidem eſt a Meſſeniis Damiſcus, qui
annos natus duodecim, palmam ex Olympiciu ludis tulit.
Fuit autem ea mihi res haud minus, quam alia quaeviu admirationi, quod eadem ferme fortuna Meſſeniis et patriain,
et Olympicorum ludorum gloriam eripuerit. Neque enim
poſtquam e Peloponneſo eiecti ſunt, aut ex Naupacto, aut e
Sicilia, praeter Leontiſcum et Symmachum (rei) accolas,
quisquam e Meſſeniis victor declaratus eſt; quum tamen
Siculi hos non Meſſenios, ſed de priſcis Zanclaeis fuiſſe
contendant. Ubi primum in Peloponneſum redlere, priſtinam, hac etiam in parte. quaſi poſtliminio fortunam recepere: ſiquidem uno poſteaquam Meſſene reſtituta eſt anno,
ludos Eleis facientibus, hic ipſe, de quo nunc agimus, Damiſcus, pueros de ſtadio vicit: et quinque poſt hanc ei partim Nemeae, partim vero Iſthmicae victoriae obtigere.

CAP. III. Damiſco proxima eſt viri neſcio cuius ſtatus:
nomen certe Inſcriptio non declarat. Dedicavit Ptolemaeus Lagi filius: qui ſe Macedonem Inſcribendum curavit, quum Aegypti rex eſſet. Chaeream Sicyonium pugilem puerum titulus docet adoleſcentulum palmam meruiſſe,
Chaeremone patre genitum: nominat item ſtatuae opificem
Aſterionem Aeſchyli filium. Poſt Chaeream Sophius Meſſenius puer, et Eleus vir Stomius collocati ſunt: In curſu
ille pueros antevertit; Stomius vero quinquertii Olympicis
ludis unam, tres Nemeis palmas tulit. Hoc amplius ei inſcriptio tribuit, Eleorum equitatum duxiſſe, et hoſte fuſo
tropaea erexiſſe, hoſtium ducem ex provocatione occidiſſe.
Fuiſſe vero illum ex Sicyone, et Sicyoniis imperaſſe Elei referunt: arma vero ſe cepiſſe contra Sicyona. adductos Thebanorum amicitia, et Boeotiorum tunc auxilia praeſto ſibi
fuiſſe. (1) Bellum eum Sicyoniis ab Eleis et Thebanis geſtum exiſtimari poteſt, poſt Lacedaemoniorum Leuctricam
eladem. Poſitus deinceps eſt Labax Euphronis filius, pugil e Lepreo Eleorum. Thraſidis praeterea filius Ariſtodemus, vir palaeſtrita, ex ipſa Elide, cui duae etiam Pythicae

obtigere victoriae. Effigiem Aristodemi fecit Sicyonil Daedali discipulus et filius Patrocles. Hipponem Eleum, pugilatu pueros vincentem, fecit Democritus Sicyonius, qui ad
quintum *a se ivire* magistrum Atticum Critian refertur. ·Pto-
lichus enim Corcyraeus ab ipso didicit Critia: is Amphionem docuit; Amphionis discipulus fuit Pison e Calaurea:
a quo artem Democritus didicit. (3) Positus etiam Cratinus
ex Aegira Achaici conventus civitate, qui quum sui temporis omnium esset formosissimus, luctandi etiam arte longo
intervallo omnes vicit. Is pueris in palaestra deiectis obtinuit ab Eleis, ut ludicrae exercitationis magister proximo sibi
loco statueretur. Statuam eius fecit Sicyonius Cantharus
Alexide genitus, artem ab Eutychide edoctus. Eupolemi
Elei imaginem Daedalus idem Sicyonius elaboravit: indicat
inscriptio, vicisse in stadio ludis Olympicis viros: sed et
quinquertii e Pythicis coronas duas, unam e Nemeis repor-
tasse. De Eupolemo proditus est sermo, quum ad curriculi
metam aediles tres assedissent, ex iis duos palmam Eupolemo dedisse, tertium Leonti Ambraciotae: Leontem eorum
utrumque, quorum sententia inferior discesserat, quum ad
Olympicum senatum provocasset, aere gravi condemnasse.
(4) Oibotae statuam Achaei ex Apollinis Delphici responso
posuere, cui Olympiade sexta et octogesima palma de stadio est adiudicata. Qui ergo Oibotas potuit in Graecorum
acie ad Plataeas praeliari, (*quod nonnulli scriptores reliquere*)
quum Olympiade septuagesima quinta ad Plataeas Persae duce
Mardonio fusi fuerint? Ea quidem, quae vulgarint hac de
re Graeci, necesse habui commemorare, credere vero omnia
nulla me res cogit. At Oibotae eiusdem casus alios non
praetermittam, quo loco Achaeorum res persequar. Antiochi statuam Nicodamus fecit. Fuit Antiochus ex Lepreo.
Is in *omnium aerabrorum* (*quod* Pancratium *appellant*) *palaestra*,
viros in Olympia semel, in Isthmicis et Nemeis bis eodem
certamine superavit. Neque enim Lepreatas, quo minus ad
Isthmia accederent, quicquam deterrebat, uti Eleos Hysmo-
ne Eleo florente. Prope Antiochum Hysmoni huic erecta
statua est. Hic quum ad quinquertii certamen se applicuis-
set, Olympicis unam, Nemeis alteram palmam tulit. Ab
Isthmicis certe aeque hic, atque alii Elei, exclusus est. Hic
quum puer adhuc nervorum imbecillitate tentaretur, ad
quinquertium animum adiecit; e qua exercitatione quum
morbum depulisset, multas post et insignes ex eo certamine
accepit coronas. Statua eius Cleonis opus est, et priscos
halteres (*qui saltantum libramenta sunt*) tenet. Secundum
Hismonem positus est palaestrita puer, ex Heraea Arcadum
civitate, Nicostratus Xenoclidae filius. Pantias hanc statuam
fecit, qui ab Aristocle Sicyonio per manus traditam artem
septimo eius discipulorum gradu accepit. (5) Dicon Calli-
broti filius quinque e Pythico curriculo, tres ab Isthmico,
quatuor e Nemeis; ex Olympicis unam de pueris, duas de
viris palmas tulit. Atque ei quidem totidem statuae, quot

Paus. T. IV.     R

victoriae fuere, erectae funt in Olympia. Et puer fane, Cauloniates (ficuti fuit) renunciatus eft: at vir iam factus, Syracufanus ut nominaretur, precio obtinuit. Eft Caulonia in Italiam ab Achaeis colonia deducta: dux eius coloniae fuit Typhon Aegienfis. Bello autem a Pyrrho et Tarentinis contra Romanos fufcepto, multae Italiae civitates a Pyrrho aliae, aliae vero a Romanis ad vaftitatem et folitudinem redactae funt. Inter eas Caulonia fuit, a Campanis capta et deleta, quorum maxime auxiliis Romani nitebantur. A Diconis ftatua non longe diftat Xenophon Menephyli filius, ab Aegio Achivorum, pancratiafta; et Ephefius Pyrilampes in longiore curriculo (δόλιχὸν νενικι ἐν ωεᾶ) victor. Illum fecit Olympus; hunc cognominis Pyrilampes, non Sicyone, fed Meffenae ad Ithomen natus. (6) Lyfandrum Ariftocriti Spartanum in Olympia pofuerunt Samii, e duabus infcriptionibus altera id teftante:

Supremi Iovis haec decora In praedivite fano
Publicitus Samii conftituere viri.

Haec qui dedicarint docet. Altera Lyfandrum ornat infcriptio:

Quod tua Ariftocritum et patriam virtute beafti,
Lyfander, meritis ftant monumenta tuis.

Ex quo quidem facile intelligas, Samios, et Ionas reliquos, de una fidelia (uti ipforum verbum eft) parietes duos dealbaffe. Etenim quum Alcibiades Athenienfium claffem inftructam et ornatam circa Ionam haberet, plerique Iones eum coluere, atque adeo Samii ftatuam ei aeneam in Iunonis erexerunt. Superatis vero navali praelio ad Aegospotamos Athenienfibus, iidem Samii Lyfandro in Olympia ftatuam pofuere. Quin et Ephefii in Dianae, Lyfandri, Eteonici, Pharacis, et aliorum Spartanorum, minime clari inter Graecos nominis, imagines dedicarunt. Iam vero commutata rurfum fortuna, quum ad Cnidon et Doriou montem ab Athenienfibus Cononis ductu claffe victi fuiffent Lacedaemonii, eousque Ionum ftudia in diverfa abierunt. ut Cononem ex aere, Timotheum etiam, Sami apud Iunonem pofitos videas: itidemque Ephefi apud deam Epheliam. Et profecto eadem quovis tempore fuit omnibus gentibus, quae Ionibus mens, ut hominum ftudia ad eos, qui opibus ac viribus praeftarent, propenfiora effent.

CAP. IV. Proxima eft Lyfandri ftatuae effigies Ephefii pugilis, qui de puerorum certamine victoriam eft adeptus: nomen ei fuit Athenaeus. Adfiftit etiam Softratus Sicyonius, nobilis pancratiaftes; cui cognomen fuit Acrocherfites, quod adverfariorum Tummas manus tam fortiter apprehendebat, ut non prius eos dimitteret, quam elifis digitis dolore confectos intelligeret. Duodecim ei partim Nemeorum, partim vero.Ifthmiorum palmae datae funt; Pythicae duae, Olympicae tres, (1) Quartam certe fupra centefimam Olympia-

dem, qua Soſtratus primum coronam cepit, non conſcribunt
in ſuis commentariis Elei. Pro illis enim eius Olympiadis
auctores celebrandae Piſaei et Arcades fuere. Prope So-
ſtratum poſitus eſt palaeſtrita Sicilienſis Leontiſcus, e Meſ-
ſana, quae ad fretum eſt. Coronam is ab Amphictyonibus
et Eleis accepit. Et in luctatione quidem Leontiſcus haud alio
more, quam Soſtratus in pancratio adverſarios percellebat.
Neque enin colluctantes ſternebat, ſed victoriam ſummis digitis collidendis extorquebat. ● Statuam ei ſecit Pythagoras
Rheginus, fingendi peritia ſollers haud minus quam quivis
alius. Didicitſe eum artem ferunt a Clearcho Rhegino. Eu-
chiri diſcipulo. Euchirus Corinthius fuit: is praeceptoribus eſt uſus Syadra et Charta Spartanis. (3) Puer taenia
redimitus, Phidiae cauſa, et eximiae eius in fingendis ſtatuis ſollertiae, nobis non fuit praetermittendus, quod ſcilicet neminem aliun novimus, cuius effigiem expreſſerit Phidias. Satyrus quidem Eleus Lyſianacte patre genitus, ex
Iamidarum gente, e Nemea quinque, de pugilatu; duas e
Pythicis ludis, et ex Olympicis totidem palmas tulit. Eiu'
fecit ſtatuam Athenienſis Sinanion. At Polycles et ipſe in
tici nominis fictor, Stadiei Athenienſis diſcipulus, Antium.
fecit pancratiuſtem, puerum ex Epheſo, Hellanike lucta
(4) Chilon Achaeus Patrenſis Olympicis duab. Nemiacis
virorum, Delphica una, quatuor Iſthmicis, utica impenſa
nobilitatus eſt coronis. Sepulcrum ei.ortem oppetiit.
Achaei erexere. Et praelians quidem
Teſtata res his verſibus:

Solum lucta virum bis Oly me quater uodiſonus
Ter Nemea, atque Iſtrae: virtutis Achivi
Chilonem. Patria eſes hoc poſuere loco.
Caeſum acle r--' eſt. Quod ſi quo bello occiderit,
Haec quidem inſcriſ qui ſtatuam eius ſecit, coniectandum eſt,
ex aetate Lyſipp.am in acie ſtetit cum Achaeis omnibus,
vel ad Chae-ſ animi ardore ſolus e cunctis Achaeis praelio
vel pro vi-at, quod ad Lamiam in Theſſalia cum Antipatri
ei inter-onum regis exercitu commiſſum eſt. (5) Poſt Chi-
Mac-em duae deinceps ſtatuae erectae: Molpioni una, quem
ab Eleis coronam cepiſſe teſtatur inſcriptio. Alterius nullus eſt titulus; ſed eam Ariſtotelis eſſe memorant Stagiri-
tae Thracia, ſive diſcipulus ei, ſive miles quispiam, gratia apud Antipatrum florenti, et ante apud Alexandrum,
honorem hunc habuerit. Sodamas quidem ex Aſſo in
Troade ad Idam montem, Aeolenſium ex eo tractu primus
pueros in Olympico ſtadio vicit. (6) Prope Sodaman Archidamo Lacedaemoniorum regi, Ageſilai filio, ſtatua poſita
eſt. Ante hunc nulli cuiquam extra fines ſtatuam a Lacedaemoniis erectam comperi. Archidamo vero, et ob alia
merita, et mortis cauſa ſtatuam in Olympia dedicandam cenſuerunt, quod et inter Barbaros occubuit, et unus ex omni-

R s

bus Spartanorum regibus sepulturae honore caruit: quod
ipsum plenius a me in commentario de rebus Laconicis expositum est. Euanibi Cyziceno pugili palma una evenit
Olympica in virorum certamine; in puerorum, Nemiaca
et Isthmica. Iuxta Euanthem vir est equorum studiosus,
currusque, et puella currum conscendens. Lampus viro
nomen: patria ei Macedoniae civitatum recentissima, cui
a Philippo Amyntae filio nomen. Cynisco e Mantinea puero
pugili statuam Polycletus fecit. (7) Ergoteles autem Phi-
lanoris filius, qui duas longioris curriculi in Olympia, totidem in Pythicis, Isthmicis, Nemeis palmas est adeptus, non
Himeraeus fuit primitus, quod inscriptio indicat; sed Cre-
tensis e Gnosso; unde seditione pulsus, ab Himeraeis, ad
quos profugerat, est in civitatem receptus, et aliis item honoribus affectus: quare merito victor Himeraeus inscri-
bitur.

Cap. V. Iam vero qui e celsa pila eminet, quem Lysippus fecit, is omnium hominum, heroibus, et si qua fuit
alia hominum ante heroas natio, exceptis, omnium certe
aetatis nostrae hominum statura corporis maximus fuit,
dedamas Niciae filius, (2) cuius Patria Scotussa plane
ribus est. Alexander enim Pheraeorum tyrannus foede-
vifo urbbus erat cum illo coniuncta, violatis, de impro-
habendae cepit; factaque in theatrum irruptione, que
eumdatisque cunis causa convenerant iuxu maiores, cir-
lis configerentutis et sagittariis, omnes ad unum ut iacu-
essent, trucidandos peravit: idemque puberes, quotquot
vendidit: de precio viti foeminas et pueros sub corona
Oppressit exitium hoc Scæenario millti stipendium dedit.
nis magistratum gerente, altens Phrasiclide summum Athe-
qua secundum palmam Damon ut centesimae Olympiadis,
Rursus vero quum sua Graecos univers tulit, anno secundo.
clade fractos, Macedonum armis perculit tuna, altera iam
extremam imbecillitatem redactos, quos Alexa. Scotussaeos ad
reliquos fecerat, belli metus eiecit. (3) Fue. ei crudelitas
quidem maxime illustres de pancratio victoriis; ut et alii
Polydamantis titulos peculiaris quaedam accessit fortit unis
glorie, suint iam exempla aliquot referam. Montana Thrac-e
regio, quae intra Nessum est, qui fluvius Abderitarum fines
perlabitur, et alias immanes belluas, et leones alit. Tam vero
multi illis gignuntur, ut in Xerxis camelos, qui commotus
convectabant, impetu facto, magnam eorum stragem olim
fecerint. Errant hi plerumque per subiacentem Olympo
monti agrum, eius enim montis latus alterum in Macedoniam, in Thessaliam alterum, et ad Peneum amuem, con-
versum est. In hoc ipso monte Polydamas prorsus inermis,
ingentem et praeferocem leonem confecit, quum in hoc
se periculum Herculis incensus aemulatione demisisset.
Illum enim ad Nemean leonem stravisse, fama vulgavit.
Alterum etiam edidit memorabilis fortitudinis miraculum:

apprehenfum e grege medio maximum et ferociſſimum taurum poſteriorum pedum altero, fubfultantem et contrani-
tentem tam obnixe detinuit, ut vix, et reliclis quidem ungulis, effugere potuerit. Aiunt eundem Polydamantem in-
citante equos auriga, altera tantum manu retractos a tergo'
currus fiſtere folitum. Hae fama impulfus Darius, Artaxerxis ex pallacn filius, is quis multitudinis Perfárum ſtudiis
fretus ſſogaeum legitimum Artaxerxis filium regno expulit, Polydamantem wagais per legatos donis et promiſſis
Invitatum Sufa ad fe evocavit. Quo quum veniſſet, unus
ex provocatione tres de 'cohoris regio (qui immortales vocabantur) caterratim fe oppugnantes occidit. Quae commue-
moravi facinora, partim in ſtatuae baſi fpectantur, partim
vero inſcriptione teſlante cognofcuntur. Atenim Polyda-
manti virium fuarum fiducia, quam exitio multis eſſe folere
Homerus carminibus vaticinatus eſt, perniciem attulit.
Nam quum per aeſtatem fpeluncam intraſſet cum aliquot
fodalibus in upaca accubiturus, fors minus aequa ita tulit, ut
fuperior fpeluncae para late fatifceret. Ibi Polydamas ceteris imminentis periculi metu delapſis, quaſi unus tantam la-
bem luſtinere poſſet, fublatis manibus montem fulcire conatus, ruinae mole oppreſſus eſt.
   CAP. VI.  Prope Polydamantem ſtatuae erectae athletis tribus: eorum unum. Mantinenſem fcilicet ſProtolaum
Dialcis filium, qui pueros in pugilatu vicit, Rheginus Pythagoras fecit: Narycidam Damareti filium palaeſtritam e Phi-
galla, Sicyonius Daedalus: Calliau Athenienſem pancratiaſten Micon pictor, et ipfe Athenienſis.  At Maenalium
pancratiaſten, Androſthenem Lochaei filium, qui duas tulit
viriles palmas, Maenalius item Nicodamus fecit. Poſt hos
Fueles ſtatuae honorem habet Callianactis filius Rhodius,
e domo Diagoridarum materno genere, quippe qui e Diagorae
filia genitus eſt.  Olympicam hic coronam cepit de virorum pugilatu: Naueydes opifex fuit.  Palaeſtritam vero
puerum, Thebanum Agenorem, Polycletus Argivus elaboravit, non idem fane, qui Iunonis fignum fecit, fed omniao
aſius, qui Naueydae diſcipulus fuit.  Huic Agenori Phocenfium commune ſtatuam pofuit, quod in Theopompi patris
fuit clientela.  Idem texte Nicodamus e Maenalo fictor, euins
paulo axte mentionem fed, Damoxenidam pugilem Maenalium
finxit.  Eſt ibidem Laſtratidae Elei pueri imago, qui de lucta coronam cepit, quum idem de impuberibus ukeram e
Nemeis tuliſſet. Paraballonti quidem Laſtratidae huius patri, de curriculo iterato palma decreta eſt.  Traditus vero
poſteris mos eſt, quo famae perpetuitati confuleretur, ut
victorum nomina in Olympico gymnaſio conſcriberentur.
(1) Non praeterierim hoc loco, quae de Euthymi pugilis
victoriis, deque reliqua eius gloria memoriae prodita funt.
Patria ei fuit Locri in Italia ad Zephyrium promontorium,
pater Aſtycles: etſi cives eum fui Caecinae amnis fatu genitum memorant.  Fluvius hic Locrenfem agrum a Rhe-

gino dividens, cicadarum miraculo eſt memorabilis. Ci-
teriores enim. Locridis incolae, aeque atque aliae omnes ar-
gutae ſunt: at in Rheginorum finibus trans Caecinam nulla
eſt omnino cicada vocalis. Huius itaque amnis Euthymus
filius fuiſſe dicitur. Is quum ex Olympia de pugilatu palmam tuliſſet quarta et ſeptuageſima Olympiade, haudquaquam pari eventu ea, quae conſecuta eſt, Olympiade certa-
vit. Theagenes enim Thaſius unis ludis pugilatus et pancratii palmam appetens, Euthymium quidem caeſtibus vicit;
oleaginam vero de pancratio non accepit, quod fraude adverſarium circumveniſſe indicatus pugna ſuperiore, aedilium ſententia talentum unum Iovi, ſacram multam, alterum item talentum Euthymo, ad luendam contumeliae
noxam. iuſſus eſt pendere. Et in Olympiade quidem ſexta
ſupra ſeptuageſimam Iovi Theagenes, quod erat imperatum
argenti, exſolvit: reliquom multae recuſans, in pugilatum
non deſcendit. Illa itaque et altera deinceps Olympiade,
Euthymo pugilatus corona decreta. Statua eius Rhegini
Pythagoran opus fuit. cum primis, quae ſpectetur, digniſſima.
(3) In Italiam is quum transmiſiſſet, pugnam cum heroe
commiſit: de quo, quae ſunt memoriae prodita, ſic propemodum ſe habent. Ulyſſem alunt errantem, everſo iam Ilio,
tempeſtatibus huc Illuc et ad alias Italiae ac Siciliae urbes,
et Temeſſam etiam appulſum: Ibi de navalibus ſociis eius
unum virgine per vinum violata. ab oppidanis contumeliam vindicantibus lapidibus obrutum: Ulyſſem quidem
nulla factum ulciſcendi inita ratione inde profectum: perempti vero ſocii manès ſinem nullum ſaeviendi in cuiusli-
bet aetatis homines feciſſe, priusquam cogitantes patriam
relinquere Temeſſenſes, quo eam peſtem effugerent, Pythici Apollinis reſponſo heroem placare iuſſi ſunt, et conſecrato ei
ſolo templum excitare: devovere ei praeterea quotannis virginem unam. quae ipſis formoſiſſima viſa eſſet. Quod quum
Illi ex oraculo facere pergerent, nihil omnino gravius dehinc paſſi ſunt. Forte vero quum veniſſet Euthymus Temeſſam, eo ipſo tempore, quo ſolenne numini ſacrum fiebat,
re tota cognita, ſe intromitti illum aiunt in templum po-
ſtulaſſe. Ibi virginem conſpicatum. primo miſericordia commotum, deinde etiam amore incenſum: ac puellam quidem, ſi ab eo ſervata eſſet, ſe in eius manum conventuram
fidem dediſſe. Armis igitur captis cum genio congreſſum:
illum victum moenibus et agro exceſſiſſe: ſublatumque prorſus ex hominum coetu in mare ſe demerſiſſe. Fuiſſe memorant, civitate univerſa foediſſima calamitate liberata, maxime Illuſtres Euthymi nuptias. De eodem vero Euthymo
et illud ex antiquitatis monumentis accepimus: longiſſimam
eum aetatem vivendo impleſſe, neque omnino mortuum,
ſed alio quodam modo hominem eſſe deſiiſſe. Habitari
hac etiamnum aetate Temeſſam, ex nautici negotiatoris oratione cognovi. (4) At ex quodam priſcarum literarum
exemplo haec ad verbum deſcripſi: Adoleſcentulus Syba-

ris, Calabrus fluvius, Calyca fons, Hera infuper et Temeffa
urbes fueret in iis genius, quem elecit Euthymus: colore
fuit is vehementer atro, omnique cetera fpecie maxime for-
midabilis: amidus, lupi pellis erat: Lybantem nomine
eae literae produnt. Sed haec hactenus.

CAP. VII. Poll Euthymi flatuam, fuae funt pofitae Pyth-
ircho Mantinenfi ftudii decurfori, et Charmidi Eleo pugili,
pocrilea utrique palmas adeptis. Hos ubi fpectaveris, in
confpectu erunt Rhodii athletae, Diagoras, et eius omnis
proles perpetua ferie collocati. Primus rorum eft Acufilaus
de virili pugilatu accepta corona. Succedit Dorieus natu
minimus, cui de pancratio Olympiadibus continuis tribus
victoria adiudicata eft. Sed ante Dorieum Damagetus quoque pancratii competitores vicerat. Atque hi quidem fratres fuere, Diagorae filii. Poftremus eft ipfe Diagoras: viridem is pugilum palmam meruit. Eius Diagorae ftatuam
elaboravit Callicles Megarenfis, Theocofmi filius, eius nempe, qui fignum Iovis Megarenfis fecit. Diagorae etiam e
filiabus nepotes Olympiacas coronas de pugilatu meruere:
virilem Eucles, e Callianacte et Callipatira Diagorae filia
genitus: puerilem Pifidorus, quem mater ipfa in gymnici
magiftri modum ornata, ad ludos tirocinio deduxit. Pofitus hic Pifidorus in Alti proxime ad avi materni ftatuam.
Diagoram ipfum tradunt Acufilaum et Damagetum filios in
Olympiam deduxiffe; quem, victores iam declarati iuvenes,
per mediam et confertiffimam turbam humeris exportarunt,
coniicientibus in eum flores Graecis, et liberum caufa tam
pious beatum praedicantibus. Duxit maternum genus Diagoras a Meffene, atque adeo ab ipfius Ariftomenis filia.
(2) Eius filius Dorieus praeter Olympiacas palmas, octo con-
tinuatis victoriis Ifthmicas, una pauciores e Nemeis abftulit. Pythicam etiam intacto pulvere coronam cepiffe dicitur. Hic et Pifidorus praeconis voce renunciati funt Thu-
rii, quod illi, Rhodo a factione pulfi, Thurios in Italiam
commigraffent. Verum Dorieus aliquot poft annis Rhodum
poftliminio reverfus, unus omnium apertiffime Lacedaemoniorum ftudia eft profeffus: quocirca et propriis triremibus
navali bello cum Athenienfibus pugnavit. Quo tempore
quum rivus in poteftatem hoftium veniffet, et Athenas pertractus effet, Athenienfes, qui ante vehemente ira impulfi
extrema omnia illi fuerant comminati, fimulatque in concionem captivi habitu productum confpexerunt, tanti viri,
cuiusque nomen tam infigni gloria fuiffet, miferatione adducti, converfa ad manfuetudinem fententia, incolumem et
impunitum dimiferunt, quum tamen multas haberent iufti
in eum odii caufas. Quae ad eius vitae exitum pertinent,
perfcripta funt ab Androtione in rerum Atticarum commentariis. Quum ad Caunum, inquit, effet regia claffis; et
Rhodii, Cononis imperatoris fuafu, a Lacedaemoniis defectione facta, in regis et Athenienfium amicitiam veniffent,
Dorieum peregrinantem circa Peloponnefum comprehenfum,

ad Spartam in vinculis deductum, ibique a Lacedaemoniis maieftatis damnatum, noxam capitali suppliclo luiffe. Quod fi vera omnino exponit Androtion, videtur mihi voluiffe eiusdem temeritatis Lacedaemonios arguere, cuius crimine fe obligarunt Athenienfes, quum Thrafyllum et collegas, qui ad Arginuffas claffe pugnaverant, capite damnerunt. Ac Diagoras quidem et eius pofteritas haec ad ipforum gloriam, quae commemorari poffent, reliquerunt. (3) Sedenim et Alcaenetus Lepreates, Theanti filius, cum fuis liberis Olympicas palmas tulit. Ipfe quidem virilem e caefluum certamine, quum ante etiam puerilem *inter feraulsrios* cepiffet: Hellanicus et Theantus eius filii victores de puerili pugilatu renunciati funt ; ille nona et octogefima Olympiade, hic proxima pofteriore: et horum fuae fpectantur in Olympia ftatuae. Succedunt Alcaeneti filiis Gnatho Dipaenfis ex Maonaliorum finibus, et Lycinus Eleus; horum etiam uterque victor puerili pugilatu ex Olympia difceffit. Gnathonem quidem valde puerum palina potituin. infcriptio teftatur. Hunc effinxit Megaronfis Callicles. Adfiflit Stymphalius Dromeus, congruenti fane cum exercitatione nomine. De longiore enim curriculo Olympicas duas, totidem Pythicas, Ifthmicas tres, quinque Nemiacas meruit. Primum carnibus vefci coepiffe ferunt, quum athletae ante ipfum cafeo e ficellis alerentur. Hunc Pythagoras, loco ei proximum Pythoclem quiuquertionem Eleum.Polycletus expreTit.

Cap. VIII. Socratis vero Pellenenfis, a quo pueri curfu fuperati, et Amertae Elei, qui pueros item in Olympica palaeftra proftravit, idemque Pythicis ludis virps perculit, *deinveps pefitos maginrs mitas.* Superiorem, qui fecerit, non traditur: Amertae effigiem fecit Phradmon Argivus. Euanoridas Eleus puerilis luctae victoriam Olympiae ac Nemeae adeptus, quum unus de ludorum praefectis effet, ipfe etiam eorum omnium, qui ludis Olympicis vicerant, commentarium confcripfit. (2) De pugile vero Parrhafio ex Arcadia, cui nomen Demarcho, quae memoriae prodita funt, praeter Olympicam victoriam, fabulatorum hominum figmenta effe arbitror, quod fcilicet in Iovis Lycaei facris In lupum fe verteret, ac declino rurfus anno priftinam reciperet hominis figuram: quod certe commentum ex Arcadum ipforum fermone neutiquam ortum videri potoll. Eius enim rei nulla eft in ftatuae infcriptione mentio. Ex fic fe propemodum. habet:

Dinytas geniions Drinarchus, dedicat hancce
Effigiem, Arcadico Parrhafius genere.

At Eubotas Cyrenaeus, quum ei Ammonis oraculum victoriam e curriculo praedixiffet, ftatuam ante ipfe faciundam fibi curavit, eamque, quo die palmam eft adeptus, dedicavit. Viciffe eundem etiam curuli certamine ea ipfa Olympiade memorant: quam tamen, quod ludis Arcades praefuerint, ratam Elei. non habent. (3) Cleonaeo Timanthi,

qui virilem coronam pancratii accepit, Myron Athenienſis;
Bacidi vero Troezenio, qui luctatores vicit, Naucydes ſtatuam fecere. Et ipſi quidem Timanthi vitae exitum in hunc
modum contigiſſe tradunt. Abiunxerat ſe *ſetatis canſa* ab-
athletarum certaminibus: quo vires tamen priſtinas exer-
citationibus tueretur, magnum *et ſabullum* quotidie arcum
intendebat. Verum quum peregre profectus conſuetudinem.
Intermiſiſſet, eam, reverſus domum, voluit repetere. Sedenim quum ſenſiſſet non ſatis iam ad arcum ' tendendum
virium ſibi ſupereſſe, rogo exſtructo feipſum in ignem coniecit. Hoc vero, qui fecerit, mea profecto ſententia, inſa-
niae potius affinis videri poſſit, quam laudem fortitudinis
aſſequatur. Poſt Bacidis imagines ſunt athletarum ex Arcadia: Euthymenes primum e Maenalo, palam accepta de
virili paluestra, quum prius etiam do puerili unam cepiſſet:
ex Pellana deinde, Azan Philippus de pugilatu inter pueros
victor: tum Critodamus e Clitore, et ipſe e caelluum puerili ludiero victor renunciatus. Horum imagines fecerunt,
Euthymenis Alypus, Critodami Cleon, Philippi Azanis Myron. Nam de Promacho Pelleneo Dryonis filio pancratiaſte,
tunc erit agendi locus, quum ad Achaeorum res geſtas deducta fuerit oratio. (4) Non longe a Promacho, Tinaſi-
theo Delpho ſtatua poſita eſt, Ageladae Argivi opus. Duas
hic Olympicas de pancratio, tres Pythicas palmas abſtulit.
Eiusdem fuit et belli gloria inſignis, tum virtute, tum felicitate: extremi tamen praelii fatalis ei fuit conatus.
Quum enim Iſagoras Athenienſis ipſam Athenarum arcen.
dominandi cupiditate Incitatus occupaſſet, particeps fuit
eius facinoris Tinaſitheus. Quare iis oppreſſis, qui ſe in
arcem concluſerant, capitis damnatus, Athenienſibus iniuriae poenas dedit.

Cap. IX. Theognetus vero Aegineta, e lucta puerorum
palmam eſt adeptus: eius fecit ſtatuam Polichus Aegineta.
Magiſter quidem Policho fuit pater Synnoon ; Illi Ariſto-
cles Sicyonius, Canachi frater, neque multo eo inferior gloria. Cuius autem rei cauſa ſativae pinus et punicae mali
fructum Theognetus praeferat, non facile mihi fuerit coniicere : ipſi fortaſſe Aeginetae hac de re habent patriis aliquid hiſtoriis proditum. At fecundum eius hominis ſtatuam, quem Elei idcirco non fuiſſe in victorum numerum
relatum tradunt, quod de bigis equarum victor fuerit renunciatus: poſt illius effigiem, luctatori Maenalio Xenocli
ſtatuam poſuere. Pueros hic in lucta perculit. Adſtat Al-
cetus Alcinoi filius Arcas, et ipſe e Clitore, qui pueros
in puzilatu ſuperavit. Et huius quidem ſtatuam Cleon fecit, Xenoclis Polycletus. *Proximus ſoto* et Ariſteus Argivus;
e longiore is curriculo palmam tulit: pater vero Chimon
in lucta vicit. Medico eorum ſtatuae diſtant intervallo:
illam fecit Pantias Chius. qui artem a patre Soſtrato didicit:
Chimonis duae, de nobilibus (meo iudicio) ſunt Naucydae
operibus, quum ſcilicet ea, quae in Olympia eſt, tum quae

Argis Romam in Pacis templum eft deportata. A Chimone
in lucta ftratum Tauroflhenem Aeginetam memorant:
Ipfum Tauroflhenem infequenti Olympiade omnes deieciffe,
qui in luctae certamen defcenderant. Eodem, quo coronatus eft die, fpectrum, Tauroftheni perfimile, Aeginae victoriam eius nunciaffe dicitur. Iam Phillen Eleum, qui pueros
in lucta vicit, Cratinus Spartanus finxit. (2) Quod vero
ad Gelonis currum attinet, mea opinio paululum diffidet ab
iis, quae alii ante me prodidere. Aiunt enim currum illum
Gelonis, Siciliae tyranni donum fuiffe. At teftatur infcriptio. Gelonem Dioomenis filium Geloum dedicaffe. Et vicit
hic Gelon, de quo ante fermo eft. Olympiade tertia fupra fe-
ptuagefimam. quum Gelon tyrannus Syracufis rerum potitus
fuerit Olympiadis feptuagefimae fecundae anno fecundo;
quo itidem anno fummae rerum praefuit apud Athenienfes
Hybrilles: Olympiade autem illa victor difceffit e ftadio
Tificrates Crotoniata. Syracufanum fe certe Gelon renunciandum, non Geloum curaffet. Credi igitur facile
poteft, privatum hominem hunc Gelonem fuiffe, cuius pater tyranno, ipfe patri cognominis fuerit. Glaucias quidem Aegineta, et currum et ftatuam Gelonis fecit. (3) Superiore Olympiade Cleomedem Aftypalaeenfem, memoriae
proditum, in pugilatu locum Epidaurium interemiffe: eo
crimine erepta palma damnatum ab aedilibus, animi aegritudine mentis impotem factum: inde Aftypalaean reverfum,
quum in ludum literarium introiffet, in quo pueri erant ferme LX, columnam, qua tectum fulciebatur, convelliffe.
Quare oppreffis ruina pueris, quum cives ipfum cum lapidibus infectarentur, confugiffe in Minervae ( moxque fe in
arcam, quae in templo erat, concluffiffe... Eius arcae oper-
culum Aftypalaeenfes, quum diu conati tollere non potuiffent, poftremo arcam effregiffe: Cleomedem neque vivum
neque mortuum Intus vifum : miffis ad oraculum de rei
miraculo confultoribus, his verfibus refponfum redditum:

Ultimus hreoum Cleomedes Aftypaleufis,
Quem Iam Immortalem fuperum dignamini honore.

Et Cleomedi infequentibus deinceps temporibus Aftypalaeenfes tanquam heroi honores habuere. Prope Gelonis
currum Philonis erecta ftatua eft, Aeginetae Glauciae opus.
In hanc fatis appofitos ad rem exprimendam elegos fecit
Simonides Leoprepis filius:

Glaucus mi genitor, patria eft Corcyra, Philoni
Nomen, vinco pugil Iam bis Olympiadas.

Stat Ibidem Mantineufis Agametor pueris pugilatu
victis.

Cap. X. Praeter eos, quos Iam percenfuimus, videas
et Glaucum Caryftium, quem ex Anthedone Boeotiorum
oriundum a Glauco marino Deo memorant. Pater huic

fuit Caryſlius Demylus.  In agro vero colendo a puero
verſurum tradunt: quumque forte refixum vomerém, manu
pro malleo uſus, reſlituiſſet in priſlinum aratri locum, patrem quum id animadvertiſſet, puerum in Olympicum pugilatum deduxiſſe.  Ubi quum Glaucus ab adverſariis male
multaretur,  quippe qui prorſus erat artis eius imperitus,
quumque congreſſus cum eo, cui extrema obtigerat ſors certaminis,  vulneribus iam prope profectus ſuccumberet, in-
clamaſſe dicitur pater, Illam fili ab aratro:  *ea itaque vou
pueruin excitarum*,  acriore plaga adverſario perculſo mox victorem iudicatum.  Coronas idem cepiſſe dicitur, Pythiorum
duas, octonas Nemeorum et Ilthmiorum.  Glauce filius ſtatuam poſuit: opifex ſuit Glaucias Aegineta.  Umbratilis
pugnae habitum prae ſe fert, quod omnium ſuae aetatis manus ad certam legem moverit aptiſſime.  Quum deceſſiſſet,
a Caryſliis in ea inſula ſepultum tradunt, quae aerate etiam
noſlra Glauci dicitur.  (2) Demarato Heraeenſi, Demarati
filio, et nepotibus, binae Olympiorum victoriae obtigerunt :
ipſi quidem Demarato, quinta ſupra LX Olympiade, qua primum inductus eſl armaturae gravis curſus: et ea item, quae
conſecuta eſl.  Statua eius clypeum more noſlri temporis
*militum*, prae ſe tenet:  galea caput, crura ocreis armata
ſunt.  Eum in curſu ludicri morem, poſleris deinde temporibus Elei, et reliqui item Graeci ſuſtulerunt.  Theopompus deinde Demarati filius, et huius item filius patri cognominis, de quinquertio palmas adepti ſunt.  Minori Theopompo de lucta *hiam* victoria obtigit.  Luctatoris huius, a
quo facta ſuerit ſtatua, plane ignoratur.  Patris vero et avi
ſlatuas, Eutelidae et Chryſothemidis Argivorum opera ſuiſſe
teſlatur inſcriptio.  A quibus vero illi didicerint,  non docet.  Inſcriptionis eius verſus hi ſunt:

Argivi Eutelidas et Chryſothemis fabricarunt,
    Maiores artem quos docuere ſui.

Iccus Nicolaidae filius, Tarentinus, Olympicam coronam de
quinquertio cepit ; ac deinde inſequentibus temporibus athletarum ſuit magiſter,  aetatis ſuae praeſtantiſſimus.  Poſt
Iccum Pantarcen Eleus victis in lucta pueris erectus eſl.  Fuit
hic Phidiae in amoribus.  Proximo loco Cleoſlhenis viri
Epidamnii currus, Ageladae opus.  A tergo poſitus eſl Iovis,  quem Graeci poſl Plataeenſem pugnam dedicarunt,
Vicit Cleoſlhenes Olympiade ſexageſima ſexta.  Neque vero
ſuum unius, ſed equorum etiam et aurigae ſimulacra poſuit,
Inſcripta ſunt etiam equorum nomina, Phoenix et Coras ;
et qui eodem ſunt iuncti iugo, ad dexteram Cnacias, ad
laevam Samus.  Elegi ad currum adſcripti ſunt :

Cleoſlhenes poſuit me Pontias ex Epidamno,
    Victor equis, palma clarus Olympiaca.

Et omnium quidem Graecorum, qui equorum alendi ſtudio
clari ſuere, primus hic Cleoſlhenes ſtatuam Olympiae po-

fuit. Sunt certe et Miltiadis Atheniensis, et Spartani Eua-
gorae similia dona: verum non insistit in curru Euagoras.
Jam quae ac qualia Olympiae dona Miltiades curaverit sta-
tuenda, alio instituti operis loco exponetur. Agrum Epidamnii nostra aetate tenent, quem iam ante ab initio: oppidum non idem, quod priscis temporibus, sed quod a vetere
urbe non longe abest, et a conditore Dyrrhachium appellatur. Consequuntur athletarum superiorum ordinem Lycinus He-
raeensis, Epicradius Mantinensis, Tellon Thasius, et Eleus
Agiadas, qui victores de puerilibus ludicris coronas cepere,
Lycinus quidem e cursu, reliqui de pugilatu. Epicradium
fecit Ptolichus Aegineta, Agiadan Serambus et ipse Aegineta.
Lycini statua, Cleonis opus. Tellonem quis fecerit, non est
memoriae proditum.

Cap. XI. Proxime sunt ab Ele's Philippo Amyntae, et
Alexandro eius filio statuae dedicatae, cuinque his Seleuco
et Antigono. Equestres aliorum, Antigoni pedestris est.
(1) Ab his regibus non longe abest Timosthenis filius Theagenes Thasius; etsi Thasii Timosthenis filium Theagenem negant fuisse. Nam quum sacrificulus Herculis, qui
Thasi colitur, Timosthenes esset, cum uxore eius visum
quoddam Herculi persimile congressum aiunt: puerum inde
natum: hunc quum annum iam ferme nonum ageret, dum
e ludo domum rediret, dei (incertum cuius) aeneum signum,
quod in foro fuerat erectum, eius simulacri pulchritudine
allectum, e sede sua avulsum, et alteri humero impositum,
ad suos deportasse. Incitata vero ob id factum in eum
multitudine, virum quendam summa inter cives existimatione, magno iam natu, sententia sua puerum minime occidendum censuisse: imperasse tantum, ut signum in pristinum locum reportaret. Id quum ille fecisset, eius robur
longe lateque per totam Graeciam hominum sermone celebrari coeptum. Et facinora quidem Theagenis maxime il-
lustria, quae ad Olympicos ludos pertinuere, ante exposui-
mus: quo loco etiam commemoravimus, Euthymo pugile
perculso, quae multa ei ab Eleis fuerit imposita. Ac tunc
quidem palmam de pancratio primus sine pulvere tulisse
dicitur Dromeus, patria Mantinensis: ea deinde, quae consecuta est Olympiade, ex eodem pancratii certamine Theagenes ipse. Adoptus idem est de pugilatu Pythicas coronas
tres; Nemiaeas novem, Isthmicas decem, de mixtis pugilatus et pancratii certaminibus. Phthiae vero in Thessalis, omisso
pugilatus et pancratii studio, ut in cursu etiam ad nominis celebritatem perveniret, operam dedit. Quare et in longiore
curriculo palmae competitores vicit: et cum Achille fuit
ei (mea sententia) aemulatio, quod In patria heroum
omnium praestantissimi victorem se cursus declarari con-
cupierit. Fuerunt numero coronae eius omnes quadringentae. Quum e vita iam decessisset Theagenes, ex eius inimicorum numero quidam ad eius statuam noctu qualibet accedens eam flagris caedebat, non aliter, quam si in eo aere

ipfum viventem ulcifceretur. Quum autem hominem ftatua
fubito cafu oppreffiffet, eius filii ftatuum de caede poftularunt: eflque ea, Thafiorum fententia, in mare abiecta,
Draconis fcilicet lege, qui anima etiam carentia, urbe
agroque exterminanda, quum Athenienfibus leges fcriberet,
fanxit, fi quid forte eorum corruens hominem peremiffet.
Atenim quum per aliquot deinceps annos frugem fere nullam terra Thafiis redderet, qui fcifcitatum Delphos miffi
fuerant, refponfum tulere, exules revocandos. Neque tamen
exulibus revocatis finem fterilitatis reperere. Quare quum
iterum per legatos quefti effent, fe quidem dicto audientes
fuiffe, non effe vero deorum iram ulla ex parte placatam,
refpondit rurfus Pythia:
    Theagenis vefiri at nullam rationem habuiftis.
Ibi quum ea cogitatio follicitos haberet, quanam arte ftatuam Theagenis reciperent, pifcatores aiunt in altum pro-
vectos, inter pifces rete comprehenfam effigiem Theagenis
in litus expofuiffe. Ea quum in fuum locum repofita fuiffet, a Thafiis divinis celebratur honoribus. (3) Multis vero
etiam aliis in locis, tum Graecorum, tum Barbarorum,
Theageni pofitis fimulacris, divini honores ab indigenis
habentur, exiftimantibus aegris, et quopiam affectis morbo,
falutare eius numen effe. Statua Theageni in Alti pofita,
Aeginetae Glauciae opus eft.
   Cap. XII. Proxime eft aereus currus, in quem vir
afcendit. Utrinque veredi finguli, pueris infidentibus.
Sunt autem monumenta de Olympicis victoriis Hieronis
Dinomenis filii, qui fratri Geloni in Syracufanorum tyrannide fucceffit. At dona ifta non funt ab Hierone miffa, fed
votum deo perfolvit Dinomenes Hieronis filius. Currus,
Onatae Aeginetae: Calamidis. qui utrinque ftant equi, et
infidentes illis pueri, opera funt. (2) Prope ad Hieronis
currum vir eft eodem, quo Dinomenis filius nomine, et
ipfe Syracufarum tyrannus, Hieron Hieroclis filius. Is poft
Agathoclis, qui primus tyrannidem occuparat, mortem, novus eft Syracufanis tyrannus exortus, dominatu potitus centefimae vicefimae tertiae Olympiadis anno fecundo: ea vero
Olympiade victor e ftadio difceffit Idaeus patria Cyrenaeus.
Fuit huic Hieroni cum Pyrrho Aeacidae filio hofpitium prius,
deinde affinitas, quod Pyrrhi filia Nereis fuit cum Gelone
eius filio. Et idem fane Hieron, quum bellum Punicum
in Sicilia gereretur, et eius infulae pars maior in Cartha-
ginienfium officio effet, ad illorum fe ftudia adiunxit: mox
quum Romanorum copias maiores, et firmiorem effe amicitiam intelligeret, ad eos defcivit. Hunc Dinomenes, Syracufanus ille quidem, fed tyrannidi infenfiffimus, de medio fuftulit. Neque multo poft, Hippocratem Epicydae fratrem, qui quum paulo ante ab Erbeffo Syracufas veniffet,
multitudinem feditiofa fuerat vocibus follicitare aggreffus,
ftricto telo eft adortus: verum quum praefenti fe ille armo
tueretur, Dinomenes fatellitum impetu oppreffus, occubuit.

Hieronis ſtatuas equeſtrem unam, alteram vero pedeſtrem, Olympiae dedicarunt Hieronis ipſius filii: opera fuere Miconis Syracuſani Nicocratis filii. (3) Poſt Hieronis, Arei Acrotati filii, Lacedaemoniorum regis; et Arati Cliniae filii erectae ſunt ſtatuae: et Areum quidem in equum aſcendentis habitu dedicarunt Elei, Aratum Corinthii. Arei ſane et Arati mentio non eſt in ſuperioribus commentariis praetermiſſa. Renunciatus eſt Aratus de curuli certamine victor. Timoni Aegypti filio, homini Eleo, a quo ad Olympicum ludicrum miſſi equi ſunt, poſitus eſt aeneus currus: in eum Victoriae (quantum coniicio) robur aſcendit. Callonem deinde Harmodii filium, et Moſchionis Hippomachum, Eleos patria, qui caeſtu pueros vicere, ibi poſitos vides. Illum Daippus ſinxit: Hippomachi opifex ignoratur. Is adverſarios tres dicitur perculiſſe, neque plaga, neque vulnere in ulla corporis parte accepto. Aereaſt ibidem ſunt, Theochreſtus Cyrenaeus, qui equos Afrorum more ad tum ulta aereamina ſtudioſe aluit; et avus paternus, ei cognominis: tulere uterque Olympiacas de equorum ludicro palmas. Iſthmicam praeterea avum coronam cepiſſe, indicat currus inſcriptio. Hegeſarcbi Haemoſtrati filii Tritaeenſis de virili in Olympia pugilatu, in Iſthmo etiam, Pythone, et Nemea victorias elegi teſtantur: quibus quum Arcades Tritaeenſeu appellentur, non eſſe id a vero alienum comperi. Nam quum illuſtrium Arcadiae civitatum non ſint omnino origines incognitae, quae quum ab initio eſſent obſcuriores, propter imbecillitatem in Megalopolitanum nomen irrepſere, eae non omnino communi Arcadum nomine cenſae fuere: quare nullam omnino aliam Tritaeam, quam quae Achaeorum ſuit, invenias. Tunc autem quum verſus illi ſcripti fuere, facile quis exiſtimarit, Arcadici Tritaeenſes nominis fuiſſo, quemadmodum et nunc Arcades habentur, qui ſe Argivis contribuerunt. Hegeſarchi ſtatuam Polyclis diſcipuli fecere, de quibus et poſterius mentionem faciemus.

CAP. XIII. Aſtylus autem Crotoniata, Pythagorae opus fuit. Is Olympiacas deinceps tres de curſu repetito palmas tulit. Et huius quidem, quod Hieronis Dinomenis filii ſtudio ductus, Syracuſanum ſe renunciandum curaſſet in poſterioribus duabus victoriis, infamiae cauſa domum Crotoniatae ad publici carceris uſum deſtinarunt, et ſtatuam in Lacedaemoniae Iunonis templo dedicatam everterunt. Exſtat Olympiae pila, in qua Lacedaemonii Chionidis victoriae inciſae ſunt. Parum autem, quid dicant, attendunt, qui dedicatam ab ipſo Chionide, non publice a Lacedaemoniis, eam pilam arbitrantur. Nam quum teſtatum in ea ſit, nondam fuiſſe armaturam gravem in curriculum productam, qui divinare Chlonis potuiſſet, Eleorum lege hoc etiam ludicri genus aliquando ſancitum iri? Ac multo ſunt quidem hebetiores, qui haerentem pilae ſtatuam, Chionidis eſſe cenſent, quum ſit Athenienſis Myronis opus. (2) Acceſſit prope ad Chionidis gloriam Lycius homo, Hermogenes Xantbius, qui ludis trinis Olympiacum oleaſtrum octies abſtulit: quare Equi cognomento a Graecis celebratus eſt. Poſſunt ſure Politis etiam victoriae cum admiratione audiri. Fuit hic e Ceramo Thracine Cariae oppido, omnemque in Olympia pernicitatis laudem eſt meritus. Quod enim curriculi ſpatium ante lentius multo confici ſolitum fuerat, ad ſummam ipſe brevitatem et celeritatem temporis contulit: eodemque die de longiore curriculo, doque ſtadio, et repetito curſu coronam cepit, et alterum quidem iterum curriculum ingreſſus. Neque enim univerſos, ſed quatuor, ut quibusque primis fors obtigerit, e carceribus emittunt: quique ex ordinibus ſingulis vicerint, iis rurſus cum aliorum ordinum victoribus de eodem praemio decertandum: quo fit, ut cui fuerit corona decreta, is palmam duplicem auferat. (3) In eo curſus genere excelluit Leonidas Rhodius. Is eſt enim quatuor Olympiadum praemia conſecutus; quumque nulli adverſariorum ſuccubuiſſet, duodecim palmas unas abſtulit. Non longe a Chionidis pila ſtat Dοris Samius, de puerili pugilatu victor. Opus ea ſtatua Hippiae eſt. Viciſſe illum teſtatur inſcriptio, quum Samii ex inſula eiecti ſunt: dedicatam ſtatuam, quum in ſuas iam priſtinas fuiſſent ſedes reſtituti. (4) Iuxta tyranni effigiem Diallo Pollidis filio ſtatua poſita eſt. Fuit hic patria Smyrnaeus; et Ionici nominis primum de puerili pancratio coronam Olympicam cepiſſe tradunt. Iam vero Therſilochum Corcyraeum, et Ariſtionem Epidaurium, Theophilis filium, quorum ille pueros caeſtibus, hic viros vicit, Polycletus Argivus fecit. At Bycellum, qui primus e cunctis Sicyoniis pueros in pugilatu vicit, finxit Canachus Sicyonius, Polycleti Argivi diſcipulus. Prope Bycellum eſt Mnaſeas Cyrenaeus gravi accinctus armatura. vir Lybis cognomento: cuius finxit ſtatuam Pythagoras Rheginus. Cyziceno Agemacho e continenti Aſiae terra, Naruẜan Argis eſſe factam teſtatur appoſita inſcriptio. Naxi quidem, quam in Sicilia condidere quondam Chalcidenſes, Euripi accolae, ne ipſa quidem ruinarum fragmenta aetate mea extant. Quod vero eius nomen ad poſteros proditum fuerit, iure Tiſandro Cleocriti filio fuerit ex laus tribuenda. Is enim quater viros pugilatu vicit Olympiae, quoties Pythicam etiam palmam abſtulit. Neque vero tunc omnibus aut Iſthmiorum aut Nemeorum victoribus a Corinthiis et Argivis monumenta ponebantur. (5) Phidolae Corinthii equa praeterrunda non eſt, cui Aurae nomen fuiſſe memorant Corinthii. Haec ab ipſis ſtatim carceribus ſeſiore ſuo collapſo, et curſum priſtinum, aeque ac ſi rectorem haberet, retinuit, et circa metam ſe convertit; audito vero tubae ſonitu ad curſum concitata eſt vehementius: quumque ad ludorum praeſectos antevertiſſet, iam victoriae ſe quaſi compotem intelligens conſtitit. Elei Phidola victore renunciato, ei, ut et equae ſimulacrum dedicaret, conceſſerunt. (6) Contigit et Lyco Phidolae filio, et eius filiis de veredis de victoria. Inſiliit pilae victor equus cum inſcriptione:

*Acer equis Lycos hic femel Iſtbmula vicit: et idem*
*Phidolae Eleo cinxit honore domum.*

Non tamen huic inſcriptioni cum tabulis Eleorum, quibus
Olympiorum victores celebrantur, ſatis convenit. Ad octa-
vam enim et ſexageſimam Olympiadem, et eam, quae conſecuta eſt, Eleorum monumenta Phidolae filiorum victoriam
referunt. Sed haec, qui volet curioſius exquiret. Stant
δεικαρα Elei viri Agathinus Thraſybuli filius, et Telemachus. Victor hic extitit de equorum curſu : Agathinum
ex Achaia Pellenenſes poſuere. Poſuit et Athenienſium
civitas Ariſtophontem Lycini filium, pancratiallen: vicit
is ludis Olympicis viros.

CAP. XIV. At Pherias Aegineta (proximus enim is
eſt ad Athenienſem Ariſtophontem) octava ſupra ſeptuageſimam Olympiade, quod erat admodum adoleſcens, neque
in luctandi certamine videbatur ullo pacto par adverſario
fore, de medio eſt iuſſus recedere: anno deinde inſequenti
admiſſus, pueros in luct̄a vicit. Diſſimilis fuit Hylli Rhodii in Olympicis ludis fortuna. Annum enim duodevice-
ſimum natus, reieclus ille quidem eſt, quo minus cum pueris luct̄a congrederetur ; verum de viris palmam adeptus ;
idemque poſtea acceptis Nemeorum et Iſthmiorum coronis,
annum quum ageret viceſimum, praepropera ereptus eſt
morte, priusquam patriam Rhodum, et penates ſuos revi-
ſeret. Sed Rhodii palaeſtritae laudes mea ſententia Arte-
midorus Trallianus vicit ; qui quum tener admodum pancratium puerile iniſſet Olympiae, amiſſa ob aetatis infirmi-
tatem palma, mox in Ioniam ad Smyrnaeos, quum ludos
agitarent, venit. Tantum vero ei iam roboris acceſſerat,
ut eodem die et eos, quos in Olympia adverſarios habuerat, et in puerili ludicro, quos imberbes appellabant, et
iam tertio loco virorum optimum quemque pancratio ſuperavit. Et inpuberum quidem in certamen, ex gymnici
hominis provocatione; in virorum autem, convicio pancratiaſtae laceſſitum deſcendiſſe ferunt. Virilem certe palmam cepit Olympicam, Olympiade CCXII. Prope Hylli
ſtatuam, equum ex aere non utique magnum poſuit Crocon
Eretrienſis, accepta de equo deſultorio corona. Equo proximus eſt Teleſtas Meſſenius, puerilis pugilatus victor.
Hunc Silanion fecit. (2) At Milonem Crotoniatem Dio-
timi filium, Dameas et ipſe Crotoniates finxit. Palmas
Milo Olympicas adeptus eſt ſex, de luct̄a omnes, ex lis
puerilem unam ; ſex Pythicas e virorum, unam e puerorum
certamine. Quum ſeptimum in Olympiam luct̄aturus veniſſet, eum Timaſitheo ille quidem, quod civis erat et per-
adoleſcens, ac certamen recuſabat, non eſt congreſſus.
Suam quidem ipſius ſtatuam dicitur Milo intra Altin ſuis
humeris deportaſſe. Traduntur de punica malo, et diſco,
haec κεκαι αρα digna. Punicum malum ita manu compreſſa
tenebat, ut neque, qui conatus eſſet, extorqueret, neque
ipſe tamen illud elideret. Perunclo diſco quum inſtitiſſet,

omnes ludibriu habebat, qui se detrudere quantovis impetu
facto conarentur. Magnum etiam illud fuit roboris documentum. Caput nervo non aliter, quam redimiculo aut
corona incingebat: interclufo deinde *quanta maxima vi poterat,* compreilis labiis fpiritu, quum venae capitis fanguine
plurimo intumuiflent, venarum robore nervum rumpebat.
Idem ubi porrecta dextera cubitum lateri admoviffet, fubla-
toque pollice reliquos digitos iunctim intendiffet, minimum
nemo erat, qui ullo nifu poffot a ceteris abiungere. (3) Ferarum hunc laniatu periiffe memorant. Confpicatus enim
hiautem Immiffis cuneis quercum aridam, in Crotoniatarum
finibus, robore fuo priftino fretus, truncum illum manibus
dicitur refcindere conatus. Ibi quum relaxatis cuneis,
comprehenfus manibus Milo detineretur, a lupis, quae fera
frequens eft in Crotoniatarum agro, difcerptus eft. Fuit illi
fatalis virium fuarum fiducia. (4) Pyrrhum Aeacidae
filium, Thefprotidis Epiri regem, magnis et memoratu di-
gniffimis rebus geflis, quas expofui in libro de rebus Atticis, in Alti poluit Thrafybulus Eleus. Prope Pyrrhum vir
quidam pufillo corpore fuper pila ftat tibias tenens. Huic
Pythicae palmae *de tibiarum canta,* primo poft Sacadam Argivum, decretae funt. Sacadas vero ludis iis quos Amphictyones inftituere, neque dum effe coronarii; ac deinde
binis coronariis vicit. Pythocritus deinde poft hos Sicyonius Pythicas tulit palmas fex, folus tibiis quum ceciniffet.
Satis conftat eundem Olympiae in quinquertio fenis ludis
praecinuiffe. (5) Honoris ergo pila ei erecta cum ti-
tulo: PYTHOCRITI CALLINICI TIBICINIS MO-
NUMENTA. Aetoli quoque concilii fui decreto, Cydonl
ftatuam dedicarunt, quum Eleos Ariflotimi tyranni dominatu liberaffet. Iam Gorgum Eucleti filium, Meffenium,
victorem quinquertii, Boeotius Theron: Deinaratum vero,
et ipfum Meffenium, de puerorum pugilatu coronatum, Athenienfis Silanion finxit. Enimvero Anauchidae Philytis filius
Eleus de puerili lucta coronam cepit, mox de virili etiam:
fed quis eius flatuam fecerit, compertum utique mihi non
eft. Anochus, Adamatae filius, Tarentinus, qui de ftadio
at repetito curriculo victor extitit, Ageladae Argivi opus
fuit. Puerum equo infidentem, adfiftente viro, teftatur
infcriptio Xenombrotum effe ex Coo Meropidis terrae, equeftris victoriae praeconio nobilem. Eam flatuam finxit
Philotimus Aegineta: Xenodicum vero in puerorum pugilatu victorem, Pantias fecit. At Pythis Andromachi filii,
patria Abderitae, *Narxam* Lyfippus elaboravit: fui duas et
flatuas milites pofuere. Ducem enim mercenariorum, aut
alioqui bellicis rebus clarum Pythem fuiffe, facile iudices.
Pofiti etiam funt de curfu victores pueri, Meneptolemus ex
Apollonia, quae in Ionio eft; et Corcyraeus Philon. Ad
hos Hieronymus Andrius, a quo deiectus eft in Olympco
quinquertio Tifamenus Eleus, is nempe. quo poftea in Pla-
taeenfi praelio contra Mardonium Perfarum ducem augure

Pauf. T. IV.                                        S

Graeci ufi funt. Proximus Hieronymo eſt puer palaeſtrita, et ipſe Andrius, Procles Lycallidae filius: illum Stomius, hunc Somis fictores fecere. Aeſchini Eleo duae quinquertii palmae evenere, et totidem erectae fuerunt ſtatuae.

CAP. XV. Archippo Mitylenaeo, qui viros caeſtibus vicit, ei alias civ.s ſui ad nominis celebritatem tribuunt victorias. Coronas enim tradunt eum Olympicas, Pythicas, Nemiacas, et Iſthmicas cepiſſe, quum annum nondum exceſſiſſet viceſimum. Zenomen autem Callitelis filum, e Lepreo Triphyliae, victorem e puerorum ſtadio, Pyrilampes Meſſenius finxit. Nam Clinomachum Eleum, quinquertii victoria nobilitatum, quis fecerit plane ignoro. (1) Pantarcem quidem Eleum, ab Achaeis dedicatum, ipſa teſtatur inſcriptio, quod ſcilicet pacis inter Achaeos et Eleos fequeſter fuiſſet, quodque inter eos, ut captivi permutarentur, curaſſet. Quare quum deſultorio equo in Olympia viciſſet, hoc ei Aliaei monumentum peſuerunt. Eleum Olidan dedicavit Aetolorum natio. At Charinus Eleus de repetito curſu, deque armatorum ludicro victoriae monumentum habet. Prope ipſum Ageles Chius, victis pugilatu pueris, Theomneſti Sardiani opus. (3) Clitomachi Thebani effigiem ſtatuit Hermocrates, Clitomachi pater. Eius maxime iIluſtria opera haec fuerunt. Ad Iſthmum viros palaeſtritas perculit; eodemque die de pugilatu palmam tulit, et eos, qui in pancratium deſcenderant, luctando vicit. De pancratio Pythicae eius palmae fuere numero tres. In Olympia fecundus hic Clitomachus Thaſio Theageni de pancratio et pugilatu victor renuociatus eſt. Et pancratii quidem palmam centeſima quadrageſima prima Olympiade eſt adeptus. Nam ea, quae conſecuta eſt, pancratio et caeſtibus depugnavit. Prodiit eodem die Caprus Eleus, palaeſtram et pancratium profeſſus: delata vero iam Capro de palaeſtra palma, docuit Clitomachus ludorum praefectos, ius eſſe pancratium committi integris corporibus, priusquam vulnus ullum ex pugilatu acciperetur. Quo facto in pancratio quidem Capro ſuccubit: contra pugiles vero, ſumma animi praeſentia, et corpore uſus eſt firmiſſimo. Erythraei ex Ionia Epitherſen Metrodori filium, bis Olympiae, toties in Pythicis; Iſthmicis quoque et Nemeis de caeſtibus victorem declaratum dedicarunt. At Syracuſani duas Hieroni publice, unam eidem ipſius filii ſtatuam poſuere. Paulo quidem ſuperius oſtendi, et hunc Hieronem idem cum ſuperiore nomen habuiſſe, et Syracuſis itidem dominatum. Poſuerunt etiam Palenſes, quarta Cephalleniorum tribus, Timoptolin Eleum, Lampidis filium. (Priſco certe nomine Palenſes Dulichii ſunt appellati.) (4) Et ſuus ibidem honos eſt habitus Archidamo, Ageſilai filio; iuxta quem eſt vir neſcio quis, venatoris in modum ornatus. Demetrium certe, qui contra Seleucum bello ſuſcepto, in pugna captus eſt, eiusque filium Antigonum, norit, qui animadvertet,

Byzantiorum dedicationes eſſe. Spartano quidem Eutelidae, octava et triceſima Olympiade de puerili palaeſtra una, de quinquertio palma altera delata eſt. Tunc enim luctatorum prius, ac deinde quinquertionum ludicrum committebatur. Eutelidae effigies pervetuſta eſt: quaeque in baſi inciſae literae, ſunt ipſa iam vetuſtate pene abolitae. (5) Poſt Eutelidam eſt rurſum Areus Lacedaemoniorum rex: eique proximus Eleus Gorgus, cui ad meam usque aetatem uni Olympicae palmae de quinquertio quatuor, de repetito curſu et gravis armaturae ſingulae decretae. (6) Virum illum, cui adſiſtunt pueri, Ptolemaeum eſſe aiunt Lagi filium. Proximo loco ſtatuae duae Capri Pythagorae filii, qui palaeſtrae pancratiique eodem die palmam cepit: et ei, quidem primo omnium binae de illis certaminibus palmae eodem die evenere, Et in pancratio ſane, quem habuerit adverſarium, ſuperius expoſui; in palaeſtra vero Paeanium Eleum ſtravit, qui ſuperiore Olympiade victor de eadem palaeſtra renunciatus fuerat: idemque Pythicis ludis pueros in pugilatu vicerat, rurſusque in virorum certamine eodem die palaeſtrae caeſtuumque coronam acceperat. Capro igitur haudquaquam parvo negotio, aut labore levi ſuae obtigere victoriae.

CAP. XVI. Sunt etiam Olympiae Anauchidae et Pherenici ſtatuae. Elei fuere, et in puerorum lucta victoriam ſunt adepti. Pliſtaenum filium Eurydami, Aetolorum contra Gallos ducis, Theſplenſes dedicarunt. Eleus vero Tydeus Antigonum Demetrii patrem, et Seleucum poſuit. Seleuci quum ob alias res geſtas, tum praecipue ob captum bello Demetrium illuſtre fuit apud omnes gentes nomen. (2) Timoni de quinquertio ludis Graeciae omnibus delatae ſunt palmae, Iſthmicis tamen exceptis; quibus ei, ſicuti ceteris Eleis, interdictum fuit. Indicat titulus, quum alias eius laudes, tum vero Aetolis illum ſtipendia feciſſe adverſum Theſſalos; Aetolorumque amicitia ductum, praeſidio Naupacti praefuiſſe. (3) Non longe a Timonis ſtatua, uteritæ Graeciae et Elidis ſigna ſunt: et Graecia quidem Antigonum Philippo tutorem a Demetrio patre datum, una; Philippum ipſum altera manu coronat: at Elis Demetrio, qui Seleuco et Ptolemaeo Lagi filio bellum intulit, coronam imponit. Ariſtidi autem Eleo Olympicam palmam de curſu gravis armaturae; et de iterato curriculo Pythicam decretam inſcriptio indicat. E Nemeis etiam victorem re. diſſe de equeſtri puerorum curriculo: (4) eſt id ſpatium duo iterata curricula. Hunc currendi morem Nemiacis et Iſthmicis ludis intermiſſum, Argivis reſtituit Adrianus Imperator, eumque hybernis Nemeorum ludis celebrari iuſſit. Proxime ad Ariſtiden Menalcas Eleus Olympici quinquertii victor extat: et Philonides Zoti filius, patria is quidem e Cretenſi Cherrhoneſo; Alexandro vero Philippi filio ex eo curſorum genere, qui, quod die uno ingens emetiuntur ſpa-

*dum*, funt Hemerodromi (*id est diarii curforrs*) appellatu Poft Philonidem Brimlas Eleus, virili pugilatu victor; et Leonidas e Naxo Aegaei maris infula, a Plophidiis Arcadum gente dedicatus. Afamonis deinde ftatua, qui viros pugilatu vicit: eum Nicandri, qui de repetito curfu Olympicas duas, e Nemeis alternas de curfu, et repetito curfu fex palmas abftulit. Fuere Afamon et Nicander Elei: huius Daippus, illius Pyrilampes Meffenius effigiem fecere. *Pro-ximi funt* Eualcis Eleus, et Seleudas Lacedaemonius; quorum ille caelluum pueros, Seleadas luctae certamine viros vicit. (5) Ibidem currus pofitus eft non magnus Polypithis Laconis; et fuper eadem pila Calliteles Polypithis pater palaeftra clarus. Lucta Calliteles, at Polypithes equis coronam promeritur. Ordinarios vero et privatos homines Eleor, Lampum Arnifci, et Ariftarchum, vel hofpitii vel aliorum caufa meritorum, Plophidii pofuerunt. Medio flat Inter eos loco Lyfippus Eleus, victus, qui in luctae certamen defcenderant, pueris. Andreas Argivus Lyfippi ftatuam finxit. (6) Dinofthenes Lacedaemonius e ftadio viris devictis Olympicam palmam tulit, fibique in Alti pilam et ftatuam pofuit. Ab ea quidem pila, via, qua ex Olympia Lacedaemonem iter eft, ad pilam alteram, quae Lacedaemone erecta eft, ftadia interfunt DCLX. (7) Theodorum, qui in quinquertio victoriam eft adeptus; et Pyttalum Lampidis filium, qui caeftibus pueros vicit: Nelaidan praeterea, qui de ftadio et armatorum curfu coronam cepit, neminem fugiat Eleos fuiffe. De Pyttalo amplius hoc traditum eft, quod fuerit Arcadibus et Eleis de agrorum finibus difceptantibus arbiter datus. Eft eius ftadia Olynthii Sthenidis opus. Succedit Ptolemaeus equo infidens. Prope eum Eleus athleta, Paeanius Demetrii filius, qui de lucta Olympiae unam, e Pythicis ludis duas abftulit palmas. Cleareftus deinde Eleus, qui de quinquertio corona donatus eft. Spectatur et Athenionfis viri Glauconis Eteoclis filii currus: renunciatus victor eft de curuli certamine integra aetate equorum.

CAP. XVII. Quae adhuc commemorata funt, qui in Altin introierint, maxime infignia fpectare pollint. A Leonidae vero monumento curfus ad aram maximam dextera *vio* contendentibus, digna, quae literis mandentur, haec funt. *Primi ante oculos funt* Democrates Tenedius, et Crisnias Eleus: hic de curfu armatorum, Ille de virorum lucta praemia tulere: et Democratis, Milefius Dionyficles; Crianii, Lyfus Macedo ftatuas fecere. At *iis, qui imo funt proximi*, Herodoto Clazomenio, et Philino Coo, Hegepolidis filio, fua utrique patria ftatuae honorem habuit. Clazomenii Herodoto. quod primus ex ea civitate Olympicorum ludorum victor eft declaratus, victis in ftadio pueris. Philino Coi, quod illuftri admodum fuit gloria. De curfu enim Olympicas quinque, Pythicas quatuor. Nemeorum totidem; ab Ifthmo unam amplius, quam decem palmas abftulit.

(2) Iam vero Ptolemaeus, Ptolemaei filius, Lagi nepos, Aristolai Macedonis donum fuit. *Eo ipso in loco* et pugil positus est, Butas Milesius, Polynicis filius, de pueris palmam nactus. Callicrates etiam e Magnesia ad Lethaeum: vicit bis In armatorum curfu. Callicratis haec imago, Lysippi opus est. *Spectatur deinde* Emaution de puerili stadio, et Alexibius, de quinquertio victores. Fuit huc patria Hera Arcadum oppidum: imaginem Aeostas elaboravit. Emautionis effigiem quisnam fecerit, non indicat inscriptio; ex Arcadia tantum fuisse illum planum facit. (3) Colophonii *exia* Hermesianax Agonei filius, et Icasius Lycini ex Hermesianactis filia, pueros uterque in palaestrae certamine superarunt: et Hermesianacti quidem publice Colophonii statuam pofuere. His proximi *athletae duo* Elei, a quibus pueri in pugilatu victi: Sthenis, Olynthii Chotrili opus; et Theotimus, a Daetonda Sicyonio factus. Theotimus iste patre natus Moschione. qui Alexandro contra Darium et Persas bellanti stipendia fecit. (4) Iam duo item ex Elide, Archidamus quadrigis, et Theogoni filius Eperastus gravi armatura victor. Eperastum hunc vatem etiam fuisse e Clytidarum familia, extrema indicat inscriptio, clau-

Faidico cretus Clytidarum e sanguine vates,

Atque idem soboles dia Melampodidum.

Melampus enim Amythaonem patrem habuit: filium ipse Mantium genuit, Mantius Oiclem. Oiclis nascitur satu Amphiaraus: 'cuius Alcmaeon suit, qui Clytium suscepit e Phegei filia: hic Elin migravit ab avunculis secedens, quod eos caedem sciebat Alcmaeoni machinatos. (5) Statuas deinceps non valde illustribus videas permistas donis: Alexinicum Eleum, Sicyonii Canthari opus: tulit hic de puerili palaestra palmam. Tum Leontinum Gorgiam, quem dedicatum tradunt ab Eumolpo Deicratis pronepote, cum quo soror fuerat Gorgiae. Natus est Gorgias patre Carmantide, et primus neglectam adhuc dicendi ex arte rationem excitasse dicitur, et ab hominum oblivione vindicasse. Dedit magnum eloquentiae specimen Gorgias, et in quinquennali Olympiae celebritate, et in ea legatione, qua functus est, Tisiae collega, apud Athenienses. Nun et Tisias orationis facultate omnes antecelluit sui temporis oratores. Cui rei fuit perspicuum argumentum oratio ea subtilis hercule et peracuta, quam in lite Syracusanae mulieris habuit. Sedenim multo fuit apud Athenienses clarior Gorgias. Et hunc sane Iason, qui in Thessalia tyrannide potitus est, pluris multo fecit, quam Polycratem, qui nulli fuit in Atheniensium scholis eloquentiae laude inferior. Vixisse autem Gorgiam annos ferunt (haud minus) quinque amplius quam centum. Leontinorum certe urbe olim deleta a Syracusanis, aetate mea restituta est.

CAP. XVIII. Spectatur eo in loco: et Cratisthenis Cyrenaei currus aereus; in quem ascendit Victoria, tum ipse etiam Cratisthenes. Ex quo facile coniicias, equis illum

*

viciffe. Dicitur vero Mnafeae curforis. quem cognomento
Libyn Graeci appellaverunt, filium fuiffe. Huius Olympici
doni Pythagoras Rheginus opifex fuit. (1) Reperi eodem
etiam in loco Anaximenis effigiem. Is et prifcas Graecorum. et Philippi atque Alexandri res geftas *diligenter* per-
fcripfit. Hunc ei Olympicae ftatuae honorem Lampfacenorum civitas habuit, meriti in fe gratiam refereus. Eam
enim ab e-itio civitatem calliditate fua vindicarat. Erat
Alexander Philippi filius implacabili plerumque ingenio,
et ad iram proclivior. Hunc Anaximenes irafcentem vehementius Lampfacenis, et extrema omnia comminantem,
quod ad Perfarum regem vel iam defeciffent, vel deficere
cogitarent, huiusmodi lenivit dolo. Quum illi de liberis,
uxoribus, *aris atque focis*, et *univerfa plane* patria folliciti,
hominem tum Alexandro tum Philippo utiam ante probe
cognitum, deprecatum mififfent, et Alexander cognita adventus caufa verbis conceptis iuraffet, Graecorum Deos
teftatus, facturum fe omnia, contra quam ille rogaffet, hac
eum eft Anaximenes oratione adortus: Hoc a te rex precibus contendo, ut Lampfacenorum coniuges et liberos in
fervitutem redigas, urbem totam exfcindas, et Deorum templa exuras. His Alexander ambagibus circumventus quum
fe iurarum meminiffet, contraria iis. quae praecaretur Anaximenes, omnia fe facturum, Lampfacenis invitus pepercit.
(3) Idem etiam Anaximenes inimicum fuum non minus va-
fre. quam invidiofe ultus dicitur. Nam qui ingenio fophi-
fta effet, quum fophiftarum orationem aptiffime imitaretur,
fufcepta cum Theopompo, Damafiftrati filio, fimultate hiftoriam confcripfit maledictorum in Athenienfes, Lacedaemonios et Thebanos pleniffimam. Ad unquem vero quom
Theopompi ftylum expreffiffet, fuppofito eius nomine
per Graeciae civitates librum divulgandum curavit; quae
res Theopompo magnam apud omneas plane Graecos invidiam concitavit. Ante Anaximenem quidem nemo
fubita oratione conatus eft dicere. Iam qui in Alexandrum
fcripti verfus eius nomine circumferuntur, mea quidem
fententia falfo Anaximeni attribuuntur. (4) Sotades longioris curriculi victor Olympiade nona fupra nonagefimam,
Cretenfis (uti fuit) renunciatus eft: ea vero, quae confecuta eft Olympiade, accepta publice ab Ephefiis pecunia,
Ephefium fe prodi ma'uit. Quo crimine ei exilii poena
eft a Cretenfibus inflicta. (5) Primi athletarum omnium
Olympiae ftatuas dedicarunt fuas, Praxidamas Aegineta
qui caeftibus vicit Olympiade undefexagefima; et qui LXI
Olympiade pancratiaftas percufit. Rhexibius Opuntius. Pofitae funt non procul ab Oenomai columna. Lignea utraque eft, fed Rhexibii e fico, e cupreffo Praxidamantis, et
multo fane minus elaborata.

CAP. XIX. Eft in Alti crepido tophacea, ad eam Iunonis templi partem, quae ad Aquilonem fpectat. (Nam
quae ad Auftros converfa eft, ad Saturni aedem pertinet.)

Super ea crepidine thesauri locati sunt, quales Graeci Delphico Apollini fecerunt. *Sunt autem donaria um tellos.* (1) Unus quidem eorum, qui Olympiae sunt, Sicyoniorum appellatur. Dedicavi: Myron Sicyoniorum tyrannus, parta curuli victoria, Olympiade tertia et trigesima. Thalamos duos intus fecit, Dorico alterum, alterum opere Ionico. Utrumque ex aere fabricatos ipse conspexi. Neque vero e Tartessiaco sint aere, nec n:. quod Elei affirmant, satis compertum habeo. (3) Tartessum certe fluvium Hispaniae esse tradunt, ostiis duobus in mare descendentem: amni cognominem urbem inter, utrumque alveum sitam. Eum fluvium, omnium Hispaniae fluminum maximum, et praealtis vorticosum gurgitibus, Baetin huius aetatis homines nominant. Sunt et qui prisco nomine Tartessum Carpian vocitatam dicant. Quod ad thalamos attinet, pondus indicat minoris inscriptio talentum quingentorum; dedicatum publice a Sicyoniis, opificem fuisse Myronem. In eo thesauro disci collocati sunt tres, quos ad quinquertil ludicrum promunt. Est etiam ibidem scutum aerea lamina contectum, varia interius exornatum pictura: galea praeterea, et ocreae. Testatur armorum inscriptio, Iovi manubias a Myonibus dedicatas. Qui populi sint hi, variat hominum coniectura. Mihi certe in memoriam venit, Thucydidem inter Locros, qui Phocidi finitimi sunt, et alias enumerare civitates, et Myonenses. Quare qui in scuto nominantur Myones, mea quidem sententia non alii sunt, quam Locrensium continentis terrae incolae Myonenses. Literae inscriptionis illius ipsa vetustate iam exesae, ac iam prope abolitae sunt. Sed et alia, quae recenseantur digna eodem posita sunt loco. Pelopis ensis, capulo aureo et ebore elaboratum cornu Amaltheae, Miltiadae Cimonis filii donum, qui primus ex ea domo in Thraciae Cherronefo imperium obtinuit. Est in cornu incisa priscis literis Atticis inscriptio

Me Iovi Olympaco posuit donum Cheronesus,
Miltiadis doctu, quum moenia cepit Arati.

Simulacrum etiam Apollinis buxeum capite inaurato eodem in loco positum est: dedicatum memorant a Locris, qui sunt ad Zephyrium promontorium: opificem fuisse Patroclem Crotoniaten Catylli filium. (4) Prope Sicyonium, thesaurus est Carthaginiensium, Pothaei, Antiphili, et Megaclis opus. In eo sunt Iupiter ingenti magnitudine, et linteae loricae tres, Gelonis et Syracusanorum dona, victis classe vel pedestri pugna Poenis. (5) Tertius deinde et quartus thesaurus donum est Epidamniorum. In eo Atlas coelum sustinet, Hercules ad Hesperidas venit, de Hesperidum arboribus malum draco spiris involvit. E cedro sunt omnia, Theoclis Etyli filii opus. Autonomum certe filio fecisse aiunt eas, quae in polo incisae sunt, literas. Hesperides ipsae, quum inde fuissent ab Eleis amotae, in Iunonis templo mea aetate sunt. Thesaurum Epidamnile Pyrrhus, et Lacrates et Hermon eius filii fecere. (6) Aedißcarunt et Sybaritae thefaurum fuum, qui proxime ad Epidamniorum thefaurum conflitutus eft. Ii fane, qui de Italia eiusque civitatibus curiofius fibi invefligandum putarunt, Lupiam memoriae prodiderunt oppidum effe inter Brundufium et Hydruntem, quod prifco nomine Sybaris fuerit. Portus in eo extat manu factus, Adriani Caefaris opus. (7) Contingit Sybaritarum thefaurum is, quem dedicarunt Cyrenaei Libyae civitas. In eo funt imagines Romanorum regum. Selinuntios in Sicilia e fedibus fuis expulere Carthaginenfes. Ii ante fuam calamitatem thefaurum iftum Olympio Iovi dedicarunt; in quo eft Liber Pater, ore, pedibus, et manibus eburnis. (8) At in Metapontinorum thefauro (nam et hi fuum iuxta Selinuntiorum thefaurum dedicarunt) Endymion eft. Signi eius praeter veftem ex ebore funt omnia. Et Metapontinis quidem, quae fuerit exitii caufa, compertum certe non habeo. Aetate fane mea eius urbis reliquiae tantum extant, theatrum et murorum ambitus; reliqua ad folum everfa. (9) Megarenfes quoque, Atticae terrae finitimi, thefaurum aedificandum curarunt. In eo repofuerunt e cedro figna fuperinducto auro. Herculis cum Acheloo pugnam: adfiflunt Iupiter et Deianira: Mars Acheloo, Minerva (uti femper antea) Herculi adeft. Sed haec in lunonis, ad eum locum, ubi Hefperides funt, tranflata eft. Circa thefauri faftigium gigantum cum diis bellum cernitur: at in fuperiore faftigii parte fcutum affixum eft, cum infcriptione, Thefaurum Megarenfes pofuiffe de Corinthiorum manubiis. Potitos ea victoria Megarenfes coniicio, quumPhorbas fummae reipublicae apud Athenienfes praeeffet; et praefuit ille quidem dum vixit. Nondum enim annui erant Athenis magiftratus. Quin et ab Eleis ipfis nondum aetates per Olympiadas coeptae fuerant numerari. Fuiffe dicuntur eius adverfum Corinthios expeditionis participes Argivi. Thefaurum certe aliquot poft pugnam annis. Megarenfes Olympiae faciundum curarunt. Signa, quae in eo funt, par eft vetuftiora fuiffe. quum ea fecerit Dontas Lacedaemonius, Dipoeni et Scyllidis difcipulus. (10) Poftremus omnium thefaurorum ftadio proximus eft. Gelenfium donum effe, et thefaurum, et figna, indicat infcriptio. A fignis tamen adhuc vacuus eft.

CAP. XX. Saturnius mons crepidini, cui funt impofiti thefauri, imminet. In vertice rem divinam Saturno faciunt, qui Bafilae appellantur, verna aequinoctio, eo menfe, qui ab Eleis Elaphius dicitur. (1) Ad Cronii montis radices Septentrionem verfus, medio inter montem et thefauros fpatio. Lucinae fanum eft. In eo Sofipolis, patrius Eleorum genius, certis celebratur honoribus. Ipfam certe Lucinam Olympiam cognominant; quaeque ei facra faciat, annuam facerdotem deligunt. At anus ea, quae Sofipolin placat, Eleorum ritu operatur: piamina infert, et apponit Deo melle fubactas offas. In antica fane templi parte eft Luci-

nae ara, et ad eam duplex hominibus aditus. Foris Sosi-
polis colitur; neque ad eum aditus patet cuiquam, praeter-
quam- uni illi facrificulae, quae capite et facie candido tex-
till velata, ad numinis fimulacrum accedit. In Lucinae, virgines et nuptae remanentes hymnum Sofipolidi decantant.
Odores ei, quodvis genus adolent, vino libandi ritum his
facris alienum ducunt. Iusiurandum certe ad Sofipolidis
*** magna religione concipiunt. De eo haec funt memoriae prodita. (3) Quum in Eleorum fines hoftiliter Arcades
invafiffent, contraque eos aciem Elei direxiffent, mulierem
aiunt infanti puero mammam praebentem ad Eleorum duces
veniffe feque, quum puerum eum peperiffe diceret, addidiffe
monitum per fomnium, ut eum pugnae focium Eleis adiungeret.
Ibi eos, qui fummo rei praeerant (quod mulieris verbis fidem
habendam cenfuiffent) puerum nudum ante figna collocan-
dum curaffe. Impreffione ab Arcadibus facta, puerum in
eorum confpectu in anguem mutatum. Eo prodigio hoftes
exterritos, in fugam fe protinus dediffe: acriter Eleos in-
ftitiffe.' Parta vero infigni victoria, deo *a fervata civitate*
nomen Sofipolis inditum: quoque loco in cavernam vifus
fuerat fe anguis abdidiffe, confecto praelio fanum erectum.
Idcirco vero honores Lucinae decretos, quod ab ea in ludem
puerum illum fibi editum interpretati funt. Caefis in pugna Arcadibus, fepulcrum exftructum eft in ulteriore Cladei
amnis ripa, quae ad occidentem fpectat. Proxime ad Lucinae, ubi Veneris Coeleftis cognomento templum fuit, qua-
ra monftrant. Sacra certo et nunc fiunt ad aras, *quae reliquae funt*. (4) Intra Altin. in ea, qua Pompae transmittun-
tur femita, aedes eft, quod Hippodamium appellant: area
iugeri fpatio maceria circumfepta. Patet huc foeminis aditus ftato quotannis die. Hae faciunt Hippodamiae rem divinam, et aliis eam honoribus profequuntur. Hippodamia
tradunt Midean. (quod Argivorum agro oppidum eft) quum
Pelops ob Chryfippi caedem ab ea in primis poenas expete-
ret, confugiffe: ipfum pollea Pelopem eius offa ex oraculo
in Olympiam reportanda curaffe. (5) Eo loco, quo poftrema funt figna, ex eo fignorum numero, quae de multititio
athletarum aere dedicata funt, porticus eft, quam Ocultam
nominant. Per eam et ludorum praefectis et athletis ad
ftadium acceffus eft. Ipfum certe ftadium terrae agger eft,
in eo ludis praefectorum feffio exftructa. . (6) E regione
feffionis illius ara eminet e candido lapide. In ea fedens
Olympicos ludos mulier fpectat, facerdos Cereris *togamento*
Chamynes. Huic et alii ab Eleis honores habentur. Neque
vero virginibus interdictum ludicra fpectare. In extremo
ftadio, ubi funt curforum carceres, Endymionis Elei fepulcrum monftrant. (7) Supra eam ftadii partem, in qua
ludis praefecti confident. deftinatus eft equiriis campus; et
ibi fui funt equorum carceres. Formam illi eandem prope
prae fe ferunt, quam navis prora, verfo in curriculum
roftro. Qua parte autem cum porticu, cui nomen Agna**

pto, (*quod est quasi firau taruatu dira*) prora ipsa iungitur,
ibi utrinque dilatatur. In regula summa rostri, delphinus
aeneus prominet: a rostro hinc a dextera, illinc a laeva,
excurit pedum quadringenum spatium. In eo *pari magnitudine* cellulae. Eas inter se fortiuntur, qui vel equos privos,
vel currus in certamen producunt. Intenditur vero a fronte
funis pro repagulis. Ara ad mediam fere prorae partem e
crudo laterculo erecta est: hanc tectorio *retur* singulis
oblinunt ludorum conventibus. Super ara, aenea, aquila
late pallia alis exstat. Ea quum machinaculam quandam. is
commoverit, cui id negotii, datum est, statim se in spectato-
rum conspeculum quasi subvolatura attollit; at delphinus ad
imam soli aream *alia machina* demittitur. Primu omnium
ea submittuntur repagula, quae utrinque iuxta Agnampti
porticum Intenta fuerant: tum qui ea in parte sustinebant
tur equi, statim se in pedes dant. Ii quum ad alterum
equorum ordinem accesserint, eodem modo et illis sua remit-
tuntur repagula. Idem fit omni ex carcerum parte, usquedum ad ipsum prorae rostrum exaequata fuerit cursus condi-
tio. Ibi, *equis in interiorem se iam campum effundentibus*, et au-
rigarum se ostentat solertia, et quadrupedum pernicitas.
Prinius, qui eam excogitavit carcerum foimam, Cleoetas
fuit, cui tanta est huius operis causa laus tributa, ut hi
fuerint versus ad eius, quae Athenis est, statuam ad-
scripti:

> Carcere ab Eleo docuit qui mittere currus,
> Mi autor Cleoetas natus Aristocles.

Post Cleoetan Aristiden memorant aliud machinae genus
exozitasse. (g) Alterum curriculi latus aliquanto longius
excurrit. In eo, ad ipsum aggeris exitum, ara est figura rotunda. Ad eam Deus colitur, quem Taraxippum (*ab incu-
tiendo equis pavore*) nuncupant. Solent enim iniecto terrore, circa aram *hanc* equi tam vehementer consternari, ut incertum unde coorta trepidatione, saepe illisis curribus affli-
gantur aurigae. Quo igitur aequo et propitio utantur Taraxippo, ad eam aram aurigae vota nuncupant. Variat de
Taraxippo Graecorum sententia. Sunt qui indigenae hominis sepulcrum Illud esse dicant, praestantis equos regendi
scientia: Olenium nomen produnt, a quo sit in Eleorum
finibus Olenium saxum appellatum. Alii Dameonem fuisse,
Phliuntis filium, qui in Augean expeditionis Herculi socius,
a Cteato Actoris filio una cum equo, quo vehebatur, sit interfectus; ab Eleis eo in loca, et ipsi et equo, inanis habitum sepulcri honorem. Non desunt qui hoc innue monumentum heroicum illud ipsum esse autument, quod Myrtilo
Pelops posuerit, quum a se perempto parentaret, quo eius
iram placaret: Taraxippum vero vocasse, quod Myrtili dolo
Oenomai equae consternatae fuerint. Multi etiam Oenomaum illum esse dictitant, qui in *ceruli* certamine equos et
aurigas illo exagitet pavore. Audivi etiam, qui Porthaonis

filium Alcathoum esse dicerent, qui quum inter procos Hippodamiae ab Oenomao fuisset occisus, et eo ipso in loco humatus, iniuriae suae, quam in ipso curriculo passus esset, atrox et infestus vindex obequitantibus exoriatur. At Aegyptius quidam Pelopem aiebat usceptum nescio quid ab Amphione Thebano, eo in loco defodisse; cuius *a sensu* vi tunc conterriti fuerint Oenomai equi, et omnes deinde equi eodem afficiantur modo. Et censebat illi quidem Amphionem ot Orpheum (etsi Thrax diceretur) Aegyptios fuisse: propterea vero alteri feras allicere, alteri vero saxa ad muros exstruendos movere attributum, quod uterque magorum scientia excellerent. Mea vero sententia eorum est maxime probabilis oratio, qui Taraxippum cognomen essa dicunt Neptuni equestris. (9) Est etiam in Illimo Taraxippus, *qui* Glaucus *fuit* Sisyphi filius, ab equabus discerptus ludis funebribus, quos patri suo fecit Acastus. In Argivorum Nemea nullus omnio est -herois genius, qui equis pavorem immittat: saxum tantum eminet supra curriculi flexum, colore rutilo; cuius fulgore concitantur equi, haud aliter multo, quam si immissis ignibus iniecta esset trepidatio. Sed qui ub Olympico existit Taraxippo, longa est acerrimus terror. (10) 'Ad metarum unam aenea Hippodamiae statua est taeniam prae se ferens, iam prope victori Pelopi coronam impositura.

CAP. XXI. Altera hippodromi pars non agger, sed collis est minime arduus; ad cuius extremum finem aedes condita est Cereri cognomento Chamynae. Putant quidam priscum id esse nomen. Ibi enim quum Plutonis currum reciperet, terram discessisse, et ad se statim redisse. Alii vero Chamynum Pisaeum hominem memorant, a Pantaleonte Omphalionis filio, qui Pisae tyrannidem occuparat, quod acrius illi adversaretur, et ad defectionem Eleos impelleret, interemptum; de Chamyni vero pecunia templum Cereri aedificatum. (2) Pro veteribus *nova* signa reposuit deae ipsius et filiae e Pontelico lapide Herodes Atticus in gymnasio, quod Olympiae est, in quo certamina meditantur sua quinquertiones et cursores. Crepido sub divo lapidea eminet, in qua fuit olim erectum trophaeum de victis Arcadibus. Ad laevam aditus eius gymnasii, minor est ambitus, in quo athletarum palaestrae. Porticum eam gymnasii, quae ortum solis prospectat, attingunt athletarum diversoria in Africum et occasum conversa. In ulteriore Cladei amnis parte sepulcrum exstat Oenomai, terrae tumu'us lapide circumsaptus. (3) Supra monumentum ruinae se ostendunt tectorum, quae equorum Oenomai stabula putant fuisse. Fines regionis Arcadiam versus in praesentia ad Eleos, iam tum ab initio ad Pisaeos pertinuere. Extant vero et illi hoc etiam tempore. Trans Erymanthum fluvium ad Sauri iugum (sic enim locus ille appellatur) Sauri ipsius monumentum est, et Herculis ruinosum temporibus nostris templum. Infestum fuisse viatoribus et accolis Saurum se-

runt; ab Hercule vero interfectum, (4) loco nomen
dedisse. Fluvius a meridie in Alpheum influens, contra
Erymanthum montem, Pisaeum agrum ab Arcadico dividit.
Nomen amni Diagon. A Sauri tumulo stadia ferme XL
progressus. Aesculapii aedes est: cognomen deo Demaene-
tus a conditore. Extant templi duntaxat ruinae: erectum
fuerat in edito iuxta Alpheum loco. Ab hoc templo modico
distat intervallo Liberi Patris, Leucyanitae cognomento
aedes. Praeterlabitur amnis Leucyanias, et ipse etiam in
Alpheum illabens, defcendit hic e Pholoe monte. (5) Hinc
qui Alpheum tranfierint, Pifaeorum fines ingrediantur.
Intra eos primum se vertex montis ostendit praeacuto fasti-
gio: in eo Phrixae urbis ruinae cernuntur, et Minervae
aedes cognomento Cydoniae. Haec ad arae formam aetate
mea redacta est. Dedicasse templum tradunt Clymenum, de
posteris unum Idaei Herculis: venisse vero cum e Cydonia
Cretae oppido, et ab Iardano amne. Pelopem etiam Elei
dicunt, priusquam in curule certamen cum Oenomao de-
fcenderet, Cydoniae Minervae rem divinam fecisse. (6) Qui
processerint paulo longius, ad Partheniam fluvium veniant;
in cuius ripa fepulcrum exstat Marmacis equorum. Hunc
Marmacem procorum omnium primum ad pedendam Hippodamiam venisse aiunt, atque adeo primum omnium ab Oenomao inter'ectum: eius vero equas, quarum alteri Parthe-
niae, alteri vero Eriphae nomen fuerit, ad Marmacis tumulum Oenomai jussu mactatas, et ibidem humatas: a Parthe-
nia itaque equarum altera floviam nomen accepisse. Est in
eadem regione Harpinnates fluvius. Non procul a fluvio
visuntur Harpinnae oppidi quum alia rudera, tim in primis
ara. Urbem eam condidisse Oenomaum narrant, et de matris Harpinnae nomine appellasse, (7) Hinc parvo interiecto fpatio praecelfus terrae agger est, et in eo Hippodamiae procorum tumulus. Neque vero illos Oenomaus insigni honestabat fepultura, fed fatis habebat, si eorum cadavera humi defodienda proximis tumulis curasset. At Pelope
commune omnibus monumentum operis magnificentia fpe-
ctandum erexit, quum ut ipsis euin procis honorem haberet, tum ut Hippodamiae ipsius nomen illustrius celebrare-
tur: mea vero fententia non alia magis de caufa, quam ut
argumento esset opus illud. quod et qualiam virorum caede
exultantem Oenomaum ipfo perculisset. Occubuerunt autem (ficuti iis carminibus proditum est, quae magnae funt
Eoeae appellatae) ab Oenomao occifi, post Marmacem, primus Alcathous Parthaonis filius: Euryalus deinde, Eurymachus, et Crotalus. Horum ego trium parentes, et eorum
uniuscuiusque patriam compertam omnio non habeo. Sed
qui post hos occifus est, Acrian, facile coniici possit Lacedaemonium fuisse; Acriarum conditorem. Ad hos interfectos ab Oenomao recenfent Capetum. Lycurgum, Lafium,
Chalcodontem, et Tricolonum. Postremum hunc nepotem
et cognominem Arcades memorant Tricoloni Lycaonis filii.

Contigit poſt Tricolonum in curſu mortem oppetere Ariſto-
machum, Priantem, Pelagontem, Aeolium, et Cronium.
Sunt qui recenſent etiam Erithrum Leuconis filium, Atla-
mantis nepotem, a quo Boeotorum oppidulum Erythrae appellatae fuerint; et Eiones Magnetes Acoli.' His *aurius*
*camm-ane* hic erectum fuit monumentum; ad quod parentaſſe
quotannis Pelopem tradunt, quamdiu Piſaeorum imperium
tenuit.

CAP. XXII. Hinc ſtadium forme unum progreſſis, reliquiae templi ſunt Dianae cognomento Cordaces: quod Pe-
lop's comites aiunt, quum dehe huic pro victoria votos
ludos facerent, patriam ſaltationem cordacem, ad Sipylum
celebrari ſolitam, uſurpaſſe. Non longe ab eo templo
aedes eſt non utique magna; in qua arca aenea eſt in ea Pelopis oſſa conſervantur. Murorum vel aliorum aedificiorum
nullae exſtant amplius reliquiae, ſed undique vitibus conſi-
tus locus eſt, ubi olim Piſa incolebatur. (2) Eius urbis
conditorem nominant Piſum Perieris filium, Aeoli nepotem. Ipſi quidem Piſaei vehementer iritatis Eleis, dom ſibi
Olympicorum ludorum condendi auctoritatem cupidius vindicare ſtudent, exitium ſtruxerunt. Olympiade enim octava
Elei Phidonem Argivum, impotentem tyrannum, et cunctae
Graeciae invidia laborantem, advocarunt; eiusque maxime
praeſidio ſubnixi, ludos commiſerunt. Quarta deinde et
tricesima Olympiade, Piſaei comparatis undique finitimorum
copiis, regem ſuum ſecuti Pantaleontem Omphalionis filium, ſubmotis Eleis, Olympicis ipſi ludis praefuerunt. Has
*omnes* Olympiadas, et praeterea quartam et centeſimam,
quam Arcades condidere, Anolympiadas (*as ſi dicas irritas
Olympiadas*) vocantes Elei, in ſaltos ſuos non referunt.
Octava vero ſupra quadrageſimam Olympiade, Damophon
Panta'eontis filius in proditionis ſuſpicionem apud Eleorum
multitudinem venit, quod quum armati in Piſaeorum fines
excurriſſent, re infecta precibus et obteſtationibus, domum
ut redirent, perſuaſit. Quum autem in regnum ſucceſſiſſet
poſt Damophoonem fratrem Pyrrhus Pantaleontis filius, Piſaei ultro arma Eleis intulerunt: quo tempore coniuratione
facta, ab Eleis defecerunt etiam Macillio, et Scilluntii: hi
quidem e Triphylia; ex cetera vero vicinitate Diſpontii. Hi
enim cum Piſaeis optime conveniebat, nempe qui urbis
ſuae primordia ad Oenomai filium Diſponteum referebant.
Bellum Piſaeorum, et omnium, qui cum ipſis conſpiraverant,
populorum internecione terminatum eſt. (3) Pyli Elia-
eae rudera in 'conſpectu ſunt ab Olympia per montanam
viam Elidem contendentibus. Abeſt a Pylo Elis ſtadia
LXXX. Hanc urbem (ſicuti *ante* ſuperius commemoravi)
condidit Megarenſis Pylus, Cleſonis filius. Exciſa vero ab
Hercule, ac poſtea ab Eleis reſtituta, iampridem ab inquilli-
nis infrequens et deſerta eſt. Praeter ipſam labitur Ladon
amnis in Peneum. Ad hanc Pylon diſputant Elei Homeri
verſus iſtos pertinere:

- - - genus deduxit ab amne
Alpheo. Pylium late qui perfluit area.

Ac mihi fane id facile perfuaferunt. Hanc enim perlabitur
Alpheus: nec ad aliam Pylum referre carmen licet. Nam
per Pyliorum fines, qui fupra Sphacteriam infulam funt,
certe non decurrit Alpheus: neque omnino ullam novimus
in Arcadia terra urbem eodem hoc nomine fuiffe. (4) Diflat L ferme ftadia ab Olympia Eleorum vicus Heraclea. Al-
labitur Cytherus fluvius. Supra fontem, e quo amnis manat, Nympharum templum eft. Sua funt propria Nymphis
nomina, Calliphaea, Synallaxis, Pegaea, et lafis. Communi quidem vocabulo Ionides nuncupantur. Saluberrimae
funt lavantibus aquae ad laffitudines, et quosvis corporis
dolores levandos. Appellatas autem Nymphas putant ab
Ione Gargetti, quum is Athenis profectus in hunc locum
coloniam deduxiffet. (<) Quod fi per campos Elidem proficifci malueris, ftadiis CXX confectis, Letrinos pervenies.
Inter Letrinos vero et Elidem ftadia interfunt CLXXX. Iam
tum ab initio oppidum fuere Letrini: quod a Letreo Pelopis filio conditum eft: mea vero aetate domorum paucarum
exftabant reliquiae. et Alphaeae Dianae cum fimulacro aedes. Deae ob caufam huiuscemodi cognomen impofitum
memorant. Alpheum amore captum Dianae, poftraquam
ad nuptias eius conciliandas nihil fe aut gratia, aut precibus profecturum intellexit, vim ei offere conatum. Verum
quum illa fugiens, infequentem amatorem Letrinos usque
ad nocturnos choros pertraxiffet (intereffe enim Nympharum lufibus confueverat) ibi deam fibi fuisque comitibus
coeno os obleviffe. Quare quum Alpheus a Nymphis Dianam difcernere nequiffet, elufum abiffe. Ab hoc Alphei
amore Alphenaeam Dianam Letrinaeos nuncupaffe. At Elei,
quibus cum Letrinaeis pervetus eft amicitia, Elaphiae.a Dianae ceremonias accepiffe affirmant fe a Letrinaeis: et Al-
phiaeae quidem nomine religionem primum focitam, fed
voce corrupti temporis longinquitate. dictam poftea Elaphiaean. A cervorum tamen venatione Elaphiaean appellatam ego ab Eleis exiftimo. Traditum tamen ab ipfis eti am
eft, nutricem fuiffe Dianae Elaphion indigenam mulierem, a
qua deae fuerit nomen inditum. A Letrinis nihilo, quam
ftadia fex, longius lacus abeft, per lineam rectam ftadia tria
excurrens. Is perennes aqua fundit.

CAP. XXIII. In Elide memoratu digna funt, gymnafium vetus, in quo athletas, priusquam in Olympiam defcendant, omnia facere inftitutum eft, quae ante certamen
fieri mos ritusque maiorum poftulat. Intra maceriam in
ambitum curricoli, platani confitae funt. Septum illum
univerfum Xyftus ex eo appellatur, quod Hercules Amphitryonis filius ad laborum patientiam quotidianis exercita-
tionibus fe confirmans, fantes omnes, qui pullularent eo
in loco, vellere ac eradere fit folitus. Alius eft ab hoc
feiunctum corriculum; Sacrum incolae appellant. Seor-

fum et Illud eft, in quo curfores et quinquertiones certamen meditantes, decurrunt. (2) In gymnafio locus eft,
quod vocant Plethrium. *Area eft integri unius amplitudine.*
In ea per aetates, et exercitatuim genera, forte ductos
athletas committunt ludorum praefecti. Sunt et deorum
in eo gymnafio arae, Herculis Idaei, Auxiliaris cognomento; Cupidinis, et *contrarii numinis*, quem eodem Elei,
quo Athenienfes nomine Anterotem nuncupant; Cereris
etiam, et filiae. Achilli non ara, fed inane monumentum
eft ex oraculo dedicatum. Ad illud Eleae matronae, primis ludorum initiis, die ftato, inclinante iam in vefperum
fole, inter ceteros, quos Achilli habent honores, folenni
ritu pectus plangunt. (3) Eft et minor alius gymnafii
ambitus maiori contiguus: ab ipfa figura quadrangulum
nominant. Ro pro palaeftra utuntur ad exercitationes
athletae. Ibidem athletas eos committunt, qui quum a lucta
iam vacationem habeant, loris colludunt mollioribus. Eft
eo in loco alterum corum fignorum pofitum, quae de Sofandri Smyrnaei et Polycloris Elei multa Iovi dedicata fuere.
(4) Eft et tertius gymnafii ambitus, nomine Maltho, a foli
levitate. Patet hic puberibus per omne ludorum tempus.
In eius angulo fignum pofitum eft Herculis, extans humeris tenus; forma etiam unius de taeniis, quibus palaeftri-
tae utuntur. Cupido in ea et Anteros caelati funt: Cupido palmae termitem manibus tenet: eum illi Anteros de
manibus extorquere conatur. In utraque primi aditus parte
ad eum ambitum, quem Maltho diximus appellari, ftat effigies pugilis pueri: hunc. qui apud Eleos *legibus confer-van-
dis praejectus eft* (Nomophylax dicitur) mihi narravit, patria
Alexandrinum fuiffe, ab ea fcilicet Alexandria, quae fupra
Pharum infulam eft, Serapionem nomine. Honorem hunc
ei labitum, quod in fumma annonae caritate, ad ludos veniens, magnum frumenti numerum Elidem fupportandum
curavit. Huius in Eleos meriti, et acceptae coronae tempus, numeratur Olympias decima feptima fupra ducentefimam. (5) In eodem hoc gymnafio curiam fuam habent Elei; et huc prodeunt, qui vel fubitae vel meditatae
orationis cuiusvis generis copiam prohrentur. Lalichmium
locus hic, de eius, qui dedicavit nomine, vocatur. Affixa
funt circumquaeque fcuta, ad operis ornamentum, non ad
belli ufum. (6) A gymnafio ad lavacra, per viam itur,
quae Silentii dicitur, praeter Dianae Philomiracis (*quod eft
ac fi dicas, Adolefcentulorum amicae*) templum. Cognomen
dea quidem fumfit a gymnafii vicinitate. Viam vero ex
eo Silentii appellatam hominum fermo prodidit, quod ab
Oxylo fpeculatores miffi ad exploranda Eleorum confilia,
mutuis in itinere cohortationibus ufi, quum propius iam
ad moenia acceffiffent, voce ipfi compreffa, propugnato-
rum fermones fubaufcultando excipientes, per hanc ipfam
viam intra oppidum irrepferunt: cognitis vero et perfpe-
ctis, quae volebant omnibus, impune ad Aetolos redierunt.

Ab hoc fpeculatorum filentio viam nomen accepiffe affirmant.
CAP. XXIV. Exitus alias ad forum excurrit a gymnafio, et ad *countum*, quem Hellanodicaeonem vocant. Eft is
fupra Achillis tumulum: et illac ludorum praefectos, qui
Hellanodicae dicuntur, in gymnafium venire more maiorum traditum eft. Et ante folis quidem ortum curfores
committunt: dimidiato vero iam die, quinquertia, et graviora, quae vocant certamina. (1) Forum autem Eleorum non eadem eft defcriptione, qua Ionum et Ioniae fini-
timarum urbium fora; fed antiquiore multo. Porticus modicis intervallis exaedificatae funt, femitis pluribus inter-
fecantibus. Recenti certe nomine Hippodromus forum
ipfum appellatur. Erudiunt enim hic maxime equos indigenae. Quae porticus ad meridiem eft, Doricam prae fe
fert defcriptionem. Eam trifariam columnae dividunt:
ftatio eo diurna eft ludis praefectorum. Multas in ea porticu Iovi aras erigunt, et in aprica fori parte multae item
arae funt: removentur au em non magno utique negotio.
Sunt enim tumultuario opere conftructae. (3) Secundum
hanc porticum ad forum accedenti, ad lae:am, circa extremam porticus partem, eft Hellanodicaeon, medio calle a
foro divifus. In eo perpetuos decem menfes habitant ludorum praefecti, totumque illud tempus in cognofcendo de
legum confervatoribus, omnique agonali iure confumunt.
(4) A porticu ea, in qua ftatio diurna eft ludis praefectorum, aliam porticum callis unus disiungit: eam porticum
Corcyraicam nominant, *ex eo nomine Indito*, quod quum Cor-
cyrenfes ex Eleo agro, appulfis navibus, praedam egiffent,
ipfi mox Elei Corcyra *populationibus pervafiata* multis partibus plura domum reportarint, *quam quae erupta fuerant*. De
praedae itaque decima porticum erectam praedicant. Eft
operis Dorica forma, duplici furgente columnarum ordine:
eorum unus ad forum. alter ad eas, quae ultra forum funt
partes pertinet. Mediae porticus lacunar non columnae,
fed *contiuus* paries fuftinet, cuius utraque pars affixas habet
imagines. Ad eam porticus partem, quae ad forum converfa eft, Pyrrhonis Piftocratis filii ftatua cernitur, Sophi-
lae hominis, in omni re atque oratione affenfionem reti-
nentis. Eft eiusdem fepulcrum non longe ab Eleorum urbe: Saxum locus appellatur, et prifcus hoc nomine fuiffe
videtur Eleorum vicus. (5) Habent Elei in fori area fub
divo haec maxime infignia opera. Aedes eft et fignum
Apollinis Acefii. Hoc nimirum cognominis nihil diverfum
ab Averruncatoris, quod Athenienfibus numen eft, figni-
care videri poffit. Alia in parte Solis et Lunae lapidea pofita funt figna: e Lunae capite cornua; e Solis, radii exi-
ftunt. Suum habent et Gratiae templum: fimulacra lignea
funt, vefte inaurata: facies, manus, et pedes e candido
marmore: earum una rofam, talum altera, myrti frondem
exiguam tertia praefert. Quae fit infignium ratio facile

coniiciat, qui attenderit, rosam et item myrtum Veneri sacram, quod stirps utraque eximiam habeat pulchritudinis speciem: Gratiae vero Veneri prae ceteris dis attributae sint. Talus quidem adolescentulorum et virginum lusionem significat; quae a natu grandioribus aliena, tenerae aetati non indecora est. In eadem basi Cupido Gratiis adsistit a dextera. (6) Templum ibidem Silenus habet proprium, non (ut multis in locis) cum libero Patre commune. Ei Ebrietas vinum e poculo porrigit. Mortales vero ortu Silenos esse, ex eo facile coniicias, quod apud Hebraeos et Pergamenos monstrantur Silenorum sepolera. (7) Novam etiam quandam in Eleorum foro templi formam vidi. Modicae est aedes altitudinis, sine parietibus, tectum e quercu dolatis fulcientibus tibicinibus. Monumentum id esse inter omnes populares convenit: ecquisnam vero in eo sit conditus, non memorant. Quod si vera fenex quidam, quem sum percontatus, mihi exposuit, Oxyli esse monumentum statuendum fuerit. (8) In ipso etiam foro sedecim foeminarum (tot enim sunt et sic appellantur) domus est, in qua Iunoni peplum contexunt.

CAP. XXV. Continenti cum foro tractu coniungitur antiqua aedes circumquaque porticibus et columnis inclusta: tectum vetustate collapsum corruit; neque inter ruinas reliquum ullum lignum est. Romanorum Imperatoribus fuit haec olim aedes dedicata. (2) Est autem ad posticum eius porticus, quae de manubiis Corcyraeorum erecta fuit, Veneris aedes. Area templo sacrata, sub divo non longe abest. Quae ibi colitur, Coelestem Venerem vocant. Eius ex ebore et auro signum est, Phidiae opus: altero quidem pede testudinem premit. Area ipsa maceria est circumsepta: intra maceriam crepido, super qua Veneris, quam Popularem nominant, signum ex aere: capro insidet ex eadem fabricato materia, Scopae opus. Quae vel testudinis, vel capri ratio sit, quibus haec perscrutari curae est, quaerendum relinquo. (3) Iam vero Summani ambitum et aedem (utrumque enim Elei Summano dedicarunt) semel quotannis aperiunt, neque tunc introire cuiquam praeterquam sacrificulo fas est. Soli omnium ex cognitis gentibus Elei Ditem patrem ob huiusmodi causam venerantur. Quum exercitum ad Pylon, quae in Elide est, oppugnandam Hercules adduxisset, opem ei ferente Minerva, praesto etiam Pyliis ad ferendum auxilium Summano fuisse dicunt, quod ei honores habuissent, ut qui In Herculem offensiore animo essent. Testes vero citant huius rei Homeri ex Iliade versus:

> Pertulit et saevus volucris mala vulnera tuli
> Dia pater, illum quum magno Iove satus ad alta
> Tecta Pyli miserum cruciatu afflixit acerbo.

Quod si belli Troiani temporibus, uti ab Homero traditum est, auxillo Graecis venit Neptunus, non alienum a vero videri possit ex eiusdem poetae sententia, Ditem etiam patrem

trem Pylios ope fua adiutos voluiſſe. Elei igitur Summano
de ſe bene merito deo, quique eſſet in Herculem animo in-
fenſiſſimo, aedem erexerunt, quam quotannis idcirco ſemel
(uti mea fert opinio) recludunt, quod ſemel ad inferos patet hominibus via. (4) Suam eſt etiam apud Eleos Fortunae templum. In eius porticu eximia magnitudine ſignum
dedicarunt, ligneum illud quidem, ſed inauratum undique,
praeter faciem tamen, ſummasque manus et pedes. Hae
enim partes e candido marmore ſunt. Decreti etiam in modica cella, ad Fortunae laevam, Sofipolidi honores. Hunc
deum ad ſimilitudinem pinxerunt imaginis cuiusdam, quae
fuerat neſcio cui per nocturnum in ſomnis viſum obverſa-
ta. Aetate puerili eſt, chlamyde amictus varia; et ſtellata;
prae ſe gerit manu altera copiae cornu. (5) In celeberri-
ma urbis parte ſignum ex aere erectum eſt, iuvenis nihilo
magno homine procerior, facie impubi, pedem pede premens, utraque manu haſtae innixus. Lauea eum veſte; in-
terdum lintea et byſſina induunt: Neptunum eſſe autumant,
qui quum ante in Samico Triphyliae coleretur, deportato
ſlidem ſigno, vel maiore multo in honore eſſe coeperit.
Satrapen tamen ipſum, non Neptunum, vocant, accepto
ſcilicet a finitimis Patronſibus Satrapae nomine. Eſt vero
Corybantis cognomen Satrapes.

CAP. XXVI. Inter forum et Dianium, theatrum eſt vetus cum templo Libero dedicatum: cuius ſignum fecit Praxiteles. Deorum omnium unum maxime Liberum venerantur
Elei, et eum ſacri ſui (quam Thyian nominant) ad eum locum qui ſtadia ab urbe diſtat circiter octo, diem obire dicitant. Nam quum in ſacello lagoenas tres inanes totidem ſa-
cerdotes deponant, preſentibus et civibus et peregrinis, ſi
quos forte adeſſe contigerit, mox vero templi ſores vel ſa-
cerdotes ipſi, vel alii, quibus curae ſit huius rei periculum
facere, ſuo quisque obſignant annulo; poſtero vero die agni-
tis ſignis ingreſſi, vini plenas reperiunt lagenas. Haec, ut
a me commemorata ſunt, ex Eleis fide ſpectatiſſima viri, et
aliquot item exteri, ita ſe habere mihi ſancte deierarunt.
Neque enim res tulit, ut ipſe adeſſem, quum ſolenne illud ce-
lebraretur. Ferunt etiam Andrii apud ſe per feſtos Liberi
Patris dies, viſtum quotannis ſponte ſua e templo manare.
Quod ſi haec Graecis ut credamus, adduci poſſumus, nihil
iam prohibet quin et quaecunque Aethiopes, qui ſupra Syenen ſunt, de Solis menſa fabulantur, vera putemus. (2) In
arce Elidis Minervae ſanum eſt, ſignumque auro et ebore
fabricatum: Phidiae aiunt opus fuiſſe. Inſiſit dexe caſſidi
gallus gallinaceus, quod (opinor) haec eſt avis omnium pu-
gnaciſſima: vel fortaſſe quod Minervae ſognomento Erganae
ſacra eſt. (3) Ab Elide Cylenen usque ſpatium intereſt
ſtadium CXX. Sita eſt Cyllene contra Siciliam, maritimis
navium appulſibus opportuno praedita portu. Navale ea
eſt Eleorum; ab Arcade vero homine ſumſit nomen. Et in
delectu quidem Graecorum eam plane praetermiſit Home-

rus; verum in operis progreſſu non diſſimulavit ſcire ſe
Cyllenen oppidum eſſe:

    Pulydamas Otum mifit Cylleslon orco,
    Phylidae ſocium, qui ſortas dixit Epeos.

Cyllenae duo ſunt deorum delubra, Aeſculapii unum. Vene‐
ris alterum. Mercurii quidem ſignum, quem egregie in‐
colae eorum finium venerantur, arecto eſt ſuper baſi faſcino.
(4) Eſt enimvero Eleorum ager et cetera ſerax, et byſſum
educat feliciſſime. Cannabem quidem, linum et byſſum ſe‐
runt; qui idoneum ad haec ſerenda ſolum colunt. Sedenim
quae fila ad textrinam uſurpant Seres, ea nulla e ſtirpe ſunt.
Naſcitur in eorum terra vermis, quem Serem Graeci, ipſi
Seres longe alio appellant nomine. Magnitudine eſt id in‐
ſectum dupla maximi ſcarabaei, cetera araneo ſimillimam.
Hoc Seres accurate nutriunt, cellas illis tum aeſtivas, tum
hybernas apte fabricantes: pedibus (habet vero octo, quod
et aranea) ſub arboribus textile opus facit. Annos ſerme
quatuor panico alitur: quinto demum (neque enim longior
contingit vita) viridem apponunt arundinem, quo pabulo
belliola illa omnium maxime delectatur: eo ſaturum, ſagina
rumpitur. Educunt inde e viſceribus plura flaminum vo‐
lumina. Satis conſtat Seriam inſulam ſitam in Rubri maris
receſſu. Audivi vero qui dicerent, non mare rubrum, ſed
Serem amnem inſulam illam facere, non aliter quam Nilus
eam, cui Delta nomen: neque enim mari ulla ex parte incin‐
gi. Qui inſulam hanc, quique proximas Abaſan et Sacaean
colunt, uno Aethiopum nomine cenſentur: etſi non deſunt
qui non Aethiopas, ſed Scythas Indis permiſtos eſſe eos di‐
cant. Sed haec hactenus. (5) Qua vero in Achaiam ex
Elide iter eſt ſtadium circiter centum et quinquaginta ſe‐
ptem via ad fluvium Lariſum ducit. Et hi quidem fines aeta‐
te noſtra ſunt inter Achaiorum et Eliaeum agrum, Lariſus
nimirum amnis. Priſcis enim temporibus utriuſque gentis
terminus fuit Araxus promontorium.

---

# ACHAICA SEU LIBER VII.

Cap. I. Quae terra inter Eleos et Sicyonios media, ad
mare Orientem verſus excurrit, Achaia hoc tempore dici‐
tur, ab Achaeis eam incolentibus: priſco nomine Aegialus
appellabatur, et incolae Aegialenſes nominati, ab Aegialeo
Sicyoniae rege, ut ipſi dicunt Sicyonii. Alii a regionis ſitu,
quae aegiali fere tota (hoc eſt litoris) formam habet. (2) Iam
vero Hellene mortuo, Xuthum reliqui Hellenis filii e Thes‐

falia ciiciunt, eo nempe crimine, quod paternam fibi folus
pecuniam vindicaffet. Is quum Athenas confugiffet, ab
Erechtheo dignus eft habitus, cui filiam defpondcret; e qua
Achaeus et Ion nati. Mox quum e vita difceffiffet Erechtheus, eius filiis de regno *differentibus*, difceptator Xuthus fuit:
qui quum Cecropi natu maximo regnum adiudicaffet, eum
alii Erechthei filii e finibus exegerunt. Quare quum in Aegialum migraffet. ibique fedem conftituiffet fuam, ibidem
etiam e vita exceffit. E filiis Achaeus, affumtis ex Aegialo
et Athenis auxiliis, in Theffaliam veniens, paternum recepit imperium. At Ion quum bellum effet Aegialenfibus et
eorum regi Selinunti illaturus; per legatos ei Selinus unicam filiam Helicen defpondit, fibique cum adoptionis iure
filium fecit. Quod quum Ion) ex animi fententia eveniffet,
et Selinunti in imperium fucceffit, et a fe conditam urbem
uxoris fuae de nomine Helicen nominavit: gentem ipfam a
fe Ionas nuncupavit. Quanquam illud eis non mutationem
no minis attulit, fed additamentum. Vocabantur enim Aegialenfes Iones. Magis tamen regioni prifcum nomen manfit, quod Homerus in delectu Agamemnonis copiarum, verfu
illo teftatum reliquit:

Aegialon, lataque Helicen tellure iacentem.

Ionem Aegialenfibus imperantem, Athenienfes belli contra
Eleufinios gerendi ducem delegerunt. Qui quum diem in
Attica obiiffet fuum, in Potamiorum curia (ubi eius exftat
monumentum) fepultus eft. Manfit penes Ionis pofteros
imperium, usquedum ab Achaeis, quos ut ipfos Lacedaemone tunc et Argis Dorienfes exegerant, regno fpoliati, cum
univerfo populo profugerunt.   (3) Quae autem inter Ionas et Achaeos gefta fint bella, mox exponam, quum docuero, quae res effecerit, ut foli Lacedaemonii et Argivi ante
Dorienfium reditum, ex omnibus Peloponnefi incolis Achaei fint appellati.   Archander et Architeles Achaei filii e
Phthiotide Argos comigrarunt.   Iis Danaus filias duas
nuptum dedit, Archireli Automaten. Sracan Archandro. Et
Argox quidem illos veniffe argumento effe poteft, quod filio
Archander nomen impofuit Metanaftae, *quod pri= da eft eo fi
prof=ge dirents*.   Confirmato autem imperio, obtinuit ufus, ut
ab Achaei liberis communi nomine Achaei tam Lacedaemonii, quam Argivi: proprio Danai foli Argivi appellarentur.
Mox iidem a Dorienfibus Argis et Lacedamone pulfi, certis
conditionibus in domicilii partem ab Ionibus cum Tifameno
Oreftis filio eorum rege, fine ullo belli certamine recepti
funt.   Ibi Ionum ducibus inceffit fufpicio, ne uterque populus iam in unum conveniens regem fibi tum ob virtutis,
tum ob generis claritatem Tifamenum declararent.   Quum
ergo in ea re Achaeis minime affentirentur Iones, res ad
arma deducta eft: et Tifamenus quidem in praelio occubuit: Ionas vero Achaei Helicen, quo fe illi e fuga recepe-

rant, porfecuti, abire eos impune ex paƈto convento Give-
runt. Tifameni fano cadaver, quum Achaei Helice fepelif-
fent. Lacedaemonii pollea Delphici oraculi monitu, eius effa
Sparten deportarunt; et hoc ipfo tempore monflratur Tifameni fepulcrum, quo loco epulum celebrant Lacedaemonii,
quae Fhiditia nuncupant.    (4) Iones quum in Atticam
veniffent, ab Athenienfibus rege fuo Melantho Andropompi
filio auƈtore, in civitatem recepti funt.   Ionis et eo duce rerum belli geflarum memoria tantum valuit.  Traditum etiam
ell, non tam priflinae amicitiae gratia, quam Dorienfium
metu receptos, quod fcilicet veriti Athenienfes, ne fe illi armis laceflerent, auxilia quaefiffent.

CAP. II.   Non multis poft annis, quum Modon et Nileus Codri filii de regno diffiderent, negaretquo Nileus ro-
gnum fe Medontis ferre poffe, qui pede altero claudicaret:
rei cognitione Delphico oraculo permiffa, refpondit vates,
deberi Medonti Athenienfium regnum.  Dimiffi Itaque in
coloniam Nileus, aliique Codri filii, tum ex Athenienfibus
quicunque nomina dediffent, tum multo maximam Ionum
manum abduxerunt.   (1) Tertia fuit haec colonia, quae
extero duce, et extera multitudine deduƈla ell e Graecia.
Multis enim ante aetatibus Herculis fratris filius Iolaus Thebanus, Athenienfes ac Thefpienfes in Sardiniam deduxit.
Uno vero feculo priusquam Iones Athenis proficifcerentur,
Lacedaemonios et Minyas e Lemno a Pelasgo eieƈtos, Theras Thebanus, Autefionis filius, in eam infulam deduxit. quae
quum antea Callifte appellaretur, poll ab eo Thera vocata
ell.   Tertiam deducere coloniam Codri filii; quum nulla
effet illis cum Ionibus propinquitas; paterno fiquidem genere et avito a Codro et Melantho e Pylo Meffenii; materno Athenienfes fuere.  Contribuerunt in eam fe coloniam
Ionibus e Graeciae populis Thebani primum Philotam fecuti
Penelei nepotem: ex Orchomeniis Minyae, ob Codri liberum cognationem.  Phocenfes praeterea, exceptis Delphis:
Abantes etiam ex Euboea.  Phocenfibus naves ad transmittendum dederunt, et ipfi claffis duces extiterunt, Philogenes
et Damon Athenienfes, Euctemonis filii. . Hi omnes quum in
Afiam appuliffent, alios alii fines occuparunt. (3) Nileus
cum fua manu Miletum tenuit.  Milefii fane ipfi de fuis ori-
ginibus haec commemorant.  Iam tum ab initio Anaƈtoriam
iniffe totam eam regionem nominatam, fub rege Anaƈte indigena, et Afterio Anaƈlis filio.  Cretenfium vero claffe Mileto duce in eam oram appulfa, urbi et agro ab eo nomen immutatum.  Veniffe e Creta Miletum cum faƈlione fua, quum
Minoem regem Europae filium fugeret.  Incolebant Cares
enim Afiae partem: ab iis Cretenfes in domicilii focietatem
recepti.  Occupata vero ab Ionibus Mileto, mares omnes
interfeƈli, praeter eos, qui capta urbe fuga fibi falutem quae-
fiere.  Illorum coniuges et filias, viƈlores uxores duxerunt.
Nilei quidem fepulcrum non longe a portis ell, ad laevam

eius viae, qua Didymos iter. (4) Apollinis certe quod Didymis templum eſt *et* oraculum, multo ante Ionum com-
miz-ationem conditum fuit. Quin et Epheſiae Dianae ſanum iam celebre erat, antequam venirent in ea loca Iones.
Neque tamen Pindaro nota de eo templo fuiſſe omnia exiſtimo, quum verſibus prodidit. ab Amazonibus bellum Theſeo
Athenienſium duci inferentibus conditum. Moventes illae
quidem a Thermodonte, deae ſacrum fecere, quum et Herculem fugientes, et multo ante Liberum Patrem, quo loco
templum eſſet, quae ſupplices eo confugerant, didiciſſent;
ipſae tamen eius operis auctores noutiquam fuere. Creſus
enim homo indigena, et Epheſus (quem Cayſtri fluminis filium fuiſſe cenfent) templum erexerunt. Et ab Epheſo quidem ipſa etiam urbs nomen accepit. Incolebant tunc eam
oram Leleges Carici nominis, et Lydorum pars magna.
Conſederant vero in facro et fancto templi folo deprecandi
cauſa, tum aliud hominum genus, tum Amazonici nominis
foeminae. (5) Androclus quidem Codri filius, Ionum
qui Ephefum venerant dux, Lelegas et Lydos in fuperiore
urbis parte habitantes eiecit: facrae vero areae inquilini
foedere cum Ionibus icto, omni belli metu caruerunt. Samiis etiam Samon Androclus ademit; eamque inſulam ad
quoddam tempus poſſederunt Epheſii, cum reliqua etiam
contiguarum inſularum vicinia. (6) Atenim quum priſtinas recepiſſent Samii fedes, Prienenſibus contra Caras
auxilium tulit Androclus: quumque Graeci e praelio victores diſceſſiſſent, ipſe in pugna cecidit. Eius cadaver fublatum Epheſii ſepulturae intra fines fuos mandarunt. Oſtenditur Androcli fepulcrum hac actate in via, quae eſt inter
Dianae et Olympii Iovis media, ad portam Magneridem. Infigne fepulcri eſt vir armatus. (7) Iones poſtea Myuntem
et Prienen colonis deductis. Caras et ipſi finibus exegerunt fuisi et Myus quidem Cyareto Codri filio provincia obtigit: Prienes deducendae Ionibus permiſti Thebani, Philo-
tan Penclei nepotem, et Aegyptum Nilei filium duces et
conditores hbuerunt. Et Prienenſes fane a Tabute prius,
homine Perfa: deinde ab Hierone cive ſuo maximis affecti
calamitatibus, Ionico tamen adhuc nomine cenſentur. At
Myuntem oppidani, eo quem iam exponam caſu, urbem deferere coacti funt. Parvus fuit in agro Myuſio ad mare
finus, quem Maeander fluvius *aquarum impetu* late ſummotis
ripis, et oblimato oſtio, ſtagnum reddidit. Exclufis itaque
marinis aquis, tanta repente coorta eſt e palude culicum vis,
ut ea lue victi homines, rebus omnibus fuis, deorum etiam
fignis aſportatis, Miletum migrarint. Mea certe aetate My-
unte nihil exat *memoratu dignum*, praeter Liberi templum e-
candido lapide. Similis vero calamitas Ataroitis etiam, qui
infra Pergamum ſuat, exitio fuit.

CAP. III. Colophonii, quod Clari eſt *Apollinis* templum, et oraculum, ipſa antiquitate ſanctiſſimum ducunt.
Tenentibus enim eos fines Caribus, veniſſe primos e Grae-

cia Cretas memorant: Rhacium coloniae ducem fuisse, et
eum quidem collecta undecunque multitudine, eam orant
quo praevalida appulerat classe occupasse, quum incolerent
etiamnum Cares magnam eius regionis partem. Thebas
vero quum Therfander Polynicis filius et Argivi cepissent,
inter captivos ad Apollinem Delphos abducta est Manto,
puum eius pater Tiresias in via ad Hallartum diem obiisset
suum. Ii captivi, quum iussisset oraculum coloniam capessere, navibus in Afiam transmisere. Ad Claroh appulsis,
Cretenses armati accurrere; a quibus ad Rhactum deducti
illi sunt. Is quum ex puellae oratione, et qui essent, et
quae fuisset in Afiam veniendi causa, cognovisset, Manto, in
domicilii societatem eius comitatu recepto, uxorem duxit.
Rhacil situ o Mantoe ortus Mopsus, Cares omnes o ditionis
suae finibus eiecit. At Iones icto cum Graecis, qui Colo-
phonie consederant, foedere, aequabili cum illis iure civitate
eadem fruebantur. Regnum Ionum penes Damalichthonem
et Promethum Codri filios fuit. Promethus autem post
haec Damasichthone fratre occifo, in Naxum Insulam effugit, ibique diem suum obiit. Eius cadaver Damasichthonis
filii domum reportatum recepere: extat in vico, cui Polyti-
chides nomen; Promethi sepulcrum. De Colophoniorum
vero excidio tunc egimus, quum Lysimachi res gestas perfequeremur. Ex iis autem, qui Ephesum in coloniam deducti
fuerunt, cum Lysimacho et Macedonibus bellarunt soli Colophonii. Extat commune Colophoniorum et Smyrnaeorum, qui in praeliis ceciderunt, sepulcrum. ad viae laevam,
qua Claron iter est.  (2) Lebediorum sane urbem evertit
Lysimachus non aliam ob causam, quam ut prolugorum ac-
cessione cresceret Ephesiorum civitas. Est vero ager quum
cetera insigni foecunditate, tum calidarum in eo sunt aquarum balneae, et plurimae, et corporibus suavissimae. Lebe-
don initio Cares tenuerunt; quos postea Andraemon Codri
filius, Ionum dux, expulit. Est Andraemonis sepulcrum ad
militari viae laevam Colophone discedentibus, in ulteriore
Calaontis amnis ripa.  (3) Teon coloniam deduxere Orchomenii Minyae, duce Athamante in ea loca profecti,
Fuisse hic Athamas dicitur Athamantis eius nepos, quem
Aeolus genuit.  In hac etiam civitate permissi Graecis Cares
consistere. Ionas vero Teon in coloniam deduxit Apoecus
Melanthi abnepos; neque gravius omnio quicquam in Orchomenios et Teios consuluit. Non multis post annis eodem Inquilini deducti sunt Athenis et ex Boeotia. Atticae
coloniae Damasus et Naoclus Codri filii; Boeoticae, Geres
Boeotius duces fuere. Utramque gentem priores inquilini
cum ve ere duce sua haud gravate acceperunt.  (4) Erythrae ei origines suas ad Erythrum referunt Rhadamanthi
filii; a quo se e Creta deductos memorant, et urbi a duce
nomen impositum.  Quam illam urbem una cum Cretensibus Lycii, Cares, et Pamphylii tenerent: (Lycii quidem ob
Cretensium consanguinitatem: oriundi enim e Creta Lycii-

fuere, ab iis fcilicet, qui cum Sarpedone profugerunt : Cares
vero propter veterem cum Minoe amicitiam ; et Pamphylii,
quod genere Graecos attingerent; ex eo namque hominum
numero fuere, qui exifo Ilfio cum Calchante errarunt) quum
omnes hi, quos enumeravi populi, Erythras incolorent, Cleo-
pus Codri filius congregata ex Ioniae urbibus eorum manu
qui nomina in coloniam dediffent, cum Erythraeis eos moé-
nium communiane coniunxit.  (5) Clazomenii fane et
Phocaenfes, ante Ionum in Afiam adventum, urbem plane
nulle habuere. Ionum primam pars poft diutinos errores,
accepto a Colophoniis Parphoro duce, oppidum ad Idam
montem condiderunt : quo poftea relicto, in Ioniam reverfi,
Scyppium in Colophoniorum finibus condideruut : mox et
inde migrantes, in ea, quam nunc colunt, regione confederunt, oppidumque in continenti Clazomenas munierunt.
Sedenim Perfarum terrore in infulam *e regione fitam* transmiferunt. Poft Alexander Philippi filius, Clazomenas, ducto
a continenti folo ad infulam aggere, in peninfulae formam
redigere cogitabat. Fuerunt autem magna Clazomeniorum
pars non Iones, fed Cleonaei, et Phlialii, quotcunque fcilicet Dorienfibus poftliminio in Peloponnefum reverfis, ultro
folum vertere. Phocaenfes ab ea nempe Phocide genus ducunt, quae ad Parnaffum montem etiamnum eft. Philoge-
nem hi et Damonem fecuti, Athenienfium duces, in Afiam
traiecerunt, agro non armis, fed Cumaeorum conceffu certis conditionibus potiti. Eos quum Iones in concilli fui communionem, quod Panionium appellant, non admitterent,
nifi reges e Codri genere creaffent, ub Erythris et Teo Oe-
ten. Periclum, et Abartum accerfierunt.
CAP. IV.  In ipfis vero *επιτα Απ.m* infulis civitates Ionum funt, Samus fupra Mycalen, et Chius ex adverfo Mi-
mantis.  (2) Afius filius Amphiprolemi Samius carminibus
mandavit, Phoenici ex PerimedaOenei filia genitusAftypalaean
et Europen : Neptuni fatu ex Aftypalaea natum filium Ancaeum ; hunc populis, qui Leleges dicebantur imperaffe ; et amnis
Maeandri filiam Samiam uxorem duxiffe, quae ei Perilaum,
Enudum, Samum. Alitherfon, et infuper Parthenopen filiam
peperit. E Parthenope Ancaei filia Apollini Lycomedem genitum. Haec verfibus teftatus eft Afius. (3) Ac eo quidem tempore, qui infulam incolebant, vi potius coacti, quam
benevolentia adducti, in penatium fuorum focietatem Ionas
receperunt. Erat Ionum dux Procles Pityrei filius, et ipfe
Epidaurius, et magnum Epidauriorum numerum deducebat,
eiectos nempe ex Epidauria terra a Deiphonte et Argivis.
Genus Procles ducebat ab Ione Xuthi filio. Huius filio
Leogoro, quum patri in Samiorum regnum fucceffiffet, bellum intulerunt Ephefii duce Androclo ; et praelio quidem
victos extra infulam Samios expulerunt, crimini illud dantes, quod cum Caribus de bello Ionibus inferendo confilia
agitaffent. Profugorum e Samo pars in Thraciae infulam,
quae olim Dardania, poft ab ipfis eft Samothrace nuncupata.

coloniam deduxere. At qui Leogorum fecuti funt, ii ad
Anacan in adverfa continenti terra caftellum permunierunt:
undo decimo poft anno Samum adorti, pulfis Epheflis, infulam receperunt. (4) Fanum Iunonis, quod Sami eft,
funt, qui dicant Argonautos ipfos dedicaffe, illuc figno deae
Argis devecto. Emmvero Samii ipfi, natam in Samo Iuno-
rfem tradunt ad flumen Imbrafum, fub vitice, quae huc ipfa
aetate in Iunonis faero folo oftenditur. Effe vero templum
maxime prifcum ex ipfo fimulacro facile coniici poffit. Eft
enim Smilidis Aeginetae Euclidis filii opus. Fuit Smilis
Daedalo a. qualis aetate, gloria-multo inferior. (5) Nam
Daedalus, quum e regia ftirpe, eius gentis, qui Metionidae
funt appellati, Athenis ortum duceret, non magis artis prae-
ftantia, quam erroribus et cafuum varietate, multa fuit apud
omnes gentes nominis celebritate. Is enim quum occifo
fororis filio, quam patriis legibus noxam meruiffet, probe
noffet, ultro in Cretam ad Minoem confugit; ubi et regi
ipfi, et eius filiabus miri operis figna fecit, ficuti Homerus
in Iliade memoriae prodidit. Verum poftea a Minoe capitalis fraudis damnatus, et e vinculis cum filio elapfus, Iny-
cum (ea Siciliae urbs erat) evafit ad regem Cocalum. Et ea
fuit Siculis cum Minoe bellandi caufa, quod pofcente Minoe
Daedalum fibi dedi, Cocalus recufaffet. In tanto vero ob
artis excellentiam apud Cocali filias honore fuit, ut de nece
Minoi inferenda confilium inierint. Neque vero quicquam
fuit Daedala fama vel in Sicilia, vel in Italia illis temporibus clarius. At Smilis nufpiam apud alias gentes, quam
Samios et Eleos peregrinatus eft, quod fit memoriae proditum. Samiis certe Smilis Iunonis lignum fecit. (6) Ion
vero Tragoediarum fcriptor, hiftoriarum monumentis mandavit, Neptunum in defertam aliquando infulam veniffe: in
ea cognitam ab ipfo Nympham quandam, et ea parturiente
*repente multam* e coelo nivem effufam; a quo rei eventu nomen filio Chius impofitum fuerit. Eundem ex alia quadam
Nympha filios Angelum et Melana fufcepiffe. Oenopionem
poftea e Creta in Chion infulam appuliffe, et eum eo una
filios, Talum, Euanthem, Melana, Salagum et Athamantem.
Oenopione regnante, Carae eodem veniffe, et Abantas ex
Euboea: fucceffiffe deinde in regnum Oenopioni et filiis
Amphiclum, advenam hominem, ab Hefliaea Euboeae, ex
Apollinis Delphici oraculo. Fuit Amphicli abnepos Hector.
Is regno inito, cum Caribus et Abantibus infulae inquilinis
bellavit, et eorum parte iufto praelio fufa, reliquos in deditionem acceptos e fedibus fuis expulit. Compofitis demum
Chii rebus in memoriam Hectori rediit, commune facrum
fieri a fe oportere cum univerfo Ionum conventu: et ab eodem
conventu tripodem illi ferunt virtutis praemium delatum. Haec
de Chiis Ionem tradidiffe comperi, quum caufam tamen ille non
expofuerit quamobrem cum Ionibus coepti fuerint Chii cenferi.
   CAP. V. Iam vero Smyrna, quum una effet de duodecim Aeolenfium urbibus, tamque frequens, quam nunc eft,

tota effet regio, Iones e Colophone profecti, urbem, quam
Archaean (*id est priscam*) nominant, Acolenfibus ademerunt.
Infequentibus deinde temporibus, concilii fui ius cum Smyrnaeis Iones communicarunt. Huius vero, quae nunc exftat,
urbis vero exftitit Alexander, Philippi filius, per vifum in
quiete, ut id faceret. monitus. Venationibus enim Intentum
Alexandrum in Pago monte, eo ipfo, quo erat ornatu, ad
Nemefium fanum accefiffe gradunt: quum vero ad fontem
fub platano proximis aquis irrigua fomnum caperet, obver-
fatos In fomniis Nemefes mandaffe, ut eo in loco urbem
cenderet, atque ut eo Smyrnaeos deduceret: miffos tunc
Claron confultores a Smyrnaeis de fumna rerum, quibus
talis fuerit e templi praeeuntibus reddita vox:

Terque quaterque viris aderit fors laeta beatis,
Ulteriora colent facri, qui rura Meletia.

Facile itaque fe deduci Smyrnaei palli funt. Ae Nemefes
quidem plures, non unam tantum venerantur, et earum
matrem Noctem perhibent: ficuti Athenienfes eius, quam
Rhamnunte *quam nomine* colunt deae, Oceanum patrem effe
dicitant. (:) Ionum terra coeli clementia fruitur plurima. Templa in ea fpeclantur, qualia non facile alibi.
Praeflat magnitudine et opulentia Dianae Ephefiae: proxima duo non perfecla illa quidem Apollinis, alterum in
Miletiorum finibus, Branchidaes Colophone alterum Clarii.
Duo Perfarum furor in eadem Ionia exuffit; Sami, Iunonis;
ad Phocaean, Miervae: utrumque fanum igni corruptum,
cum admiratione tamen fpeSlatur. (3) Erythris praeterea
Herculis, et Priene Minervae delubra magna com voluptate
vifas; hoc certe propter deae fignum, illud ob veftutatem.
Ipfum fane fimulacrum, non iis, quae Aeginaca vorantur,
non Atticis, non poftremo Aegyptiis, vel aliis quibusvis
elaborata faclis, confimile eft: in lignorum rate infiftit
Deus, uti e Tyro Phoenices, mari delatum (neque, qua tamen caufa id acciderit) memorant Erythraei. Satis conflat eam ratem in Ionicum pelagus delatam primum appuliffe ad Heram, quae Media appellatur, quod fcilicet e portu
Erythraeorum Chion folventibus propomodum media eft.
Quum iam promontorium ratis attigiffet, confpeclo figno,
fummis viribus Erythraeos et Chios certatim ad fe illud per-
trahere conatos. Erythraeos poftremo quidam, cui e mari
et pifcatu viclus fuerat, fed ex morbo erat oculis captus
(nomen ei viro Phormio fuit) quod per fomnum moneri fibi
vifus fuerat, expofuit, oportere Erythraeorum foeminas comam tondere: e capillo earum fi viri funem contexuiffent,
non difficulter, quo vellent ratem pertracluros. Fi fomnio
ut obtemperarent, quum cives foeminae in animum fibi non
inducerent, e Thracia mulieres, quae voluntaria fervitute,
ingenuae ortu, quum effent, viclum fibi apud Erythraeos
quaeritabant, fe tondendas praebuerunt. Quare Iam raro
potiti Erythraei, edixerunt folis e Thracia mulieribus in

Herculis fanum Introire ut liceret.  Oflendunt autem 'uni-
culum illum e comis, hac ctiam aetate, a fe diligenter
confervatum :  et pifcatorem illum oculorum calamitate
liberatum, in reliquum omne vitae tempus oculis probe
ufum affirmant.  (4) Eft etiam Erythris aedes Poliadis
Minervae; cuius e ligno fimulacrum eximia magnitudine
in folio fedens, utraque manu colum tenet, capite polum
gellat.  Opus hoc fuiffe Endoei et aliis argumentis conie-
cimus, tum ex toto fimulacri opificio, tum vero maxime ex
Gratiarum et Horarum fignis, quae ante adventum illas
marum e candido lapide fub dive pofita fuerant.  Smyrnaei
Aefculapii delubrum exaedificatum aetate mea habuerunt
inter montem, quem Coryphen (id eft Verticem) nuncupant,
et alienae aquae impermiftum mare.  (5) Ionia ipfa, praeter templorum magnificentiam ac coeli falubritatem, multa
habet, quae literis manfientur digniffima.  Ephefiu ager,
Cenchrium amnem, Pionis montis (id eft Pingais) fertilitatem,
et fontem Halitaeam, quae tum ito velebreitur, habet.  In Mile-
fiorum finibus Biblis fons; ad quem ea contigerunt, quae
funt de Biblidis amore olim decantata.  Apud Colophonios
lucus vifitur Apollinis, fraxinis condenfus.  Ab eo non
longe fluvius Ales Ionicorum amnium frigidiffimus.  Lebediorum balneae hominibus admirandae aeque ac falubres.
Sua funt et Teiis lavacra in monte Macria, partim dilaborata
e cavernofo faxo erumpentibus aquis, partim ad opum
oftentationem exornata.  Habent et Clazomenii lavacra.
Ad ea Agamemnon colitur; ibidemque antrum eft Nymphae. quae Pyrrhi mater dicitur.  Vulgatus eft apud eos de
Pyrrho paftore fermo.  In Erythraeis eft Chalcitis regio; a
qua tertia ipforum tribus nominatur.  Porrigit fe ex Chal-
citide in pelagus promontorium, in quo marinarum aquarum fcatebrae balneas edunt, omnium, quae in Ionia funt
aegris maxime utiles.  (6) Apud Smyrnaeos longe pulcherrimus eft amnis Meles: ad cius caput antrum, in quo
Homerum tradunt carmina fua feciffe.  In Chiis eft Oeno-
pionis fepulcrum, et opere ipfo, et ob rerum ab Oenopione
geftarum praedicationem fpeftandum.  Sami in via, quae
ad Iunonis ducit, Rhadines et Leontichi fepulcrum eft, ad
quod vota nuncupare folenne eft Ionibus, quoties nori fe
amore affectos fenferint.  Sunt fane rerum miracula in Ionia, quam plurima, et haud multo inferiora, quam in reliqua cuncta Graecia.

CAP. VI.  Sed ut ad primam redeam, poft Ionum profectionem, Achaei eorum fines forte inter fe diviferunt, difper-
tito in duodecim urbes regno: funt vero eae urbes apud
univerfos Graecos notae et illuftres.  Prima omnium Dyme ab Elide venientibus; tum Olenos, Pharae, Tritia, Rhi-
pes, Thafium, Cecyrina, Bura, Helice, Aegae, Aegira, Pellene, ad Sicyoniorum fines omnium poftrema.  In his domicilia fua conftituerunt Achaei, quum ante Iones eas incolerent.  (2) Primae Achaeorum imperii partes fuere pe-

nes Tifameni fillos, Daimenem, Spartonem, Tellen, et
Leontomenem. Nam eorum nato maximos Cometæ multo
ante in Aliam cum claſſe transmiſerat. Hi nempe, quos
enumeravi, et praeterea Damaſias Penthilo Oreſtis-filio genitus, Tifameni liberum patruelis, ſummae rerum praefuerunt. Aequo tamen in regno iure fuere a Lacedaemone
profecti, et ipſi Achaici nominis, Preugenes, et eius filius,
cui nomen Patreus. Ei urbem Achaei aſſignarunt, quae a
rege poſtea ſuo Patrae nominata eſt. (3) De rebus bellicis
Achaeorum haec memorari poſſunt. Troicis temporibus
Achaei, quum adhuc eſſent eorum in poteſtate Sparta et Argos,
Graeci nomi nis pars maxima fuere, Perſis vero cum Xerxe in
Graeciam invadentibus, neque Leonidae in Thermopylas, neque Themiſtocli Athenienſium imperatori inter Euboeam et Salaminem claſſe praelianti, praello Achaei fuere. Neque enim
ulla vel in Athenienſium, vel in Lacedaemoniorum delectu, eſt
eorum facta mentio. Quin et ad Plataeas pugnae tempus non
obiere: quare in Graecorum communi don rio, quod Olympiae dedicatum eſt, Achaeorum nomen nulpiam inſcriptum
fuit. Eos ego exiſtimo patriam ſuam quosque tutari voluiſſe. Simul etiam Troica victoria elati, Lacedaemoniis,
qui Dorienſes eſſent, ſe parere indignum ducebant: quod
aperte longo poſt tempore declararunt. Armis enim,
quum in Gareino inneria decernerent Lacedaemonii et Athenienſes, alacriter tulere auxilium Patrenſibus Achaei: iidemque animo tuere et ſententia in Athenienſes multo propen-
ſiore. Communibus vero Graecorum expeditionibus neutiquam poſtea deſuerunt. Nam ad Chaeroneam contra Philippum in acie ſtetere. Patentur tamen idcirco ſe in Theſſaliam non moviſſe, et praelio ad Lamon inito non interfuiſſe, quod nondum a Boeotica clade res ſuae ſibi ſatis pla-
cerent. (4) At omnis antiquitatis inter Patrenſes virum
conſultiſſimum mibi narrare memini, ex omnibus Achaeis
unum Chilonem palaeſtritam privatim ad Lamiam in certamen prodiſſe. Et ipſe ſatis ſcio Lydum hominem Adraſtum
privatis opibus et conſilio Graecos juviſſe. Huic Adraſto
ſtatuam ex aere poſuere Lydi ante Dianae Perſicae aedem,
addita inſcriptione, oppetiiſſe mortem Adraſtum pro Graecis contra Leonnatum praeliantem. Thermopylarum autem
ſaltum iam ſuperantibus Gallis, non Achaei ſoli, ſed univerſi
Peloponneſii occurrendum ſibi non putarunt. Nam quum
nullam omnino claſſem haberent Barbari, ſatis adverſus eos
magnum ſe praeſidium habituros ſperarunt, modo ut Corinthiacum Iſthmum, quantum inter utrumque mare a Lechaeo
promontorio ad Cenchreas intereſt, permuniſſent. Fuit haec
tunc communis omnium Peloponneſiorum ſententia. (5) Poſtea vero, quam Galli navigiis undacunque contractis in
Aliam transierunt, tam graviter ſunt revera acciſae reſibus
Graecorum res, ut nulla ſibi civitas poſſet aliarum imperium vindicare. Lacedaemonii enim tum Leuctrica clades,
tum Arcadum in unicam civitatem (quae Megalopolis fuit)

conventus, et Meſſeniorum vicinitas, quo minus priſtinas
vires reciperent, obſtiterunt. Thebanos adeo urbe ipſa
everſa afflixit Alexander, ut ne a Caſandro quidem reſtituti,
ea, quae amiſerant, recuperare potuerint. Iam Athenienſibus
Graecorum certe benevolentia ex rerum geſtarum memoria
non defuit: ſed nullo unquam tempore fuit eis a Macedonum armis ſecuritas.

CAP. VII. Quare iis temporibus, quum non in commune conſulerent Graeci, ſed ſuum quique negotium agerent, non erant, qui opibus cum Achaeis conferri poſſent.
Eorum enim omnes civitates, una excepta Pellene, nullo a
multis retro annis devinctae fuerant tyrannorum dominatu.
Porro levius etiam multo, quam alias Graeciae partes, vel
bellorum impetus, vel peſtilentiae acerbitas Achaiam vexarat. Nihil itaque aut concilium, quod Achaicum vocabatur,
aut quae domi forisque geri oportebat, intermittebantur. Ac
tunc quidem conventum omnium civitatum Aegium edici placuit, quod delata eluvionibus Helice, iam tum ab initio ceteris Achaicis civitatibus, haec dignatione et opibus prae-
ſtabat. Ex aliis vero Graecis primi omnium in eius concilii
cenſum venere Sicyonii: poſt eos et alii e Peloponneſo vel
ſtatim, vel certe aliquandiu cunctati ſe Achivis contribuerunt. Multos etiam ex iis, qui extra Iſthmum erant, in concilii ſocietatem acciverunt ſecundi Achaeorum progreſſus,
quum eos indies viderent meliore uti fortuna. (2) Soli
Graecorum Lacedaemonii, et oſtentioribus ſemper animis in
Achaeos fuerunt, et poſtremo aperte etiam contra eos arma
ceperunt. Sedenim quum Pellenen Achaeorum urbem Agis
Eudamidae filius, rex Spartae, vi cepiſſet, mox inde ab Arato Sicyoniorum duce eiectus eſt. Cleomenes deinde Leonida Cleonymi filio genitus, ex altera, quam ſuit Agis regia
ſtirpe, Aratum et Achivos collatis ad Dymen ſignis magno
praelio fudit: pacem deinde Antigono et Achivis dedit.
Antigonus tunc Philippi adhuc impuberis tutor, Macedonum imperium regebat. Fuit Philippus Demetrii filius:
eius erat Antigonus et patruelis et vitricus. Foedere igitur
cum Antigono et Achivis perpetrato. Cleomenes Arcadum
caput, fide mox violata, Megalopolin diripuit; et ſane
noxae piaculum accepta ad Sellaſiam ab Achaeis et Antigono clade, Lacedaemonii et eorum dux Cleomenes luiſſe iudicari merito poſſunt. Sed in libro de Arcadum rebus ad
Cleomenem redibit oratio. (3) Philippus autem Demetrii
filius, quum ad virilem aetatem perveniſſet, accepto regno
ab Antigono non ſane invito, magnum univerſis Graecis terrorem incuſſit, quum ipſo Philippi ſuperioris nomine (a quo
tamen oriundus non erat: nam Amyntae filius Philippus,
dominus plane huius gentilibus fuit) tum vero, quod Philippi ipſius facinora aemulabatur. Fuit hercule utrique
commune: pecunia ſibi civitatum principes conciliare, quos
intelligerent privati ſui lucri, quam patriae libertatis maiorem rationem habere. Hoc minori Philippo peculiare, in

conviviis, dum mutuis de more poculis pofcerent, mortiferas potiones propinare: quod Amyntae filio, nifi fallor, ne
in mentem quidem unquam venit. At huic Demetrii filio
Philippo familiare hoc fuit fcelus; et fane in levilfimis ducebat noxis, veneno hominem tollere. Urbes hic tres, quibus adverfus Graeciam pro militum fuorum receptaculis
uteretur. praefidiis firmavit: eas in Graecorum contumeliam multa fuffultus confidentia, Graeciae claves nuncupabat. Unam in Peloponnefo, Corinthum: cuius etiam arcem munivit accuratius. Alterum fuit ei contra Euboeam,
Boeotos et Phocenfes propugnaculum, Chalcis ad Euripum.
Tertium oppofuit Theffalis et Aetolorum nationi, Magnefiam
fub Pelio monte. (4) Prae ceteris vero, tum iuffis exercituum aggreffionibus. tum repentinis latronum more excurfionjbus, Athenienfibus ex Aetolis infeftus fuit. In 'Atticarum rerum defcriptione iampridem expofui, quae a
Graecis vel Barbaris miffa fuerint Athenienfibus contra Philippum auxilia; et quemadmodum belli diuturnitate afflicti
Athenienfes, Romanorum fidem implorare coacti fuerint.
Miferant et paulo ante Romani, verbo quidem Aetolis contra Philippum auxilia, re vero Macedonicarum rerum fpeculatores: *verum* Athenienfibus tunc *praetinniam atque inflrn
Nj,mam* exercitum mittendum cenfuerunt. Decreta ea provincia eft Atilio *Cai.* (Nam hoc nomen ei viro maxime infigne fuit. Non enim Romani Graecorum ritu unico a
patribus accepto nomine appellantur; fed tria fere fingulis ut pauciora, plura etiam imponuntur nomina.) Id negotii duntaxat a S. P. Q. R. Atilio datum, ut Athenienfes et
Aetolos contra Philippi arma tueretur, At ille e mandatorum praefcripto reliqua: illud non ex P. R. fententia,
*fed arbitratu fuo* geffit, quod Euboeenfium Heftiaeam et Anticyram in Phocide, quae oppida Philippi imperata facere
coacta fuerant. expugnavit et evertit. Quae res ad Senatum
delata, mea quidem fententia, effecit, ut Atilio Flaminius
*quasprimum* fucceffor mitteretur.

CAP. VIII. Qui primo adventu fuperato Macedonum
praefidio, Eretriam diripuit: Corinthum, cui rex praefidium
impofuerat, et fuis ipfe copiis circumfedit, et ab Achaeis ad
eam obfidendam per legatos, tum pro inita cum Romanis
focietate, tum vero pro ea, quam in Graecos omnes prae
fe ferebant benevolentia, auxilia poftulavit. Sed illi, quod
ante iu Atillo indigne tulerant, Flaminio etiamnum crimini
dabant. quod fcilicet prifcas Graeciae urbes, quae nihil in
Romanos commiferant, quaeque Macedoni invitae paruerant,
eas armis adorti crudelius tractaffent. Providebant nutem
facile iam Romanos illud agere, ut pro Philippo et Macedonibus, Achaiae et univerfae Graeciae ipfi imperarent.
Exula haec in Achaeorum concilio magna inter diffidentes
fententias contentione acta: evicere poftremo, qui partis
Romanorum fuere, ut ab Achaeia ad oppugnandam obfidione
Corinthum auxilia mitterentur, Corinthii quidem, quum in

Macedonum poteflate effe defiiffent, ad Achaeorum fe concilium mox aggregarunt, in quo et prius locum habuerant,
quum Aratus Sicyoniorum dux e Corintht arce Antigoni
praefidium cieciffet, Perfueo praefidii praefecto occifo.
(2) In pollerum dehinc omne tempus Romanorum focii
Achaei appellati funt, nempe, qui ad omnia rerum momenta
fe promptos et alacres praeftitere. Nam et in Macedoniam
cum Romanis contra Philippum penetrarunt, et fufceptae in
Aetolos expeditionis comites fuere i in Syriam denique
contra Antiochum funt cum Romanis profecti. Et Macedonico quidem atque Antiochi bello interfuerunt. Romanorum
amicitiam fecuti: (3) cum Lacedaemoniis vero iampridem
fimultates propriae exercuerant. Quare Nabidis tyrannide,
cuius intolerabilis fuerat crudelitas, fublata, Spartam Achaei
in ordinem flatim redactam, Achaico concilio fubiecerunt i
rebusque per feveriffima iudicia repetitis, max urbis muros demoliti funt. Spartae quidem muri, Demetrio et Pyrrho olim oppugnantibus, tumultariof opere exftructi fuerant i Nabis poltea tales faciundos curavit, ut nihil omnino ad eorum firmitatem defideraretur. Eos itaque muros
tunc Achaei deiecerunt; et Spartanorum liberis interdicum,
quam legibus Lycurgus fanxerat, difciplinam, ad Acheo-
rum puberes tranatulerunt. Verum haec a me plenius exponuntur in eo, qui Arcadum rebus attributus elt libro.
(4) Lacedaemonii qaum Achaeorum imperata graviter ferrent, Metellum Romanorum legatum, et eius collegas appellarunt. Milli hi fuerant non ut Philippo bellum indi-
cerent, cum quo rite fuerat pax perpetrata; fed ut de
criminibus, quae a Theffalis et quibusdam Epirotis Philippo obiiciebantur, cognofcerent. Et Philippus quidem
maiorem multo re cladem, quam verbo a Romanis accepit.
Magno enim praelio ad Cynocephalas a Flaminio victus, et
exercitus robur amifit, et deductis praefidiis earum quae
bello fubegerat Graeciae urbium, imperio concedere ex
foederis pacto convento coactus eft. (5) Pacem quidem
non tam eventu utilem, quam nomine decoram, precibus ac
etiam precio impetravit. Macedonum certe bellicam gloriam. et imperii magnitudinem Philippo Amyntae filio regnante
partam, alterius Philippi temporibus peffum ituram, divinitus his verfibus praedixit Sibylla i

> Emathiae populi, Argeadae quis gloria reges i
> Commoda nunc pariet, regnans, nunc damna Philippos.
> Namque duces maior populis atque orbibus amplis,
> Impouet i fed enim Hefperiis domitus minor armis,
> Mox etiam Eois illuftres perdet honores.

Romani enim, qui ad occafum funt, Attali et Myforum, qui
ad Solis ortum vergunt, auxiliis affumtis, Macedonum regnum everterunt.

CAP. IX. *Sed ut unde hæc digressa est revertatur oratio*, Metellus tunc coterique legati non esse Lacedaemoniorum querelas contemnendas censuerunt. Quare ab Achaeorum magistratibus dari sibi concilium postularunt, quo scilicet pro concione iure aequiore cum Lacedaemoniis agendum Achaeis persuaderent. At enim illi pernegare aut illis, aut aliis quibusvis concilium se daturos, qui, de qua re missi essent, senatus decretum non attulissent. Metellus, et collegae, quod Achaei se dicto audientes non praebuerunt, durius accepere: uc Romam reversi, multa de illis ad invidiam conflandam, neque omnino vera omnia, ad senatum detulerunt. (2) Sed invidiosius multo Achaeos criminati sunt Areus et Alcibiades Lacedaemonii illi quidem apud suos existimatione summa, sed in Achaeos iniquiores. Nam quum eos Nabis eiecisset, apud Achaeos exularant; menque ab lisdem, Nabide mortuo, in patriam contra populare Lacedaemoniorum decretum reducti fuerant. Verum et ipsi tunc in senatum Romanum intromissi, in magnam invidiam Achaeos vocarunt. Qua lacessiti iniuria Achaei, simulac *ex urbe Romana* discessisse eos audierunt, clarigatio uti esset edixerunt. (3) Romani Appium *Claudium*, et alios legatos miserunt, qui inter Achaeos et Lacedaemonios disceptarent. Sed minime fuit eorum adventus Achaeis gratus. Secum enim illi Areum et Alcibiadem, quos hostes Achaei iudicaverant, habebant. Illud certe homines multo gravius offendit, quod in Achaeorum conventu Romani iracundius, et minime ad persuadendum accommodate verba fecerunt. In eo conventu erat Lycortas Megalopolitanus, Arcadum facile princeps, et qui amicitia Philopoemenis fretus, animum paulo elatiorum ad sententiam dicendam afferebat. Is causam Achaeorum summa libertate dixit, et Romanos etiam oratione sua nonnihil pupugit. Legati Lycortae dicta quasi illudentes pro nihilo habere: quin Areum et Alcibiadem sententia sua nihil grave in Achaeos commisisse declararunt: ot Lacedaemoniis ut Romani legatos mitterent concesserunt, quum tamen per foederis conditiones cautum fuisset, ne civitas ulla, quae cum Achaeis faceret, seorsum ab universo concilio legatos mittendi liberam facultatem haberet. Missa etiam abAchaeis contraria legatio est. Quum multis utrinque disceptationibus inSenatu res agitata fuisset, eosdem iterum legatos, Romani misere, eiusque legationis principem Appium cum liberis mandatis de Achaeis et Lacedaemoniis, quod visum esset, statuendi. Ii primo statim adventu, et quos Achaei exilio multassent, Spartam reduxerunt; et damnatos ab Achaeis antequam ipsi de criminibus cognoscerent, omni scelere et poena liberarunt. Immunitatem prae erea omnium, quae in commune pro concilio obeunda essent, munorum, Lacedaemoniis dederunt. Iudicia praeterea capitis ab externis ut hominibus fierent decreverunt, leviorum causarum tum Spartanis ipsis, tum Achaeorum reipublicae cognitione relicta. (4) Novo denique murorum

ambitu Spartanum oppidum muniendum curarunt. Recepta exules patria, confilia fua ad Achaeos exagitandos
omnia contulerunt, quocirca hoc fe illos pacto probe ulcifci poffe fperantes, Meffeniis omnibus iis, Achaeis etiam,
qui eo crimine hofles iudicati fuiffent, quod eius coniurationis, qua Philopoemen occifus fuerat, confcii effent, per-
fuafere, ut Romam querelas ad Senatum deferrent. Et iis
quidem, quum et ipfi adfuiffent, haud magno negotio reditum confecerunt. (5) Favente enim fummo ftudio Lacedaemoniis Appio, Achaeorum vero caufam acriter impu-
gnante, ea Senatus decrevit, quae maxime voluerunt Mef-
fenil et Achaei exules. Miffae itaque Athenas et in Aetoliam literae, quibus imperabant Romani, ut Meffenila et
Achaeis exulibus fuum unicuique ius, fuaque bona reflitue-
rentur. Vehementer haec res animos Achaeorum commovit, praefertim quum fe et ante iniuriofius a Romanis tra-
ctatos interpretarentur, et fua in Romanos priflina merita,
non fuiffe, qua fperarant gratia, exepta viderent, quum, qui
contra Philippum, Aetolos, Antiochum, eregiam Romanis
operam navaffent, iam exulibus, et iis hominibus, qui Ince-
ftas manus haberent, poflponerentur: imperata tamen fibi
facienda, ac tempori parendum duxerunt.

CAP. X. Atque ea quidem perditiffimorum hominum
perverfitas, qui patriae falutem hoflibus vendere nihil verentur, Achivis exitio fuit. Neque vero fcelus hoc ut femel in Graecia ufurparl coeptum eft, ullum finem reperit.
Dario primum Hyflafpis filio in Perfis regnante. Ionum res
afflictae propt funt, claffe prodita ab omnibus Samiarum tri-
remi:m praefectis, undecim duntaxat exceptis. Poft op-
preffos Ionas fubegerunt Eretriam Perfae, quum civitatis
fuae principes Philagrus Cyeni filius, et Alchimachi Eu-
phorbus, patriam fuam hoflibus prodidiffent. Nam Xerxi
in Graeciam irruenti Theffaliam Aleuadae, Thebas Atta-
ginus et Timagenidas Thebanorum primores prodiderunt.
At Peloponnefiaco bello, quod inter Athenienfes et Spartanos geftum eft, Agidi Lacedaemoniorum duci, Xenias
Eleus Elin ipfam trudere eft aggreffus. Lyfandro dehinc,
qui hofpites eius appellabantur, douec patrias proderent
fuas. quiefcere nunquam potuerunt. Philippo vero Amyntae filio ad Graeciae imperium adfpirante, unam invenlas
proditionis immunem Spartam: ceteras Graecorum urbes
non magis peftilentia fuperiorum temporum, quam prodi-
tiones deleverunt. Alexandri felicitas effecit, ut nullum
magnopere infigne proditionis exemplum, quo res eius
adiutae fuerint, poffit commemorari. Poft acceptam
ad Lamiam cladem quum Antipater feftinaret in Afiam
transmittere, converfisque ad illud bellum opibus, facile videretur Athenienfibus pacem daturus, quod rationibus fuis minime alienum putabat, fi Athenas
ipfas, atque adeo univerfam Graeciam liberam effe fineret,
Demades, et alii confiliorum focii, homini a fententia ora-

tione fua deducto, nihil mite aut benignum in Graecos co-
gitandum perfuaferunt: quin quum Athenienfem populum
vehementer perterrefactum viderant, et Athenis, et aliis urbibus ut Macedonum imponerentur praefidia, auctores fuere.
Confirmat orationem meam rerum eventus. Athenienfes
enim etfi magnam acceperant in Boeotiis cladem. bis milla
ex acie fua captis, mille occifis, non continuo tamen Philippi imperata fecerunt. Ad Laminam vero ducentis ferme
ac nihilo pluribus militibus amiffis, Macedonibus fuccu-
buere. Atque. ita nullis temporibus haec proditionum
quafi peftis quaedam, Graeciae defiit negotium faceffere.
(2) Achaeos quidem Callicratis Achaei hominis perfidia
Romanis parere coegit. Initia tamen malorum omnium
Achaeis, Perfei regis et Macedonici imperii exitium, im-
portarunt. Nam quum Perfeus ictum cum Romanis a Philippo patre foedus violaffet, regemque Sapaeorum (quorum facit in iambicis mentionem Archilochus) Abro urbe
expugnata, populi Romani focium et amicum fedibus ex-
puliffet fuis, et Romani ulti fociorum iniurias, Perfeum ipfum totumque eius regnum in poteftatem fuam redegiffent,
miffi a Romano Senatu funt decem legati ad Macedoniae
res, uti in rem fuam foret maxime, ordinandas. Eos
omni obfequii, et ad affentationem appofitae orationis genere Callicrates circumvenire aggreffus, ex illis etiam
unum ad iuftitiam tuendam minime propenfum, in confilium produxit. Is frequentiffimo Achaeorum conventu crimi-
nofe queri coepit, a potentioribus pecunia et aliis ftudiorum
fignificationibus contra Romanos Perfeum adiutum: poftulare ut capitalis rei damnarentur: fe damnatos demum fuo
quenque nomine indicaturum. Id enimvero periniquum
univerfae concioni videri; contendere, ut quos diceret
Perfeo faviffe, palam nominaret: ius omnino non effe
quenquam condemnari, cuius nondum effet nomen delatum.
Ibi Romanus, quum ab omnibus eius poftulatio coarguere-
tur, ex compofito nominare non dubitavit omnes, qui praetores Achaeorum exercitus duxiffent; et omnes affirmare
eam noxam commififfe, quod fcilicet Perfei partes foviffent.
Haec ille, a Callicrate fubornatus. Tunc Xenon non minimae inter Achaeos auctoritatis vir: Quod ad hoc (inquit)
crimen attinet, ipfe etiam Achaeorum copiis praefui: fed
neque ulla unquam Romanos in re laefi, neque ulla mihi
omnino fuit cum Perfeo amicitia: atque huius quidem criminis vel in Achaeorum conventu, vel in ipfo Romanorum
Senatu non dubitarim iudicium fuftinere. Hoc a Xenone
dictum ex innocentiae confcientia fidenter, arripuit Romanus tanquam accomodatum fraudi fuae confilium. Quare
quotcunque in proditionis crimen Callicrates vocarat, eos
omnes Romam ad caufam dicendam mitti imperat. Novum id fuit et Inufitatum Graecis. Neque enim aut Philippus
Amyntae filius, aut Alexander, qui Macedoniae regum
longe potentiffimi fuere, adverfarios unquam fuos a Grae-

eia in Macedoniam difceptandi caufa mitti poftularunt: fed
facile paffi funt, quibus de rebus ambigeretur, ab Amphictyonibus cognofci. At Romani tunc Achaeorum quemcunque, cuius modo nomen Callicrates detuliffet, nocen-
tem innocentemve, Romam edicto fuo deduci Imperarunt.
Fuerunt, qui deducti funt plures fere quam mille: quos Senatus, quafi Achaeorum praeiudicio damnatos, *in publicas
custodias* per Hetruriae oppida diviferunt. Alios deinde
fuper alios ab Achaeis miffos legatos, et deprecatores, ni-
hili omnino fecerunt. Poft feptimum ac decimum demum
annum, trecentos ferme viros atque eo etiam pauciores,
qui ex omni Achaeorum numero reliqui erant in Italia, *e
custodiis* dimiferunt, fatis iam eos poenarum dediffe rati. At
eos, qui effugere conati funt, vel ex Ipfo itinere antequam
Romam perducerentur,' vel ex iis, in quas relegati fuerant
urbibus, a fuga retractos, nulla accepta excufatione, capitali fupplicio affecerunt.
   CAP. XI.   Miferunt etiam Romani ad dirimendas inter
Lacedaemonios et Argivos de finibus controverfias fenato-
rium virum *Sulpitium* Gallum; qui multa et dixit et fecit infolenter,' et plane utramque civitatem ludibrio habuit. Namque rerum geftarum gloria aliquando floruerant, quaeque
de agrorum finibus magno et diutino bello certaverant, eas
hic dignas non putavit, quarum caufam cognofceret, quum
et Philippum antea Amyntae filium difceptatorem habuif-
fent: fed eam Gallus *totam* cognitionem ad Callicratem im-
purisfimum hominem, cunctaeque Graeciae infenfisfimum,
reiecit.   Praeterea quum Aetoli e Pleurone ad eum venientes, feiungi fe ab Achaeorum concilio poftulaffent, eis per-
mifit, ut fuis propriis aufpiciis legatos Romam mitterent.
Eft vero Senatus auctoritate eorum ab Achaeis defectio comprobata; et Sulpicio mandatum, ut quam poffet plurimas
civitates ab Achaeorum conventu difiungeret: quod illa
Impiere effectum reddidit.   (1)   Interea quum Athenienfes
egeftate potius, quam libera voluntate impulfi fociam civitatem Oropum diripuiffent, nempe qui Macedonico bello rebus accifis, Graecorum iam prope omnium effent egentis-
fimi: Rom. Senatum Oropii appellarunt. Qui quum iniuriam factam illis cenfuiffet, Sicyonios iuffit ab Athenienfibus multam petere, quanti fcilicet illatam Oropiis iniuriam ipfi aeftimaffent. Sicyonii, quum diem iudicii non
obiffent Athenienfes, multam illis talentum quingentorum
irrogarunt.   Recufantes eam pendere Athenienfes, ad Senatum Rom. provocarunt: cuius decreto omnis ea multa
ad C duntaxat talenta redacta eft; quod ipfum etiam non
eft perfolutum.   Quin Oropios tum promiffis, tum muneribus delinitos adduxerunt Athenienfes, ut obfidibus datis
praefidium intra oppidum acciperent; ea tamen lege, ut
fi novae factae effent ab Athenienfibus iniuriae, et praefidium, quod impofuiffent, ultro deducerent, et obfides redderent.   Non ita multo poft a praefidiariis in oppidanos ni-

iurine factae. Quocirca legatis *expostulatum* Athenas miffis, contendebant Oropii, ut ex pacto convento et praefidium deduceretur, et obfides redderentur. Verum non effe publicas illas populi iniurias Athenienfes refponderunt, fed paucorum, qui in praefidio eo fuiffent; et illos, quam commeruiffent, poenam fufcepturos. (3) At Oropii Achaeorum auxilium imploraerunt. Quod quum illi ferendum non cenferent, amicitiam, quae fibi cum Athenienfibus intercedebat, veriti, Menalcidae homini Spartano quidem, fed qui tunc copiis Achaeorum imperabat, x talenta fe daturos pollicentur, fi Achaeorum fibi auxilium praefto ut effet efieciffet. Menalcidus quum intelligeret, magnas effe propter Romanorum amicitiam, inter Achaeos Callicratis opes, cum illo aequa parte precium communicat. Porro coniunctis ftudiis efficiunt, ut Oropis adverfus Athenienfes auxilium decernatur. Id quum refciffent Athenienfes, quanta maxime potuerunt celeritate Oropum adorti, praedae fuperioris reliquiis, fi quae forte fupererant, afportatis, praefidium deducunt. Achaeis quum ferius quam oportuerat auxilium mififfent, perfuadent Menalcidas et Callicrates, ut Atticam terram hoftiliter invadant. Verum quom ut ex aliis Graeciae partibus, et e Lacedaemone ad hoftem repellendum auxilia conveniffent, exercitum Achaei fuum domum reportarunt.

CAP. XII. Ab Oropiis certe, etfi nulla ex parte ad eorum falutem quicquam profecerat Achaeorum focietas, promiffum tamen Menalcidas precium exegit. Quo ille accepto, alienum omnino rationibus fuis putavit, quaeftus participem Callicratem facere. Quare hominem primum exfpectationibus eludere, mox dolo circumvenire; poftremo aperto etiam fraudare. Quae res vetus illud verum effe declaravit:

Et ignis eft alio magis, qui urat igne,
Lupuaque faevior lupus eft alia,
Accipiter ocius accipitre volat,
Si Callicratem ipfum inmaniorem ante alios
Superavit perfidia Menalcidas.

*Hominum enim omnium aequiffimum Callicratem, perfidia facile qui feperaret. Menalcidas eft inventus.* Callicrates, uti homo erat, quum gratis habere fe fufceptus cum Athenienfibus inimicitias permolefte ferret, Menalcidan iam abeuntem magiftratu, capitis apud Achaeos arceffivit: crimini dabat, legatione apud Romanos contra Achaeos functum, ac operam enixe dediffe, ut Spartanos ab Achaeis abduceret. Ibi Menalcidas quum fe in fortunarum difcrimen deductum videret, Diaeo homini Megalopolitano fucceffori fuo ex Oropia illa pecunia talenta elargitur tria. Hoc ille devinctus munere invitiffimis fere Achaeis omnibus, Menalcidan capitis periculo eximit. (2) Ea res quum Diaeo publice ac privatim magno effet probro, homo vafer aver-

tendae invidiae caufa ad maiorum negotiorum cogitatio-
nes, et fecundarum rerum fpem, Achaeorum animos erigit. Lacedaemonii fuas de finibus agrorum controverfias
ad Rom. Senatum detulerant: Senatus omnia, omnium rerum, praeterquam capitis iudicia, ad Achaeorum conventum reiecerat. At Diaeus gratiofo mendacio multitudinis
animos mulcens, iudicio Achacorum enpitis etiam crimina
pernuffa cogminifcitur. Et Achaei quidem. quam ei fidem ha-
buiffat, de Spartanorum capitalibus caufis iudicia facere
aggreffi funt. Recufabant Lacedaemonii, et mendacii
Diaeum arguentes, rurfus Rom. Senatum ea de re fe per
legatos confulturos aiebant. At Achaei hoc ipfum arri-
pere, et in crimen vocare, quum dicerent, earum urbium
quae fecum facerent, nullam omnino fui effe iuris, aut poffe
earum aliquam privatim fine publico univerfi concilii decreto Romam legatos mittere. Ex his concertationibus
belli caufae inter Achaeos et Lacedaemonios exftitere. Satis intelligebant Spartani, multo fe effe Achaeis opibus inferiores. Quare dimiffis per urbes, quae Achaicae ditionis
erant, ad Ipfum etiam Diaeum privatim legatis, bellum de-
precabantur. A civitatibus responfum tulere, quum iam
praetor fuus ut inventutem armatam educerent, denunciarit,
oportere fe dicto audientes effe: Praetor ipfe Diaeus non
Spartae aiebat fe, fed iis, qui eius civitatis otium turbarent,
bellum illaturum. Ac rogante Senatu, quotnam effe putaret orii et tranquillitatis hoftes, opfimatum illo viginti quatuor
nomina edidit. In ea rerum trepidatione probata eft Agafi-
fthenis fententia, hominis clari etiam prins et honorati, fed
ad cuius laudes ex hoc ipfo civibus fuis dato confilio magnus acceffit cumulus. Perfuafit illis ipfis primoribus, quos
Diaeus Achaeis sedi pollutarat, ut voluntario exilio, belli in patriam fuam conflati incendium reftinguerent: futurum enim,
ut, fi Romam confugerent, primo quoque tempore a Romanis
reftituerentur. Quum itaque exilii caufa folum vertiffent,
abfentes capitis a Spartanis damnati funt. Miferunt et
Achaei Romam Callicratem et Diaeum, qui in Senatu contra
Spartanos exules caufam dicerent: et Callicrates quidem
quum Rhodum divertiffet, ibi morbo interiit: nec fcio fuerit ne, fi Romam perveniffet, emolumenti aliquid Achaeis
allaturus, an nova inter illos malorum malorum femina
fparfurus. Diaeus vero et Menalcidas, 'ubi Romam pervenerunt, quum multa ultro citroque per altercationem contu-
meliofius inter fe lactata dixiffent audiffentque, poftremo
refpondit Senatus, legatos in Graeciam venturos, qui de
quibus inter fe diffiderent Lacedaemonii et Achaei rebus,
cognofcerent. Legati ex urbe oftofius iter fecerunt. Quocirca tantum interfuit fpatii, ut interea Diaeus Achaeos,
Menalcidas Spartanos dolo circumvenire potuerint. Ille
Achaeis perfuafit, Romanorum decreto Spartanos in Achaeorum officio ac poteftate fore. Lacedaemonios in eam fu-

cile fententiam adduxit Menalcidas, ut crederent, a concilio fe iam Achaeorum feiunctum iri.

CAP. XIII. Hae controverfiae in caufa fuerunt, ut renunciato novo Iam praetore Damocrito, Achaei denuo contra Lacedaemonios arma caperent. Eodem ferme tei.pore
Metellus Cnf. Pop. Rom. exercitum in Macedoniam transportavit. Bellum enim ei decretum fuerat contra Andri-
fcum Perfei filium, novas in Romanos res molientem. Ibi
non magno utique negotio quum debellatum effet, Metellus iis, quos miferat Senatus in Afiam cum imperio, perfuadet, ut priusquam transmittant, cum ducibus Achaeorum
congreffi, edicant, ne bellum contra Lacedaemonios fufciperent, atque ut omnino expectarent legatos eos, qui a Senatu mitterentur, arbitri inter Achaeos et Lacedaemonios
futuri. Mandata illi quidem ad Damocritum et Achaeos
detulerunt, quum iam illi contra Lacedaemonios exercitum
ducerent: quare quum nihil fane fe ulla oratione contra
Achaeorum pervicaciam profecturos intelligerent, in Afiam
perrexerunt. (1) Ipfi quoque Lacedaemonii animi elatione magis quam viribus fubnifi, cum fuis copiis hofti occurrerunt, fatis illi quidem habituri, fuos fi fines defendere
poffent. Praelio dehinc fuperati, quum circiter mille et
aetate et viribus florentes milites occubuiffent, intra moenia fe reliqui effufiffima fuga recepere. Quod fi hoftem
perfequi maturaffet Damocritus, eodem tempore Achaei,
quo fugientes Lacedaemonii, apertis introrumpere potuiffent portis: verum illa et tunc conere iuffit receptui, et
exinde fe ab urbe obfidenda ad excurfiones et agri popula-
tiones convertit. (3) Is reportato domum exercitu, maieftatis damnatus eft, multa quinquaginta talentum irrogata.
Eam quum unde folveret non haberet, clanculum e Peloponnefo aufugit. (4) In Damocriti locum praetor renunciatus eft iterum Achaeorum fufiragiis Diaeus. Ad
eum quum legatos rurfus mififfet Metellus, res ita convenit, induciae ut inter Achaeos et Spartanos effent. usquedum adeffent, qui difceptandi caufa a Romanis miffi fuerant. Callidum interea aggreditur Achaicus praetor facinus. Oppida omnia, quae in orbem Spartae finitima erant,
variis artibus ad Achaeorum amicitiam pellicit, et ea praefidiis firmat, ut unde erumperent, quove fe reciperent, contra Spartanos caftella haberent Achaei. (5) Decreverant
et Lacedaemonii Imperium Menalcidae: qui etfi Lacedaemonios ad extremam tam reliquarum copiarum, tum vero
pecuniae Inopiam redactos intelligebat, praefertim vero
quum neque coli neque feri ager potuiffet, educto tamen,
violata induciarum fide, exercitu, Iafum oppidum, quod
intra Laconiae fines erat, fed ad Achaeorum ditionem per-
tinebat, fubito impetu captum diripit. Non potuit alieniffimo
Lacedaemoniis tempore, novo bello concitato, fuorum civium
invidiam Menalcidas fuftinere: quare epoto veneno fibi
mortem confcivit. Nunc Menalcidas vitae exitum habuit,

vir ut in Lacedaemoniorum imperio minime omnium
prudens, fic dum Achaeorum rebus praefuit, fingulari
perfidia.

Cap. XIV. In Graeciam tandem pervenere ex Urbe
difceptatores; quorum princeps Oreftes fuit. Ad eos Corinthum quum magiftratus Achaiae civitatum fingularum venif-
fen:, et in primis Diaeus, Oreftes renunciavit Senatum cen-
fere, neque Lacedaemonios, neque Corinthum ipfam
Achaeis contribuere fe debere: Argos praeterea, Heraclean,
quae ad Oetam eft, Orchomenios Arcadici nominis, ab
Achaeorum concilio feiungendos. Neque enim his effo populis ullam cum Achaeis cognationem; et eas civitates coepiffe cum illis ferius facere. (2) Haec dum Oreftes expo-
neret, Achaici magiftratus prius etiam quam ille peroraret,
e diverforio Oreftis exiluerunt, convocarunt mox ad concionem multitudinem. Ea, cognita Romani Senatus fententia,
repente in Spartanos eos, qui forte Corinthi errant, impetum
fecit; omnesque quos vel ex tonfura, vel ex calceatu, et reliquo veftitu Lacedaemonios effe vel agnofcebant, vel fu-
fpicabantur, fpoliavit: quin eos etiam, qui fe fugientes in
diverforium Oreftae recepiffent, vi inde extractos violarunt.
Legati furorem illum compefcere conati, monere indenti-
dem et queri, ah ipfis prioribus iniuria fe et contumelia la,
ceffitos. Paucis poft diebus Lacedaemonii omnes, qui deprehenfi captique fuerant, in carcerem ab Achaeis coniecti,
dimiffis iis, quos non effe Laconici nominis conftitiffet.
Miffi deinde Romam et alii primores, et Theridas legationis princeps. Ii quum in via aliis legatis a Romanis eadem
de caufa poft Illam Oreftis legationem miffis obvii facti es-
fent, pedem retulerunt. Iam Diaeus imperii fui tempus
expleverat; in eius locum fucceferat Critolaus. (3) Huic
acris et inconfiderata incefferat cupiditas cum Romanis bellandi. Quocirca quum novi iam adeffent a Romanis miffi
arbitri, occurrit illis quidem ad Tegean Arcadiae urbem.
Ne vero in publico Achaeorum concilio mandata expone-
rent, arte cavit. Nam legatis quidem audientibus edici
concilium iuffit: clam vero per literas confiliariis denunciavit, concilii diem ne obirent. Conventu in diem dictam
fruftra expectato, fe plane elufos Romani intellexerunt,
praefertim vero quum aliud Critolaus iuberet legatos certum et ftatum concilium in menfem fextum expectare. Neque enim ius effe agendi fibi aiebat de rebus publicis alibi
quam in concilio. Legati igitur quum elufos fe cognoviffent,
domum redierunt. (4) Critolaus, edicto Corinthum concilio, Achaeis pro concione perfuadet, Spartanis bellum
inferant, atque ut aperte contra Romanos arma capiant.
Regem quidem, vel civitatem quampiam fufcepto bello male
rem gerere, fortunae vitio faepius contigit: atenim foli te-
meritati, ac furori ducis fui, eventa Achaeorum adferibenda
merito fuere. Incitavit vehementer Achaeos Pytheas Boeotorum magiftratus, Thebanis ultro profitentibus belli fo

contra Romanos gerendi focios fore. Pecuniam ut Phocenfibus penderent, Metellus Thebanis imperarat, quod In eorum fines armati excurrerant: alteram irem multam Eu-
boenfibus, quod agrum eorundem Euboenfium populatie-
nibus evaftaffent: tertiam Amphiffenfibus debere Thebanos
pronunciarat, quod eorum fub meffis tempus frumenta de-
fecuiffent. (5) Romani ex legatorum oratione et Metelli
literis edocti quae egiffent Achaei. bello eorum iniurias per-
fequendas cenfuerant. Creatus iam Cof. fuerat Mumulus;
et ei ad bellum Achaicum claffis, pedeftres *et equeftres* copiae
decretae.

CAP. XV.    Metellus accepto de fucceffore nuncio.
omni ftudio contendebat bello finem imponere, ne Mummius eius ipfo gloriae compos fieret. Per nuncios itaque
Achaeis edicit, ut Lacedaemonios, et alias omnes civitates,
quae fe in populi Romani clientelam tradidiffent; ab
Achaici confeffus officio discedere aequo animo ferrent: id
fi facere non recufaffent, priftinau in Romanos contumaciae
veniam pollicebatur. Eodem tempore in Macedoniam per
Theffaliam praeter Lamiacum finum ducit. (1) Critolaus
tantum abfuit ut ullam orationem, quae ad concordiam
fpectaret, admitteret, ut Heraclean recufantem Achaeis
parere, circumfeffam magnis Achaeorum copiis tenere aufus fuerit. Quum audiffent tamen de fpeculatoribus Metellum exercitu Sperchion tranfiffe, Scarphean (Locrorum ea
urbs eft) confugit: neque, quum poffet in iis, quae funt
inter Heraclean et Thermopylas anguftiis confiftere, Metellum aufus eft expectare: fed. tanto pavore conflernatus
eft, ut ne ex ipfa quidem loci commoditate in meliorem fe
fpem erigere potuerit: quum ex eo tamen loco Lacedaemonii contra Perfas, et contra Gallos Athenienfes praeclara dediffent virtutis documenta. Fugientes priusquam
Scarphean fe reciperent, Metellus affecutus, maximum eorum numerum cecidit; vivi haud minus mille capti. Critolaus neque vivus ufpiam poft pugnam, neque inter cadavera
repertus. Quod fi forte in coenofam maris fub Oeta monte
paludem fe demifit, mirum nihil fuit caeca et profunda voragine abforptum evanuiffe. Sed alia etiam de eius morte
coniici poffunt. Arcadum cohors lectiffimorum hominum
circiter mille, qui cum Critolao ad bellum exierant, Elateam in Phocidem contenderunt. In eam urbem quum
propter veterem nefcio quam cognationem recepti fuiffent,
paulo poft Critolai et Achaeorum clade cognita, eos inde
Phocenfes excedere iufferunt. In Peloponnefum retrocedentes, in Metelli exercitum ad Chaeroneam inciderunt.
Ibi ad internecionem caefi, divinitus fcelere fuo dignas dediffe poenas videri poffunt, quo potiffimum loco a Romanis
oppreffi, quo' Graecos cum Philippo Macedonum rege acie
dimicantes deferuerant. (4) Achaeorum imperium ad
Diaeum redile: qui quod Miltiades ante pugnam Marathoniam fecerat, imitatus, vocatis ad pileum fervis, et ad arma

omnl militari aetate Achaeorum et Arcadum confcripta, exercitum cnntraxit, ex colleἐtitia ingenuorum pariter et fer⸗ vitiorum turba, equitum fexcentorum ; gravis armaturae pe⸗ ditum quatuordecim millium. Ad imperatoris Achaici ve⸗ cordiam nihil omnino adἀi potuit: qui quum ante oculos prope haberet omnem Achaeorum fuperiorem apparatum, et infelicem Critolai pugnam, ex illo tamen deleἐtu ad qua⸗ tuor millia hominum felogit, eosque duce Alcamene Mega⸗ ram mifit, quo et urbi praefidio effent, et Metello in Pelo⸗ ponnefum iam invadenti obfifterent. (5) At ille tufis ad Chaeroneam Arcadibus, Thebas infeflo agmine contendit. Obfidebatur tunc a Thebanis ἄna cum Achacis Heraclea, et interfuerant fane ildem praelio ad Scarphean. Metello iam appropinquante, Thebanae mulieres, et cuiuvis aetatis viri urbe reliἐta, partim per Bocotiae agros et oppida palantes funt dilapfi, partim in montium iuga confugere. Vatἀom urbem ingreἢusImperator Romanus neque Deum templa exuri, neque donios everti paffus efl: ediἐto etiam cavit, ne quis e ceteris Thebanis vel occideretur, vel fugiens caperetur: Pythean (fi captus fuiffet) ad fe duci iuffit: et is quidem ubi in hoſtium poteſtatem venit, ad Metellum perduἐtus,me⸗ rito afleἐtus eſt fupplico. Quum iam prope ad Megarae moenia Romanus accederet, ſtatim Alcamenes cum praefi⸗ diariotum manu Corinthum inAchacorum caſtra confugit. Megarenſes urbem fine certamine Romanis dediderunt. Metellus ubi primum Iſthmum attigit, etfi profpere et omnia eveniἀant, ad pacis tamen conditiones ultro Achaeos invita⸗ bat. Vehementius enim follicitabat hominem utriusque belli, Macedonici fcilicet et Achaici, conficiendi fpes. Hu⸗ ius quo minus fieret voti compos, Diaei ſtultitiae plenum conſilium obſtitit.

CAP. XVI. Dum haec aguntur, Mummius Oreſtem, qui ante inter Achaeos et Lacedaemonios arbiter fuerat, fe⸗ cum habens, mane ad exercitum pervenit. EtMetello, qui⸗ dem cum fuis eopiis in Macedoniam amandato, ad Iſthmum ipfe fubſtitit, donec univerfum agmen coegiffet. Fuit mi⸗ litum numerus, equites ter mllle et quingenti, peditum vi⸗ ginta tria millia. Praeflo fuerunt Cretenfes fagittarii: et e Pergamo, quae fupra Caicum eſt, ab Attalo miffam ma⸗ num adduxit Philopoemen. Secuta etiam auxilia Mummiam fuerant ex Italia. Aberant caſtrorum excubiae duodecim ferme ſtadia. (2) Eas Achaei adorti prae nimia fiducia diſſipatas, multos occidunt, plures loco pulfos usque incaſtra perfequuntur: fcuta fere quingenta cupta. Hoc elati fuo⸗ ceffu Achaei, priores pugnam pofcere funt aufi: verum ubi Mummius in hoſtem aoiem direxit, Achaeorum equita⸗ tus ad primam Romanorum equitam, contra quos ſteterat, impreffionem, in fugam fe dedit. Suſtinuit gravis hoſtium armatura primum Romani peditatus congreffum, etfi ani⸗ mos non mediocriter fregerat fubita illa equitum fuga; et fola quidem audacia, longo impares numero, et iam dimi⸗

cando farigati, reſtiterunt tamen, quousque mille hominum
lectiſſimorum globus e transverſo in latera invaſerunt; tunc
enim ex omni parte effuſiſſimam fugam fecere. Quod ſi
Diaeus ab adverſo praelio Corinthum ſe recepiſſet, eodemque diſperſas ſuorum reliquias Ꝺcgiſſet, potuiſſent fortaſſe
Achaei a Mummio obſidionis moram non ſatis aequo animo
patiente, mitius aliquid impetrare. (3) At ille, ut primum ſui terga hoſti vertere coeperunt, recta Megalopolin
evaſit: in Achaeis ſervandis haudquaquam ea uſus animi
magnitudine, qua Calliſtratus Fmperli filius olim ſuorum
ſaluti conſuluerat. Is enim ip Sicilia ad Aſinarum amnem,
Athenienſium, et eorum, qui eius expeditionis focii fuerant,
copiis prope ad internecionem deletis, per medios hoſtes
equitibus, quorum ipſe dux erat, viam fecit; ac deinde
Catanam cum magna ſuorum parte incolumis elapſus, mox
eadem via Syracuſas pergens, eos opprimere eſt conatus,
qui caſtra Athenienſium diripiehant. Ibi quinque ex hoſtium numero caeſis, ipſe equo ſaucio aliquot lethalibus vulneribus acceptis, parta et Athenienſibus et ſibi inſigni gloria, ſervatisque, quibus Imperarat equitibus, mortem oppetiit. (4) At Diaeus illius virtutem minime aemulatus,
amiſſa Achaeorum copiis, Megalopolitanis imminentis calamitatis nuncium attulit: ac poſtremo mann ſua uxore, ne
captiva in hoſtium poteſtatem veniret, occiſa, hauſto ipſe
veneno occubuit: et ſane uti pecuniae cupiditate Menalcidae par fuit, ſic propemodum vitae exltum habuit mortis
turpitudine conſimillimum. Achaei, qui Corinthum poſt
pugnam confugerant, intendentibus ſe noctis tenebris, clam
abiere, et cum illis Corinthiorum longe maximus numerus. (5) Mummius, etſi apertas videbat portas, ſuorum
tamen celeritatem cohibuit, quod ne intra muros inſidiae
compararae fuiſſent, metuebat. Tertio demum poſt pugnam
die Corinthum vi cepit, cremavitque: viri omnes trucidati,
foeminae et pueri Mummii iuſſu ſub corona venditi: venditi
etiam ſervi, quicunque manumiſſi in Achaeorum acie ſteterunt,
neque in praelio ceciderant. Ornamenta, et ſigna admiratione quaeque digniſſima, Romam aſportata: relliqua Attali auxiliorum duci Philopoemeni donata, et hac ipſa etiam
aetate apud Pergamenos *inter cetera* Corinthiorum ſpolia viſuntur. *Aliarum* urbium, quae contra Romanos bellum ſu-
ſceperant, muros Mummius deiecit, arma civibus ademit:
*atque haec omnia egit*, priusquam ab Urbe mitterentur, quorum conſilio *in Graeciae rebus* ordinandis uteretur. (6) Ubi
vero adfuerunt illi, *ſtatim* omnem e civitatibus popularem
adminiſtrationem ſuſtulit: Magiſtratus ex cenſu inſtituti:
tributa *universae* Graeciae impoſita: locupletibus antra fines
ſuos agri poſſeſſione interdictum: concilia omnia ſingula-
rum Achaei nationum, ſive in Boeotia, ſive in Phocenſibus
haberentur, abolita. Non multis poſt annis Romanos Graecorum miſericordia cepit. Quare et priſca concilia ſua
cuique genti reſtituta, et agros extra fines habere permiſ-

fum: remiffas etiam, quas Mummius civitatibus conftitue-
rat, multae. Boeotos enim ille, et Euboeenfes Heracleotis
talenta centum: Achaeos Lacedaemoniis CC pondere iuf-
forat. Haec illis *civitatibus* pecunia omnis a Romanis con-
donata. Porro *redaδa aniverja (icraria in provinciae formam*
mittitur etiamnum *ad eam obtinendam* ex Urbe Praetor; quem,
Achaiae non Graeciae appéllant, quod fcilicet Graeci fub-
adi funt principatum obtinentibus Achaeis. Confadum eft
Achaicum bellum, fummum magiftratum Athenis gerente
Antitheo, Olympiade CLX, qua *de ftadio* vidor eft renunciatus Diodorus Sicyonius.

CAP. XVII. Atque his quidem [temporibus Graecia
iampridem multis lacerata et vexta adverfis rerum cafibus,
ferpente a fingulis membris fati fui quafi tabe quadam, ad
ipfa univerfa corporis *(ut ita dixerim)* vitalia, quod reliquum fuit opum atque imperii, amifit, Argos, quae heroicis olim temporibus admodum potens et opulenta fuerat
civitas, translato ad Dorienfes regno, acerbiorem experiri
fortunam coepit. Athenienfium rempublicam poft Pelo-
ponnefiaci belli et pellilentiae cladem refpirantem, et
quafi emergentem, Macedonum potentia paucis poft annis
oppreffit. Boeotiis Thebis Alexandri iracundia exitio fuit.
Lacedaemonios Thebani Epaminondae virtus, ac deinde
Achaeorum arma perculere. Poftremo Achaeorum imperium, quum quafi ex intermortua materiae redivivum far-
mentum furgere conaretur, quo minus invalefceret, imperatorum fuorum obftitit improbitas. (1) Multis poft aetatibus quum ad Neronem Romanorum imperium perveniffet, is Graeciae fine Romani imperii detrimento fuam reddidit libertatem. Pro ea enim Sardiniam praedivitem infulam in provinciae formam redegit. In hoc Neronis fadum
quum intuor, rcfliffime mihi videtur Plato Ariftonis filius
dixiffe, graviffima quaeque, et maxime infignia peccata
non effe leviorum aut mediocrium ingeniorum offenfiones;
fed ab animi praeclara quadam indole, vitiofa, educatione
depravata, proficifci confueviffe. Sed enim non fuit hoc
beneficium Graecis ad diuturnitatem ftabile. Nam quum
imperii gubernacula poft Neronem Vefpafianus teneret, is
Graecos, quafi patrio morbo feditione laborantes, coer-
cuit: et *enam* vadigali impofito, Romanis magiftratibus
parere iuffit, quod diceret, libertate uti Graecos iam dedi-
diciffe. Et haec quidem de Achaeorum rebus geftis quae
commemorarem, habui. (3) Agri fines inter Achaeos et
Eleos Lariffus amnis eft; et in ipfa fere fluminis ripa Larif-
faeae Minervae templum. Abeft a Lariffo Achaeorum urbe
Dyme ftadia ferme quadringenta. Hanc Philippus, Demetrii filius, bellum cum Achaeis gerens, unam ex omnibus,
quae Achaeis parerent, dido audientem habuit: et hanc
unam ob culpam Olympicus, et Ipfe Romanus dux, militi
Dymen diripiendam dedit; Auguftus eam poftea Patrenfibus
attribuit. Prifcis temporibus Palea eft appellata. Hoc quod

nunc habet nominis, tunc accepit, quum in Ionum adhuc
ditione effet. Neque vero fatis mihi liquet, utrum a Dyme
foemina indigena, an a Dymante Aegimii filio fit nuncupata.
Quod fi quis torte elegos legerit, qui ad Oibotae flatuam
in Olympia infcripti funt, is facile de huius urbis nomine
ambigere poffit. Oibotae quidem Dymaeo palma de ftadio
data Olympiade VII: flatua vero in Olympia ex Delphico
quodam refponfo octogefima demum Olympiade erecta. Ad
eum hi verfus infcripti:

Oculae Oibotas ftadium fuperavit Achivus,
Per quem Palea clarius enituit.

Verum nihil nominis haec commutatio, quod fcilicet non
Dymen, fed Paleam hi verfus nominent, quenquam contur-
bacit. Prifca enim nomina carminibus aptiora iudicantur,
et ea in primis ufurpant Graeci poetae, qui Amphiaraum
et Adraftum Phoronidas, Erechthiden Thefeum folent appellare. (4) In fuburbano Dymes agro, ad viae dexteram,
Softrati fepulcrum exftat. Fuit hic indigena adolefcentulus, Herculi (ut aiunt) in amoribus, et fuperftitem illi Herculem ipfum tumulum puero feciffe memorant, capillum-
que inferias mififfe. Aetate etiamnum mea imminet terrae
aggeri pila, cui Herculis fignum infiftit. Parentare vero
Softrato populares fuos accepi. (5) Habent iidem Dymaei
Minervae aedem, et fignum, prifci utrumque operis. Aliud
etiam apud Dymaeos Dindymenae matri et Attae dedicatum eft fanum. Attes quidem hic quisnam fuerit, nihil
omnino arcani ufpiam comperi. Hermefianax elegorum
fcriptor verfibus prodidit, Calai Phrygis filium fuiffe, et ad
fobolem procreandam plane inutilem editum a matre. Quum
iam adoleviffet, in Lydiam migraffe, ibique Magnae matris
caeremonias monftraffe: tanto vero in honore apud deam
fuiffe, ut id molefte ferens Iupiter, immanem aprum in Lydorum fegetes immiferit; a quo et alii o Lydia, et ipfe At-
tas interemptus fuerit. Fidem rei faciunt Gallogracci Pe-
finuntis incolae. Sue enim tanquam impura beftia omnino
abftinent. Sed alius longe fermo de Atte eft apud ipfos
memoriae confecratus. Iovem fabulantur per fomnum in
terram femen profudiffe; ex eo terrae conceptu genium
humana quidem figura, fed ambiguo fexu, in lucem prodiiffe,
Agdiftin appellatum: deos monftro exterritos virilem ei
partem execuiffe: ex ea amygdalum enatam: cuius quum
maturos fructus appetiffet Sangarii amnis filia, eosque in
finum abdidiffet, evanuiffe illos quidem: verum puellam
gravidam factam, puerum enixam: hunc in fylva expofitum, a capella educatum, quum adoleviffet, eximia fuiffe, et
multo quam humana excellentiore pulchritudine: quocirca
atri eius amore captum Agdiftin. Quum ad virilem aetatem perveniffet, Pefinuntem eum propinqui fui miferunt.
Ibi quum regis filiam uxorem effet ducturus, et iam nuptiale
carmen cantaretur, repente Agdiftis interveniens tantum At-

tae humilis furorem, ut fibi pudenda praecideret. Hoc item
focer ipfius fecit. Agdiffin facli poenituit. Quare a Iove
impetravit, ne qua in pofterum corporis Attae pars putre-
fceret aut tabefceret. Haec de Atte memoriae prodita.
(6) In Dymaeorum finibus Oibotae curforis victoriae monumentum exflat; qui quum primus ex Achaeis Olympiae
coronam meruiffet, neque ullum apud cives fuos eo nomine
praecipuum honorem effet adeptus, imprecatum Achaeis
aiunt, ne quis ipforum unquam palmam Olympicam ferret.
Exflitit omnino deorum aliquis, cui fuit curae ratam facere
eam Oibotae execrationem. Id tum demum refciverunt
Achaei, quum fe mirantes Olympicarum palmarum compotes fieri nunquam amplius potuiffe, Delphos ad oraculum
miferunt : et tunc quidem, quum et alla in Oibotae honorem inflituiffent, virique flatuam in Olympiam mififfent. mox
Soflratus Pelleneus in ftadio pueros vicit. Et hac etiamnum aetate Achaeis athlotis folenne, ut priusquam in Olympicam certamen defcendant, Oibotae parentent, einsque flatuae victores coronam imponant.
   CAP. XVIII. Stadia ferme XL progreffis a Dyme, Py-
rus amnis in mare decurrit : in cuius prope ripa Achaeorum urbs Olenus olim incolebatur. Et Herculis fane, qui
vitam ac res geftas verfibus commemorarunt, prope omnes
in eo non minimam carminum fuorum partem confumferunt,
a quo Oleni rege, et quibus muneribus hofpitaliter fuerit
acceptus. Ac parvum certe ab initio olim fuiffe oppidum
teflantur elegi. quos in Eurytionem Centaurum fecit Hermefianax : infequentibus dein temporibus ex Oleno propter
civitatis imbecillitatem, Plras et Euryteas fe incolas recepiffe. (2) Ab amne Piro ftadia ferme LXXX dillat Patrenfium urbs; a qua non procul in mare Glaucus amnis
erumpit. Qui de Patrenfium antiquitate monumenta conficiunt, eam regionem primum omnium incoluiffe indigenam Eumelum tradunt, et paucis hominibus imperaffe. Ad
eum ex Attica veniffe Triptolemum, a quo et fruges acceperit Eumelus, et rationem urbis condendae : et primam quidem
urbem, fumto nomine de terrae cultu, Aroan appellatam.
Triptolemo confopito Eumeli filium Anthean ad Triptolemi
currum dracones fungere aufum. et ex eo frumenta ferere,
de curru vero excuffum, diem obiffe : Eumelum et Triptolemum de pueri nomine communi confilio a fe conditam
urbem Anthean nuncupaffe : quo tempore tertiam quoque urbem inter Aroan et Anthean, Meffatin erectam memorant.
(3) Quae vero Patrenfes praedicant de Libero Patre, quod
intra Meffatin oppidum educatus, quodque ibidem Panum
infidiis prope fuerit circumventus, nihil fermones de Meffa-
tis nomine refellens, ipfismet rem totam exponendam relinquo. Fictis deinde ab Achaeis Ionibus, Patreus Preugenis filius, Agenoris nepos, Achaeos edicto vetuit Anthean
et Meffatin incolere : Aroes vero pomoerio ampliato, veterem oppidi ambitum novo inclufit, et Aroen de fuo nomine

Patras. vocavit. (4) Agenor fuit Preugenis pater, Aret
filius, Ampycis nepos: Ampyx vero Peliae filius. Is ab
Aegineta, Derito, Harpalo. Amyela, Lacedaemone ordinem gentilitatis ducebat. Hi Patreo natales fuere. (5)
Patrenfes vero privatim aliquando foli ex Achaeis omnibus
in Aetoliam transmiferunt, quo Aetolis veteribus amicis
adverfus Gallos auxilium ferrent. Infigni vero clade pluribus praeliis accepta, fortunis prope omnibus everfi, Patras
longe maxima pars reliquere. Hi per agrum difperfi, quo
fe ex terrae cultu recolligerent, oppida incolere coeperunt Meffatin, Anthean, Bolinen, Argyrrin, Aroan. Au-
guflus deinde, vel quod ad navium appulfum Patras valdo
effe appofitas iudicaret, vel alia quacunque de caufa, remi-
grare omnem illam multitudinem ex illis oppidis Patras iuffit.
Quin eodem Rhypis Achaeorum urbe, fundituus everfa, multitudinem omnem traduxit. Et folis certe Patrenfibus, ex
Achaeis omnibus, ut fua libertate uterentur, conceffit; atque alia in eam civitatem beneficia contulit, quibus a fo
deductas colonias Romani afficere confueverunt. (6) Eft
Patrenfibus in arce Laphriae Dianae fanum: peregrinum
deae cognomen, et ipfum deae fignum aliunde huc deportatum.. Calydonem enim, atque adeo ceteram Aetoliam,
quum pervaftaffet Auguftus, quo Nicopolin a fe conditam
urbem ad Actium promontorium nobilitaret, Aetolisum hoc
Laphriae fimulacrum Patrenfibus datum. Nam quum multa.
quae Aetolis et Acarnanibus ademerat, figna Nicopolin
tranfportanda curaffet, de fpoliis Calydonis et alia ornamenta, Patrenfibus, et hoc ipfum Laphrine Dianae fignum
donavit; quod hac ipfa etiam aetate a Patrenfibus in arce
colitur. Cognomen deae inditum a Phocenfi homine tradunt: Laphrium enim, Caftalii fratrem, prifcum Dianae
fignum apud Calydonios dedicaffe. Sunt qui ex eo id cognominis extitiffe putent, quod temporis longiore fpatio
fuiffet levior in Calydonios deae ira, quam ante graviffimam
adverfus Oenea exercuerat. Praefert fignum venatricis habitum, ex ebore vero et auro eft fabricatum: opifices fuere
Naupactii Menaechmus et Soidas, quos Canacho Sicyonio
et Callone Aegineta non multo aetate fuiffe inferiores con-
liciunt. (7) Laphriae Dianae anniverfarium facrum patrio
ritu Patrenfes faciunt. Viridia ligna, fedecim cubitum lon-
gitudine, fingula, circa aram in orbem difponunt, intra
aram aridiffima. Clivum ad aram fub feftum diem fubacto
limo ad gradus aggefto extruunt: pompam deae magnifi-
centiffimo apparatu transmittunt: in ea virgo, quae facerdotio fungitur, poftrema omnium cervorum bigae curru invehitur: poftero die facra rite celebrantur magno tum publico, tum privato omnium ftudio. Intra arae feptum viventia
animalia coniiciunt, efculentas aves, et cuiusvis generis
victimas, apros etiam, cervos, capreas, luporum et urforum
catulos, nonnulli praegrandes et adultas iam feras. Addunt et pomiferarum cuiusvis generis arborum fructus.

Immiſſis ignibus, urſos vidi et alias feras in exteriorem arae
partem flammarum impetu eieĉtas, nonnullas etiam e vinculis elapſas.  Omnes e fuga reportatas, in rogum reponunt;
neque omnino unquam, ut a fera quisquam ulla laederetur,
(uti ipſi aiunt) contigit.

CAP. XIX.  Eſt inter Laphriae Dianae aedem et aram.
Eurypyli monumentum.  Hic quisnam fuerit, et quam ob
cauſam huc venerit, iam exponam, ſi prius tamen ſub Eurypyli adventum, qui fuerit in his locis hominum ſtatus, enar-
ravero.  Tenentibus Aroen, Anthean et Meſſatin Ionibus,
in domo quadam ſacra fuit area et aedes Dianae cognomento Triclariae.  Huic quotannis feſtos dies agitabant, et
lectiſternium faciebant Iones.  Sacerdotium penes virginem
erat, usquedum illa nuberet.  (2) Accidiſſe autem aiunt
ut, quum hoc fungeretur ſacerdotio virgo eximiâ admodum
ſpecie Comaetho nomine, eius amore Melanippus caperetur
adoleſcens, tum ceteris laudibus, tum vero corporis forma
aequalium ſuorum longo praeſtantiſſimus.  Hic quum amore
ſibi mutuo puellam devinxiſſet, uxorem eam a patre ſibi po-
poſcit.  Enimvero eſt ita natura comparatum, ut ſenes quavis in re iuvenibus adverſentur, atque in primis, *obſtiti ſi iuvenes aliquando fuiſſe*, eorum ſint amoribus oppido quam in-
fenſi.  Quare nihil iuvenis aequum aut mite vel a ſuis, vel a
puellae parentibus impetrare potuit.  Sedenim quantam
quum ad humana, tum ad divina iura violanda vim habeat
amor, et alia ſaepe *rerum eorum*, et Menalippi *caſus fatile*
declaravit.  Etenim in ipſa Dianae aede iuvenes congreſſi,
cupiditatem ſuam explerunt, ac ſaepius deinde templo aeque ac thalamo *geniali* abuſi ſunt.  Atque illi quidem brevi
morbo conſumti, impietatis poenas Dianae dedere.  Conſecuta vero eſt ex laeſi numinis ira ſumma terrae ſterilitas,
et miſeranda hominum lues.  Indicavit tandem Delphici
oraculi vox, Melanippi et Comaethus libidinem tantae calamitatis cauſam fuiſſe: et ſimul Dianam placari poſſe docuit,
ſi quotannis virgo et puer, qui forma eſſent praeſtantiſſima,
deae mactarentur.  Qnum ſacrum itaque fieri inſtitutum
fuiſſet, ex eo fluvius, qui Triclariae Dianae templum praeterlabitur, Amilichus (*quod eſt ac ſi immitem dixeris*) eſt appellatus.  Nam ante ſine ullo fuit nomine.  Attulit Melanippi
et Comaethus *ineſtum* facinus, pueris et virginibus, qui nulli
ipſi culpae affines fuerant, perniciem, et eorum parentibus
luctum: ipſi vero, quos inaxime noxios eſſe oportuit, poenam omnein morte effugerunt.  Sed amatoribus longiſſimae
vitae inſtar fortaſſe fuit fructus is, quem ex amoribus ſuis
capere potuerunt.  (3) Sacri tam immanis eum memorant
finem fuiſſe, quod quum ex Delphici Apollinis oraculo ante
cognoviſſent, a peregrino aliquando rege peregrinum item
deum importatum iri, ac tunc demum deſituros humana
hoſtia facere: Ilio capto in diviſione praedae Eurypylo Euaemonis filio arca obtigit, in qua incluſum fuerat Liberi Patris
ſignum, quod a Vulcano fabricatum putabant, dono vero

a Iove Dardano datum. (De ea arca duplex fermo proditur.
Alii enim ub Aenea In fugam Iam fe coniiciente relictam;
alii a Caffandra *dedita operi* abiectam dixere, quum fciret
illam magno Graecorum alicui, *qui eam forte fuflulifiet*, malo
futuram) Arca Eurypylus aperta, flatim ut fimulacrum con-
fpexit, montis impos eft fa.'lus, atque adeo ut, quum perpetua prope agitaretur infania, raro admodum ratione uteretur. Quare quum ita effet affectus, non in Theffaliam
fuae curfum navigationis direxit; fed quum Cirrham per
Cirrhaeum finum applicuiffet, Delphos perrexit, et oraculum quanam ratione furoris illo morbo liberari poffet, confuluit; refponfum vero ei redditum, ut quo in loco homines offendiffet peregrino ritu facrum facientes, ibi arcam
expofitam dedicaret, et ipfe fedem ibidem fuam flatueret.
Delatus inde ventis Aroen Eurypylus, quum in litus exfcen-
deret, forte in illud incidit tempus, quo ad Triclariae
aram puer et virgo propo erat ut mactarentur: atque ille
quidem haud magno negotio facrum illud animadvertit cum
oraculi voce congruere. Rediit et incolis in memoriam,
quum regem, quem ante nunquam viderant, et arcam fimul
confpexiffent, quod iampridem et ipfis praedictum fuer..t;
ac, *quod res erat*, illa arca dei cuiusplam fignum contineri
fufpicati funt. Hic rei *fortuitus* eventus Eurypylum in-
fanis, facri infamia oppidano? liberavit: et fluvius *nutat*
*ornine*, Milichus (*quod initem fignificat*) coeptus eft appellari.
Scripfere nonnulli, non accidiff?, quae !commemoravi-
mus, Eurypylo Theffalo; fed Eurypylum, Dexameni Oleni
regis filium, ab Hercule, cuius in oppugnatione Ilii comes
fuerat, arcam accepiffe. Quadrant alia cum fuperiore expofitione. Sedenim nequo Herculem adduci poffum, quid in
arca abditum effet ignoraffe; vel id fi refciffet, fatale donum
belli *duntaxat* focietate fibi coniuncto homini daturum fuiffe.
Patrenfes quidem ipfi Eurypylum unum ex antiquitatis patriis monumentis norunt, Euaemonis filium; cui parentalia
faciunt anniverfaria poft Liberi Patris facrum.

CAP. XX. Deo, qui in arcam fuerat abditus, cognomen eft Aefymnetes. Praefunt eius religioni novem viri e
civitatis principibus, et foeminae primariae totidem: ac per
dies quidem feftos, nocte una figuum ex arca depromit facerdos. Ea nox hanc habet *folennis pompae quafi* praerogati-
vam. Defcendunt etiam ad Milichum fluvium oppidanorum
liberi omnes cum fpiceis coronis, et eodem omnino ornatu,
quo ad aram olim Dianae, qui mactandi erant, deduceban-
tur. Eas coronas deae nunc fufpendunt; ac deinde ubi fe
flumine abluerint, novis ex hedera impofitis coronis, *reffa*
ad Aefymnetae fanum procedunt. Ad hunc propemodum
ritum facrum peragitur. (1) Intra Laphriae ambitum,
Minervae etiam aedes eft cognomento Panachaeidis; cuius
fignum ex auro et ebore. Defcendentibus ad inferiorem
urbis partem, eft matris Dindymenes delubrum; in quo
Attes etiam colitur, etfi nullum eius monftratur fignum;

nam *Magnae* matris ipsius marmoreum est. In foro Iovis Olympii templum est: sedet ipse in solio, prope adsistente Minerva. Secundum Olympii, Iunonis est simulacrum. Apollini etiam fanum dedicarunt: dei nudum est ex aere signum, pedibus tantum calceatis, quorum altero bovis calvae insistit. Delectatum vero bobus Apollinem, in hymno, quem in Mercurium fecit, docet Alcaeus, boves surreptas Apollini a Mercurio memorans. Sed ante Alcaeum versibus prodidit suis Homerus, *certa* mercede Laomedontis armenta Apollinem pavisse: idemque ita loquentem in Iliade Neptunum secit:

> Ipse ego Troianam vallabam moenibus urbem
> Tam lata pulchrisque, ut inexpugnabilis esset:
> At tu Phoebe boves camuras tunc pastor agebas.

Hanc ergo figmenti de bovis calva rationem habuisse fictorem coniicere licet. In foro sub divo positum est Minervae signum; in cuius fronte est Patrei sepulcrum. (3) Cum foro Odeum (*quod est ae si Capitolium ium diaeris*) coniunctum est. In eo Apollinis simulacrum eximia admodum specie. De manubiis illud Patrenses secere, quum ex Achaeis omnibus soli, Aetolis contra Gallos auxilium tulere. Exornatum Odeum illud est omnium, quae in Graecia sunt, magnificentissime, excepto duntaxat eo, quod Athenis est. Illud enim et magnitudine, et ornamentorum insignibus facile superat *quoi vavis operum splendorem*: ab Herode vero Attico in mortuae uxoris memoriam est dedicatum. Eius certo operis in commentario de rebus Atticis idcirco nullam secimus mentionem, quod eam historiam ante quam Herodes Atticus exaedificationem illam instituisset, perscripseramus. *Sed ad Patrenses redeo.* E foro abeuntibus, qua parte est Apollinis aedes, porta est in eo *urbis* exitu, et supra portam Inauratae statuae *puerorum* eminent, Patreus, Preugenes, Atherion, qui dum Patreus puer esset, eius aequales suere. (4) In adversa fori regione, iuxta eundem exitum, suum est cum area sacra Dianae Limnatidis. Aiunt, tenentibus iam tum *ab initio* Lacedaemona et Argos Dorienfibus, Preugenem ex quodam somnio Limnatidis signum Spartanis surripuisse; in ea re servi, cui fidem habebat maximam, opera usum. Mesoae reliquo tempore servatur, quo a Preugene primum est e Sparta deportatum: verum ipso Limnatidis festo die, e sacris servis unus e Mesoa illud transfert Patras in aream deae. (5) In ea area sunt et aliae sacrae aedes non sub dio illae quidem, sed ad eas per porticus quasdam est aditus. Ibi Aesculapii signum, praeter vestem, e marmore; Minervae ex ebore et auro est fabricatum. Ante Minervae templum, Preugenis monumentum est; ad quod anniverfaria sit parentatio, eo ipso tempore, quo Limnatidi solennia peraguntur sacra. Non longe a theatro aedes duae sunt, Nemesis una, Veneris altera. *Dearum* signa e candido marmore sunt, insigni utrumque magnitudine.

Cap. XXI. In eadem urbis regione templum est Liberi
Patris, cui cognomen Calydonio. Est enim et huius dei
fignum e Calydone deportatum. Fuit, dum Calydon fle-
tit, inter alios Liberi facerdotes Corefus, cui ex amore in-
digniſſimi caus evenere. Amabat hic Callirhoen virginem;
et quanto erat Coreſi amor vehementior, tanto erat puellae
animus ab eius cupiditate alienor. Quare quum neque pre-
cum, neque munerum ullo genere, omnia expertus Corefus, virginem flectere potuiſſet, poſtremo fupplex ad Liberi
fignum confugit, veniam poſcens. Non fuit irrita facerdotis
precatio: liquidem inceſſit ſtatim Calydoniis ebrietati perſi-
mllis quidam furor; ex quo paſſim populari vefaniae morbo
interibant. In ea lue Dodonae oraculum confulendum cenfuerunt. Erat enim illis temporibus apud eius orae incolas,
Aetolos, et eorum finitimos Acarnanas et Epirotas, colum-
barum, quae e quercu refponfa dabant, eorum populorum
fide fancita, valde inclyta fama. Refponfum qui miſſi fuerant tulere, placandum Liberum, cuius ira tantam appor-
taſſet perniciem, Eſſe vero placandi numinis unam illam
rationem, ſi ad eius aram Corefus vel Callirhoen immolas-
fet, vel alium, qui fe pro illa devoviſſet. Puella quum fruſtra
deprecando, ne impetrato quidem eorum, a quibus educata
fuerat, auxilio, caedi deſtinata eſſet, et iis omnibus comparatis, quae ad facrum ite peragendum in promptu eſſe
oportere Dodonaei Iovis oraculum monuerat, cum inſulſi
victimae ornatu ad aram iam deducta fuiſſet: Corefus ipfe,
qui facris praeorat, amore victus, nihil iam pritinae in puellam irae iudulgens, feipfum pro illa occidit: ac dedit ille
omnium, quorum extet memoria, maxime faevum amoris
fpecimen. Commota rei fpectaculo Callirhoe, animum
flexit; et in commiferationem tam diri cafus verfa, et ipfa
fewet ad fontem, qui non procul abeſt a Calydonis portu,
iugulavit. Eum fontem poſteri de puellae nomine Callirhoen nuncuparunt. (2) Eſt apud Patrenfes non longe a
theatro indigenae cuiusdam foeminae facrarium, in quo Liberi figna totidem, quot funt oppida Achaeorum, et iisdem prope nominibus, Mefateus, Antheus, et Aroeus.
Signa haec, ipfis Liberalibus, in Aefymnetae deportant.
Templum vero Aefymnetae in maritima urbis parte fitum
eſt, ad eius viae, qua e foro exitus patet, dexteram. Defcendens ab Aefymnete, aliud confpicias templum, et fignum e lapide; quod Salutis nuncupatur. Dedicatum aiunt
iam tum ab Eurypylo, qnum infaniae morbo liberatus fuit.
(3) Proxime ad portum Neptuni aedes eſt, cum figno marmoreo, cuius rectus eſt flatus. Neptunum qu:dem, praeter
ea cognomina, quae a poetis ficta funt ornandi carminis
caufa, fuis gentes prope fingulae patriis appellarunt nominibus. Communia vero fere omnibus, et maxime infigvia,
Pelagaeus, Afphaliaeus, et Hippius. Ad mare, et portuum
fecuritatem, prima videntur tognomenta pertinere: hoc poſtremum, qnod equeſtrem fignifivat, alius alia de caufa deo indi-

tum fufpicari poffit: ego ex eo coniicio, quod equitationem
primus Neptunus invenifle dicatur. · Homerus quidem,
quo loco certamen equorum defcribit, Menelaum facit ius,
Iurandum concipientem per huius ipfius dei numen:

Eu age equos tangens Neptuni numina iura,
Fraude meos nulla prudens tardare iugales.

Pamphus vero, vetuftiffimorum apud Athenienfes hymnorum auctor, Neptunum appellat equorum ac turritarum ve-
lorumque navium largitorem. Satis itaque probabile, non
aliunde eum, quam ab equitatione nomen adeptum. (4)
Patris quidem non procul a Neptuni. Veneris templa funt.
Deae fignum e duobus, *quae ibi dedicata funt*, alterum e
mari pifcatores funda extraxerunt una ante me aetate. Sunt
et ante portum ex aere Martis figna. Eft facra etiam Apollini et Venori *communis* area, cum ipfo fere portu coniuncta.
Simulacris os, manus, et lini pedes e marmore: reliquae
partes e ligno funt. Eft etiam in ipfa maritima ora lucus,
in quo curricula luculenta, et aeftivae flationes valde ele-
gantes. In eodem luco Apollinis et Veneris delubra fpectantur cum fignis marmoreis. Proximum luco eft Cereris
fanum: dea ipfa et Proferpina ftant, Telluris effigies *in folio*
fedet. (5) Pro Cereris aede fons eft, qui a templo lapideo pariete fecluditur: ad eum fontem per exteriorem tramitem defcenditur. Ibi oraculum maxime veridicum eft.
Cognofcuntur ex eo non rerum omnium, fed morborum
duntaxat eventa. Speculum tenui fufpenfum funiculo de-
mittunt, ita librantes, ut in fonte omnino non mergatur,
fed imo ambitu fummam aquam contingat. Exinde ubi odores adoleverint, et rite deam precati fuerint, infpiciunt in
fpeculum: et ex eius imaginibus, periturusne an victurus is
aeger fit, *de quo confuluerunt*, divinant. Neque latius omnino
huius aquae divinatio patet. (6) Eft vero in Cyaneis ad
Lyciae fines Apollinis Thyrxei oraculum, Cyaneis *petris*
proximum; ubi qui in fontem defcenderit, plane omnia,
quaecunque velit, praefcire poffe dicitur. Sunt etiam Patris
iuxta lucum duo Serapidis templa: in quorum altero Aegypti Beli filii monumentum. Aegyptum Aroen venifle
tradunt Patreofes, filiorum luctu confectum, quum ipfum
Argorum nomen exhorrefceret, et in primis a Danao fibi
plurimum metueret. Eft etiam apud Patrenfes fupra arcem,
ad eam portam, per quam exeunt, qui Meffatin iter habent,
Aefculapii templum. (7) Foeminarum Patris quam virorum duplo fere maior eft numerus: et hae quidem, fi quae
aliae, ad Venerem pronae. Texendis e byffo Eliaca reticu-
lis et alia vefte, earum complures victum quaeritant.
CAP. XXII. Pharae Achaeorum oppidum Patrenfibus
eft ab Augufto attributum. Via intereft ftadium centum et
quinquaginta; a mari vero ad continentem fuperiorem
oram, *ftadiim intervallum* circiter LXX. Praeterfluit Pha-
renfium agrum fluvius Pierus, idem (opinor), qui et Oleni

ruinas praeterlabitur, quem maris accolae Pirum nominant.
In eius ripis platanorum lucus est, tanta arborum magnitudine ex ipsa vetustate, ut intra cavernas (multae enim
concavae sunt) qui velint, et epulari et recumbere possint.
Fori area magno et late patenti ambitu est; quo scilicet
spatio esse consueverant priscorum fora. (2) In medio
Mercurii marmoreum signum, cum barba, e quadrata basi
eminens, modica magnitudine. Testatur inscriptio a Mes-
senio Simulo dedicatum. Cognomen ei est Agoraeo, *quod*
*idem omnino est ac si Forensem dicas.* Proximo loco oraculum
est. Ante *Mercurii* signum Vesta, et ipsa marmorea; adpo-
sitae ei sunt plumbo ferruminatae aeneae lucernulae. Qui
Deum consulunt, Vestam primum thure incenso placant,
deinde oleo infuso lucernas accendunt: tum vero in ara
dextera parte nummum patria nota signatum (appellant
Aereum) dedicant. Vbi quod ex usu fuerit, interrogarit,
aurem simulacro admovet; inde e foro abiens manibus aures premit. Vbi e foro excessit, amota manu quam primum
excepit vocem, eam sibi oraculi loco ducit. Talis etiam
apud Aegyptios in Serapidis fano celebratur oraculi rel.gio.
Est Item Pharis aqua Mercurio sacra: Hama fonti nomen.
Piscibus parcunt, quod sacros Deo putant. (3) Prope
ipsum Dei signum lapides fere triginta erecti sunt quadrangula figura: singulos certis deorum nominibus appellantes
venerantur. Et sane Graecis olim omnibus patrium fuit,
rudes lapides pro dis, perinde ac simulacra ipsa, colere.
Est procul oppido stadia ferme quindecim, Castoris et Pollucis lucus, lauris consitus plurimis: aedes vero aut
signa in eo omnino nulla: aiunt incolae, Romam. quae
fuerant, suisse deportata: ara *tantum* extat lapide exquisito
exstructa. Oppidani pro certo non habent, Pharesne Philo-
damia Danai silia natus, an alius quis illi cognominis, eam
urbem condiderit. (4) Tritia quidem Achaeorum et ipsa
urbs a litore interior; Patrensibus haec quoque attributa
Caesaris voluntate. Abest a Pharis stadia centum et viginti.
In suburbano agro sepulcrum visitur candido lapide exstructum, insigne illud quidem tum reliquo opere, tum maxime
quod in eo Niciae relucent picturae. In eburnea sella sedet
eximia specie puella: adsistit puellae ancillula cum 'galericulo; et adolescentulus plane impuber tunica amictus, et
supra tunicam punicea chlamyde. ' Adstat et servulus cum
inculis, venaticos canes ducens. Nomina certe cognoscere
non potuimus; sed facile fuit coniicere, illud esse viri et uxoris monumentum. (5) Tritiae quidem conditorem Celbi-
dan sunt qui dicant fuisse; venisse vero illum e Cumis Opi-
cae terrae. Alii a Marte tradidere Tritiam Tritonis filiam
compressam: fuisse eam Minervae sacerdotem dum virgo
esset: Melanippum Marte et Tritia natum, urbem condidisse, et a se auctam de matris nomine appellasse. (6) Est
Tritiae fanum, quod Maximorum deorum vocatur. Simulacra sictilia sunt, Sacra his annua non alio ritu fiunt, quam

Libero Patri apud *eandem fere* Graecos. Minervae etiam aedes exta: deae fignum marmoreum hac aetate cernitur;
prifcum Romam fuiffe deportatum Tritaeenfes ipfi memorant.
Iidem Marti etiam et Tritiae folenne habent *rem* diviocm
facere. Atque hae quidem procul a mari, et plane interiores in continenti terra urbes funt. (7) Navigantibus Ae.
gium a Putris diftat ftadia quinquaginta promontorium, cui
nomen Rhion. Portus *ab opportunitate* Panormus, longe
abeft a promontorio ftadia quindecim. Totidem a Panormo
diftant, qui Minervae muri dicuntur: a quibus ad portum,
cui Caprifici nomen, oram legentibus intervallum ftadium
nonaginta. Inde ad Aegium fexaginta: pedeftre iter brevius ftadium quadraginta. Paululum abeft ab ipfo Patrenfium oppido Milichus amnis, et Triclariae templum, in quo
fignum omnino nullum reliquum eft. Situm hoc ad viae
dexteram. (8) Paulo longius progreffis alius eft amnis,
cui Charadrus nomen: e quo quae verno tempore potarint
pecudes, mares gignere creduntur foetuum partem maximam: eaque de caufa paftores aliorfum greges agunt, praeter bovillum tamen pecus. Id ab eo flumine idcirco non
reiiciunt, quod mares et ad ufum facrorum, et ad agrorum
cultum magis idoneos effe arbitrantur. Ceteri pecoris foeminas maiore multo aeftimatione dignantur.

CAP. XXXIII. Poft Charadrum ruinae funt non magnopere infignes Argyrae urbias et ad dexteram viae populuris,
fons Argyra: et Selemnus fluvius in mare *ea parte* exit.
(1) De eo indigenarum eft *pervulgata* fabula, Selemnum
egregia forma puerum, pecus ibi pafcentem, amatum ab
Argyra Nympha: illam e mari fubnatantem, ift fluminis alveo cum puero cubare folitam: non longo poft temporis
intervallo, quum pueri forma defloruiffet, ad eum venti-
tare Nympham defiffe: defiderio puerum contabuiffe, et a
Venere in amnem mutatum. Verum quum in aquam etiam
verfus Argyrae amore teneretur (haec enim Ipfi Patrenfes
memorant) ad eam (uti de Alpheo et Arethufa proditum eft)
aquas fubiens penetrabat; donec Veneris munere Nymphae
puerum cepit oblivio. Inde eam rim Selemnum habere creditum, ut qui viri, quaevo foeminae fe in eo abluerint,
amorum fuorum oblivifcantur. Quod nifi commentitium
effet, quantavis pecunia videri poffet ea Selemni aqua pre-
ciofior. (3) Ac Argyra modico intervallo fluvius abeft
Bolinaeus. Fuit ei proxima olim Bolina urbs. Virginem,
cui Bolina nomen, ab Apolline amatam tradunt; quae fugiens in mare fe proximum abiecerit, ac poftea Apollinis
miferatione Immortalitatem fit adepta. (4) Promontorium
inde mari Imminet. In hoc ipfum mare, fabula vulgavit,
Saturnum falcem abiaciffe, Coelum patrem quum execuiffet:
et ex eo promontorium Drepanum vocatum. Paululum fupra militarem viam cernuntur Rhypum ruinae: (5) ab illis diftat Aegium ftadia circiter XXX. Aegienfem agrum
perlabitur fluvius Phoenix, et item Meganitas: ambo in

mare influunt. Porticus suburbana Stratoni athletae erecta,
(qui Olympiae eodem die pancratii et luctae coronas cepit)
quo certum ubi se exerceret locum haberet. Habent Aegienses vetustum Lucinae fanum. Deae signum a vertice
ad calcem tenuf carbaso velatum, ligneum est praeter os,
summas manus, et pedes. Sunt enim hae quae non teguntur
partes e marmore Pentelico. Alteram manum porrigit, altera facem praefert. Attributas ei faces ex eo suspicari pos-
fis, quod parturientes dolores haud secus atque ignis urere
videantur; vel quod ipsa in lucem foetus profert. Simulacrum illud fecit Damophon Messenius. Non longe a Lucinae; est sacra Aesculapio area. In qua Hygiae sunt et Aesculapii ipsius signa. In basi incisi iambi indicant Messenii
Damophontis opus esse. (6) In hoc Aesculapii templo alter-
catio mihi fuit cum Sidonio homine, qui et rerum omnium
divinarum peritiores esse Phoenicas quam Graecos conten-
tebat: tum vero et inter ipsos aiebat Aesculapii patrem
Apollinem celebrari, matrem vero ei mortalem fuisse nega-
bat. Aesculapium enim aliud nihil quam aërem esse, ex quo
bona valetudo (quam Graeci ὑγίειαν appellant) tam homini,
quam cunctis aliis animantibus, existeret. Appollinem,
qui Sol ipse est, iure patrem Aesculapii perhiberi, quod an-
niversarias vicissitudines cursu conficiens suo, aëri salubri-
tatem impertiat. Haec ego illi facile assentiebar, sed non
esse magis Phoenicum eam opinionem, quam Graecorum
ostendebam: quum Titane etiam (quod est Sicyoniorum
oppidum) Aesculapii signum. Salubritatis dicuntur. Esse
vero vel puero manifestum aiebam, corporum in terra salu-
britatem Solis cursu effici. (7) Est item apud Aegienses
Minervae delubrum; et Iunonis lucus. Minervae ipsius duo
sunt e candido lapide signa: Ad Iunonis nemini, praeter
eam mulierem, cui sacerdotium obtigit, fas aspicere. Liberi
etiam aedes proxima theatro: signum impuberi ore est. In
foro etiam Iovis est area, cognomento Servatoris: et in
primo sane fori aditu ad laevam simulacra aenea duo, quorum alterum imberbis effigiem prae se ferens, multo esse
videbatur antiquius. At aenea signa, quae recta per militarem viam progressis, in cella quadam Neptuno et Herculi,
Iovi item et Minervae dicata sunt, Argivos nuncupant, vel
quod (ut Argivi dicunt) Argis fabricata fuerint; vel quod
Aegienses (ut ipsi quidem narrant) deposita illa apud se ab
Argivis, asservarint; quibus quum iussi essent quotidie sacra
facere, quo id sine publica impensa fieret, excogitasse, ut
ea ipsa, quibus postea in epulationibus vescerentur, disque
rem divinam facerent, consecrarent. Sed enim quum deorum aliquando repetissent Argivi, se quoque repetisse quam
in sacra erogassent pecuniam; illos, quum solvendo non
essent, signa reliquisse. Prope lorum communis Apollini
et Dianae aedes dedicata est. In foro etiam est Dianae templum: sagittas dea eiaculantis effigiem prae se fert. Est
etiam Talthybii caduceatoris sepulcrum; cui Spartae quoque

tumulus eſt aggeſta terra exſtructus:  et utraque civitatis
Talthybio parentat.

CAP. XXIV.  In maritima Aegii parte Veneris d-lu-
brum eſt: Neptuno deinde, Proſerpinae etiam, et Jovi Ho-
magyrio ( *quod eſt ac ſi Congregatori dicas*). templa dedicata
fuere.  In Jovis, dei ipſius, Veneris, et Minervae figna
exſtant.  (2)  Homagyrium cognomine appellarunt, quod
in hunc locum Graeciae principes Agamemnon coegit, quo
de illorum ſententia conſilium caperet, quae foret Priami
regnum bello adoriendi optima ratio.  Agamemnoni ipſi et
aliae potuerunt laudes attribui, et ea *quum fuit omnium,
quod fugel habita deletu*, cum iis tantum, qui nomina dedo-
rant, nullo evocato *e Graecia* ſupplemento, et Ilium et finitimas urbes expugnarit,  Proximum eſt Homagyrii, Pana-
chaeae Cereris fanum.  Sunt in Aegienſium litore eodem, in
quo templa, *haec memoratu digna.*  Aqua perrennis, et ex
ipſo capite bibentibus ſuaviſſima.  Saluris fanum: in quo
fignum cernere fas nemini, practer eos, qui facerdotio fun-
guntur.  Ibi facra, et alia rite peragunt, et ex ara deae
fumta liba in mare porriciunt, mittere fe illa Arethuſae
Syracuſas teſtantes.  Sunt et alia apud Aegienſes ex aere
fabricata figna, Iupiter puerili aetate, et Hercules impuber,
Ageladae Argivi opera.  His deliguntur quotannis facerdotes, quorum In aedibus aſſervantur figna.  Priſcis quidem
temporibus decernebatur Iovis facerdotium puero, qui primas pulchritudinis tuliſſet: cui iam pubeſcenti alius ſucce-
debat.  Hae patriae Aegienſibus religiones.  (3)  Conventus autem apud eos Achaeorum, hae etiam aetate celebratur: uti ad Thermopylas et Delphos, Amphictyonum.  Hinc
progreſſis, amnis Selinus; et ab Aegio ſtadiūm intervallo
XL, ad mare vicus eſt Helice, frequentis olim urbis nemen.
(4)  In ea fuit Ionibus religioſiſſimum Neptuni Heiconii
templum.  Manſiſſe apud fe cultum eius dei memorant, a
quo primum tempore ab Achaeis eiecti, Athenas primum,
atque inde poſtea ad maritimam Aliae oram coulugere.  In
Mileſiis etiam, qua ad Bibliadem fontem jter eſt, ante ipſam
urbem ara monſtratur Neptuni Heliconii.  Et item apud
Teios ambitus eſt et ara Heliconii plane opere ſpectando.
Quin et Homerus Helices et Heliconii Neptuni mentionem
verſibus inſeruit fuis.  (5)  Interiecto dein tempore, quum
habitantes ibi Achaei ſupplices e templo abſtractos truci-
daſſent, non fuit lenta *aut fegnis* Dei *as pcenam cep'andam*
ira.  Vehemens enim terrae ac repentinus motus non ipſa
tantum moenia, et aedificiorum ſuperficiem ſubvertit! ſed
urbis etiam totius aream ita obruit, ut ne veſtigia quideui
ulla poſteris agnoſcenda relinquerentur.  (6)  Et alias quidem quoties labes huiusmodi aliqua inſignior facta eſt, quae
tprr m longe lateque concuſſerit, praeceſſerunt certa quae-
da - divinitus rerum miracula, perpetui imbres, diuturn e
fic tates, tepidae hyemes;  aeſtate anui, folis orbis vel
caligine obductus, vel incenſus rutilo, vel ſubatro, lividus

fuit colore: fontes exficcati: ventorum turbines, quocunque *urbemeative* irrupiffent, *praevalidas* arbores *raridas* convellerunt. Iam vero ignes longo flammae · η tractu per coelum difcurrere. Siderum etiam non ante confpedae formae, magnum hominibus pavorem incuffere. Denfiores praeterea ab ima terra halitus eripere. His et aliis multis prodigiis, antequam terrae tam violenti motus evenirent, homines praemonitos Deus vult. Sed huius tantae motionis non unam nobis quafi formam, aut fimplex genus, ii quibus haec iam pridem invefligare curae fuit, et eorum difcipuli ac fectatores, prodidere. Pluribus enim modis, tremente terra, affici, quae moveantur, animadvertere. Leviffima eft omnium motio (fi quid tamen leve effe poffit in tam atroci malo), quoties quae in partem unam Impulfa fuerint, et prope iam folo aequata, obnitens ab imo contrarius quidam motus furrigat et reflituat. Videre itaque eft quum terra in hunc modum moverir, columnas e recto ftatu iam pene humi deiectas, erigi: et diftractas parietum partes denuo coagmentari: trabes etiam loco dimotas in priftinam fedem reponi: ad haec fiftulas et qui fuffigio ducendis aquis defodiuntur, tubulos, fi forte convulfi difcefferint, ad unguem rurfus compingi, ut non aptius fabrorum arte cohaerere poffe videantur. Diverfus eft ab hoc impetus, quo irruente, nulla eft *rellorum aut umenium* tam firma fuperficies, quae non corruat ac fternatur, neque ac fi fuiffet bellicis obfidionum tormentis lahefactata. Omnium eft in hoc genere perniciofiffimus ille motus, quem cum vitali fpiritu fimilitudinem quandam habere autamant. Sicuti enim Illo febris vi e corporis intimis quafi penetralibus quandoque erumpens, tum alibi, tum vero maxime in venis, quae circa articulum eum funt, quo extremum brachium cum manu coniungitur, motus vehementiores ciet: ita propemodum terrae cavernis inclufum fpiritum, dum fibi eruptionem molitur, aedificiorum fundamenta magno impetu fubruere, non alio fermo modo, quam terram talpae fuppellentes egerunt. Atque hac quidem faevientis veluti terrae trepidatione adeo quafi abforpta moenia domosque fubfidere, ut nulla fore reliqua fiant habitaculorum velligia. Hoc vaftitatis genere perculfam ab imo folo Helicen memorant. Acceffiffe vero et alteram huiufcemodi cladem: Maris eluvione hyeme anni Helicen totam circunquaque incinctam; ipfumque Neptuni lucum ita inundatione ea obrutum, ut vix fumma extarent arborum cacumina. Quo factum ut repente eum terrae motione violentiffima, tum vero maris aeftu effufius ftagnante, urbs tota cum omni civium numero peffum ierit. (7) Talis et Ideam urbem, quae fuit olim in Sipylo monte, cafus delevit: etfi fuit ille aperientis fe terrae hiatus: ac montis quidem ipfius labe facta, defluentes aquae portum effecere in extremis eius voraginis faucibus, cui nunc Saloe nomen. Et fane in portu cernebantur eius urbis ruinae, priusquam omnia torrentium limo obdu-

eerentur. Helices etiam ruinae quaedam eminent, es facie,
qua 'effe confueverunt, quae marinis exefa funt aquis.

CAP. XXV. Ob violatos quidem fupplices implacabilem effe numinis iram, non Helices modo exitium', fed alia
etiam talium eventorum exempla documento effe poffunt.
Exftat enim Dodonaei Jovis oraculum Athenienfibus Aphidantis aetate redditum, *quo fupplices facrofanctos effe debere* his
verfibus *moventur* :
    Ara tibi Eumenidum famans, et curia Martis
    Sint cordi, Huc bello demitti nam forte Laconas
    Suppliciter triftes venient. Tu prolice tela,
    Supplicibus parcens, divûm quos lora tuentur.
Haec redierunt in memoriam Graecis, quum effent Peloponnefii Athenas adorti, regnante Codro Melanthi filio. Tunc
enim ex Attica reliquae Peloponnefiorum copiae retorcefle-
runt, audita Codri morte, cognitoque mortis genere. Neque enim ulla fuit victoriae reliqua fpes, *quum* ex Delphici
Apollinis refponfo *fe Codrus deveviffet*. E Spartanis autem li,
qui iam intra portas penetrarant, ubi fe deftitutos animad-
verterunt a fuis, nocte ea delituerunt: iam vero quum illuxif-
fet, et in *ea* Athenienfium *ex omni orbis parte* concurfus fierent, ad aras dearum, quae Severae appellantur, in Areopa-
gum fe receperunt: et tunc quidem incolumes dimiffi funt.
Poft aliquot deinde annos quum ipfi magiftratus eos, qui
eum Cylone in arcem ad Minervae fupplices confugerant,
violaffent, et Ipfi interfectores, et omnes eorum pofteri violatae per caedem religionis damnati, obnoxii deae fuere.
Lacedaemonii etiam quum in eos viros faeviffent, qui fupplices in templum Neptuni, quod ad Taenarum eft, evafe-
rant, Sparta non multo poft tam crebris, tamque vehemen-
tibus terrae impulfibus concuffa elt, ut nulla prope domus
ruinae expers fuerit. (2) Deleta eft ad internecionem
Helice, Altoo Athenis fummum magiftratum gerente, Olympiadis primae et centefimae anno quarto, qua Damon Thurius victor primum renunciatus eft. Agrum Helicenfem,
quum nemo ex incolis fuperftes manferit, tenent Aegienfes.
(3) Ab Helice et eius maritima ora d vertens dextrorfum,
ad oppidum pervenias in monte conditum fupra militarem
viam, cui Cerynea nomen, five ab eorum locorum regulo,
five ab amne *proximo, qui* Cerynites *dicitur*. Profluit is e Cerynea Arcadiae monte, et Achaeorum finitimos agros praeterlabitur. Huc aliquando commigrarunt Micenaei ex Argivorum finibus profugi. Quum Mycenae enim muros Argivi deiicere non potuiffent, quod validiffimi effent, atque
adeo, ut a Cyclopibus (ficuti Tirynthis etiam muri) exftructi
dicerentur, poftremo fame victi urbem deferere Micenaei
coacti funt. Eorum alii Cleonas: fed maior dimidia fere
populi pars in Macedoniam ad Alexandrum regem, eum
nempe, cui Mardonius Gobryae filius mandata ad Athenienfes dedit: reliqua multitudo Cerynean confugit. Ea inquilinorum acceffio, opulentiorem multo et clariorem Cery-

nean reddidit. (4) In eo oppido Eumenidum fanum eft:
dedicatum ab Oreste tradunt. Huc fi quis vel caede. vel
quovis incesti aut impietatis genere pollutus, intrarit spe-
ctandi causa, statim eum mente capi diris terroribus exagi-
tatum credidere. Quare omnibus etiam a io contendentibus templi aditu interdictum. Dearum figna e ligno, modica magnitudine, elaborata. Iuxta templi vestibulum positae funt muliebres Imagines marmoreae exquisitae artis.
* Sacerdotes eas fuisse Eumenidum putant incolae. (5) E
Cerynea reverfos in militarem viam, atque illinc aliquan-
tum progressos, relicto ad dexteram mari, devius trames
Buram ducit, quae in monte ipfa etiam fita fuit: appellatam
-vero aiunt a Bura Ionis et Helices filia. Oppidum hoc idem
:terrae,. qui Helicon delevit, motus tam vehementer perculit,
-ut in templis prifca omnia deorum figna luerint abolita.
Civium ii duntaxat reliqui fuere, qui forte vel militiae, vel
·negotii cuiuspiam obeundi.causa domo absuiffent: atque ii
·quidem iu,ijam et phaecevicm civitatem restituere. Burae aedes
·oll Cereris. Veneris, Libori Patris, et Lucinae. Horum vu-
·rnum fimulacra e Pentelico lapide,funt, Athenienfis Eucli-
-dao opera. Ceres vefte velatur. Habet etiam ejus templum-
-(6) Qua ad mare defcenditur, amnis ell iluraicus nomine.
.In prsssima fpelunca non utique magnum Herculis fignum;
iBsraico et ipfi cognomen. Oraculi fortes capiuntur ex ta-
.bula per tulos. Qui confultum venere, precatione ad fi-
-gnum peracta, votisque nuacupatis, talos ex ea; quae in
promptu est, copia iaciunt quatuor fuper menfam. Infcripti
funt certis notis tali finguli: earum illi notarum interpre-
-tationem in tabula fimilia linem itart requirunt. Ab Helice
-ad:Herculis, via ducit recta fladium fermo XXX. (7) Ab
Hercule difcedeutes perennis.aquae fluvius excipit, ex Arca-
-diae monte in mare defluens, nomen et mouti, in quo tons,
et flumini, Crathis, a quo Italiae fluvius Crathis nomen ac-
-cepit. Ad hunc Achaicum Crathidem celebris olim fuit urbs
Aegan; quam postea defertam, quum pristinis fuisset fpo-
-liata opibus, ferunt. Huius urbis mentionem etiam Homerus fecit, eo quem Iunoni tribuit fermone:
    An hi grata ferent Helicen tibi munera et Aegas.
Quod fcilicet aeque Helice atque Aegis.Neptunus coleretur.
.Non ita procul a Crathide, ad dexteram viae monumentum
.offendas, cum aequeliris viri iam pene abolita pictura. (8)
.Ab eo tumulo triginta circiter fladium via ad Gaeum ducit.
Telluris id fanum est, quam Euryftemon (id est. lati deum
persoris) cognomento nuucupant. Signum duae vetustissimum. Sacerdotium mulieri decernitur: quo statim fufcepto,
vitam illa agit coelibem omne aetatis reliquum tempus:
quanquam et ante eam oportuit cum uno tantum viro matrimonii caufa fuisse. Taurini sanguinis haustu periculum
faciunt: quo illa epoto, fi legi fraudem fecerit, statim fla-
-gitium dicitur morte luere. Quod fi plures forte facerdo-
.tiqua petant, forti creatio comminitur.

CAP. XXVI. Ad Aegiratorum navale (cui idem quod Aegiris urbi nomen eſt) ſtadia interſunt LXXII ab Hercule Buraico. Nihil vero in maritima ora habent Aegiratae memoratu dignum. A navali ſuperior urbs ſtadia abeſt XII : (1) appellata ab Homero eſt Hypereſia. Recentius enim nomen ea urbs, quam Iones ante coloniam deduxerant, ab huiuscemodi cauſam accepit. Quum Sicyonii comparato exercitu agrum invaſuri eſſent, intelligerentque Hypereſienſes nullo ſe pacto pares illis numero et viribus futuros, capras omnes, quae intra fines erant, in unum coegerunt; adligatasque ad cornua faces, intempeſta noſte accendere. Hoſtes ignes eos eſſe ab auxiliaribus Aegiratarum ſuſpicati, retro agmen egere. A capris itaqne, (ἀιγὸς Graeci vocant) mutato veteri nomine, urbs Aegira eſt appellata: quoque loco ex illis una eximia ſpecie, quaeque ceteris dux erat, procubuerat, ibi templum Dianae Agreſtis erexere, quod illius propitio numine in mentem ſibi veniſſe interpretati ſunt, eo dolo hoſtem eludere. Neque vere continuo novum nomen inolevit. Nam fit propemodum Hyperefiae nomen manſit, ut Oreum in Euboea non deſunt, qui hac ipſa aetate veteri nomine Heſtiaean appellant. (3) Habet Aegira quas literis mandentur digna, Iovis templum, et in eo ſignum dei ſedens, e Pentelico lapide, Euclidae Athenienſis opus. Ligneum ibidem ſtat Minervae ſignum, facie, ſummis manibus ac pedibus eburneis: reliquum corpus inauratum, et coloribus diſtinctum eſt. Habet et Dianae aedem cum ſimulacro, quod temporis noſtri artem prae ſe fert. Sacerdotio fungitur puella ad nubilem usque aetatem. Exſtat ibidem priſcum ſignum, puod Iphigeniae eſſe dictitant Aegiratae, Agamemnonis filiae. Id ſi ita eſt, credi facile poteſt iam tum ab initio aedem fuiſſe Iphigeniae dedicatam. Spectandum ipſa maxima antiquitate Apollinis delubrum. Vetera ſunt telludinis ornamenta: vetus ipſum Dei maxime ſignum: nudum id eſt, atque inſigni magnitudine: neque quis ſecerit opifex, populares habent dicere: qui tamen Sicyone Herculem viderit, facile ex operum ſimilitudine coniiciat, utromque opus fuiſſe Phliaſii Laphais. Sunt praeterea in eodem delubro ſigna aliquot Aeſculapli ſtuatia; et ſcorſum Serapidis et Iſidis, e lapide omnia Pentelico. Prae uteris quidem dits religioſiſſime Coeleſtem Venerem colunt; in cuius aedem penetrare viris nefas. In eius vero, quam Syriam nominant, deae, non niſi ſtatis diebus intrant, ubi ſe et reliquis certo ritu expiationibus, et victus praecipue moderatione luſtraverint. Aedicula etiam quaedam Aegirae eſt, in qua Fortunae ſignum ſum conſpicatus. Amaltheae cornu prae ſe gerens: cui adſiſtit volucer Cupido. Significat hace nimirum Amoris cum Fortuna coniuncto, plus ſere in amore homines ope Fortunae, quam pulchritudine proficere. Facile autem mihi Pindarus in ſuis canticis quum alia multa perſuadet, tum vero unam eſſe Parcarum Fortunam, et eam quidem poteſtate ſororibus antecellere. Eſt in eadem aedicula vir fenex lam, propemodum eiulantis facie: mulieres tres armillas fibi detrahunt, et adolefcentes totidem: ipfe lorica eft indutus. Hunc Achaei bellica virtute omnibus Aegiratis praeftitiffe tradunt; qui quam fortiffime pugnans cecidiffet, fratres eius mortem domum nunciarunt. Sorores itaque luctus caufa, ufitati cultus ornamenta abiiciunt. Patrem Ipfum populares miferabilem nuncupant, quod ipfa etiam effigies miferationem fibi conciliat. (4) Recta fane ab Aegira difcedentes a Iovis templo, et per montes ardua, ftadium XI. nihilo brevior, Phelloen via ducit. Caftellum id eft minime clari nominis. Nam neque Ionibus quidem ea loca tenentibus perpetuo incolebatur. Ager vites feliciter educat. Ea qua maxime faxofus eft parte, multas pafhus quercus, muliae item ferae, cervi in privis, et apri. Ac fi ulla Graecorum caftella maxime funt perennibus aquis irrigua, inter ea merito fuerit Phelloe numeranda, Sunt illic deorum templa, Liberi, et Dianae. Diana ex aere fabricata, fagittam e pharetra promens. Liber Pater e ligno, cinnabari illitus. Ab Aegira defcendentibus ad navale, atque illinc progreffis paulo longius, ad viae dexteram eft aedes Agreftis Dianae, quo loco expellam proculuiffe memorunt. (5) Aegiratis contigui Pellenenfes, Achaeorum poftremi inter Sicyonem et Argolicae terrae fines. Appellatos ipfi fe praedicant a Pallante: qui fuerit de Titanibus unus: at Argivi a Pellene putant Argivo, Phorbantis filio, Triopae nepote. (6) Inter Aegiran et Peltenen caftellum eft fub ditione Sicyoniorum, cui Donuffa nomen; doleta ab Ifce olim Sicyoniis; et eius mentionem ab Homero factam affirmant in Agamemnonis delectu: ea fcilicet verfu:

Quique Hyperefiam, atque aliam coluere Donuffam.

Sedenim Pififtratum, quum diffipata Homeri carmina, et paffim per alia literarum monumenta difperfa, in unum colligeret, vel ipfum, vel operis illius adiutorem loci ignoratione nomen immutaffe. (7) Suum Pelleneorum navale Ariftonautae appellatur. Diftat ab Aegirae maritima parte ftadia CXX: dimidio brevior a navali Pellenen via. Hoc hominis inditum ferunt, quod in eum portum appulerint Argonautae. Eft oppidum Ipfum in iugo fitum. Iugi fupremus vertex In acutiffimum affurgit fa.ligfum: fed nullae ea in parte, quod maxime ardua et praerupta eft, domus. In planiore clivi parte infra montis cacumen utrinque habitatur.

CAP. XXVII. Qua Pellehen iter, In ipfa via Mercurii fignum eft, cui cognomen Dolio: hominum vo·a maxime rata facere creditur: figura eft quadrangula. barbatus, pileo caput velante. In eadem via propius urbem eft Minervae templum, lapide extructum vernaculo: deae fignum ex ebore et auro: artificem Phidian fuiffe dicunt; atque hanc quidem Minervam elaboraffe. Illum antequam vel Athenienfibus eam, quae in arce collocata eft, vel fuam Plataeenfibus

Minervam feciffet. Aiunt Pelenei fub ipfa Minervae bafi
alte defcendere adytum, atque ex eo humidum halitum ef-
flari, qui fit ebori tuendo peridoneus. Supra Minervae
delubrum lucus eft muro circumfeptus, Dianae Sofpitae
facer. Per huius numen de rebus maximis iusiurandum
concipiunt: nulli vero cuiquam hominum praeterquam fa-
crificulis illuc aditus patet. Praefident facris indigenae homines, generis dignatione clariffimus quisque. Contra lucum Sofpitae, eft Liberi Patris templum, quem Lamptera
a luminibus nuncupant, feftumque ei diem Lampteriam celebrant, illatis noctu intra aedem accenfis facibus, paffimque
per urbem difpofitis vini cadis. Eft etiam apud Pelleneos
Apollinis Theoxenii templum; cuius ex aere fimulacrum.
Ludos faciunt in honorem Apollinis, Theoxenia: argentum victoribus praemium exponitur: defcendunt in certamen foli cives. Prope Apollinis, aedes Dianae eft: iacula-
tricis ornatum dea prae fe fert. In foro erectum videas
aquae per occultos meatus ductae conceptaculum. Ad lavacra, ex imbribus collectitia utuntur aqua. Nam poculen-
tae pauci funt infra urbem fontes, eo loco, quas (a dulcibus
aquis) Glyceas appellant. (1) Prifcum ibi gymnafium, ubi
fe ephebi exercent: neque vero ad rempublicam quisquam
admittitur, nifi ante puberum exercitationes obierit. Hos
in gymnafio pofita ftatua eft Promacho Pelleneo, Dryonis
filio, una ex Olympicis, tribus ab Ifthmicis, duabus e Nemeis ludis de pancratio palmis reportatis. Vnam ci tui
cives ex aere Olympiae; alteram e|marmore, in gymnafio,
de quo modo diximus, ftatuam dedicarunt, Hunc Promachum,
bello, quod inter Pelleneos et Corinthios geftum eft, num
hoftes quamplurimos pugnantem occidiffe memoriae proditum. Ab eodem etiam Olympiae fuperatum Polydamantem Scotuffaeum, quo tempore a Perfarum rege in patriam
reftitutus Polydamas, in Olympicum certamen iterum defcendit. At Theffali Polydamantem ex ullo unquam certamine
inferiorem difceffiffe minime confitentes, et alia eius rei
afferunt argumenta, et in primis elegos ad Polydamantis
ftatuam adfcriptos:

O Scotoeffa altrix invifti Pulydamantis.

Pellenenfes utique magno Promachum honore profequuntur,
donsque eius de lucta ad Chaeroneam, quatuor Olympiae
acceptas palmas praedicant. Nominare tamen eum refpu-
unt, ob eam caufam credo: quod Pellenenfium rempublicam fuftulerit. Corruptus enim ab Alexandro Philippi filio
invidiofiffimo dominationis munere, fe patriae fuae tyrannum imponi facile 'paffus eft. Eft Lucinae etiam aedes, a
Pellenenfibus in parte oppidi minore dedicata, (3) Quod
vero Pofidion (id eft Neptunium) dicitur, fuit olim curia, aetate noftra defertus plane locus, infra gymnafium: coli
tamen in hunc usque diem tanquam Neptuni fanum nunquam defitus. A Pellene ftadia circiter fexaginta abeft My-

facrum, Myfiae Cereris facrarium. Dedicatum ferunt a
Myfio Argivo homine; et ab eo quidem hofpitio Cererem
acceptam Argivorum femio vulgavit. Lucus eft in Myfaeo
condenfus omnis generis arboribus, et perennium fontium
aquis irriguus. Feftos dies agitant feptem: quorum tertio;
e templo viri omnes exeunt; mulieres vero intus relictae,
ritu a maioribus tradito nocturnum peragunt facrum. Neque
vero viros tantum excludunt, fed canes etiam mafcolos eiiciunt. Pollero die revifunt foeminas in templo viri, mul-
toque cum ritu ultro citroque fales et dicta iaciuntur. (4)
Modico a Myfaeo intervallo furgit Aefculapii templum:
Cyros appellatur. Multa hic monftrantur morborum remedia. Leniter fluentis aquae aliquot ibi fontes, ad quorum
maximum dei ipfius pofitum fignum. Flumina item aliquod
defcendunt e montibus, qui fupra Pellenen funt. Eorum
unus ad Aegiras delluens, Crius appellatur: a Crio Titane
nomen inditum putant. At Alfus nominatur, qui a Sipylo
defcendens, in Hermum influit. Qua vero parte finitimi
funt Sicyoniis Pellenenfes, amnis quidam Achaicorum poftremus in Sicyonium mare decurrit.

---

# PAVSANIAE ARCADICA, SIVE LIBER VIII.

CAP. I. Arcadiae partem eam, quae fines Argivorum contingit, Tegeatae et Mantinenfes tenent: et Arcadici quidem nominis populi omnes mediterraneum Peloponnefi a-
grum colunt. Corinthii enim primi Ifthmum obtinent.
His contigui Epidaurii, qua parte ad Aegenam mare ora eft
expofita. Medius inter Epidaurum, Troezenem et Hermionen Argolicus finus, cuius accolae Argivorum mari quique
proximi. Adiacent circumquaque Lacedaemoniorum civitates. His finitima Meffenia, quae ad mare defcendit Metho-
nen usque, Pylon, et Cyparifiias. Ad Lechaeum vicini
Corinthiis Sicyonii, poftremi hi Argolicorum hac in parte
finium. Sicyonem excipiunt Achaei litoris accolae. Ad
alterum Peloponnefi latus, quod Echinadibus infulis ex adverfo eft, habitant Elei. Elei agri fines eum Meffenia iunguntur, qua parte Olympia eft, et Alphei oftium: at inter
Eleam terram et Achaiam, medii Dymaei funt. Pertinent
populi, quos enumeravi, ad mare omnes. Interiores Arcades a mari undecunque feclufi. Quare Homerus profectos
ad Troiam dicit, non fuis ipforum, fed acceptis ab Agamemnone navibus. (2) Ac primum quidem omnium Pelasgum memorant Arcades in hac terra extitiffe: fed confentaneum certe eft non folum illum, fed alios etiam in eadem

*locis* una cum eo fuiffe. Nam quibus omnino imperaffet hominibus? Crediderim ego Pelasgum magnitudine. robore,
ac forma; quin et animi dotibus, ceteros fuperaffe: eamque ob rem ei a fuis regnum decretum: cuiusmodi ei telli-
monium fuis rerfibus Afius etiam dedit:

Montibus alticomis peperit nigra terra Pelasgum
Dia fimilem, et generi tribuit nova regna futuro.

Pelasgus igitur quum regnare coepiffet, primum quidem rudes homines docuit tuguria, ad frigoris, imbrium, et aeftus incommoda arcenda, aedificare. Idem tunicas facere
inftituit e fuillis coriis; qualibus his ipfis temporibus in
Euboea et Phocide tenuiores homines utuntur. Ad haec
quum vulgo virente adhuc fronde, herbisque ac radicibus
non modo non cibariis, fed plerumque perniciofis *inta..ivs*
vefcerentur, falubriores multo glandes effe; neque omnes,
fed quae e fola fago legerentur, perfuafit. Fuit vero tam
frequens ac diuturnus hic glandium cibus Arcadibus, ut
quo tempore monuit Apollo Lacedaemonios, ne Arcades
bello lacefferent, hunc illis victum e glandibus hifce verfibus attribuerit:

Glande fatur multa, obfiftet tibi plurimus Arcas.
Noftra tuis non funt contraria numina coeptis.

Ab hoc rege totam regionem eam Pelasgiam appellatam
ferunt.
CAP. II. Huius filius Lycaon nonnulla vel fapientius
quam pater fuus excogitavit. Lycofuram enim urbem in
monte Lycaeo condidit, Iovem Lycaeum appellavit, ludos-
que *in sus honorem* Lupercalia inftituit. Facile ut credam
adducor, nondum apud Athenienfes Panathenaea celebrari
coepta: fiquidem quum *antea* ludi ifti Athenaea dicerentur,
auctore vero Thefeo Athenienfis populus, *qui ante difperfus*
*vicatim habitabat*, in unam fuiffet civitatem *atque intra una*
*moenia* congregatus, *apparatus falli*, (*ab Athenisefium tcumm-*
*wione*) Panathenaea *infequentibus debita temporibus* nuncupata.
Nam Olympici ludi, in quibus Iovem cum Saturno luctatum,
et Curetas primos curfu certaffe memoriae proditum, quum
ad ultimas fere hominum uetates referantur, eorum ego antiquitatem oratione mea in dubium non revocarim. Eddem
vero aetate et Cecropem Athenis, et Lycaonem *in Arcadia*
regnaffe arbitror: prudentia tamen rerum divinarum multo
Lycaonem inferiorem fuiffe cenfeo. Ille enim quum primus
Iovem cognomine Supremum appellaffet, nihil vita praedi-
tum ei immolandum duxit, fed liba tantum patria (Pelanos
etiamnum Attici vocant) ut ad aram porricerentur fanxit.
At hic ad Iovis Lycaei aram infante inactato, humanum
fanguinem libavit; quare inter ipfa facra in lupum mutatum tradunt. Cui certe famae facile poffum affentiri. Nam
praeterquam quod Arcadum fermonibus iam tum ab initio
vulgatis prodita pofteris eft, a ratione etiam non abhorret.

(a) Erant enim prifci illi homines diis ipfis hofpites et con-
vivae, pro iuſtitiae et pietatis merito. Et fane bonis *i jm*
praemia certiſſima, fontibus ex deorum ira fupplicia erant
expoſita. Quin etiam recepti coelo multi ex hominibus,
quibus adhuc fui permanent honores: in quo numero fuere
Ariſtaeus, Britomartis Cretica, Almenae filius Hercules, et-
et Oiclis Amphiaraus: ac praeter hos Pollux et Caſtor.
Quare neque abſurdum dictu videri poſſit, Lycaonem
in feram, et Nioben Tantali filiam in ſaxum converſam.
Atenim aetate noſtra, qua gliſcens fraus et audacia omnes
prope orbis terrae partes urcesque occupavit, nulli iam homines in deorum numerum veniunt, niſi forte per inanes
titulos, et immodicae adulationis licentiam: et noxam con-
meritis, quum demum e vita exceſſerint, ferae deorum iudicio poenae irrogantur. (3) Ac omnibus quidem feculis,
voteribus et obfoletis iam rerum eventis, fides eorum culpa
in vulgus eſt abrogata, qui veritatis tanquam fundamenta
fuperſtructis fabulis obruerunt. Nam et poſt Lycaonem in
iisdem Lycaei Iovis facris alium quendam fuiſſe ex homine
lupum factum tradunt: non tamen in *reliquum* omne vitae
tempus; fed decimo tandem anno, fi interea humana carne
abſtinuiſſet, priſtinam hominis figuram recepiſſe: fin hominis carnes guſtaſſet, lupum eſſe nunquam defiſſe. Eadem
*vanitas* Nioben illacrymari aeſtate anni fabulantur. Audivi
etiam *quaedam quum narrarent et* alia quaedam *rerum miatula*,
*et* gryphibus uti pardis *ſequentatam et* maculis diſtinctam eſſe
pellem. Iam vero Tritones voce humana praeditos, et eosdem perforatam concham inflantes canere. Ita vero comparatum eſt, ut qui huiusmodi figmentorum portentis aures
praebent, et ipſi mox aliquid adiungant, quo fit ut menda-
ciorum quaſi colluvie veritas vitiata, fuam prorfus auctoritatem perdat.

CAP. III. Tertia poſt Pelafgum aetate, regio tota et urbium et hominum numero magnos habuit proceſſus. Nam
quum Nyctimus Lycaonis liberum natu maximus, paternum
imperium adiſſet, reliqui fibi diverfis, arbitrio quisque fuo,
agri partibus occupatis, oppida munire: Pallantium Pallas, Oreſtheus Oreſthaſium, Phigaliam Phigalus excitarant.
Ac Pallantii quidem etiam Staſichorus Himeraeus in Geryone
Iove mentionem fecit: fed Oreſthaſii nomen vetuſtate immutatum; et ab Oreſte Agamemnonis filio, Oreſteum eſt
oppidum illud appellatum. Quin et Phigalia, a Bucolionis
filio Phialo *minore*, mutato nomine, Phialia eſt vocitata.
*Reliqui fuere Lycaonis filii*. Trapezeus, Eleatas, Macareus,
Heliſſon, Acacus, Thoenus. Horum poſtremus urbem
Thoeniam condidit, Acacus Acaceſium. Ab eodem fane
Acaco cognomen Mercurio ab Homero datum Arcadum
fermo *a*fleverat. A ceteris Heliſſon urbs, et eodem nomine
fluvius; tum Macaria, Elea, Trapezus nomina nactae. Sed
et alii Lycaonis liberi numerantur, finguli urbium conditores. Orchomeno Methydrion, et Orchomenii, quos Poly-

mélos (*hoc est, pecudum divites*) Homerus nominavit: Hypsunti
Melaeneae, et Hypsus: adhaec Thyraeum, quod hac etiamnum aetate exstat: quin et Arcadum opinione Thyraea in
Argivorum finibus, a qua sinus Thyraeates, Thyraeatae adscribuntur. Iam vero celebri olim nomine urbem Maenalum, Tegean, et Mantineam, Maenalus, Tegeates, et Man-
tineus constituere. Cromi a Cromo nomen habuere. Cha-
risia Charisium auctorem perhibet. Tricoloni a Tricolono,
Peraethenses a Peraetho, Asaea ab Asaeate, a Lyceo Lycea-
tae, a Sumateo Sumatia: postremo ab Aliphiro et Heraeeo
urbes nomina et origines accepere. (2) At natu minimus Oenotrus, pecunia et viris a fratre Nyctimo acceptis,
classe in Italiam transmisit; a quo fuit ea, *in qua consedit*, terra, de regis nomine Oenotria vocicata. Atque haec prima
a Graecis colonia deducta. Sed neque Barbarae gentes
ante Oenotrum (ut accuratissime *omnis antiquitatis memoria*
revolvatur) ad exteras gentes commigrasse reperiuntur.
(3) In liberum tanto sobolis virilis numero *uni..t* Lycaoni
filia fuit, Callisto nomine: eam (quae inter Graecos decantata sunt, memoro) vitiavit amore captus Iupiter: deprehensam Iuno in ursam vertit: ac deinde in gratiam Iunonis,
puellam sagittis confixit Diana. Iupiter, quem illa ferebat
utero puerum, Mercurio servandum mandavit, matre in
siderum numerum relata, quae Ursa maior dicitur: cuius
Homerus, quo loco Ulyssis a Calypsoe navigationem exponit, *his versibus* meminit:

Pleiadasque aspectantem, tardumque Booten,
Atque Ursam, quam Plaustrum etiam cognomine dicont.

Sed probabilius fortasse fuerit, quo honos puellae haberetur, sidus illi dicatum; praesertim quum sepulcrum eius
ostendant Arcades.

CAP. IV. Mortuo Nyctimo Arcas Callistus filius regnum suscepit. His et frumentum a Triptolemo acceptum
popularibus suis tradidit, panem facere docuit; vestium
texturam, totumque lanificium, quod ab Adristo didicerat,
monstravit. Ab hoc rege et ipsa, quae ante Pelasgia dicebatur, Arcadia terra: et gens Pelasgi qui fuerant, Arcades
nominati. (2) Habuisse vero illum uxorem non mortalem foeminam, sed unam e Dryadibus Nymphis tradunt.
Dryadas enim ipsi suas, et Epimeliadas, quae ab aliis Naia-
des dicuntur, patria voce appellitant: Homerus quidem
Naiadas crebro nominat. Eius vero Nymphae, *quae sunt Arcade simpli sait*, Erato nomen fuisse memoriae prodiderunt.
Ex ea genitos Arcadi, Azana, Aphidanta, Elatum: nam
ante nuptias Autolaum suscepisse, nothum. Ac filiis quidem adultis regnum trifariam divisit. Ab Azane itaque Azania,
quae ei evenit pars, appellata: ex qua deducti colonia ii omnes
*populi*, qui circa Phrygiae antrum, cui Steunos nomen et
amnem Pencalam habitant. Aphidas Tegeam, et quae adiacent, sortitus est. Hinc poetae Tegeam solent Aphidas-

team fortem nuncupare. At Elatus montem, quae Cyllene nunc vocatur, obtinuit: tunc nondum ei nomen inditum fuerat. Is poste*in eam terram inde abiit, cui phocis nunc nomen elt: quumque Phocenfes cum Phlegyis minus aequo certamine bellantes armis iuviffet, *a eorum finibus de fua nomio *s* oppidum Elateam munivit. (3) Filium Azani fuiffe Clitorem, Aphidanti Aleum; quinque Elato genitos memorant, Aepytum, Pereum, Cyllena, Ifchyn, Stymphalum. Azani vitae muneribus perfundo, ludi funebres primum facti: haud fcio en et alii ludi, de equiriis certe affirmare poffum. Clitor Lycofurae regiam coniituit, et fane fuit regum (*ut istis temporibus*) omnium potentiffimas, urbemque Clitora de fuo nomine condidit. Aleus intra eam, quam pater affignaverat, regionem fe continuit. Quod vero ad Elati filios pertinet, a Cyllene mons nomen accepit: a Stymphalo fons, et fonti cognominis urbs Stymphalus. De Ifchyis vero Elati filii morte eginus, dum res Argolicas exponeremus, At Pereo nullam fuiffu virilem prolem alunt; filiam habuiffe Neaeram, quam Autolycus Parnaffi montis incola uxorem duxerit. Mercurii is filius dicebatur, quum re ipfa Daedalionis effet. (4) Atenim quum Clitor Azanis filius nullos reliquiffet liberos, ad Aepytum Elati filium Arcadum regnum pervenit. Hunc venatum egreffum, non ferocior aliqua bellua, fed incautum feps confecit. Vidi et ipfe aliquando ferpentem hanc: magnitudine eil minimae viperae, cineris colore, notis interpuncta variis, capite lato, gracili collo, alvo obefiore, perbrevi cauda. In ferpentum genere feps et ceralles, quo ferme modo gradiuntor cancri, in obliquum reput. (5) Aepyto in imperium *fuccedit Aleus. Nam Agamedes et Gortys filii Stymphali quarto poferitatis gradu ab Arcade aberant, a quo Aleus Aphidantis filius tertius duntaxat numerabatur. Exaedificavit Aleus vetuftum illud, quod Tegeae vifitur, Aleae Minervae fanum; ibidemque regiam fuam conftituit. Gortys vero Stympha i, Gortyna urbem ad *proximum* amnem condidit: amni etiam ipfi fuit Gortynias nomen. (6) Mares habuit liberos Aleus Lycurgum, Ampbidamantem, et Cepheum: filiam Augen. Cum hac (quod fcriptom Hecataeus reliquit) Hercules concubuit, quum forte Tegeam veniffet. Id ubi ex puerperio filiae refcivit Aleus, puerum cum matre in a cam conclufos in mare abiecit. Delata *afiu* arca eft ad Teuthrantem pollentem dominatu hominem in campis ad Caicum amnem. Is puellae formu alectus, fibi matrimonio iunxit. Exftat etiamnum Pergami (quae fupra Caicum urbs efl) Auges monumentum, terrae tumulus lapidea circum. feptus crepid ne. Infigne eius tumuli nuda mulier ex aere fabricata. (7) Aleo mortuo regnat Lycurgus, eius liberum natu maximus. Is nihil ad memoriam illud edidit facinus, quam quod Arethum, hominem bellica virtute clarum, non aequo marte, fed dolo perculit. Filios habuit duos, Ancaeum et Epochum. Epochus morbo eft abfumtus: Ancasus quum expeditionis Colchicae particeps fuiffet, ac deinde Meleagro in oppugnatione Calydonii apri operam navaret fuam, ab eadem Iiratus bellua occubuit. Lycurgus quidem ipfe exacta iam aetate, utroque orbatus filio, diem fuum obiit: poft quem Arcadum regnum ad Echemum pervenit Aëropi filium, Cephei nepotem, Alei pronepotem.

CAP. V. Hoc regnante Achaei Dorienfes ad Ilthmum Corinthiorum praelio fuderunt, reditum fibi in Peloponnefum, Hyllo Herculis filio duce molientes, In ea pugna Echemus Hyllum occidit: cum eo fingulari certamine ex provocatione congreffus. Haec mihi propiora vero vifa funt, quam quod a nonnullis fcriptum comperi, penes Oreftem tunc Achaeorum regnum fuiffe, atque eius maxime temporibus Hyllum *cum Dorienfibus* reditum tentaffe. Verum fi maior habeatur fuperius expofitae rei ratio, credendum illud etiam eft apud Echemum, a quo Hyllus occifus, matrimonii caufa Timandram fuiffe Tyndarei filiam. (2) Agapenor dehinc regnat, Ancaei filius, Lycurgi nepos; quo duce Arcades ad Troianum bellum profecti. Ilio vero everfo, quae Graecos domum redeuntes dislecit tempeftas, Arcadum claffem ab inftituto navigationis curfu Cyprum avertit. Ibi Agapenor Paphum urbem coloniam deduxit; et in ea Veneris fanum eroxit, quum ante apud Cyprios dea haec in *medio* oppido, cui Golgi nomen, coleretur. Interiecto dein tempore, Laodice Agapenoris filia Aleae Minervae *donum* Tegeam peplum mifit: id ipfius doni Infcriptio, et fimul unde effet Luodice oriunda, indicabat:

   Laodices peplum hoc. Sacrum ut foret Illa Minervae,
   E Cypro celebrem tranftulit in patriam.

Quum ad fuos non revertiffet Agapenor, fufcepit Arcadum Imperium Hipothous Cercyone patre, avo Agamede, Stymphilo proavo genitus. Huius vita nullo celebratur infigni rerum eventu, praeter illud unum, quod regni fedem Tegea Trapezuntem transtulit. Hic reguum filio Aepyto per manus tradidit. Et *Aepyto quidem regnante* Orefles Agamemnonis filius Mycenis oraculi Delphici monitu in Arcadiam demigravit. Aepytus quum in templum Neptuni, quod Mantineae eft, penetrare effet aufus, quo nulli cuiquam homini hac ipfa etiam aetate fas eft accedere, oculis primum captus deinde non ita multo poft e vita exceffit. (4) Eius filio Cypfelo regnum adepto, Dorici nominis *exules* copiis contractis, non ut tribus ante aetatibus per Ifthmum, fed claffe Rhion promontorium *praetervehi*, in Peloponnefum invaluerunt. Forte Cypfelus dum ftudiofius omnia exquirit, cognofcit Crefphontem Ariftomachi filium nullis etiamdum nuptiis illigatum: quare defponfa ei fil-a, fe, omnemque regni partem nova affinitate contra eius belli terrorem facile tutatus eft. (5) Cypfelo fucceffit Olaeas. Is Aepytum fororis filium cum Herculis pofteris, qui Lacedaemone et Argis in auxilium venerant, Meffenen reduxit. Bucolion

dehinc patris regnum excipit; idemque filio relinquit Phialo. Hic Phigaliam urbem, erepto fuae laudis monumento
conditori Phigalo, Phialiam de fuo nomine voluit appellari:
quod tamen non eſt omnino conſtanter uſurpatum. Iam
regnabat Simus Phiali filius, quum Cereris *cognomento* Nigrae
pervetuſtum ſignum, quod *religione* venerabantur Phigalenſes, eſt igni conſumtum: quae res Simo vitae finem, qui
brevi conſecutus eſt, facile videri potuit portendiſſe. Prater-
num regnum adiit Pompus. Eo regnante Aeginetae navibus primum Cyllenen appellere commercii cauſa inſtituere.
Inde vero ad Arcades iumentis *inuehitur* merces pervehebant.
Et *ergo fe populoresque fuos* Aeginetarum ſtudia tam illuſtri
gratia Pompus excepit, ut filio etiam Aeginetae nomen
impoſuerit. (6) Aeginetam conſecutus eſt eius filius Po-
lymneſtor. Tuno primum Lacedaemonii Charilli ductu Tegeatarum fines cum exercitu adorti ſunt. Eos non viri ſolum, ſed foeminae etiam ſumtis armis praelio ſuderunt,
ut cum magna hoſtium manu ipſum quoque ducem vivum
cepere. Verum de Charillo, totaque hac eius expeditione
plura memorabimus, ubi res Tegeatarum ſuerint explican-
dae. Polymneſtori quum nulli eſſent liberi, ſucceſſit Aechmis, Polymneſtoris fratre Briaca genitus: fuit enim Aeginetae Briacas etiam filius, Polymneſtore natu minor. (7) Dum
Aechmis regnum obtineret, bellum inter Lacedaemonios
et Meſſenios geri coeptum. Fuerat antiquitus Arcadibus
cum Meſſeniis amicitia; quocirca tunc minime occulte cum
Ariſtodemo Meſſeniorum rege in acie contra Spartanos ſtetere. (8) Aechmidis vero filius Arriſtocrates, et alia ſor-
taſ contra ſuos populares inſolenter egit: ſed quod in
deos *ipſos immortales* eum admiſiſſe nefarium facinus compertum habeo, *hoc loco* non praetermiſerim. Eſt inter Orchomeniorum et Mantinenſium fines Dianae Hymniae cognomento, priſca accolarum, et in primis Arcadum religione
ſacroſanctum ſanum. Deae ſacris tunc virgo praeſidebat:
eam quum ad ſtuprum pollicere Ariſtocrates non potuiſſet,
pollremo ad aram deae confugientem violavit. Scelere pa-
tefacto, inceſtum hominem Arcades lapidibus obruerunt,
et a virgine ad nuptam mulierem ſacerdotii honorem transtulerunt. (9) Huic filius ſuit Ificetas; Ificetae, minor Ariſtocrates, avo tam exitu vitae, quam nomine ſimilis, Nam
et hunc lapidum coniectu necarunt Arcades manifeſtae proditionis damnatum. Conſtabat enim dona eum a Lacedaemoniis cepiſſe, eiuſque maxime ſcelere inſigni clade Meſſenios ad Magnam foſſam affectos. Effecit hoc flagitium, ut
a Cypſeli domo Arcadum imperium removeretur. Atque
haec quidem, quae de regum ſerie ac gentilitate ſum *accu-
ratè* perſecutus, omnia mihi ſtudioſe percontanti Arcades
*quidam, quibus eruat haec iuncta diligentiſſime* exploraſa, enar-
rarunt.

CAP. VI. Quod vero ad res eorum publicas totius
gentis auſpiciis geſtas attinet, antiquiſſima memoria eſt

Ullacae expeditionis. Alterum obtinet antiquitatis locum
Messenici belli societas. Fuerunt et ipsorum partes aliquae
in pugna Plataeensi, qua Persae sui suere. Spartania contra Athenienses non partium studio adducti, sed necessitate
potius coacti auxilia misere. Transmiserunt etiam in Asiam
cum Agesilao: quin et Leuctricae pugnae interfuerunt. Fuisse tamen semper ambiguo se animo in Lacedaemonios, et
alias declararunt, et tunc maxime quum post Leuctricam
cladem primi statim omnium ad Thebanos desciverunt. Iidem cum reliquis Graecis neque contra Philippum Macedonum regem ad Chaeroneam, neque contra Antipatrum in
Thessalia arma cepere; non tamen hostile quicquam in
Graecos admisere. Quod vero ipsi quoque ad Thermopylas
contra Gallos non prodierint, eam nempe afferunt causam,
veritos, ne interea, dum militaris aetas abesset, Lacedaemonii agrum populationibus vexarent. Ad Achaeorum concilium promptius se, quam ulli Graeciae populi, aggregarunt.
Haec in commune ab Arcadibus diversis temporibus gestu:
quae vero gessisse privatim urbes acceperim, suis illa locis
referentur. (1) Ducit in Arcadiam ex Argivorum finibus
trames is, qui ab Hysiis iuxta Parthenium montem in agrum
Tegeaticum pervadit. Duo vero alii accessus circa Munti-
noun, per Prinum (loco ab illae opisor nauon) et Scalas: sed
posterior hic latior, et ex eo nomen habet, quod olim gradus
in ea semita, per quos descendebatur, de industria facti fuerant. Perveniunt, qui hinc descenderint, ad vicum, cui
nomen Melangea; unde poculenta Mantinensibus aqua intra oppidum defluit. Abest a Melangeis stadia VII. aquae
conceptaculum, et Liberi templum; ubi vicini Meliastae
Orgia celebrant. Est ibidem etiam Veneris cognomine Melaenidis (si est Nigellae) aedes. Cognominis causam non
aliam esse arbitror, quam quod homines noctu maxime liberis operam dent, quum pecudes interdiu fere sui quasque
semper generis foeminae ineant. Trames alter, qui per
Artemisium ducit, longe est angustior. Huius montis et
ante mentionem feci, in quo esse dixi Dianae templum, et
simulacrum. Pons etiam in eo Inachi amnis. Is qua per
montem decurrit, inter Argivos et Mantinenses terminus
est; ab hoc vero diverticulo solum iam Argivorum agrum
perlabitur: quaro et alii, et Aeschylus poeta, Argivum fla-
vium, appellant.

CAP. VII. Hinc Artemisio superato in Mantinensium
fines descendentes planities excipit, re aequa ac nomine
iners: Argum vocant. Cultus immune solum efficit e proximis montibus defluens aqua pluvia. Quo minus totus omnino campus stagnum fiat, illud unum, obstat, quod aqua
hiantem specum nacta se e conspectu exipit; rursus vero
circa Dinen erumpit. (2) Est Dine ad Genethlium (in Argolica terra hoc nomine vicus dicitur) dulcis aquae e mari
per subterraneos meatus erumpentis lacus. In Dinen Argivi
olim Neptuno equos porrigiebant fraenatus, ut ad specum

*phaleris* exornatos. Dulcis vero aquae venas e mari effudndi
non in Argolicis tantum finibus, fed in Thefprotide etiam
prope eum locum, quod vocant Chimerium, fatis conflat,
(3) Mirabilius tamen quod in Maeandro partim e Cixo,
quod amnis circumfluit, partim etiam e fluviali limo fervens
aqua profluit. Sicuri et iuxta Dicaearchian Tyrrhenorum
*oppidum*, qui *Puteoli iam latentiore nomine appellantur*, calidae
effervefcunt in mari aquae: ubi *talibus molibus* de Induflria
*exflructa* eft infula cum balneis aquarum calidarum, no *plus*
*naturalis* eius moneris nullus effet ufus. (4) Ad lacvam
eorum camporum, quos Argos diximus appellari, mons in
Mantinenfibus eminet, in quo Philippi Amyntae filii caftrorum, et pagi, cui nomen Neflane, reliquiae exflant. Caftra
enim Philippus ad hanc Neflanen habuiffe dicitur: et fontem etiam proximum ex eo Philippeum nominant. Venit
in Arcadiam Philippus, ut a reliquis Graecis Arcades
disiungeret fuoque eos imperio adiiceret. Et Philippum quidem facile quivis fibi perfuadeat, rerum geftarum
magnitudine omnes Macedonum reges, qui ante fuerunt,
quique ipfum confecuti funt, fuperaffe: nemo tamen, qui
recta fit in rebus exiflimandis fententia, ei boni imperatoris laudem tribuerit, nempe qui lusiurandum femper con-
tempferit, foederum religionem nunquam fanctam habuerit, unusque omnium in minimis fidem duxerit. Poenas
tamen non itique feras Deo, *cuius laeferat unictatem*, dedit.
Neque enim natu grandior annorum XLVI, Delphici oraculi vocem *titus exitu* comprobavit. Confulenti de Perfico
bello redditum fuerat refponfum:

   Serta gerit taurus, finem manet, adftat arufpex.

Quod non ad Perfarum regem, fed ad ipfum Philippum
referendum fulffe, rei eventus fatis perfpicue demonftravit.
(5) Philippo interempto, parvulum eius filium, quem ille
ex Cleopatra, cui pater fuerat Attali frater, fufceperat,
una cum matre in aeneo vafe ignibus circumdatis crucia-
tum, Olympias enecuit. Eadem paucis poft annis Aridaeum etiam de medio fuftulit. Delevit autem Infenfiffima fati
via Caffandri etiam fobolem, exflinctis filiis, quos ille ex
Theffalonica Philippi filia fufceperat: Theffalis quidem ma-
tribus Theffalonice et Aridaeus geniti fuerant. Iam qui
Alexandro contigerit vitae exitus, vel pueris notiffimum.
Quod fi Philippus, quoties aliquid moliretur, elogium illud in Spartanum Glaucum editum in memoria habuiffet,
eiusque fibi rationem habendam duxiffet,

   Sancta patris melior fequitur veftigia proles,

caufa opinor non fuiffet, quamobrem deorum quis Alexandro exflincto, Macedonum etiam opes everteret. Sed fuerit
haec nobis non intempeftiva digreffio.

CAP. IIX. Poft Neflanes ruinae, Cereris fanum eft
multae religionis. In eo Mantinenfes feftos dies quotannis
agitant. Subiacet Neflanae planities, inertium camporum
pars: Maeras ei loco nomen. Ab eo ftadia 3 patet egref-

fus ex inertibus campis. (2) Vbi paululum hinc proceſſeris, ad alios campos venias. In his fons eſt prope millitarem viam, nomine Arne. Cauſam nominis talem Arcades prodidere. Rhea quum Neptunum peperiſſet, puerum in ovile abditum, opilionibus educandum inter agnos tradidit: pro eo vero equinum nullum, quem ſe enixam ſimularat, Saturno vorandum obtulit; ſicuti eadem poll dicitur pro Iove lapidem faſciis involutum appoſuiſſe. Quia igitur circa hunc fontem agni paſcebantur, in quorum grege Neptunum abſiderit Rhea, ab ignis illis (ἄρνας Graeci vocant) fonti nomen inditum. Porro in prima ad hos commentarios aggreſſione Graecorum portas, quibus haec fabulari in mentem veniſſet, futilitatis plurimae arguebam: fedenim ad Arcadum iam res progreſſus, huiusmodi figmentorum cauſa attentius confiderata, ſic ſtatuo: Qui apud Graecos ſapientiae nomen meruerunt, eos de induſtria quarundam rerum narrationes umbagibus involvere voluiſſe: a quo ſane Graecorum ſapientum conſilio, id ipſum, quod modo de Saturno memoravi, profectum coniicio. Sed nimirum de rebus divinis non aliter omnia atque a maioribus accepimus, exponenda. (3) Mantinenſium urbs ab eo. de quo iam locuti fumus, loco ſtadia non amplius duo abeſt. Mantineum Lycaonis filium alia in regione urbem olim muniſſe conſtat, quam hoc etiamnum tempore de illius nomine appellant Arcades. Verum poſtea Antinoe, Cepheo Aleſ filio genita, ex quodam oraculo huc civitatem transportavit, ſerpentem intioeris ducem (quod genus fuerit, non tradunt) ſecuta. Ex eo qui oppidum praeterfluit amnis, Ophis (id eſt anguis) nominatur. Quod ſi ex Homeri verſibus coniecturam aucupamur, draconem illum exiſtimare poſſumus. Is enim quum in enumerandis Graecorum navibus, relictum in Lemno inſula Philocteten memoret, graviter ex hydri morſu laborantem, ſerpentis eo loco nomen non uſurpat: ad idem draconem ab aquila demiſſum in Trolunorum concionem fingens, ſerpentem vocat. Quare et hunc Antinoes ducem, draconem fuiſſe, facile ut credamus adduci poſſumus. (4) Matinenſes quidem in Dipacenſium finibus contra Lacedaemonios cum ceteris Arcadibus non ſunt praeliati: bello tamen Peloponnefiaco, cum Eleis pro Athenienſibus contra Lacedaemonios arma tulere; Athenienſiumque auxiliis freti, ſigna cum Lacedaemoniis contulere. Iidem vero cum Athenienſibus in Siciliam pro priſtina amicitia fuſceptae expeditionis conſortes navigarunt. (5) Interiectis temporibus Lacedaemonii duce Ageſipolide Pauſaniae filio, Mantineaſium fines hoſtiliter ingreſſi. Mantinenſes ipſos praelio ſuperatos intra moenia compulerunt: neque ita multo poſt oppidum non obſidionis apertu vi, fed ad vari aſtu ceperunt. Ophin enim fluvium ad muros detorſerunt. Quo factum ut muri, quum eſſent a crudo laterculo extructi, ea alluvie reſolverentur. Vt enim ſtructura haec tormentorum impetum debilitet, (duriores enim lapides *contusfi* infringuntur, et e fuis diffiliunt compagibus) ita tamen aquis diluitur, ut cera igne vel fole liquefcit. Hanc expugnandi artem non primus excogitavit Agefipolis, fed etiam ante ufurparat Cymon Miltiadis filius, in Eione ad Strymonem amnem obfidenda, propugnante Boe Medo homine cum Perfarum praefidio. Hoc illius fuctum quum ex Pellenenfibus audiffet, imitatus eft Agefipolis. Et captam quidem Mantineam magna ex parte diruit, paucis relictis ad habitandum, aedificiis; reliquam multitudinem in proximos vicos divifit. (6) At Thebani poft Leuctricam pugnam, e vicis, *in quos fuerant diffipati*, rurfus in priftinas fedes Mantinenfes reduxere. Non tamen illi fatis gratos fe praebuerunt. Nam *poft* circumclufi, per legatos pacem cum Lacedaemoniis feorfum ab Arcadum concilio pepigerunt: aperte quidem focietatem cum Spartanis profiteri, Thebanorum fimultatem veriti, non funt aufi. In Mantinenfi certe pugna Lacedaemoniis contra Epaminondam praefto fuere; a quibus poftea, diffidio orto, defcivere ad Achaeos; Aginque Eudamidae filium, Spartanorum regem, praelio fufum, extra fines fuos eiecere; *non ipfi quidem per fe, fed accitis* in auxilium Achaeis, eorumque duce Arato. Iidem cum Achaeis advorfum Cleomenem arma tulere, et Lacedaemoniorum opes infregere. Antigono vero, dum Philippi, qui Perfei pater fuit, tutelam gereret, quod is Achaeorum perftudiofus effet, et alios honores habuere, et in eius gratiam Mantinean mutato nomine Antigoneam appellarunt. Iam vero *multis* poft *aetatibus* in pugna Actiaca ad Apollinis promontorium Augufti ftudia fecuti funt, quum ceteri Arcadici nominis populi cum Antonio facerent, non aliam opinor ob caufam, quam quod Lacedaemonii in Augufti erant partibus. Aetatibus deinde poft haec *amplius* X, quum ad imperium Adrianus acceffiffet, adventitium cognomen urbis illud Macedonicum fuftulit, eamque fuo priftino nomine iuffit vocari.

CAP. IX. Mantineae geminum eft templum, medio pariete difpertitum: in uno Aefculapii fignum vifitur, Alcamenis opus: in altero, Latonae, eiusque liberorum cella eft. Signa fecit Praxiteles tertia poft Alcamenem aetate. In bafi Mufa infculpta, et Marfias tibiis canens. Ibidem pilae inftitit Polybius Lycortae filius, de quo alio loco nobis erit mentio. Habent et alia Mantinenfes delubra: Iovis Servatoris, et eius, quem idcirco, quod hominibus fortunas exauget, Epidoten nuncupant. Gemellorum etiam. et in diverfa urbis parte Cereris ac Proferpinae. Hoc in fano ignem accendunt; cui fumma religione ne exftinguatur cavent. Vidi etiam prope theatrum Iunonis aedem: Deam Praxiteles in folio fedentem fecit, eique adfiftentes Minervam et Heben Iunonis filiam. (2) Ab ara deae proxime abeft Arcadis Calliftus filii tumulus. Huc enim ex Delphici Apolliuis oraclo e Maenalo funt Arcadis offa deportata. *Bi quali vox fuit,*

Frigida Maenaliae regio eſt, ubi conditus Arcas,
Arcades a colus dicuntur nomine cuncti.
Huc ego ferre pedem jubeo te, et pectore laeto
Arcada ſublatum pulchram transponere in urbem,
Quae trivia eſt, quae quadrivia, et quae quinque viarum.
Hic Arcas lucum, ſacrorum hic munera habeto,

Locum ubi Arcadiae eſt ſepulcrum, Solis arae vocant. Non
longe a theatro illuſtria exſtant monumenta. Inter ea focus,
qui communis dicitur, rotunda figura, in quo ſitam Auto-
noen creditum Cephei filiam. Eminet pila ſupra tumulum
cum equeſtri ſtatua: Gryllus is eſt Xenophontis filius. (3)
A tergo theatri reliqua adhuc ſunt templi veſtigia, quod
Veneri olim dicatum fuit Sociali, et in eo ſigna quaedam,
Indicat in baſi inciſa inſcriptio, dedicaſſe Nicippen Paſeae
filiam. Templum erexere Mantinenſes, quo monumentum
eſſet poſteris, ipſos, quum navalia ad Actium pugna committeretur, in Romanorum fuiſſe partibus. Minervam praeterea Alean cognomento venerantur, cui templum et ſignum dedicarunt. (4) Antinoi etiam religio eſt divinis honoribus
ſancita. Eſt Antinoi aedes Mantinenſibus recentiſſima;
quam praecipua quadam cura Adrianus Imperator exornavit.
Illum ego viventem non vidi, ſtatuas certe et pictas imagines ſum conſpicatus. Habentur ei et alibi honores, et in
Aegypto apud Nilum urbs de ejus nomine eſt appellata.
Colitur Mantineae ob hujusmodi cauſam. Patria ei fuit Bi-
thynia ſupra Sangarium amnem. Bithyni ipſi ex Arcadia
oriundi, Mantinenſes olim fuere. 'Ob eam rem dictnes ei
honores a Mantinenſibus haberi voluit Imperator Romanus;
annua praeterea initia, et quinquennale ludicrum celebrari.
Domus in gymnaſio eſt, in qua Antinoi ſigna ſervantur,
tum reliquis ornamentis, tum lapidum nobilitate, tum vero
pictis Antinoi imaginibus inſignis. Earum imaginum multae Liberi Patris inſignia prae ſe ſerunt. Et ſane, quae in
Ceramico Athenis picta eſt pugna ad Mantineam, ab hoc
veluti exemplari ſumta videri poteſt. (5) Eſt praeterea in
Mantinenſium foro mulieris aenea effigies, Deomenean vocant et Arcadis ſiliam dicunt fuiſſe. Sepulcrum etiam heroicum Podaris; quem in acie cecidiſſe aiunt, contra Epaminondam ac Thebanos pugnantem. Tribus autem ante me
aetatibus inſcriptionem tumuli ad minorem Podarem, qui
ſuperioris nepos eodem fuit nomine, tranſtulerunt. Vixit
ſic iis temporibus, ut Romanorum etiam reipublicae particeps fuerit. Sedenim aetate mea apud Mantinenſes anti-
quior Podares colebatur. In ea enim pugna, quum virtute
cives ac ſocios omnes anteiſſe Gryllum Xenophontis filium
fateantur, alteram quidem palmam Cephiſodoro Maratho-
nio, qui Athenienſium equeſtres copias duxit; tertiam huic
ipſi Podari, de quo nunc loquimur, tribuunt.

Cap. X. In reliquam Arcadiam viae ex Mantinea ducunt; in quarum unaquaque, quae ſpectantem detinere poſſint, jam perſequar. Tegeam contendentibus ad laevam

militaria viae ante ipſos Mantineae muros campus eſt, ubi
equorum curriculum; nec procul hinc ſtadium ludrica, quod
in Antinoi honorem celebratur, attributum. (1) Supra
ſtadium mons eſt Aleſium: ab erroribus Rheae ſic appellatum tradunt. In eo monte Cereris lucus: et ubi mons de-
ſinit, aedes conſurgit equeſtris Neptuni, non procul a ſtadio: do qua aede nihil ego praeter auditum habeo: ſed neque quisquam alius, qui eius mentionem fecerit. Quod enim
aetate noſtra exſtat templum, exaedificandum curavit D.
Adrianus, adhibitis inter fabros ſpeculatoribus, ne quis
aut intra vetus templum aſpiceret, aut ruderis ex eo quicquam ſineret alio transportari. Ita vero aedificari iuſſit,
ut vetus templum novo circumquaque incingeretur. Priſcum illud templum quernis inter ſe aſſe compactis trabibus,
Agamedes et Trophonius arexiſſe dicuntur. Aditu autem
homines prohibuiſſe, non obicis ullios oppoſitu, ſed laneum
duntaxat funiculum obtendiſſe; ſive quod, rigente tunc religione, ſatis ſacroſanctum eſſe deum metu locum putarint;
ſive quod ei funiculo occulta ineſſet ad homines arcendos
vis. Vulgatum eſt certe Aepytum Hippothoi filium, quum
neque ſubiſſet, neque tranſiliuiſſet, ſed filum conſcidiſſet,
ubi primum templum intravit, ſacrique religionem violavit,
marinas aquae a faute lateobris erumpentis vi ſubita obcaeca-
tum, neque multo poſt ſuo oppreſſum fato. (3) Pervetus
fane fama prodidit in hoc templo marinae undae ſcatebras
eſſe. Idem eſt etiam de aqua marina Athenienſium arcis
proditum memoriae; deque eo fonte qui apud Mylaſenſes
(quae Cariae civitas eſt) in eius dei templo ſcatet, quem
ipſi patria lingua Ogoa nominant. Tantum idtereſt, quod
Athenae a Phalero (ab ea enim parte mare proximum eſt) abſunt
ſtadia haud amplius XX. Nylaſenſium vero navale abeſt ab
oppido ſtadia LXXX. At Mantinenſibus, quum plurimum
a mari recedant, non niſi divinitus extitiſſe eam in templo
aquam exiſtimandum. (4) Vbi Neptuni templum praeterieris, trophaeum lapideum videas de Lacedaemoniis victis,
eorumque duce Agide erectum. Pugna ad hunc modum
commiſſa narratur. Dexterum cornu tenuere Mantinenſes
ipſi, habito ex omni aetate delectu: dux fuit Podares, Podaris illius pronepos, quem paulo ante cum Thebanis ſtrenue pugnaſſe memoravimus. Aderat vates Eleus Thraſybulus Aenei filius, ex Iamidarum gente; qui et victoriam
praedixit, et periculi ſocius Mantinenſibus fuit. Stetere
in laevo cornu reliquae Arcadici nominis copiae. Suos civitates ſingulae duces habuere: duos Megalopolitae, Lydia-
dem et Leocydem. Media acies Arato Sicyoniorum et A-
chaeorum duci commiſſa fuerat. Lacedaemonii phalangem
ſuam dilatarant, quo in hoſtilem aciem omni ex parte frontem obverterent. In medio agmine Agis cum ſuo globo
conſtiterat. Ibi Aratus (re ita cum Arcadibus compoſita)
cum ſua manu fugam ſimulat, quaſi vero impreſſionem Spartanorum ſuſtinere non poſſet. Ea fugae ſpecie acies in lunae

modum incurvata eſt. Agis cum ſua cohorte victoriae ſpe
Incitatus, fugientes urget. Iam et a cornibus utrinque imperatorem ſuum cupidius ſecuti in eandem incumbunt partem: quippe qui confectum negotium interpretabantur, ſi
Arati manum fudiſſent. A tergo inconſultius progreſſos
Mantinenſes adorti, mox denſa incingunt corona. Spartanorum magnus numerus cum Agide Eudamidae filio rege
ſuo caeſi. Viſum in eo praelio Neptunum dimicantem pro
ſuis partibus memorant Mantinenſes; ob idque erga ſe meritum ei trophaeum dedicarunt. Ac deos quidem praeliis
hominum ac caedibus intereſſe ſolitos, teſtantur quicunque
heroum apud Ilium caſus perſecuti ſunt. Praedicant Athenienſes, ad Salaminem et Marathonem praeſto ſibi deos
fuiſſe. Nihil vero certius quam ab Apolline et patriis diis
delorum apud Delphos Gallorum exercitum. Quo minus
mirum videri debet, ſi Neptuni praeſenti ope Mantinenſes
tunc proſpere pugnarunt. Leocydem nempe eum, qui Ly-
diade collega Megalopolitanis eo bello praefuit, nono gentilitatis gradu oriundum ab Arceſilao fuiſſe tradunt, eo ſana
qui quum Lycoſurae domicilium haberet, cervam vidiſſe
dicitur ei, quam Dominam nominant, deae ſacram, conſe-
ctam iam aetate, cum torque, in quo inciſae erant literae;

Hinnullas excipior ſolvente Agapenore Trojam.

Argumento verſus hic eſt, multo eſſe quam elephantum
cervam vivaciorem.

CAP. XI. A Neptuni fano in ſaltum pervenias quercubus condenſum: Pelagus nominant. Per medias quercus
via a Mantinea Tegeam ducit: et inter Tegeatas quidem as
Mantinenſes terminus eſt rotunda in populari via ara. (1)
Quod ſi a Neptuni ad laevam deflectere malueris; ſtadium
V. itinere confecto, ad Peliae filiarum tumulos pervenias.
Has Mantinenſes narrant paternae necis invidiam fugientes,
huc ſe recepiſſe. Medea enim ubi primum Iolcon venit, Peliae inſidias machinata eſt, re quidem iaſoni ad regnum
viam muniens, quum in eum tamen verbo hoſtili animo eſſe
videretur. Perſuadet itaque regiis puellis, earum parentem
ſe medicamentis a ſumma ſeneclute ad iuventutem revocatu-
ram. Nam et vetulum arietem dedita opera iugulatum,
quum inter venena coxiſſet, tenellum agnum dicitur e le-
bete eduxiſſe. Mox vero quum Peliam ipſum in fruſta diſſe-
ctum in ferventis aquae lebetem immiliſſet, ſenis corpus
filiae ita reſolutum recepere, ut ne reliquum quidem quicquam eſſet. quod ſepulturae traderent. Hic caſus ut in Arcadiam exilii cauſa abirent puellas adegit; ac ſato quidem
ſuo perſunctis, ſepulcra congeſta terra ab Arcadibus exſtructa.
Nomina virginum poetarum indicavit nemo, eorum quos
ipſi legimus. Micon certe pictor earum imaginibus Alle-
ropean et Antinoen adſcripſit. (3) Ab iis tumulis ſtadia
ferme XX diſtat locus, qui Phoezorum dicitur. Ibi Phoezorum tumulus crepidine circumſeptus, modice a terra ſurgit,

Eſt ea in parte via valde anguſta: monſtrant *incolae* Areithoi
ſepulcrum, cui Corynetae, a clava, *qua in pugna utebatur*,
cognomen fuit. Iam ſecundum eam viam, qua Pallantium
iter eſt a Mantinea, ſtadia ferme XXX progreſſos, iuxta militarem viam ſaltus excipit. quem Pelagi nuncupant. In eo
loco equeſtres Athenienſium et Mantinenſium copiae, cum
Boeotiorum equitatu conflixere. (4) Quum in eo praelio
Epaminondas cecidiſſet, Mantinenſes a Machaeriohe ſuo
cive occiſum praedicunt: Lacedaemonii Machaerionem hunc
Spartanum fuiſſe contendunt. Sed Athenienſes, quibus aſſentiuntur Thebani, transfoſſum a Gryllo diclitant, atte-
ſtante id pictura, in qua Mantinenſis pugna expoſita eſt.
Id et Mantinenſes videntur ſenſiſſe, qui quum Gryllum
publico funere extuliſſent, eidem ſtatuam poſuerunt *in illa
pia,* quod prae omnibus ſociis virtus eius enituiſſet. Machaerionem vero verbo potius quam re novere Lacedaemonii. Nam neque Spartae, neque apud Matinenſes ipſos,
cuiquam virtutis ergo, cui fuerit Machaerionl nomen, honorem habitum comperi. Epaminondas quidem, quum eum
ſaucium ſui ex acie retuliſſent, vulnus oppoſita manu compreſſit; pugnamque proſpectans ex eo loco, quem Speculàm
poſtera aetas *ab ipſius facto* appellavit, dolorem eousque pertulit, donec aequatum vidit pugnae exitum. Inde quum
aniota manu animam efflaſſet, eo ipſo in loco, quo fuerat
praelium commiſſum, eſt ſepulturae mandatus. (5) Eius
tumulo impoſita eſt columna cum ſcuto, in quo draco caela-
tus eſt. Indicat hoc inſigne, Epaminondam ab iis ortum
ducere, qui Sparti ſunt nuncupati, *quod eſſii in luteum dicuntur
a draconis dentium faſione.* Pilae vero in monumento duae
eminent; priſci operis altera, cum Boeotica inſcriptione;
alteram Adrianus Imperator dedicavit, et inſcriptionem ipſe
addidit. Et Epaminondam quidem gloria praeſtantibus
apud Graecos Imperatoribus, iure optimo parem potius
quam inferiorem quovis ducas. Nam quum Lacedaemoniorum et Athenienſium ducibus priſcus patriae ſplendor magno fuerit *ad res magnas capeſſendas* adiumento, militesque
ipſe ducum magnitudini virtute ſua facile reſponderint, Epaminondas Thebanos, quos rebus ſuis maxime diffidentes
nactus fuerat, et aliarum *Graeciae civitatum* imperiis uſſus-
factos, brevi ad principatus gloriam evexit. (6) Acceperat is iampridem ex Delphici Apollinis oraculo, Pelagus
ſibi cavendum. Quare fuit illi praecipua cautio, ne aut
triremibus, aut oneraria unquam navi veheretur. At prae-
monuerat deus non mare, ſed ſaltum eum devitandum, cui
Pelagus nomen. Haec nominum ambiguorum ſimilitudo
Annibalem poſtea Carthaginenſem, et Athenienſes antea
fefellit. Annib.li quidem oraculum redditum fuerat ex
Ammonis fano, fore, ut mortuus Libyſſa humo cotegeretur.
Quare in ſpem venerat, deleto Romanorum imperio, in patria ſe poſtremum vitae diem exacta iam aetate clauſurum.
Atenim quum Flaminius illum *ex foedere* vivum ſibi dedi po-

Bulaſſet, a Pruſia *Bithyniae regi*, ad quem ſupplex confugerat, reiectus, quum in equum aſcenderet, *ſponte* enſe nudato
digitum laeſit: atque inde non multorum ſane ſtadiorum
itinere confecto, quum eius vulneris *inflammatione* febriſ
eſſet confecuta, tertio poſt die interiit. Oraculi itaque vocem *ſ totu* vici nomen implevit. Libyſſam enim Nicomedenſes appellabant. Athenienſibus etiam reſponſum e Ilo-
dona redditum fuerat, Siciliam coloniam deducendam. Non
longe ab urbe aberat terrae non ſane magnus tumulus, cui
Siciliae nomen: at illi oraculi vocem alio trahentes, extra
fines bellum inferre auſi, apud Syracuſas *magna clade tonurdi-*
*tarem ſuam ſurre.* Sed perſimilis *e rationis* multa colligi poſſint exempla *ab ii, quibus hae praecipue ſuerit cura: ſu nos ad inſti-*
*tutum redeamus.*

CAP. XII. Ab Epaminondae ſepulcro haud amplius
uno ſtadio diſtat Iovis templum, Charmonis cognomine.
In Arcadum ſaltibus quercus diverſa inter ſe *ſorma* ſunt.
Earum alias a *latiore folio* platyphyllos; alias fagos nuncupant. Tertium eſt genus tam exſucco et levi cortice, ut ex
eo anchoraruni in mari indices, et fundorum faciant. *Quare*
*ei loncs reliqui et Hermeſianax elegorum poeta, phellon (a*
*eſt ſuberem) eum ipſum corticem nominant.* Ad Methydrium,
non ſane amplius oppidum, ſed vicum Megalopolitarum ditionis, via *nuu* e Mantinea perducit. (1) Progreſſos ſtadia XXX, campus excipit, cui nomen Alcimedon: ſupra
quem mons Oſtracina: in quo antrum, ubi Alcimedon habitavit. Fuit hic de heroibus unus; cuius filiam nomine
Philonem vitiatam ab Hercule Phigalli memorant: a patre
vero ſtatim a puerperio in *proximum* montem feris expoſitam
eum puero. Ibi vagientem infantem quum pica imitaretur,
ad avis vocem, quod puerilem eſſe crediſſet, Herculem
forte illac iter habentem converſum, puellam, et a ſe genitum puerum (quem Aechmagoram appellatum tradunt)
agnoviſſe, amboſque vinculis liberaſſe. De rei eventu fontem proximum Ciſſam (*id eſt picam*) nuncupatum. (3) Ab
hoc fonte ſtadia XL abeſt Petroſaca vicus, in ipſo Megalopolitarum et Mantinenſium confinio. Sed praeter *dua*, quas
ante indicavimus vias, totidem aliae Orchomonum dedu-
eunt. In earum una ſtadium eſt, quod Ladae appellant,
qnod in eo ſe Ladas ad curſum exercere ſit ſolitus. Proxime eſt Dianae aedes; et ad viae dexteram terrae editus agger: Penelopes tumulum eſſe dicunt. Neque enim de Penelope Arcadum ſermo cum Theſprodite poeſi congruit.
In ea enim proditum eſt memoriae, poſt Ulyſſis a Troia reditum, Penelopen ei Proliportham peperiſſe. At Mantinenſes longe alium diſtulerunt ſermonem, ab Ulyſſe *eo uſu ine*
damnatam, quod ultro procos invitaſſet: domoque exactam,
Spartam prius, deinde Mantineam ſe recepiſſe: ibique vitae
ei finem contigiſſe. (4) Proxima, atque adeo huic tumulo
contigua planities eſt non ſine magna. In ea mons; ubi
ruinae cernuntur priſcae Mantineae. Locus hac etiamnum.

aetate Pialis dicitur. Hunc aquilonem verfus digreffus, modico viae fpatio confecto. ad fontem Alalcomeniae pervenias. Ab urbe ftadia XXX abfunt rudera vici, cui Maerae nomen: fi modo Maera hoc in loco, et non in Tegeatum finibus fuit fepulta. Veri enim, quae de eius fepulcro dicunt Tegeatae, quam quae Mantinenfes, fimiliora videntur; fuiffe fcilicet Atlantis filiam Maeram apud fe humatam. Forte vero ex huius ftirpe, alia et ipfa nomine Maera, in Mantinenfium fines venit; *quae toi fepulta, viae nomen reliqua*. In altera viarum, quae Orchomenum contendunt, Anchifia mons eft; et ad imum montem Anchifiae fepulerum. Quum enim in Siciliam transmitteret Aeneas, in Laconicam terram appulit; atque ibi Aphrodifiade et Ocetide urbibus conditis, Anchifem patrem, qui, qnum in haec loca quacunque de caufa veniffet, diem fuum obierat, ad fepulturam ibidem dedit. Anchifiae itaque monti ab Anchifa nomen inditum. Huic rei fidem facit, quod Acolenfes qui aetate noftra Ilium incolunt, nusquam Anchifiae tumulum oftendunt. Adiacent Anchifiae fepulcro templi, quod Veneri dicatum fuerat, rudera. Sunt etiam ad Anchifias agrorum inter Mantinenfes et Orchomenios termini.

CAP. XIII. Intra Orchomeniorum fines ad viae laevam, iis qui ab Anchifiis digreffi fuerint, in declivi montis parte aedes eft Dianae, Hymniae *iognomento*. In ea Mantinenfes etiam rei divinae operam dant. Sacerdotem foeminam et virum patrio inftituto deligunt, et reliqua propinqui tate et matrimonio coniunctos. His non balnea, non cetera victus ratio cum vulgo communis: neque in privati ullius hominis aedes pedem unquam inferunt. Eadem fane ab iis etiam, quibus Ephefiae Dianae facra committuntur, (Effiutoras, et Effenas, *i i eft cpulones vel fodales*, vocant) ftudiofe obfervari novimus; fed per annuas mutum vices. Ac Hymniae quidem Dianae anniverfarium faciunt facrum. (2) Orchomeniorum vetus oppidum in fummo olim fuit montis vertice; *quo in loco* reliqua funt fori et moenium veftigia. Nam quae hac aetate habitatur urbs, fub ipfo eft veterum murorum ambitu. Spectatu in ea digna, fons perennis aquae, Neptuni et Veneris delubra cum fignis marmoreis. In fuburbanis Dianae in magna cedro inclufa eft *prifci operis* lignea effigies: deam ab arbore Cedreatim appellant. Infra oppidum per intervalla funt o congeftis lapidibus tumuli; quos in honorem peremptorum in praelio hominum erectos apparet: verum cum quibus vel Peloponnefiorum, vel Arcadum ipforum bellatum fit, neque ullae in fepulcris indicant infcriptiones, neque ipfi Orchomenii memoriae proditum habent. (3) Ex adverfo urbis mons eft, cui Trachys (*id eft, Afper*) nomen. Inter eum montem et urbis moenia, pluvia aqua profundo excepta alveo, in alteram Orchomeniorum planitiem defluit: longe lateque illam quidem patentem, fed cuius maximam partem palus occupet. Ab Orchomeno ftadia prope tria profectis, via fe oftendit, qua Caphyan recta iter est, sive per alveum, sive per stagnantis aquae paludem. Vbi aquam traieceris, quae per alveum praeterfluit, via altera est sub Trachy monte; (4) iuxta quam Aristocratis sepulcrum, eius nempe, qui virgini Hymniae Dianae sacerdoti olim per vim vitium obtulit, Modico intervallo ab Aristocratis sepulcro absunt fontes, Tenese appellati. Distat ub his stadia ferme septem Amilus: huic vico idem nomen, quod olim prisco urbis esse tradunt. (5) Hic se rursus in bivium findit via: pars eius altera Stymphalon, Pheneon altera ducit. Per hanc Pheneon versus progressus mons excipit; in monte iuncta sunt Orchomeniorum, Pheneatûm, et Caphyatûm confinia. Supra eos praeruptum saxum est: petram Caphyaticam accolae nominant. Secundum fines ipsos, iis quas paulo ante nominavimus urbibus tallis subiacet: per eam via transit, qua Pheneon iter est. In media valle aqua oritur e fonte: in extrema est vicus, cui nomen Caryae.

CAP. XIV. Pheneatarum campi Curyis subjecti. Ex iis campis aqua immodice stagnante veterem Pheneon deletam memorant. Manent aetate etiam nostra in montibus eius eluvionis signa, quae, quantum aqua ascenderit, indicant. A Caryis stadia quinque distant montes Orexis et Sciathis. Ad ima utriusque montis ingentes foveae sunt, quae aquam e campis delluentem excipiunt. (2) Eas foveas manu factas Pheneatae putant, Herculem hoc operis effecisse, dum Phenei apud Laonomen Amphitryonis matrem degeret. Amphitryonem enim Alcaeo ex Gunei filia Laonome, foemina Phoneatide, non autem ex Lysidice Pelopis genitum ferunt. Quod si non vanus est hominum sermo, ad Pheneatae Herculem migrasse, adduci quis facile possit ut credat, Tiryntho ab Eurystheo pulsum, non Thebas eum primum, sed Pheneum se recepisse. (3) Ac sossum ille quidem per medios Pheneatici agri campos duxit, ut per eam Olbius amnis, quem Arcadum alii Aroonium appellant, laberetur. Operis longitudo stadia L excurrit: alte subsidit, qua ripae integrae sunt, pedes haud minus XXX. Verum hoc Herculeo alveo iam destituto, fluvius meatum pristinum repetiit. (4) Ab iis quidem foveis, sub iis montibus, de quibus ante egimus, debiscentibus, quinquaginta circiter stadia progressis occurrit urbs ipsa Pheneos; cuius conditorem Pheneatae perhibent Pheneum virum indigenam. Arx est undique praerupta, et partim natura loci, partim etiam operibus munita. In ea Minervae templum fuit, cui Tritoniae cognomentum: sed eius iam sola rudera reliqua sunt. Neptuni etiam cognomine Equestris, ex aere simulacrum, Vlyssem dedicasse aiunt. Quum enim equas perdidisset, et eas quaerens totam Graeciam peragrasset, postremo quo loco eas reperit, ibi Dianae templum, quam Heurippen cognominarit, addito Equestris Neptuni signo, erexisse: ac sine inventas equas, ita in ea Pheneatici agri parte, ut in continenti contra Ithacam terra boves, pascendas locisse. Mihi

quidem Pheneatae in fimulacri baſi inſcriptas literas mon-
ſtrarunt, quibus quae cum paſtoribus Vlyſſes pepigiſſet, conſignata fuerint. (5) Non tamen, ut ceteris quae dicunt
fidem habeam, illud aſſentiar adducſ poſſum, ex aere ſignum
ab Vlyſſe dicatum, quum nondum illis temporibus traditum
fuiſſet, ſigna ex aere, facere, tanquam veſtem in textrina.
Sed quale fuerit tunc aeris opificium, oſtendi iam ante in
eo, qui eſt de rebus Laconicis commentario, quum de Sum-
mi Iovis ſimulacro verba facerem. Primi aes conflare et
cudere docuerunt Rhoecus Philaei, et Teleclis filius Theodorus, ambo Samii. Theodorus certe et ſmaragdum illum
caelavit, quem frequentiſſime geſtabat, quoque maxime
delectabatur Polycrates Samiorum tyrannus. (6) Qua ab
arce Pheneatum deſcenditur, ſtadium eſt, et in edito vertice ſepulcrum Iphiclis, qui frater fuit Herculis, Iolai pater,
Herculis laborum conſortem magna ex parte fuiſſe Iolaum
Graeci teſtantur. Eius vero pater Iphicles, quum in prima Herculis contra Augean Eleorum regem pugna, ab A-
ctoris filiis, qui Molionidae ſunt e Molione matre appellati,
vulnus accepiſſet, a propinquis Pheneon delatus eſt. Ibi
eum Pheneates Bupbagus, et eius uxor Promne valde accurate tractarunt, et ex vulnere mortuum ſepelierunt; et
Iphicli hac etiam aetate tanquam heroi parentare ſolenne
habent. (7) Deorum vero omnium maxime Mercurium
Pheneatae venerantur, eique ludos faciunt Hermaea. Templum exſtat Mercurii cum ſigno marmoreo, quod fecit Athenienſis Euchir Eubulidae filius. A tergo templi eſt, Myrtili
ſepulcrum, quem Graeci Mercurii filium fuiſſe tradidere,
Oenomai aurigam: quoties vero quis de procis filae in certamen deſcendiſſet, currus ea arte regere ſolitum, ut Oenomaus victores aſſecutus, haſta eos emiſſa transfigeret.
Hippodamiae ipſe etiam amore captus, quum non auderet
in certamine fortunam experiri ſuam, pergebat aurigae
munera obire. Proditum poſtremo ab eo Oenomaum narrant, quum Pelopem iureiurando adegiſſet, ut prima ſibi
Hippodamiae nocte concederet: verum quum victorem pro-
miſſi moneret, ab eo e navi in mare abiectum aiunt. Eius
cadaver aeſtu eiectum ſepulturae mandaſſe Pheneatae dicuntur: ſua certe Myrtilo parentalia ſtata quotannis nocte faciunt. (8) Satis perſpicuum eſt, non fuiſſe longinquo mari
vectum Pelopem; ſed ab Alphei oſtio profectum, ad Eleorum
navale appliciſſe. Quare ne Myrtoum quidem mare a Myrtilo Mercurii filio nomen accepiſſe credendum, quum ab
Euboea fere incipiens, ad inſulam deſertam, quae Helene
dicitur, cum Aegaeo iungatur. Probabilior mihi Euboeenſium antiquariorum ſententia videtur, qui a Myrtone puella
nomen ei pelago inditum putant. Eſt apud Pheneatas etiam
Cereris cognomento Eleuſiniae fanum; cui initia eodem
ritu, quo apud Eleuſinen peraguntur, quum ipſi tamen ea
ſacra apud ſe pronum; inſtituta autument. Veniſſe enim in
haec loca ex Apollinis Delphici oraculo Naum, a quo faevo-

rhm ibus accepertai :   et Neum quidem' Eumolpi pro-
nepoteni fuiſſe.

CAP, XV. Prope ſanum Eleuſiniae, lapides eminent
praegrandes duo, alter apte alteri impoſitus: Petroma vocant. Eos lapides, ubi anniverſarii ſaeri, quae Maiora nominant initia, dies appropinquant, disiungunt, atque Inde
literas educunt, quibus pompae ritus, et quae fieri oportet
omnia conſignata ſunt. Eum commentarium quum ſacrificulis audientibus recitandam curarint, ea ipſa nocte in priſtinam ſedem reponnunt. Ad eam lapidum compagem compertum habeo, Pheneatarum multitudinem de maximis quibusque rebus iusiurandum concipere ſoliram. Operimen-
tum ei imminet rotundo ambitu. In eo effigies Cererie
cognomento Cidariae. ſervatur. Eam effigiem ſacerdos tanquam perſonam indutus, ſtatis, quae initia maiora appellantur, diebus populares patrio quodam ritu virgis caedit. Veniſſe in huec etiam loca Pheneatae Cererem dictitant ante
Naum, dum errabunda Proſerpinam quaeriteret; et iis qui ſe
comiter ac liberaliter accepiſſent, legumina diviſiſſe omnia,
praeter ſabam. Qua enim maxime de cauſa impurum legu-
men faba ſit, arcanis commentariis mandatum eſt. Iam
vero qui (uti Pheneatae narrunt) Cererem hoſpitio acceperunt, quique ei templum ad Imam Cyllenen erexerunt, et
Initia deae inſtituere, quae nunc etiam in olficio permanent,
Triſaules iis et Damithales nomina. Abeſt hoc Cereris ergm-
menim Cheſmiae ſanum ab urbe ſtadia prope XV. (2) Qua
Pellenen et Aegiran a Pheneo iter eſt, ſtadia circiter XV
progreſſi, ad Apollinis Pythii templum accedant. Sedenim ex eo ſola rudera, et magnam e candido lapide aram
vetuſtas reliqua fecit. Ad eam aram Pheneatae hoc etiamnum tempore Apollini et Dianae ſacra faciunt: Herculem
Elide capta eam aedem memorant dedicaſſe. (3) Extant
heroum illorum ſepulcra, qui quum eius expeditionis Herculi ſocii ſuiſſent, pugnando cecidere. Ac Telamon quidem
proxime flumen Aroanium modico ab Apollinis intervallo
conditus eſt: Chalcodon non longe a fonte Oenoe. Neminem vero errare velim, exiſtimantem vel Chalcodontem,
hunc Elephenoris, qui inter duces claſſe ad Illum profectus
eſt; vel quem aiae nominaritineu Telamonem. Aiacis et Teucri patres fuiſſe. Qui enim Herculem Chalcodon in hoc
bellum ſequi potuit, quum interfectum ab Amphitryone
haud dubiis Thebanorum monumentis teſtatum ſit? Vel quonam pacto Teucer Salaminem in Cypro condidit, ſi nemo
eum a Troia redeuntem domo probibuit? Ecquisnam vero arcere eum praeter Telamonem potuiſſet? Quocirca alios omnino hos qui Herculem iuverint, ab Euboico
Chalcodonte, et Aegineta Telamone, fuiſſe ſtatuendum eſt.
Enimvero uti noſtra aetate. ſic propemodum ſuperioribus
omnibus ſeculis, illuſtriorum plerunque viorum nomina
cum Iis qui non tam clari fuerint, communicata ſunt. (4
Pheneatus autem a finitimis Achaeis non uni dirimunt fines

Nam ad Cyllenen *inter utrosque terminos* est *fluvius*, qui Porinas dicitur: ad Aegiraticum agrum, Dianium: Intra Pheneatarum fines, fecundum Pythii Apollinis templum paululum progreſſus, in viam ingredſare, quae ad Crathin montem ducit. In eo monte Crathidis omnis fontes funt. Labitur is in mare praeter Aegas defertum aetate mea vicum, Achaeorum olim urbem. Ab eo nomen accepit Crathis Italiae in Bruttis fluvius. Eſt in Crathide monte Pyroniae Dianae fanum: ex quo antiquitus Argivi ad Lernaeum ignem deportabant.

CAP. XVI. A Pheneo Orientem verſus iugum eſt Gerontei montis: terminus hic Inter Pheneatas et Stymphalios. Ad laevum montis per Pheneaticum agrum contendentibus, Pheneatis ii funt fines, quae Tricrena nominant, a tribus, qui illic funt, fontibus, *quaſi Trifontium dixeris.* In illis aquis *serens* in lucem editum Mercurium accolae montis Nymphae abluiſſe dicuntur: ob eamque rem eos fontes *sanquam* Mercurio facros *multa (nui religione* colunt. (2) Non longe a Trifontio mons eſt alius, *cui* Sepia *nomen*; ubi Aepytum Elati filium ſerpentis morſu periiſſe dicunt; eoque in loco humatum, quod longius cadaver offerre (ob *odoris spitur g·a·itatem*) non potuerint. Eius generis in eo monte ali noſtra etiam aetate ſerpentes Arcades tradunt, ſed valde iam paucos, quod, quam *cauſis* nivibus mons magna anni parte *undique* obducatur, vel fub divo deprehenſi necentur; vel fi forte in fua luſtra confugerint, gelu tamen conficiuntur. Atque eo quidem Aepyti fepulcrum valde ſtudioſe fum contemplatus, quod eius mentionem facit Homerus. Eſt vero terrae agger non utique magnus, lapidea crepidide in orbem circumſeptus. Fuit fane Homero admirationi, quod ſcilicet nullum fuerat ille nobilius monumentum conſpexatus. Nam et idem chorum in Achillis clypeo a Vulcano fabricatum, *idcirco* cum *Ariadnae* choro quem fecerat Daedalus, comparat, quia nullum follertioris artificii opus viderat. (3) Equidem quum multa norim *ubi fint* admiratione digna fepulcra, duorum *tamen dunrarat hoc loco* mentionem faciam: alterum Halicarnaſſi eſt, in Hebraeis alterum. Erectum illud fuit Mauſolo, qui Halicaruaſſi regnavit; ea operis magnitudine, atque omni ornamentorum magnificentia, ut Romani rei miraculo adducti, magnificentiſſima quaeque apud fe monumenta Mauſolea appellarint. At apud Hebraeos in Solymorum urbe, quam Romanorum Imperator funditus excidit, Helenae indigenae mulieris fepulcrum *miri operis* eſt. In eo enim oſtium fabricatum eſt e marmore, uti ceterae fepulcri partes. Id anni ſtato die, atque hora, occulto machinae cuiusdam motu aperitur; neque ita multo poſt occulditur. Quod fi alio tempore aperire conatus fueris, effringas facilius, quam ulla vi recludas.

CAP XVII. Ab Aepyti fepulcro ad Arcadicorum omnium mortium excelſiſſimum Cyllenen venias. In eius *fummo* vertice Mercurii Cylleni templum eminet; *ſed* collapfum. Dubium vero nihil eſt, et monti et Deo a Cyllene Elati filio cognomina indita. (2) Ac priſci quidem homines, quantum *ex antiquitatis monumentis* didicimus, *non aliis* materiae generibus ad fimulacra deorum ufi funt, *quam* hebeno, cypariffo, cedro, quercu, fmilace *feu hedera Cilicia*, loto. Verum Mercurio Cyllenio e citro fignum aedificatum eft; pendm (uti conficio) haud minus VIII altitudine. (3) Habet praeterea (quod admirere) Cyllene mons merulas undecunque albas. Nam quae aves *hos nominat* a Comicis appellantur, aliud quoddam genus funt, haudquaquam canorae. Aquilas quidem, quas Cycnias vocant, candore oloribus perfimiles, ipfe in Sipylo ad flagnum, quod Tantali dicitur, confpexi. Apros certe, et ex Thracia urfas albas, vulgo privati homines; lepores albos inter altilia Libyes habent: cervas vero albas Romae cum admiratione fpectavi: neque percontari in mentem tamen venit, e mediterraneisne orbis terrae partibus, an vero ex infulis fuerint deportatae. Huc fum digreffus, ne commentidum quis putaret, quod de Cylleniis merulis commemoravi. (4) Coniungitur cum Cyllene mons alius, *cui nomen* Chelydorea: in eo nempe Mercurius dicitur repertam tefludinem ad lyrae formam redegiffe. Hic fines inter Pheneatas et Pellenenfes; montis multo maximam partem Achaei poffident. (5) A Phenео ad eam, quae ad Occafum eft, partem difcedentes, viae excipiunt duae; Clitorem laeva, Nonacrin dextera, et ad Stygis aquam perducit. Fuit olim Nonacris Arcadum oppidulum, cui nomen Lycaonis filia dederat. Solae aetate noftra: ruinae extant; et eae quidem magna etiam ex parte obruiae. Ab lis ruinis non longe crepido montis tam alte fe attollit, ut locum nusquam viderim celfiorem. Ex ea aqua ftillatim defluit, quam Stygis aquam Graeci nuncupant.

Cap. XVIII. Ac Stygem quidem Hefiodus in eo libro, qui de gentilitate deorum infcriptus eft (neque enim defunt, qui carmen illud Hefiodo adfcribant) Oceani filiam, et Pallantis uxorem fuiffe memoriae prodidit. Ab his nihil fere difcrepantia fuis etiam verfibus Linum ceciniffe tradunt. Mihi quidem *utriusque poetae* carmina accurate legenti, non effe haec illis attribuenda videri folet. Epimenides Cretenfis, et ipfe Stygem filiam Oceano genitam dixit; non tamen Pallanti, fed Piranti nuptam, (quicunque ille Piras fuerit) cui etiam Hydram pepererit. Omnium maxime Stygis nomen in poemata fua induxit Homerus. Nam et qua in parte iusiurandum concipientem Iunonem fecit, fic loquit:

    Hoc fciat omniparens tellus, caelumque profundum
    Undaeque de Stygiis emanans fontibus.

Ad naturam nempe refpexit ftillantis aquae, ut qui locum ipfe eum effet confpicatus. Iam vero in enumeratione eorum, qui Guneum fecuti funt, ubi Titarefium amnem nominat, fluere a Styge illum autumat. Poftremo effe apud inferos Stygem dicit, quo loco exprobrantem Iovi Minervam facit, quod non meminerit fua maxima opera fervatum Her-

Z 2

culem, quo minus iis, quos imperaſſet Euryſtheus, laboribus
conficeretur:

> Quod ſi ego praeſaga id potuiſſem mente videre,
> Tunc quum ipſum indomiti demiſit in atria Ditis,
> Colla canis traheret curvi quo regis ab aula,
> Nulla arte elapſus Stygiis remeaſſet ab undis.

(1) Aqua ſane illa, quae ex praerupta rupe ad Nonacrin
guttatim in praecelſum ſaxum cadit, inde permeato ſaxo in
Crathin fluvium delabitur. Mortifera illa quidem eſt tum
homini, tum cuivis alii animantium generi. Nam et capel-
lae ſacpius aquae eius potu extinctae ſunt; quod tamen ex
intervallo temporis cognitum eſt. Accedit et aliud ad eius
aquae miracula. Vaſa et pocula omnia, ſive vitrea, ſive
cryſtallina, ſive murrhina, ſeu e lapide aut teſta ſint fictili,
aquae illius vi franguntur. Quin etiam cornea et oſſea vaſa
ferrum item, aes, plumbum, ſtannum, argentum, et electrum, ea aqua infuſa ſolvuntur. Ipſum quoque aurum,
quod neque ſitu, neque rubigine vitiari, et Lesbia poetria
teſtatur, et res ipſa indicio eſt, aquae tamen huius virus
non ſuſtinet. Atenim vilioribus et abiectioribus plerumque
rebus vim eam Deus indidit, ut ea ſuperarent, quae maximae
eſſent inter homines aeſtimationis. Nam et aceto uniones
reſolvuntur; et adamantem lapidum omnium adverſus quem-
libet idtum pervicaciſſimum, hirci ſanguis tabefacit. Con-
ſimili modo Stygis aqua ungulam equi ſuperare non poteſt.
Hac enim ſola ita continetur, ut vaſculum non findar. Fueritne hoc veneni genere enectus Alexander Philippi filius,
pro comperto non habeo: memoriae certe proditum ſcio.
(3) Supra Nonacrin montes ſunt Aroania appellati: in
quibus ſpelunca, intra quam furore actae Proeti filiae memorant ſe abdidiſſe: inde vero extractas a Melampode arcanis quibusdam ſacris et expiationibus, in eum vicum veniſſe, quos Lufos nuncupant. Aroaniorum partem utique
magnam Pheneatae incolunt. Nam Luſi intra fines Clitoriorum ſunt: Luſosque iſtos civitatem olim fuiſſe tradunt.
Ageſilaus certe Luſenſis victor renunciatus eſt accepta de
iniuge equo palma, quum prima poſt decimam Pythiade
ludos Amphictyones faciundos curaſſent. Noſtra tamen
aetate ne ipſae quidem Luſorum ruinae extant. Filias certe
Proeti Melampus Lufos compulit, tuſtratasque in Dianao,
Inſania liberavit. Ab eo ſane tempore ad hodiernum usque
diem Hemereſiam (quaſi placabilem dixeris) Dianam templi eius
praeſidem Clitorii nuncupant.

CAP. XIX. Eſt vero etiam Arcadici nominis gens ea,
qui Cynaethaenſes vocantur. Hi in Olympia Iovis ſignum
poſuere, fulmen utraque manu praeferens: abſunt hi a Diana ſtadia ferme XL. In eorum foro et arae multae deorum,
et Adriani Caeſaris eſt effigies. Quod vero memoratu apud
ipſos non indignum eſt, Liberi Patris templum habent: in
quo feſtos dies anni ſumma byeme agitant, adipe peruncti:

fublatum *hinnuis* e grege taurum, quem ipfe Deus ut deligerent in mentem venire voluiffet, ad templum deportant: hoc folenne ipfis eft facrum.(2) Abeft ab oppido ftadia haud amplius duo fons praegelidae aquae: fontem obumbrat platanus. Si quis ex rabidi canis morfu, vel vulnus, vel noxam quovis modo traxerit, aqua haufta ftatim fanatur. E re itaque ipfa fontem Aly*ffon*, *quod per eum fedatur rabies,* nominant. Videtur itaque natura Arcadibus, quam in Pheneatum finibus Stygis aquam ad perniciem homnium dediffet, hunc etiam qui in Cynaethaenfibus eft, fontem, longe diverfa vi, aequata homi malique forte, falutis cauſa tribuere voluiffe. (3) Reliqua eft earum, quae a Pheneo ad folis occafum ad laevam vike funt, una quae Clitorem dacit: pertingit autem ad illud Herculis opus, quo offecit ut perenni Aroanius amnis aqua flueret: fecundom quem *amnem* ad Lycuriam vicum iter eft. Ibi inter Clitorios et Phenee-tas agrorum funt fines.

CAP. XX. Progreffus hinc ftadia prope L, ad Ladonis fontem accedas. Equidem audivi aquam eam, quae in ftagnum fe in Pheneatico agro diffundit, *illius proximorum* montium cavernas fubeuntem, *mox* hoc loco eruptione fiéta, fontes Ladonis efficere. Id ego itaoc fo habeat, an vero aliter, non habeo tanquam de explorata re dicere. Ladon quidem ipfe aquae pulchritudine omnibus Graeciae fluminibus antecellit: celebratur vero maxime Daphnes cauſa, et ob va, quae de illa *portar* decantarunt. (1) Ego fane de Daphnes quae commemorant Syri Orontis accolae, practereo. Nam *longe* diverfa ab Arcadibus et Eleis tradita funt. Oei nomao narrant Pifae regi filium fuiffe Leucippum nomines qui puellae amore captus, quum eam fi uxorem fibi palam peterct, operam fe lufurum pro certo haberet, quod illa omnino a marum'confuetudine abhorrebat, ad eam fallendam huiusmodi excogitaffe aftum dicitur. Alebat adolefcens Alpheo comam: eam ille quum, quo virgines more folcut,'religaffet, cum muliebri vefte ad Daphnen venit, filiam fe Oenomai fimulans, quae focia venationis effe cuperet. Quum itaque virgo effe *ex corporis habitu facile* crederetur, antcirct vero ceteras comites generis dignitate, ac venandi peritia, et in primis obfequentem fe illis maxime praeberet, miro fibi Daphnen amore devinxit. At qui de Apollinis amore fabulam vulgarunt, hoc amplius addunt: Apollinem graviter ferentem Leucippi in amore felicitatem elieciffe, ut Daphne cum fuo comitatu virginum natandi cauſa in Ladonem defcendens, ipfum etiam Leucippum *reunfautma et* invitum illuc pertraheret: ac mox vefte detracta, quum virginis ementitum habitum deprehendiffent, impetu facto *ipfae Daphnes comites* illum iaculis et pugiunculis transfixam interemerint. Haec in vulgus *de Daphne* prodita.

CAP. XXI. Abeft vero a Ladonis fontibus haud minus LX ftadia Clitoriorum urbs. Huc via ducit ab Ipfis fonti-bus Ladonis fecundum Aroanium amnem angufto calle:

Prope ipfum Clitoriorum oppidum traiicitur Clitor amnis. Influit is in Aroanium fladia haud plus feptem procul ab oppido. Pifces educat Aroanius tum alios tum eos, qui Poeciliae (*verdo a coloris variis tie*)' appellantur. Hos haud abfimilem turdorum avium voci fonum fundere aiunt. Vidi ego fane *pifces* iam captos; vocem vero eorum nullam audivi, quum tamen ad folis usque occafum circa Aroanium commoratus effem, quod eo maxime tempore vocales eos effe pifces dictitant. (1) Vrbi nomen ab Azanis filio eft impofitum. Sita eft plano loco, non magnis circumvallata montibus. Templa in ea funt maxime illuftria, Cereris, Aefculapii, Lucinae. * nequo numerum verfibus prodidit. At Lycius, qui *multa* fuit aetate fuperior, patria Delius, hymnis et in alios *deos* et in Lucinam ipfam confcriptis, Eulinon (*quafi dicas Linifonin*) appellat: eandem effe innuens cum ea, quae Pepromene (*hoc eft, Fati forr*) dicitur; et Saturno antiquiorem. Eft etiam apud Clitorios Caftorum templum, Magnorum Deûm nomine; ab urbe feiunctum fladia quatuor. Signa div aenea extant. (3) Iam vero in montis vertice procul ab urbe fladia ferme XXX, aedes eft cum figno Minervae Coriae.

CAP. XXII. Sed me *propofita* expofitio revocat ad Stymphalum, et ad Pheneatarum, ac Stymphaliorum montem Geronteum. Stymphalii quidem ipfi non Arcadibus iam fe contribuunt, fed ad Argivorum fe concilium ultro defectione facta applicuerunt. Cognatos vero Arcadum effe, Homeri carmina teftantur. praeterquam quod Stymphalus oppidum muniit, Arcadis Callitlus filii pronepos: non tamen quo nunc loco extat, fed in parte diverfa conditum fuiffe memorant. (2) In prifca vero Stymphalo Temenum Pelasgi filium habitaffe, a quo fuerit Iuno educata, cui fana tria cum deae cognominibus totidem dedicarit. Puellam enim dum virgo effet: Iovi vero iam nuptam, Adultam: divortio a Iove facto, quum Stymphalum fe recepiffet, Viduam appellaffe. Atque haec a Stymphaliis de Iunone prodita memoriae non ignoro. Sed horum nihil haec habet, de qua nunc agimus, urbs. (3) Habet tamen alia, *quae de ea memorari poffint*. atque haec propemodum. In agro Stymphaliorum fons eft. e quo Adrianus Caefar aquam Corinthiis intra moenia deduxit. In oppido ftagnans hyeme fons lacum efficit non utique magnum; unde Stymphalus amnis exit: aeftate autem lacu ficcato. amnis aequato labitur alveo; ac terram per cuniculum fubiens, in Argolico fe domum agro profert: ibique nomine mutato, pro Stymphalo Eraffnus vocatur. (4) Fabulis vulgatum eft, Stymphali aliquando aves, quae humana carne victitarent, ab Hercule fagittis confectas; at Pifander Camireufis non peremptas eas ab Hercule aves, fed crepitaculorum fonitu e loco pulfas tradidit. Arabiae quidem deferta praeter ceteras feras, volucres etiam alunt, quas Stymphalidas nuncupant, hominibus nihilo mitiores leonibus et pardis : fi quidem in eos, qui

ad earum aucupia exierint, involant, et rostris corpora
verberantes, interimunt; ac aenea quidem vel ferrea corporis tegumenta *si.it* rostris perfodiunt: at si e libro se
quodam, qui eas capiant, sactis amiculis velarint, haud aliter volucrum rostra caudicibus deprehensa tenentur, quam
visco avicularum pinnae. Gruibus illae quidem sunt magnitudine pares, forma ibibus persimiles; rostra tamen et va-
lidiora, neque ut ibes adunca habent. An fuerint vero aliquando in Arcadia aves eodem nomine, quo sunt aetate
mea in Arabia, non eadem tamen forma, id ego perspe-
ctum non habeo. At si ita suum semper Stymphalidum
genus fuit, ut accipitrum, aquilarun, *et aliarum volucrum*,
facile adducor indigenas esse Arabiae aves; quarum devo-
larit aliquando pars in Arcadiam ad Stymphalum, *unde no-*
*men accepissent*: et sine quum *ante* alio fortasse in Arabia nomine appellarentur, Herculis gloria, et Graecorum nomen,
multo quam Barbarorum honoratius, obtinuit, ut quae in
Arabiae desertis degunt, et ipsae Stymphalides hac aetate
nominentur. (5) Stymphali Dianae etiam vetusta ades est,
Stymphaliae *cognomento: deae* signum e ligno, *unde atque im-*
*positum*, maxima *ismen* ex parte inauratum. Sub templi lacunaribus Stymphalides etiam aves positae sunt: lignaene
illae, an gypseae sint, *a solo conspicientibus* non est facila in-
ternoscere. Mihi quidem quantum coniectura consequi
potui, e ligno potius quam e gypso factae videntur. Sunt
ibidem in postica tamen parte, virginum signa cum avium
cruribus e candido lapide. Miraculum vero *in hoc templo*
aetate nostra huiusmodi evenisse narrant. (6) Quum
Stymphaliae Dianae solenne sacrum indiligentius omni ex
parte factum esset, ac inprimis patrii ritus praetermissi, lacus
*repente* supra eam cavernam corruit, quam subter Stymphalus amnis meat. Obsepto igitur ostio aqua refluens late
omnem campum haud minus stadium CCCC, *perpetuo* stagno
occupavit. *Fertur ba aevidit*, *ut* venator cervum fugientem per-
sequens, quum illa se in eius paludis coenum abiecisset,
animi impetu concitatus, per aquas natans cam urgere non
prius desierit, quam idem hiatus et feram et venatorem ab-
sumserit. Mox et stagnantem aquam, *omni via patefacta*,
consecutam, ac totam palustem uno die siccatam tradunt.
Ex eo tempore sacrum Dianae apparatius et magnificentius
factum.

CAP. XXIII. Post Stymphalum, Alea *inter Arcadiae op-*
*pida* numeratur, Argolici tamen conventus particeps. Aleum
Aphidantis filium conditorem celebrant. Templa illic exstant Dianae Ephesiae, et Minervae Aleae: Liberi Patris delubrum cum simulacro. Huic anniversarius dies festos, agi-
tan.; in quibus, quo more apud Spartanos ad Orthiae aram
ephebi, foeminae flagris caeduntur. (2) Dictum est. quo
loco de Orchomeniis egimus, secund.um alveum parvi torrentis iter esse: inde vero ad laevum stagnantem aquam
conspici. At in Caphyensium campis eum ut aggier, ad a-

quám, quae ab Orchomeniorum finibus *hac* evadit, arcendam, ne scilicet cluvionibus Caphyatarum arva obnoxia sint. Intra aggerem aqua alia iusto praeterlabitur amne: quae *ex intervallo* terrae hiatu excepta, erumpit rursus ad *latebras* eas, quae Nasi vocantur. Vicus, iuxta quem se aqua iterum ostendit, Rheunus dicitur. Inde elapsa, fluvium perennis aquae efficit, qui Tragus vocatur. (3) Oppido nomen impositum a Cepheo Alei filio satis constat: ut Caphyae tamen appellentur, Arcadicae linguae consuetudo obtinuit. Ac se Caphyenses quidem ex Attica terra oriundos, eieclos vero ab Aegeo, quum ad Cepheum supplices confugissent, ab eo se dicunt in domicilii partem receptos. Oppidum sane modicum est in extremis campis ad unos montes, non valde illos quidem editos. Templa ibi Neptuni, et Cnacalesiae Dianae: a monte dea Cnacalo nomen accepit, in quo anniversaria et initia peraguntur. Paulo supra oppidum fons est, et prope fontem ingens et eximia specie platanus, quam Menelaida nuncupant: Menelaum Troiano bello suscepto, ad comparandas copias huc venisse, et eam ab ipso platanum ibi satam esse diclitantes. Hoc sane tempore. et fontem, et platanum Menelaida appellant. (4) Quod si ex Graecorum monumentis vetustissimas arbores adhuc superstites et vegetas percensere velimus, antiquissima omnium vitex est. quae apud Samios ad Iunonis exstat. Ei *vetustate* proxima quercus Dodonaea: olea deinde in Athenarum arce, et quae Deli *adhuc* exstat *palmae*. Nam tertium vivacitatis locum lauro suae *iure fortasse* Syrii tribuerint. Praeter has, platanus haec est omnium vetorrima. (5) Abest a Caphyis stadium haud longius unum Cundyleae vicus: in quo lucus, et sanum Dianae, cognomine olim Condyleatidis. Immutatum vero hoc deae cognomen ob huiusmodi causam ferunt. Quum pueri aliquot (neque enim certus traditur numerus) circa templum luderent, funiculo, quem repererant, Dianae signum obligato collo per lusum trahentes, Dianam strangulari diclitabant. Eos Caphyenses quum deprehendissent, *violati numinis ultrice dira manos*, lapidibus obruerunt. Quod tamen iaclum non bene eis vertit. *Communis* enim pestis foeminis in illis, ut omnes, quae uterum ferrent, foetus per abortum abiicerent mortuos: neque ante malum cohiberi potuit, quam oraculi monitu Iulii sunt sepulturae pueris honorem habere, et illis quotannis inferias mittere; quod insontes perempti essent. Observant itaque et alia omnia Caphyenses ex oraculo, hac etiam aetate; et Condyleatidem Dianam (nam et hoc ad Apollinis vocem referunt) Apanchomenen (*quod est ac si laqueo comprehensam dicas*) exinde appellarunt. (6) A Caphyis stadia ferme septem adverso clivo profeclus, *mox* in vicum descendes, quem ante Nasos dixi vocari. Hinc stadia prope L. progressus, ad amnem Ladonem pervenies. Quem ubi transieris, ad Soronem quercetum accedas, per *vicos*, qui Argeathae, Lycuates, Scotane nominantur, Inde per Seronem via Pfophidem ducit. Hoc quercetum, uti aliae Arcadum fylvae, feras alit, apros, urfos, tafludines infigni magnitudine; ex quibus lyrae fieri *facile* poffint, pares iis, quae ex Indica teftudine fiunt. Non longe a Sorone abfunt Pai *vereii* vici ruinae: et ulterius paulo *eiswt after*, cui Sirae nomen. Sunt autem Sirae agri fines inter Clitorios et Pfophidios.

CAP. XXIV. Pfophidis conditorem fuiffe tradunt Arrhonis filium Pfophidem, *perpetua malorum fuorum ferie* ab Erymantho, Arifta, Parthaone, Periphete, Nyctimo originem ducentem. Non defuerunt tamen, qui *utba primo die* attribuerint Pfophidi puellae, Xanthi filiae: quam Xanthum ipfum Erymanthus genuiffet, Arcadis filius. Verum haec Arcadum monumentis de fuis regibus mandata funt. Eft enim multo veriffima *diverfa a fuperioribus* fententia, Erycis principis in Sicania viri filiam fuiffe Pfophidem; patrem, quum *oblatum puellae vitium comperiffet*, *et* gravidam domo fua non dignaretur, eam Phegiae (quae urbs ante Phegei regnum Erymanthus dicebatur) apud Lycortam hofpitem fuum reliquiffe: ibi educatos Echephrona et Promachum, e Sicana puella fatu Herculis editos, de matris nomine Phegiam Pfophidem nuncupaffe. (1) Sed arci etiam Zacynthiorum Pfophis nomen, quod primus in eam ipfulam claffe tranfmifit Pfophidius civis, Zacynthus, Dardani filius; *a quo* conditore *videlicet fuo*, *urbi nomen inditum*. Abeft a Siraeis Pfophis ftadia XXX. Praeterfluit amnis Aroanius, et modico ab urbe intervallo Erymanthus. Fontes Erymanthus habet fuos in Lampea monte, qui facer Panos effe dicitur: ac fortaffe Erymanthi montis pars eft Lampea. Venari folitum in Targeto et Erymantho Lampeae amatorem Erymanthum fuis Homerus verfibus mandavit. Interfecans *fluvius* fit Arcadiam, relifto ad dexteram Pholoe monte, ad laevam vero agro, quae Thelpufa dicitur, in Alpheum illabitur. Pervulgatum eft etiam, Herculem Euryfthei luffa exfequentem, in Erymantho aprum confeciffe, infignem magnitudine et robore. Cumani vero in Opicis, dentes monftrant in Appollinis templo fufpenfos: quos apri Erymanthii effe dicunt; fed nihil omnino ad fidem faciendam fatis probabile afferunt. (3) Pfophidiis fuerunt intra urbem templa duo, Veneris Eryainae cognomento alterum; cuius hac aetate folae exftant ruinae. Dedicaffe creditur Pfophis Erycis filia; neque id omnino a veritate abhorret. Nam et in Sicilia in fubiefto Eryci *monti* agro Erycinae *Veneris* fanum vifitur, magnae iam tum ab initio religionis; et eo, quod Paphi eft, nihilo donariorum opulentia inferius. Exftant aetate etiamnum, mea Promachi et Echephronis Pfophidis filiorum heroica fepulcra, egregio opere exoffata. (4) Alcmaeon etiam Amphiarai filius Pfophide fepultus eft. Eius tumulus nequa aedificii magnitudine, nequo alio ornatus genere infignis. Creverunt circa eum cupreffi eo*tique*, ut earum proceritate mons etiam is, qui Pfophidi im-

minet, obumbretur. Eas non caedunt, quod Alcmaeoni
facras putant: easdemque Virgines indigenae appellant.
Enimvero Alcmaeon occisa matre Argis fugiens, Pfophidem,
quae tunc Phegia ac Phegeo nominabatur, fe recipit: ibi
Phegei filiam Alphefihoean uxorem duxit; cui inter cetera
*puinlla dona, *decantatum* etiam illud monile dedit. Vbi
vero in Arcadibus domicilium habenti infaniae morbus non
decessit, ad Apollinem Delphos veniens refponfum accepit,
in eam terram ei migrandum, quae omnium effet recentissima, quaunque mare edidisset, posteaquam ille fe Eriphyles
matris fanguine polluisset. Neque enim eo maternas diras
ipsum consecuturas. Quare nuclus terram, *qua A.helous m
*mare erumpit*. ex ipsa amnis alluvione extentum, in ea con-
.fedit; ibique Callirhoen, quam Acheloi *ipsius* filiam fuisse
Acarnanes diclitant, in matrimonio habuit. Ex ea Acarna-
nn et Amphoterum fuscepit. Ab Acarnane gentem, quae
illam continentis oram tenet, demominatam existimant,
quum ante Curetes vocarentur. Extimulant faepe viros,
multo vero faepius foeminas aeriores cupiditatum aculei.
Quare et Callirhoe monilis, quod Eriphyles fuerat, potiundi
*vehementi* flagravit cupiditate: Alcmaeonem itaque etiam Invitum, ut Phegian iret, perpulit: ubi ille Phegei filiorum
Temeni et Axionis infidiis circumventus, periit. Iidem
vero Phegei filii monile Delphico Apollini dedicarunt.
Graecos quidem ad Troianum bellum profectos dicunt Pfo-
phidii, quo tempore orbs Phegia adhuc dicebatur, fuosque
reges habebat: non tamen fuisse fe eius expeditionis focios
propter fimultates Argivorum ducum cum regibus fuis fuf-
ceptas; quod eorum bona pars Alcmaeonem propinquitate
attingebant, et ad Thebas *alten* bello eum fecuti fuerant.
(5) Quod vero Echinades infulae non fint adhuc continenti terrae annexae, Aetolorum opera factum ell. Sedibus
enim fuis pulfi, agrum colere defierunt. Eo factum, ut A-
chelous *minus iam fuculentus* per deferta fluens, medium *inter
continentis terras fitus et eas infulas* fretum non oblimaverit.
Huic rei Macander argumento effe possit: qui Phrygum et
Carum cultissimos agros perlabens, medium inter Prienen
et Miletum mare brevi in continentis orae naturam vertit.
(6) Ell etiam Pfophidiis ad Erymanthum, Erymanthi templum, cum figno *ipsius kerois*. Sunt in eadem aede nobilium
amnium o candido marmore figna: unius Nili fimulucrum
e nigro lapide. Certa enim ratione traditum est, fluminis
eius, quod fcilicet per Aethiopas ad mare delabitur, nigra
figna fieri. (7) Quod vero Pfophide audivi Aglaum Pfo-
phidium, ficuti et Croefum Lydorum regom, vitam omni
fuae aetatis tempore beatam egisse, id ego ut credam, non-
facile adducor. Nam ut hominum quis levioribus multo,
quam alius quisquam, qui iisdem vixerit temporibus, incommodis affectus, non difficillime fortasse reperiatur, uti navis adversis tempeflatibus minus agitata: fic propemodum
neminem unquam crediderim perpetuo molestiarum et cala-

roitatum immunem fuiſſe, quando neque ulla navis memorari poſſit, quae ſemper ſecundiſſimis uſa fuerit tempeſtatibus. Nam et Homerus id *ſenſiſſe videtur*, *quo ſato duo*, bonorum unum, alterum malorum, dolia apud Iovem ſtatuit. Id enim ille ex Delphico Apolline didicerat; qui ipſum et miſerum ſimul, et beatum dixerat, utpote ad utramque vitae ſortem genitum.

CAP. XXV. Thelpuſan a Pſophide iter habentibus, ad laevam Ladonis, vicus eſt, cui Trophaea nomen. Trophaeis adiacet ſaltus, *quod* Aphrodiſium *vocatur*, inciſae iIlio iu columna pervetuſtae literae, fines eos eſſe inter Thelpuſios et Pſophidios indicant. In Thelpuſiaco agro amnis labitur Arſen. Eum ubi tranſieris, ad vicum accedas, cui Calunti nomen: quem *olim* Aeſculapii etiam fanum appellant, *quod* in via *dei huius templum* erectum eſt. (1) Ab Aeſculapii diſtat ſtadia ferme xi. urbs, cui a nympha Thelpuſa nomen impoſitum tradunt; eam vero Ladonis filiam fuiſſe. Ladonis ipſius fontes in agro Clitorio ſunt, ſicuti et ante expoſui. Primum autem praeter Leucaſium vicum, et Meſoboa, perque Naſos, ad Orygem, et eum quem Haluntem vocant, elapſus, inde ad Thaliadas, et Cereris *uguinarae* Eleuſiniae fanum evadit. Eſt hoc templum in Thelpuſiorum finibus. Signa in eo ſunt, ſeptenum haud minus eorum quodlibet pedum, Cereris, Proſerpinae, Liberi Patris, e marmore aeque omnia. Ab Eleuſiniae, Thelpuſan urhem a laeva praeterfluit Ladon. Eminet illa in praecelſo tumulo; ſed aetate noſtra maiore ex parte deſerta: quandoquidem ſorum quod olim fuiſſe dicunt In ipſo urbis umbilico, In extremo nunc receſſu eſt. (3) Aeſculapii *inter* Thelpuſae *ruinas*, et duodecim deorum delubrum extat; cuius tamen magnam partem ſolo aequavit *vetuſtas*. Thelpuſan praeterlapſus, ad Cereris, quod in Oncio eſt, templum Ladon deſluit: Thelpuſii deam Erinnyn nominant: quod Ipſum *ſegua-mor* agnoſcit Antimachus, *illud uſurpans* eo carmine, quo *alterum* Argivorum in Thebanos expeditionem perſecutus eſt. Verſus ſic habet,

Delubrum Cereris fama eſt obi Erionydos eſſe.

Hanc quidem aedem Apollinis fuiſſe *demum* fama proditum. Is enim ad Oncium in Thelpulio agro *aliquando* principatum obtinuit. (4). Dea vero ipſa Erinnys cognomento appellata eſt ob *futurorum ex*cidiae. Neptunum aiunt Cereri, dum illa errans filiam quaereret, ehus amore captum, vitium offerre conatum. Sed quum in equam ſe dea vertiſſet, et ad Oncium armentis permiſta paſceret, Neptunum non feſellit. Nam et ipſe in equum mutatus, eam compreſſit. Quod illa primum iracunde tulit: verum poſtea placabilior facta, laviſſe dicitur in Ladone, Cognomina itaque deae attributa; Erinnys, a verbo *ipſum* *var*, quod furere Arcadibus eſt: Luſia vero, quod ſe in flumine abluiſſet. Signa eius templi, os, ſummas manus, et imos pedes, e Pario

marmore habent; *reliquas partes* ligneae funt. Erinnys
ciftam lneva, dextera facem tenet: proceritate pedum novem effe coniicio. Lufia pedes non amplius quam fex eminere videtur. Qui vero Themidis, non Lufiae Cereris
fignum hoc effe dictitant, neutiquam audiendi funt. (5)
Cererem quidem ipfam Neptuno filiam peperiffe traduot;
cuius nomen ne ad profanos ederetur, religione fanxe-
runt: equum praeterea, cui nomen Arion fuit. Et Hippium
(*id eft Equutinu*) Neptunum, ab Arcadibus primum nuncupatam autumant. Teſtimonia ex lliade et Thebaide afferunt.
Ex Iliade quidem verfus eos:

Non etiam fi a tergo agitans, vel Ariona dicas
Adrafti modaretur equum, divinitus ortum.

Ex Thebaide vero, ubi de Adrafti fuga agitur:

Cum pullo ornato, glaucos quem vexit Arion.

His certe verfibus innui putant, Neptuni fatu ortum Arionem, etfi Antimachus a terra genitum Arionem *his verfibus*
cecinit:

Adraftus Talao Crethide natus, Achivűm
Primus duxit equos infigul laude fuperbos,
Et Caerum pernicem, et Ariona Thelpufaeom,
Quem iuxta Oncei Phoebi nemus edidit ipſa
Terra parens, cunctorum oculis mirabile monftrum.

Quod fi equos illos terra edidit, et divino femine ortos, et
caerulea iuba fuiffe confentaneum videri poſſit. Narrantur
et alia quaedam ad hunc prope modum: Herculem cum Eleis
bellantem Arionem ab Onco popofciffe: eoque inveCtum,
Elidem expugnaffe: ab Hercule deinde Adrafto conceſſum,
Infuper *hoc* de Arione verfibus mandavit Antimachus:

Tertium ab Adrafto eft domitus ductore Pelasgőm.

(6) At Ladon Erinnys templo relicto, a laeva. Apollinis
Onceatae praeteriabitur; a dextera, Aefculapii pueri aedem: ubi Trygonis nutricis eft fepulcrum. Aefculapii ipfius hanc nutricem fuiffe memorant. Ouum Aefculapium
enim expofitum in Thelpufia agro offendiffet Autolaus Arcadis nothus filius, infantem dicitur fuſtuliſſe. Hinc facile
adducor Aefculapio puero aedem dicatam: quod ipfum in
explicandis etiam Epidauriorum rebus expolui. (7) Influit in Ladonem Tuthoa amnis prope Heraeenfium fines:
quem locum Arcades Planitiem nuncupant. Qua vero Ladon ipfe in Alphoeum erumpit, locus ille Coracen nafos
(*id eft Corvorum infula*) nominatur. Non defuerunt, qui
Enifpen, Stratiam, et Rhipen, quae loca Homerus enumerat, infulas in Ladone fuiffe putarent, ab hominibus olim
habitatas. Quod ego qui credant, magnopere errare arbitror. Vix enim pontonibus pares infulas Ladon habet:
qui ut fit fluviorum omnium, qui vel Barbarorum velGraeco-
rum terras permeant, multo pulcherrimus: uon tamen *ea*
eft magnitudine, ut in eo, quales vel in Iſtro, vel in Pado,
Infulae exiftere potuerint.

CAP. XXVI. Heraean condidit Heraeeus Lycaonis filius, ad Alphei amnis dexteram, oppidi pars maior in clivo molliter surgentii; altera ad Alphei iplius ripas fita est. Curriculu prope amnem myrtis et aliis felicibus interfepta arboribus. Ibidem balneae funt: (1) templa praeterea Liberi Patris duo; Politen unum, Axiten alterum vocant: fvosfum aedes, in qua initia Liberi Patris celebrantur. Habet et Pan templum fuum: quippe qui Arcadibus indigena deus est. Fani quidem eius, quod olim Iunoni dicatum fuit, rudera tantum et columnae reliquae funt. Athletas vero omnes, quotcunque Arcadici nominis fuerunt, gloria vicit Demaratus Heraeenfis, qui primus ex armatorum curfu Olympicam palmam tulit. (3) Ab Heraea in Eleum agrum ftadia ferme xv progreffus, Ladonem traiicias; atque inde ftadiis confectis circiter xx, ad Erymanthum pervenias. Heraeae fines et Eleae terrae medios, Arcades Erymanthum ipfum produnt; at Elei Coroebi fepulcrûm agri fui terminum dictitaut. Atenim quum Olympicos ludos olim intermissos Iphitus restituiffet, et curfus duotaxat certamina propofuiffet, priomis Indis Coroebus vicit. Hoc inicriptio tumuli teflatur, primum fcilicet Olympia viciffe, et fepulcrun el in iplis Elei agri finibus erectum effe. (4) Eft et Aliphera civitas haud fane magna, quod multitudinis bona pars tunc difceffit, quo tempore communi Arcadum confilio Megalopolis colonia deducta est. Huc ab Heraea fi veniendum fuerit, Alpheum ubi tranfieris, ftadiis prope x confectis, ad montem accedas: unde ftadiûm pene xxx itinere per clivum in oppidum adfcendas. Nomen Alipherae, a Lycaonis filio Aliphero inditum. Aedes ibi facrae Aefculapii, et Minervae; quam, quod apud fe natam et educatam praedicant, praecipuis dignantur honoribus. Quo loco et Lecheatae Iovi aram dedicarunt; cognomine ab eo ducto, quod ibi Minervam pepererit. Fontem etiam Tritonidem nuncupant, ad eum, quae de Tritone amne vulgata funt, referentes. Deae iplius ex aere fignum est, Hypatodori opus, fpectatu dignum. tum magnitudinis tum artificii caufa. Iam vero ei nundinas celebrant; cui deo, non fatis conftat; Minervae arbitror. In iis nundinis vai ante omnes Myiagro rem divinam faciunt, heroemque fuper hoftiis precari, et Myiagri nomine implorato, fecuritatem fibi fore inter immoluudum ab omni mufcarum protervitate pro certo habent. (5) Circa viam, quae ab Heraea Megalopolin ducit, Melaeneae funt; quas Lycaonis filius Melaeaeus condidit: aetate vero noftra defertus vicus aquis stagnautibus diluitur. Supra Melaeneas ftadia abest xL Buphagium, ubi fontes habet fuos Buphagus amnis. Is in Alpheum influit. Ad ipfos Buphagi fontes, inter Heraeenfes et Megalopolitanos fines funt.

CAP. XXVII. Megalopolis quidem ipfa non folum Arcadicarum, fed Graecarum etiam omnium civitatum recentif fima est; iis tamen exceptis, in quas post imperii calamitatem ab urbe Roma colent immigrarunt. Roboris autem fu-

*confirmandi* gratia, Megalopolin Arcades coloniam deduxerunt. Meminerant enim Argivos iam tum ab initio nullo
non pene die, fummo cum libertatis periculo, a Lacedaemoniis bello vexari folitos. Eosdem aliquot non fane magnae aeftimationis oppidis, Tirynthe, Hyfiis, Orneis, Mycenis, et Midea excilis, *ιι adauisaque ex illis* Argos *multitudine*,
civitatem inquilinorum numero adeo auxiffe, ut in pofterum et a Lacedaemoniis minus multo fibi metuerent, et adverfus alios finitimos firmiora haberent praefidia. Hoc igi-
tar confilio Arcades *e iuis quique ex ι bihus, Megalopolin* commigrarunt. (1) Coloniae vero auctor Thebanus Epaminondae
iure optimo vocetur. Is enim Arcadas in unum congrega-
vit; et mille Thebanorum delectam manum, duce Pam-
mene, Arcadibus mifit, qui auxilio effent, fi forte Lacedaemonii, colonia quo minus deduceretur, impedire effent
aggreffi. Ab ipfis etiam Arcadibus viri *decem*, quorum ductu et aufpiciis in coloniam iretur, delecti funt: e Tegea
Timon et Proxenus; ex Mantinea Lycomedes et Poleas; e
Clitoriis Cleolaus et Acriphius; a Maenalo Eurampidas et
Hieronymus; ex Parrhafiis Paficrates et Thooxenus. (3) Civitates vero, quae tum novae coloniae ftudio, tum Lacedaemoniorum odio, ut patriam fuam quaeque defererent, *fuille*
fibi ab Arcadibus perfuaderi paffae funt, hae fuere: E Maenalo Helia, Pallantium, Eutafum, Amatium, Iafaea, Apo-
rethes, Heliffon, Orellhafium, Dipaea, Alycaea. Ab Eu-
trefiis, Tricoloni, Zoetium, Charilia, Ptolederma, Cnau-
fon, Parorea. Ab Aegienfibus, Scirtonium, Malaea, Cromi, Blenina, Leuctron. *Ad hos*. Parrhafiorum. Lycofurenfes, Thocnenfes, Trapezuntii, Profenfes, Acacefium, Acon-
timacaria, Dafea. Ex Cynuraeis, iis nempe, qui in Arcadia
funt, Gortys, Thifa, quae ad Lycaeum eft; Lycotae, et
Aliphera. Iam ex iis qui cum Orchomeniis cenfebantur,
Thifoa, Methydrium, Teuthis: quibus et Tripolis, Callia
nomine, acceffit; necnon Dipoense, et Nonacris. Ex iis
omnibus populis, ceteri communi Arcadum decreto, nihil
omnino recufantes paruerunt, fummaque alacritate nomina
in coloniam dedere: Lycofurenfes duntaxat et Trapezuntii
ab Arcadibus defcivere: quippe qui antiqua patriae fuae ut
relinquerent moenia, adduci non poterant. horum pars magna inviti et neceffitate coacti Megalopolin convenerunt:
(4) at Trapezuntii, in quos primo irae impetu Arcades non
faevierant, e tota prorfus Peloponnefo abierunt: eos quum
navibus in Pontum incolumes applicuiffent, qui Trapezuntem iam metropolim in Euxini ora condebant, tanquam
gentiles fuos recepere. Lycofurenfes vero, etfi neque ipfi
in officio permanferant, quod tamen in Cereris et Proferpinae confugerant, violare Arcades veriti funt. (5) Aliarum certe *omnium*, quas percenfuimus urbium, partim hodie
plane defertae funt; partim in vicorum formam redactas Megalopolitani tenent, Gortynam videlicet, Dipoenas, Thi-
foam ad Orchomenum, Methydrion, Teuthidem, Callian,

Heliſſontem. Vnum Pallantium tunc quoque deos habuit mitiores. Sed et Alipherenſes in hunc usque diem urbis ſuae
vetus nomen retinuerunt. (6) Deducta autem Megalopolis eſt, eodem anno, paucis poſt menſibus, quam Lacedaemonii Leuctricam cladem acceperunt. Atheniis ſummum magiſtratum gerente Phraſiclide, Olympiadis centeſimae ſecun-
dae anno altero, qua Thurius Damon e ſtadio palmam tulit. (7) Ac tunc quidem Megalopolitani Thebanorum ſocietate freti, nihil omnino ſibi a Lacedaemoniis metuebant.
At poſteaquam Thebani a Phoceſibus, qui et Boeotorum
vicinitate nitebantur, et capto Delphici Apollinis templo
pecunia abundabant, armis laceſſiti, in id bellum, quod Sacrum foit appellatum, incubuere: Lacedaemonii et alios Arcadas, ob ea, quae in Thebanos profeſſi fuerant ſtudia, et in
primis Megalopolitas, ſuis deturbare ſedibus adorti ſunt.
Verum quum cives acriter obſiſterent, et a finitimis alacritate ſumma adiuvarentur, nihil utrinque memoratu dignum
geri contigit. Philippum quidem Amyntae filium, et Macedonum imperium, Arcadum in Lacedaemonios odium ad
ſummas opes provexit. Neque enim aut ad Chaeroneam, aut
in eo praelio, quod in Theſſalia commiſſum eſt, Graecis Arcades praeſto fuere. (8) Non longo vero poſt tempore Megalopolitanis Ariſtodemus tyrannus exortus eſt, Phigalenſis
ille quidem patria, Artylae filius; quem tamen Tritaeus,
homo non tenuis in civitate cenſus, ſibi adoptaverat. Huic
nihil dominatus obfuit, quo minus Frugi cognomento diceretur. Ariſtodemo dominante Lacedaemoniorum exercitus
duce Acrotato Cleomenis filiorum natu maximo, cuius gentilitatem omnem, et Spartanorum omnium regum lampri-
dem percenſuimus) in Megalopolitanorum fines invaſit. ibi
acerrimo praelio commiſſo, multis utrinque caeſis, ſuperiores tamen Megalopolitani ex eo certamine diſceſſere. In
acie praeter alios Lacedaemonios et ipſe Acrotatus cecidit;
quare ad eum paterni imperii ſucceſſio non pervenit. (9) Poſt
Ariſtodemum duabus ferme aetatibus ad tyrannidem aggreſſus eſt Lydiades, obſcuro genere, ſed apprime generoſae
indolis vir, et (ut res ipſa poſtea indicavit) etiam publicae
libertatis amator. Quum enim admodum adoleſcens imperare coepiſſet, ubi ad aetatem prudentia acceſſit, eo ipſo
tempore, quo imperii opes iam in tuto collocarat, ultro ſe
tyrannide abdicavit: quumque ſe ad Achaicum concilium
Megalopolitani aggregaſſent, et ſuis eſt civibus, et Achaeis
univerſis tantopere probatus, ut onus cum Arato vitae dignitate comparari poſſe videretur. Iam tertio Lacedaemonii magno totius populi concurſu, Agidae Eudamidae filio
ex altera familia regia imperante, maiore multo copiarum
apparatu, atque inſtructiore, quam is foit exercitus, cui
Acrotatus praefuit, Megalopolin adorti ſunt; ac in pugnam
quidem prodeuntes oppidanos primo congreſſu fuderunt:
deinde admota ad muros praevalida machina, turrim ex ea
moenium parte tam vehementer concuſſarunt, ut nihil iam

dubitarent, fe Illam poftero die deiecturos. Sedenim ita accidit, ut Boreas non femel imminentem Graecis perniciem
averteret. Idem enim, qui multas e Perfarum clafle naves ad
Sepiadem promonrorium fcopulis illific, quo minus Megalopolis expugnaretur, disiecta vehementi pertinacis venti
impetu hollium machina, perfecit. Hic vero ipfe Agis, qui
Boream in oppugnatione Megalopolis adverfarium habuit,
is nempe eft, cui Aratus Sicyoniorum dux in Achaia Pellenen ademit, quique poftea ad Mantinean dimicans cecidit.
(10) Poft haec non fine longo Interiecto tempore, Cleomenes Leonidae filius Megalopolin foederis religione neglecta
oppreffit. Oppidanorum partim armati pro patria mortem
oppetierunt; inter quos Lydiades fortiter dimicans memoria
hominum dignum vitae exitum reperit: partes populi prope
duas tam militaris aetatis, quam pueros et mulieres, Philopoemen fugiens fecum ia Meffeniam traxit; reliquos Cleomenes urbe excifa trucidavit. Sed quonam modo fuos fines,
et urbis uream receperint Megalopolitae, quaeque reduces
gefferint, id a nobis in explicandis Philopoemenis rebus
geftis exponetur. Eius certe Megalopolitarum cladis culpa
Lacedaemoniorum civitas prorfus vacavit: unus solutius alator fuit; Cleomenes, quum relpublicae formam a regno ad
tyrannidem traduxiffet. (11) Fines quidem inter Megalopolitas et Heraeenfes (uti ante dictum eft) ad Buphagi amnis fontes funt. Nomen amni ab haroe Buphago, Iapeti et
Thornacis filio. inditum tradunt. Thornacis ipfius in Laconica etiam terra nomen celebratur: fed Buphagum Dianae
fagittis in Pholoe monte, impium in deam facinus molientem, confixum memorant.
      CAP. XXIIX. A fluvii fontibus difcedentes vicus ex-
cipit Marutha: dehine pagus aetate noftra, olim oppidum,
Gortys. Eft illic Aefculapii ex Pentelico lapide delabrum,
et fignum impuberis Dei, et Hygiae, Scopae opus. Tradunt populares, ab Alexandro Philippi filio loricam et ba-
ftam in Aefculapii dedicatam. Mea certe etiamnum aetate,
lorica, et haftae cufpis ibi cernuntur. (2) Gortynam fluvius perlabitur, quem circa fuos fontes Lufium appellant;
quod in eo Iovem recens natum lotum credunt: qua vero
longius a fontibus difcedit, Gortynius a Gortyna dicitur.
Hic unus omnium aqua fluit multo frigidiffima. Iftrum enim,
Rhenum, Hypanim. Boryfthenem, et alios quorum aquae hyeme congelafcunt, eos meo quidem iudicio glaciales rectius,
et brumales, quam frigidos appellare poffimus; meant fiquidem illi per terras quovis fere anni tempore multa nive ob-
ductae, et praegelido aëre undique circumfufo rigentes.
Nam et eos amnes, quotcumque ii numerari poffint, qui tem-
peratas regiones perfluentes, aeftate omni vel bibentium vel
lavantium aeftum levent, hyeme vero multo fint inclemen-
tiffimi, illos neutiquam frigidam aquam fuppeditare hand-
quam ufibus dixerim. Sed maxime facundo aquarum frigore
funt Cydnus, qui Tarfenfium fines perlabitur: Melas, qui

praeter Sidam Pamphylorum decurrit: tum vero Halesi ad
Colophonem frigidam aquam, qui elegos fecerunt, poetae
colebrant: sed hos omnes aestlate praesertim vincit Gortynius. Fontes habet ad Thisoan proximo Methydrienfibus.
loco: Rhaeteas vocant, Alphei et Gortynii confluentem. (3) Thisoa regiuncula est, cui finitimus pagus
Teuthis: oppidum olim fuit; ac Troiano- quidem bello ducem hinc missum narrant, eui nomen Teuthis:
Ornytum tamen alli appellant. Inter hunc, dum Graeci
Aulide ob adverias tempestates interclusi detinerentur, et
Agamemnonem, simultates fuere: quare quum cohortem
suam Teuthis domum reportaturus esset, Palladem aiunt,
assimulantem Melanem Opis filium, illum retrahere cona-
tam: sed is, quod erat in tumore prae ira animus, hasta
dicitur deae femur percussisse, exercituimque ex Aulide domum reduxisse: ubi vero domuin rediit, deam se ei ostea-
disse, nudantem faucium femur: atque ab eo *primam* tempore Teuthidem lethali tabis morbo correptum: in ea
vero una parte Arcadiae nullos plane fructus e terra editos. Interiecto dehinc tempore e Dodona oraculum redditum, ut deam placarent. Faciundum itaque oppidani
signum *curarunt*, faucio femore: quod ipse etiam vidi,
purpurea fascia vulnus obligante. Sunt Teuthide tum alia,
tum Veneris et Dianae fana. (4) Atque haec quidem
illic. Ad eam vero viam, qua Gortyne Megalopolin iter,
sepulcrum eorum visitur, qui contra Cleomenem pugnantes
occubuerunt. Appellant monumentum illud Megalopolitae.
Paraebasium, violatum nempe foedus a Cleomene eo nomine testificantes. Adiacet Paraebasio campus stadium ferme LX. Brenthes urbis ruinae ad viae dexteram se ostendunt: praeterfluente Brentheate amne, qui se hinc non longius, quam stadiis V, in Alpheum demittit.
    Cap. XXIX. Trans Alpheum ager est Trapezuntus, in
quo Trapezuntis urbis ruinae. Inde quum rursus ad Alpheum sinistrorsum descenderis, non longe ab ipso flumine
*aliu julydantem vallem* videas, cui Bathos nomen: Illic tertio
quoque anno initia Magnarum dearum peragunt. Fons ibidem est; Olympias appellatur; e quo alternis annis aquae
manant. (2) Proxime ignis erumpit. Vulgatum inter
Arcades est, Gigantes hoc in loco, non autem ad Thraciae Pallenen, cum diis praelistos. Rem Itaque divinam
ibi fulguribus, procellis, et tonitribus faciunt. Gigantum
quidem Homerus nullam omnino in Iliade mentionem fecit;
in Odyssea memorat Laestrygonas Gygantibus persimiles homines, Ulyssis classem adortos. Phaeacum etiam regem dicentem fecit, Phaeacas deorum propinquos esse, sicud Cy-
clopas, et Gygantum progeniem. Quibus in locis haud ob-
scure ostendit, mortales fuisse, non autem deorum fata
ortos Gigantes: quod ipsum apertius illis versibus docet:

    Imperio indomitos qui rexerat ante Gigantes:

    At populo immani misso confectus. et ipse est.

Paul. T. IV.                    A u

Αεὶν enim apud Homerum *multi* interpretantur hominum
multitudinem effe. (3) Dracones vero pro pedibus Gigantes
habuiffe, tum aliis rationibus facile refellitur, tum ex hoc
maxime abfurdum oftenditur. Orontem Syriae fluvium, ad
mare non per campos ubique, fed per valde declivia et
praerupta citato curfu defcendentem, Romanorum Imperator Antiocheam contendens, claffi pervium reddere conatus eft. Magno itaque labore et impenfa foffa deducta,
in eam flumen avertit. Vetere vero alveo exiccato urns
figtilis reperta eft cubitorum XI, et in ea cadaver nihilo
brevius, humana fpecie ex omni parte corporis. Hunc
Orontem fuiffe, ex Indorum gento, Clarii Apollinis oraculo Syris confulentibus refponfum fuit. Quod fi uda initio
terra, et humore gravida, fole concalefacta, primos edidit
homines, ecquaenam mundi pars, terra India humidior?
vel quae omnino maiores gignere homines debuit, quam
quae his etiam temporibus vaftiffimas et miranda forma belluas alit? Ab eo loco, qui Bathos dicitur, ftadia ferme
X diftat Bafilis. Eam *urbem* condidit Cypfelus ille, qui
Crefphonti Ariftomachi filio filiam nuptum dedit. (4) Aetate noftra Bafilidis ruinae folae extant: et inter eas Eleu-
finiae Cereris templum. Hinc progreffus, Alpheum ubi iterum transieris, Thocniam pervenies; cui a Thocno Lycaonis filio nomen. Aetate noftra prorfus deferta eft. Et
urbem, quidem eam in collis vertice muniffe dicitur Tho-
cnus, collem Aminio amne praeterfluente. Is in Heliffontem illabitur: nec procul inde in Alpheum influit Heliffon.

CAP. XXX. Ortus Heliffon habet fuos e pago eiusdem nominis: inde Dipaeénlium primum, Lycaeatem deinde agrum perlapfus, poftremo ftadium *prope XXX intervallo*,
per Megalopolitarum urbem in Alpheum decurrit. Proxime
ad urbis moenia templum eft Neptuni *Spectatoris*, Epoptae
*appellant*: fimulacri folum caput relictum eft. (2) Urbem
ipfam, quum dividat amnis Heliffon, non fecus quam Cnidon et Mitylenen euripi interfecant, in dextera parte, qua
fluminis ripae eminent, ad Septentriones forum expofitum
eft, lapidea circumfeptum maceria. Templum illic Iovis
Lycaei, quo nulla ducit femita. Nam quae funt intus, in
confpectu funt omnia: altaria dei *duo*, menfae duae, *totidem* menfis pares aquilae: Panos lapideum fignum, cui Si-
nois cognomentum, a Sinoe Nympha, quae una cum ceteris Nymphis, et feorfum *ab illis* Pana creditur aluiffe.
Ante facram aream, Apollinis eft ex aere fimulacrum fpectatu dignum, pedum XII magnitudine. Id a Phigalenfibus
fociis ex collata pecunia, ad Megalopolin exornandam, huc
comportatum tradunt. Locus, ubi fignum dedicatum eft,
iam tum ab initio a Phigalenfibus Baffae nominatae. Quam
vero ob caufam Epicuri cognomen e Phigalenfium finibus
demum fit confecutum, quum de rebus eius civitatis agemus, ibi exponetur. Ad Apollinis dextram fignum eft non

utique magnum, Deum matris. Templi vero praetér columnas iam aliud nihil reliquum. Pro Magnae matris aede nullum omnino flat amplius fignum: extant fcamilli, qui ftatuas olim fuftinuere. Eorum unius infcriptio teftatur elegis verfibus, fuiffe effigiem illam Diophanis Diaei filii, qui
primus cunclam Poloponnefum cum Achaico concilio coniunxit. (3) Porticus vero Philippea nominatur, non
quod eam extruxerit Philippus, Amyntae filius, fed quod
Megalopolicae gratiam regis captantes, fub eius nomine
opus illud dedicarunt. Contingit eam porticum Mercurii
Acacefii templum: coius reliqua iam pars nulla, praeter
lapideam teftudinem. Philippeam porticum excipit porticus altera, magnitudine illi neutiquam par. In ea Megalopolitae cellas praetorias continentes fex erexere. In earum
una eft Ephefiae Dianae fignum; In altera Pan ex aere
cognomento Scolitas, cubitali magnitudine. Transtulerunt
huc eum e tumulo, qui intra muros eft, eodem nomine
nuncupatus: in quo fons, unde aqua in Heliffontem effluit. A tergo cellarum praetoriarum aedes Fortunae fita
eft, cum figno marmoreo pedum V, nihilo breviore. Iam
vero porticus, quam Myropolin (hac eft Unguentariam) nuncupant, fori pars eft: aedificarunt vero eam de manubiis
Lacedaemoniorum, qui duce Acrotato Cleomenis filio, ab
Ariftodemo Megalopolitarum tyranno fufi funt. (4) In
eodem foro a terge fepti eius, quod eft Iovi Lycaeo dicatum, pilae infiftit Polybius, Lycortae filius. cum infcriptione. quae elegis indicat, vagatum illum effe per terras et
maria omnia: amicum et focium Romanorum fuiffe quos
etiam iratos Graecis placurit. Scripfit Polybius hic et alias
res geftas populi Romani et bella cum Carthaginienfibus
fufcepta: quae fuerit illorum caufa, et quam fpiffe et vix
multis defuncti periculis. civis cuiusdam fui virtute. quem
Scipionem Africanum cognomento appellarunt, excifa Car-
thagine bellum Romani confecerint. Et fane, quae Polybii monitu geffit Romanus Imperator omnia bene et feliciter ei eveniffe: in quibus vero minus fe eius viri di lo
audientem praebuit, in iis offendiffe memoriae proditum
eft. Civitates plane omnes, quae fe Achaeis contribuiffent,
Polybium nactae funt rerum fuarum publicarum auctorem,
legum etiam latorem. Ad laevam Polybii ftatuae, curia
eft. (5) Fori porticum, quam Ariftandream nominant,
ab Ariftandro cive fuo exaedificatam tradunt. Proxima
eam porticum, contra folis vere ortum, templum eft Iovis cognomento Servatoris, columnis circumquaque fuffultum n exornatum. Iovi in folio fedenti a dextera parte
parte adfiftit Megalopolis; a laeva Dianae Sofpitae fimulacrum: quae e Pentelico lapide Cephifodotus et Xenophon
Athenienfes elaborarunt.

CAP. XXXI. Extremae porticus latus alterum, quod
ad occafum porrigitur, Magnarum dearum circumfeptam
aream continet. Sunt vero Magnae deae, ficuti in Meffe-

A a 2

niorum rebus expofui, Ceres et Proferpina: fed Proferpinam Sotiran (*ti est Sostran*) vocant Arcades. Pro areae
aditu figna erecta fpectantur, qua Diana, qua Aefculapius,
et Salus. Deae ipfae magnae, Ceres e marmore tota eft:
Sofpita, qua velle velatur, e ligno. Utriusque magnitudo
quindecim fere pedum. Praeferunt puellae duae, talari-
bus amictae tunicis, calathos utraque capite floribus refer-
tos. Damophontis eas aiunt fuiffe filias. Sed qui ad coe-
lites figna illa referunt, Minervam et Dianam flores in Proferpinae comitatu legentes, effe putant. Ante Cereris pedes
Hercules collocatus eft magnitudine cubitali. Hunc Herculem unum de iis fuiffe, qui funt Idaei Dactyli nuncupati,
vorfibus mandavit Onomacritus. Horae praeterea duae ibidem *alator* officiae: et Pan fistula. cithara Apollo canens.
Indicat infcriptio effe eos e primoribus diis. (2) In menfa
Nymphae eminent: Nais *inter eas* infantulum Iovem *germio*
ferens: Anthracia, et ipfa de Arcadicis Nymphis una,
facem praefert: Hagno manu altera hydriam, phialam altera: Archiroe et Myrtoeffa, et ipfae hydrias effluente aqua
praeferunt Intra *circumfeptum ratu* ambitum cella eft
Iovis *ariabiaram praefidis*, Philium *appellaut*. Simulacrum
Libero Patri *eximiu* perfimile fecit Argivus Polycletus,
Nam et ei cothurni pro calceamentis funt; et altera poculum, thyrfum altera tenet. Thyrfo aquila infiftit: quod
unum cum iis, quae Libero Patri attribuuntur, non fatis
quadrat. A poftico templi lucus eft non utique magnus,
maceria circumfeptus: intra quem nullus hominibus ingreffus patet. Ante eum lucum pofita funt Cereris et
Proferpinae, non maiora, pedum trium figna. (3) In
fepto interiore Magnarum dearum, et Veneris aedes eft.
In veftibulo, prifci operis ligneae effigies, Iuno, Apollo,
Mufae. E Trapezunte huc deportatas ferunt. In ipfa
aede fimulacra, Mercurium e ligno, ac Venerem ligneam,
et *ipfa prifci operis*, Damophon fecit. Veneris manus, os,
et imi pedes, e lapide funt. Cognomen deae Machina-
trix, ac merito quidem, inditum; quod Veneris caufa homines quodvis artium et fraudum genus, tam in factis,
quam in dictis excogitarunt. (4) Virorum etiam in cella
erectae ftatuae funt, Callignoti, Mentae, Sofigenis, et
Poll: qui primi Megalopolitanis initia Magnarum dearum
ad exemplar Eleufiniorum facrorum tradidiffe, dicuntur.
Intra ambitum haec pofita funt aliorum deorum figna,
quadrangula forma: Mercurius cognomento *Dux*, Agetorem *nuncupant*: Apollo, Minerva. Neptunus: Sol praeterea
cognomine Servator; et cum his Hercules. Templum infigni fane magnitudine erexere, in quo Dearum magnarum initia peragunt. (5) Ad cius templi dexteram fanum eft Cereris et Proferpinae; figna marmorea funt pedum octo magnitudine: bafin undique incingunt taeniae.
Huc foeminis quovis tempore aditus patet, viris quotannis
duntaxat femel. (6) Continenter folem occidentem verfus

foro gymnafium adhaeret. . A tergo vero porticus eius,
quam Philippi vocant. tumuli duo, non valde quidem editi,
confurgunt: in altero Minervae Poliadis rudera; fumonis
in altero eft Telene (*à eft, Aïultue*) aedes, cuius nihil praeter ruinas reliquum eft. Sub hoc eodem eolle fons eft
Bathyllus, et ipfe aquas ad Heliffontis auctus conierens.
Haec funt ibi. quorum fit ratio aliqua habeuda.

CAP. XXXII. Iam vero urbis pars ea, quae in ulteriore annis ripa, ad meridiem converfa eft, theatrum habet ad memoriam infigne, et eorum omnium, quae in
Graecia funt, maximum; in quo aquae perennis fons. Non longe a theatro curiae fundamenta reliqua funt: ea curia infinitae
prope Arcadum multitudini fuerat deftinata. Nomen ei a conditore, Therilia. Proxima domos, actate mea privati hominis
praediun, Alexandro olim Philippi filio publice exaedificata.
Ante eam domum fitum eft fignum Ammonis, eadem qua Hermae quadrati figura: arietis cornua capite praefert. Fani vero
eius, quod Mufiv. Apollini, et Mercurio commune dicarunt,
fola fuperfunt fundamenta, neque ea multis in locis. Do
Mufis una reliqua eft. Apollinis etiam effigies eodem eft,
quo quadrati Hermae, opificio elaborata. Veneris etiam
aedes aliud nihil eft, quam ruinofae reliquiae: antica duntaxat templi pars manet, et *in ea deae* fimulacra tria: unum
Coeleftem Venerem, alterum popularem cognominant: tertium fine *propria* colunt nomine. (2) Non longe hinc
abeft Martis ara: erectam tradunt iam tum ab initio.
Supra Veneris, ftadium theatro coniungitur. Fons illic, quem Libero Patri facrum cenfent. In extremo ftadii fine Liberi aedes: quam tactam de coelo fuiffe duabus
ante nos aetatibus moluerant: non multa fane eius ve-
ligia nunc inter ruinas apparent. Herculis vero et Mercurii commune ante ftadium templum non amplius extat: fola
eis ara reliqua eft. (3) In hac *eadem urbis* parte collis ad
orientem folem expofitus confurgit. In eo Dianae eft Agroterae (*id eft Agreftis, five Venantis*) aedes, ab Ariftodemo
ipfa etiam dedicata. Ad Agroterae dexteram facra eft area,
ubi Aefculapii templum: figna in eo dei ipfius, et Donae
valetudinis. Pauxillum defcendentibus dii fe oftendunt e
quadratis lapidibus, Ergatae (*id eft Operariis*) cognomento:
Minerva *inter eos* Ergane, et Azyleus (*quafi Compitalium
dii*) Apollo. Mercurio, Herculi, et Lucinae fua funt ex
Homeri verfibus attributa munera. Mercurius enim a Iove
mandata perfert; idemque animos corum, qui e vita excef-
ferunt, ad inferos deducit: Hercules multis et gravibus
aerumnis eft exercitus: Lucina (uti Iliados carmina teftantur) mulierum partus levat. Eft ad imum collem aliud
Pueri Aefculapii templum; cuius recto ftatu fignum nihilo
eft cubitali maius. Apollinis fedentis in folio forma eft
magnitudine pedum fex, ac nihilo omnino breviore. (4) Eo
ipfo in loco offa fpectantur, maiora multo, quam ut humana exiftimari poffint. Effe vero ea dictitant eorum Gi-

gantum unius, quos in auxilium Rheae Hoplodamus advo-
cavit: qua de re fuus erit in fequenti hiftoria fermo. Huic
templo fons proximus; ex quo manantem aquam excipit
Heliffon.

CAP. XXXIII. Megalopolis quidem ipfa, magna alacritate et confpiratione Arcadum, omnia fibi ad fpem optimam de nova urbe pnoponentium, condita, *veterlbus* iam
omnibus ornamentis ac priftinis opibus amiffis, magna iam
ex parte inter ruinas et rudera iacet. Quae res nullam
mihi omnino admirationem affert, quum fciam novi femper
aliquid fata moliri, et arbitratu fuo Fortunam aeque valida
atque imbecilla, neque minus orientia, quam iam occiden-
tia, impotenti quadam neceffitatis vi agere ac ferro. Nam
et Mycenae, quae urbs Troicis temporibus Graeciae *rualla*
imperabat, et regia Affyriorum Ninus, funditus deletae funt,
In Boeotia vero Thebae, quae fibi olim Graeciae princip-
tum vindicabant, ad arcem iam unam, et non ita multos
incolas redactae, vetus nomen vixdum fervant. Iam vero
quae *ivndes* olim *urbes* opum magnitudine antecellebant,
Aegyptiae Thebae, et Minyarum Orchomenus, ne medio-
eres quidem nunc privati hominis fortunas adaequant.
Delos commune olim Graecorum conciliabulum, tantopere
iam deferta eft, ut praefidio templi amoto, quod Athenienfes mittunt, hominibus, fi Delios tantum numeres, prorfus
orbata fit. Babylon omnium, quas unquam fol afpexit,
urbium maxima, iam nihil praeter muros reliqui habet:
quod ipfum de Tirynthe Argolica urbe evenit. Haec. inquam ad nihilum, Fortuna redegit. At ea, quae ab Alexandro in Aegypto, et ad Orontem amnem a Seleuco nuper, atque adeo heri aut nudiustertius conditae fuerunt, eo
felicitatis et magnitudinis progreffae funt, ut eas in con-
plexum prope fuum Fortuna recepiffe videatur. (1) Sedenim urbium vel fecundis vel adverfis cafibus, maius quoddam et mirabilius fpecimen aetate noftra Fortuna dedit.
Chryfe enim infula fuit, In quam e Lemno modicus erat
navigationis curfus. Ibi olim Philoctetes a ferpentis ictu
graviter dicitur laboraffe. Eam infulam aeftus alluvies ad
ima maris depreffam abolevit. Alia vero, cui nunc Hiera
nomen, tunc emerfit, quum ante nulla omnino fulffet eo in
loco infula. Caducae nimirum et fluxae res humanae
funt: neque eft quicquam ftabile perpetuo et firmum,

CAP. XXXIV. Diftat a Megalopoli Meffeniam verfus
ftadia haud ampilus VII, ad laevam viae militaris, dearum
fanum, quas, et item facrum ipfis agrum, Manias vocant:
eft (quantum coniectura affequor) Furiarum appellatio.
Eoque in loco ob matris caedem infaniffe Oreftem tradunt.
(2) Non longe ab eo fano terrae agger furgit non utique
magnus, e lapide excifum digitum infigne praetendens:
unde et illi tumulo Digiti monumentum nomen eft. Ibi
furentem Oreftem tradunt alterius manus digitum *alterum*

abrofuſſe. Prope eſt alter tumulus, Ace nomine, quod
ad eum infaniae medelam Oreſtes naſtus fuerit: et illic
eſt alterum Furiarum templum. Has deas Oreſti, quum
primum eſt mente captus, nigras obvias faſtas memorant;
easdem quum digitum abediſſet, albas apparuiſſe, et earum
aſpeſtu ſtatim illum ad ſe rediſſe: idcirco iis, quarum eſ-
fugit iram, inferias miſiſſe; poſterioribus vero rem divinam
leciſſe dicitur. Ac candidis quidem *deabus*, et Oratiis, pariter *has etiamnum ne'ate inuelae* ſacra faciunt. Prope Ace,
eſt templum aliud: Tonſtrinam appellant, quod huc ingreſſus comam Oreſtes totonderit. E Peloponneſiis, qui
priſcas res memoriae produnt, Oreſti haec in Arcadia accidiſſe aſſirmant, priusquam de eius faſto in Areopago iudicium fieret. Accufatorum quidem non fuiſſe Tyndareum,
quod e vita iam exceſſiſſet: ſed a Perilao Clytaemneſtrae pa-
truole de matris caede accufatum. Fuit vero Perilaus Icarii filius, quum filias etiam poſt eum Icarius genuiſſet.
(3) A Mantineatibus ad Alpheum via XV ferme ſtadium
ducit: qua parte Gatheatas amnis, aſſumto prius Carnione,
in Alpheum influit. Et huius quidem fontes in Aepytide
terra ſunt, infra Cereatae Apollinis templum: Gatheatae
vero, in *vico* Gatheis agri Cromitis, ſtadiis ferme XL ſupra
Alpheum: 'et ibi Cromonis urbis iam prope abolita veſtigia:
unde ad Nymphada *vicum* ſtadium circiter XX intervallum.
Eſt Nymphas *valde* irrigua, 'et arboribus condenſa. Interſunt ab ea ad Hermaeum *(quod eſt Mercurio ſacrum )*
ſtadia prope XX: quo in loco terminus eſt inter Meſſenios et Megalopolitanos; et Mercurius a pila eminens.

Cap. XXXV. Atque haec quidem *via* Meſſenen; altera Carnaſium, *quod* Meſſeniorum *oppidum eſt,* ducit. Ea
progreſſos Alpheus excipiet, eo potiſſimum loco, quo aquis
communicatis Mallus et Syrus ei immiſcentur. Inde, Mal-
lunte ad dexteram labente, *ſecundum laevam eius ripam,* ubi
XXX circiter ſtadiis confeſtis fluvium traieceris, per accli-
viorem ſui extrema parte tramitem, ad vicum, quem Phae-
drian nuncupant, pervenias. (2) Abeſt a Phaedria ſtadia
XV, prope Dominae aedem, *vici Mercurio ſacer,* quod Hermaeum dicitur. Sunt hi etiam inter Meſſenios et Megalopolitanos termini: et *eadem in loco* non magna utique ſigna
Dominae ipſius, et Cereris; Mercurii etiam, Herculis praeterea. Quin et *rude* Herculis e ligno ſimulacrum, quod
fabricatus eſt Daedalus, fuiſſe olim in hac ſinium parte ere-
ſtum coniicio. (3) A Megalopoli Lacedaemonem via ſecundum Alpheum ducit ſtadium fere XXX, ad Thiunton
amnem: et hic cum Alpheo ſe coniungit. Fluente ad laevam Thiunte, ſtadia XL ubi confeceris, ad Phalaeſias accedas. Abſunt Phalaeſiae ſtadia XX a Mercurii templo, quod
ad Baleminam eſt. (4) Narrant Arcades Baleminam olim
ad ſuos fines pertinentem, a Lacedaemoniis abſciſſam.
S edenim non ſatis rationi conſentanea dicere mihi viden-

tur. Neque enim fuisset hac in parte Arcadum causa a
Thebanis neglecta, si iure vindicari eum agrum posse arbitrati essent. (5) Megalopoli ad castella aliquot, quae
intra Arcadiae fines sunt; ae primum quidem ad Methydriun
via est stadiorum C et LXX. Non longe stadia XIII ad
Scian; ubi templi eius, quod Sciaditidis Dianae fuit, reliquiae condidisse dicitur Aristodemus, dum in Arcadibus do-
minaretur. Abhinc X ferme stadiis Charisiorum (urbs ea
quondam fuit) vestigia nunc ostenduntur, et ea quidem non
ita multa. Inde ad Tricolonos totidem stadium via est.
(6) Fuerunt olim et ipsi Tricoloni urbs. Mansit ibi ad
haec usque tempora in colle Neptuni templum, cum qua-
drato signo. Lucus templum ambit multis opacus arboribus.
Eam urbem Lycaonis filii condiderunt. Zoetian vero a Tricolonis XV plus minus stadiis distantem, non recto sane itinere, sed ad laevam divertentibus, Zoeteum Tricoloni filium coloniam deduxisse tradunt. At Parorcus Tricoloni
et ipse minor natu filius, Parorian excitavit, a Zoetia non
longius stadia X. Deserta aetate mea utraque est. Extant hac aetate Zoetiae, Cereris et Dianae delubra. Alia
etiam urbium ruinosa visuntur monumenta: Thyraei a Pa-
roria intervallo stadium XV: Hypsuntis in monte, supra
planitiem. Monti idem quod oppido nomen. Media inter
Thyraeum et Hypsuntem regio tota montana, tota feris referta. Fuisse Lycaonis filios Thyraeum et Hypsuntem,
superius a nobis est indicatum. (7) Tricolonis ad
dexteram via primum acclivis est ad fontem, cui
Croni (quasi dictus aquae dixeris) nomen. A Crunis
XXX stadium abest intervallo Callistius sepulcrum, editus
terrae agger, multis quum Infoecundis tum pomiferis ve-
stitus arboribus. In vertice attollit se Dianae aedes, cui
Callistie (hoc est, Pulcherrimae) cognomentum. Primus autem, quod sciam, Pamphus Dianam, accepto ab Arcadibus
nomine, versibus Callisten appellavit. Iam vero stadia hinc
XXV, a Tricolonis prorsus C, Helissontem versus; recta vero a Methydrio (sola enim haec de Tricolonis reliqua est)
Anemosa vicus abest, et mons Phalanthum. In monte Pha-
lanthi urbis reliquiae sunt. Agelai, qui Stympheli fuit,
Phalanthum filium fuisse dicunt. (8) Campi subiacent
monti, qui Pali nuncupantur. Inde Schoenus oppidum, cui
a Schoeno Boeoto nomen. Quod si Schoeneus ille in Arcadiam aliquando venit, curricula etiam, quae Seboemunti
proxima, Atalantae dicuntur, ab eius filia nomen accepisse
videri possunt. Dehinc, uti mea fert opinio, alia etiam
fuerunt oppida. Arcadiae enim finibus haec omnia ab omnibus loca adscribuntur.

CAP. XXXVI. Sed ad hominum memoriam iam solum
relictum est Methydrium: quo a Tricolonis via perducit
stadium CXXXVII. Id nominis oppido est, quod medio loco
inter Maloetan et Mylaontem flumina, illud olim Orchome-

nus in excelfo colle condidit. Ac Methydrienfes quidem,
antequam fe Megalopolitanis adiungerent, fuos et ipſi
Olympicorum ludorum victores praedicare potuerunt.
(2) Eſt Methydrii Neptuni Equeſtris aedes ad Mylaontem
fluvium. Thaumaſius vero mons, qui eſt a miraculis appellatus, fupra Moloſſum amnem eſt. Huc fe Rheam Iovem
utero ferentem recepiſſe siἡ volunt Methydrienfes, Ho-
plodamo et aliis eius fociis Gigantibus in auxilium accitis,
fi forte Saturnus vim ei ullam intentaret. Ac fatentur illi
quidem Rheam in quadam Lycaei parte peperiſſe: dolo vero
Saturnum, pro puero lapide appofito, in hoc ipfo monte
circumventum prodidere. Spectatur in montis iugo fpelunca Rheae; quo nulli hominum, praeterquam folis deae
facra facientibus foeminis introire fas eſt. A Methydrio
ſtadia plus minus XXX abeſt Nymphafia fons: totidem Interfunt a Nymphafia ad communes Megalopolitanorum,
Orchomeniorum, et Caphyatum fines. (3) Ac Megalopolitanis quidem per angustias, quae portae ad Helos nominantur, via pater ad Maenalum praeter Heliſſontem contendentibus. Ad eius viae laevam Boni Dei aedes eſt. Quod fi
di hominibus bonorum auctores funt, deorum vero fupremus
eſt Iupiter, recte quidem hoc Iovis maxime proprium cognomen eſſe coniicere poſſis. Paulo hinc longius terrae agger
eſt, Ariſtodemi fepulcrum: cui viro ne ipfa quidem tyrannis Boni cognomen eripuit. Minervae etiam illic Machina-
tricis delubrum: hoc deae cognomen inde eſt, quod ipfa
omnis generis confiliorum et artium hominibus inventrix
extitit. (4) Ad viae dexteram Boreae area dicata eſt,
cui anniverfarium facrum Megalopolitani faciunt; neque
ulli deorum maiores habent honores, quod per eum contra Lacedaemoniorum et Agidis conatum fervati fuerint.
Proximo loco eſt villa progrediendi Oiclei Amphiarai patris
fepulcrum; fi modo in Arcadia ille, ac non ad Troiam,
quum Herculem adverfus Laomedontem profectum fecutus
eſſet, extremum diem obiit. Exinde eſt Cereris, quae ad
Helos nominatur, fauum eam loco: ab urbe nihilo longius abeſt quam ſtadia V. Huc folis mulieribus ingredi fas
eſt. Mox ſtadium XXX fpatio confecto, ager adiacet Pa-
lifelus nomine. Unde relicto ad finiſtram Elapho amnr,
minime illo quidem perenni, intra ſtadia circiter XX, ad
Perethaei reliquias pervenias; inter quas Panos templum
reliquum eſt. (5) Quod fi torrentem tranfeas, Illinc recta
promoventi ad decimum quintum ferme ſtadium campi funt,
et eodem, quo campi nomine mons Maenalius. Ad imum
montem Lycoae urbis veſtigia; et Dianae fanum ac fignum
ex aere, cognomento Lycoatidis. In eſt montis parte, quae
ad meridiem eſt, Sumatia etiam urbs munita fuit. In eodem
monte locus, quae Trivia nuncupantur; unde Mantinenfes
Delphici oracull monitu Arcadis Calliſtus filii offa fuſtule-
runt. Maenali etiam ipſius adhuc ruinae extant, et Minervae aedis. Stadia praeterea duo, ad athletarum pugnae

alterum, ad equorum alterum curfus appofitum. Maenalium certe montem tam proprium effe Panos praedicant, ut
fiflu'a canentem deum fe audire, accolae affirmare non du-
bitent. Inter Dominae fanum et Megalopolitanorum moenia ftadia interfunt XL. *Ibi iam* dimidia viae parte con-
fecta, Alpheus transmittitur. (6) Hinc ftadia duo abfunt
Macareorum ruinae. Inde VII ftadiis abfunt rudera Dafea-
rum: totidem a Dafeis Acacefius tumulus. Infra eum Acacefium urbs fuit; et Mercurii Acacefii e marmore fignum
hac etiamnum aetate in eo tumulo exftat.  Enutritum illic
Mercurium puerum, et Acacum Lycaonis filium, eius au-
tricium fuifle, Arcadum fermo vulgavit.  Longe diverfa
Thebani.memorant :  ac rurfus a Thebanis diffentiunt Tanagraei.     (7)  Ab Acacefio diftat ftadia quatuor Dominae
(*five ea Hera fit*) fanum.   Illic primum vifitur Hegemones
(*id eft Ducis*) Dianae aedes.    Aeneum *dea* fignum faces
praefert: pedum VI magnitudine id fignum effe coniicimus.

CAP. XXXVII. Hinc ad facrum Dominae feptum aditus eft. Accedentibus ad aedem, et porticus ad dexteram
eft, et in pariete inclufa figilla e candido marmore: una
in parte Parcae, et *Parcarum dux* (Mocrageten *vocant*) Iupiter: in altera Hercules Apollini tripodem eripiens.  Quae
vero de his audierim, fi quando ad eam Phocenfis hiftoriae
partem, quae ad Delphos pertinet pervenero, tunc exponam.  In porticu vero ad Dominae fanum, inter ea, quae
percenfui figilla, tabula eft, in qua pictae funt initiorum ce-
remoniae.   Tertio loco Nymphae inter figilla, et Panes
funt: quarto, Polybius, Lycortae filius.  Infcriptio teflatur,
nihil ab initio oftenfuram fuifle Graeciam, fi l'olybii confiliis paruiffet : iam vero graviter affectas unum illum praefidio fuifle. Ante fanum arae erectae, Cereri una, Dominae altera, Deum magnae, matri tertia.   (1)  Signa Cereris et Herae, folium in quo fedent, et item quod pedibus
fubiacet fcabellum, e *folido ei* unico lapide funt.  Nam neque veftes, neque extranea *quaedam* folii ornamenta, ulla
vel ferri vel glutinis coagmento compacta funt, fed uno
prorfus omnia lapide confiant.  Neque vero eum lapidem
aliunde deportatum, fed fomnii monitu, quo loco fodiendo
tellurem aperuerant,\invenium memorant. Utriusque fimulacri *feorfum* magnitudo inftar eius eft, quod Matris *deum*
Athenis vifitur. Sunt et haec Damophontis opera. Ceres
ipfa facem dextera praefert, laevam Herae admovet. Hera
fceptrum, et vas, quae cifta dicitur, genibus fuftinet,
dextera ciftae adhibita. Adfiflit foiio, quam late utrumque patet latus, Diana cervina pelle velata, pendente ex
humeris pharetra: altera manu lampadem, dracones duos
altera geftat.  Adiacet canis de venaticorum genere.
(2) Herae figno Anytus adflat armati hominis habitu.
Hunc aeditui Herae nutricium fuifle tradunt, illum quidem
de l'itanibus unum. Sane Titanas primus omnium Home-

rus fuis carminibus commentus eft, deos effe earum fedium
Incolas, quibus Tartara nomen eft. Ea de re portae verfus in lunonis iureiurando funt. Sumto deinde ab Homo-
ro Titanum nomine Onomacritus, *qua lib-n* Liberi Patris
orgia expofuit, illorum opera gravibus affectum aerumnis
Liberum, verfibus mandavit. Sed quae ad Anytum pertinent, ab Arcadibus memoriae prodita funt. Cereris vero
filiam, non Latonae, Dianam fuiffe, ab Aegyptiis acceptum
fermonem Graecos docuit Aefchylus Euphorionis filius.
Iam de Curetibus (nam hi infra ea figna cernuntur, etfi
unius intelligo longe alium, quam Curetis habitum effe)
deque Corybantibus, qui in bafi infculpti funt, omnia confulto miffa facio. (4) Infra hoc fanum Arcades pomiferarum omnium arborum praeterquam Punicae mali fructum
inferunt. Ad dexteram e delubro egredienti fpeculum in
*tectoris* parietis apte inclufum eft; in quod, qui infpexerit,
fuam ipfius imaginem aut parum perfpicue, aut prorfus nihil cernet: dearum tamen figna, et folium ipfum, dilu-
cide intuebitur. (5) Praeter Herae fanum paululum afcendentibus ad dexteram eft, quod Megaron vocant, *ac fi ma-
gnifico aeaedificatam bafilicam alveris.* Ibi arcana facra celebrantur. Heraeque victimas complures et peropimas mactant Arcades; et immolant quidem pro fuis quisque copiis. Neque vero hoftiarum guttura defecant, uti aliis in
facris; fed artum, quem quisque fortuito primum apprehenderit, illum praecidit. (6) Hanc dearum omnium
maxime venerantur Arcades. Filiam illam quidem effe
Neptuni dictitant: Ceres tamen ipfa vulgo hoc Herae cognomen habet, uti Iovis fatu genitam *κορη (id eff puellam)*
vocant: cuius tamen proprium nomen Perfephone eft ab
Homero, et ante eum a Pampho ufurpatum. Is autem Herae nomen non eft aufus ad prophanos prodere. (7) Supra aedem eam, quod vocari diximus Megaron. Herae facer
lucus eft, ambiente lapidum maceria. In eo luco et aliae
funt arbores, et ex una atque eadem radicae oleae et ilices
enatae, quod fane nulla effectum eft agricolarum arte.
Supra lucum, Equeftris Neptuni (nempe qui Herae pater
credatur) et aliorum deorum Arae funt. Earum extremam
indicat infcriptio communem effe illam diis omnibus.
(8) Illinc per cochleam in Panos delubrum afcendas.
Adiacet delubro porticus; *intus eft euntibus* haud fane magnum fimulacrum. Huic deo aeque ac potentiffimis quibusque, et hominum vota rata habere, et merita improbos
poena afficere, attributum eft. Ignis ei perpetuus ardet.
(9) Quin et refponfa oraculorum prifcis temporibus reddere
folitum autumant; eiusque interpretem Erato Nympham
fuiffe, quae cum Arcade Callifto filio nupra fuerit: de qua
eadem memoriae produntur, quae ipfi etiam perrenfui-
mus. Eft *eodem in loco* Martis ara: funt intra aedem Veneris duo figna, e candido alterum marmore, vetuftius alterum e ligno. Apollinis item e ligno, et Mmmr-

vac, *prifca* funt figna: Minerva collam etiam fuam
habet.

CAP. XXXVIII. Paululum fupra hunc locum, Lycofurae murorum ambitus extat, intra quem pauci funt incolae. Urbium certe omnium, quas vel continens terra, vel
infulae fuftinent, vetuftiffima eft Lycofura: hanc primam
omnium fol afpexit; et ad huius exemplum urbes ceteri homines condere didicerunt. (1) Ad laevum Herae, Lycaeum mons eft quem Olympum etiam, Sacrum alii Arcadum iugum nuncupant. In hoc monte educatum Iovem
vulgo traditum eft. Ager eft in Lycaeo, quae Crotea vocatur, ad laevam luci, qui Apollini facer eft, cognomento Parrhafio. Hunc effe locum, in quo fit educatus Iupiter, non
autem Cretam infulam, contra Cretenfium fententiam, contendunt Arcades: (3) Nymphas etiam nominant / quae
Iovem nutrierint, Thifoan, Nedan, et Hagno; et a Thifoa
quidem nominata fuit urbs olim frequens in Parrhafiorum
finibus: eft vero nunc Thifoa pagus, Megalopolitani agri
pars. Neda flumini nomen dedit: fonti Hagno, qui in
Lyceo monte eft, iftro flumini hybernae aeftivaeque aquae
natura, quam fimillimus. Quod fi forte diuturna ficcitate
folum labores, atque ex eo fegetes et ftirpes exarefcant, ibi
Lycaei Iovis facerdos ad aquam eius fontis cum precatione
converfus, riteque re divina mactatis hoftiis peracta, e
quercu ramum non alte, fed in fummam nquam porricit:
exiftit *repente*, commota aqua, aëer halitus nebulae perfimilis; neque ita multo poft nubes inde attollitur; mozque
plurium nubium acceffione obducto coelo, Arcadum fines
optatis imbribus perfunduntur. (4) Eft in Lycaeo Panos
etiam fanum condenfo circumfeptum luco: adiacet Hippodromus, Hippodromo ftadium: in eo iam tum ab initio
Lupercalia celebrabantur. Sunt ibidem *aliquot* ftatuarum
cippi, ftatuis amotis: eorum unius infcriptio elegis teftatur, fuiffe eam Aftyanaftis effigiem, Arcadis patria hominis.
(5) Mons ipfe Lycaeus multa, quae vifentes admirentur, habet; hoc inter cetera: Area eft Lycaei Iovis, qao hominibus non eft acceffus: fi quis loci religione contempta introierit, neceffe omnino eft cum intra annum e vita excedere. *Mirum eft* etiam, *quod* aiunt, tam homines quam beftias, quae forte intra eius loci ambitum fe immiferint, nullas e corporibus fuis umbras reddere: ac fe ms quidem venator illuc confugientes non confequitur ı fed totis con-
fiftens, nullam fane umbram ab eius corporo *mihi* animadvertit. Ea certe anni parte, qua Cancer Solem geftat,
Syenas, quae Aethiopiae finitima urbs eft, nullae ex arboribus, nec animantibus, *ere iteris corporibus* umbrae fe oftendunt: verum in illa Lycaei area hoc nulla non anni parte
contingit. In fupremo *omnium* montis iugo eft terrae *editif-
fimus* tumulus: *in eo* Lycaei Iovis ara; unde omnis prope Peloponnefus profpici poteft. Ante aram duae eminent pilae, ad folis fefe exortum: infiftunt aquilae inauratae

pervotuſti operis. Ad hanc aram Iovi Lycaeo in operio faciunt. Sacri eius ritus curiofe mihi exquirere non eſt col-
libitum: quare ita fe habeant, ut praefenti et prifci temporis religione fanciti funt. (6) In ea montis parte, quae
ad Orientem fpeflat, eſt Apolliuis fanum cognomento Par-
rhaſii: eundem Pythium appellant. Ei deo feſtos quotannis
dies dum agirant, aprum Apollini Epicurio (id eſt Auxiliari)
immolant in foro: ibi re divina perafla, in Apollinis Par-
rhaſii hoſtium ſtatim deporrant cum folenni poinpa ad tibiae cantum: femora doinde eacifa adolent: vifcera quidem eodem in loco abfumuut: haec patrio more religio fancita eſt. (7) In Lycaei parte, quae ad Aquilonem vergit,
Thifoenſis ager eſt. Incolae prae ceteris numinibus Thifoan Nympham venerantur. Perlabentes amnes influunt in
Alpheum, Myluon, Nus, Achelous, Celadus, et Naphilus.
Acheloo Arcadico cognomines alli duo amnes funt, multo
illi quidem nobiliores. Eorum alterum ad Echinadas infulas
per Arcananae et Aetolos decurrentem. Homerus in Iliade
fluviorum regem nuncupavit: alterum idem poeta e Sipylo
monte fluentem, cum ipfo monte ad ea, quae de Niobe prodidit, adiecit. Tertio huic ipfi Acheloo nomen eſt, qui
praeter Lycaeum montem labitur. (8) Lycofurae ad dexteram confurgant montes, qui Nomii dicuntur. Eſt in illis
Nomii Panos fanum. Vicum proximum Melpean (at fi Nada-
latrium diat) nominant, quod fiſtulae modos illic Pani primum excogitatos diflitant. Nomios vero montes a Panos
paſtionibus vorntos fuiſſe, obvia eſſe poſſit et expoſita cuivis
conietlura: ipfi tamen Arcades de Nymphae cuiusdam nomine vocitari affirmant.

CAP. XXXIX. Lycofuran praeterfluit Occidentem verfus, fluvius, cui Platonifton nomen: quem traiicere neceſſo
habent, qui Phigaliam contendunt. A flumine clivos fe attollit ſtadia nou minos XXX: fed neque altius multo.
(2) Quae vero ad Lycaonis filium Phigalum pertinent (fuit
enim is primus urbis Phigaliae conditor) et ut poſt a Phialo
Bucolionis filio civitas ea nomen acceperit, ac deinde rurfus
priſtina appellatio invaluerit, eſt a nobis in hoc ipfo rerum
Arcadicarum commentario expofitum. Traduntur etiam alla
fide non fatis digna: indigenam hominem Phigaluu fuiſſe,
non autem Lycaonis filium. Ex quorundam fermone Phigalia Nympha una de Dryadibus fuit. Quo tempore Lacedaemonii Arcadas bello adorti, in Phigalenfium fines cum
exercitu invaferunt, incolis praelio viflis urbem obfidione
cinxerunt: quumque parum abeſſet, quin muri expugnaren-
tur, Phigalenfes effugere, fub certis conditionibus a Lacedaemoniis dimiſſi, Excifa eſt Phigalia, Phigalenfibus omnibus eieflis, Miltiade fummum Athenis magiſtratum gerente,
Olympiadis tricefimae, qua tertiam palmam tulit Chionis
Lacon, anno fecundo. Qui e Phigalenfibus eam cladem
effugerant, cenfuerunt Delphici Apollinis oraculum de re-
dirts confulendum. Scifcitanibus refponfum eſt, ſi foli per

fe ipfos redire conati effent, nullam fore iam reliquam poft-
liminii fpem: at fi ab Orefthafio centum lectiffimos viros
affumfiffent, illos quidem *ad uxum* in pugna perituros, ·Phi-
galenfes vero reditus compotes fore.   Orefthafii eo refponfo cognito, optimus quisque certatim in eum expeditionem numina dedere.   Congreffi vero cum Lacedaemoniorum praefidio, ratam omni ex parte oraculi vocem fecere.  Strenue enim dimicantes, Spartanis pulfis, quum
ipfi *ad uxum* mortem oppetiiffent, Phigalenfibus *patriam* red-
didere.   (3)  Sita eft Phigalia edito et praerupto loco, mul-
toque maior moenium pars fub ipfis extructa fuit rupibus.
Montis iugum afcendentes excipit plana et minime fale-
brofa area; in qua Sofpitae Dianae aedes eft flante marmoreo figno.  Ab eo templo more maiorum pompas ducere
follenne habent.   (4)  In gymnafio fimulacrum Mercurii
pofitum eft, eo habitu, ut pallium induere videatur, in qua-
drangulam figuram definens, neque pedum tenus expolitum.
Libero etiam Patri templum erectum eft.  Acratophorom
cognomento incolae appellant.  Signi partes inferiores confpici nequeunt, quod hederae et lauri denfa fronde velantur:  quae in confpectu funt, cinnabari oblita illuminantur.
*Cinnabari ipfum* cum auro erui traduut ex Iberorum metallis.
Cap. XL.  Eft Phigalenfibus in foro pancratiaftae Arrhachionis ftatua, quum cetera pervatus, tum ipfa maxime
figura.  Pedes modico diftant intervallo:  manus lateribus
haerent, ad coxendices demiffae.  E lapide ftatua eft; cui
fuiffe adfcriptum elogium dicunt; fed illud vetuftas abolevit.  (2) Tulit Arrhachion palmas duas e fuperiobus Olympiadibus;  et quarta fupra quinquafimam, tam iufta eorum,
qui ludis praefidebant fententia, quam virtute fua *oppido quam*
*infignem* meruit.  Quum enim victis aliis adverfariis, unus,
quo cum de oleaftro certaret, relictus effet, ille eodem impetu,
et pedibus praeventum Arrhachionem incinxit, et manibus
collum obftrinxit.  Eius digitum Arrhachion pedis infregit,
et dum.ftrangulatus iam animam ageret, prae digiti dolore
adverfarius eodem temporis momento corruit.  Elei itaque
Arrhachionis cadaveri victoriam et coronam praeconis voce
adiudicarunt.  (3) Confimile fuiffe iudicium Argivorum de
Creugante Dyrrhachino pugile novi.  Ei enim iam mortuo
Nemeorum coronam detulerunt, quod Damoxenus Syracufanus eius adverf.rius pacta inter ipfos conventa violarat.
Nam quum diem pugilatu ad vefperum exemiffent, inter
eos ita convenerat, cuncta audiente fpectatorum corona, ut
viciffim alter *in quam iuffus effet corporis partem*, fingulas alterius plagas acciperet.  Nondum inftituerant pugiles caeftus,
attenuato in acutum loco, ad utriusque manus *artialion*
*(quem tirarii unguis vocant)* religare; fed e crudo bovis co-
rio, implicatis arte quadam vetere inter fe lorulis (Milichas,
appellabant) et ad volas revinctis depugnabant:  quo fiebat
ut digiti nudi relinquerentur.  Tunc quidem Creugas *prior*
Damoxeno in caput plagam infixit.  Damoxenus illum rur-

num immotam fuſtinere iuſſit. Quod quum ille feciſſet, Damoxenus infeſtis digitis partem eam aivi petiit, quae infra
eollas eſt. Ea vero fuit quum unguium duritia, tum per-
cuſſionis impetus, ut immiſſa manu vifcera apprehenderit,
eaque dilaniata extruxerit. Expiravit ſtatim Creugas. Argivi Damoxenum, quod puełis non ſtetiſſet, quippe qui non
uno, fed pluribus ictibus adverſarium confeciſſet, exilio
mulctarunt: Creugae iam mortuo palmam detulerunt, eidemque ſtatuam Argis pofuerunt, quae ad meam usque aetatem in Lycii Apollinis fuit.
CAP. XLI. Habet Phigalenſium forum, commune fepulcrum lectiſſimae illius (de quo ante dicturi) Oreſthaſiorum
manus: iis eodem, quo heroibus ritu quotannis inferias
mittunt. (2) Fluvius, qui Lymax dicitur, Phigaliam prae-
terfluens, cum Neda coniungitur. Hoc ei nominis a Rheae
purgatione inditum ferunt, quod nempe quum Iovem illa
peperiſſet, in hunc amnem Nymphae puerperii colluviem
ubiecerunt. Colluviem a Graecis λύματα dicta fuiſſe teſtatur Homerus, quo loco a peſtilentia Graecos purgatos dicit:
asque purgamina, quae lymata nominat, in mare abiecta fuiſſe.
(3) Nedae fontes in Ceraufio monte funt: mons ipfe Lycaei
pars eſt. Qua quam proxime ad Phigalenſium urbem adla-
bitur Neda, ibi eius civitatis pueri crinem fluvio detondent.
Nedae alveus mari proximus navigiis haud fane magnis
fubnavigatur. Amnium quos novimus omnium maxime
multiplici et finuofo flexu labitur Maeander, plurimis in fe
revolutus ambagibus. Ea vorticofi et faepius ultro citroque remeantis iapfus natura unus Neda eſt, qui cum illo
conferri poſſit. (4) Stadiis fere XII fupra Phigaliam, calidarum aquarum balneae funt; a quibus non longe in Nedam Lymax defcendit. In eorum amnium confluenti, veteri reſigione fanctiſſimum fanum eſt Eurynomes, ob loci afpe-
ritatem aditu difficile. Circa ipſum multae et condenſae furgunt
cupreſſi. Eurynomen Phigalenſium plebs Dianae cognomen
eſſe credit: quicunque vero antiquitatis monumenta pertracta-
runt, Oceani fuiſſe filiam nerunt, cuius et Homerus in
Iliade fecerit mentionem, quum eam una cum Thetide
Vulcanum excepiſſe dixerit. Stato quotannis die Eurynomes templum aperiunt: aperiri alio tempore mos patrius
non eſt. Sacra eo die publice ac privatim fiunt. Mihi certe
non contigit, ut eo tempore adeſſem; neque Eurynomes
fimulacrum videre potui. Audivi de Phigalenſibus, aureis
catenis revinctum eſſe, foeminea facie usque ad fummam femora, cetera pifcis figura. Quae fane forma nulla fatis proba-
bili ratione Dianae convenire poſſe videatur. (5) Incingitur
Phigalia montibus; a laeva Cotyſio, a dextera imminet,
qui Elaius vocatur. Diſtat ab urbe Cotylius ſtadia prope XL.
In eo vicus eſt, cui nomen Baſſae (e rallibus o lirur) et Apollinis Epicurii (id eſt Arxilia is) aedes, lapideo lacunari. Templorum fane omnium, quae in Peloponnefo funt, excepto
ae uno, quod Tegea eſt, quum lapidis pulchritudine, tum

vero ſtructurae concinnitate, eſt hoc longe praeſtantiſſimum. Cognomen illud eſt Apollini tributum, quod peſtilentia laborantibus opem tulerit: qua etiam de cauſa eſt idem Apollo apud Athenienſes Alexicacus (*quaſi Averruncum dixeris*) quod peſtilentem morbum ab ipſis quoque averterit, nuncupatus. Bello certe, quod cum Peloponneſiis Athenienſes geſſere, neque alio omnino tempore, hoc Dei extitit in Phigalenſes meritum. Teſtatur id tum cognominum rei congruentium ſimilitudo, tum vero quod Ictinus architectus, qui templum exaedificavit Phigaliae, iisdem, quibus Pericles Athenis, temporibus vixit: idemque Athenienſibus *aedem eam*, quem Parthenonem vocant, (*quod eſt ac ſi virginum aedem dicas*) erexit. In ſuperiore quidem *huius commentarii parte* expoſitum eſt, fuiſſe Apollinis ſignum hoc in Megalopolitanorum foro. (*β*) In Cotylio Ions eſt; a quo, qui Lymacem amnem ortum ducere hiſtoriae mandavit, id tanc ſcripſit, quod neque ipſe vidit, neque ab iis, qui viderint, audivit. Nam et amnis producentem vidimus; et e fonte, qui in Cotylio eſt, non multum illam, quidem manantem a-quam; quae intra modicum ſoli ſpatium evaneſcit: non tamen in qua eſſet Arcadiae parte Lymacis fons, in meutem venit curioſius inveſtigare. Eſt ſupra Apollinis Epicurii, eo loco, quod cognomento Cotylon appellatur, Veneris aedes ſine tecto: in quo ſignum deae extat.

CAP. XLII. Elalus, mons alter, abeſt a Phigalia ſtadia prope XXX. Eſt eo in loco antrum Cereris cognomento Nigrae. (1) Cum iis certe, quae de Cereris cum Neptuno concubitu Thalpuſii prodiderunt, ea conveniunt, quae Phigalenſes ſacris peragendis celebrant. Peperiſſe vero Cererem non equum memorant, ſed eam, quae ab Arcadibus, Hera cognominatur: ac nigram quidem illam veſtem, tum ira in Neptunum, tum luctu de Proſerpinae raptu commotam, ſumſiſſe: in hunc certe ſpecum, quum ſe abdidiſſet, diu lucem vitaſſe. Quum igitur omnes, quos terra educat fructus corrumperentur, et homines paſſim fames conficeret, diis ceteris Cereris latebras ignorantibus, Pana per Arcadiae montes alias alios inter venandum errantem, quum ad Elaium veniſſet, ibi Cererem oſtendiſſe, tali cum habitu et veſtitu: Iovem ꞇe de Panos oratione cognita, Parcas miſiſſe; quibus *depraecantibus* compreſſa ira. et luctu lenito, placata Ceres fuerit. (3) In rei memoriam ſe Phigalenſes dicunt antrum illud cum ligneo ſimulacro deae dedicaſſe; ſimulacrum ita fabricaſſe, ut ſaxo inſideret muliebri figura, praeter caput, quod equinum atque adeo cum iuba eſſet, draconibus et aliis feris ad caput alludentibus, reliquo corpore ad imos pedes tunica velato; altera manu delphinem, columbam altera praeferente. Quae ſimulacri ratio ſit, homini neque ulla in re imprudenti, eidemque tum aliarum rerum non imperito, tum vero in *antiquitatis* memoria probe verſato, ſatis perſpicuum fuerit. Nigram ſane appellatam tradunt, quod pullum ſumſerit veſtimentum. Cuius

opus ligneum illud fuerit fignum, vel quonam modo fit
flammis correptum, non eft memoriae proditum. (4) Phigalenfes quidem illo prifco deleto, aliud non modo non
reftituere, fed quae ad ftatas etiam caeremonias et facra
pertinebant, magna ex parte neglexerunt. Quare quum iru-
ges agri ferre defiffent, deprecantibus refpondit Pythia:

Arcades Azanes vos glandivori, Phigalean
Almae qui Cereris fpelnea repofta habitatis:
Scitarum acceftis caufamque famisque levamen,
Soli bis nomades, baccis bis agreftibus alti.
Ipfa Ceres flavam fegetem fubtrahit, et ipfa
Foecundam luvidit miferis pafioribus herbam.
Praemiaque eripiens et prifel commoda honoris,
Liba herum donata deis abftineie adegit;
Coget ea et natos, et mandore membra vicifftm,
Ni fefto plebes placet fuminibus divam,
Divinoque facros exmiuet honore receffim.

Accepto Phigalenfes refponfo, et aliis maioribus multo
quam ante honoribus deam affecerunt, et Onatzo Micanis
filio Aegiuetae quanti popofcerat, novum fignum faciendum locarunt. Huius Onatae Pergameni oftendunt aenium
Apollinem, tum magnitudine tum artificio fpectabilem.
Idem fane vir vel prifcam aliquam tabulam, vel fignum ligneum nactus, ad eius fimilitudinem aeneum hoc Phigalenfibus fignum fecit: quin etiam maiorem eius partem ad
fomniorum imagines effinxiffe dicitur. Aetatibus certe aliquot hoc opus fecit poft Perfarum in Graeciam irruptionem,
tollimonio orationi meae ea res eft. quod Xerxis in Europam transmiffio in idem tempus incidit, quo Syracufis et in
reliqua Sicilia dominabatur Gcion, Dinomnnis filius, cui
demortuo Hieron frater fucceffit. Iam vero quum et hic
e vita exceffiffet, antequam Olympio Iovi dona. quae pro
equeftribus victoriis voverat. perfolviffet, eius filius Dinomenes patris vicem implevit. Sunt vero ea quoque dona
Onatae opera. Extant fane in Olympia infcriptiones: inter quas haec dono illorum eft addita:

Iupiter, Eleo redili qui a pulvere gfftor.
Quadrigaque femel, inluge bis et equo,
Voverat haec Hieron: natus monumenta parentis
Dinomenes pofuit clara Syracofii.

Alterius vero haec eft fententia:

Ifta Micone fatus fimulacra effinxit Onatas,
Infula in Aegina cui patria, atque domus.

Aetate floruit Onatas eadem qua Hegias Athenienfis; et
Argivus Ageladcs. (5) Huius ego maxime Cereris fpetaa-
dae caufa Phigalian diverti; ac deae quidem hoftiam plane
nullam cecidi, fed patrio incolarum ritu e confitis arboribus, et in primis e vite fructus obtuli: favos praeterea, et
lanas, non illas quidem ad lanificii opus purgatas, fed plane fuccida, et fuis fordibus referta vellera, haec enim illi
ad aram porriciunt quae pro fpelunca extructa eft; por-

Pauf. T. IV. Bb

re$tis oleum fuperinfundunt, huiusmodi publice privatim-
que quotannis facra peraguntor. Sacerdos fomnina facris
praeeſt, miniſtrante e ſaſſipculis, (Hierothytas appellant) natu
minimo, funt vero ii tres e civium numero. (6) Ambis
fpeluncam quercuum locus, praegelida e terra erumpente
aqua. Ipfum fane quod Onatas fecerat fimulacrum, neque
quum ego illuc veni amplius exſtabat, neque an unquam
exſtitiſſet, Phigalenfium multitudo compertum habebat; audivi tamen grandem natu hominem, quicum forte fum
congreſſus, quum diceret, tribus ante fe natum aetatibus,
vetus illud fignum collapfis e culmine fuxis ita confractum,
ut fpecies eius omnis priſtina aboleretur: et fane in ipfo
culmine veſtigia facile cernebam, unde faxa corruerant.

Cap. XLIII. Poſtulat locus hic, ut ad Pallantium trans-
eam, quaeque memoratu illic digna, ut oratione perfequar:
nec omittam, quare Imperator D. Antoninus major urbem
ea pago fecerit, et incolis libertatem, et a tributis immunitatem dederit. (2) Euandrum narrant Nympha Ladonis
filia et Mercurio genitum, confilio et bellica virtute Arcadas ceteros antecelluiſſe. Hunc in coloniam miſſum, deducta e Pallantio in locum Tiberi proximum Arcadum mano, oppidum condidiſſe, quod urbis Romae poſſea pars
fuerit: appellatum vero de Arcadici oppidi nomine ab ipfo
Euandro et inquilinorum comitatu Pallantium: quod nomen confecuta aetas duabus literis L et N fubmotis immutavit. Haec Ipfa res Antoninum Caefarem adduxit, ut
de Pallantirofibus quamoptime mereretur. (3) Hic Antoninus, qui tam benigne Pallantienfibus fecit, nullius omni-
bo belli gerendi Romanis voluntarius auctor fuit: fed Mau-
ros Libyum fuis legibus riventium partem maximam,
vagos et errantes, (quippe qui inter Nomadas genfen-
tur) Scythicis gentibus eo minus expugnabiles, quod non
plauſtris, fed equis cum uxoribus invecti errant: eos ille,
quum priores bellum moviſſent, finibus pulfos fuis, in ultimas Africae folitudines ad Atlantem montem, eiusque
montis accolas populos expulit. Brigantibus vero, qui in
Britannia funt, quod Genunios populi Romani focios armis
laceſſierant, magnam agri partem ademit. Praeterea quom
Lyciorum et Carum urbes, Coon etiam et Rhodon terrae
vehemens motus evertiſſet, eas Antoninus infinitis prope
fumtibus, et fumma in coloniis deducendis diligentia reſtituit. Nam quoties et Graecos et Barbaros inopia laborantes pecunia iuverit: qua operum magnificentia Graeciam,
Ionium, Syriam, et poſtremo Carthaginem exornarit, eſt ab
aliis accuratiſſime fcriptum. Idem Imperator aliud huius'
modi liberalitatis ſuae monumentum reliquit. Lex erat, ut focii, qui iure Quiritium donati eſſent, ſi eorum liberi in officio non permanſiſſent, quod ſcilicet cum Graecis cenferi fe mallent, iuſtam bonorum partem alienis relinquerent, vel β
ellibitum fuiſſet, in Principis fifcum referrent: licere voluit
Antoninus ipſis etiam filios ac aſſe haeredes facere, quum fatius eſſe duceret laudem humanitatis mereri, Iquam appoſi-

tam illam ad pecuniam accumulandam legem fervare.
Hunc Romani Pium *cognomine* appellarunt, quod *omnis* o-
mnium religionum ſtudioſiſſimus fuerit: fed opinione mea
Cyri etiam ratioris cognomen promeruit, ut fcilicet *.....*.
*...* hominum pater diceretur. (4) Imperii reliquit fuccef-
forem eiusdem nominis filium. Is et ferociſſimos Germa-
niae populos, et plurimas Barbarorum in Europa nationes,
et in his Sauromatarum gentem, a quibus *multis* iniuriis et
*iniuriis* bello fuerat provocatus, armis domuit.

CAP. XLIV. Sed reliquas iam partes inſtitutae de Arcadum rebus hiſtoriae perſequamur. A Megalopoli Pallantium et Tegeam usque, ad cum locum, qui Agger dicitur,
via ducit. In ea fuburbanus *viter eſt, qui* Ladocea a Ladoco
Echeml filio nominatur. (2) Adiacebant prifcis temporibus Haemoniae, urbs, cuius fuerat conditor Haemon Lycaonis filius. Manfit ad hunc usque diem vico nomen,
quae Haemoniae dicuntur. Ab Haemoniis difcedenti, ad
dexteram viae, Oreſthaſii urbis et aliae exſtant reliquiae, et
e Dianae templo columnae. Dianae fane i'li cognomentum
fuit ſacrificula. Haemoniis recta pergenti *i*/ ſunt Aphrodiſium primo, ac deinde Athenaeum. In laeva huius parte
eſt Minervae delubrum cum ſigno lapideo. Ab Athenaeo
ſtadia ferme XX, Aleae ruinae diſtant, et ubi ars olim fuit,
tumulus: *arm* adhuc exſtant murorum veſtigia. (3) Ab
Alea ſtadia non amplius V, non longe a via. Alphei
deinde iuxta ipſam viam Eurotae fons uboſt. Alphei fonti
Matris deûm aedes proxima eſt ſine tecto: ibi duo ſunt
leones e lapide. Admiſcetur Alpheo Eurotae aqua, ſluunt-
que ambo amnes communi alveo ad ſtadia prope XX, ex-
ceptique *exinde eode* cuniculo, erumpit Eurotas in Laconica
terra. Alpheus In Megalopolitanorum finibus e *n vis* emergit
fontibus. (4) Ab Alea acclivis eſt via ad Boreum montem; in cuius fummo vertice *reliqis* templi veſtigia rema-
nent. Templum aedificaſſe Ulyſſem Minervae Solpitae tradunt, et Neptuno, Ilio *in patriam* reducem. Eo certe loco,
quem Aggerem vocant, agri fines inter Megalopolitanos,
Tegeatas, et Pallantienfes funt. Pallantici quidem campi
ad laevam ab Aggere divertentes excipiunt. (5) In Pallantio
delubrum, et in eo marmoreae ſtatuae Pallantis et Euandri:
Proferpinae praeterea *et Cereris* fanum: modico intervallo
oſtenditur Polybii ſtatua. Eo colle, qui urbi imminet, quoque pro arce prifcis temporibus *oppidani* utebantur; manet
adhuc in colli vertice fanum deorum; qui Puri cognomine
funt appellati; per quos de rebus maximis iusiurandum
concipere religione fancitum habent. Singulorum certe
nomina vel ignorant, vel ſcientes in vulgus prodenda non
putant: fed Puros ex eo vocari coniiciendum relinquitur,
quod illis Pallas non eodem ritu facrum fecit, quo pater
eius Iovi Lycaeo. (6) Ad dexteram loci ciûs, qui Agger
dicitur, campi Manthurici funt. Patent hi iam intra Tegeatûm fines, ad ipfum usque Tegeae oppidum ſtadia pa-

ne L. Ad viae dexteram surgit mons nomine Cresius, non
utique magnus: in quo templum aedificarunt Aphnei, *quas*
*Latiitur ai, vel Clearis cras*. Nam quum Aeropae Cephei filiae,
Alei nepti, vitium Mars (vulgatus bic est Tegeatarum sermo) obtulisset, puella quidem inter pariendum animam efflavit: at puer matrem complexus iam exanimem, lactis e
mamillis eius profluentem copiam hausit: id Martis voluntate fiebat: eius rei gratia Aphnei nomen in deos relatum:
puero ipsi Aeropo nomen fuit. (7) Iuxta Tegeaticam
viam aqua est cognomento Leuconia, nempe a Leucone
puella, quam Aphidantis fuisse filam tradunt: euius non
procul a Tegeatorum urbe sepulcrum monstratur.

Cap. XLV. Et a Tegeo quidem Lycaonis filio oppido
dumtaxat nomen impositum Tegeatao dictitant, quum incolae curiatim habitarent: *et curias quidem nominant* Garcatas,
Phylacenses, Caryatas, Corythenses, Potachidas praeterea,
Manthurenses, Echeuethenses. Ad has, dum Aphidas regnaret, nonam necellisse curiam dicunt. Apbidantes. Hanc
certe, quae nunc exstat, urbem, colonium 'deduxit Aleus.
(2) Rerum gestarum Tegeatis cum reliquis nominis Arcadici populis communis fuit gloria, tam ex Troiani quam ex
Persici belli temporibus, et ea pugna, quae in Dipaeensibus
cum Lacedaemoniis commissa est. Sed privatim propria
fuerunt eorum decora, quod et aprum Calydonium Ancaeus
Lycurgi filius accepto etiam vulnere sustinuit: et Atalenta
quum prima omnium belluam sagitta transfixisset, virtutis
ergo, capite et pelle apri donata est. Iam vero redeuntibus in Peloponnesum Herculis liberis, Echenius Aeropi filius e Tegeatis singulari certamine Hyllum superavit. Lacedaemonios etiam armis se invadentes primi omnium Arcadum Tegeatae fuderunt, magnumque captivorum numerum ceperunt. (3) Ac Tegeatis quidem Aleae Minervae
vetus templum Aleus aedificavit: interiecto dein tempore
aliud ipsi sibi cives erexerunt, et magnitudine, et reliqua
exaedificatione spectantium admiratione dignissimum. Nam
quum prius illud subito igne conflagrasset, Diophanto Athenis annuum principatum obtinente, anno eo, qui Olympiadem consecutus est XCVI, qua victor e stadio Eleus Eupole-
mus discessit, ita instauratum est, (4) ut tum loci spatio,
tum vero ornatu reliquo facile templa cetera, quae in Pelo-
ponneso sunt, superet. Triplex columnarum se attollit ordo: primus est Dorici operis, alter Corinthiaci: tertius extra templum, Ionicae columnae sunt. Architectum fuisse
eius operis accepi Scopam Parium, qui signa tum in multis
veteris Graeciae locis, tum vero in Ionia et Caria fecit. In
fastigii antica parte expressa est apri Calydonii venatio:
mediam ferme urgent feram, ab una parte Atalanta, Meleager, Theseus, Telamon, Peleus. Pollux, et Iolaus, qui Herculi aerumnarum maxima ex parte socius fuit: praeterea
Thestii filii, Althaeae fratres, Prothous et Cometes: ad alterum belluae latus Ancacum iam faucium bipennem attol-

lentem Epochus fublevat. Adftant Caftor, et Oiclis filios
Amphiaraus: adfiftunt etiam Hippothous Cercyonis filius,
Agamedis nepos, Stymphali pronepos, poftremus omnium
in eo opere eft Pirithous. Poftica fatligii pars pugnam habet Telephi et Achillis in Caici campis.
CAP. XLVI. Vetus Minervae Aleae fignum, et fimul
Calydonii apri dentes afportavit Caefar Auguftus, victo Antonio eiusque partibus, in quibus Arcades prope omnes fuere praeter Mantinenfes. (2) Non primus tamen Auguftus prodicur deorum figna ac donaria devictis a fe gentibus eripuiffe; fed fuit hoc ei a prifcis iam tum temporibus
tralatitium: fiquidem excifo Ilio quum inter fe Graeci fpolia dividerent, Sthenelo Capanei filio Hercei Iovis fignum
obtigit. Multisque poft annis quum Dorienfes in Siciliam
transmigrarent, Antiphemus, is qui Gelan deduxit, Omphace Sicanorum oppido direpto, fimulacrum a Daedalo fabricatum Gelam deportavit. Perfarum vero regem Xerxem
Darii filium, praeter ea ornamenta, quae ex ipfa Athenarum
urbe amovit, fcimus et ex Brauroue Brauroniae Dianae fignum avexiffe: eundemque Milefiis, criminatum quod illi
de induftria navali praelio in Graecia cum Athenienfibus
infelicius pugnaffent, aeneum, qui in Branchidis fueras,
Apollinem ademiffit; quem multis poft annis Seleucus iisdem remifit Milefiis. Argivis hac ipfa etiamnum aetate,
figna quae ex Tirynthe ablata fuerant, alterum in Iunonis,
in Apollinis Elei alterum repofita funt. Iam Cyziceni quum
Proconnefios bello adegiffent ut fibi inquilini effent, Dindymenae matris fignum e Proconnefo aportarunt: aureum
illud fuit: facies, qnum ebur deeffet, e fluvialis equi dentibus eft fabricata. Auguftus ergo (ut ad eum redeamus) in
fignis ac dentis auferendis, et Graecorum et Barbarorum iam
longo ufu confirmata eft exempla fecutus. Ac Aleae quidem
Minervae fignum Romani pofitum habent in eius fori adito,
quod eft ab Augufto dedicatum. Eft vero fignum id ex ebore totum: Endius opus fecit. Ex apri dentibus alterum
eftractum dicunt fi, quorum curae funt huiusmodi miracula
commiffa; alter in Liberi Patris aede, quae eft in Caefaris
hortis, fufpenfus vifitur; nihilo ille quidem paffus unius
dimidio brevior.
CAP. XLVII. Aleae quod nunc Tegeae fignum eft, e curia Manthurienfium, apud quos deae Hippiae (hoc eft Equeftris) cognomento colebatur, deportatum fuit. Cognominis
ea fuerit caufa. quod in Deorum adverfus Gigantes pugna
Manthurienfes ipfi prodidere, deam in Enceladum bigas
iminififfe. Sed Aleam vocari eam, et apud Graecos reliquos, et apud Peloponnefios maxime ufus obtinuit. Deae
quidem adfiftunt hinc Aefculapius, illinc Hygia e Pentelico
marmore, Scopae Parii opera. (2) In templo memorata
digniffima dona funt: Apri Calydonii corium, putre iam
prae vetuftate, et fetis undique nudatum. Sunt praeterea
fufpenfae compedes iftae, etfi et illis multas temporis lon-

ginquitas abolevit, quibus vincti Lacedaemonii captivi. Tegeatis in agro fodiendo opus faciebant. Lectus praeterea
Minervae facer, cum effigie picturae perſimili. Ad haec
Tegeatidis foeminae. Viduae cognomento, ſcutum: ſed huius mulieris poſterius mentionem faciemus. Doae rem divinam ſacit puella. Quam longum tempus *virginitatem con-
ſervet*, non ſatis ſcio: illud habeo compertum, antequam
pubeſcat, ſe illam ſacerdotio abdicare. Erectam a Melam-
poda Amythaonis filio aram Minervae tradunt. Arae inſiſtunt Rhea, et Oenoe Nympha, parvulum Iovem tenentes,
utrinque quaternis adſiſtentibus Nymphis: *ab uno parte,*
Glauce, Neda. Thiſoa, et Anthracia: ab altera, Ida, Hagno,
Alcinoe, et Phrixa. Muſarum etiam ibidem et Mnemoſynes
ſigna ſunt. (3) A templo non longius quam ſtadium
unum abeſt terras agger, ad quem ludos faciunt, Aliea, de
Minervae nomine; et ſilloſia. ex eo, quod in pugna vivos
e' Lacedaemoniis multos ceperant. Ad eam templi partem,
quae ad Aquilonem ſpectat. fons eſt: prope quem vriatam
ab Hercule Augea ſerunt: quod tamen ab iis, quae Hecataeus
hac de re ſcripſit, diſcrepat. A fonte ſtadia ferma
III, Mercurii Aepyti *cognomento* aedes diſtat. (4) Habent et
aliud Tegeatae templum Minervae Poliatidi dedicatum.
Eo ſingulis annis ſemel duntaxat ingreditur ſacerdos mas.
Propugnaculi templum appellant; ac vulgo proditum eſt,
Cepheo Alei filio Minervam Tegean inexpugnabilem, do-
nato ei detonſo de Meduſae capite crine, praeſtitiſſe. De
Diana vero, quam 'Hysaeiae *(hoc eſt ſalutarem)* appellant, talis
propemodum fermo eſt. In Orchomeniis, qui in Arcadia
ſunt, dominabatur tyrannus Ariſtomelidas. Is quam Te-
geatide virgine, quam amabat, quoquo modo potitus eſſet,
ac eam cum praeſidio ad ſe perducendam Chronio cuidam
commendaſſet, puella antequam ad tyrannum perduceretur,
prae metu et pudore ſibi mortem conſcivit: Chronium Diana oblatis *nocturnis* viſis ad opprimendum Ariſtomelidan incitavit. Patrato itaque facinore, quum Tegean Chronius
confugiſſet, Dianae templum dedicavit.

Cap. XLVIII. In loro, quod laterculi figuram prae ſe
ſert, Veneris aedes eſt, quae IN LATERCVLO appellatur,
cum ſigno marmoreo. Illis *auabus* ſtatuae impoſitae extant;
uni Antiphanes, Croeſus, Tyronidas, et Pyrias: qui quum
Tegeatibus leges tuliſſent, hunc ſibi honorem meruerunt,
Alteri pilae inſiſtit laſius *laeva* equum detinens, dextera palmae ramum ferens. Equo in Olympia dicitur viciſſe laſius,
quo primum tempore Thebanus Hercules Olympiorum conventum inſtituit. (2) Qua vero de cauſa victori in Olympia ex oleaſtro, Delphis e lauro corona detur, de ſuperiora
(amdudum in commemorandis Eleorum rebus expoſuimus:
de laurea ſuo loco ugemus. In Iſthmo autem pinum, in
Nemea apium, ad Palaemonis, qui Archemorus olim ſuit,
caſus *teſtandos*, dari inſtitutum eſt. Ludis ſano plerisque
palmae corona decernitur: victoresque cuncti ubique loco-

rom palmam dextera praeferunt. Eius rei huiusmodi traditur initium fuisse. Theseum aiunt e Creta reducem Deli
ludos Apollini fecisse, victoresque palma coronasse. Palmae quidem quae Deli fuit, meutionem fecit etiam Homerus iis verfibus, quibus Ulyssis ad Alcinoi filiam misericor-
diam implorantis orationem expofuit. (3) Est etiam in
Tegeatum foro Martis fignum pilae in culprum, Gynaeco-
thoean nominant. Laconico enim bello, quum primum
Charilus Lacedaemoniorum rex cum exercitu in Arcaduni
fines invalisset, foeminae arreptis armis sub collem fuhsede-
runt, quem aetate noftra Phylactrida (ac fi Praesidiarium dias) vocant. Congressis vero ad pugnam exercitibus, quum
viri utrinque praeclara et memoratu dignissima ederent facinora, poftremo foeminae fubita eruptione ex insidiis facta,
in fugam Lacedaemonios ipfae verterunt. Virtute quidem
foeminas anteisse ceteras praedicant Marpessam, cui Viduae
cognomen fuit. Captum in pugna ipfum Charillum traduut: dimissum deinde gratis, quum fe iureiurando obligas-
fet, bellum nunquam amplius Tegeatibus illaturum: attamen poftca minime, quod fuerat iuratus, fervasso. Sed tunc
foeminas aiunt Marti feorfum victoriam gratulatas, hostiae
exti cum viris communicare noluisse; ex eoque Marti cognomen, quod Iam dixiaus, impofitum. (4) Ara etiam
Adulti lovis erecta est, cum figuo quadrangulo. Praecipue
enim tali figura delectari mihi Arcades videntur. Ad haec
fepucra in eodem foro funt, Tegeatae Lycaonis filii, et
eius uxoris Maerae, quam Atlantis fuisse filiam dicunt: cuius mentionem Homerus fecit in iis, quos cum Alcinoo
Ulyffes habuit fermonibus de via ad inferos, animas quas
ibi confpexerit enumerans. (5) Lucinam vero Tegeatae
(habent enim ipfius etiam in foro aedem, et fignum) cognomento Ingeniculam appellant, ex eo magis (uti aiunt) tafa,
quod quum Aleus Nauplio filiam defpondisset, iis qui puellam deducebant, ut in mare abiectam demergerent, imperaffet: illam vero in via in genua procumbentem puerum
peperisse, eo ipfo in loco ubi Lucinae templum dedicarunt.
Ab hoc diverfus eft eorum fermo, qui Augen dicunt clam
patre Telephum enixam, in Parthenium montem eum abii-
ciendum curasse; ibique puero expofito cervam lac praebuisse. Hoc certe ipfi etiam Tegeatae vulgarunt. (6) Prope Lucinae, ara est Telluris. Pilae duae eminent iuxta
aram: earum una e candido lapide Polyhium Lycortae filium; Elatum altera, unum de Arcadis aliis, fuftinet.

Cap. XLIX. Non longe a foro theatrum eft, cum fedibus aenearum ftatuarum. Statuae quidem ipfae non exftant; fed in earum fedium una incifi elegi tollantur, ftatuam iltam Philopoemenis fuisse. Huius viri memoriam,
quum ob eius prudentiam, tum vero ob rerum geftarum
magnitudinem, maxime inviolatam fervant Graeci. Quod
ad generis claritatem attinet, pater ei Megalopoli fuit Crau-
gis, nulli civium foorum fecundus. Is moriens adhuc im-

puberi Philopoemeni tutorem dedit Cleandrum Mantinen-
fem, qui domo exul, Megalopolis inquilinus, Craugidis domo ut paterno hofpitio, affidue in temporum fuorum calamitate illa ufus eft. Praeceptoribus tum aliis, tum Mega-
lophmi et Ecdelo, Arcefilai Pitanaci difcipulis, operam dediffe Philopoemenem tradunt. Corporis quidem magnitudine ac robore nullo Peloponnefiorum inferior fuit, fed facie foeda. Sacrorum quidem certaminum coronas omnino
contemplit; agro, quem poffidebat, colendo deditus: a te-
natione et feris conficiendis, minime alienus. Leziffe dicitur eruditorum apud Graecos hominum libros, eos poffli-
mum, quibus vel bellicae res, vel imperatorum confilia man-
d-ta effent. Epaminondae ille quidem artes et res geftas ftu-
diofiffimo aemulatus, affoqui tamen nullo pacto potuit. Fuit
enim Epaminondas miti prorfus ingenio, et animi lenitate
fumma: quum hic ad iram effet proclivior. Oppreffa vero a
Cleomene Megalopoli, nihil inopinata clade perculfus, militaris aetatis amplius duas partes, foeminas praeterea et
pueros Meffenen falvos perduxit. Erant enim Meffonii eo
tempore Arcadum amici, et focii. Quum itaque exulum
magnam partem Spartanus rex per caduceatores (quod eorum, quae crudelius in Megalopolitanos admififfet, iam poe-
niteret) fub certis foederis conditionibus ad reditum adhor-
taretur. univerfis civibus fuis Philopoemen, ut armis mallent, quam illo foedero patriam recipere, facile perfuafit.
In eo vero praelio, quod Achaei et Arcades ex omnibus urbibus. camque ipfis Antigonus ex Macedonia transportato
exercitu, contra Cleomenem et Lacedaemonios ad Sellafiam
comnifere, equitatum Philopoemen rexit: ubi vero rei
fummum in peditatu pofitam vidit, pedes et ipfe cum gravi
armatura, dum periclitatur audacius, utrumque femur tragula traiectus, in genua fe demifit, tantifper impediente telo
progredi conatus, dum infringeretur haftile inter femora
medium. Viclis certe hoftibus in caftra reportato, ex altero femore fpiculum, ex altero miffilis fragmentum extractum eft. Viri ingentem virtutem admiratus Antigonus,
omni ftudio, ut fe in Macedoniam fequeretur, operam dedit.
At ille neglecto Antigoni invitatu. In Cretam, quae tunc
civili bello ardebat, transmifit; ibique mercenarii ducis
munia obiit. Mox Megalopolin reverfum equeftribus copiis Achaei praefecerunt. Et eos quidem, quibus ipfe imperaret, equites longe optimos praeftitit, tum Achaeorum,
tum eorum, qui in eadem fuerunt expeditione. Deinde
in pugna ad Larifum amnem, quum Aetoli cognationis
caufa opem Eleis tuliffent, fuamet manu Damophantum
boftilis equitatus praefectum interfecit; ac deinde ceteras
Aetolorum et Eleorum equeftres copias in fugam vertit.

CAP. L. Iam vero quam Achaei in eum usque intue-
rentur, omniaque ad eum suum deferrent, peditatus usus
omnia armaturam immutavit. Quum enim ante brevibus
haftis uterentur, et fcutis oblongioribus, proinde ac funt

Gallica et Perfica (*thereos ipfi, as gerrha appellant*) ut loricis et oeröis corpus tegerent, militibus perfuafit; Argolicos addidit clypeas, et haftas maiores. (1) Praeterea quum Lacedaemona tyrannus Machanidas exortus eſſet, eoque duce Spartani iam novum bellum cum Achaeis gererent, dux fuit Achaici exercitus Philopoemen. Praelio apud Mantineam inito, Spartanorum expediti milites veteranos Achaeorum fuderunt: fugientesque Machanidas perfequebatur. Ibi Philopoemen cum peditum phalange gravem armaturam Spartanorum repulit; Machanidam retrocedentem, quum in eum incidiſſet, occidit. Lacedaemoniis quidem in pugna vidis, ex ipſa tamen clade fortuna meliorem eventum oſtendit; quod ſcilicet a tyranni dominatu libertatem confecuti funt. (3) Non multo vero poſt Nemea celebrantibus Argivis, quum ludix intereſſet certantibus citharoedis Philopoemen, ac tunc forte Pylades Megalopolitanus, homo magni inter citharoedos nominis (quippe qui Fythicam palmam tulerat) carmen illud Mileſii Timothei pronunciaret, qui Perſae appellantur, canticum exorſus:

Libertate ſeu licult tibi Graecia per quem;

coniecerunt in Philopoemenem Graeci univerſi oculos, et plauſu ingenti edito, certam ſignificationem dederunt, eum verſum illi maxime convenire, et ad unum omnino eſſe referendum. Talem accepimus Themiſtocli in Olympia habitum honorem, quum in theatrum *intranti* ſpectatores univerſi aſſurrexere. (4) Philippus quidem Demetrii filius, Macedonum rex, is qui Aratum veneno peremit, Megalopolin ad Philopoemenem occidendum percuſſores miſerat: verum quum faciaus illi perficere nequiſſent, invidiam ſibi Philippus cunctae Graeciae concitavit. Quum vero Thebani victis acie Megarenſibus urbem ipfam iam prope fuperatis muris expugnaſſent, oppidanorum allu de Philopoemenis adventu diſſipato, tantus eſt hoftibus terror iniectus, ut confeſtim reportato domum exercitu, eam obſidionem miſſam fecerint. (5) Iam rurſus erat Spartae exortus tyrannus Nabis. Is prae ceteris Peloponneſiorum populis primos Meſſenios bello laceſſivit; ac nocte quidem inopinantes adortus, urbem iam totam, praeter arcem, ceperat. Inſequenti vero die praeſto fuit cum auxiliis Philopoemen: quo facium, ut ille a Meſſene diſcedere ſub certis conditionibus coactus fuerit. Iam vero quum imperandi finem tempus attuliſſet, et novi imperatores ab Achaeis deleeli eſſent, rurſus in Cretam Philopoemen transmiſit, Gortyniis *gravi* bello preſſis opem laturus. Sed eius peregrinationem, quum Arcades offenſiore animo ferrent, reverſur ex Creta, In ea incidit tempora, quibus contra Nabin arma Romani ceperant: et comparata ſane atque inſtructa claſſe, ſe Philopoemen, qua erat *in bellicis rebus* alacritate, eius expeditionis focium praebuit. Verum, ut erat navalium rerum plane expers, triremem forte conſcendit, rimoſam, Quod

quum a Romanis et reliquis fuiſſet ſociis animadverſum,
ſubiit eorum verſuum recordatio, quibus Homerus Arcadas
navigationis ignaros eſſe in enumeratione navium teſtatur.
Paucis diebus poſt navale praelium, lunae ſilentis opportunitate uſus, immiſſa ſuorum manu, Lacedaemoniorum ad
Gythium caſtra incendit. Inde *elapſus* Nabis, iniquo loco
Philopoemenem et Arcadum, qui cum eo erant, manum circumvenit. Erant ii ſane exigui numero, ſed virtute prae-
ſtantes. Ibi Philopoemen converſo, quaſi retrocederet,
agmine, effecit ut multo aequiore ſui quam hoſtes loco
conſiſterent. Mox praelio victo Nabi, et Lacedaemoniorum quam plurimis nocte illa caeſis, in maiore multo ſuit
apud omnes Graecos nominis celebritate. His ita geſtis,
Nabis inducias cum Romanis pepigit: ſed antequam prae-
finitum tempus exiſſet, a Calydonio homine, qui ſocietate
verbo ſimulata (fuerat enim ab Aetolis ſubornatus) re ſe
hoſtem eſſe demonſtravit, eſt interemptus.
CAP. LI. Philopoemen tunc, quum forte Spartam di-
vertiſſet, e re nata, ut cum Achaeis Lacedaemonii ſe con-
iungerent, effecit. Non multo poſt Titus *Flaminius*, cui bellum in Graecia decretum fuerat, et Diophanes Diaei filius
Megalopolitanus, quem tunc ſibi ducem Achaei delegerant,
ad Lacedaemonii moenia cum infeſto exercitu acceſſerunt,
id nempe Lacedaemoniis crimini dantes, quod novas res
contra Romanos moliti eſſent. At Philopoemen, etſi privatus tunc erat, portas tamen occludendas irruentibus hoſtibus curavit. Ob haec merita, et ob res in utrumque tyrannum geſtas, Lacedaemonii domum Nabidis, talentis centum et eo pluris aeſtimatam, ei donarunt: at ille pecuniam
eam reiecit: iuſſit auteni eos, qui in Achaico conventu plurimum auctoritate apud multitudinem valerent, ea largitione
conciliari: in quo Timolaum ab eo ſignificatum, fuerunt
qui crederent. Iam vero rurſus ei ab Achaeis imperio decreto, quum Lacedaemonii iam civile bellum capeſſerent,
trecentos illos homines, ſeditionum auctores, e Peloponneſo
eiecit, et publicorum ſervorum prope tria millia vendidit:
urbisque muros demolitus, puberibus omnibus iis exercita-
tionibus, in quibus ex Lycurgi lege verſabantur, interdixit:
contra vero, ut eas Achaeorum puberes ſuſciperent, edixit.
Sed patria poſtea inſtituta Spartanorum pueris Romani reſtituerunt. Iam Antiocho Seleuci, cui Nicator cognomen
fuit, Syrorumque auxiliis a Romanis Manilii ductu ad Thermopylas victis, quum Ariſtaenus Megalopolitanus Achaeos
hortaretur, ut Romanorum imperata omni ex parte facerent, nequo ulla omnino in re ipſis adverſarentur, turbato
i lum prae ira vultu aſpiciens, accelerare dixit Graeciae fatum. Manilio deinde Lacedaemoniorum exules reſtituere
contendenti, acriter pro concione reſtitit. Poſt illius vero
profectionem exules omnes Philopoemenis permiſſu Spartam redierunt. (1) Sedenim et ipſum aliquando iuſta ma-
nebat ob nimiam animi elationem poena. Nam quum

Achaeorum imperator iam octavum renunciatus fuisset, *Lycortae*. homini haudquaquam obscuro. quod vivus in hostium
potestatem venisset, obiecit: neque *ita multo post* coortis inter Messenios et Achaeos inimicitiarum causis, Lycortam
cum exercitu misit Philopoemen ad Messeniorum agrum de-
populandum: ipse triduo post, etsi vehementi febri laborabat, ac iam annum impleverat LXX, quin tamen eius ex-
cursionis particeps esset, se continere non potuit. Secutus
igitur Lycortam est cum equitibus et peltatis circiter LX.
At Lycortas totaque eius manus quum neque hostes ullo
damno affecissent, neque ipsi quicquam grave passi essent,
*insolitum* domum redire. Philopoemen inter dimicandum
accepto in capite vulnere, quum ex equo concidisset, vivus
Messenen pertractus est: ubi advocata concione, quum sen-
tentiae variarent, Dinocrates et Messeniorum locupletissimi
quique occidendum omnino Philopoemenem censebant: at
plebs magno studio eum vindicabat a *potentiorum* iniuria,
Graeci nominis parentem, eo etiam *ad laudem* insignioribus
titulis appellantes. Sed Dinocrates Messeniis *omnibus* invitis veneno misso hominem de medio tollendum curavit.
Quod facinus Lycortas non multo post, ex Arcadia et
Achaia comparato exercitu, ultus est. Cui se Messenii quum
dedidissent, omnes qui Philopoemeni necis auctores fuerant,
praeter Dinocratem (is enim sibi ipsi manus conscivit) com-
prehensi poenas dederunt. Ossa Philopoemenis Arcades Megalopolim reportarunt.

CAP. LII.  In quo sane viro bonorum et fortium virorum omnis *ferme* est in Graecia consumta progenies. (1)
Primus etenim Miltiades Cimonis filius Persis ad Marathonem fusis, et classe contra eundem hostem comparata, cunctae Graeciae salutem attulit: postremus Craugidis filius
Philopoemen. Nam qui ante Miltiadem praeclara suae virtutis documenta dederunt, Codrus Melanthi filius, Spartanus Polydorus, Messenius Aristomenes, et si qui possunt
alii cum his enumerari, patriam quisque suam iure videri
possint, non universam Graeciam servasse. Post Miltiaden
vero, et Leonidas Anaxandridae, et Neoclis filius Themistocles, Xerxem e Graecia expulerunt, duobus hic navalibus praeliis, ille nobili ad Thermopylas pugna. De Aristi-
de Lysimachi, et Pausania Cleombroti filio, qui ad Plataeas
Graecis dux praefuit, *nihil attinet hoc loco dicere, quod* huic
proditionis crimen, illi imposita *omnibus* insulis vectigalia,
quum antea omnes Graeci nominis populi a tributis immunes fuissent, servatae Graeciae gloriam eripuerunt. Xan-
thippus quidem Ariphronis, et Cimon: ille deleta Persarum
classe ad Mycalen, Leotychide Spartanorum rege adiuvante; hic multis et aemulatione dignissimis facinoribus, de
Graecis optime meriti sunt. At omnes, qui bello Pelopon-
nesiaco, quod est contra Athenienses gestum, *exercitibus praefecti sunt, atque* ex iis gloria praestantissimum quemque, *iure
quis Graeciae parricidas* et prope (ut ita dicam) demerso-

res appellarit. Graecorum certe imperium iam graviter
percuflum, Conon Timothei, et Polymnidis filius Epaminondas ad *fpem* falutis *aliquam* revocarunt; quum uterque,
ex intulis ille et maritimis locis , ex urbibus hic mediterra-
neis praefidia et *Lacedaemonios um praefectos , quos* Harmoftas
*cognobant,* ciecifont, decurionesque *in fingulis d itatibus* in ordinem coegiffent. Epaminondas ad haec duarum minime
obfcurarum urbium, Mellenes, et Arcadicae Megalopolis
accellione Graeciam illuftriorem reddidit. Adnumerandi
Graeciae parentibus iure etiam fuerint Leofthenes et Aratus. Ille enim Graecos conductitios , qui Perfis ftipendia
fecerant , ad quinquaginta prope militum millia in naves
impofitos, invito etiam Alexandro , in Graeciam incolumes
reportavit. Arati vero merita ex iis cognofci poffunt. quae
de Sicyoniorum rebus gellis confcripfimus. (3) Ad Philopoemenis quidem ftatuam Tegeae talis legitur infcriptio :

Caius virtutem mirata eft Graecia, quique '
Multa manu geffit, multaque confilio,
Arcados Invifti Philopoemenis haec monumenta,
Quem belli omavit gloria clara ducem.
Haic duo de geminis excelfa trophaea tyrannis,
Erexit Spartae libera fervitio,
Grata etiam Tegee pro libertate recepta
Craugidis haec gnato magoanimo pofuit.

Ac talis quidem illic exftat infcriptio.

CAP. LIII. Apollini vero Agyieo figna ob huiusmodi
caufam Tegeatae dedicaffe feruntur. Apollinem et Dianam
aiunt ubiqu? gentium graves de iis hominibus fumfiffe poenas, qui Latonam dum uterum ferret, errantem contempfif-
fent. Quare quum ii, *quos nominamus*, dii in Tegeatarum
quoque terram veniffent, Scephrus Tegeatae filius femotis
arbitris cum Apolline eft collocutus. Ibi Limon (erat hic
quoque de Tegeatae liberis) in fufpicionem venit, fuiffe
clandeftinum illum fermonem aliud nihil quam fui crimina-
tionem: impetu itaqu? facto fratrem occidit: fed mox Dianae fagittis confixus, iuftas eius caedis poenas dedit. At
Tegeates et Maera ex temporo facrum quidem utrique deo
fecerunt: verum poftea quum atrox foli fterilitas incefferet,
*confulentibus* a Delphici Apollinis penetralibus refponfum allatum eft. lugendum effe Scephrum. Quamobrem in Agyiei facris et alia in Scephri honorem faciunt, et *figo* Dianae facerdos unum quempiam infectatur, Dianam dum Li-
monem perfequeretur fimulans. (2) Aiunt etiam de Tegeatae liberis ultro in Cretam migrare oportuiffe Cydonem,
*Cotrwum,* Arc'hidium, Gortynem: a quibus urbes nominatae
fuerint, Cydonia, Gortyn, Catreus. Cretenfes tamen neutiquam huic Tegeatûm fermoni affentientes, Cydonem Ac-
callide Minois filia et Mercurio genitum dicunt: at Ca-
treum Minois, Rhadamanthi Gortynem filios fuiffe. De
Rhadamantho quidem Homerus prodidit in Protei et Mene-

Lii colloquio, in Elysios campos Menelaum venturum, ubi multo prius Rhadamanthus sedem fit nactus. Cinaethoii vero verlibus mandavit Rhadamanthum Vulcani, Vulcanum Tali, Talum Cretis filium fuisse. Sunt fane Graecorum fcripta quum in plerisque, tum in iis maxime quae ad gentilitates pertinent, inter fe diffidentia. (3) Azyieo apud Tegeatas figna quatuor; fingula a fingulis tribubus pofita funt. Tribuum ipfarum nomina perhibentur, Clareotis, Hippothoitis, Apolloneatis, Athaneatis: fic uppeiltae ab agri forte quam liberis Arcas propofuit fuis, et fimul ab Hippothoo Cercyonis filio. Efi praoterea Tegeae Cereris et Proferpinae fanum: Frugiferas deas nominant. Prope Veneri cognomine Paphiae temp'um dedicavit Laodice, cui Agapenor parer, is qui bello Troiano Arcadum dux fuit: Paphi tamcu illa vixit, uti alio eft a nobis Imo prius explicatum. Ab eo templo non longe abfunt Liberi Patris delubra duo, Proferpinae ara, Apollinis aedes, cum inaurato fimulacro. Eii oimio Chirifophus fecit. Cretenfis patria; de cuius aetate et magiftro comperti nihil habemus. Longior certa Gnoffi apud Minoem Daedali commoratio, Cretenfes in lignorum etiam opificio nobilitavit. Adfiffit Apollini ipfe Chirifophus e marmore. Habent etiam Tegeae aedem aliam, quam communem Arcadum focum vocant. Efi ibi Herculis fimulacrum: in femore cicatrix cernitur, ex vulnere, quod in prima cum Hippocoontis filiis dimicatione accepit. (4) Excelfior quidam vicus, in quo complures Tegeatae aras habent, Clarii dicitur Iovis: cognomen maniFeftum eft a fortitione Arcadis filiorum duftum. Feftos dies quotannis eo in loco agitant Tegeatae: ac Lacedaemonios quidem, eo fe facro occupatis, cum exercitu finea invafiffe memorant: multa vero quum fe effunderet e caelo nix, prae frigore hoftes graviter fub armis laboraffe: interea fe clam illis, ignes accendiffe; moxque frigoris incommodo liberatos, armis arreptis hofti occurriffe. victoresque paulo poft revertiffe. Confpicatus et alia Tegeae fam, Alei domum, Echemi fepulcrum, et in pila incifam Echemi cum Hyllo pugnam, (5) A Tegea in Laconicum agrum pergentibus, ad laevam viae eft Pauos ara: eft etiam Iovis Lycaei. Rollant adhuc templorum fundamenta. Arae quidem hae a muris abfunt Iladia II. Progreffi fiadia ferme VII, ad Limnatidis (quod eft u fi Paluftris dixeris) Dianae pervenient. In ea aede ex ebeno fignum eft. Operis forma, cuiusmodi quae a Graecis Aeginaea appellatur. Abfunt hinc fiadia circiter X Dianae Cnoeoatidis et Alei ruinae.

CAP. LIV. Lacedaemoniis et Tegeatis agri fines Alpheus eft amnis. Eius caput ad Phylacen: unde non procul Influit in eum aqna e fontibus orta, non utique magnis, fed numero pluribus: et idcirco Symbola (qnafi confluentem dixas) eft ei loco nomeh. (2) Alpheus ipfe longe alia quam ceteri amnes eft. praeditus natura. Abdit enim fe infra terram faepe, et rurfus exoritur. E Phylace primum

et e Symbolis emanans, mergit fe in Tegeatico agro: mox
in Afaea erumpens, et Eurotae aquas permiſceus ſuas, cuniculo iterum abſorptus, emergit quo loco Fontes Arcades
nominant: ac Piſaeum agrum et Olympiam praeterlapſus,
fupra Cyllenen Eleorum navale in mare prorumpit. Neque
poteſt curſum eius adriatici maris concitatio retardare, quo
minus magnum et violentum internatans pelagus, ad Orty-
giam Syracuſarum infulam, priſtino Alphei nomine conſerva-
to, Arethuſae fonti permiſceatur. (3) Recta ſane via ad Thy-
rean, et vicos qui intra Thyreatum fines ſunt, habet, quae
merito in Aviae Literae commentarios relerantur: Oreſtis
Agamemnonis filii fepulcrum; ex quo revulſa a Spartano
homine eius oſſa memorant Tegeatae. Noſtra quidem aetate nullus eſt iam intra portas eius tumulus. Praeterfluit
viam Garates amnis: quem ubi tranfieris, ſtadia prope X
progreſſus, Panos fanum ofſendas, et iuxta illud quercum
deo ſacram. (4) Iam quae a Tegea Argos ducit via, vehiculis pervia, et populari trita eſt itinere. Adiacent ipſi
viae primum quidem aedes Aſculapii cum ſuo ligno. Deinde divertentibus ad laevam unum ferme ſtadium, eſt Appollinis cognomento Pythii everſa aedes; cuius ipſa duntaxat
exſtant rudera. Secundum rectam viam locus eſt quercu
plurima condenſus. In eo quercecto templum eſt Cereris
cognomine Corynthefis, quaſi Galeatae dixeris. Proxima Liberi Patris aedes: Myſtae (id eſt Arani) vocant. (5) Inde
Parthenius mons incipit. In eo facra Telephi area oſtenditur: In qua altum a cerva Telephum puerum dicunt.
Paululum abeſt Panos fanum: ubi Philippidae occurriſſe Pana, et quae ei opus erant monuiſſe, tam Athenienſes quam
Tegeatae praedicant. Praebet ſaltus Parthenius teſtudines
ad lyras compingendas quam accommodatiſſimas. Sed eas
accolae capere verentur, neque a peregrinis capi. finunt,
quod Pani facras putant. Ubi iuium ſuperaveris, ac iam in
ſubiacentia arva deſcenderis, illic fines inter Tegeatas et Argivos ſunt, ad eum prope modum, quo lu Argivo agro ad
Hyfiass Hae quidem Peloponneſi regiones ſunt, et urbes
in ſingulis regionibus. Perſecuti sutem ea fumus omnia, vel
in agris, vel in urbibus ipſis, quae hac hiſtoriae commemoratione digniſſima duximus.

## PAUSANIAE BOEOTICA SIVE LIBER NONUS.

CAP. I. ATHENIENSIVS vero, et aliis Atticae terrae partibus, finitima eſt Boeotia. Proximi ad Eleutheras Plataeenſes. Boeoti quidem, tota in univerſum gens, a Boeoto nomen accepere; quem Itoni et Melanippos Nymphae, Itonum ipſum Amphyctionis fuiſſe filium dicunt. Oppidatim nomina multa a viris, ſed a foeminis plura nactae ſunt. (2) Plataeenſes quidem opinione mea indigenae ſunt. Nomen illis inditum putant a Plataea amnis filia. In regum et hos fuiſſe priſcis temporibus imperio, ſatis omnibus conſtat. Tota enim Graecia olim regibus paruit, quum nondum reſpublicae inſtitutae fuiſſent. Alium tamen e ſuis regibus neminem, quam Aſopum, et eo ſuperiorem Cithaeronem norunt; a quorum altero flumini, ab altero monti nomen fuerit. Et ipſum ſane Plataeam, a qua urbs nomen acceperit, facile ut credam adducor, fuiſſe regis Aſopi, non amnis filiam. Huius civitatis ante Marathoniam pugnam, nullum exſtat memorabile facinus. In eo praelio quum Athenienſes adiuviſſent, poſt Xerxis in Graeciam irruptionem, cum iisdem Athenienſibus alacriter naves conſcenderunt; et intra ſuosmet deinde fines Mardonium Gobryae filium, Xerxis copiarum praefeclum, male multatum. Bis autem evenit, ut ſedibus ſuis pellerentur, et rurſus in Boeotiam reſtituerentur. Bello enim Peloponneſiaco Lacedaemonii diu obſeſſam Plataeam expugnarunt. Iam vero reſtituta per eam pacem, quam Graecis a Perſarum rege Antalcidas homo Spartanus confecit, quum ii, qui Athenas confugerant, in patriam rediſſent, nova iterum clade afflicta eſt. Nam quum nullum omnino propalam bellum Thebanis indixiſſent, ac ſibi cum illis pacem eſſe dicerent, quod dum Cadmea a Lacedaemoniis occuparetur, neque conſilii, neque operis eius participes fuiſſent: Thebani tamen contra Lacedaemonios autumnabant eam ſe pacem ſciviſſe: quam quum deinde violaſſent, eidem culpae affines eſſe interpretabantur omnes, quibus communi foedere cautum fuiſſet. Quum itaque Plataeenſibus fuſpecta eſſet Thebanorum voluntas, urbem firmiſſimo praeſidio tuebantur. Qui vero agros a moenibus longinquiores habebant, non quavis diei hora in eos veniebant; ſed obſervatis concionum temporibus, quas illi et alias frequentes ex omni populi parte celebrare ſoliti erant: tunc demum quum in unum conſultandi cauſa conveniſſent, ſua, qui extremum agrum colerent, quiete curabant. At Neocles Thebanus, qui ſummum tunc in Boeotia magiſtratum gerebat, quum Plataeenſium allum deprehendiſſet, ſuis imperavit, ut in concionem quilibet cum armis veniret. Quo facto, ſtatim omnes Plataeas duxit, non ſane recta per campeſtrem agri partem; ſed qua Hyſia funt, inter Eleutheras et Atticam; ubi fpeculator a Plataeenfibus nullus erat. Meridiana fane hora, qua oppidani concione occuparos Thebanos rati, fe in agros occlufis a tergo portis effuderant; cum iis qui intra muros deprehenfi funt, ftolles pepigerunt, ut cum fingulis viri, mulieres cum binis vellimentis ante folis occafum exirent. Diverfo autem longe cafu oppreffi tunc funt Plataeenfes, quam olim a Lacedaemoniis duce Archidamo. Tunc enim quum obfiderentur, duplici muro interclufi funt: at eos Thebani moenibus excluferunt. Accidit haec altera oppreffio Plataeenfibus anno tertio ante Leuctricam pugnam, Athenis Alleo principatum obtinente. Urbs tota a Thebanis praeter deorum templa excifa eff. Excidit modus civibus aeque omnibus faluti fuit. Eiecti enim primum ab Athenienfibus iterum recepti fuere: deinde Philippus victoria apud Chaeroneam parta, quum Thebanis praefidium impofuiffet, ac omnia ad eorum perniciem moliretur, ipfos etiam tunc Plataeenfes in priftinas fedes reduxit.

CAP. II. Agri quidem Plataici fub Cithaerone paululum a recta digreffis ad laevam, Hyfiarum et Erythrarum rudera funt. Urbes olim Boeotorum fuere: ac nunc etiam inter Hyfiarum ruinas Apollinis templum eff, dimidiata fub parte perfectum. Sacer praeterea puteus; de quo (uti Boeoti ipfi fermone fuo vulgarunt) bibentes olim vaticinabantur. (2) Hinc in militarem viam reverfi, offendant ad dexteram, Mardonii quod effe aiunt, fepulcrum; quum tamen ftatim a praelio, Mardonii cadaver nufpiam inventum, fit confentienti hominum voce proditum: neque omnino qui eum fupelierit, certus quisquam perhibetur. Satis illud conftat, Artontem Mardonii filium luculenta dona Dionyfophani homini Ephefio, et aliis quibusdam Ionici nominis dediffe, quo patris fepeliendi curam fufciperent. Atque haec quidem via ab Eleutheris Plataean ducit. (3) Eadem vero Megaris contendentibus ad dexteram fons et paulo progreffis longius faxum eff: Actaeonis nuncupant. Nam fuper eo dormire Actaeonem foffum dicunt, a venatione fatigatum; atque inde Dianam in fonte proxima lavantem afpexiffe. Stefichorus Himeraeus Actaeonem a Diana cervi pelle circumdatum fcripfit; incitatis ad eum lacerandum canibus, ne Semelen uxorem duceret. Ego Actaeonis canes facile adducor ut credam rabie percitos, quum in quem faevirent furentes non fentirent, in quemvis obvium fuiffe impetum facturos. Qua in parte Cithaeronis, Pentheo Echionis filio pernicies evenerit, aut recens natus Oedipus ubinam expofitus fuerit, novit plane nemo; nam bivium non ignoramus, in quo patrem Oedipus occidit. In Phocenfibus enim vulgo monftratur. Eff Cithaeron Cithaeronio Jovi facer; de quo tunc agemus copiofius, quum ad ea, quae illic exftant, pervenerit oratio. (4) Circa ipfum prope ad Plataean aditum, fepulcra eorum fpectantur, qui cum Perfis pugnantes occiderunt. Ac reliquis fane Graeciae *****

eſt et commune conditorium. At Lacedaemoniis et Athenienſibus eo praelio peremptis ſui ſeparatim ſunt tumuli,
et in illis inſcripti Simonidis elegi. A communi illo Graecorum monumento non procul ara dicata ſuit Iovi Eleutherio. Sepulcrum quidem ex aere factum, Iovis ara et ſignum
e candido lapide. *Ad eam uſam* ludos quinto quoque anno
Eleutheria etiamnum faciunt, maximis de curſu propoſitis
praemiis. Armati ante aram decurrunt. Trophaeum, quod
a Plataeenſi pugna *eiſdores* Graeci erexere, XV ut plurimum
ſtadia ab urbe diſtat. (5) Intra urbem ipſam quum intraleris, ea parte, qua ara eſt et ſignum Iovis Eleutherii,
Plataeae heroicum videas monumentum. De ea iam ante,
et quae dicantur, et quae *Plataenſe* ipſi opinentur, expo
ſuimus. Habent Plataeenſes Iunonis aedem multo ſpectatu
digniſſimam, tam magnitudine, quam ſignorum ornatu.
In primo ingreſſu Rhea laxum faſciis involutum pro puero,
quem pepererat, ad Saturnum deſert. Templi numen Telean (*id eſt adultam*) Iunonem vocant. Recto ſtatu fabricarum ſignum eſt ingenti prope magnitudine. Signum
utrumque e Pentelico lapide Praxiteles fecit. Sedentem
vero Iunonem *rodem in templo* fecit Callimachus. Nympheuomenen (*id eſt Deſponſatam*) nominant ob huiusmodi rei
eventum.

CAP. III.   Iunonem aiunt iratam Iovi, incertum, qua
de cauſa, in Euboeam ſeceſſiſſe: Iovem, quum placare eam
non potuiſſet, ad Cithaeronem, qui tunc Plataeenſibus imperabat, veniſſe: fuiſſe vero Cithaeronem nemini calliditate
ſecundum. Eius monitu Iupiter ſimulacrum e ligno fabricavit, illudque plauſtro *veſtimentis* velatum impoſuit: in vulgus vero prodidit, Plataeam eam eſſe Aſopi filiam, quae
ſibi eſſet deſponſa. Id ubi ad Iunonis aures pervaſit, accurrit illico: et ad plauſtrum accedens, veſte conſciſſa, ligneam eſſe effigiem comperit, quam novam eſſe nuptam
purarat. Falſam ſe itaque laetanti animo ferens, facile
in gratiam cum Iove rediit. (2) In eius rei memoriam
feſtos celebrant dies, quae Daedala nuncupantur, quod
priſci lignea ſigna Daedala vocitabant. Quod ſane omninis ante natum Athenis Daedalum Palamaonis filium uſurpatum crediderim: quin poſt a daedalis, *ligneis ſcilicet ſimulacris*, non autem *proprio* ab germano nomine, Daedalo ipſi
cognomen impoſitum fuiſſe arbitror. (3) Referuntur Daedala (ludi) ſeptimo quoque anno, ſicuti mihi narrabat interpres patriae ſuae antiquitatum; re autem vera breviore temporis ambitu. Verum quam ſubtiliter enumerare vellemus
media tempora a Daedalis ad altera Daedala, neutiquam id
conſequi potuimus. Ludi certe tali peraguntur ritu. Lucus eſt in Boeotia, omnium maximus, non longe ab Alalcomenis: ibi perveteres quercus quam plurimae. In eum
lucum venientes Plataeenſes carnium fruſta elixarum exponunt. Et ſane cum avibus aliis minus eſt eis negotii: corvorum vero turbam, quod ii omnium maxime *ea eate* Iovo

tant, quam diligentissime atceat. Observant autem, si quá
earum alitum carnem abripuerit, in qua confederit arbore.
Nam ex ea sola materia caedunt ad daedalum fabricandum;
hoc enim nomine signum vocant. (4) Privatim Plataeenses sacrum faciunt, quae parva Daedala appellant. Daedala
sane magna, Boeotii omnes conventu suo celebrant, sexa-
gesimo quoque demum anno. Tamdin enim solenne sacrum intermissum tradunt, quum Plataeenses *intesses* domo
eiecti exularent. Et in parvis quidem Daedalis signa quotannis comparata quaternadena promunt: quae sortiti inter
se, tollunt Plataeenses, Coronaei, Thespienses, Tanagraei,
Chaeronenses, Orchomenii, Lebadenses, Thebani. Nam
et hi in gratiam redire conventus eiusdem, et sacri vicem
suam obire sibi in animum induxerunt, post restitutas nempe a Caffandro Antipatri filio Thebas. *Quas* vero oppida
minore sunt dignatione, ea ubi sua cuique sors obtigerit,
*patri dias* ita *sua* obeunt munia. Ad Asopi ripas simulacrum
ornant: mulierem deinde in plaustrum impositam pronubam
pompae praeficiunt: ac sortiti, quo quisque populus loco
pompam ipsam traducat, plaustra a flumine in summum
Cithaeronis verticem agunt. Ara ibi in Ipso iugo parata
est; eam aram hoc exaedificant modo. Quadrata ligna
tam apte inter se componunt, ut lapidum structuram seci-
se videri possint: sarmenta eo congesta in fastigium erigunt.
Ex urbibus quidem singulis locupletiores Teleam mactatm
bove, Iovem tauro, vino et odoribus refertis hostiis, venerantur: simulque daedala super aram collocant. Quibus vero
minus est copiarum; ii reliqua eodem cum divitibus faciunt
ritu, e minoribus tantum immolant gregibus. Aram correptam ignis cum iis omnibus, quae porrecta fuerint, com-
burit. Flammam in sublime attolli maximam, maximeque
e longinquo spectabilem novimus. (5) Supra iugum illud,
in quo aram extruunt, ubi stadia ferme XV descenderis,
antrum videas Cithaeronidum Nympharum: Sphragidium
nominant. Vaticinatus ibi priscis temporibus Nymphas, sermo hominum vulgavit.

CAP. IV. Minervae etiam Areae (*ut si Martias dicas*)
apud Plataeenses fanum est: de manubiis erectum suit, quas
e pugna Marathonia cum Plataeensibus Athenienses communicarunt. Signum e ligno est inauratum: eius os, summae manus, et pedes, e Pentelico lapide: magnitudine
prope pari cum ea Minerva, quam Athenienses in arce ex
aere de Marathonia praeda *tru* primitias dedicarunt. Minervam sane illam Plataeensibus Phidias fecit. Picturae in
aede sunt, Polygnoti, Ulysses paratu procorum caede: Onatae, Argivorum prior ad Thebas expeditio. Atque hae
quidem picturae in parietibus primi aditus cernuntur. Ad
pedes deae est Aristmesti imago. Dux hic Plataeensium
suit in pugna contra Mardonium, et ante etiam ad Marathonem. (2) Est et Cereris cognomento Eleusiniae Plataeis sacellum, et Leiti sepulcrum. Unus hic ex omnibus

Boeotorum ducibus e bello Troiano domum rediit. Garga-
phiae ductum aquae Mardonii equitatus corrupit, quod
Graecorum copiae, quae contra fe ftabant, illa aqua utebantur. Eft tamen fons ille poft a Plataeenfibus reftitotus.
(3) In via, quae a Plataea Thebas ducit, fluvius eft Peror.
Filiam fuiffe Afopi Peroen. dicunt. In citeriore Afopi ripa
ad inferiora Hectentibus, ftadium intervallo prope XL, Scoli
ruinae funt; inter quas extat imperfecta aedes Cereris et
Proferpinae, cum dimidiatis dearum fignis. Dividit adhuc a Thebano Plataeenfem agrum Afopus.

.   CAP. V.   Qui primi Thebaidem terram tenuerint. Ecle-
nas fuiffe tradunt,,quorum rex fuerit Ogygus, homo indigena. Ab eo nempe poetarum compiures Thebas Ogy-
gias eognomine appellant. Periiffe hinc, populum ferunt
pellilentia. Succefliffe in eas fedes Hyantas et Aonas,
Boeoticas (opinor), non alienigenas gentes. Iam vero
quum in ea loca Cadmus Phoenicum copias adduxiffet, praelio fufi Hyantes, poftera nocte profugere. Aonas Cadmus
ἱκετεύοντες ὡς fupplices, manere, et cum Phoenicibus per-
mifceri facile paffus eft: et illi quidem vicatim habitarunt;
Cadmus vero oppidum, cui et nunc idem eft nomen, Cadmeam condidit. Sed aucta poftea urbe inferioribus moenibus, pro arce Cadmea fuit. Illuftres omnino Cadmi nuptiae
fuere, fi, quod Graecorum monumentis proditum eft. Martis et Veneris filiam uxorem duxit. Ipfius quoque filiae in
magna famae celebritate faere, quod Semele ex Iove pepererit, Ino in marinas deas relata fuerit. Eodem Cadmo
regnante, magnae fecundum Cadmum opes fuere Sparto-
rum: quorum nomina, Chthonios, Hyperenor, Pelorus, et
Udaeus: nam Echionem virtutis ergo, quem fibi generum
adfcifceret, dignum Cadmus duxit. Hos fane viros, quod
nihil amplius comperti habeam. fabulae affentiens, Spartos
a fatu, quo dicuntur e terra editi, appellatos crediderim.
Poft Cadmi in Illyrios, et Encheleas Illyricum populum mi-
grationem, Polydorus eius filius paternum Imperium tenuit. (2) Pentheus quidem Echionis filius, et generis dignitate, et regis amicitia plurimum pollebat: verum quum
effet infolentior, et pius impius, Libero Patri violati numinis poenas dedit. Polydoro Labdacus filius fuit. Homo
pater, quum e vita decederet, una cum regno Nycteo in
tutelam tradidit. Quae huc pertinent reliqua, mihi in Si-
cyoniarum rerum commentario expofita funt; eiusmodi fcilicet mors Nyctei fuerit; et quemadmodum ad Lycum eius
fratrem pueri tutela, et Thebanorum principatus pervenerit. Et is quidem Labdaco iam adulto regnum reftitult.
Sed quum non ita multo poft et ipfe Labdacus diem fuum
obiffet, rurfus Lycus Labdaci filium Laium in tutelam fuam
recepit. (3) Lyco iam iterum tutolam gerente, Amphion et Zethus collecta militum tumtu agrum invadant?
et Laium quidem periculo fubtraxerunt li; qoibus curae
fuit providere, ne Cadmei generis nomen in pofterum abo-

C c 2

leretur. Lycum Antiopes filii praelio vicerunt. Iidem regno potiti, oppidum inferius cum Cadmea coniunxerunt: *urbem totam* Thebas, ob cognationem quae cum Thebe *Asopi filia Prometkei filia* ipfis fuit, nuncuparunt. Huius rei testimonio mihi funt Homeri in Odyffea verfus:

Qui portis feptingeminis, et turribus altis
Cinxerunt Thebas, Neque enim fine turribus aut
lucolere, invidi quanquam illi viribus effent.

(4) De Amphionis vero cantu, et quod muros ad lyram eraxerit, nullam prorfus fecit mentionem. Hanc in muficis famam idcirco eft Amphion confecutus, quod a Lydis ob Tantali affinitatem Lydios modos didicit, primusque chordas tres ad quatuor a fuperioribus inventas addidit. Atenim qni carmina in Europam fecit, is memoriae prodidit, Amphionem Mercurio magiftro fidibus didieiffe, cantu vero faxa et feras duxiffe. At Myron Byzantius heroici carminis et elegorum fcriptor, Amphionem tradit primum omniuus Mercurio aram dedicaffe, et idcirco lyram ab eo accepiffe. Aiunt etiam apud inferos Amphionem ob eas contumelias plecti, quibus Latonam et eius filios affecit. Ac de eius quidem poena in ea poefi mentio eft, cui Minyas nomen :' eft vero communi argumento de Amphione et Thamyri Thrace confcripta. (5) Pofteaquam vero Amphionis domus peftilentia deleta eft; et Zethus, quum genitum ex fe puerum ipfa ob certam noxam mater peremiffet, animi aegritudine contabuit: ibi Laio Thebani regnum detulerunt. Duxit Laius Iocaftam uxorem. Accepit vera ab Apolline Delphico refponfum, e filio, fi quis ei ex Iocafta nafceretur, ipfum interfectum iri. Quare *rerum naturae* Oedipum expofuit. At ille quum adoleviffet, et patrem occidit, et matrem ipfam uxorem duxit. Filios vero nullos ex ea *omnino* genuiffe, teftimonio mihi funt qui in Odyffea leguntur Homeri verfus:

Vidi etiam Oedipodis matrem, förmofam Epicaften,
Quae foedo imprudens temeravit crimine vitam,
Gnati iuufta toro: genitorem occiderat ille.
Mox facinus vifum eft fuperis abnfere nefandam.

Qui enim eius flagitii fama ftatim potuiffet aboleri, fi quatuor fuiffent ex Iocafta liberi fufcepti? Verum Euryganea illos Hyperphantis filia pepecit; quod is qui carmina illa condidit quae Oedipodia nominant, declarat. Onafias etiam Plataeenfibus, triftem demiffo vultu, ob filiorum dimicationem, pinxit Euryganeam. (6) Polynices enimvero vivente *adhuc* et imperante Oedipo Thebis difceffit, metuens ne diris, quibus Ipfos pater devorerat, effet obnoxius. Quum antem Argos confugiffet, et iam filiam ei nuptum dediffet Adraftus, Eteoclis *fratris* accerfiru, poft Oedipi mortem Thebas revertit. Octo *vero de imperio* cum fratre diffidiu, iterum exulavit: fretusque foceri opibus, dum regnum conatur recipere, exercitum quidem perdidit: congreffu vero

ex provocatione fingulari certamine fratres *ambo, mutuis con-*
*felii vulneribus* ceciderunt. Succeffit Eteocli Laodamas filius,
imperium regente Creonte, Menoecei filio, pueri tutore.
(7) Adoleverat iam Laodamas, ac penes Ipfum regnum
erat, quum iterum Argivi Thebas oppugnatum exercitum
mifere.  Iis cum exercitu Thebani occurrerunt ad Glifan-
tem: quumque ad manus ventum effet, ibi Aegialeum Adrafti filium Laodamas occidit.  Ab Argivis vero praelio fuperatus, cum ea Thebanorum manu quae illum ultro fecum
eft, infequenti noete fuga fe in Illyrios recepit.  Hoftes *hand*
*magno negotio* captas Thebas Therfandro Polynicis filio tradidere.  Iam vero quum Agamemnonis copiarum pars,
dum ad Troianum bellum contenderet, ab inftituto navigа-
tionis curfu aberraffet, et in Myfia cladem accepiffet, fors
ita tulit, ut Therfander, cuius in ea pugna prae ceteris
Graecis virtus enituerat, a Telepho occideretur: eft vero
ei monumentum erectum circa Caici campos, in Elaea urbe,
lapis in fubdiali fori parte; quo in loco ei parentant, ut
ipfi dicunt, incolae. (8) Therfandro mortuo, altera iam
claffe contra Paridem et Troianos comparata, Peneleom
fibi ducem delegerunt, quod Tifameuus Therfandri filius
nondum per aetatem erat imperio capeffendo idoneus.  Interfecto *rurfus* ab Eurypylo Telephi filio Peneleo, regem
Tifamenum declarant, Therfandro et Demonaffa Amphiarai filia genitum.  Ac is quidem dirarum Laii et Oedipi expers fuit: at eas non effugit Autefion Tifameni filius, qui
nempe ad Dorienfes ex oraculo migrare coactus eft.  Eo
iam profecto, regem illi furrogarunt Damafichthonem nepotem Penelei, Opheltae filium.  Damafichthoni Ptolemaeus filius fuit; Xanthus Ptolemaeo, *is nempe* quem Andropom-
pus in fingulari certamine non virtute, fed dolo perculit.
Placuit in pofterum Thebanis non uni amplius, fed pluribus reipubl. fummam committere: *ac fane fecundiore omni ex*
*parte  de trno o ufi ol trat ur fortuna.*

Cap. VI.  Quae vero ipfis vel profpera, vel fecus in
belli certaminibus evenerunt, haec ego maxime memoratu
digna comperi.  Victi ab Athenienfibus praelio funt, quum
illi eo bello quod de agri finibus gerebatur, Plataeenfibus
opem tuliffent.  Alteram etiam cladem acceperunt ad Plataeam, cum iisdem Athenienfibus acie congreffi, quo tempore Xerxis amicitiam Graecorum faluti anteponere vifi
funt.  Verumtamen huius rei culpa non fuit penes univerfum populum: tunc enim paucorum principatus, non patria reipublicae adminiftratio vigebat.  At profecto fi Pififtrati filii Barbaris in Graeciam invadentibus adhuc Athenis dominati fuiffent, dubitari non poteft, quin ipfi quoque
Athenienfes, quod in Perfarum ftudia propenfiores effent,
crimine vacaturi non fuiffent.  Pofteriore dein tempore rurfus Athenienfes ad Delium in Tanagraeis victi funt a Thebanis, quum Hippocrates Ariphronis filius imperator cum
magno militum numero cecidit.  Lacedaemoniis certe fta-

tim poft Perfarum difceffum, usqne ad id bellum qood Peloponnefii Athenienfibus intulerunt, cum Thebanis optimo
convenit. Bello autem confecto, et exarmata iam Athenienfium claffe, non ita multo poft Thebani una cum Corinthiis arma contra Lacedaemonios mnverunt. Quum vero
pugua ad Corinthum et Chaeroneam fuperati fuiffent, mox
ad Leuctra, omnium quas do Graecis Graecos unquam reportaffe noverimus, maxime illuftrem funt victoriam adepti.
Tunc et decurionatus, quos In civitatibus conftituerant Lacedaemonii, fuftulerunt; et praefectos Harmoftas, quos appellabant, elecerunt. Phocicum deinde belluni, quod Sacrum
Graeci appellarunt. annos perpetuos X gefferunt. (1) In
rerum Atticarum hiftoria iam ante confcripfimus, cladem
illam ad Chaeroneam univerfis Graecis calamitofam fuiffe:
Thebanorum tamen inprimis res vehementer attrivit. Sunt
enim illi victorum praefidium coacti Intra urbis moenia recipere; quod poft Philippi *tmom mortem, regnante iam
Alexandro, eiecere. Quo facto, futura eis pernicies eft divinitus fignificata. Nam quum in Legiferae Cereris, fub
Leuctricae pugnae tempus, araneae albas circa templi val-
vas texuiffent telas, adorientibus iam fines Macedonibus,
longe diverfa portendentes, nigro omnia opere complerverunt,
Proditum etiam eft oraolous. in Attica terra cinere pluiffe,
anno uno antequam Syllae arma ingens Athenienfibus exitium importaffent.

    CAP. VII. Thebani ab Alexandro expulfi, quum Athe-
nas profugi fe recepiffent, a Caffandro Antipatri filio reftituti funt. Ac ad Thebas quidem inftaurandas egregiam
prae ceteris operam navarunt Athenienfes, adiuvantibus
certe Meffeniis et Megalopolitanis. 2) Reftituiffe vero Thebas
Caffandrum crediderim Alexandri maxime odio. Eius enim
domum totam funditus evertere contendit. Nam et Olympiadem Alexandri matrem, iis Macedonum, qui in eam acer-
rimis flagrabant odiis, lapidibus obruendam tradidit; et
Alexandri filios, Herculem ex Barfine, Alexandrum ex Rhoxane fufceptos, venenis peremit. Neque ipfe tamen fatis
fortunatus e vita difceffit. Ex morbo enim aquae fubter
cutem fufae, vivens *ilammam erumpentibus adiper vermi-
bus extabuit. . (3) Ex eius vero liberis Phi ippum natu
maximum, regno iam inito, tabida corporis lues fuftulit.
Cui quum fucceffiffet Antipater, Theffalonicen matrem interfecit. Philippo Amyntae filio, et Nicafipolide genitam.
Parricidii ea fuit caufa, quod ea plus benevolentiae Alexandro, qui erat Antipatri liberum minimus, impertiret. At
Alexander, accito in auxilium Demetrio Antigoni filio. interempto fratre Antipatro, matris caedem ultus eft: verum
intellexit percufforem paratum, quem fibi fucium adfciverat. A Caffandro itaque deorum aliquis, quisquis ille fuerit,
meritam poenem exegit. (4) Thebanis Caffandri aufpiciis
vetus omnis murorum ambitus eft reftitutus. Sed oportuit etiam in pofterum maguorum eos malorum minime ex-

partes esse. Quum enim Mithridati cum Romanis bellanti se adiunxissent, nulla (opinor) alia ratione quam publica Athenienfium amicitia adducti, Sylla cum exercitu in Boeotiam ingresso, periculi terrore, studia statim sua, mutata sontentia, ad Romanos converterunt. Non tamen Sylla propterea quicquam de sua in illos ira remisit. Nam et alia ad Thebanorum fortunas comminuendas excogitavit, et dimidia agri eos parte multavit. Factum vero suum huiusmodi praetexuit caufa. Quum primum bellum contra Mithridatem gerere coepit, ob pecuniae inopiam donaria omnia conflavit, ex Olympia, ex Epidauro, ex Delphici etiam Apollinis templo, quae Phocenfes reliqua fecerant: inde coactum stipendium militi divisit. Quo vero sacrilegii infamiam redimeret, dimidiam agri Thebani partem diis adiudicavit. Sed Romanorum liberalitato ereptum agrum postea Thebani receperunt. Ceteroquin ad calamitosissimum statum Sylla eos redegit. Aetate mea inferior urbs tota, delubris deorum exceptis, funditus eversa est: arx tantum habitatur, Thebarum, non Cadmeae amplius nomine.

CAP. VIII. Vbi Afopum tranfieris, ab urbe ipfa X intervallo stadiûm, Potniarum ruinae funt; et inter ipfas, Cereris et Proferpinae lucus. Signa fluminis accolae Potnias deas appellant. Iis ftato tempore et alia patrio ritu faciunt facra, et intra eas aedes quae Megara (ac fi Basilicas dicas) vocant, lactentes fues mittunt: eos exacto anno iisdem fere anniverfariis diebus apud Dodonam pafcere aiunt. Id ut credat, fibi qui volet in animum inducat. Est ibidem et Liberi Patris aedes, cognomine Aegoboli, id est Caprum iaculantis. Ita enim aliquando accidit, ut, dom facrificarent, per temulentiam eo recordiae procefferint, ut ipfum Liberi Patris facerdotem occiderint. Quod piaculum quum atrox peftilentia confecuta effet, ex Delphici Apollinis refponfo puerum Libero iam pubefcentem mactandum acceperunt. Sed non multis poft annis deum ipfum capellam pro puero fuppofuiffe tradunt. Potniis etiam puteus monftratur, e quo potantes equas in furorem agi praecipites tradunt. (1) Qua est a Potniis Thebas iter, ad viae dexteram circumfepta eft columnis non magna utique area. Ibi terram difcessisse credunt, quum Amphiaraus fubito foli hiatu eft abforptus. Addunt ad fabulam, neque aves illis columnis infidere, neque eius areae herbam ullum vel ferum, vel manfuetum animal attingere. (2) Thebani in veterum murorum ambitu portas VII habuere; quae adhuc manent. Sumfiffe audio nomina, Electridem, ab Electra Cadmi forore: Proetidem, a Proeto homine indigena. Quae vero hic aetate vixerit, et unde genus duxerit, perdifficile eft inventu. Neitidem nominarunt, quod in cithara chordarum unam, cui Nete nomen, Amphion ante hanc portam invenisse dicitur. Audivi etiam illud aliquando, Zethi, qui frater Amphionis fuit,

filio Nele nomen fuiſſe: et ab iſto Neidae portae nomen datum. Iam Crenaeam portam Altiſſimam vocant,
quod eſt ad eam portam Iovis Altiſſimi cognomine facellum.
Praeter eas *quas* t. *nuuurni avimus* portas, eſt quae Ogygia
nominatur; et omnium poſtrema Homolois; cuius nomen
ita nuperrimum eſſe facile apparet, ut Ogygiae antiquiſſimum,
Dicta vero eſt Homolois ex eo, quod In pugna cum Argivis ad
Gliſantem accepta cʌde. quum multi Laodamantem Eteoclis filium ſecuti profugiſſent, eorum pars *nos* ab itinere In
Illyrios capeſſendo abhorruit: converſi autem in Theſſalos,
Homoloen occuparunt, omnium qui in Theſſalia funt montium maxime fertilem, et aquis irriguum. Illinc a Therſandro Polynicis filio poſtliminio revocati, portam, qua
redeuntes *ur bem* introierunt, Homoloidem, ab Homole, *in*
*qua dnm exularunt confeciorant*, nuncuparunt. A Plataea quidem venientes Electris porta accipit. Ad eam Capaneum
Hipponoi filium, dum vehementiore impetu muros aſcendere conatur, fulmine ictum enrruiſſe nemorant.

CAP. IX. Atque hoc quidem bellum quod Argivi geſſerunt, eorum omnium quae heroicis temporibus inter Graecos geſta fuere, longe digniſſimum, quod hominum memoriae proderetur, fuiſſe exiſtimo. Eſt enim ab Eleuſiniis cum
reliquis Attici nominis populis, et a Thebanis cum Minyis
ita pugnatum, ut una fere exercituum excurſione, et unico conflictu debellatum fuerit, converſis mox ad concordiam et foedera hominum animis. At Argivorum exercitus In mediam Boeotiam ex media venit Peloponneſo: et
Adraſtus ex Arcadia, et a Meſſeniis auxilia in unum coegit;
quum interea Thebanis a Phocenſibus ſtipendium miſſum
fuerit, et ex Minyade terra a Phlegyis. Praelio vero ad
Iſmenum inito, in ipſo congreſſu Thebani ſuperati, et in
ſugam verſi, intra moenia ſe recepere: quumque eſſent Peloponneſii earum artium quibus urbes oppugnantur, omnino ignari, et ira incitati improvide impetum facerent, eorum multos de muris Thebani occidebant: quin facta etiam
eruptione. diſſipatos turbatis ordinibus reliquos perculerunt.
Totus itaque exercitus. uno Adraſto excepto, eſt ad inter-
accionem caeſus. Sed ea Thebanis victoria magna ſtetit
clade. Ex eo uſurpatum, ut, ſi qua victores pernicies oppri-
mat, Cadmea victoria dicatur. (2) Non multis poſt annis,
Therſandro duce, Thebas adorti illi ſunt quos Epigonos
(*id eſt Pojores*) Graeci vocant. Satis autem conſtat, eorum
ſigna ſecutos non tantum Argivos, Meſſenios, et Arcadas;
ſed in auxilium accitos Corinthios etiam et Megarenſes.
Thebanis rurſus opem finitimi tulere. Acriter utrinque eſt
ad Gliſantem dimicatum. E Thebanis multi ſtatim poſt
cladem acceptam cum Laodamante effugerunt; reliqui per
obſidionem expugnati ſunt. (3) Et hoc quidem bellum
eſt verſibus perſcriptum. Eorum verſuum Calaenus mentionem tacens, ab Homero factos cenſet; cui multi, et ii
non ignobiles auctores aſſentiuntur. Ego certe poſſim i*-

Iam fecundum Homeri fane Iliadem et Odyffeam plurimi facio. Et hactenus de bello quod goffere cum Thebanis Argivi, Oedipi filiorum caufa, fatis multa.

CAP. X. Non longe a portis commune fepulcrum exflat eorum qui in acie cum Alexandro Macedone confligen-
tes mortem oppetiere. Monflrant proximo loco campum,
in quo ocelfi a Cadmo ad vicinam fontem draconis dentium facta femente, (fi fabulae eft fides habenda) terra homines edidit. (2) Ad portae *Homoloidis* dexteram collis
eft Apollini facer: et collis et deus *eodem nomine* Ifmenius
dicitur, Ifmeno fluvio praeterfluente. *Ab ea parte*, in ipfo
*ad portam* aditu, Minervae et Mercurii marmorea figna funt:
Pronai (*ea fi Vefibularis dicas*) *hi* appellantur: Mercurium
Phidias, Minervam Scopas feciffe dicitur. Templum proxime erectum eft: in eo fignum magnitudine ei quod in
Branchidis eft, par; fpecie etiam ipfa ab illo nihil *omnino*
differt. Eorum lignorum fi quis alterum viderit, et a quo
factum fuerit cognoverit, nimirum ille haud magno negotio, quum alterum intueatur, Canxchi opus effe cognofcat:
tantum intereft, quod ille in Branchidis Apollo ex *aere*,
Ifmeuius hic e cedro eft. (3) Eft eadem in loco faxum,
fuper quo Manto Tirefiae filiam fediffe tradunt: prominet
ante ipfum templi veftibulum: noftra etiamnum aetate Man-
tûs fellam vocant. Ad templi dexteram effigies e marmore
funt: eas effe dicunt Heniochae et Pyrrhae filiarum Creontis, qui dum Leodamanti Eteoclis filio tutor effet, imperium
tenuit. (4) Apollini Ifmenio hac etiam aetate Thebani
puerum claris natalibus, forma et robore praeftantem, annuum facerdotem deligunt. Lauriger ei cognomen eft,
quod laurea coronatur. Non habeo fatis compertum, an
omnes laureati pueri ex patrio inftituto aeneum Apollini
tripodem dedicent: exiftimo certe nulla lege illos teneri.
Paucos enim illic tripudas vidi. E ditiffimis certe orti parentibus pueri omnes dedicant. Eorum tripodum eft maxime infignis tum *operis* vetuftate, tum hominis dignitate,
quem Amphitruo dedicavit, Hercule laurum geftante. (5)
Supra Ifmenii, fontem videas quem Marti facrum dictitant,
et a Marte fontis cuflodiam draconi demandatam. Prope
eft Caanthi tumulus: Meliae fratrem, Oceani fuiffe filium
Cuanthum dicunt: miffum vero a patre fororem raptam
quaefitum; quum in Apollinis eam effe poteflate comperiffet
fet, neque omnino abducere puellam potuiffet, Ignem in
lucum, quem Ifmenium vocant, Inijcere aufum: ob *eam rem*
(uti narrant Thebani) fagittis ab Apolline confixum. Eft
illic quidem Caanthi fepulcrum. E Melia vero Apollinem
aiunt filios duos fufcepiffe, Tenerum et Ifmenium: illi divinationem dediffe, ab Ifmenio fluvium nomen accepiffe;
quum tamen neque ante nomine caruiffet. Nam et priusquam Ifmenius Apollini nafceretur, Ladon hic amnis nun-
cupabatur.

CAP. XI. Ad laevam eius portae, cui Electridi nomen,
domus rudera funt, quam inhabitaffe Amphitruonem memorant, quum e Tirynthe ob Electryonis caedem fugiffet.
Vifitur adhuc inter ea rudera Alcmenae thalamus; quem a
Trophonio et Agamede Amphitruoni exaedificatum Thebani dicunt, id olim atteftante infcriptione:

Alcmenam fibl connoblo quum iangere vellet
Amphit-yon, thalamum hunc fibl legit, quem fabricarunt. .
Anchafica docta arte Trophonius, atque Agamedes.        .

Oftendunt etiam Herculis ex Megara liberum fepulerum.
Neque tamen do eorum morte lis omnl ex parte affentiuntur, quae funt ab Himerao Stefichoro et Panyaffi in verfus relata. Addunt enim Thebani, Herculem prae infanla
ipfum etiam A.nphitruonom occifurum fuiffe, nifi lapide
i:lus fomno fe dediffet: eum lapidem Minervam ieciffe:
Sophroniilera (hcc eft refpiciendi andorem) nominant. (1)
Sunt eodem in loco foeminarum imagines, minus eminenti
figura: cuiusmodi Typi appellantar. Eorum fignorum parum eft perfpicua prae vetuftate fpecies. Pharmacidas (id
eft Venojas) vocant Thebani: miffas vero a Iunone aiunt,
quo parturienti Alcmenae impedimento effent.   Sed eas,
dum Alcmenae partum inhiberent, Tirefiae filiam Hiflori-
dem tali aftu eluliffe.   Ex eo namque loco, unde ipfae facile audire poffent, alta voce clamavit, peperiffe iam Alcmenam: illas ex voce deceptas flatim abiffe; Alcmenam illico
pwrrilit enixam.   Herculis illic templum, cum figno e candido lapide; Promachum (id eft propugnatorem) vocant: Xenocrati et Eubii Thebanorum opus.   Nam ligneum fimulacrum prifci operis, Daedali fuiffe arbitrantur: quod ut credam, et ipfe facile adducor.   (3) Dedicaffe tunc Daedalum
ferunt, quum e Creta fugiens, bene de fe merito deo gratiam retulit.   Quum enim fibi et filio Icaro non magna aedificaffet navigia, primusque omnium velificationem adinve-
niffet, quo Minois claffem, quae remis tantum utebatur, fecundo impulfi vento anteverterent, tunc ipfe quidem incolumis appolit: Icari vero navem, imperitia gubernantis
everfam tradunt: fub undis enectum, maris aeftu delatum
in infulam iuxta Pergamum, cuius nomen nondum proditum fuerat: Herculem quum forte in illa loca veniffet, agnitum cadaver fepeliffe, ubi hac etiam aetate non magnus
terrae agger exftat, in promontorio, quod Aezaeo mari imminet.   Ab Icaro fane et Infulam, et quod eam inclnzit
mare, nomen accepiffe   (4) Thebanis fub ipfo templi cul-
mino circa tholum complures ex duodecim Herculis laboribus fecit Praxiteles. Quae praetermifit, funt Stymphali aves,
et Eleae torrae purgatio: pro illis eft cum Antaeo lucta.
Thrafybulus quidem Lyci filius; totaque illa Athenienfium
exulum manus, quod Thebis moventes, expulfis XXX tyrannis patriam recepiffent, in Herculis fano, Minervam et Herculem ipfam, coloffi fpecie, e Pentelico lapide, Alcamenis

opus, posuerunt. Iam vero gymnasium et stadium, utrumque de Herculis nomine appellatum, cum templo coniuncta funt. Supra lapidem Sophroniftera eft Apollinis ara cognomento Spondii; e victimarum cineribus congesta. Ominum ibi divinatio obfervatur; qua prae ceteris maxime Graecis uti Smyrnaeos nôvi. Eft enim apud illos in exteriore murorum ambitu ad omina captanda facrata aedes.

CAP. XII. Apollini vero *cognomine* Cano, tauros prifcis temporibus immolabant Thebani: fed quum ita accidiffet ut ftato feftoque die hoftiam caedendi tempus inftaret, qui vero ut taurum adducerent miffi fuerant, non venirent, de plauftro praetereunto bovem alterum *arrrptum* maclarunt: ex quo inftitutum, domito bove facere. Vulgatus eft praeterea inter Thebanos ferino, Cadmum Delphis in Phocidem venientem, ducem itineris bovem habuiffe: emptam illam de Pelagontis bubulcis, et in utroque latere infignem fuiffe candida nota in lunae fpeciem iam plenae. Oportebat autem Cadmum cum fociis et exercitu, ex oraculi refponfo ibi confiftere, quo loco bos feffa procubuiffet. Illum ipfum locum *bodie* quoque oftendunt. (1) In eo fub divo ara eft *Mineruae* cum figno, quod a Cadmo dedicatum perhibent. Refellitur *facile* eorum error, qui in Thebanorum fines Aegyptium, non Phoenicem Cadmum veniffe putant, vel ipfo huius Minervae nomine: Siga enim, Phoenicum; non Sais, Aegyptiorum lingua dicitur. (3) Tradunt praeterea Thebani, quo loco eft Arcis nunc forum, Cadmi olim domum fuiffe. Harmoniae vero thalamorum ruinas monftrant. Semeles item thalamum, quem aetate etiam noftra ab hominum acceffu cuftodiunt. Eft a Graecis *in fituras* relatum, Mufas Harmoniae nuptias carmine celebraffe. Fidem iis qui hoc credant facit, quod in foro eft locus, ubi deas cantaffe aiunt. Eft etiam memoriae proditum, cum eo fulmine quo ifta eft Semele, de coelo lignum decidiffe in eius thalamum; quod quum aere Polydorus exornaffet, Liberum Cadmeum appellaverit. Prope eft Liberi fignum, quod Onafimedes e folido aere fecit. Nam Cadmum Praxiteliis filii elaborarunt. (4) Pofita illic etiam ftatua eft Pronomi tibicinis, qui unus maxime appofite *omniam* ad aures multitudinis permulcendas tibiis cecinit. Hic quum diverfae effent ob diverfa modorum genera tibiae, et non iisdem omnino Dorii, Lydii, et Phrygii modi incinerentur, primus eiusmodi tibias excogitavit, quae *inflatae* modos omnes eaedem redderent. Idem etiam et oris geftu et corporis motu mirifice dicitur fpectatores in theatris delectaffe. Exftat eius cantilena, quam Chalcidenfibus Euripi incolis fecit, ut eo carmine Delum venientes, loci numine falutarent. Huic Itaque viro Thebani, et Epaminondae Polymnidis filio, in quo dilimus loco ftatuas pofuere.

CAP. XIII. Epaminondae quidem maiores valde illuftres generis claritate fuere: eius vero pares tenuiore fuit

inter Thebanos re familiari. quam alius permediocris quivis: filium tamen *a puer,* patriis *omnibus* disciplinis accuratissime erudiendum curavit: ipse ab ineunte iam adolescen-
tia ad Lysin Tarentinum se discendi causa contulit, hominem Pythagorae Samii praeceptis *egregie* instructum. Bello
quod gossere cum Mantinensibus Lacedaemonii, missus esse
dicitur cum aliis. Thebanis in Lacedaemoniorum auxilium
Epaminondas. Is Pelopidam saucium magno suo periculo in
pugna servavit. Ac deinde quum legatus venisset Spartam,
quo tempore Lacedaemonii pacem eam quae Antalcidae
vocatur, sancire decreverant: et Epaminondam rogasset
Agesilaus, numquid singulas Boeotiae urbes in pacem iura-
re lituri essent Thebani: respondit ille: Non utique, Sparta-
ne, priusquam vestros videamus singularum urbium finitimos iurasse. (2) Iam vero quum bellum inter Lacedaemonios et Thebanos coeptum esset geri, et Lacedaemonii quum
suis, tum sociorum opibus freti *vehementer* Thebanos urge-
rent, ipse cum exercitus parte supra Cephissidem paludem,
qua Peloponnesii eruptionem facturi videbantur, castra posuit. At Cleombrotus Lacedaemoniorum rex ad Ambrys-
sum in Phocenses agmen vertit: *prox* Chaerea, et iis quibus
fuerat eius aditus custodia commissa, interfectis, ad Leuctra
in Boeotiam penetravit. Eo in loco quum ipsi Cleombroto,
tum universis Lacedaemoniorum copiis, *dira* ostenta evenerunt. Mos fuit regibus Spartanis ad bellum proficiscendi-
bus, ovium greges in extremo agmine habere, quo et ad
sacra, et antequam signa conferrent, ad litandum hostiae in
promptu essent. Earum pecudum duces itineris erant caprae, quas Catoeadas nominant pastores. Tunc quidem
gregem invadentes lupi, ovibus nullam suae noxam intulerunt, solas vero Catoeadas necarunt. (3) Dicuntur etiam Lacedaemonii filiarum Scedasi diras clade illa luisse.
Scedaso Leuctris domicilium habenti filiae fuere Molpia et
Hippo. Eas iam nubiles Lacedaemonii homines, Parathe-
midas, Phrudarchidas, et Parthenius, per vim vitiarunt.
Puellae *tam insignem* contumeliam minime serendam ratae,
laqueo vitam finierunt. Ipse etiam Scedasus, quum Spartae iudicium *postulanti* datum non fuisset, Leuctra reversus,
voluntaria morte *dolores effugit.* Huic Scedaso tunc Epaminondas, eiusque filiabus parentavit, votaque nuncupavit,
*professus* praelium non magis pro Thebanorum salute. quam
eam iniuriam ulciscendi causa commissum iri. Sed Boeotii
nominis ducum non una omnino fuit sententia. Nam
Epaminondae,. Malgidi et Xenocrati placebat quamcelerri-
me pugnam capessere: Damoclidas vero, Damophilus et Si-
mangelus congrediendam neutiquam censebant: sed coniugibus et liberis in Atticam amandatis, ad obsidionem susti-
nendam quae pertinerent esse omnia comparanda. Atque
horum quidem sex in hunc modum consilia variarunt. Ubi
vero septimi, qui ad Cithaeronis angustias praesidio fuerat
praefectus (Branchyllides ei nomen fuit) suffragio est eo-

rum qui Epaminondae aſſenſi fuerant ſententia comprobata,
decreverunt omnes praelio belli fortunam experiri. Erant
quum alii ex Boeotis Epaminondae ſuſpecti; ſed prae ceteris Theſpienſes. Veritus igitur ne dum omnus confererentur, partes proderent, poteſtatem fecit omnibus qui vellent,
e caſtris domum concedendi. Quare quum Theſpienſes,
tum reliqui Boeoti, qui a Thebanis erant alieniores, ſub
ſuae quique nationis ſignis diſceſſere. (4) Quum vero ad
manus ventum eſſet, Lacedaemoniorum ſocii conceptum in
illos iam ante animo odium ſacile declararunt; nempe qui
neque locum tenuerint, et in quam partem hoſtis impreſſionem feciſſet, terga dederiot. Aequavit inter duas acies
certamen, quod priſtina rei militaris ſcientia, et patriae gloriae retinendae cura Spartanos incitabat: Thebani ſibi pro
patria, pro coniugibus et liberis propoſitum certamen videbant. Poſtea vero quum, et alii. de Lacedaemoniorum
primoribus, et rex ipſe Cleombrotus occubuit, ibi Spartanos, tametſi graviter afflictos, adegit neceſſitas, ut locum
pugnando tuerentur ſuum. Erat enim magno apud Lacedaemonios dedecori, regis cadaver ſinere in hoſtium eſſe
poteſtate. Thebani certe victoriam adepti ſunt omnium
praeclariſſimam, quas de Graecis. Graeci unquam reportave-
rint. Poſtero die Lacedaemonii ſuorum cadavera ad ſepulturam, miſſo ad Thebanos caduceatore, popoſcerunt. Epaminondas vero, quum ſciret maxime in diſſimulandis calamitatibus ſuis callidos eſſe Spartanos, ſociis ſi prius eorum
cadavera tollendi facultatem daturum reſpondit; ac deinde
ſe facile ſuos a Lacedaemoniis humari paſſurum. Quod
quum ita conſtitutum eſſet, ſociorum alii ſuos non ſuit
omnino quod tollerent, quum neminem amiſiſſent: alii
quampauciſſimos deſiderarunt: Lacedaemoniis conſiteri
neceſſe fuit ſuorum illam ſtragem fuiſſe maxime. De
Thebanorum quidem et eorum qui permanſerant Boeotorum numero, ſeptem duntaxat et XL deſiderari fuere,
quum e Lacedaemoniis ipſis plures quam mille cecidiſ-
ſent.

CAP. XIV. Poſt pugnam edicto permiſit coteris Peloponneſios, ut demos quique ſuas redirent; ſolos Lacedaemonios ad Leuctra intercluſos tenuit. Verum quum certior factus eſſet populariter Spartanos ex urbe effuſos ſuis
in auxilium venire, hoſtibus qua vellent abeundi ſub certis
conditionibus poteſtatem dedit, ſuis aſſerens multo eſſe
optabilius, ex Boeotia bellum in Laconiam propulſare.
Theſpienſibus, quod et vetera in ſe Thebanorum odia, et
recentem eorum felicitatem ſuſpectam haberent, viſum eſt
urbe relicta Cereſſum confugere. Eſt Cereſſus caſtellum
in Theſpienſi agro munitiſſimum, quo et ante multo ſe
in agrum ſuum cum exercitu invadentibus Theſſalis, re-
ceperant. Quo tempore quam Cereſſi expugnandi ſpes
poſt longos conatus Theſſalis fruſtrata eſſet, Delphos dei

confulendi caufa miferunt, a quo huiusmodi oraculum eft
redditum:

Leuftra mihi umbrofa, aft curae quoque Alefia tellus;
Et Scedafi fobolem gemiuae miferanda puellae.
Pugna illic atrox mifcebitur: haud erit ullus
Qui fciat hoc hominum, lumeu inuenue p .asquam
Per'hlerint Dores, fatalis ubl iugruet hora.
Excipiit poterit, alia aec forte. Cereffut.

(1) Epaminondas expugnato Cereffo, ac Thefpienfibus qui
illuc confugerant eiectis; ad Peloponnefi *** *** ma-
turavit, magno fludio accerfentibus Arcadibus: ac primo
ftatim advento Argivos eius amicitiam expetentes focios adfcivit. Mantinenfes in vicos ab Agefipolide difperfos in veterem urbem reduxit. Arcadibus auctor fuit: ut parvis oppidis,
quae facile, quum fine munitionibus effent, expugnari poterant, deletis, in urbem onam, quae eft ab eo condita, et Magna
(uti auuc etiam dicitor) appellata, congregarentur. Exacto imperii tempore, quum lex capitis poenam ei qui imperium conti-
nuaffet, irrogaret, alieniffimo reipublicae tempore non effe
exiftimans legis rationem habendam, imperium retinuit: pro-
fectusque cum exercitu Spartam, quum Agefilaus ad pugnam
fuos non eduxiffet, ad Meffenem reftituendam cogitationem
convertut fuam. Eos enim qui nunc nomen fervant, Meffenios, ipfe reftituit Epaminondas: qua de re, in exponendis Meffeniorum rebus quae opus fuere, a me funt explicata. (3) Interea quum Thebanorum focii diffipati, fines
Laconici agri excurfionibus et direptionibus infeftos redi-
diffent, adduxit ea res Epaminondam, ut in Boeotiam exercitum reportaret: quumque iam ad Lechaeum accederet,
ac prope effet ut ex locorum anguftiis et difficultatibus eva-
deret, occurrit Iphicrates Timothei filius eum cetratis, et
aliis Athenienfium copiis, quas contra Thebanos ducebat.
Ibi Epaminondas invadentes in fugam vertit; et ad ipfa
Athenarum moenia perfecutus, fimulac egredi ad pugnam
fuos vetuit Iphicrates, Thebas agmen retro egit. (4) Iam
vero quum domi caufam capitis dixiffet, *** ***,
quod fuccefforj exercitum non tradidiffet, u quibus iudi-
candi fors obtigerat, ne fuffragium quidem eorui quisquam
inierunt.

CAP. XV. Poftea vero quum Alexander Theffaliae tyrannus Pelopidam ad fe quum privata tum publica fretum
amicitia venientem, in vincula conieciffet, ut eam hominis
perfidiam et contumeliam ulcifcerentur. Thebani contra illum ftatim exercitum compararunt, ducemque eius expeditionis Cleomenem declararunt culos poteftati eum qui tunc
fummo Boeotiorum magiftratu fungens rebus bellicis praeerat, fubiecerunt. *** erat si inter ordinaries milites
Epaminondas. Ad anguftias iam Thermopylarum pervene-
rant, quum Alexander ex infidiis inter afprera erumpens,
hofti negotium coepit faceffere. Univerfus itaque exercitus

quum foem falutis in dubium vocari animadverteret. Epaminondae, ipfis Boeotiae praefectis fumma voluntate affentientibus, imperium decrevit. Enimvero Alexander fe belli aleae, fimulac ad Epaminondam imperium translatum intellexit, committere non eft aufus, de Pelopidam ultro dimifit. (2) Dum aberat Epaminondas, Orchomenios Thebani fuis fedibus expulerant: quod ille *tulit iuuignifim.*; neque omnino factum ex republica confuit: quin etiam affirmavit, fi adfuiffet, nullo pacto tantum fe a Thebanis facinus committi paffurum fuiffe. Interea quum alii nemini imperium decerneretur, cum exercitu rurfus in Peloponaefum veniens, Lacedaemonios ad Lechaeum praelio fudit; eumque uit, ex Achaeis Pellenenfes, et ex Athenienfibus eos quos duxerat Chabrias. Erat Thebanis *pertlain* inftitulum, ut quoscunque ex aliis populis captivos haberent, precio dimitterent; Boeotici vero, nominis exules capitis damnatos occiderant. At Epaminondas quum Sicyoniorum oppidum Phoebiam expugnaffet, in quo maxima pars erat Boeotorum exulum, notis compunctos, qui comprehenfi fuerant, *omnes* dimifit. Nam alienae fingulos patriae nominibus, uti ei in mentem veniffet, recenfuit. (3) Iam vero quum ad Mantineam victoriam effet adeptus, ab Athenienfi milite eft interfectus: et Athenis, ubi equeftris pugna picta eft, miles ille, Gryllus Xenophontis filius, Epaminondam occidens oftenditur. Eius pater Xenophon nempe is fuit, qui fe Cyro *minori* contra *fratrem* Artaxerxen *fufcepte expeditionis* comitem praebuit, idemque reduces ad mare Graecos reportavit. (4) Ad Epimanondae ftatuam elegi adfcripti funt, quibus et alia de co praedicantur, et quod per ipfum fuerit Meffene reftituta, et Graecis parta libertas. Elegi huiusmodi funt:

Confiliis noftris laus eft atrifta Laconum,
Pubque Meffene floret adaufta nuva.
Iam valido armorum feptae munimine Thebae,
Legibus et fruitur Graecia tota fuis.

Atque haec quidem ad viri gloriam pertinent.

CAP. XVI. Proxime abeft *ab Epamisondae ftatua* Ammonis delubruini cui fignum, Calamidis opus, Pindarus dedicavit. Idem etiam ad Ammonios usque in Libyam Ammoni hymnos mifit. Mea quidem aetate in triangula pila hymnus ifte Pindari exftabat, ad aram, quam Lagi filius Ptolemaeus Ammoni ftatuit. Secundum Ammonis, apud Thebanos Tirefiae eft, quod Auguraculum appellatur. Proxime Fortunae aedes: fert dea Plutum infantem. Tradunt Thebani, manus et os eius figni fabricaffe Xenophontem Athenienfem, reliqua Calliftonicum civem fuum. Calliduro fane fuit commentum, in manus Fortunae tanquam vel matris vel nutricis, Plutum ponere. Neque minus prudenter Cephifodotus, qui Pacem Athenienfibus fecit, Plutum *in finu* habentem. (2) Sunt etiam Thebanis Veneris figna lignea,

tam antiqua, ut ab Harmonia poſita dicantur. Fabricata
ea quidem ſunt de roſtris Cadmi navium. *Trrs Veneres ſunt,*
*quarum* unam Coeleſtem, Popularem alteram, tertiam Apo-
ſtrophiam nominant: cognomina impoſuit Harmonia; Uraniae, purum ſignificans, et corporum cupiditate vacantem
amorem: Popularis, ob *Veneris* congreſſus: *tum* vero Apo-
ſtrophiae *unicum coit injuriis* (*id eſt Aversationis*), quo ab exlege
cupiditate et inceſtis ſtupris hominum genus averteret.
Multa enim apnd Barbaros, multa apud Graecos ſciebat
Harmonia *per nefarios conjubitus* turpiter commiſſa, qualia
poſtea de Adonidis matre, de Phaedra Minois filia, dequa
Tereo Thraciae rege decantata ſunt. .(3) Cereris quidem
legiferae fanum, Cadmi et eius poſterûm domum aliquando fuiſſe dicunt. Deae ſimulacrum ſupra pectus duntaxat
in aperto eſt. Fixa eo in loco ſunt aenea ſcuta: fuiſſe illa
procerum Lacedaemoniorum aiunt, qui ad Leuctra ceciderunt. (4) Ad eam portam quae Proetis dicitur, theatrum
ſurgit. Theatro proxima eſt Liberi Patris aedes cognomento Lyſii. *Cognominis cauſa*, quod quum olim captivos
*complures* ex Thebanis vinctos Thraces abduxerent, eos
quum ad Haliartiorum fines ventum eſſet, vinculis ſolutos
deus dimiſit, *usque* illis Thracas ſomno oppreſſos occidendos praebuit. Alterum quod in ea aede ſignum eſt. Semeles eſſe dicunt Thebani: ac ſtatis quidem diebus quotannis
templum aperire *partus* illis mos. Sunt *ibidem* Lyci domus
ruinae, et ſepulcrum Semeles: nam Alcmenae ſepulcrum
non eſt; ſed eam poſt mortem in lapidem converſam memorant: neque omnino de ea idem eſt Thebanis qui Megarenſibus ſermo. Diſſentiunt enim plerumque inter ſe alits
item de rebus plerisqae omnibus Graeci. Erecta etiam ibi
ſunt a Thebanis Amphionis liberis monumenta, ſeorſum
maribus a foeminis.

CAP. XVII. Prope eſt Dianae delubrum Eucleae, *quod*
*eſt ut ſi Gloriteae dixeris* Signum Scopae opus eſt. Sepultae
in templo Antipoeni filles dicunt, Androcleam et Alcidem.
Quum enim Thebani duce Hercule cum Orchomeniis praelium commiſſuri eſſent, oraculum redditum eſt, eius belli
victoriam penes eos fore, quorum civis, qui generis claritate praeſtaret, ſibi ipſi manus ultro conſciſceret. Erat An-
tipoenus natalium dignitate omnium ſuorum civium facile
princeps; ſed adduci is non poterat ut libenter mortem pro
populi ſalute oppeteret: at eius filiae alacriter ſe devove-
runt. Necem itaque quum ſibi ipſae conſciſſent, *publicos*
promeritae ſunt honores. Ante aedem Eucleae Dianae,
leo e lapide factus collocatus eſt. Dedicaſſe dicitur Hercules, victis in pugna Orchomeniis, et eorum rege Ergino
Clymeni filio. Proxime abeſt Apollo Boedromius, et qui
Agoraeus (*id eſt Forenſis*) vocatur Mercurius: fuit et hoc
Pindari donum. Diſtat liberorum Amphionis rogus a ſepulcris dimidium ſtadii. Permanet adhuc in eo rogo cinis.
(2) Prope Amphitruonem duo ſunt Minervae lapidea ſigna,

Zofteriae cognomento: illic enim dicitur arma induiffe
Amphitruo, cum Euboeenfibus et Chalcodonte congreffu-
rus. Ipfum vero arma induere, veteres Cingere dixerunt.
Nam et Homerum, quum Agamemnonem Marti fimilem
zona fecifft, de armorum ornatu id intelligi voluiffe putant. (3) Exftat Zethi et Amphionis commune monumentum, terrae non fane magnus tumulus, ex eo, qui Titho-
réan Phocenfium incolunt, terram furripere magnopere ftu-
dent: eo vero id agunt tempore, quum Sol Taurum per-
meat. Tunc enim fi αινεταιι ex eo tumulo terram ad Antiopes monumentum adiecerint, ager fuus Tithorenfibus
foecundior redditur, Thebanis longe fecus: quare per eos
dies diligenter fepulcrum cuftodiunt Thebani. (4) Id ita effe
ex fatidicis Bacidis carminibus perfuafum eft utrique urbi,
Sunt vero ea carmina huiusmodi:

Inferias quando a Tithoreufi plebe, precesque
Et vota accipiet cum fratre Amphione Zethus,
Phoebus Agenoreum irradiat cum lumine Taurum;
Tum noxam ingeniem vitato, quae ingruit urbi.
Namque fuos fuetus olim terra aegra negabit,
E Phoci donec fcindatur globa fepulcro.

Phoci monumentum Bacis Ideo dixit, quod Lyci uxor Antiope prae ceteris diis Licero Patri honorem habebat. Quum
vero ab eo contendiffet, quae vulgo prodita funt, deum illi
aiunt vehementer fuccenfuiffe: et ex eo (uti acres et immodicae funt a dis animadverfiones) immiffo furoro mente captam per totam Graeciam Antiopen erraffe: Phocum vero
Ornytione Sifiphi filio genitum, infaniae morbo eam liberaf-
fe, et uxorem duxiffe: quocirca commune Antiopae et
Phoco monumentum pofitum fuit. (5) At eos lapides qui
Amphionis tumulo fubiacent, nulla cura aut arte elaborati,
ea tradunt effe faxa, quae Amphionis cantum fecuta fuerant.
Nam et de Orpheo carminibus proditum eft, feras fidibus
canentem fecutas.

CAP. XVIII. Thebis Chalcidem a Proetide porta iter
eft. In ipfa militari via Melanippi fepulcrum oftenditur,
viri bellicis laudibus Thebanorum longe praeftantiffimi;
qui, quum Thebas Argivi oppugnatum veniffet, Tydeum
et Mecifleum Adrafti fratrem occidit: interfectus vero et ipfe
ab Amphiarao dicitur. (1) Huic tumulo proximi funt rudes lapides tres. Qui Thebanorum vetuftas res commemorant, ibi Tydeum fitum effe autumant, et a Maeone fepultum. Homeri vero ex Iliade verfum in huius rei teftimo-
nium proferunt:

Tydeos, alta tegit Thebis quem terra fepultum.

(3) Exita proxima funt Oedipi filiorum fepulcra. Ad ea, quae
fiunt facra, etfi ipfe non fpectavi, narrantibus tamen fidem
habui Aiunt enim Thebani, et aliis ex .iis, qui heroes vocantur, et Oedipi filiis inferias a fe mitti. His certe dum

Pauf. T. IV.                    D d

adolent, quum fiammam, tum emiſſum ex eo fumum, in
partes duas diſcedere. Id ego ut crederem, facile me adduxit, quod in Myſia, quae ſupra Caicum eſt, vidi. Eſt ibi
modica urbs, Pioniae appellata: cuius conditorem Plonin
de poſteris Herculis uoam perhibent. Huic dum parentant,
ſponte ſumus e ſepulcro exilit. Hoc ipſe dum accideret
vidi. Tireſiae etiam monumentum, *quod obrſt* a ſepulcro filiorum Oedipi ſtadia ferme XV, oſtendunt Thebani. Verum
quum et ipſi ſateantur Tireſiam in Haliartia e vita exceſſiſſe,
honorarium eſſa, qul apud ſe eſt, tumulum credunt. Eſt
etiam ad eam, quae Oedipodia appellatur, aquam Hectoris
Priami filii apud Thebanos monumentum. Eius enim oſſa
ex huiusmodi oraculo ab Ilio ſe deportaſſe tradunt:

Excelſa incolitis Cadmi qui moenia Thebas,
Si patriam optatis noliquam non eſſe beatam,
Ex Aſia trausferte domum magni Hectoris oſſa;
Hic levis imperio heroem ſua iuſta manebunt.

Oedipodia vero aqua idcirco eſt nuncupata, quod in ea paternae caedis cruorem Oedipus abluerit. Proxime ad eius
aquae fontem eſt Aſphodici ſepulcrum. Hic Aſphodicus,
ſicuti narrant Thebani, Parthenopaeum Talai filium. dum
pugna cum Argivis committeretur, occidit. Nam Thebal-
dis carmina, quae ſunt de Parthenopaei caede, Periclyme-
num eius interfectorem fuiſſe teſtantur.

CAP. XIX. In hac eadem militari via vicus eſt Teu-
meſſus, ubi occultatam a Iove Europam ferunt. Eſt et alius
de Teumeſſia vulpe ſermo hinc ortus, Bacchum ſcilicet iratum ad Thebanorum perniciem eam feram aſi voluiſſe: quae
quum iam prope ab eo cane, quem Procridi Erechthei filiae
Diana dono dedit, caperetur, et vulpes et canis in lapidem
ſunt converſi. Eſt Teumeſſi etiam Minervae Telchiniae
aedes, in qua nullum exſtat ſignum. Deae cognomen con-
lici poteſt a Telchinibus, qui in Cypro olim fuerunt, exſtitiſſe. Eorum enim partem, quum in Boeotos veniſſent, ibi
Minervae credibile eſt templum Telchinixe dedicaſſe. (2)
A Teumeſſo ſtadia ad laevam VII progreſſis, Gliſantis ruinae ſe oſtendunt. Adiacet ad viae dexteram tumulus non
ſane magnus, quum agreſti ſylva, tum conſitis arboribus
opacus. Illic humati ſunt, qui Aegialeum Adraſti filium
ſunt ad bellum Thebanum ſecuti, Argivorum proceres, et
*inter eos* Promachus Parthenopaei filius. Aegialeo vero
ipſi Pagis monumentum erectum eſſe, iam ante, dum Megarenſium res perſequerer, expoſui. Qua Thebis recta Gliſantem itur eſt, regiunculam videas ſolectis lapidibus circum-
ſeptam: Serpentis caput Thebani vocant. Serpentem ſane,
quocunque ille fuerit *anima appellandus*, e caverna luſtri ſui
caput ibi exerentem, gladio a Tireſia. quum forte illuc veniſſet, percuſſum tradunt; atque ex eo, loco nomen inditum. (3) Supra Gliſantem mons eſt, cui nomen Supremos
*Hypaton ipſi nominant:* et in eo Supremi Iovis eſt templum

cum figno. Torrentem fluvium *praeterlabentem* Thermodontem nuncupant. Teumeffum verfus et in viam, quae Chalcidem ducit, regreffis *in confpectu* eft Chalcodontis monumentum: qui quum praeliunt inter Thebanos et Euboenfes fieret, ab Amphitryone eft occifus, (4) Cernuntur exinde urbium Harmatos et Mycaleffi ruinae: Illi nomen, quod eo in loco, non autem ubi Thebani dicunt, Amphiaraum cum curru in terrae voraginem defcendiffe Tanagraei memorant. Nam *ex eo* Mycaleffum appellatam, eft *nrtui-que populi* confenfus, quod bos ea, quae ad Thebas Cadmo et eius fociis dux fuit, illic immugierit. Quemadmodum vero Mycaleffus fuerit ad vaflitatem redacta, eft a me in ea, quae ad Athenlenfium res pertinet, hiftoria expofitum. In ea, quae ad mare fpectat, Mycaleffi parte, eft Cereris Mycaleffiae fanum: occludi illud fingulis noctibus, et aperiri ab Hercule ferunt: Herculem vero ipfum de iis anunt effe, qui funt Idaei Dactyli appellati. Oftenditur ebdem in loco huiusmodi miraculum: Ad fimulacri pedes poma omnia, quae ferre folet autumnus, exponunt: ea quam recentiffima totum annum perdurant. (5) Ad Euripi, qua parte is Euboean a Boeotiorum finibus dividit, et Mycaleffiae Cereris dexteram, paulo longius progreffis, eft Aulis. Nuncupatam credunt ab Ogygi filia. Eft ibi Dianae aedes, et *duo in ea* e candido marmore figna: facet altera praefert, iaculanti eft altera fimilis. Ad *eras templi* aram, quum ex Calchantis vaticinio effent Graeci Iphigeniam immolaturi, pro puella cervam maclandam fubmilif-fe deam perhibent. Platani vero eius, cuius in Iliade mentionem facit Homerus, nunc etiam in templo reliquum a trunco partem fervant. Proditum memoriae eft, quum Aulide adverfis tempeflatibus Graeci detinerentur, ubi repente fecundi venti flare coeperunt, mactaffe *florum* eos Dianae, quascunque vel foeminas vel mares habuit quisque *in promptu* hoftias: manfiffe dehinc ritam, ut quavis hoftia Aulide litari poffit. Oftenditur etiam foris, ad quem platanus emota eft: et in terrae verruca, prope Agamemnonis tabernaculum, aeneum limen: palmae vero ante aedem furgunt, fructum ferentes, qui non eft omnino fuavis edentibus, uti palmulae ex Palaefline; mitiorem tamen ils, quae in Ionia leguntur. Homines non fane multi Aulidem incolunt; et ii *omnes* figulinam exercent. Agrum iftum colunt Tanagraei, et tota Mycaleffi atque Harmatos vicinia.

CAP. XX. In Tanagraeorum finibus ad mare, eft, quod Delium vocatur. In eo funt Dianae et Latonae figna (1) Urbis fuae primordia Tanagraei Poemandro Chaerefilai filio, Iafii nepoti. Eleutheris pronepoti, accepta referunt: et Eleutherem quidem ex Apolline et Aethufa Neptuni filia genitum dicunt: Poemandrum ipfum in matrimonio habuiffe Tanagram, Aeoli filiam; quum tamen Corinna verfibus mandarit, Afopi illam fuiffe. Hanc eo aetatis vivendo pro-ceffiffe, ut mutato nomine, a *proximis* vicinis Graea (*id eft*

*aeus* ) fuerit appellata: quod nomen urbi etiam inditum,
eousque permanfille, ut Homerum, quo loco Graecorum populos recenfet, hoc utatur verfu:

  Tuefpiao, Graeanque, et latam areis Mycaleffum.

Sed interiecto dein tempore priftinum nomen recepit.
(3) Eft etiam Tanagrae Orionis monumentum, et Cery-
cius mons, in quo editum in lucem Mercurium tradunt.
Polofon praeterea, qui dicitur, vicus. In eo Atlantem confediffe ferunt, et quae fub terra funt, et res coeleftes exacta
nimis diligentia inveftigantem. Quod ab Homero etiam
dictum norunt:

  Filia magnanimi Atlantis, qui caerula ponti,
  Qui coelum ac terras profpectat, quique columnis
  Proceris gemini dirimit confinia mundi.

(4) Eft in Liberi Patris aede dignum quod fpectatur fimulacrum ex Pario marmore, Calamidis opus. Admirationem
*intuentibus* maiorem Triton affert, de quo dignitatis eft quidam plenior fermo: Tanagraeorum primarias matronas,
arcanis Liberi Patris facris initiatas, ad mare, quo expia-
tionis caufa lavarent, defcendiffe: in eas natantes Tritonem
impetum feciffe: implorantibus numinis opem, Bacchum
praefto fuiffe, et ab eo pugna Tritonem fuperatum. Alter
vero eft fermo, non ille quidem fuperiori par dignitate,
fed a fide hominum minus abhorrens: Quaecunque ad mare agerentur pecora, ex infidiis Tritonem adoriri, et rapere: invadere etiam leviora navigia folitum. Tandem Tanagraei vini craterem exponunt: ad eum quum accuriffet
Triton odore allectus, potum, et fomno correptum, de litoris tumulo praecipitem collapfum; *mox* a Tanagraeo homine bipenni caput ei a cervice abfciffum: eo factum, ut *is*
*unus* fine capite cernatur. Quoniam vero *ruas* eum temu-
lentum videre, a Baccho occifum crediderunt.

CAP. XXI. Vidi ego et alium Tritonem inter Romanorum fpectacula cetera: fed hoc, qui apud Tanagraeos
eft, magnitudine certe inferiorem. Hanc prae fe ferunt
Tritones figuram: Capitis coma perfimilis eft paluftri apio,
tum colore, tum quod capillum omnino nullum ab aliis poffis difcernere: reliquum corpus fquama inhorrefcit minuta,
fed eadem prope, qua lima eft, duritia: branchias intra aures habent, nares hominis, rictum oris latiorem, et pan-
therae dentes: oculi glauci mihi effe vifi funt: manus
etiam illis funt, digitique et ungues ea forma, qua fuperiores conchyliorum teftae: pinnulae fub ventre et pectore
pro pedibus, uti delphinis. (2) Vidi etiam Aethiopicos
tauros, quos ex re ipfa Rhinocerotas nominant. quod illis
e nare extrema cornu prominet: et paulo fuperius alterum, non fane magnum: in capite nullum prorfus habent.
Praeterea et Paeonios tauros fpectavi, hirto corpore quum
omni ex parte, tum praecipue pectoribus et mento. Nec

ruinus Indicos camelos; eodem prope, quo pardi fant, colore. (2) Eſt etiam fera, quam Alcen dicunt, media quadam
inter cervum et camelum ſpecie: gignitur in terra Gallia.
belluarum hanc unam nequeunt homines aut inveſtigare,
aut praevidere: ſed alias indagantibus feras, hrno *non conſulto*, *ſei* fortuito mancifcuntur. Praeſentit *aliequid* hominem
olfactu, ex longo intervallo; ac *ſtatim* in retrufos anfractus
et ſpeluncas confugit. Venatores ubi campeſtres vel montanos faltus ad ſtadia ſome mille in orbem continenti in-
dagine cinxerint, ita ut conſtantor omnes, quem quisque
ceperit, in eo ambitu locum obtineant, *ad intimos eadem agminis forma receſſus* progreſſi. feras omnes in medio compre-
hendunt, et inter eas Alcen; quae ſi forte loſtrum in ea;
*quam obſeſſerint*, regione non habuerit, nulla utique reliqua
eſt ad capiendum ſolertia. (4) Jam vero eam belluam, quam
Ctefias in hiſtoria de Indis Mantichoram ab illis ſcribit appellari, a Graecis (*ob praecipuam in hoſciari ſaevitiem*) Andro-
phagum, non aliam a Tigride eſſe crediderim. Dentium
illi in maxilla altera triplex ordo: et in extrema cauda acu-
leos habet, quibus et ſe cominus tueatur, et venatores eminus tanquam ſagittis petat. Hanc ego famam, quae veluti
per manus tradita, inter Indos increbuit, minime veram eſſe
arbitror; *ſed* prae nimio terrore *fulſe homines halluciratos*.
Nam in colore etiam decepti funt, quum ruorum eſſe dixe-
rint; quod videlicet, ſi quando eam in ſole viderint, talem,
ac ſimilem prope foli colorem, prae ſo ferre viſa ſit. Aut
id *fortaſſis* ex celeritate accidit. Ut enim nullum omnino
fuſcipiat curſum, ob miram ramen, dum ſe huc illuc convertit, agilitatem, propius utique eam Intueri ſine periculo
non licet. Equidem exiſtimo, ſi quis vel Africae vel Iddiae
aut Arabiae extremos fines peragret, ut cognoſcat, *nunquid
ſiat illis in locis* quotcunque funt apud Graecos animalium
*formene*, primum multas non inventurum: deinde, *quae ſunt
eiusdem generis*, *feras* alia longe eſſe ſpecie ei viſum iri. Neque enim homines tautum ex coeli terraeque varietate di-
verſam obtinent formam, ſed idem et reliquis accedit animantibus. Nam quum Libycae aſpides eodem ſint quo Ae-
gyptiacae colore, in Aethiopia haud minus quam homines
nigras terra alit. Quocirca neque ad vſſentiendum proclivior quisquam eſſe debet, neque ſe omnino incredulum ad
ea, quae ſint rariora, praebere. Volucres ego ſerpentes
nuſpiam ſpectavi: ut reperiri tamen credam, eo *maxius* adducor, quod homo Phryx ſcorpium in loculſarum modum
pinnatum in Ioniam attulit.

CAP. XXII. Sunt Tanagrae iuxta Liberi Patris, *delubra
tria;* Themidis *nnvm*, alterum Veneris delubrum, *Apollinis
tertium*. (2) In hoc eodem Diana et Latona *coluntur*.
Quod vero ad Mercurii templa *duo* attinet, *quorum alterum*
Criophori, (*id eſt Arietem portantis*) Promachi (*hoc eſt Propu-
gnatoris*) alterum nuncupant; ſuperioris quidem cognominis eam eſſe cauſam dicunt, quod peſtilentiam Mercurius

averterlt, circumlato in murorum ambitum ariete; ob eamque rem Mercurium Tanagraeis Calamis fecit, arietem humeris portantem. Qui fane puberibus ceteris forma praellare
Iudicatus fuerit, is fello Mercuril die agnum humeris portans muros circumambulat. Propugnatorem vero Mercurium *litirto vocari* aiunt, *quod* invadentibus aliquando claffe
ex .auboea Tanagraeum agrum Eretrienfibus, ephebos in
pugnam eduxerit; et ipfe etiam, velut ephebos, ftrigili armatus, prae ceteris Euboeentes in fugam verterit. In Promachi, portulacae arboris, (*quae in Graecis andrachne*) quod
fub ea planta educatum Mercurium prodidere, reliquiae dedicatae funt. Non procul theatrum, et porticum eraerunt.
In eo fane Tanagraei praecipuam quandam prae cunctis
Graecis religionis rationem mihi habuiffe videntur, quod
feorfum a profanis aedibus deorum templa aedificanda curarunt; in pura fcilicet area, et ab hominum negotiationi-
bus feiuncta. (3) Corinnae quidem, quae fola apud Tanagraeos cantica fecit, in celebrl urbis loco eft monumentum:
in gymnafio ipfa picta eft, taenia redimita; victoriae illud
Infigne, quod Thebis carmine Pindarum vicerit. Viciffe
eam arbitror linguae caufa. Neque enim Dorica, uti Pindarus, cecinit; fed ea, quam effent facile Aeolenfes perce-
pturi. Quod autem fuerit ea fui temporis foeminarum for-
mofiffima, non eft difficile ex lpfum imagine coniicere.
(4) Sunt Tanagrae gallinaceorum genera duo, pugnaces,
et qui Merulae dicuntur. Hi eadem funt qua Lydorum
aves magnitudine, colore corvo fimiles, palearia et crifta
ad phenil fimilitudinem; notas habent candidas in rolirl
et caudae extrema parte, non utique magnas. Haec propemodum eorum forma eft. (5) In ea Boeotiae parte, quae ad
laevam Euripo eft, Meffapius mons fe attollit. Infra eum
eft maritima Bocotiorum urbs Anthedon. Nomen ei contigiffe tradunt vel ab Anthedone Nympha, vel ab Anthane
Neptuni filio, ex Alcyone Atlantis filia; quod is huius loci
dominata fuerit aliquando potitus. Eft apud Anthedonios
medio maxime urbis loco Cabirorum templum; et ab eo
proxime abeft facer Cereri lucus, cum Proferpinae aede.
Signum *deae* e candido marmore. Liberi vero Patris templum cum fimulacro fecerunt ante urbis moenia, qua ad
agrum interiorem iter eft. Sunt eo in loco Iphimedeae et
Aloei filiorum fepulcra. Fuiffe ab Apolline interemptos in
Naxo, quae fupra Paron eft, Pindaro cum Homero convenit; (6) fed eorum funt Anthedono monumenta. Eft
praeterea ad mare *locus*, quem Glauci faltum nuncupant.
Pifcatorem fuiffe Glaucum, et *repente* herba *quadam* guftata
Inter maris deos receptum, et futura etiamnum praedicere,
quum alii credidere, tum praecipuo naviculatores multa
quotannis de eius divinatione memorant. Quae quum ab
Anthedoniis Pindarus et Aefchylus accepiffent, illi quidem
curae non fuit multa de Glauco verfibus fuis mandare, quum
Aefchylus totius fabulae argumentum a Glauco deduxiffet.

CAP. XXIII. Apud Thebanos ad Proetidem portam, eſt quod Iolai vocatur gymnaſium : et item ſtadium, quale in Olympia, et in Laurus, terrae ſcilicet agger. Oſtenditur etiam eo in loco Iolai heroicum monumentum. E vita vero illum in Sardinia exceſſiſſe, ſimulque ex Athenienſibus et Theſpienſibus, qui cum eo illuc transmiſerant', ipſi etiam Thebani confitentur. (1) Stadium transgreſſis, ad dexteram eſt Hippodromus, et in eo Pindari monumentum. Pindarum, quum eſſet adhuc adoleſcentulus, Theſpias proficiſcentem, per aeſtatem meridiano calore ſuſſum ſomnus artius complexus eſt. Advolarunt apes, quo paululum de via diverterat, et ad eius labia mel adleverunt. Hoc fuit carmina pangendi Pindaro initium. Quum vero iam iam per totam Graeciam magna eſſet famae celebritate, ad ſummum gloriae faſtigium eundem evexit Pythiae vox, qua Delphi iuſſi ſunt, aequam omnium, quae Apollini deferrentur, primitiarum partem Pindaro tribuere. Exacta iam aetate in ſomnis videre viſus eſt adſiſtere Perſephonem, et queri, unam ſe ex omnibus diis non fuiſſe ipſius carminibus exornatam : verum ubi ad eam veniſſet, ſuum etiam ipſi hymnum eſſe facturum. Paulo certe poſt, atque adeo ante decimum ab eo ſomnio diem, vitae muneribus eſt perfunctus. Erat Thebis anus quaedam Pindaro genere coniuncta, et in plerisque eius canticis decantandis valde exercitata. Ei Pindarus ſe per quietem oſtendens, hymnum in Perſephonem cecinit. Illa mox experrecta, conſcripſit omnia, quae cantantem Pindarum per viſum in quiete audierat. In eo ſane cantico, inter alia Ditis cognomina, eſt Chryſenius, ab aureis ſemper habenis ; quod ad Proſerpinae raptum pertinere ſatis conſtat. (3) A Pindari monumento ad Acraephnium itur, via magna ex parte plana. Fuiſſe ab initio eam urbem tradunt in Thebani agri parte : et compertum habeo conſugiſſe illuc poſtea profugos e Thebanis homines, quo tempore Thebas Alexander evertit. Illi enim prae inopiis imbecillitate, et ſenectute, quum ne in Atticam quidem recipere ſe potuiſſent, hoc loco conſiderant. Situm eſt oppidum in Ptoo monte. Quam ſpectentur illic digna, Liberi Patris aedes, et ſignum. Progreſſus ſtadia ferme XV ab urbe, ad dexteram Apollinis Ptoi templum videas. Athamantis et Themiſtûs filius fuit Ptous : ab eo Apollini cognomen. et monti nomen datum, ſicuti Aſius verſibus prodidit. Ante exciſas ab Alexandro Thebas, fuit eo in loco oraculum minime fallax. Veniſſe aliquando narrant Europenſem hominem, Myn nomine, a Mardonio uüſſum, conſuleudi cauſa : ei roganti ſuae linguae verbis, reſpondiſſe Deum non reſca, ſed ipſum etiam Barbarica lingua. (4) Superato iam Ptoo monte, eſt ad mare Boeotorum urbs Larymna : nomen inditum ſerunt a Larymna Cyni filia. Eius natales altius repetam in exponendis Locrorum rebus. Cum Opunte olim cenſebatur Larymna : auctis deinde Thebaporum opibus, ultro ſe ad Boeotos adiunxerunt. Eſt illic

Liberi Patris delubrum, et recto flatu fimulacrum. Lacus
proximus eft praealti gurgitis. Qui fupra urbem funt montes *latideriam* praebent venatoribus aprorum copiam.

CAP. XXIV. Acraephnio recta ad lacum, cui Cephiffis
nomen, (Copaidem alii nominant) pergenter, campi accipiunt Athamantii dicti. Habitaffe eo in loco Athamantem
ferunt. Influit in lacum Cephiffus amnis, a Li..ea Phocenfium ortus; per quem Copas navibus iter. (1) Sunt Co-
pae parvum oppidum, ad lacum fitae: elus in recunfenda
clafle mentionem fecit Homerus. Cereris ibi funt, Liberi,
et Sarapidis delubra. Aiunt Boeoti ad eum lacum etiam
alia quondam oppida, Athenas et Eleufinem, habitata, quae
per hybernos dies lacus eluvione fuerint deleta. Cephiffi-
dis pifces nihil ab aliorum lacuum pifcibus praecipuum habent. Anguillae certe ex eo lacu maximae, et efu fuavif-
fimae. (3) Copis ad laevam fladia prooe XII progreffo
funt Holmones. Ab Holmonibus ffad: VII diftat Hyettus.
Vici nunc funt, uti ac initio femper fuerunt: et mea quidem opinione ad Orchomeniorum fines pertinent cum Atha-
mantiis campis. De Hyetto vero homine Argivo qnae ac-
cept, et Holmo Sifyphi filio, in Orchomeniorum hiftoriam
conferam. Holmonibus ne minima quidem res ulla fatis
digna quae fpectetur exftat. Hyetti Herculis delubrum vifitur; et ex eo morborum remedia expetuntur. Signum non
eft arte elaboratnin, fed rudis prifco more lapis. (4) Ab
Hyetto abfunt Cyrtones fladia circiter XX. Modico olim
oppido prifcum fuiffe nomen Cyrtonen dicunt. Conditum
eft in fummo monte; et Apollinis illic eft templum, et lucus: Apollinis recto flatu et Dianae funt figna. Frigida
emanat e faxo aqua. Proximum fonti eft Nympharum facellum; et exiguus lucus, in quo omnes arbores confitiae
funt. (5) A Cyrtonibus monte iam fuperato eft oppidum
Corfea: infra lucus fylveftrium arborum, ilicum magna ex
parte. In aprica luci regione fub divo eft Mercuril fignum
non omnino magnum. Abeft a Corfea lucus fladii fere dimidium. Ubi in planitiem defcentum fuerit, Platanius
amnis *illic* in mare exit. Ad fluminis dexteram funt Boeotorum extremi, eius nempe accolae maris, quod Lacrorum
continentem agrum ab Euboea dividit: Halas oppidulum
inhabitant.

CAP. XXV. Sed ut Thebas revertamur, ad Neftin portam eft Menoecei Creontis filii monumentum; qui feipfum
ultro occidit ex oraculo Delphici Apollinis, quo tempore
Polynices cum Argivorum exercitu *Thebas oppugnatum* venit.
Ad eius tumulum malus Punica enata eft; cuius poma,
quum maturuerint, rupto exteriore cortice, fanguinis nefcio quid fimile oftendunt. Haec quidem arbor ad perpe-
tuitatem repullulavit. At vitem etiam Thebani quum apud
fe primum e terra prodiffe dicant, eius tamen rei indicium,
quod hoc tempore monftrent, nullum habent. (2) Non
longe a Menoecei fepulcro, Oedipi filios aiunt fingulari

certamine pugnantes mutuis vulneribus concidiffe. Pugnae
eius documentum pila erecta cum lapideo fcuto. Oftenditur etiam locus, in quo Iunonem Herculi infanti mammam
praebuiffe quodam Iovis dolo tradunt.  Haec univerfa regio
Syrma (id eft Troilus) Antigones nuncupatur, quod Antigo-
ne, quum Polynicis cadaver nullo conatu tollere quiviffet,
trahere illud aggreffa eo pertraxit, usquedum in accenfum
iam Eteoclis rogum coniecit.  (3) Trans amnem, cui a
Lyci uxore, Dirce nomen, (ab ea vero Antiopen fama fuit
iniuriofius tractatam, et ob eam caufam ab Antiopes filiis
interfectam) fed amne Dirce transmiffo, videas Pindari domus ruinas, et Dindymenae matris facrarium a Pindaro dedicatum.  Signum deae Ariftomedis et Socratis Thebanorum opus.  Die unico anniverfario facrarium aperire folenne habent.  Eo ipfo die mihi ut adeffem contigit; quare
fignum id fuit mihi fpectandi copia: eft autem e Pentelico
marmore, ficuti et folium.  (4) Circa viam a porta Neiti-
de, Themidis fanum eft, cum figno e candido lapide: Parcarum quoque, et Iovis Forenfis.  Marmoreus eft Iupiter:
Parcis nulla funt figna.  Medico loci intervallo ftat fub
divo Hercules cognomine Rhinocoluftes, quod caduceatori-
bus iis, qui ab Orchomeniis ad tributum pofcendum miffi
fuerant, (ficuti narrant Thebani.) ad contumeliam nares
praecidiffet.  (5) Stadia progreffus V et XX, Cabiriae Cereris et Proferpinae lucum videas; quo intrare Initiatis fan-
taxas fau eft.  Ab hoc luco diftat ftadia fere feptem Cabyro-
rum aedes.  Qui vero fint Cabiri, et quo ritu ipfis et Magnae matri facra fiant, reticenti mihi, ab iis hominibus, quos
haec audiendi ftudium tenet, ello venia.  (6) Hoc unum
me nulla prohibet religio vel in vulgus efferre, tale fuiffe
facrorum initium, eiusmodi a Thebanis traditur.  Civitatem enim quandam In hoc loco, et homines fuiffe memorant,
qui Cabiri fint nominati: eorum uni Prometheo, eiusque
filio Aemaeo, hofpitibus fuis, Cererem depofiti nefcio quid
commififfe.  Quicquid enim illud fuerit, et quid in ea re
fieri contigerit, literis mandare fas mihi non duxi.  Initia
certe fuere Cabiraeis, Cereris donum.  Quo tempore Argivorum exercitus, qui funt Epigoni (id eft pofteri) Graeca voce appellati, Thebas expugnarunt, eiectis e fedibus fuis Cabiraeis,
intermiffa per aliquod tempus initia fuerunt, donec Pelarge
Potnei filia cum Ifthmiade viro fuo myfteriorum ritum reftituit: extra fines tamen, in eum locum, qui eft Alexiares dictus, initia Pelarge transtulit.  Quum interea Telondes, at
qui reliqui fuerunt de Cabirorum gente, in Cabiraeam terram rediffent, Pelargae ipfi ex Dodones refponfo et alii
funt honores decreti; et ut foetu hoftia ei fieret, inftitutum.  (7) Cabirorum religiones qui violaffent, inexpiabilis
fceleris poenam effugere non potuiffe, certiffimis rerum
eventis faepius compertum eft.  Nam quae Thebis fierent
facra, quum effent Naupacti profani homines aufi ufurpare,
non multo poft fraudem lucrunt.  Ex illis etiam de Xerxis

copiis, qui duce Mardonio in Boeotia stativa habuerunt,
quae pars in Cabirorum fanum introire non dubitavit,
vel ingentis praedae *allecti* cupiditate, vel potius (uti ego
arbitror) ad numinis contemptum, subita *amens* insania.
correpti partim se in mare abiecere, partim de. praeruptis rupibus praecipites dedere. Quumque Alexander superatis praelio Thebanis urbem et agrum igni *ferreque*
pervastasset, qui e Macedonibus intra Cabirorum fanum
(velut in hostico) irruperunt, omnes aut fulminibus, aut
e coelo *missa* ignibus exanimati sunt. Tanta fuit *iam tum*
ab initio eius templi religio.

CAP. XXVI. Ad dexteram Cabirorum campus est, a
Tenero vate, *Teneri* dictus: Apollinis hunc et Meliae filium fuisso putant. Est etiam magnum Herculis templum
cognomento Hippodoti. Herculem enim aiunt, quum ab
Orchomeno exercitus in hunc locum venisset, Orchomeniorum equos noctu apprehensos ad currus vinculis im-
pedisse. (1) Paululum hinc abest mons, unde Sphingem
fama suit *ex insidiis* erumpere solitam, ad hominum perniciem, cum sua illa ambigua cantilena: etsi dicunt alii classe mare illam, quod ad Anthedonem est, piraticis excursionibus infestum reddidisse: deinde hoc monte occupato la-
trocinia exercuisse, usquedum eam Oedipus interfecit, loci
difficultate cum exercitu Corinthiorum superata. Traditum etiam est Laii notham fuisse filiam; quam pater oraculum, quod Delphis Cadmus acceperat, pro sua in illam
benevolentia edocuisset. Eo quidem tempore. nihil aliud
reges quam quod ex oraculo cognovissent. pro certo habere solitos. Quoties itaque do regno esset controversia,
ad Sphingem consulendi causa finitimi ventitabant. Fuere Laio ex pellicibus filii: sed responsum illud Pythii A-
pollinis. Epicastae tantam, et liberis, quos Laius ex ea
suscepisset, notum aiunt fuisse. A Sphinge autem dolo
fratres ita circumventos, ut ex ipsis quaereret, num datum Cadmo responsum, si Laii filii essent, cognituia haberent: quod si negassent, capite eos statim condemnabat,
eo scilicet crimine, quod non essent ex ea gente, ad quam
regnum, de quo disceptabant, pertineret. Venisse vero
*ad illam* Oedipum, ex quodam somnio de oraculo edoctum.
(3) A monte, de quo iam diximus. XV absunt stadia
Onchesti urbis ruinae: ubi quondam habitasse dicunt On-
chestum Neptuni filium. Aetate quidem mea delubrum
et signum extat Neptuni Onchestii; et lucus, quem suis
Homerus carminibus ornavit. (4) Qui deflexerint a Cabirorum ad sinistram, stadia circiter L, Thespiam pervenient.
Urbs ea infra Heliconem montem condita fuit. A Thes-
pia Asopi filia vocatam aiunt. Sunt qui dicant Thespium
Atticis profectum urbi nomen dedisse. Erechtheo patre
genitum perhibent. (5) Est adhuc in oppido aeneum
Saotae (*id est Servatoris*) Iovis signum. *Inde occisu habuit re-*
*ligio, quod.* quum in cives *insigni sevitia* draco saeviret, deus

imperaverit ephebos quotannis singulos forte ductos ferae
exponi: et ceterorum quidem qui periere nomina excoleve-
runt: eorum uni Cleostrato amatorem Menestratum loricam
aeneam faciundam curasse, resupinatis extrorsum hamis
confertam: eam loricam puer indutus, quum ultro draconi
occurrisset, mortem quidem oppetiit, sed ipsam etiam feram
exanimavit. Ex eo rei eventu Iovi Servatori cognomen extitit. Liberi signum, Fortunae deinceps, et Salubritatis, Minervam praeterea cognomento Erganen, et ei adsistentem Plutum fecit.

CAP. XXVII. Venerantur Thespienses iam inde ab initio maxime deorum omnium Cupidinem: cuius est signum
vetustissimum, rude quoddam saxum. Qui primus tantos
apud Thespienses prae ceteris dis honores Cupidini haben-
dos censuerit, compertum certe non habeo. Non minore
vero cultu Pariani qui circa Hellespontum sunt, ex Ionia
oriundi, (Erythris nempe huc colonia deducta: at nostra
aetate Romanis parent) eandem prosequuntur deum. (2) Cupidinem certe vulgus hominum natu deorum minimum, et
Veneris filium putant. Lycius vero Olen, qui antiquissimos
Graecis fecit hymnos, in Lucinae hymno, matrem esse Cupidinis Lucinam ipsam dicit. Et qui post Olenem carmina
fecerunt, Pamphus et Orpheus, de Cupidine uterque nonnulla versibus mandarunt suis, quae Lycomedi initiis cele-
brandis canterentur. Ego sane quemdam cognovi de homine,
qui sacras lampades praeferebat: quae consulto reticeo.
Hesiodum quidem, vel quicunque is fuerit, qui a se scriptam de
origine deorum carmen Hesiodi nomine ediderit, satis scio
prodidisse Chaos primum, Terram deinde, Tartarum et Cupidinem genitos. At Lesbia Sappho multa de Amore, et
ea non satis inter se confentanea cecinit. (3) Thespiensibus post ex aere Cupidinem elaboravit Lysippus; et ante
eum e marmore Pentelico Praxiteles. De Phryne quidem
in Praxitelem dolo alio iam loco res est a me exposita.
Primum omnium e fata sua Cupidinem hunc Thespiensem amo-
tum a Caio Romano Imperatore tradunt: Thespiensibus
deinde remissum a Claudio, Nero iterum Romam reportavit: ibi est igni consumtus. Eorum vero, qui eius numen
violaverant, alter a milite, cui tesseram obtinenti eandem
semper per ludibrium dare solebat, est occisus: Neronis et
in matrem, et in uxores crudelius, atque impuri ac nefarii amores, satis vulgati sunt. Qui aetate nostra Thespiis
est Cupido, eum fecit Menodorus Atheniensis, Praxitelis
opus imitatus. (4) Est eo ipso in loco Venus, et Phrynes
effigies, utraque e marmore: utramque Praxiteles ipse fecit.
In alia urbis parte est Melaenidis Veneris aedes; forum
praeterea, et theatrum, valde quae spectentur digna. Ibi
posita est Hesiodi ex aere statua; et non longe a foro, Victoria ex aere, et Musarum delubrum non utique magnum:
signa in eo e lapide parva. (5) Habent Herculis etiam
Thespienses templum: sacerdotio fungitur puella, ad extre-

mum ufque vitae tempus virginitatem retinens. Eius rei
caufam talem aßerunt. Herculem tradunt Theftii filias
quinquaginta (tot enim erant) eadem nocte conlupraffe,
una excepta : eam quum fola obfequi recufaffet, facerdotem
fibi, perpetuae virginitatis lege data, legiffe. Audivi tamen alios, qui omnes *mæ-* Theftii *quinq*.*ginta* filias ab Hercule eadem *una* nocte vitiatas, et ei fingulas mares filios
peperiffe in *itrarent;* et quidem geminos, natu, maximam,
et minimum. Ego vero adduci nunquam poffim ut credam,
Herculem in amici hominis filiam ira tam acri incitari potuiffe. Praeterea qui, dum inter homines effet, aliorum iniurias, et in deos in-primis impietatem, *est fevera* ultus, qui
fibi ipfe aut templum aedificandum curaffet, aut facerdotio
demandato, fe pro deo haberi voluiffet? Sed *omnino* hoc mihi templum *uxilia* vetuftius effe vifum eft, quam ut Herculis,
qui Amphitruonis fuit, aetate dedicatum exiftimari poffit. Et
*hæ ut fcis, an* Herculi *poftus,* qui de Idaeis Dactylis unus fuit,
*templi sine destructio fit tribuenda,* quum et Erythraeos in Ionia,
et Tyrios *pia* illi templa erexiffe noverim. Neque vero
Boeoti illius Herculis nomen ignorarunt, quum Cereris Mycaleffiae dicant aedem Idaeo Herculi commiffam.

Cap. XXVIII. Helicon montium, qui in Graecia funt,
*omnium*, praeftat foli bonitate, et arborum crebritate. In
eo portulacae frutices paffim longe fuaviffimi faporis fructum
ferunt. Aiunt incolas, earum quae ibi gignuntur herbarum, aut radicum, nullas omnino effe homini mortiforas:
quia et ferpentum virus locis eius paffionibus infirmari; at-
*que atro, ut,* fi quem ferpens ulla momorderit, is ubi vel de
genere Pfyllorum, qui in Africa funt, quonquam, aut aliquod ad id effectum medicamentum nancifci potuerit, facile
periculo liberetur. (2) Eft alioqui teterrimae cuiusque
ferpentis venenum, et homini, et ceteris aeque animantibus per fe lethale: fit vero illud ex pabuli *natura* ad perniciem valentius. Audivi fiquidem Phoenicem hominem,
quum diceret, in montanae Phoenices parte radicum *qua*r*va*-
*dam* paftu viperas magis efferari. Narrabat idem, viperam
aliquando, quum hominem affequi nequiffet, arbori, ad quam
ille effugerat, venenum afflaffe; ac ftatim hominem enectum. Haec ille. De viperis vero iis, quae in Arabia inter
balfami arbores verfantur, diverfum quiddam accepi: id
huiusmodi eft. Sunt balfami arbores ea qua myrti ftirpes
magnitudine: folia illis, qualia herbae amaraco. Habent
fua circa eas plantas cubilia viperae, plures uno, alio pau-
ciorea loco: eft enim eis balfami liquor cibus multo fuavif-
fimus: ipfa etiam fruticis umbra maxime delectantur. Ubi
ea fuerit legendo humori tempeftivitas, veniunt *ta faerum*
*tuum* Arabes cum binis ligneolis regulis finguli; earum
complofu bellias fugant: occidi vero *magna* eft religio, quod
facras, *et genios veluri quoftam* effe balfami putant. Quod fi
quem morfu appetierint, plaga eft qualis a ferri vulnere,
fed venoni omnino expers, quod fcilicet balfami paftu, li-

quoris *buius omnium* odore praeftantiffimi, veneni *acerbitas*
*illa prostrua* mitefcit. Et haec quidem ita fe habent.

CAP. XXIX. In Helicone primos *omnium* facra Mufis
feciffe, et Mulis eum montem conlecraffe Ephialten et Otum
tradunt. Eosdem etiam Afcram condidiffe. Hegefinous
in eo quod de Attica terra fcripfit poëmate, *his verfibus* indicavit:

AΩ Afcrae optato pothur Neptunus amore :
Mox illi quam progenuit volventibus annis
Oeochun, natus olim qui lunctus Aloei,
Cui ad radicei Helicouis condidit Afcram.

Hanc Hegefinoi poëfin ego nunquam legi, quando ante
me natum prorfus evanuerat: fed Callippus Corinthius in
hiΩoria quam de Orchomeniorum rebus confcripfit, eorum
Hegefinoi verfuum teΩimonio utitur: eos itaque nos ab
ipfo Callippo fumfimus. Afcrae aetate mea turris unica
reliqua fuit, et praeterea nihil quod poffet memoriae prodi.
(1) Aloei quidem filii Mufas numero tres *religione* fanxe-
runt: nomina vero illis impofuerunt, Meleten, Mnemen, et
Aoeden: *quafi dicas, meditationem, memoriam, et cantionem.*
Tempore dein *suis* *unito* poΩ, Piërum Macedonem ferunt,
a quo uni de Macedoniae montibus nomen, quum Thefpias
veniffet, ut novem Mufae hifce quibus nunc appellantur
nominibus colerentur inΩituiffe: aut quod rectius id duxiffet, aut quod ex oraculo quopiam id ei imperatum fuiffet,
aut *potiΩimo* quod ea in re Thracum effet difciplinam fecutus: folertior enim Thraces Macedonibus gens, et in diis
colendis haudquaquam pari neglectu. Sunt qui Pierum
ipfum filias novem habuiffe dicant, easque de Mufarum nominibus appellaffe; et ex illis natos Pierp nepotes lis praeditos nominibus fuiffe, quibus Graeci eos qui Mufarum
partu editi perhibentur, nominant. At Mimnermus, qui
elegis pugnam Smyrnaeorum contra Gygen et Lydos confcripfit, in ipfa operis ingreffione prima antiquiores Mufas
Coeli. alias illis natu pofteriores Iovis filias memorat. (3)
In Helicone qua iter ad Mufarum lucum, ad laevam fons
eΩ Aganippe: filiam Aganippen Termeffi fuiffe dicunt: circumfluit autem hic Termeffus Heliconem. Recta ad lucum
*Mufarum* pergentibus eΩ Euphemes effigies e lapide fabricata. Fuiffe Euphemen tradunt Mufarum nutricem. Eft illi
proxima Lini Ωatua e parvo faxo in fpeluncae modum cava-
to prominens: huic parentant quotannis, antequam facra
Mulis faciant. Genitum Linum Amphimaro Neptuni filio
ex Urania *vulgo* proditum eΩ: Muficos eum gloria fuperiores omnes anteiffe, et ab Apolline, cui fe cantu conferebat,
occifum. De Lini quidem morte ad Barbaras etiam gentes
luctus pervenit: fiquidem apud Aegyptios carmen ufurpatum eΩ, *quod* Linum *Graeci dixerunt*: appellarunt ipfi tamen
Aegyptii id patria voce Manerun: fed Graeci poetae, *et in
primis* Homerus, eius cantilenae tanquam Graecae mentio-

nem fecerunt. Quum enim Lini cafus cognitos haberet, in
Achillis fcuto Vulcanum inter alia caelaſſe commentus eſt
puerum fidibus canentem Linum:
   Quos inter medios luvenis teſtudine dulci,
   Suave Linum arguto cecinit modulamine pulchrum.
At Pamphus, qui Athenienſibus hymnos antiquiſſimos fecit,
increbreſcente ob Lini mortem luctu, Oetolinum (id eſt Fle-
biletinitnum) dixit. Sappho deinde Lesbia, fumto e Pamphi
verſibus Oetolini nomine, Adonim ipſa fimul et Oetolinum
decantavit. Thebani vero fepultum apud fe Linum fuiſſe
autumant, addentes, Philippum Amyntae filium proſligatis
ad Chaeroneam Graecis, fomnii cuiusdam monita Lini cru-
ta oſſa in Macedoniam transportaſſe; mox itidem alio commotum fomnio Thebas reportanda curaſſe. Sepulcri vero
omnem fuperficiem, ac plane veſtigia omnia temporis diuturnitate abolita. Narrant etiam Thebani fuiſſe alterum
minorem Linum qui ſit Iſmenii dictus; quem Hercules puer,
dum ab eo Muſicam doceretur, occiderit. Carmina certe
neque fuperior ille Amphimari, neque hic poſterior ulla fecere: vel quae forſaſſis fecerunt, ad poſteritatis memoriam
non pervenerunt.

CAP. XXX. Miſarum figna autiquiorum, Cephiſodoti
funt opus. Paulo hinc longius Cephiſodoti aliae funt Muſae tres: Strongylionis totidem, hominis qui boves et equos
unus omnium optime expreſſit; reliquas tres fecit Olympio-
ſthenes. Eſt praeterea in Helicone Apollo aeneus, et Mercurius, de Lyra inter fe litigantes: Bacchus etiam Lyſippi,
nam erecto ſtatu Liberi Patris fimulacrum dedicavit Sylla,
omnium Myronis operum (Erechtheo, qui Athenis eſt, excepto) longe quod fpectetur digniſſimum. Neque vero de
fuo Sylla donum dedit, fed illud Orchomeniis Minyis eripuit. Hoc illud eſt Graecia ufurpatum verbum, Deos alienis
copiis venerari. (2) Poetarum etiam, et aliorum Mu-
ſicae laude inſignium virorum, illic ſtatuas videas: inter
eos Thamyrin iam caecum fractam lyram attrectantem:
Arion Methymnaeus delphino inſidet: Sacadae vero Argivi
qui effigiem finxit, quod Pindari de eo carminis exordium
non intellexit, corporis magnitudine nihilo tibicinem tibiis
grandiorem fecit. Sedet ibidem Heſiodus citharam genibus fuſtinens: quod tamen non fuit eius geſtamen, quum
(ficuti licet eius verſibus colligere) ad Lauri virgum cane-
ret. De Heſiodi vero et Homeri aetate, etſi mihi funt o-
mnia diligentius conquiſita, non eſt tamen libitum meam
ea de re fententiam explicare, quum fcirem et inter
fuperiorum aetatum homines, et inter eos, qui temporibus meis ad rei poeticae ſtudium animum adiece-
runt, de hoc ipſo contentioſius diſceptatum. (3) Thra-
cio quidem Orpheo myſterii fimulacrum adſiſtit: circum-
ſtant canentem feras im marmore et aere expreſſae. Graeci alia multa quae nunquam evenerunt pro veris habent,
et illud inter alios, Orpheum Calliopes filium foiſſe, Muſae

*fcillet*, non eius quae Pieri filia fuerit: allicere folitam cantu feras: eundem ad inferos vivum defcendiffe, quo exoratis inferûm diis uxorem reciperet. Atenim opinione mea Orpheus carminis concinnitate *omnes* qui ante ipfum fuerunt, *longo* fuperavit *intervallo*. Magnam autem *ex eo* eft auftoritatem confecutus, quod et deorum initia, et nefariorum facinorum expiationes creditus eft adinveniffe: morborum etiam remedia, et iratorum numinum placationes. Thracum vero foeminas infidias ei *primum* feciffe, quod focum viros *quaecunque* errans *hac illac* traheret, virorum tamen metu non *hariai* aufas *facinus perpetrare*: deinde mero *largius* hauflo, quod cogitaverant, perfeciffe. Ex eo inllitutum, ut viri *nee niji* temulenti ad praelia exirent. Sunt qui dicant fulmine ictum concidiffe: hoc mortis genere peremptum, quod initiorum arcana profanis et rudibus hominibus tradidiffet. Eft et illud memoriae prodirum, uxore mortua veniffe illum ad Aornum Thefprotiae, quod ibi pervetus effet per umbrarum evocationem oraculum: ibi quum Eurydicev animam fequi fe putaffet, et fua fe opinione falfum refpiciens animadvertiffet, ultro fibi ipfi. moerore confertum, manus confciviffe. Addunt Thraces, lufcinias, quae circa Orphei fepulcrum nidos habeant, fuaviores *quam ceterae*, et vocaliores cantus edere. Macedones vero qui fubjectam Pieriae monti terram incolunt, et urbem Dion, eo ipfo in loco a foeminis occifum Orpheum autumant. A Dio montem verfus fladia XX progreffis, columna eft ad dexteram: fuperimpofita columnae eft lapidea urna; in ea Orphei offa condita effe, regionis eius incolae dicunt. (4) Praeterfluit *hunc locum* Helicon amnis. Is ultra fladiûm LXXV, infra terram fe abdit: occulto dein meatu fladia XXII elapfus, fe denuo oftendit, et Baphyrae nomine pro Helicone fumto, in mare fe navigabilis infert. Hunc amnem Diatae aperto quondam alveo decurriffe aiunt: *ab eo* vero *primum tempore*, quo mulieres illae quae Orpheum occiderant, fanguinem abluere conatae funt, terram fubiiffe, ne *pollutis ea caede forminis* ad expiandum fcelus aquas praeberet fuas. (5) Ab hoc *longe* diverfum Lariffae fermonem audivi: urbem olim in Olympo celebrem, Libethra nomine, fuiffe, qua mons in Macedoniam fe immittit: ab ea urbe non longe Orphei monumentum abeffe: Libethriis *olim* e Thracia a Liberi Patris oraculo refponfum allatum, a fue urbem deletum iri, quum primum Orphei offa fol afpexiffet: de hoc illos oraculo follicitos effe oportere fe nihil putaffe, quod nullam omnino feram vel tantam, vel tantis praeditam viribus exiftere poffe crederent, quae urbem eiusmodi poffet exfcindere, quum ea non magis fiducia quadam, quam fuo robore niteretur. Atqui ubi diis vifum eft, haec acciderunt. Paftor quidam meridie recubuit *feffus* ad Orphei tumulum. Is quum forte fomno fe dediffet, in fomnis coepit Orphei verfus magna et fuavi voce decantare. Ea voce qui proximis locis vel pafcebant, vel forte arabant, com-

moti,, intermiſſo opere, ad illam dormientis paſtoris cantile-
nam accurrerunt. Ibi quum *ira, ut ſui*, alterum alter trudentes impellerent, dum proxime quisque ad paſtorem certant
accedere, columnam evertunt: ea ruente fracta eſt urna:
quo factum ut Orphei oſſa ſol aſpiceret. Ex deinde quae info-
cum eſt nocte ingenti aquae vi de coelo effuſa, Sus amnis (unus
hic eſt de Olympi torrentibus) Libethriorum muros deiecit,
ſacras et profanas aedes evertit; homiues ipſos, et animalia
cuncta. quae intra moenia fuerunt, extinxit. Deletis iam Libethriis, Macedones qui Dion tenebant (uti *mihi* Lariſſaeus hoſpes
narrabat) Orphei oſſa Dion translata ſibi vindicarunt. Iam vero
qui ſunt in poetarum ſcriptis non indiligenter verſati, ſatis
norunt in Orphei hymnis ſingulis brevitatem ſummam quae-
ſitam; neque omnino multos numéro eſſe: (6) Lycomedas
eos *plane* qui ſint, ſciunt, et initiis ſuis concinunt: ac ſunt
illi quidem carminis elegantia et ornatu primi ſecundum
Homeri hymnos: religionis et ſanctitatis multo hi plus
prae ſe ferunt.

CAP. XXXI. Arſinoes etiam in Helicone ſtatua eſt;
quam Ptolemaeus, etſi *germanus* frater erat, uxorem tamen
duxit. Ea ſtatua aeneo inſidet paſſeri (*id eſt ſtruthocamelo*)
ex involucrum genere. Habent hi quidem alas, uti *aliis*
ceteri, ſed prae corporis mole *kuus*; ſe in ſublime nequeunt
attollere. (2) Eſt ibidem cerva Telepho Herculis filio infanti mammain praebens. et bos proximo loco. Inter cetera eius loci inſignia ſpectacula eſt Priapi ſignum. Huic deo
et ubi honorem habent, quibus capellarum et ovium greges, vel apum alvearia curae ſunt: ſed eum prae Dis
cunctis venerantur Lampſaceni, Libero Patri e Venere genitum dictitantes. (3) Sunt in Helicone et alii tripodes
dedicati, et *unus inter hos* antiquiſſimus, quem Chalcide ad
Euripum *Laboru* de carminibus praemium tuliſſe Heſiodum
tradunt. Lucum circumquaque accolunt finitimi. Theſpienſes dies feſtos agitant, et ludos *Muſarum, quae* Muſaea vo-
*eant*. Cupidinis etiam ludos faciunt; quibus non ſolum mu-
ſicis hominibus, ſed athletis etiam ſua expoſita praemia.
Supra lucum ſtadia ferme XX aſcendentibus, eſt fons, qui
Equi dicitur. Elicuiſſe hunc ungula terram ſodientem
Bellerophontis equum tradunt; oh eam rem Hippucrenen
nominatum. (4) Boeotiorum quidem *populi*, qui circa He-
licouem domicilia habent, ex opinione quadam *a maioribus*
accepta, Heſiodum negant aliud quicquam, praeter *illud*
*poema, quam* Opera *appellantur*, ſcriptum reliquiſſe; quin et
ex eo Muſarum invocationem, quae in exordio eſt, remo-
vent; principium ſtatuentes carminis enu locum fuiſſe, qui
de Contentionibus eſt. Quin et plumbeam mihi *ibidem*
oſtenderunt iuxta fontem *poſitam*, ſed vetuſtate magna ex
parte vitiatam. In ea ſcriptum eſt *carmen illud i i um quae*
Opera *inſeribuntur*. Diverſa eſt ab hac eorum ſententia,
qui multa alia verſuum volumina Heſiodo adſcribunt. ea
videlicet quae in mulieres decantata ſunt; et quae magnas

Eoeas nominant: Deorum gentilitatem; in Melampodem vatem carmen; Thefci cum Pirithoo ad inferos defcenfum; Chironis praeceptionem. ad Achillem fcilicet inftituendum: tum quae Operibus et diebus continentur. Didiciffe iidem Heliodum divinandi artem tradunt ab Acarnanibus; et exftant fane *eius* de divinatione carmina, quae ipfi legimus, cum iis. quae ad finem additae funt, explicationibus. (5) Contraria etiam *quordam* de Hefiodi morte narrantur. Nam Ganyctoris filios ob Hefiodi necem, Ctimenum et Antiphum, ex Naupacto Molueriam confugille; et quod illic ob violatum Neptuni numen poenam fufeoperint, omnium haec eadem funt fermonibus vulgata: fed adolefcentum fororem quum ulius vitiaffet, in ftupri fufpicionem falfo Hefiodum voeatum alii dixere: alii vero illum haud dubie culpa non vacaffe. Ac de iis quidem, quae de Hefiodo, eiusque verfibus valde inter fe diffidentia memorantur, fatis dictum hactenus fuerit. (6) In fummo Heliconis iugo fluvius eft Lamus, non magnus ille quidem. In Thefpienfium vero finibus *eius* eft, qui Hedonaeon *dicitur*. In eo fons, Narcilli *appellatus*; quod in ea fe aqua Narciffus afpexiffe dicatur, donec fuam illam effe umbram non intelligens fui iplius imprudens amore caperetur, utque ex eo ad eundem fontem extabefceret. Abfurdum enimvero, eo quemquam ftoliditatis prolabi, ut fui amore capiatur, et omnino quid inter hominem et umbram interfit non videat. Alius etiam de Narciffo fermo proditus eft, minus quam fuperior vulgatus; auctores tamen et hic fuos habet: fororem ei geminam fuiffo, quum *oris* fpecie omni ex parte fimilem, tum vero coma et veftitu nihil differenti: folitos fimul venari: a puero fororem amatam: ea quum forte diem fuum obiffet, venritare illum ad fontem folitum: in quo quum fuam intueretur umbram, ac fuam omnino effu non ignoraret, *ob puillitudineis tamen, quae inter iplos fuerat,* tanquam fi non fuam, fed fororis imaginem prae oculis haberet, defiderii ex eo fui folatium aliquod capere confueffe. Narciffum vero florem et ante multo e terra editum puto, quantum ex Pamphi verfibus licet coniicere. Multis enim ante Thefpienfem Narciffum annis, Proferpinam Cereris filiam *a Dite* raptam fcripfit, dum luderet, et flores legeret: neque violis illum, fed narciffis deceptam.

Cap. XXXII. Qui Creufide (quod eft Thefpienfum navale) habitant, nihil illi publice habent *memorata dignum.* In privati hominis aedibus eft Liberi Patris fignum e gypfo, pictura illuminatum. Croufin e Peloponnefo navigatio-eft obliqua, et omnino parum tranquillo mari *minus tuta.* Nam excurrentibus *iu mare* promontoriis *ita finuantur littora, ut recti curfus teneri nequeant:* ex *proximis* praeterea montibus venti fpirant concitatius. (2) Bocotiae oram ipfam a Creufide legentibus, neque in altum provectis, Thisbe urbs occurrit ad dexteram. Ac primum quidem proximus mari mons eft: hunc ubi fuperaveris, te planities excipiet:

uius fuhinde mons: in eius ima parte orbs ipfa: in ea Herculis templum, in quo fignum recto ftatu e lapide. *Herculi* ludos *quae* Heraclea *appellantur*, faciunt. Quod inter montes camporum iucet, nihil. quin *defines i um* aquarum copia flagnum *perpetuum* fit, prohibet, nili valido aggere per medium ducto quotannis aquam in alteram partem avertant. et alteram *inter ea campi* partem colant. Thisben ipfam, a qua urbi nomen, nympham effe indigenam dicunt. (3) Hinc praeternavigantibus modicum eft oppidam maritimum Tipha. Herculis illic delubrum; in quo facrum faciunt anniverfarium. Tiphaeenfes praecipuam fibi prae cunctis Boeotiis maritimarum rerum peritiam iam tum ab initio vindicant. Tiphyn praedicantes, cui nominatim Argus navis gubernacula credita funt, fuum fuiffe indigenam. Offendunt etiam extra oppidum locum, quo Argo ipfam Colchis reverfam applicuiffe dicunt. (4) Supra Thefpienfium fines interius eft Haliartus. Huius urbis, et item Coroneae, quisnam fuerit conditor, non fatis fuo loco, feorfum ab Orchomeniorum rebus, a me exponeretur. Perfico certe bello, quod in Graecorum amicitia *conftanter* perftitiffet Haliartus, pars una Xerxis copiarum, agrum et urbem Haliartiorum igni *ferioque* vallavit. Eft Haliarti Lyfandri Lacedaemonii monumentum. Quum enim ad muros oppugnandi caufa acceffiffet, defenderetur autem oppidum Athenienfium et Thebanorum praefidio, eruptione ab hoftibus facta in pugna occubuit. (5) Lyfandrum quidem fummis laudibus ornandum, et eundem acriter accufandum cenfuerim. Nam prudentiam *in re bellica tunc* maximam oftendit, quom Peloponnefiacae ipfe claffis imperator, Antiochum Alcibiadis gubernatorem, eo tempore obfervato, quo aberat imperator, in fpem adduxit Lacedaemoniis fe parem effe poffe ad congrediendum navali praelio, ac deinde eum non longe a Colophoniorum moenibus arrogantia et temeritate fuffultum vicit. Iam vero triremium iterum a Spartanis imperio accepto, Cyrum *minorem* ita delinivit, ut pecuniam illa ad claffem *tuendam*, quoties *et quantam* petiffet, quoque maxime tempore opus effet, perliberaliter fuppeditaret. Quumque Athenienfes ad Aegospotamos centum navium ftativa haberent, tempus illud fpeculatus, quo navales focii aquatum, et ad commeatus fibi e foro curandos profecti fuerant, claffem illam occupavit. Iuftitiae etiam tale fpecimen dedit. Autolyco pancratiaflae, cuius ego imaginem in Prytaneo Athenis vidi, cum Eteonico Spartano homine erat de pecunia nefcio qua controverfia. Ibi Spartanus, qui iure caufae multo effet difceptando inferior, quod erat tunc Athenienfium civitas in triginta virûm poteftate, et aderat adhuc Lyfander, eo proceffit infolentiae, ut non dubitaverit adverfarium plagis laceffere, eundemque *praetexti* fe *animo* defendentem, ad Lyfandrum pertraxerit; confifus *nempe* ad gratiam illum prouunciaturum. At Lyfander Eteonicum iniuriarum damnatum, cum infamia et convicio dimifit. (6) Et haec quidem Lyfandro magnam exiftimationem pepererunt. Alia vero *fere* totidem eius facta *neque* illi dedecori fuere. Ad Aegospotamos Philoclem Athenienfem de claffis praetoribus unum, et Athenienfium ad quatuor millia dedititiorum occidit, ac mortuis terram iniici vetuit: quum et Perfis qui ad Marathonem cecidcrant. Athenienfium: et iis Lacedaemoniis, qui ad Thermopylas mortem oppetlerant, Xerxis conceffu fepultura contigerit. Deinde maiorem Lacedaemoniis *ex eo* invidiam concitavit, quod et Decemviratus in *focus* civitatibus. et *praefectos tam potest te*, *quos* Harmoflas *appellabant*, *qui* Laconibus *imperarent*, confiituit. *Pofirum* quum Spartani nullam *omnino* acquirendae pecuniae rationem haberent, quod ex quodam oraculo accepurant, Spartae folam pecuniae cupiditatem fatalem fore, hic eos ad pecuniae ftudium vehementer incitavit. *Cuius* ego *rebus adductus*, *et fimul* Perfarum auctoritatem ac legem fecutus, Lyfandri *principatus* Spartanis perniciofiorem potius, quam utiliorem exftitiffe cenfuerim.

CAP. XXXIII. Ad Haliartum vero *ut redeam*, eft illic et Lyfandri monumentum. et Cecropis Pandionis filii heroica cella. Mons Tilphuffius, et Tilphuffa item fons. qui dicitur, ab Haliarto ftadia abeft quinquaginta, ut maximo. Traditum eft Oraecorum monumentis, Argivos, quum Polynicis filios fecuti Thebas cepiffent. dum ad Delphicum Apollinem cum reliqua praeda vatem etiam Tirefiam pertraherent, fitientem illum in via haufta de Tilphuffa fonte aqua, animam *ftatim* egiffe. Eft eius fepulcrum ad Ipfum fontem. Vatis fillam Manto ab Argivis Apollini aiunt facratim: fed transmififfe eam claffe (iubente deo) Colophonem in Ioniam, ibique Rhacio Cretenfi nuptam. Quae de Tirefia dicuntur alia, de annorum fcilicet quem viaiffe fcripferunt numero. et quod vir evaferit ex foemina, quodque in Odyffea Homerus eum unum fapientem effe apud Inferos dixerit, *omnia* haec omnes iam *totus* audita norunt. (1) Eft apud Haliartios fub divo dearum aedes, quas vocant Praxidicas, *ut fi Viatices dicas*: ad earum aram iusiurandum concipiunt, quod irritum neutiquam habent. Eft haec aedes dearum ad montem Tilphuffium. Haliarti vero delubra funt, in qaibus figna nulla, quum tecto etiam careant. Quibus dicata fuerint *noudibus*, quum percontatus fuerim, cognofcere tamen non potui. (3) Perfluit Haliartidem terram Lophis fluvius. Laboraffe quondam ficcitate ob fummam aquarum penuriam agrum totum memorant: virum *eo tempore* unum de primoribus Delphos veniffe ad confulendum, qua ratione aqua inveniri poffet: refponfum acceplffe, ut qui primus Haliartum redeunti obvius factus effet, i'lum occideret: quare quum *prius* ei Parthenomius filios Lophis occurriffet, nihil cunctatum *ftricto* gladio puerum percuffiffe: illum adhuc fpirantem huc illuc curfitaffe: oblicuneque vero *humi* fufus effet cruor, inde aquas e terra erupiffe: ex eo fluvium nomen accepiffe. (4) Alalcomenae non magnus eft vicus, ad radices imae modice editi montis. Lo-

E e 2

eo nomen datum ferunt ab Alalcomene homine indigena,
a quo fuerit Minerva enutrita. Dixere alii Ogygi filiam
Alalcomeniam fuiſſe. Non ita procul a vico, plano loco
erecta fuit Minervae aedes : in ea priſcum fuit ex ebore ſignum.
Sylla quidem multa in Athenienſus crudelia admiſit facinora,
et a Romanorum more aliena: Diſſimilia non fuerant, quae
in Thebanos et Orchomenios fecit. Quibus et addidit, quod
illud ipſum, quod Alalcomenis fuit, Minervae ſignum eripuit.
Hunc hominem, qui Graecorum civitates et patrios deos tam
furenter vexarat, morbus omnium teterrimus oppreſſit, pedi-
culis e toto corpore erumpentibus : huc priſtina hominis
felicitas recidit. Ipſum certe templum erepto ſigno deſeri
deinceps ac negligi coeptum, numine veluti orbatum. Contigit ad eius everſionem aetate mea alia huiusmodi calamitas. Agnati parietibus hedera magno et praevalido trunco,
ita ſe intra iuncturas et coagmenta ſerpendo immiſit, ut lapides disiunxerit. (5) Hac torrens praeterlabitur non magnus, quem Tritonem nuncupant, quod Minervam ad amnem
Tritonem educatam vulgo proditum eſt : quaſi hic ille Triton ſit, non autem qui ex Tritonide palude, quae in Africa
eſt, in Libycum mare deſcendit.
CAP. XXXIV. Antequam Coroneam ab Alalcomenis
venias, Minervae Itoniae templum videas. Cognominis
auctor fuit Itonus Amphictyonis filius. Hac ad commune
concilium conveniunt Boeoti. In eo templo Itoniae ipſius
Minervae et Iovis ex aere ſigna ſunt, Agoracriti Phidiae
diſcipuli, quique ei in amore fuit. opera. Gratiarum etiam
aetate mea ſigna dedicata ſunt. Memoriae proditum eſt Iodamiam deae ſacerdotium gerentem noctu intra ſacrum
templi ſeptuum veniſſe; Minervam ei ſe obtuliſſe cum palla,
in qua Meduſae Gorgonis caput inerat; eo conſpecto Iodo-
Iodamiam in lapidem obriguiſſe : eamque ob rem mulierem
quotidie ad Iodamiae aram ignem apponentem, ter Boeotorum voce eſſari, Iodamea vivere: Igneinque ſibi depoſcere.
(2) Coronea habuit ad memoriam inſignia, Mercurii Epi-
melii in foro aram; et item Ventorum alteram. Paulo infra aut aras Iunonis facellum eſt cum perretore ſigno : Pytho-
dorus illud Thebanus fecit: Sirenas manu praefert. Acheloi
enim filias narrant Iunonis ſuaſu in cantus certamen Muſas
provocare auſas: victis Muſas pinnas ex alis convelliſſe, deque illis coronas ſibi feciſſe. (3) Abeſt a Coronea ſtadia ferme
XL mons Libethrius: ſigna in eo Muſarum et Nympharum
ſunt cognomine Libethridum: fontem etiam Libethridem nominant. Fons alius eſt, ubi ſaxum mammis muliebribus figura perſimile; unde aqua quaſi lac eſſunditur. (4) Ad Laphyſtium montem, et ſacram Iovi Laphyſtio aream, a Coronea ſtadium XX iter ut longiſſimum. ſui ſignum e lapide
eſt. Quum eſſet Athamas hic Phrixum et Hellen immolaturus, ſubmiſſum a Iove pueris aurei velleris arietem dicunt, quo vecti illi aufugerint. Superius aliquando eſt Hercules cognomento Charops, quaſi paulis aut curſu oculis dixeris.
Hac aſcendiſſe Herculem Boeoti dicunt Ditis canem traben.

tem. Qua a Laphyſtio ad Itoniae Minervae deſcenditur, eſt amnis Phalarus, qui in Cephiſſidem influit paludem. (5) Trans Laphyſtium montem eſt Orchomenus, illuſtris, ſi qua eſt alia Graecis urbs, ct *rerum geſtarum* gloria inſignis. Ad *ques vero iunuas et* felicitatem maximam eveclam, idem prope qui Mycenas et Delon rerum exitus perculit. De priſcis vero eius rebus haec propemodum memoriae mandata fuere. Confediſſe hoc in loco primum *omnium* tradunt Andrea Penei fluminis filium; et ab eo Andreidem terram nominatam: ad eum quum veniſſet Athamas, *communicato itinere,* conceſſiſſe ei agro toto, qui circa Laphyſtium eſt, nec non eam regionem quae nunc Coronea et Haliartia dicitur. Athamas quum nullam ſibi virilem prolem ſuperſtitem eſſe putaret, (quod noſpe quae *per inſaniam* in Learchum et Melicerten ipſemet feciſſet, meminerat, et Leuconi morbus vitam ademerat, Phrixum vero adhuc vivere, aut liberos ei fuſceptos omnino ignorabat) ob hanc cauſam Therſandri (filius is erat Siſyphi) liberos Coronum et Haliartum adoptarat. Nam Siſyphi ipſe frater erat. Quum rediſſet autem e Colchis, vel Phrixus ipſe, at quidam dicunt i vel (ut alii malunt) Preybon, quem ex Aeetae filia genuerat Phrixus, confuerunt Therſandri filii, Athamantis regnum iure *qua ſ; pro ſſimini* ipſi Athamanti et eius foboli reddendum: accepta itaque ab Athamante agri parte, Coroneae et Haliarti conditores fuere. Sed et ante horum reditum Andreus Euippen Leuconis filiam deſpondente Athamanto uxorem duxerat i ex qua natus eſt ei Eteocles: etſi pervulgata inter cives fama, Cephiſi amnis fatu genitus eſt: quocirca et poetarum quidam Cephiſiaden E:eoclen carminibus appellarunt. Suſcepto Eteocles regno, agrum ab Andreo vocari facile ſivit: tribus vero *duas* conſtituit; *quarum unam* Cephiſiadem; alteram, de fuo nomine *Eteoclean* iuſſit appellari. Venienti autem ad ſe Halmo Siſyphi filio, foli non magnam atique partem conceſſit: ab Halmo itaque vici tunc Halmones nuncupati fuere. Iis deinde, quae inſecuta ſunt temporibus, ufus obtinuit ut *unicus* vicus Halmones appellaretur.

CAP. XXXV. Eteoclem fane Boeoti primum omnium Gratiis ſacra feciſſe memorant: ac tres quidem *religione* fanxiſſe norunt *omnes:* quae vero eis nomina indiderit, non meminerunt. Nam Lacedaemonii Gratias duntaxat duas duas colunt: quas Lacedaemonem Taygetae filium dedicaſſe tradunt, easque Clitan et et Phaennan nominaſſe. Confentanea fane Gratiis illa nomina: confentanea etiam quae Athenienſes ufurparunt. Nam et ipſi iam tum ab antiquis temporibus Gratias venerantur, Auxo, et Hegemonen. Nam Carpus nomen, non Gratiae, ſed Horae (*id eſt fructuum tempeſtivitatis*) eſt. Horarum alteri, communes cum Pandroſo honores Athenienſes habent, Thallotenque (*hoc eſt Germinatrium*) nominant. Accepto fane ab Orchomenio Eteocle ritu, tribus iam Gratiis vota concipimus. Iam qui

Nunciorum numina, qui Liberum Patrem, qui Apollinem
Deliis fecerunt, tres in eorum lignorum manibus Gratias
poſuere. Athenis in arcis veſtibulo Gratiae funt, et ipſae
numero tres, quarum initia vulgo incognita eo ipſo in loco
peraguot. Pamphus omnium (quos ipſi novimus) primus
carmina in Gratias cecinit: earum tamen neque numerum
definivit, neque nomina tradidit. Et ipſe Gratiarum mentionem Homerus tecit. Vulcani uxorem earum unam dixit,
quam Gratiam *proprio* appellavit nomine. Pallitheae vero
amatorem .: *ade*. perhibet *iktam*. Idem ubi Somnum loquen-
sem inducit talem reliquit verſum:

    Iunda am mihi te Charitem florentibus annis
    Palitheun.

Ex eo ſuſpicati quidam funt, *quam iuniores Gratias noninst*,
vetuſtiores illum iciſſe alias *faiſſi*. Iam vero in eo poemate,
quo deorum Heſiodus originem explicat, (licet enim per me,
Ileiiodo qui volet Theogoniam aſſerat) Sed eo in libro Gratias Iovis et Eurynomes filias Heliodus eſſe dixit, et nomina protulit. Euphroſinen. Aglaian, et Thaliam. Eademque quoque *nomssia* ſuis verſibus mandavit Onomacritus.
Antimachus neque *certum* numerum Gratiarum, neque nomina prodidit; Aegles *santium* et Solis filias eſſe dixit. Her-
meſianacti elegorum ſcriptori (quod nemo ante eum tradidit)
Pitho , *d eſt Suaslein*) una eſt de Gratiarum numero. (1) At
qui primus Gratias vel finxerit nudas, vel pingendo nudas
oſtenderit, nusquam comperi. Apud priſcos enim homines
cum vellimento eas tam a fictoribus, quam a pictoribus factas novi. Nam et apud Smyrnaeos, quum in Nemelium
ſano praeter *cetera* ſigna, *ipſae etiam* Gratiae aureae dedicatae funt, quas Bupalus fecit: tum vero in Cantorum ſtatione (*Oluum ipſi vocant*) Gratiae imago Apellis opus eſt. Pergameni etiam in Attali thalamo. et in eo templo quod Pythium nuncupaut, ſuas habent et ipſi Gratias, quas pinxit
Pythagoras Parius. Socrates ad haec Sophroniſci filius ante arcis veſtibulum Gratiarum Athenienſibus *s uas more* ſigna
fecit. Ex ſane omnia funt veſte velata. Qua vero his po-
ſteriores ratione ita Gratiarum ornatum immutaverint, ut
*omnes plane* nudas fecerint, quibus eas vel fingendo vel pingendo exprimere curae fuit, mihi certe compertum non eſt.
*Sed iam ad Orchomenios redeamus.*

Cap. XXXVI. Quum vivendi finem fecisſet Eteocles,
ad Halmi poſteritatem regnum pervenit. Filiae Halmo fuere
Chryſogenea, et Chryſe. E Chryſe fama eſt Phlegyan Marti genitum. In Eteoclis Imperium hic ipſe Phlegyas fuccef-
ſit, quum ille *mares* filios non reliquiſſet. Totius tunc regionis immutatum eſt nomen; ut quae Andreis prius vocabatur, Phlegyantis dicta fuerit. Fuit etiam Iam tum ab initio condita urbs Andreis; cui aliam de ſe appellatam addidit Phlegyas, congregatis in eum bellica virtute praeſtan-
tiſſimis quibuſque e *tota* Graecia. (1). Abiunxerunt vero ſe

in sequentibus dein temporibus, amentia et audacia impulsi, a reliquis Orchomeniis Phlegyae, finitimorum bona agere et rapere aggressi; postremo arma converterunt sua ad Apollinis Delphici fanum diripiendum. Contra quos quum Philammon Delphis opem ferens lectam Argivorum manum duxisset, ipse una cum fortissimis viris pugnans cecidit. Bellicae in primis rei studia prae cunctis Graeciae populis Phlegyas fuisse confectatos, testimonio mihi sunt Homeri versus, quos in Iliade fecit de Marte, et Terrore Martis filio:

Illi Ephyros ambo contra, tunc arma ferebant,
Sive acreis auimi Phlegyas.

Ephyros ibi (ut mihi quidem videtur) nominat qui Thesproticum Epirum incolunt: at Phlegyarum genus *prope omne* crebris fulminibus, et telluris vehementissimis motibus deus funditus abolevit: qui reliqui fuere, eos pestilentia absumsit, praeter paucos, qui in Phocidem effugerunt. (3) Phlegya sine liberis extincto, imperium excepit Chryses, e Chrysogenea Halmi filia et Neptuno natus. Huius Chrysae filius fuit Minyas; a quo ii, quibus imperavit, populi hac etiam aetate Minyae nominantur. Huic tam ampla fuere vectigalia, ut superiores *omnes* diviis vicerit: primusque omnium, de quibus aliud accepimus, Minyas aerarium ad pecuniam servandam aedificavit. At Graeci exterarum gentium res accuratius exornantes, in maiori eas quam suas ipsorum miraculo posuere; quandoquidem clarissimi historiarum scriptores Aegyptiorum pyramidas accuratius *et magnificentius* extulerunt, quum de Minyae aerario, et Tirynthis muris, operibus nihilo minore dignis admiratione, perbrevem fecerint mentionem. (4) Minyae filius fuit Orchomenus. Eo regnante et Urbs Orchomenus, et populus Orchomenii appellati. Mansit tamen nihilominus Minyarum etiam cognomen, quo ab iis, qui in Arcadia sunt, Orchomeniis distinguerentur. Ad hunc Orchomenum regnum *tam* obtinentem, Hyettus venit Argis, fugiens ob Moluri Arisbantis filii caedem, quem in uxoris adulterio deprehensum interfecerat. Ei partem agri Orchomenus concessit eam, quae circa Hyettum vicum est, cum tota vicinitate. Hyetti mentionem fecit is etiam, qui ea carmina composuit, quae sunt Eoeae magnae (*hoc est, Orientis mulierum*.) appellatae.

Hyettus, casti temerata ob foedera lecti,
Filium Arisbantis quum si avit caede Molurum,
Herbosis longe profugus discessit ab Argis,
Orchomenumque adiit Minyeum: excepit a.nicis
Aedibus illum heros, fortunarumque benigno
Pectore participem non abnuit esse suarum.

Satis conflat primum omnium Hyettum hunc de adulterio poenam sumsisse. Multo enim post Draco, quum leges

Athenis in magiſtratu ferret, quibus de *poena et* impunitate factorum cavit, ſevera lege in adulteros animadvertendum cenſuit. Eo iam Minyarum nomen dignitatis proiectum fuerat, ut et Neleus Cretiei filius Pyli rex, ex Orchomeno uxorem Aorin Amphionis ex Hilalio geniti uliam duxerit.

CAP. XXXVII. At evenit ut Halmi etiam proles aliquando interiret. Nam quum liberos Orchomeoua non ſuſcepiſſet, ad Clymenum Presbonis filium. Phrixi nepotem, imperium tranſiit. Filios hic habuit natu maximum Erginum; minores Stratium, Arrhonem, Pyleum, et poſtremum Axeum. (1) Clymenum ipſum, dum feſli dies Onchelili Neptuni agitarentur, Thebani homines ex cauſa *admodum* levi vehementi ira concitati occiderunt. Erginus patri Clymeno aetatis iure in regnum fucceſſit. Is nios cum fratribus exercitu comparato Thebas adortus, praelio *prius* *mum* hoſles fudit: icto deinde foedere, pecunia ſe annua Thebani de Clymeni caede ſatisfacturos pacti ſunt. Sedenim quum Hercules ad Thebanorum res tuendas ſe convertiſſet, tributo liberati ſunt Thebani, et Minyarum opes bello magnopere acciſae. *Eu tempore* Erginus, ut qui conſectos iam prope belli calamitatibus cives ſuos videret, pacem quidem cum Hercule fecit: ad priſtinas autem opes et felicitatem redintegrandam converſus, ita prae hac una cura omnia contempſit cetera, ut ſenectus eum coelibem et orbum oppreſſerit. Magna demum congeſla pecunia, cupiditas eum liberûm ſuſcipiendi cepit. Quare quum Delphos ea de re conſulturus veniſſet, huiusmodi responſum accepit:

> Ergine o Clymeni proles Presbonidae, ad aram
> Exquireus ſobolem veniſti ſero: ſed et nunc
> Temoni vetulo validum praetendito roſtrum.

(2) Quum igitur oraculi monitu adoleſcentulam uxorem duxiſſet, Trophonius et Agamedes *et eo matrimonio* nati ſunt: *uti* traditum eſt, Apollinis, non Ergini filium fuiſſe Trophonium: quod ego ut credam facile adducor; et *facile* ſibi id perſuaſum habeat quicunque ad Trophonii oraculum acceſſerit. Ii quum ad virilem aetatem perveniſſent, ſollertia in deorum templis, et hominum regalibus tectis aedificandis praeſtiterunt. Erexerunt itaque Delphis Apollini templum, et Hyrieo aerarium. In eius pariete lapidem unum ita collocarant, ut extrorſum eum, *quum vellent*, adductum eximerent. Quoties itaque libitum eſſet, *clam introcuuou* aliquid repoſitae pecuniae auferebant. Enimvero Hyrieum ea res vehementer ſollicitum habebat, praeſertim quum et claves et ſigna cetera incorrupta cerneret, pecuniae tamen numerum quotidie comminui animadverteret. Ad vaſorum igitur ora, in quibus erat repoſita pecunia, laqueos diſpoſuit, vel aliud quid eiusmodi, quo, ſimulac pecuniam quis eſſet attingere conatus, captus teneretur. Ingreſſus itaque Agamedes in vinculis haeſit. Trophonius fratris ca-

BOEOTICA SEU LIB. IX. CAP. XXXVIII.

put ſtatim praecidit, *ωσπερ αεπτα* ne quam illuxiſſet, pet
tormenta quaeſtione habita, et ipſe ab illo, quod furti fuiſſet ſocius, indicaretur. Trophonius quidem terrae hauſtus
eſt hiatu eo ipſo in loco, quo exſtat in luco, qui eſt Leba-
deae, ſovea, quae Agamedis dicitur, columna luperemineu-
te. Orchomeniorum *poſtiαcε* regnum obtinuere Alcalaphus
et lalmenus, quos Marti Aſtyoche Actoris filia, Axei ne-
ptis, Clymeni proneptis, peperiſſe dicebatur. Hos ad Troiam duces Orchomenii ſecuti ſunt. Eius etiam coloniae,
quam in Ioniam Codri filii deduxerunt, conſortes Orchomenii fuere. Suis vero a Thebanis eiectos ſedibus, Orchomenum Philippus Amyntae filius reduxit. Sed eorum res adverſa fortuna gravius ſemper affixit.

CAP. XXXVIII. Apud Orchomenios Liberi Patris templum exſtat, et (quod maxime priſcum eſt) Gratiarum. Saxa vero *quaedam* praecipua colunt veneratione, quae excepiſſe Eteoclem e coelo delapſa ferunt: nam quae expolitius
fabricata ſunt ſigna, et ipſa e lapide, aetate meu dedicata
fuere. Fons etiam illic eſt inſigni opere exornatus: in
eum deſcendunt, qui aquatum veniunt. (2) Minyae aerarium, unum eſt de Graeciae miraculis, nulli omnino eorum
quae uspiam alibi ſint, operum magnificentia, ſecundum.
Ad hunc autem modum exſtructum eſt. Lapidei ſunt omnes
parietes, rotunda operis forma, non valde in acutum ſe at-
tollente faſtigio: ſupremum lapidem toti aedificio modu-
lum convenientiae eſſe dicunt. (3) Sepulcra viſuntur Minyae, et Heſiodi. Heſiodi quidem oſſa hoc ſe modo recepiſſe narrant. Saeviente in homines et pecudes peſtilentia,
miſſos ad oraculum conſultores, reſponſum tuliſſe, ad ſe-
dandam luem unicum illud fore remedium, ſi ex Naupactio
agro in Orchomenium Heſiodi oſſa deportaſſent: aliam ſane nullam reperiri poſſe mali levationem. Percontatos rurſus eos, in qua tandem Naupactii agri parte eſſent illa re-
perturi: reſpondiſſe Pythian, *ſorum* cornicem monſtratu-
ram. Quum redirent in patriam qui ſciſcitatum miſſi fuerant, non longe a via cornicem conſpexiſſe ſaxo inſidentem: ibique Heſiodi oſſa inventa in eius ſaxi latebra, cum
hac elegorum inſcriptione:

Heſiodi patria eſt frumenti fertilis Aſcra;
Sed bello inſignes oſſa tenent Minyae:
Huius in Argolicis excellit gloria terris,
Iudicium quibus eſt, ingeniumque ſagax.

(4) Iam vero de Actaeone vulgatum inter Orchomenios
fuit, vexari agrum ab ea larva quae ſaxo inſideret. Ea *de
re* conſulto oraculo Delphico, iuſſi ſunt, ſi quas reperiſſent
Actaeonis reliquias, eas ut terra tegerent: praeterea ut
larvae ſimulacrum ex aere factum ad ſaxum ferro adliga-
rent: quod ipſe adligatum vidi. Actaeoni quidem quotannis parentant. Abeſt ab Orchomeno ſtadia ſeptem
Herculis templum, in quo non magnum utique ſignum.
(5) Sunt ibi Melanis fluvii ſontes, qui et ipſe in

Cephissidem paludem influit. Magnam sane partem Orchomenii agri ea palus occupat, ex eaque hyeme anni, flantibus vehementius Auftris, late flagnat aqua. Narrant Thebani ab Hercule Cephissum amnen in Orchomeniorum campos averfum, quum antea per montanos cuniculos in mare exiret: eos meatus occlusisse Herculem. Sed novit sane Homerus fuisse paludem Cephissidem absque Herculis opera: Paludi enim inquit. acclivis Cephissidi. (6) Neque fatis eft verisimile, non fuisse Orchomenios apertis cuniculis, et Herculis obice disiecto, priftinum exitum flumini reddituros, quando ne Troicis quidem temporibus opes illi desiderarunt. Teftis eft idem Homerus eo loco, quo Agamemnonis legatis refpondentem Achillem facit:

Non ea quae Orchomenum portantur cunfta.

Ex quo plane colligi poteft, magnam Orchomeniis tunc quoque pecuniam fuppeditasse. Afpledonem quidem ob aquarum penuriam defertam tradunt: nomen vero urbi contigisse ab Afpledone, quem Midea Nympha Neptuno pepererit. Id confirmant verfus a Cherfia facti, viro (ut aiunt) Orchomenio:

Neptunoque tridentifero, infignique Midea
Afpledon fatus eft, ampla fpectandus in urbe.

Aetate certe mea Cherfiae carmina iam vetuftas aboleverat: hos tamen ipfos verfus Callippus retulit in oratione de Orchomeniis. Eidem fane Cherfiae epigramma Orchomenii attribuunt, quod Hefiodi fepulcro inferiptum fuit.

CAP. XXXIX. Qua montes confurgunt, Orchomeniis finitimi Phocenfes: qua campi patent, proxima eft Lebadea. Haec olim et ipfa in edita regionis parte habitabatur, Mideae nomine, ab Afpledonis nempe matre. Lebado vero Athenis in ea loca profecto, In plana incolas defcenderunt, et Lebadea a Lebado ipfo nomen accepit: cuius pater quis fuerit, norunt; neque quam ob caufam illuc venerit: tantum illud fciunt, uxorem ei Nicen fuisse. (1) Exornata urbs eft operibus, haud minus quam alia quaevis maxime florentium Graeciae urbium. Montie ab ea recedit Trophonii lucus: quo loco Hercynam tradunt cum Cereris filia ludentem, anferem e manibus invitam dimifisse: volitantem illum fubisse cavernofum antrum, ibique fe fub lapide occultasse: Proferpinam fubingressam, avem a fuga retraxisse: quo loco lapidem fubmoverat, aquam crupisse; qui poftea luorit Hercyna amnis appellatus. Manet ad fluminis ripas, Hercynae fanum, et fignum in eo, virgo anferem manibus praeferens. Fluvii fontes intra fpeluncam funt: et ftantia fimulacra, quorum fceptris dracones circunvoluti funt. Coniiciat quis oft; illa Aefculapii et Hygiae. Sed fufpicari etiam liceat esse Trophonii et Hercynae. quum non magis Aefculapio quam Trophonio dracones confecratos cenfeant. Prope amnem eft Arcefilai monumentum.

Reportaſſe e Troia Arceſilai oſſa Leitum dicunt. (3) In luco maxime inſignia ſunt, Trophonii templum, et ſignum,
quod Aeſculapii eſſe ſacile exiſtimes: Praxiteles idllu fecit.
Eſt ibidem Cereris, cognomento Europae, ſacellum, et ſub'
divo Iupiter Pluvius. Per montis clivum, qua ad oraculum
via ducit, eſt Proſerpinae Venatricis, et Iovis Regis templum; quod propter ſpatii magnitudinem, vel propter con-
tinuata bella, dimidia tantum ex parte perſectum reliquerunt. In alio templo, Saturni, Iunonis, et Iovis ſimulacra
ſunt. Apollinis etiam illic eſt ſanum. (4) Quod ad oraculum pertinet, obſervatur ritus huiusmodi. Ubi ſtatuerit
quis in Trophonii deſcendere, primum dierum certum numerum eſt ei in aedicula qondam commorandum: eſt illa
Bono Genio, et Bonae Fortunae ſacra. Illic degens et alia
ſuſcipit expiationum genera, et calidis abſtinet aquis; Hercyna fluvio ſe abluit. Carnes ei de victimis large ſuppedi-
tant, Immolat enim qui huc deſcendit, Trophonio, et filiis: Apollini praeterea, Saturno, Iovi, cui Regi cognomen; Iunoni Heniochae, et Cereri, quam Europen nominant, ac ſuiſſe Trophonii nutricem perhibent. Adeſt aru-
ſpex, qui caeſarum hoſtiarum viſcera inſpectat: ex ea in-
ſpectione vaticinatur, numquid Trophonius placatus iam et
propitius conſultorem ſit accepturus. Alia tamen exta non
tam perſpicue Trophonii mentem denunciant, verum ea,
qua quis nocte deſcendit, arietem mactat ad ipſam ſoveram,
invocato Agamedis numine. Exta priora pro nihilo ducuntur, etiam ſi maxime fuerint laeta, niſi eo ipſo ariete litatum fuerit. Id ubi ita evenerit, ut extorum conſentiat ſi-
gnificatio, bona cum ſpe deſcendit conſultor: atque hoc
maxime modo *initiatus, hotque ritu* deſcendit. Deducunt *ie-
u ty.ratt* eum noctu ad Hercynam fluvium; ibi hominem oleo
perungunt et abluunt pueri duo ex oppidanorum liberis,
annos ferme tredecim nati: Hermas *(id eſt Mercuriios)* illos
nuncupant. Hi ſunt qui deſcendentem abluunt, quique mi-
niſtrant, quae ſunt opus omnia, ut puerorum ſit captus.
Hinc non ſtatim ad oraculum a ſacrificulis, ſed *prius* ad
amnis ſontes ducitur; ſunt vero *duo* inter ſe proximi. Bi-
bonda illic eſt Lethes quae dicitur aqua, quo cunctorum el,
quae memoria complectebatur, oblivio contingat; Mnemoſynes deinde *(id eſt Memoriae)* aquas potat, ut *ne mens effluat,
quo minus* quae intra ea penetralia viderit, *omnia* memoria
contineat. Iam ſimulacrum, quod feciſſe Daedalum autumant, contemplatus, (nemini prorſus id oſtendunt ſacerdo-
tes, praeterquam iis, qui ad Trophonium ſunt acceſſuri) eo
ſigno conſpecto, et cum multa religione votis nuncupatis,
ad oraculum progreditur, tunicam indutus lineam, ac taeniis incinctus, ſoleis popularibus in pedes inductis. (5) Eſt
vero oraculum ſupra lucum in monte, crepido in orbem
candido ſaxo circumducta. Crepidinis ambitus eſt inſtar
areae minimae, altitudine minore quam cubitum duûm.
kreſti ſunt ſuper crepidine obeliſci, tam ipſi, quam zonae,

quibus continentur, aenei. Inter eos media funt oflia.
Intra ambitum fpecus eſt, non natura, fed arte, et certo
proportionis modulo quam follertiſſime excifus. Eius ſub-
terraneae cellulae forma furno perfimilis: cuius latitudo
dimenfa per rectam lineam *ab imo uncima ed ſummum*, cubi-
ta aequarit plus minus IV. In altum fubſidit hiatus haud
amplius octo fere cubitûm. Nulli vero gradus conſtru-
cti funt, qui ingreſſos ad imum folum demittant: fed ad
Trophonium defcenfuri fealas admovent, anguſtas *atque*
atque habiles. Ubi defcenfum fuerit, medium inter folum
et antri telludinem cavernula eſt latitudine duorum do-
drantum, altitudine dodrantali. Qui eo penetrarit, huuti
procumbens, melle fubactas oſias tènens, pedes prius in
cavernulam illam immittit: mox genua properat ad pedes
adiungere: ſtatim reliquum corpus ad genua contractum,
eodem prope modo, quo fi maximi et concitatiſſimi amnis
aquarum vortice correptum fuiſſet, intro abripitur. Qui
certe intra penetrale defcenderint, futura non uno et eodem cognofcunt modo: ex vifis alius, ex auditis alius id
confequitur. Per easdem fauces patet *omnibus* reditus;
In pedes vero retrogrediuntur. Neminem omnino ex iis,
qui eo pervaferint, non reducem evafiſſe affirmant, uno
excepto, qui de fpiculatoribus Demetrii fuit: illum certe
neque eorum quicquam facrorum, quae fieri ad fanum illud religione fancitum eſt, feciſſe: et non fcifcitandi caufa, fed quod argentum et aurum fe, *quod ille ejet,* afpor-
taturum fperarat, introiſſe aiunt. Eius itaque cadaver in
diverfam partem, et non per facrum hiatus illius oſtium
eiectum. De quo quidem homine quum multa dicantur
alia, ea ipfe quae narratu duxi digniſſima expofui. Con-
fultorem a Trophonio reverfum facrificuli in folio ſtatim
collocant, quod Mnemofynes vocant: pofitum illud eſt
non procul ab adyto. Ab eo percontantur, quaecunque
vel vifa, vel audita reportarit. Ea ubi accepere, fuis illum reddunt. Hi fublatum hominem, in cellam Bonae
Fortunae, et Boni Genii, in qua veniens primum commoratus fuerat, reducunt, *uuto* illum quidem adhuc terrore
attonitum, et fuimet, atque omnium adfiſtentium oblitum.
Refipifcit tamen paulo poſt; et priſtina ei mens et rifus redit. Scribo autem non folum audita, fed quae et aliis accidiſſe vidi, et egomet fum expertus, quum ad Trophonium
confulendi caufa ipfe etiam venerim. Coguntur fane omnes,
qui a Trophonio redeunt, quaecunque vel audierunt, vel viderunt, a fe confcripta in tabulam referre. Servatur illic
Ariftomenis fcutum in hanc usque diem; de qua iam ante, quae dicenda fuerunt, *in alia* a me funt *hiſtoriae*
*parte* expofita.

CAP. XL. Hoc oraculum quum antea prorfus ignoraretur, ex huiusmodi cafu ad Boeotos eius pervenit notitia. Quum *unum et* alterum iam annum nullis terra imbribus irrigaretur, e fingulis civitatibus Delphos miſſi

funt, qui opem implorarent. His ficcitatis remedium expo-
fcentibus, Pythius Apollo imperavit, ut Lebadeam euntes a
Trophonio mali auxilium quaererent. Lebadean itaque
profecli, quum oraculum reperire non poffent, Saon quidam Acraephnienfis, collegarum natu maximus, quum
ipum eanmen confpexiffet, quocunque illae divertiffent fequi ftatuit. Ubi igitur eas ad fpecum advolantes vidit, et
ipfe fubiens, oraculum quod quaerebant, illud effe intellexit.
Saonem hunc quoniam, quorum cerulei miffus fuerat. tum facrorum
omnem ritum, et quae inter confulendum fieri fas eft. edoctum a Trophonio memorant. (1) Ex omnibus Daedali
operibus, apud Boeotos duo exflant, Hercules Thebis; apud
Lebadenfes Trophonius: totidem in Creta e ligno, Britomartis ad Olontem, et apud Gnoffios Minerva. Habent iidem et Ariadnae chorum, cuius in Iliade Homerus mentionem fecit, ex candido lapide. Eft et apud Delios Venus
eiusdem artificis opus, non magnum fane fignum e ligno, et
exefa vetuftate manu dextera: quadrangulae infiftit pro pedibus bafi. Crediderim fignum hoc a Daedalo Ariadnam
accepiffe, focumque illud abeuntem cum Thefeo afportaffe:
Thefeum certe Delii tradunt Ariadnae ademptum Apollini
Delio dedicaffe, ne fcilicet fibi, fi illud retinuiffet, iam domum reverfo, Ariadnae defiderium commoveret, utque ita
ex ea recordatione novis amoris aculcis ureretur. Praeter
haec, quae enumeravi, nulla (quod fciam) iam reliqua funt
Daedali opera. Nam quae in Iunonis dedicarunt Argivi,
et quae in Sicilia ab Omphace Gelam deportata fuere, con-
fla temporis abolevit diuturnitas. (3) Lebadenfibus etiam
proximi funt Chaeronenfes. Eorum urbs olim Arne eft appellata: filiam Aeoli Arnen fuiffe dicunt, a qua urbs altera
etiam in Theffalia Arne fuerit nuncupata. Hoc autem quod
nunc habent nominis, contigiffe eis a Chaerone, quem
Apollinis fuiffe filium arbitrantur, ex Thero Phylanos filia. Tellatur hoc qui magnas fecit Mututinas, quas Eoeas infcripfit, his verfibus:

Illuftri Phylas innixi fibi natam Iolao.
Lipcibilam, divas quae formae aequabat honore:
Hac fili natus praecelfa eft editus aula;
Et Thero formofa, oculis aequanda Dianae.
Thero deiu Phoebi facro dignata cubili,
Chaeronem generavit equos clarum arte domandi.

Mea quidem fententia norat Homerus Chaeroneam et Lebadean appellari: fed maluit prifcis uti earum urbium nominibus, ficuti et flumen Aegyptum potius quam Nilum dixit. (4) In Chaeronenfium agro duo funt trophaea: ea
dux Romanorum Sylla erexit, Taxilo fufo Mithridatis copiarum duce. Amyntae quidem filius Philippus, neque ad
Chaeroneam, neque uspiam vel de Barbaris, vel de Graecis
a fe victis ullum erexit trophaeum: neque fuit omnino patrius Macedonibus mos, victorias fuas trophaeis ullis tefla-

tas relinquere. Eft a Macedonibus ipfis traditum, Caranum regem fuum victo in pugna Ciffoo, qui finitimis imperabat, Argivorum ritu trophaeum conftituiffe. Erumpentem autem ex Olympo leonem ita illud fubvertiffe, ut prorfus fuerit abolitum. Intellexiffo Caranum id fibi merito contigiffe, quod eo monumento erecto, fpem fibi reditus in gratiam finitimis praecidiffet: reliquo dehinc tempore, neque Caranum, neque fucceflorem quenquam trophaeum ullum excitaffet quod nempe fibi ad reditum in gratiam cum hoftibus, loci aliquid reliquum voluerunt. Satis certum fuit huius rei argumentum, quod Alexander neque de Dario, neque de Indicis victoriis trophaeum ullum erigendum curavit. (1) Proximo urbi loco eft commune Thebanis fepulcrum, iis qui in acie contra Philippum ftantes ceciderunt. Nulla eft appofita infcriptio. Infigne tumuli leo eft, ad eorum virorum animi magnitudinem fignificandum. Infcriptum (ut opinor) propterea nihil eft, quod illorum hominum virtutem dii non lortunaffent. (6) Deorum omnium maxime colunt Chaeronenfes fceptrum illud, quod Iovi fabricaffe Vulcanum cecinit Homerus: a Iove acceptum. Mercurium dediffe Pelopi, Pelopem Atreo reliquiffe, Atreum Thyefti; a Thyefte per manus traditum tenuiffe Agamemnonem. Hoc praecipue fceptrum venerantur. Haftam nominantes. Divinitatis ei nefcio quid Ineffe declarat id, quod ex ipfo ab hominibus cernitur. In Panopenfium finibus, qui funt in Phocide, illud repertum Chaeronenfes dicunt: aurum etiam cum eo: fed facile a Phocenfibus aurum retineri paffos, modo ut ipfi fceptrum haberent. Ab Electra Agamemnonis filia in Phocidem exportatum putarim. Templum ei nullum eft publice dedicatum: fed quotannis facri eius curator in fuis aedibus fceptrum ftatuit. Ei res divina quotidie fit, menfa appofita cuiusvis generis carnibus et bellariis referta.

Cap. XLI. Omnium vero Vulcani operum, quae et poëtarum carmina, et affentiens hominum fama celebravit, aliud fane nullum, quam fceptrum hoc, magna dignandum aeftimatione, eft fide hominum receptum. Lycii quidem Pataris in Apollinis, aeneum oftentant craterem, Telephi donum effe dictitantes, et Vulcani opus: ignorant fcilicet illi (ut par eft) primos, qui aes fuderint, Theodorum et Rhoecum Samios fuiffe. Patronfes in Achaeis Vulcani, verbo dauraros, opus effe dicunt arcam eam, quam Eurypylus ab Ilio exportarit: re nullam in confpectu ponunt. (2) Eft in Cypro urbs Amathus: in ea Adonidis et Veneris fanum vetuilliffimum; in quo pofitum tradunt monile Harmoniae ab initio datum; quod Eriphyles tamen vocatur, quod hoc illa dono accepto virum fuum prodiderit. Id Phegei filii Delphis dedicarunt. Ad eos vero quemadmodum pervenerit, ubi de Arcadum rebus egimus, expofitum eft. Illud poftea Phocenfium

tyranni templo fpoliato abftulerunt. Neque *enim* eft (fententia mea) apud Amathufios in Adonidis, quod Eriphyles
fuit; quum hoc Amathufiorum monile fit e viridibus lapidibus, auro revinctum: Homerus vero illud quod Eriphylae
donatum fuit, in Odyffea aureum dicat fuiffe:

Dura, viri facro vitam quae vendidit auro:

quum non ignoraret tamen poëta variorum etiam monilium
opificium. Quo enim loco cum Ulyffe loquitur Eumaeus,
priusquam e Pylo Telemachus veniens ad ftabula divertiffet,
verfus ibi eius huiusmodi funt:

Namque mei follers fubiens vir tefta parentis,
Attulit electro fulgens auroque monile.

Inter ea etiam dona, quae Penelope a procis accipit, ab Eu-
rymacho *monile perbella diftinctum*, datum memorat:

Ornatum varie Eurymachus torquem attulit aureum,
Lacentem electro, Phoebi velut ignea lampas,

At Eriphylen, non diftinctum auro et lapidibus monile, dicit accepiffe. Eo fit, ut unicum hoc fupereffe fceptrum fta-
tui poffit ex *amatbus* Vulcani operibus. (3) Supra Chaero-
neae moenia, eft praerupta montis crepido, qui Petrachus
appellatur. Eo loco deceptum a Rhea Saturnum credi volunt oblato lapide pro Iove. In montis vertice non magnum eft Iovis fimulacrum. Unguenta e floribus coquendo
conficiunt Chaeronenfes, rofa, lilio, narciffo, gladiolo,
(*quae eft Graecis iris*) *praefens* contra hominum dolores remedium. Rofaceo quidem fi lignea fimulacra perunxeris, facile contra omnem materiae tabem defenderis Nafcitur
Iris paluftribus locis, lilio par magnitudine, colore minime
candida, odore minus quam lilium vehementi.

---

## PHOCICA SIVE LIBER DECIMUS.

CAP. I. Phocidis partem eam, quae Tithoream et Delphos attingit, facis conftat ab initio nomen a Phoco Ornytionis filio, homine Corinthio, fumfiffe: non ita multis vero poft annis, Aeginetis cum Phoco Aeaci filio claffe in ea
loca appulfis, ut regio, quanta nunc eft, Phocis *a coloniae
nova auctore perpetuo nomine* vocaretur, ufus obtinuit. Enimvero Phocenfes, qua Peloponnefum ex adverfo profpectant,
quaque Boeotiam contingunt, maritimi funt, inter Cirrham
Delphorum navale, et Anticyram urbem medii. Nam quo
minus ad mare proxime accedant, ex ea parte, qua eft finus
Maliacus, prohibent Locri Hypocnemidii, oram eam tenentes, quae extremae Phocidi adiuncta eft. Nam ultra Fla-
tean funt Scarphenfes, et fupra Hyampolin Abantes, qui

Opuntem, et Opuntiorum navale Cynum incolunt. (2)
Quae Phocenfes ad gloriam maxime illuftria publicis opibus et confilio gefferunt, haec fere commemorari poffunt.
Primum ad bellum Troianum auxilia mifere; deinde ante
Perfarum in Graeciam Irruptionem cum Theff-lis bellarunt;
quo tempore infigne ad memoriam facinus ediderunt. Ad
Hyampolim enim qua intra Ipforum fines invaferunt Theffalorum equitatum exploratum habebant, urnas fictiles defo-
dere; iisque terra fuperaggefta opertis, hoftilis equitatus
Impetum fuftinerunt. Hoftes, ut qui eas infidias non pro-
viderant, citatis equis excurfione lacta, incauti in eas urnas inciderunt. Ibi quum eo cafu fracti et debilitati fuiffent
equorum pedes, viri ex equis prolapfi paffim caefi. Ea ra
vehementius quam ante multo ira Theffali inflammati. ex
omnibus civitatibus accitis auxiliis, verfus Phocenfes cum
uproar aliquo exercitu adorti funt. Magnus Phocenfibus inceffit terror, cum apparatum reliquum hoftium, tum maxime
equeftres copias metuentibus, quod non ipfo tantum numero, fed equorum et hominum in equeftribus praeliis peritia atque exercitatione, facile excellebant Theffali. Mittunt itaque Delphos, qui de periculo propulfando oraculum confulant. Qui miffi fuerant, tale retulerunt refponfum:

Mortalem atque deum iubeo decernere ferro,
Victor uterque; aliud fedenim mortalis habeto.

(3) Hoc Phocenfes accepto oraculo, delectos viros CCC
duce Gelone in hoftes mittunt: mandata vero illis dedere.
ut noctis initio ex occulto quam maxime poffent. quid Theffali molirentur fpecularum irent; deinde in caftra reverterentur. caeco maxime itinere: ac ut omnino ne manus voluntate fua confererent. Hi omnes ad unum cum ipfo Gelone duce fuo perierunt. partim equorum pedibus conculca-
ti. partim ab hoftibus occifi. Ingentem ea clades pavorem
In caftra pertulit; atque eo ventum eft defperationis, ut
coniuges, liberos, fortunas ceteras, quas agere quisque aut
ferre poffet: vellem, aurum, argentum, deorum figna, in
unum coegerint. Ibi maximo exftructo rogo, viros XXX
de reliquerunt: quibus imperarunt, fi ita accidiffet ut
qui ad praelium exiffent, hoftibus fuccumberent, primo foeminas ac impuberes omnes iugularent: deinde quas con-
geffernt opes, in rogum coniicerent, atque in eas ignem
immitterent: poftremo et ipfi vel mutuis confoderent fe
vulneribus, vel ultro in medios hoftium equitatum ruerent.
Ex eo faeva omnia et immania confilia, Graecorum verbo
Phocica defperatio appellari coepta. (4) His ita conftitu-
tis, contra Theffalos ftatim copias edueunt: duces fuere
Rhoecus Ambryffonfis, et Hyampolitanus Daiphanes: hic
equitum, peditum ille agmen ducebat. Erat apud imperatores perhonorificus Eleo vati Iceas: Tellias hic fuit: in
quo magnam falutis repofitam fpem Phocenfes habuerunt.

Ubi ad manus ventum eſt, *continuo* Phocenſibus ante *ipſos* *prope* oculos fuerunt, quae de coniugibus et liberis ſtatue-
rant: animo vero obverſabatur, quam ancipiti *nutantis for-*
*tunae qiaſi quaeſoni* ſalo, ſua ſuſpenſa eſſet ſalus. Haec in
cauſa fuerunt, ut alacres cuiusvis diſcriminis aleam ſubirent.
Confirmati etiam ſunt *maxime*, quod *ab extorum ſignificatione*
in certiſſimam ſpem venerunt, fore ſibi propitios deos. Victoriam igitur adepti ſunt omnium, quae *quibusvis* ante *popu-*
*lis* eveniſſent, maxime inſignem. Ac tunc Apollinis *ambi-*
*guum illud* reſponſum omnibus Graecis innotuit. Quum enim
utrinque de more a ducibus militi teſſerae darentur *ſorsito,*
*ad oraculi verba appoſitae* datae ſunt, a Theſſalis, Itonia Minerva: a Phocenſibus, gentis auctor Phocus. Miſſa *quar-*
*lae di cauſa* Delphos dona Apollini, Dei ipſius ſignum, Tel-
liae vatis, et ducum ſtatuae, cumque iis gentilium heroum:
Ariſtomedon eas Argivus fecit. (5) Neque vero poſt hoc
factum callida Phocenſibus conſilia deſuerunt. Conſtiterunt
aliquando in primo Phocidis aditu adverſa caſtra. Ibi lecti homines e Phocenſibus quingenti, obſervato eo tempore,
quo ſuum luna orbem explerat, Theſſalos noctu adoriuntur, oblitis gypſo corporibus, gypſo item dealbatis armis.
Ingentem memorant Theſſalorum factam caedem, quod *ea*
*ſpecie territi,* immiſſa divinitus per noctem ſibi viſa, non hoſtium illud allu eveniſſe interpretabantur. Eſt hoc etiam
ab Eleo Tellia in Theſſalos excogitatum. (6) Iam vero
quum in Europam Perſae exercitum traieciſſent, Phocenſes
fama fuit neceſſitate coactos in Xerxis partibus fuiſſe: ſed
mox a Barbaris deſciſcentes, cum Graecis Plataeenſi praelio
in acie ſtetere.

CAP. II. Inſequenti dehinc tempore multa eſt iHis ab
Amphictyonibus irrogata. Neque vero habeo ſatis veram
eius rei cauſam compertam, nunquid noxam commeriti fuerint, an vero Theſſali, ob veteres inimicitias, huius Phocenſibus calamitatis infligendae auctores fuerint. Quum
multae magnitudinem Iniquiſſimo animo ferrent, exſtitit
Philomelus Theotimi filius, Phocenſium nemini dignitate
ſecundus: Ledon ei patria erat, urbs Phocica. Is pro concione docuit, longe graviorem eſſe, *quoa a ſi peteretur.* pecuniae ſummam, quam ut eam pendere ullo pacto poſſent:
cenſuit itaque Apollinis Delphici templum ſpoliandum.
Quum et alia valde ad perſuadendum appoſita aſſerret, et
illud in primis, quod quum ab Athenienſibus et Lacedaemoniis iampridem ſibi pacata eſſent omnia, facile Thebanos, et alios quoscunque, qui ſe armis laceſſiſſent, tum virtute, tum pecuniae impendiis poſſent ſuperare: Philomeli
oratio multitudinis valde ſecunda voluntate eſt accepta, ſive
quod mentem deus a rectis conſiliis avertiſſet, ſeu quod is
populus ſuapte natura religioni ſolitus eſſet quaeſtum anteponere. (2) Fanum Apollinis diripere aggreſſi ſunt Phocenſes, principatum Delphis Heraclide, Agathocle Athenis
obtinente; Olympiadis quintae et centeſimae, a qua ſtudii
Pauſ. T. IV.                    F f

palmam meruit Prorus Cyrenaeus, anno quarto. Sacra pecunia potiti, ltatim ex omnibus Graeciae partibus. firmiſſimas mercenariorum militum cohortes conduxerunt. Thebani qui lem aperte contra eos arma moverunt, nempe qui
et ante offenſiore in illos fuiſſent animo. Bellatum eſt continenter annos ipſos decem: quo temporis intervallo modo Phocenſes cum ſuis condu*titiis, modo Thebani *initiis
praeliis, variante (uta ut fit) Fortuna victores diſceſſerunt. Collatis demum apud Neonem urbem ſignis, Phocenſes terga
vertere: Philomelus in fuga ex arduo et praerupto ſaxo
quam ſe praecipitem dediſſet, exanimatus eſt. Idem necis
genus, Amphictyonum decreto, eſt iis omnibus, qui eum
ſecuti fuerant, irrogatum. (3) Philomeli imperium Onomarcho Phocenſes detulerunt: cum Thebanis vero ſocietatem coivit Philippus Amyntae filius: et ſane eius belli gerendi imperio ſuſcepto, hoſtes acie fudit. Onomarchus ad
mare fugiens a ſuis militibus eſt iaculis confixus: ipſius
Ignavia, et imperandi inſcitia, ea ſe clade affectos interpretantibus. Talem vitae finem divina veluti quaedam
ſors Onomarcho attulit. (4) Phocenſes eius fratri Phayllo ſumma cum poteſtate imperium decreverunt. Et vixdum
ad imperandum aggreſſo, talis oblata eſt per ſomnium ſpecies. Inter Apollinis donaria pervetus effigies quaedam
fuit ex aere, hominis, cui diuturniore morbo carne con
ſumta, ſola eſſent reliqua oſſa: aiebant Delphi ab Hippocrate medico dedicatam. Huic Phayllus ſe ſimilem factum
videre viſus eſt: at paucis poſt diebus macie contabeſcens
ſomnii eventum implevit. (5) Phayllo extincto, ad Phalaecum
filium patris principatus tranſiit. Huic, quod ſacram pecuniam depeculatus eſſet, imperium eſt abrogatum: ac deinde, quum in Cretam claſſe transmiſiſſet, una cum iis, qui eius
partes ſequi voluerant, et Cydonium urbem cum mercenariorum manu obſideret, quod imperatam pecuniam illa
civitas pendere recuſaſſet, amiſſo exercitu ipſe etiam
periit.

CAP. III. Decimo anno poſt quam templum exſpoliatum eſt, bello huic, quod idem Phocicum et Sacrum appellarunt, finem Philippus impoſuit, principatum apud Athenienſes obtinente Theophilo, octavae et centeſimae Olympiadis, qua de ſtadio Polycles Cyrenaeus victor renunciatus
eſt, anno primo. (1) Phocenſium quidem urbes expugnatae, et ſolo aequatae fuere, quae Iam enumerabuntur Lilaea, Hyampolis, Anticyra, Parapotamii, Panopeus, Daulis. Harum nomina ſunt a priſcis iam tum temporibus,
neque non ex Homeri plurimum verſibus celebrata. Alias
obſcuras ante. Erochum, Charadran, Amphicleam, et Neonem, quum eas Xerxis exercitus concremaſſet, ſui ·alamitas
Graecia notiores reddidit. In quo etiam numero fuere Tethronium, et Drymaea. Nam ceterae, praeter Elateam, ante hunc Phocii belli exitum minime illuſtres fuerunt. Thracis
ſcilicet, Phocica Medeon, Phocicus, Echedamia: ad has

Ambryſus *ædificanda*, Ledon et Phlygonium; amplius etiam Sterrhis. Omnes quas percenſuimus, deletae, et ad formam vicorum redactae, praeter Abas. Nam Abael ſacrilegii prorſus expertes fuerant, et non modo a templi direptione manus abſtinuerant, ſed ad belli etiam ſocietate abhorruerant. Eſt autem Phocenſibus et ſani Delphici, et publici Graecorum conventus communione interdictum: ius vero ſuſlragii, quod penes ipſos fuerat, ad Macedonas Amphiʘyones transtulerunt. *Non longo* interiecto deinde tempore, ex vicis in ſu·s quique parrias reſtituti, urbes inſtauarunt; praeter eas tamen, quae ob priſtinam tenuitatem et praeſentem pecuniae inopiam refici non potuerunt. Reſtitutionis eius duces et auctores Athenienſes et Thebani fuerunt, antequam clade ad Chaeronean accepta, Graecorum vires acciſae eſſent. (3) Steterunt in acie ad Chaeronean ipſi etiam Phocenſes: et poſtea ad Lamiam et Cranonem cnm Antipatro Macedonum rege pugnarunt. Gallorum iidem exercitum omnium Graecorum acerrime perſecuti ſunt; ſimul ut Apollinis Delphici Iniuriam ulciſcerentur, ſimul vero ut veterem infamiam abolerent. Atque haec de rebus geſtis Phocenſium commemorari poſſunt.

CAP. IV.  A Chaeronea ſtadium XX via Panopeum ducit. Urbs ea eſt Phocenſium; ſi modo urbem eam appellare par fuerit, in qua cives non praetorium, non gymnaſium, non theatrum, non forum ullum habent; non denique ullum perennis aquae conceptaculum. Conſavas habitant caſas, qualia ſunt montana tuguria, inter convallium anfractus: ſuis tamen limitibus a finitimis dividuntur; mittuntque *certos homines*, qui ſibi attributum ſedendi locum in Phocenſium conventu teneant. Nomen orbi ab Epei patre ductum aiunt, quum ab initio ſe · hlegyas fuiſſe dicant, et in Phocidem ex Orchomeniorum finibus profugos tranſiſſe. Veterem Panopei ambitum vidimus; quem ſtadium fuiſſe ſeptem coniicimus. Subiit Homeri verſuum recordatio, de Tityo; quibus Panopeum urbem *καλλίχορον* (id eſt choris decoram) nominat. At in dimicatione de Patroeli cadavere, Schedium Iphiti filium, Phocenſium regem, qui ab Hectore occiſus eſt, *idem Homerus* Panopei domicilium dicit habuiſſe. Huius quidem rei fuiſſe cauſam Boeotorum metum arbitror. Nam quum iis ex partibus Boeoticae genti valde eſſet pervia Phocis, Panopeo ille veluti pro arce utebatur. Alterum vero illud, quidnam ita Panopeum callichoron vocaverit, non potui conlectura conſequi, priusquam a Thyadibus id didicerim. (2) Sunt vero Thyades Atticae foeminae, quae in Parnaſſum quotannis venientes, una cum Delphicis mulieribus arcana Libero Patri agitant ſacra. His inter vias, et alibi et apud Panopenſes choros inſtituere ſolennis ritus eſt. Quare videtur Homerus, quum eo nomine Panopeum ornat, Thyadum chorum ſignificare voluiſſe. (3) Eſt Panopenſibus in ipſa via e crudo laterculo ſacellum, et in eo

F f 2

fignum è lapide Pentelico: quidam Aefculapium, alii Prometheum effe dicunt. Eius rei teftimonia *haud dubia* fe habere putant, quod ad praeruptas *proximi* torrentis ripas faxa iacent magnitudine nihilo minora, quam ut plauftrum onerare queant fingula. Color illis non terreni luti, fed qualis in fabulo rivorum et torrentium cernitur. Odorem etiam humani prope corporis referunt: reliquias effe aiunt has luti illius, *e* quo *primum illum hominem, unde* univerfum hominum genus *exftitit*, Prometheus finxerit. (4) Ad eundem torrentis alveum eft Tityi fepulcrum: aggeris ambitus nihilo maior unius ftadii triente. *De Tityo* verfus in Odyffea eft:

Porrectumque novem Tityon per iugera terrae.

Hunc verfum non ad Tityi magnitudinem, fed ad illam, in qua fitus eft, aream pertinere exiftimant, quod novem ea iugerum fit. At Cleon Magnes (*ex iis Magnesii*, qui Hermi funt accolae) eos maxime homines rerum miraculis fidem habere non confuefle dicebat, quibus in tota vita non contigiffet quicquam intueri, quod effet communi hominum opinione maius: fe certe adhuc poffe ut crederet, et Tityon, et alios ea magnitudine, quam fama prodidit, fuiffe. Veniffe enim forte fe aliquando Gades; et ab ea infula cum tota fui comitatus turba, quod id Hercules imperaffet, enavigaffe: mox iterum Gades reverfum, marinum hominem in litus eiectum inveniffe, nihilo breviorem iugerum quinque fpatio, qui fulmine ictus conflagrarat. (5) Diftat a Panopeo ftadia plus minus VII Daulis. Oppidani in ea numero non multi fane funt: proceritate vero et robore Phocenfium hac ipfa etiam aetate longe praeftantiffimi. Nomen oppido a Daulide Nympha, Cephiffi filia, impofitum tradunt. Tradiderunt alii locum, in quo urbs munita eft, condenfum olim arboribus fuiffe; a veteribus vero confepta fylvis loca Daulia appellata; et ex eo Aefchylum Glauci Anthedonii mentum Daulum dixiffe. (6) In hac urbe Tereo filium epulandum appofuiffe foeminae dicuntur; quod fuit pollutarum menfarum hominibus exordium. Upupa vero, in quam mutatum Tereum fama vulgavit, avis eft paulo coturnice maior, furgentibus e vertice in criftae modum pinnulis. Dignum illud admiratione, quod intra huius terrae fines, hirundines neque pariunt, neque ex ovis pullos excludunt, nec omnino tectorum laquearibus ullos affigunt nidos. De Philomela vero Phocenfes dicunt, etiam avem factam, Terei perculfam terrore, extra eius patriae fines evolaffe. Eft apud Daulienfes Minervae fanum, in quo pervetus Deae fignum. Quod vero e ligno eft, *illo* adhuc vetuftius, deportaffe Procnen Athenis ferunt. (7) Dauliadis terrae pars eft regiuncula Thronis; in qua eft heroicum monumentum, heroi illi dicatum, a quo *gentis* primordia exftiterunt. Hunc funt qui dicant Xantippum, hominem bello clarum: alii Phocum Ornytionis filium, Sify-

phi nepotem fuiſſe. Ei quotidianos habent honores; et ho-
ſtiis maĉlatis, ſanguinem per cavernulam in ſepulcrum in-
fundunt: viſcera eodem in loco conſumere patrium illis eſt.
Ȧ Daulide ad Parnaſſi iuga aſcenditur; via illa quidem longiore, minus tamen multo, quam ea eſt, quae Delphis eodem ducit, difficili.

Cap. V.  A Daulide rurſus fleĉtentibus, et reĉta Delphos pergentibus, ad laevam aedes eſt, quod Phocicum vocant.  Eo e ſingulis Phocici nominis urbibus conveniunt,
qui ad conſultandum viſi fuerint.  Aedificii ingens eſt magnitudo ; quam longe ſpatium interius patet, columnis teĉtum
ſuſtinentibus.  Gradus a columnis ad utrumque parietem
attolluntur: in illis gradibus ſua eſt Phoconſium conventui
ſeſſio.  In extremo aedificio neque columnae, neque gradus ulli ſunt: ſed Iovis illic ſignum in ſolio, Iuno ad dexteram, ad laevam Minerva adſiſtit.  (2)  Hinc progreſſus,
ad viam pervenias, quam Schiſten (hoc eſt ſciſſam) nuncupant:
in ea patris caedem Oedipus patravit.  Et ſane Oedipi
ipſius caſuum Graeciae pars quaelibet aliquod fervat monumentum.  Nam et recens natum, plantis pedum transfixis,
in Cithaerone Plataeidis terrae monte exponi parentes ius-
ſerunt.  Eum Corinthus, et quae ad Iſthmum iacet regio,
aluit.  Phocidis trivium paternae caedis eſt ſcelere pollu-
tum.  Thebanis inceſtas nur Oedipi nuptiarum et Eteochs
perfidiae perpetua fuit infamia ſuſtinenda.  Sed omnino Oedipo quod in trivio commiſit facinus, omnium exſtitit malorum initium.  Laii certe, et ſervuli, qui eum ſequebatur,
ſepulcra in medio exſtant trivio, congeſtis in tumulum ſe-
leĉtis lapidibus.  Damaſiſtratum Plataeis regnantem, in cadavera incidiſſe, eaque ad ſepulturam luſtuliſſe narrant.
(3)  Militaris hinc via, acclivis illa quidem, et vel expedito homini difficilior, Delphos ducit.  De ipſis quidem Delphis multa ac diverſa traduntur, atque in primis de oraculo
Apollinis.  Aiunt enim fuiſſe ab initio Telluris eam oraculorum ſedem; et ab ipſa Tellure Daphnen, quae praeſide-
ret, deleĉlam: de Nymphis, quae montem incolerent, Daphnen unam fuiſſe.  Poeſin Graeci habent, quae Eumolpia appellantur: eius auĉtorem Muſaeum perhibent, Antiophemi
hlium.  In ea proditum eſt memoriae, commune telluri et
Neptuno oraculum illud fuiſſe: ipſam quidem Tellurem ore
ſuo reſponſa dediſſe; Neptunum interpretem habuiſſe I'yr-
conem.  Ea de re verſus huiusmodi ſunt:

     Telluris cunĉti ſanĉtas cognoſcite voces.
     Et magno Pyrcon Neptuno ſacra ferebat.

Neptunus deinde Telluri dicitur parte ſua conceſſiſſe; illam
Themidi oraculum totum dono dediſſe: ab ea Apollinem
illud accepiſſe, tradita Neptuno, quae ante Troezenem eſt,
Calaurea.  Audivi etiam qui dicerent, paſtores quosdam
dum pecus illac agerent, quum prope ad eum locum, ubi
oraculum eſt, acceſſiſſent, repente terrae halitu divinitus af-

fatos. Apollinis ipfius impulfu vaticinari coepiffe. (4) Maxima vero fuit nominis celebritate Phemonoe ; ut quae dei interpres prima fuerit, prima etiam fenariis *longioribus* oracula decantarit. Boeo tamen indigena mulier Delphis hymn: o cdinpofito, advenas ab Hyperboreis profectos, oraculum Apollini dedicaffe tradidit, tam alios, tum Olena, qui primus vaticinatus *eo in loco* fuerit, primusque fenarios *longiores* repererit. Hi funt, quos Boeo fecit verfus:

Hic pofuere tibi iuvenes penetralia Phoebe,
Olim ab Hyperboreis Pagafusque et dius Agyieus.

Enumeratis aliis Hyperboreis, In ipfo hymni fine Olena nominavit:

Atque Olen, primus ceelnit qui oracula Phoebi,
Et veterum prymos modulari carmina coepit.

Communis tamen hominum opinio prifcae memoriae auctoritatem fecuta, folas agnofcit mulieres oraculorum interpretes. (5) Antiquiffimam dei aedem e lauro erectam tradunt: et lauri quidem ramos ex ea arhore decerptos, quae ad Tempe eft. Fuit aedis eius forma quafi tugurium quoddam. Alteram aediculam narrant ab apibus e cera et pinnulis compactam, quam ad Hyperboreos Apollo miferit: Alius etiam eft ea de re fermo: aedem fabricaffe hominem Delphum, cui nomen fuerit Pteras; et ex eius nomine *de pinnis apum* fabulae locum datum. Ab eodem Pteral Creticam etiam civitatem, una litera addita. Apteraeos appellatam, Quod vero ex ea herba, quae in montibus crefcens, Pteris (*id eft filix*) dicitur, adhuc viridi fuerit illud opus contextum, omnino ut credam non adducor. Nam tertium delubrum ex aere aedificatum fuiffe, *quod fama profudit.* mirum videri non debet, fiquidem et filiae Acrifius thalamum ex aere fecit: et hac etiamnum aetate exftat apud Lacedaemonios Minervae fanum, cui *a materia* Chalcioeco cognomen eft. Romae quoque forum tum magnitudine et ornatu reliquo fpectantibus eft admirationi, tum vero aeneo contegitur lacunari. Quare non omnino a vero alienum videri poffit. aeneum fuiffe Apollinis templum. Nam cetera iure fabulola videantur, vel a Vulcano aedem illum exaedificatam, vel aureas in eo templo virgines cantaffe, quod Pindarus *commentatus eft, quum* cecinit:

Aureae cantabaut e laquearibus Flexanimae.

In quo plane Homerum videtur imitari voluiffe, de Sirenibus fabulantem. Sed neque quo cafu fanum abo'itum fuerit, ab omnibus ad eundem modum. rem expofitam comperi. *Sunt qui* terrae hiatu hauftum ; *alii ab* igne colliquefactum dicant. Quartum fane templum Trophonius et Agamedes metati funt: e lapide vero exftructum memorant. Conflagravit hoc principatum obtinente Athenis Erxicide, octavae et quinquagefimae Olympiadis anno primo, qua palmam tulit Diognetus Crotoniates. Quod hac aetate exflat, erexerunt de facra pecunia Amphictyones. Eius operis architectus fuit Spintharus Corinthius.

CAP. VI. Vetuſtiſſimam ſane urbem olim eodem in loco a Parnaſſo conditam tradunt: Cleodorae Nymphae hunc filium fuiſſe, cui, ſicuti et ceteris heroibus, e diis patrem Neptunum, ex hominibus Cleopompum attribuunt: et ab eo tum montem Parnaſſum, tum vero ſaltum Parnaſſium nominatum. Ab eodem praeterea Parnaſſo inventam affirmant ex avium volatu futurorum praedictionem: urbem vero ab ipſo conditam, imbribus deletam Deucalionis temporibus. (1) Ac tunc quidem, qui aquarum vi oppreſſi non fuere, luporum ululatum ſecuti, feris ducibus ad Parnaſſi iuga confugerunt: quare quam illic urbem munierunt, Lycorean vocarunt. Sed ab hoc etiam diverſus vulgatus eſt ſermo, Apollini ex Corycia Nympha genitum Lycorum; et ab eo Lycorean dictam; antrum vero Coryciuin de Nymphae nomine appellatum. Adiiciunt ad haec, Hyamo Lycori filio Celaeno filiam fuiſſe, e qua Delphum Apollo ſuſceperit; unde nomen, quod etiamnum noſtra aetate uſurpatur, urbe acceperit. Alii Caſtalium tradunt hominem indigenam, filiam habuiſſe Thyian nomine, quae quum Liberi ſacerdotio fungeretur, prima Libero Patri Orgia agitaverit: et ab ea, quae furore Impulſae ſacra Baccho ſatiant, ab hominibus Thyiadas nuncupari: Apollinis nempe filium, et Thyiae, Delphum fuiſſe autumant: ſed alii matrem eius Melaenen perhibent Cephiſſi filiam. (3) Interiecto dein tempore urbem ipſam non ſolum Delphos, ſed etiam Pytho nominarunt finitimi. Teſtantur id Homeri verſus de Phocenſium delectu. Sedenim qui ſubtilius populorum origines exquirunt, Delphi exiſtimant filium fuiſſe Pythin; et ab eo, dum regnaret, urbi nomen impoſitum. Eſt inſuper pervagato inter homines ſermone vulgatum, ab Apolline quendam eius loci incolam ſagittis confixum illic extabuiſſe, et ex eo urbi nomen contigiſſe, quod eius temporis homines perfimili voce in iis, quae corrumperentur, ſignificandis uterentur. Neque Homerus alium ob cauſam Sironum infulam fuiſſe oſſium plenam dixit, quam quod in ea putreſcerent eorum cadavera, qui Sirenum cantilenis aures praebuiſſent. Qui ab Apolline occiſus fuerit, draconem eum fuiſſe poetae ſcripſere, ſui cuſtodiam Tellus oraculi mandaſſet. Memoriae etiam proditum eſt, Crii cuiusdam potentis in Euboea hominis filium iniurioſum, latrociniis vicinam illam totam quum vexarit, Apollinis templum violaſſo, et ſimul diripere ſolitum locupletium domos. Quare quum iam iterum adſuturus cum infeſta latronum manu expellaretur, Delphis de vi repellenda confulentibus, aedituam et internunciam dii Phemonoen ſenariis hiſce longioribus reſponſum dediſſe:

> Phoebi miſſa manu ſtrueret lethalis arundo
> Parnaſſi vaſtatorem. Tunc caede piabunt
> Hunc Cretes; faſti nec fama abolebitur unquam.

CAP. VII. Res certe ita tulit, ut multorum facrilegæt
Delphici Apollinis templum fuerit expofitum. Poll Euboe-
enem enim, de quo iam diximus, latronem, et Phlegyarum
natio, et Pyrrhus Achillis filius illud ,profiare aggrefli funt:
copiarum dehinc Xerxis pars, et (qui omnium maxime ac
dlutiffime in dei pecunias involarunt) Phocenfium principes,
tum vero Gallorum exercitus fuss um pecuntam dissipuerunt.
Non poftremo Neronis Impletatem dei donaria effugere potuerunt. Is enim quingentas aeneas partim deprum, partim
vero hominum fuftulit imagines. (2) Quam corpsi sam effent
Pythid ludi relebrari, antiquiffimum fuiffe omnium certamen
memorant inter eos. qui praemio propofito hymnum in Apollinis honorem ceciniffent: et primum quidem omnium
pfz lenxem viciffe Chryfothemin e Cretai cuius pater Car-
manor Apollinem de caede purgaffet. Confecutos Phi'um-
monem Chryfothemidis ipfius et Philammonis filium Thamyrin. Nam Orpheum myfteriorum fcientia, et reliqua vi-
tue dignitate elatum ; tum etiam Mufaeum. quod Orpheum
fibi quem aemularetur propofuiffet. negant in muficum illud certamen defcendere voluiffe. Tuliffe narrant Eleutherem Pythicam palmam vocis caufa, quum alioqui cantile-
nam non fuam decantaffet. Hefiodum tradunt repulfam tuliffe, quod carmina fua ad lyram cinere non didiciffet. Homerus Delphos quidem venit confulendi, quod opus fuit,
caufa: fed ei, etiam fi fidibus didiciffet, propter oculorum
calamitatem nulli ufui ars effe potuiffet. (3) Quadragefi-
mae demum et oclavae Olympiadis, qua vicit Glaucias Crotoniata, anno tertio. certamina inftituerunt Amphiclyones;
cantus ad citharam ut pridem ; cantus item ad tibiam, ipfarum etiam per fe tibiarum. Renunciati victores funt de citharoedis, Cephalon Lampi filius: de auloedis, Echembrotus Arcas: de tibiis, Sacadas Argivus. Idem vero pollea
Sacadas binis deinceps Pythicis ludis praemium meruit.
Eadem praeterea tunc quae in Olympia, athletis indicta
funt certamina, quadrigis tamen exceptis; lege item lata,
ut foli pueri tum longiore, tum repetito curfu certarent.
Altera iam Pythiade, fubmotis praemiis. cororarium .lunta-
x·ıs certamen ut effet ftatuerunt; auloedorum arte repudia-
ta, quod irsfle nefcio quid audtru, et minime laeti omnis tibiis cantaretur. Elegi enim et funebres modi cum tibiis
congruebant. Teftimonio mihi fuerit Echembroti donum;
aeneus tripos Herculi Thebis dedicatus, cum huiusmodi
infcriptione: ECHEMBROTUS ARCAS DEDICAVIT
HOC SIMULACRUM HERCULI, QUUM PRAEMI-
UM LUDIS AMPHICTYONUM MERVISSET, DE-
CANTATIS INTER GRAECOS MODULIS ET ELE-
OIS. Et haec fane fuit caufa, quamobrem ad ludos auloedi
amplius non admitterentur. Addiderunt deinde equorum
curfum; et de quadrigis victor renunciatus eil Clitlkenes,
is qui Sicyoniorum tyrannus fuit. Oclava Pythiade, lege
luderum comprehenfi, qui aliis fidibus canerent: coronam

cepit Tegeates Agelaus. Vicefima demum tertia acceſſit *ad tevne indica* armatorum curſus; de quo lauream reportavit Timacnetus Phliaſius, Olympiadihus quinque poſtea quam vicerat Demaratus Heracenſis. Octava poli haec et quadrageſima Pythiade bigis certari coeptum. Vicere Phocenſis Execellidae iugales. Quinta ab ea, pullis ad currum iunctis decurſum eſt: antevertit Orphondae Thrbani quadriga. Jam pancratium inter pueros, bitugum et iniugem pullum multis ſerius quam Elri annis admiſerunt: pancratiim ſcilicet prima et ſexageſima Pythiade, qua Thebanus Laidas vicit: una poſt hanc interiecta, pullum induxerunt iniugem: nona vero et ſexageſima pullorum bigas. Singolari pullo Lycormas Lariſſaeus, bigis victor. renunciatus Macrdo Ptolemaeus. Aegyptiorum enim reges Macedonas dici ſe (ſicuti ſane fuerunt) facillime paſſi ſunt. (4) Lauream quidem Pythicis ludis *perslsarem* fuiſſe nulla alia de oauſa exiſtimo, quam quod *Daphnen* Ladonis filiam adamatam ab Apolline fama vulgavit.

CAP. VIII. Conventum hoc In loco Graecis conſtitutum ab Amphictyone *primam* Deucalionis filio, *fors conſtant* hominum ſententia traditur; et ab eo confeſſum illum Amphictyonas appellatos. Androtion vero in Attica hilloria, conveniſſe in unum confeſſum iam tum ab initio Delphos, finitimos *omnes*, ſcriptum reliquit, et ex eo Amphictyonum nomen exſtitiſſe: invaluiſſe deinde temporis longiore intervallo, ut Amphictyones dicerentur. (2) Ab ipſo quidem Amphictyone in commune conſilium vocatos tradunt hos Graeci nominis populos, Ionas, Dolopas, Theſſalos, Aenianas, Magnetas, Maleenſes: Phthiotas, Dorienſes, Phocenſes, et Locros Phocidi finitimos, Cnemidis montis accolas. Poſtea vero quam Phocenſes templum diripuerunt, decennali iam bello confecto, mutationem etiam ſenſit Amphictyonum curia: ſiqoidem Macedones locum in ·ea funt adepti: Phocenſium vero natio, et ex Dorico nomine Lacedaemonii, ſunt ordine moti: illi ob admiſſum facrilegium: hi, quod opem Phocenſibus tuliſſent, multa affecti. Verum quum Galli duce Brenno Delphos adorti fuiſſent, prae cunctis Graecis Phocenſes ſtrenue rem geſſore: quaro et Amphictyonatum, et priſtinam omnem *veterem* dignitatem receperunt. Auguſtus deinde Imperator Nicopolitanis etiam, qui ad Actium fuut, locum eſſe inter Amphictyonas voluit; quum Magnetas, Maleenſes, Aenianas, et Phthiotas, contribuere ſe Theſſalis iuſſiſſet: ſuffragia vero quae illorum et Dolopum fuerant, (interierat enim iam Dolopum gens) ad Nicopolitanos transtulit. (3) Fuerunt aetate mea Amphictyones numero XXX. A Nicopoli, Macedonia et Theſſulis bini: ex Boeotis vero (nam et hi priſcis temporibus Theſſaliae partem tenuerunt, Aeolenſes appellati) ex Phocenſibus item et Delphis bini: onus ex vetere Dorica terra. Mittunt praeterea Locri, qui Ozolae appellantur, et *ſimul* qui ultra Euboeam ſunt, anum nerique. Unus Euboeenſis, et item unus Athenienfis accedit. Athenae quidem, Delphi, et Nicopolis, omnes obeunt Amphictyonum conventus. Nam ex *cueris*, quos enumeravimus, populis, ricem quisque fuam ruto temporis ambitu in eum confeffum conveniunt. (4) In *primo* urbis ingreffu contineutes funt facrae aedes *quaxuor*: eorum una ruinofa eil: vacua eft altera fignis et ftatuis: terria Romanorum imperatorum non fine multorum habet imagines: quarta fane Minervae vocatur Pronoeae. E fignis quod eft iu primo templi aditu, quodque maius eft, quam id, quod intus eit, Maffilienfium donum fuit. Sunt hi Phocaenfium (quae Ioniae gens fuit) colonia, eorum nempe hominum pars, qui ex Phocaea Harpagum Medum fugere. Hi namque quum navali pugna Carthaginenfes viciffent, occupata ea quam nunc incolunt regione, ad magnis opes et luculentam fortunam funt provecti. Et Maffilienfium quidem aeneum eit donum. Aureum vero fcutum a Croefo Lydorum rege dedicatum Minervae Pronoeae aiebant Delphi Philomelum eripuiffe. Adiunctum eft Pronoeae templo Phylaci facellum heroicum. Hunc Phylacum inter Delphos fama proditum oft, auxilium ipfis tuliffe Perfis irruentibus. In ea gymnafii parte, quae fub dio eft, ferum aliquando fuem natam tradunt: eam Ulyffem ad Autolycum proficifcentem, una cum ipfius Autolyci filiis venatione perfecutum; et ab ea fane vulnus fupra genu accepiffe. (5) Flectentibus ad laevam a gymnafio, ao nihilo ferme longius quam ftadia III defcendentibus, fluvius eft Pliftus nomine. Is ad Cirrham Delphorum navalem flationem, et proximum mare defluit. Rurfus a gymnafio furfum ad fanum tendenti, ad viae dexteram Cattuliae aqua praeterfluit, fuavis illa quidem potu. Fonti nomen indigenam quandam mulierem dediffe ferunt: virum alii Caftalium. Panyaffis autem Polyarchi filius in iis verfibus, quos in Herculem fecit, Acheloi filium fuiffe Caftaliam perhibet. Sis enim de Hercule loquens fcripfit:

Parnaffi ut celeri pede faxa nivalla liquit,
Caftaliae retigit iuga Acheloidos undas.

Audivi etiam, qui dicerent, aquam illam Caftaliae dono datam à Cephiffo amne. Hoc Alcaeus quoque verfibus mandavit, in prolufione quadam fuorum in Apollinem verfuum: et confirmant Lilaeenfes; qui quum in Cephiffi fontem patria quaedam bellaria. et alia, quae funt more maiorum tradita, flatis quibusdam diebus *quotannis* porriciunt, eadem in Caftalia rurfus emergentia confpici dicunt. Urbs ipfa Delphis quavis ex parte in clivum refupinatur. Et eodem fune eft quo oppidum fitu facrum Apollinis feptum: fpatio illnd quidem peramplum in fuprema urbis parte eminet: fcindunt fe illinc multifidi exitus.

Cap. IX. Ea certe donaria, quae memoria in primis digna vifa mihi fuerant, perfequar. Nam athletas, et eos, qui in muficea certamen defcenderunt, ordinarios alioqui

homines, nulla mentione dignabor. Nam illuflribus viris,
quorum in *maxima* fuit celebritate nomen, in iis, quos da
Eleis confcripfimus, commentariis locum fuum dedimus.
*In eum tamen numerum non venit* Phayllus Crotoniata, *quod* nulla *n* contigit Olympica palma: Pythicis vero ludis de quin-
quertin duas, de Radio tertiam tulit. Idem navali praelio
cum Perfis conflixit, quum propriam fibi navem aedificaffet,
et in eam Crotoniatas omnes, qui *forte* in Graecia *runt* pe-
regrinabantur, impofuiffet. Ei Delphis flatua pofita fuit.
Haec, quae de Crotoniata homine dicerem, habui. (2) Sa-
eram Ingreffis aream taurus ex aere prae oculis eft, Theo-
propi Aeginetae opus, Corcyraeorum donum. Proditum
memoriae eft, Corcyrae aliquando aliis bobus relictis, taurum e paftu abeuntem, contra pelagus mugitus edidiffe:
quumque idem fingulis diebus faceret, bubulcum ad mare
defcendiffe; confpexiffe vero infinitum prope thunnorum
numerum. Quod quum indicaffet Corcyraeis, illi (quod
thunnos capere conati, operam luferant) fcifcitatum Delphos mifere. Ex *Apollinis vero responso* taurum Neptuno
maftant, confectoque mox facro pifces capiunt. Donum e
decima praedae in Olympiam et Delphos mittunt. (3) Subinde funt Tegeatarum de Lacedaemoniorum manubiis dona,
Apollo, et Victoria, et indigenae heroes, Calliflo Lycaonis
filia; Arcas, a quo regioni nomen; et Arcadis filii Elatus,
Aphidas, et Azan; cumque his Triphylus; cuiu. mater non
Erato fuit, fed Laudamea Amyclae Lacedaemoniorum regis
filia. Dedicarunt etiam Erafum Triphyli filium. Apollinem et Calliflo, Paufanias Apolloniata: Vicloriam, et Arcadis effigiem, Daedalus Sicyonius: Triphylum et Azana,
Samolas Arcas: Elatum. Aphidantem, et Erafum, Antiphanes Argivus fecit. Haec Tegeatae *figna* Delphos mifere,
LacedaemonIis bello captis, qui hoftiliter eorum fines invaferant. (4) Sunt hic e regione, quae Lacedaemonii Athenienfibus fuperatis dedicarunt, Caftores, Iupiter, Apollo,
Diana; cumque his Neptunus, et Ariflocriti filius Lyfander,
a Neptuno coronam accipiens: Abas praeterea, quo vate
ufus eft Lyfander: et qui fuit praetoriae navis gubernator
Lyfandro, Hermon. Hunc Hermonem Theocofmus Megarenfis finxit, quum fuiffet ille in Megarenfium civitatem
adfcriptus. Caftores Antiphanis Argivi opus fuere. Vatem fecit Pifon e Calaurea Troezeniorum: Damias Dianam,
Neptunum, et Lyfandrum; Athenodorus Apollinem et Iovem: Arcades ambo ex Clitore fuerunt. Sunt a tergo iis,
quos iam recenfuimus, pofiti, qui ad Aegospotamos vel e
Spartanis, vel e fociis Lyfandro operam fuam navarunt,
Aracus et Erianthes; Lacedaemonius ille, hic Boeotius e
Mimante: iam vero Aflycrates, Cephifocles, Hermophan-
tus, Hicefius, Chii: Timarchus et Diagoras, Rhodii; Cni-
dius Theodamus, Ephefius Cimmerius, Milefius Aeantides.
Hos *omnes* Tifander fecit. Qui deinceps nominabuntur,
Alypus *fuit* Sicyonius, Theopompum Midenfem, Cleome-

dem Samium: ex Euboea Arifloclem Caryflium, Autonomum Eretrienfem, Ariflophantum Corinthium, Apollodo-
rum Troezenium: ex Epidauro, quae in finibus Argivorum
eft, Dionem. Adhaerent his Axionicus Achivus ex Pellene, ab Hermione Theares, Phocenfis Pyrias, Conon Megarenfis, Agimenes Sicyonius, Pythodotus Corinthius, Te-
lecrates Leucadius, Euantidas Ambracio-es. Poflremi funt
*omnium* Epicyridas et Eteonicus Lacedaemonii. Opera
haec effe dicunt Patroclis et Canachi. (3) Cladem certe,
qua affecti funt ad Aegospotamos Athenienfes, dicitunt
illatam fibi non iuflo praelio, fed praetorum fuorum proditione, *quos* pecunia *hoftes corrupiffent:* dons enim a Lyfandro
Tydeum et Adimantum accepiffe. Eius rei teflimonium ex
Sibyllinis carminibus afferunt:

Ac tum Cecropidis luctum-gemitusque clebit
Iupiter altitonans, rerum cui fumma poteflas.
Navibus exitium, et crudelia funera bello
Ille feret, culpaque ducum dabit omnia peffom.

Alia etiam Mufaci carmina pro oraculis habent:

Et fera tempeftas urgebit Cecrope cretos
Frnade ducum: fpd certa aderunt folatia victis,
Nanque urbem bofillem evertent, poenasque repofcent.

(6) Et haec quidem hactenus *de pugna illa* dicta funt. Nam
eius etiam praelii, quod fuper Thyrea inter Lacedaemonios
et Argivos commiffum eft, ancipitem eventum fore eadem
Sibylla praedixerat. Sed Argivi fecum praeclarius quam
cum hoflibus actum rati, aeneum equum ad effigiem
Durii Delphos miferunt, ab Antiphane Argivo fabricatum.

CAP. X. In eius bafi infcriptio indicabat, *proxima* figna ex decima Marathoniae pugnae dedicata. Ea funt Minerva et Apollo: et ex iis, qui imperium gefferunt, Miltiades: ex iis vero, qui heroum nomine celebrantur, Erechtheus, Cecrops, et Pandion: Celeus etiam, et Antiochus,
quem fufcepit Hercules ex Midea Phylantis filia: tum Aegeus, et de Thefei filiis Acamas. Hi enim Athenienfium
tribubus ex Apollinis Delphici oraculo cognomina dedere.
*In hoc numero* funt Melanthi filius Codrus, Thefeus, et Phy-
leus; quum ab his tamen non acceperint tribus nomina.
Atque hos quidem, quos perenfuiosus, Phidias fecit, et
omnino de *Marathoniae* pugnae decima funt. Antigonum
poflea, et eius filium Demetrium, ac *fimul* Ptolemaeum Aegyptium Delphos miferunt; hunc, benevolentia adducti;
illos, metu. (2) Sunt non procul ab illo equo alia etiam
donaria Argivorum, ii videlicet ducts, qui Polynicis partes
fecuti, Thebas oppugnatum lere, Adraftus Talai, Tydeus
Oenei filius: Proeti etiam nepotes, Capaneusque Hipponoi,
et Eteoclus Iphis filius: Polynices item, et Hippomedon ex
Adrafli forore genitus. Pofitus eft illic Amphiarai etiam

corrus: in eo Baton flat Amphiarai auriga, et eidem etiam
generis necessitudine coniunctus. Eorum postremus est Ali-
therses. Opifices horum fuere Hypatodorus et Aristogiton.
Dedicatos Argivi dicunt de manubiis eius victoriae, qua ipsi
ad Oenoen Argolicae terrae urbem, Athenienfibus adiuvantibus, de Lacedaemoniis potiti funt. Ex eadem (opinor)
pecunia eos etiam dedicarunt Argivi, qui funt a Graecis
Epigoni (id est posteri) appellati. Eorum enim funt ibi positae imagines, Sthenelus, et Alcmaeon; cui aetatis caufa
honoratiorem existimo locum datum. His adiuncti Promachus, Therfander, Aegialeus, et Diomedes. Inter Diomedem et Aegialeum medius est Euryalus. Sunt ex adverfo
aliae statuae. Eas miferunt Argivi, quum in Messeniis re-
stituendis Epaminondam Thebanorum ducem iuvissent. Heroum ibi funt effigies: Danaus rex, cuius maximae fuerunt
Argis opes: Hypermnestra, quod una ex eius filiarum numero manus puras habuisset: prope eam Lynceus, et
omnes, qui ab Hercule, et eo altius repetitum a Perfeo genus ducerent. (3) Iam Tarentinorum equi aenei, et captivae foeminae, dona funt, quae Messapiis (Barbara gente,
finitimis fuis) victis miferunt: Agelndae funt Argivi opera.
Tarentum quidem coloniam Lacedaemonii deduxere, duce
Phalantho Spartano.   Huic coloniam deducturo Delphis
oraculum redditum est, quum fub aethra pluviam animadvertisset, tunc fe agri et urbis compotem fore. Sed quum
neque per fe, quid illud respnnfum innueret, fatis confidcraf-
fet, neque omnino quenquam interpretum confuluisset,
classe in Italiam applicuit. Ibi quum Barbaros vicisset, neque tamen vel urbe vel agro ullo potiri posset, oraculi s re
nata ei in mentem venit, ac plane fibi, quod fieri nullo pacto
posset, dei voce fignificatum fufpicari coepit; quod fcilicet
nunquam eventurum esset, ut puro ferenoque coe'o (quam
aethian tiruni vocant) plueret. Hunc uxor an'mum defpon-
dentem (confecuta enim domo fuerat) amanter multis modis folabatur: et eius aliquando caput genibus fuftentans,
dum pediculos legit, lacrymae prae mariti amore: ob adverfos eius cafus et irritam fpem mulieri obortae. Quare est
fufius flens, viri caput perfudit. Tunc primum evolutae
funt oraculi ambages. Aethra enim uxori nomen erat.
Ea itaque nocte, quae diem illum confecuta est, Tarentum hostium urbem maritimam maximam et opulentissimam cepit.
(4) Taranta quidem heroem Neptuni et indigenae Nymphae filium fuisse dicunt: ab eo vero nomen impofitum et
urbi et flumini. Eodem enim fluvius, quo urbs, nomine vocatur, Taras.

CAP. XI.  Proximum est Tarentinorum dono, Sicyoniorum thefaurus. Pecuniae id fuo as receptaculum est: verum
pecunia neque in eo, neque in thefauro alio quoquam Delphici templi ulla est.   Gnidii etiam figna Delphos attulerunt,
Triopan Gnidi conditorem, equo adstantem; Latonam,
Apollinem, et Dianam fagittis Tityum petentes, faucio il-

lam iam corpore. (2) Haec iuxta Sicyoniorum thefaorum
funt. A Siphniis etiam factus eft thefaurus ob caufam huiufcemodi. Siphniorum infula aurifodinas habet, de quarum fructibus iuffit Apollo fibi decimam off-rri. Illi certe
thefauro condito decimam obtulerunt: poftea vero quam
nimio pecuniae retinendae ftudio ab ea religione defcive-
runt, maris alluvie metalla prorfus abolita funt. (3) Statuas etiam Liparaei, Tyrrhenis navali praelio victis, dedicarunt. Liparaei ipfi Gnidlorum colonia fuerunt, cuius ducem hominem Gnidium Peotathlum nomine fuiffe, Antiochus
Syracufanus Xenophanis filius in Sicilienfi hiftoria fcriptum
reliquit. Addit, Gnidios ex ea urbe, quam ad Pachynum
Siciliae promontorium condiderant, ab Elymis et Phoenicibus bello pulfos, infulas defertas tenuiffe, eiectis prioribus colonis, quae ex Homericis verfibus noftra eti imnum
aetate Acoli nuncupantur. Earum unam, cui Lipare nomen, quum muniffent, in ea domicilia ftatuerunt fua: Hie-
rao, Strongylen, et Didymas ad arationes refervarunt, et
in eas fanu navibus agri colendi caufa transmittunt. In
Strongyle haud dubie e terra ignis erumpit. In Hiera ignis
e fumino eius infulae promontorio fponte fua accenfus evo-
mitur. Proxime ad mare balneae falubrium aquarum funt:
et ibi lavantes aqua temperatior excipit: nam alibi prae fer-
vore in eam defcendentibus incommodior eft. (4) und us
ad templi donaria redeamus, dedicarunt Thebani etiam et Athenienfes ob rem in praeliis bene geftam, quos thefauros appellant. De Onidiis non habeo dicere, victoriaene votum
miferint, an vero fuas opes oftentandi caufa thefaurum aedi-
ncarint. Nam Thebani Leuctricae pugnae. Athenienfes
Marathoniae, thefauris dedicatis, memoriam exilare voluerunt. Cleonaei quum peftilentia nihil minus quam Athenienfes laboraffent, oraculi monitu Soli primum orienti caprum immolarunt; ac deinde lue fedata aeneum caprum Apollini miferunt. Corinthii funt Potidaeatarum,
qui funt in Thracia, et Syracufanorum dona: hi cladem
Athenienfium infignem. illi pietatem dentaxat in deum
fuam, thefauris collocandis teftificati funt. (5) Porticum
etiam Athenienfes de manubiis, quas tum Peloponnefiis,
tum vero eorum foclis Graeci nominis eripuerunt, dedicarunt. Affixa etiam eodem in loco funt navium roftra. et fimul
fcuta aenea. Civitates enumerat Infcriptio. de quibus ma-
nubiarum primitias mifere Athenienfes, Elin, Lacedae-mo-
nem, Sicyonem. Megara. Pellenenfes Achaeorum, Ambra-
ciam. Leucadem, Corinthum ipfam. Ex navalibus quidem
pugnis contra hos populos Thefeo parentarunt: et Neptuno. eodem in loco, cui cognomen Orio, facrum fecere.
Eadem Infcriptio (uti mihi videtur) Phormionem Afopichi
filium. et eius res geftas ornat.

CAP. XII. Saxum illic eminet, de quo Sibyllam Herophilen oracula canere folitam Delphi tradidere. Quae cognomine Sibylla nuncupata ab initio fuit, perinde atque

aliam quamvis antiquam fuiſſo comperi. Filiam Graeci Iovis et Lamine dictitant: Lamiam ipſam Neptuno genitam,
mulierum omnium primam vaticinatam, et ab Afris Sibyllam nominatam: haec vero, *de qua nunc eſt ſermo*, Herophile,
Illa certe poſterior: conſtat tamen, et ipſam ante Troianum
bellum viguiſſe. Praedixit enim, ad Aliae et Europae perniciem Sparrae Helenam educatum iri; propter quam futurum eſſet, ut Ilium everteretur a Graecis. Eius foeminae
hymnorum in Apollinem Delii mentionem faciunt: ipſa
vero ſe non Herophilen ſolum, ſed Dianam etiam ſuis verſibus vocat. Et ubi uxorem ſe, et ubi vel ſororem, vel filiam Apollinis eſſe dicit; ſed haec ſcilicet furens, et divino
afflatu perculſa. Alibi vero immortali matre, (Idaearum
ſcilicet nympharum una) patre homine ſe natam dixit, hiſce
verſibus:

> Partim ego cetivoro mortali patre creata,
> Partim Immortali Nympha: me ſontibus Ida
> Eduxit vitreis, tenuis, glebaque robente:
> Marpeſſus matri patria eſt, fluviusque Aidoneus.

(1) Extant autem adhuc in Ida Phrygiae Marpeſſi urbis veſtigia, quo loco ſunt inquilini circiter LX. Tota eſt circa
Marpeſſum terra ſubruſſa, et mire torrida. Quocirca quod
Ladon amnis modo ſe ſubter terram abdat, modo rurſus
emergat, ac eiusmodi ſaepius repetitis vicibus poſtremo peni-
tus occultetur, ad Idae montis naturam arbitror referendum, quod rerum eſt, ac pertenue ſolum, et multis cuniculis cavernoſum. Abeſt ab Alexandrea, quae eſt in Troade,
Marpeſſus ſtadia ferme ducenta et quadraginta. (3) Et
Herophilen quidem, qui Alexandreae degunt, Apollinis
aiunt Sminthei fuiſſe aedituam: Hecubae vero ſomnium in-
terpretatam ita, ut rei, qui vulgo notiſſimus eſt, eventum di-
vinerit. Magnam vitae partem egit haec Sibylla Sami; ſed
Claron etiam, quae Colophoniorum urbs eſt, venit: eadem
Delon, et Delphios: ac Delphis quidem de quo diximus ſaxo vaticinia edebat ſua. Mors ei in Troade contigit: eius
eſt ſepulcrum in Sminthei luco, incifis columnae elegis:

> Illa ego ſum Phoebi Interpres non vana Sibylla,
> Hic quae marmoreo contineor tumulo:
> Vocalis quondam, aeternum nunc muta puella,
> Heu nimis hac fati compede preſſa gravi.
> Mercurio tamen et Nymphis ſociata quieſco,
> Phoebo quod fuerim grata, ſerens preclum.

Iuxta ſepulcrum erectus eſt Mercurius e lapide figura quadrangula. Ad laevam aqua in conceptaculum delabitur,
ubi Nympharum ſigna ſunt. (4) Erythraei (de Herophile
enim hi acerrime Graecorum omnium certant) Coryceum
montem et in eo antrum oſtendunt, in quo natam Herophilen dicunt. Parentes eius fuiſſe Theodorum paſtorem indigenam, et Nympham, cui fuerit cognomen Idaeae. Cognominis non eſſe aliam rationem, quam quod condenſa

x

arboribus loca Idas tunc homines appellarint. Verfum quidem de Marpeffo, deque Aidoneo flumine, eximunt Erythraei ex Herophiles carmine. Iam poſt illam eam, quae
faridica ipfa etiam fuit, e Cumis (quae fuut in Opicis) et
Demo nomine fuiſſe appellatam, Hyperochus vir Cumanus
fcripfit. Eius tamen foeminae praedictionem omnino nullam Cumani, quam cuiquam oſtenderent, habuerunt: oſtendunt tantum urhulam iu Apollinis lapideam, in ea Sibyllae
condita eſſe oſſa dictitantes. (5) Poſt Demo in fatidica-
rum foeminarum numerum conſcripſerunt Hebraei, qui fupra Palaeſtinam funt. patriem ſuam, Sabbam nomine; quam
Beroſo patre, matre Erymanthe genitam tradunt. Hanc
alii Babyloniam, Aegyptiam alii Sibyllam vocant. Phaennis
vero, hominis in Chaonibus regnantis filia, et Peleae apud
Dodonaeos, (quas columbas fuiſſe fabulati ſunt) divinarunt illae
quidem, Sibyllae tamen non fuerunt ab hominibus vocita-
tae. Phaennidis certo neque aetatem inquirere, neque vaticinia colligere eſt difficile? iisdem enim temporibus exſtitit, quibus regnum Autiochus capto Demetrio occupavit.
Peleadas vero Phemonoe fuiſſe dicunt aetate fuperiores, et
mulierum omnium primas verfus illos decantaſſe:

Iupiter eſt, fuit, atque erit: o bone Iupiter alme!
Quae tribuit fruges, tellurem dicito matrem.

(6) Inter viros autem vates numerantur Euclus Cyprius,
Athenienſis Mufaeus Antiophemi filius, Lycus Pandionis,
et ex Boeotia Bacis; quem Nympharum inſtinctu divinaſſe
creduut. Horum omnium vaticinia, praeterquam Lyci, per-
legi. Et haec quidem de foeminis et viris, quibus ad hunc
usque diem divinandi ſcientia divinitus contigit, memoriae
prodita funt. Infequentibus dehinc feculis credi facile poteſt alios eiusmodi homines, qui futura praedicant, non defuturos.

CAP. XIII. Bifontis vero Paeonici tauri caput ex aere
fabricatum Dropion Deontis filius, Paeoniorum rex, Delphos mifit. (1) Bifontes belluarum omnium vivi difficillime capiuntur: nullae enim funt adeo validae plagae, quae
irruentis ferae impetum fuſtineant. Eius venatio ita comparatur. Supinum deligunt locum, et in convallem decli-
vem: eum praevalido fepto undique muniunt: clivum deinde et proximam clivo planitiem recentibus ferarum coriis
inſternunt: recentium fi non fuppeditarit copia, arida afper-
fione olei lubricant. Ibi in equis exercitatiſſimi homines
bifontes intra illum ambitum cogunt; qui per uncta coria
delapfi in praeceps, ad imam usque planitiem devolvuntur.
illic ad quartum aut quintum ad fummum diem neglecti re-
linquuntur: tum laſſitudine et fame debilitati, cadentibus
iam animis facile conficiuntur. Sunt qui ad eos manfuefa-
ciendos artem adhibeant. et iacentibus adhuc pineae nucis
nucleos interioribus exemptos tellulis apponant: alium
enim cibum nullum bellua tunc appeteret: poſtremo vincu-

Iis diſtrictos abigunt. Et ad hunc biſontes modum capiun-
tur. (3ˀ Ex adverſo biſontis capiti aeneo, ſtatua eſt loricam induta, et ſupra loricam chlamydem poſitam aiunt
Delphi ab Andriis, Andreo ſuae gentis auctori, Apollinis,
Minervae, et Dianae ſigna. Phocenſium dona ſunt, de uniis
Theſſalis ſempiternis hoſtibus ſuis, et finitimis illis quidem,
praeterquam ex ea parte, qua a Phocide dirimuntur, Locris
Hypocnemidiis internecſis. Dedicarunt etiam Theſſali, qui ad
Pharſalum ſunt, et Macedones, qui ſub Picria Dion urbem
incolunt: tum vero Cyrenaei Graeci nominis in Libya: currum hi, et in curru Ammonem: Diatae vero Apollinem
cervam prenſantem: Pharſalii Achillem equo inſidentem.
Iam vero et Corinthii, qui in Dorienſibus cenſentur, the-
ſaurum aedificarunt, et in eo aurum a Lydis acceptum re-
poſuerunt. Herculis ſignum, donum eſt Tebanorum, de
bello quod cum Phocenſibus geſtum, Sacrum appellarunt.
Sunt et aeneae effigies, quas iidem poſuerunt Phocenſes,
fuſo altero congreſſu Theſſalorum equitatu. Delphos Phliaſii comportarunt neneum Iovem, et cum Iove Aeginae ſimulacrum. (4) Ex Arcadum Mantinea Apollo aeneus eſt,
non procul a Corinthiorum theſauro. Hercules et Apollo
tripodem prenſitant, ac de eo iam prope ſunt pugnam commiſſuri: ſed Latona et Diana Apollinis, Minerva Herculis
iram leniunt. Hoc ipſum etiam fuit Phocenſium donum.
Eo dedicarunt tempore, quo ipſos contra Theſſalos Tellias
Eleus duxit. Signa cetera Diyllus et Amyclaeus communi
opera fecerunt: Minervam et Dianam Chionis elaboravit.
Fuiſſe hos opifices dicunt Corinthios. Tradunt Delphi venienti ad oraculum Herculi Amphitruonis filio, Xenoclean
dei interpretem reſponſum dare recuſiſſe, quod caede Iphiti erat pollutus. Ibi ſublatum e templo tripodem Herculem foras aſportaſſe: ipſum vero interpretem ex inpore
dixiſſe,

Hic Tirynthius Alcides, non Ille Canobeus.

Nam et ante Aegyptius Hercules Delphos venerat. Sed
Amphitruonis filius reddito tunc Apollini tripode, quicquid
voluit, a Xenoclea didicit. Hinc poetae ſumto argumento,
fabulae mandarunt Herculis cum Apolline de tripode pugnam. (5) Commune fuit Graecorum de Plataeenſi praelio donum, aureus tripos, ſuſtinente aeneo dracone. Sed
aes adhuc manet ex eo donario integrum; auri quod fuit,
Phocenſium duces amoverunt. Tarentini etiam aliam de
Peuceriis (Barbara natione) a ſe vidis decimam Delphos miſerunt. Signa elaborarunt Onatas Aegineta, et Calynthus,
Equeſtres et pedeſtres ſunt imagines; Opis rex Iapygum,
Peuceriis auxilium ferens; atque hic quidem in pugna interempto perſimilis: qui vero iacenti adſtant, Taras heros
eſt, et Phalanthus Lacedaemonius, et ab eo non longe delphinus. Ante enim quam in Italiam perveniret, navi in
Pauſ. T. IV.                        G g

Crissaeo mari fracta, ad litus delphino evectum Phalanthum
tradunt.

CAP. XIV.　At Bipennes Periclyti Euthymachi filii,
Tenedii hominis, donum.　Vetus fama dedicationis caufam
vulgavit: (2) Cycnum aiunt Neptuni fuiffe filium: regnaffe eum Colonis: oppidum hoc in Troade fuit, ad Leuco-
phryn infulam.　Filiam is habuit Hemithean, et Tennen filium ex Proclea Clytii filia, Caletoris *illius germana* fororc,
quem ab Aiace in Iliade interfectum memorat Homerus,
quum faces in Protefilai navem immitteret.　Proclea mortua, alteram Cycnus uxorem duxit Philonomen, Craugafi
filiam.　Ea quum in privigni incidiffet amorem, repulfam
aegre ferens, Tennen ficta calumnia apud virum criminata
eft fuum, quod ille Invitam et repugnantem contuprare
conatus effet.　Mendacio captus Cycnus, Iuvenem eam furore in arcam inclufos, in mare abiicit.　Incolumes illi in
infulam exponuntur; cui quum ante Leucophrys nomen
fuiffet, de Tennae poftea nomine *Tenedos* fuit appellata.　Sed
fraude aliquando detecta, ad filium Cycnus navigavit, quo
fe illi purgaret, et eius, quod per credulitatem temere com-
mififfet, facti veniam pofceret.　Quum itaque ad infulam appuliffet, et ad faxum five arboris truncum navem religaffet,
Tennes ira impulfus, bipenni retinacula abfcidit.　Ex eo
in *proverbii* confuetudinem venit, ut, quicquid quivis praefra-
cte negarit, id tenedia bipenni praecidiffe dicatur.　Tennen
ipfum ab Achille, dum *praedas ex infula agentibus* Graecis occurrit, occifum autumant.　Tenedii infequentibus dein feculis ob virium imbecillitatem fe Alexandrinis, qui in Troade continenti funt, contribuerunt.　(3) Iam Graeci qui
contra *Perfas um* regem bellarunt, Iovem in Olympia aeneum,
Apollinem Delphis, *vota*, de victoria ad Artemifium et Salaminem dedicarunt.　Aiunt etiam Themiftoclem Delphos
profectum, Apollini Medorum exuvias attuliffe: percontan-
tem vero nunquid intra templum ea dona locaret, iuffiffe
Pythiam, ut eas omnino extra fani limen auferret.　Verfus,
quibus illa refponfum dedit, hi funt:

In templo pulchras noftro ne figite Perfei
Exuvias, fubito fed veftras mittite iu aedes.

Cum admiratione certe caufa quaeri poteft, cur ab uno The-
miftocle oblata dona de Medis, accepta deus non habuerit.
Sunt enimvero, qui Perfica omnia fpolia itidem repudiatu-
rum fuiffe credant, fi antequam dedicarentur, nunquid fibi
ea vellet offerri, quaefitum effet.　Non defunt, qui dicant,
Apollinem, quum praefciret fupplicem ad Perfas iturum
Themiftoclem, idcirco fibi exuvias illas dedicari prohibuiffe,
ne religiofis monumentis tellarum odium, fidem depreca-
tioni abrogaret.　Hanc Barbarorum in Graeciam irruptionem praedictam Bacidis oracu'is invenias.　Ante etiam ab
Euelo ea de re carmina edita funt.　(4) Delphorum eft ipfo-

cum, prope aram maximam, donum lupus aeneus. Hominem quendam aiunt fe cum facra pecunia, quam compilaf-
fet, abdidiffe in ea l'arnaffi parte, quae maxime effet fylve-
ftribus arboribus condenfa; lupum vero in dormientem impetu facto, illum occidiffe; ac deinde quotidie cum ululatu
folitum intra urbem penetrare. Id quum non nifi divinitus fieri exiftimare homines coepiffent, feram fecuti aurum,
facrilegio ereptum repererunt et *ad rei memoriam* lupum ex
aere dedicarunt. (1) Phrynes inaurstam effigiem el bora-
vit Praxiteles, unus et ipfe de mulieris amatoribus: Ipfamet
dedicavit.

CAP. XV. Quae huic adiuncta funt Apollinis figna. alterum Epidaurii, qui funt in Argivorum finibus, de Medorum manubiis: alterum Megarenfes, victis ad Niffaean
Athenienfibus, pofuerunt. Bucula a Plataeenfibus dedicata, eius *est* temporis *manumentum*, quo intra fuos fines ii,
cum aliis Graecis Mardonium Gobryae filium alti funt.
Sunt *alia* rurfus duo Apollinis *figna;* Heracleotarum alterum, qui ad Euxinum pontum funt: Amphictyonum alterum, de multa, quam Phocenfibus irrogarunt ob id, quod
Sacrum folum coluiffent. Eft apud Delphos huic Apollini
cognomen Sitaleas, magnitudine quinque et triginta cubitorum. Sunt illic duces multi: Dianae praeterea, et Minervae, duoque Apollinis figna, ab Aetolis dedicata, de
Gallis in pugna fuperatis. (2) Gullorum quidem exercitum ex Europa in Afiam ad urbium perniciem transmiffu-
rum, praedixit in oraculis fuis Phaeonis aetate una antequam res gereretur:

Hoftilis Gallorum acies tunc millie multo
Littora complebit: tranfmiffis fluctibus Helles
Vaftabit populans Afiam. Sed dii graviora
Intentaut illis, pelagi prope caerula fedes
Qui poluere fuas. Sedenim his quoque Iupiter ipfa
Auxilio clari mittet tauri generofaln
Progeniem; enfli quae fernet fuuere Gallos.

Tauri filium dixit Attalum Pergami regem, quem Ipfum
Tauricornem etiam idem Apollo nominavit. Equitatus duces equis infidentes fufis aequeftribus Athenienfium copiis,
Apollini ftatuerunt Pheraei. (3) At palmam aeneum dicarunt Athenienfes cum Minervae figno inaurato: dup icis
victoriae monumentum, qua uno eodemque die potiti funt
ad Eurymedontem, pedeftri acie, et navali pugna profpere
in ipfo flumine commiffa. A multis eius figni partibus
quum aurum revulfum vidiffem, culpam ego in homines
improbos et facrilegos conferebam, priusquam ex Atticarum rerum commentario, quem fcripfit Clitodemus, eorum
qui literis res Atticas mandarunt vetuftiffimus auctor, co-
gnoviffem, comparata ab Athenienfibus claffe ad Sicilien-
fem expeditionem, magnum corvorum numerum Delphos

convolaſſe, irruentesque in illud ſignum, aurum roſtris avel-
liſſe. Additum eſt ibidem, hailain, noctuas, et caryotas;
quae in palma illa ad palinularum ſimilitudinem *ex auro* factae ſuerant, eosdem illos corvos abrupiſſe. Sed et alia
prodigia idem commemorat Clitodemus, quae ab ea navigatione ſuſcipienda Athenienſes deterrere debuerant. (4)
Cyrenaei Delphis Batti ſtatuam poſuerunt in curru, quod is
ex inſula Thera eos in Africam claſſe deduxiſſet in coloniam. Auriga currus eſt *ſua mater* Cyrene. In curru Libya
Nympha Batto coronam imponit. Opus ſecit Amphion
Acelloris filius Gnoſſius. Deducta jam Cyrene colonia. Bat-
tus vocis huiusmodi medelam reperit.. Dum Cyrenaei in
extrema Africae deſerta excurrunt, leonem conlpexit: re
improviſa territus, magnum et clarum neceſſitate cogente
ſulialit clamorem. Non longe a Batti ſtatua Apollineus
alium Amphictyones dedicarunt, de pecunia multatitia Phocenſium.

Cap. XVI. Ex *tam multis*, quae *Apollini* miſerunt Lydorum reges, donis, reliquum iam nul:um eſt, praeter ſer-
ream Halyattis craterae baſin. Eam ſecit Glaucus Chius,
qui primus ſerri artem ſerruminandi excogitavit. Illius
certe baſis iuncturae ſingulae nullis aut ſibulis, aut clavis,
ſed ſolo coagmentatae ſunt ferrumine. Baſis forma eſt eadem prope qua turris; ima parte latior, in obtutum ſalli-
gium ſurgens. Latus quodlibet non continenti ferro clau-
ditur, ſed transverſis incingitur e ferro zonulis: *ras* perinde
*ſunt* ac in ſcalis gradus. Summa labia extrorſum reſupinan-
tur. Atque haec ſuit illius craterae ſedes. (2) Iam qui
a Delphis Umbilicus vocatur, e candido marmore, eſſe eum
aiunt medium terrae univerſae *praedim*. Congruunt cum
hac opinione, quae in quodam carmine cecinit Pindarus.
Lacedaemoniorum illic dona ſunt, Hermione Menelai filia,
quae ſuit cum Oreſte Agamemnonis, quum prius tamen
nupta ſuiſſet Neoptolemo Achillis filio: eam Calamis ſecit.
Eurydamo ſtatuam, quod eo duce contra Gallorum exercitum pugnarunt, Aetoli poſuerunt. (3) Exſtat adhuc in
Cretae montibus urbs Elyros. Ea civitas capell-im aeneam
Apollini *donum* miſit. Lac praebere videtur infantibus Phy-
lacidi et Phylandro. Liberos ſuiſſe eos Elyrii dicunt Apollinis et Nymphae Acacallidis. Cum ea congreſſum Apollinem in urbe Tarrha, et Carmanoris domo. Caryſtii ex
Euboea bovem et ipſi aeneum Apollini ſtatuerunt de Perſica
victoria. Boves quidem et Caryllii et Plataeenſes idcirco
dedicarunt, quod (uti ego opinor) Barbaris e Graecia ex-
pulſis, et alias fortunas incolumes habuerunt, et libero ſolo terram arare potuerunt. Ducum effigies, et *cum tis*
Apollinem et Dianam, Aetolorum gens, Acarnanibus finitimis ſuis debellatis, dedicarunt. (4) Incredibile prope
dictu eſt, quod Liparaeis narrant eveniſſe. Oraculo iuſſos
eum Tyrrhenis pauciſſimarum navium claſſe confligere, tri-

remes contra eos quinque deduxisse. Illos, quum se Liparaeis haudquaquam inferiores navalibus rebus fore confide-
rent, pari navium numero congressos. Sed quum quinque
eorum triremes Liparaci cepissent, mox Tyrrhenos todidem
iterum, ac tertio, et postremo quarto eduxisse: omnes vero
eas classes a Liparaeis captas. In huius rei memoriam
Apollinis signa pari numero superatis a se *iam soties* navibus,
dicarunt. Echecratides homo Larissaeus Apollinem parvum ,
dedicavit: hunc Delphi dicunt *antiquissimam* esse, ac *sane* primum donariorum omnium.
CAP. XVII. Barbari, qui ad Occidentem Sardiniam insulam incolunt, statuam eius, a quo ipsi nomen acceperunt,
ex aere Delphos miserunt. (1) Est ipsa Sardinia magnitudine et felicitate cum iis , quae maxime celebrantur,
insulis comparanda. Nomen eius priscis temporibus
quodnam fuerit patria lingua, compertum non habeo.
Qui illuc e Graecis commercii causa adnavigarunt,
Ichnussam ( quod formam habeat humani vestigii )
insulam vocarunt. Longitudo eius perhibetur stadium
MCXX; latitudo CCCCLXX. Primi in eam transmigrasse
navibus Libyes dicuntur,'duce Sardo Maceridis filio; cui
apud Aegyptios et Libyas Hercalis cognomen fuit. Eius
patri Maceridi nihil illustrius ad memoriam contigit, quam
quod venit aliquando Delphos. Sardus coloniam Libyum
Ichnussam deducendam suscepit: quare priore nomine ob-
soleto, est de Sardi nomine insula appellata. Non tamen
indigenas eiecit ea Libyum manus; sed in domiciliorum
societatem recepti ab indigenis sunt novi inquilini; atque
id necessitate magis quam benevolentiae gratia. Urbes certe non plus Libyes tunc, quam in ipsa insula genitus populus, norant condere; disperssi in tuguriis et speluncis, ut
sua cuiusque sors tulerat, ita habitabat. (3) Aliquot annis post Libyas e Graecia in insulam eam venerunt, qui Ari-
staei ductum et auspicia secuti fuerant. Apollinis et Cyre-
nes Nymphae fuisse filium Aristaeum tradunt; eum ob
Actaeonis casum acri confectum dolore, ac Boeotiae iam et
Graeciae toti insensum, in Sardiniam migrasse. Sunt qui
putent eodem tempore Dacdalum, Cretensium arma metuentem, aufugisse; ac domicilii colonineque in Sardiniam
deducendae consortem Aristaeo fuisse. Probari vero nulla
ratione possit. Aristaeo, quicum nupta erat Cadmi filia Au-
tonoe, Daedalum, qui eadem fuit aetate, qua Thebis regnavit Oedipus. potuisse vel coloniae, vel alius cuiusquam rei
participem esse. Verum neque haec manus oppidum ullum
munivit, quod erat numero et viribus minor, quam quantum
sat esset ad novam civitatem constituendam. (4) Post Aristaeum Iberi in Sardiniam *ex Hispania* transmiserunt duce
Norace, a quo novam urbem Noram vocarunt. Et hanc
primam omnium, quae in ea insula fuerint, urbem norunt.
Filium Noracem fuisse dicunt Mercurii, ex Erythea Geryo-

nis filia. Quarta Inquilinorum cohors, Iolao duce in Sardiniam contendit, e Thefpienfibus et Attica terra. Hi Olbiam muniverunt; Ogryllen etiam dictam, vel translatitio ab aliqua de Atticis curus nomine; vel quod unus de clasGs ducibus Gryllus fuerit. Hac ipfa etiam aetate in Sardinia vici manent, qui Iolai nuncupantur, et ab incolis honores Iolao habentur. Poll Ilium everfum, ex Troianis et alii profugerunt, et ii, qui cum Aenea incolumes evaferunt. Horum pars una acti tempeflatibus in Sardiniam, Graecis, qui ante illic confederant, permilli funt. Quo minus vero cum Graecis et Troianis Barbari bello confligerent, id primum vetuit, quod belli apparatu neutra pars alteri cedebat: deinde Thorfus fluvius, qui medium praeterfluit infulam, utramque aciem transmittere metuentem coercebat. Multis pofl annis Libyes maiore clafle in Sardiniam appulfi, Graecosque bello adorti, omnes ad internecionem exciderunt, vel certe quam paucifimos reliquos fecere. Nam Troiani quum in montanam infulae regionem confugiffent, ibique fe rupium confractibus, et vallo iucto munitionibus tutati eflent, Iliensium nomen adhuc retinent; facie illi quidem, armatura, totaque victus ratione Afris perfimfles. (5) Abefl non longe a Sardinia infula, Corfica ab inquilinis e Libya, a Graecis Cyrnos nominata. Ex hoc non parva utique manus feditione pulfi in Sardiniam tranfiere, montibusque occupatis oppida fibi muniere: a Sardis certe patrio ipforum nomine Corfi appellantur. Carthaginenfes quum eflent maritimis rebus praepollentes, omnes e Sardinia, praeter Illenfes et Corfos, eiecerunt: nam illos quominus potuerint in poteflatem redigere, praerupti et muniti montes obfliterunt. Munierunt in ea infula Poeni urbes duas, Carnalin, et Syllos. Orta autem de praeda controverfia, Libyes et Hifpani ira accenfi, quum a Poenis defeciffent, et ipfi montium iugis occupatis feorfum confederunt: eos patria lingua fua Balaros Corfi appellurunt. quod eodem nomine exules vocant. (6) Atque hae quidem gentes, et In eas quas diximus divifi urbes, Sardiniam incolunt. Eius ora, quae efl ad Aquilonem et Italiae littora converfa, in montes confurgit invios. coeuntibus prope verticibus: adnavigantes veru opportunis accipit flationibus. E proximis montium iugis praevalidi et incerti ventorum flatus in mare irruunt. Sunt et alii interius montes multo afcenfu faciliores; fed Inter eos plerumque turbidus et peflilens intercluditur aër. In caufa efl concretus ibi fal, et praegravis ac violenter incumbens Aufter. Obflant praeterea praealti montes quo miuus a Septentrionibus flantes venti, coeli et terrae vaporem aeflate anni tempeflivo frigore leniant. Exiflimant alii Corficam infulam, quae a Sardinia non amplius quam octo fladia lato mari dividitur, excelfir fe undique montibus attollentem. Favonio et Aquiloni obtendi, quo minus eorum in Sardiniam flatus pervadant. Serpentes certe neque hominum generi lnfenfi, neque veneni expertes, aut lupi ufpiam in ea infula gignuntur. Caprae quidem magnitudine nihilo aliis praeftant, forma illis non diffimilis arieti qui inter opera Aeginaeae figulinae vifitur; pectore tantum magis hirto: cornua illis non eminent e capite disiuncta, fed protinus in aures utrinque retorta: velocitate feras omnes anteeunt. (7) Eadem infula uft venenorum omnium et lethalium ftirpem expers. Una eft herba perniciofa, apio perfimilis: qui eam 'comederint, ridentes emoriuntur. Ex eo Homerus primum, alii deinde poft cum, Sardonium eum dixerunt rifum, qui fi-mulate et cum flomacho ederetur. Cignitur circa fontes maxime; nec tamen cum ipfis aquis veneni naturam communicat. Ac de Sardinia quidem fermonem huic de Phocenfium rebus commentario inferuimus, quod perexigua ad-huc ad Graecos eius infulae notitia pervenerit.

CAP. XVIII. Equus deinde Sardi ftatuae proximus eft; quem Callias Atheniensis Lyfimachidae filius, fa dedicaffa teftatur de pecunia privata, quam de Perfico bello fuerat adoptus. (2) Achaei Minervae fignum pofuerunt, Aetoliae urbe per obfidionem expugnata, cui nomen Phana. Quum autem obfidionis tempus duceretur, neque ulla urbis capiendae ratio iniri poffet, qui miffi fuerant Apollinem fcifci-tatum, hwtuwsodi refponfum acceperunt:

> Qui Pelopis terras, quique ava tmella Achivum,
> Pytho venifis fcitatum, qua ratione
> Urbs obfeffa fugum accipiat. Curae vobis fit
> Obfervare, bibant quantum, qui inoenia fervans,
> Sicque Phana imperium veftrum turrita fubibit.

Hoc oraculum quidnam fibi vellet quum non intelligerent, foluta obfidione domum retro navigare decreverant. Hoftem plane contemnebant, qui obfidebantur: quare mulier quaedam ad proximum fontem aquatum e portis egreffa fuerat. Eam militum globus excurfione facta captivam in caftra pertrahunt. Docentur ab ea Achaei oppidanos noctu ex eo fonte aquam hauftam fuis dividere; neque eos ad fi-tim levandam, aliud quicquam praefidii habere. Conturbato itaque fonte oppidum Achaei capiunt. (3) Rhodii Lindi incolae prope hanc Minervam Apollinis fignum ftatuerunt. Dedicarunt etiam Ambraciotae aeneum afinum, victis nocturna pugna Moloffis. Nam quum in illos noctu infidias difpofuiffent Moloffi, afinus, qui forte ex agro in oppidum agebatur, afellam infectans cum multa lafcivia, vehementem ruditum fuftulit. Ipfe etiam agafo per tenebras, obfcura et incondita voce inclamabat. Iniecit eas res tantam Moloffis trepidationem, ut ftatim infidiarum locum deferuerint. Eos Ambraciotae detecta fraude noctu invadentes praelio fuperant. (4) Orneatae, qui funt in Argolica terra, quum Sicyoniorum bello premerentur, votum

Apollini nuncuparunt, fi 'hoftibus repulfis patriam pericu'a
liberare potuiffent, quotidianam fe illi pompam miffuros, et
hoftias ad certum et prachnitum numerum Immolaturos.
Verum quum Sicyoniis pr.elio victis voti rei facti effent,
pompam quotidie ex voto mittentibus, non tam impenfa
gravls, quam laboris et moleftiae continuatlo vifa eft. Venit igitur in mentem fatis deo factum iri. fi 'er pompam fe-
'mel, et hoftiarum numerum, ducta aequae aeftimationis
ratione, mififfant. Aenea funt *** *** *** *teftantia* illic opé-
ra (5) Exin Herculis contra hydram aerumna, Tifagorae
donum pariter et opificium. E ferro tam Hercules eft quam
hydra. Facere fane e ferro figna res longe difficillima, et
laboris plurimi. Sed ipfum Tifagor:e orrificium, quicunque ille fuerit Tifagoras iure dignum admiratione videatur.
Spectantur fiquidem etiam cum admiratione Pergami, leonis et apri capita, et ipfa terrea. Libero Patri confecrata.
(6) Ex Phocenfibus, qui Elatean inco unt. obfidione, qua
a Caffandro urgebantur, liberati, Athenis miffo ad opem ferendam Olympiodoro, Delphico Apollini leonem aeneum
miferunt. Qui vero leoni proximus eft Apollo, Maffilienfium decima eft. de Carthaginienfibus navali praelio fuperatis. (7) Dedicarunt Aetoli trophaeum, et armatae mulieris (Aetolla fcilicet ea eft) fimulacrum: atque haec de
pecunia Gallis imperata ob crudelitatem, qua funt Callion-
fes perfecuti. Inaurata ftatua, Gorgiae Leontini donum
eft; ipfa nempe Gorgiae effigies.
CAP. XIX. Ei adhaeret Amphictyonum donum Scio-
naeus Scyllis, homo urinandi peritia clarus. Is eandem
artem, natandi fcilicet fubter altiffimas cuiusvis maris
aquas, Cyanam filiam edocuerat. Ambo itaque quum circa
Pelion vehemens tempeftas Xerxis claffem oppreffiffet, an-
coris et aliis (fi qua forte fuerant infra aquas, navium retinaculis abfciffis, perniciem triremibus apportarunt. Eius
*in Graecos univerfos* meriti memoriam, patri et filiae ftatula
pofitis, extare Amphictyones voluerunt. Sed ad cetera ornamenta, quae Delphis erepta in urbem Nero afportavit,
Cyanae quoque ftatua acceffit. Dicuntur infra mare fe de-
mergere tutiffime foeminae falva virginitate. (2) Locus
admonet. ut Lesbi vulgatam narratiunculam exponam. Methymnaei aliquando pifcatores retibus e mari extraxerunt
ex oleae ligno fabricatum caput, divina illud quidem facie.
fed peregrina, atque omnino diverfa quam Graecorum dii
effe confueverint. Confulentibus Methymnaeis, cuius ea
vel deorum vel heroum imago effet, refponfum eft, Bacchum Cephallenem venerarentur. Eductam igitur e mari
ligneam effigiem Methymnaei fibi retinuerunt, facrisque fa-
eiundis et votis nuncupandis coluerunt: *pro ea* vero Delphos aeneam mifere. (3) In ipfis *faftigium fuftinentibus* aqui-
lis funt, Diana, Latona, Apollo, Mufae, Sol occidens, Liber Pater, foeminae quae Thyiades dicuntur. Horum

*omnium fignorum* ora elaboravit Athenienfis Praxias Calamidis difcipulus. Nam quum templo nondum expolito mors
Praxian oppreffiffet, reliqua aquilarum ornamenta abfolvit
Androfthenes, et ipfe patria Athenienfis, Eucadmi difcipulus. Affixa funt columnarum capitulis aurea arma. Ex iis
dedicarunt Athenienfes fcuta, de victoria ad Marathonem:
Aetoli quae in tergo, quaeque ad laevam funt, Gallorum
fpolia. Scuta iis eadem prope forma funt, qua Perfarum
gerrha. (4) Gallorum in Graeciam irruptionis nonnulla
mentio nobis fit eo etiam loco, quo de Athenienfium curia
agimus. Latius autem et planius in hoc, qui de rebus Delphicis confcriptus eft commentario, rem totam explican-
dam putavi, quod in hac maxime parte Graeci virtutis contra Barbaros egregia documenta dederunt. Expeditionem
primam Galli extra fuos fines Cambaulo duce fufceperunt.
Hi in Thraciam usque progreffi, devia ab inftituto itinere
loca attingere non funt aufi, quod plane intelligebant, minores effe quas eduxerant copias, quam ut numero Graecorum populis pares effe poffent. Quum itaque exteris nationibus iterum bellum inferre decreviffent, iis incitantibus
quos ante Cambaulen fecutos lucri cupiditas, et guftatae
praedae amor ac rapiendi licentia impellebat, ingens peditum manus, neque multo equitum minor in unum convenerunt. Tripartito vero agmine duces *in Georxiam* moverunt;
ac fua cuique *parti* provincia attributa. In Thracas et Tri-
ballorum gentem copiae ducendae Cerethrio traditae funt.
In Pannoniam contendentibus Brennus et Acichorius praefuerunt. In Macedonas et Illyrios agmen duxit Bolgins.
Is cum Ptolemaeo Macedonum rege figna contulit. Hic
nempe ille fuit Ptolemaeus, qui Seleucum Antiochi filium,
ad quem ante fuppex confugerat, dolo tamen occidit; cognomento Fulmen appellatus, ob immodicam audaciam.
Ipfe certe in eo praelio Ptolemaeus cecidit, et cum eo non
minima Macedonici roboris pars deleta. Sed quum neque tunc Galli aufi effent ad Graecos armis laceffendos longius progredi, *brevi* intra fines fuos rediere. (5) Non de-
linebat Brennus modo publice univerfos conventus, modo
vero Gallorum principes ad *novam* in Graecos expeditionem
follicitare, quum et longe effe illos quam ante virtute inferiores diceret; et tam publicae *fingularum divitiarum* pecuniae
magnitudinem, quam donaria templorum, ac elaborati argenti et auri vim commemoraret, perpulit eadem repetita
faepius oratione, ut *novas* ad invadendam Graeciam copias
mitterent. Collegas ex Gallorum primoribus tum alios,
tum vero Acichorium fibi cooptavit. (6) Nomina in hanc
*iam tertiam* expeditionem dederunt, peditum centum et quinquaginta duo millia; equites vicies mille et quadraginti.
Atque haec quidem equitum manus tota ad pugnam idonea. Nam verior numerus fuere fupra fexaginta equitum millia, amplius mille et CC. Nam fingulos equi-

tes famuli fequebantur duo, in equis et ipſi ot equeſtrium
artium *maximæ* gnari. Ii praeliantibus dominis in extrema acie conſiſtentes, ei erant uſui, ut ſi forte equus
eſſet amiſſus, ſtatim ſuum ſuhmitterent: ſi vir concidiſſet,
ſervus in eius locum ſuccederet: quod ſi utrumque belli impetus evertiſſet, iam praelio erat tertius, qui pro demortuis
locu n teneret. Iam vero ſi vulnera primarius ille accepiſſet, e ſecundariis alter ex acie illum ſubducebat, alter vero
ſaucii vicem obibat. Haec (ut mea ſert opinio) apud Gallos ad imitationem Perſarum militia fuit inſtituta. Nam et
illi ſelectos habebant milites decies mille, quos immortales vocabant. Tantum intereſt, quod commiſſo demum
praelio illi ſuccenturiant: Galli inter pugnandum integros,
vel caeſis vel ſauciis ſupplemento eſſe iubent. Atque hanc
quidem equeſtris pugnae inſtitutionem voce patria Trimar-
ciſiam nominant: equum enim Marcam appellant. Hoc apparatu, et ea *quam ante diximus* ſretus conſidentia Brennus,
in Graeciam exercitum duxit.

CAP. XX. Graeci etſi prorſus animis conciderant; imminentis tamen periculi terror facile in eam ſententiam
univerſos adduxit, ut laboranti patriae opem ferre ſibi ne-
ceſſarium eſſe ducerent. Perſpicue videbant non iam de libertate (ut olim cum Perſis) decertandum: neque enim ſi
aquam et terram hoſtibus dediſſent, reliquae incolumitati
et ſecuritati propterea conſuli poſſe ſperabant. Recens erat
earum memoria calamitatum, quibus priore excurſione Barbari Macedonas, Thracas, et Paeonas afflixerant. Quam
iniurioſe Theſſalos paulo ante tractaſſent, ex certis nunciis
cognoverant. (1) Fuit igitur tam privatim ſingulis hominibus, puam publice civitatibus *una et* communis *omnibus* ſententia, aut funditus pereundum, aut bello hoſtem ſupe-
randum. Poteſt *non difficilius*, qui velit, enumerando perſequi, quum eas Graecorum civitates, quae ad Thermopylas
Xorxi reſtituerunt, tum vero quae contra Gallos arma cepere. Adverſus Perſas quidem bi Graecorum populi, cumque hoc militum numero prodiere. Lacedaemonii Leoni-
dem ſecuti, haud plures quam CCC fuere: Tegeatae D, totidem e Mantinea. Ab Orchomeniis ex Arcadia miſſi CXX:
ex aliis Arcadiae civitatibus mille: e Mycenis LXXX: e
Phliunte CC. Hunc numerum duplicarunt Corinthii. Iam
vero praeſto fuere ex Boeotia DCC: e Theſpia et Thebis
CCCC. Oetae quidem tramitem cuſtodiebant Phocenſium
M: ſi horum etiam ratio iu hac Graecorum recenſioue ſi
habenda. Nam Locros, qni ſub Cnemide monte ſunt, *in io*
numero Herodotus non comprehendit: veniſſe tantum eos
ex omnibus civitatibus ſcripſit. Horum tamen proxime ad
verum quam magnus numerus fuerit, facile poſſis coniicere.
Athenienſes enim ad Marathonem hoſti occurrerunt, non
maiore numero, quam novem millibus hominum; in quo et
mutilis ad pugnam aetas, et ſervi cenſebantur. Quare

exiſtimandum relinquitur, militarem Locrorum manum,
quae ad Thermopylas venit, ſex millibus hominum nihilo
pleniorum fuiſſe. Fuerit itaque univerſus ille exercitus
hominum undecim millium et ducentorum. Satis vero
conſtat non perſtitiſſe omnes, qui Thermopylas praeſidio
occupaverant. Praeter Lacedaemonios enim, Theſpienſes
et Mycenaeos, reliqui non expectato pugnae eventu re-
ceſſere. (3) At contra Barbaros qui ab *ultimis* Oceani
*finibus* in Graeciam irruperant, ad Thermopylas praeſidium ex his Graeciae populis miſſum. Ex Boeotia peditum gravis armaturae decem millia, equites D. His duces quatuor praeerant, Boeotarchi appellati, Cephiſſodo-
tus, Thearidas, Diogenes, et Lyſander. A Phocenſibus
miſſi equites D, pedites ter mille: duces fuere Critobulus
et Antiochus. Locros, qui ſunt ad inſulam Atalantam,
Midias duxit, pedites DCC: equeſtres hi copias nullas habaere. A Megarenſibus adfuere gravis armaturae
pedites CCCC. Equitatum Megareus duxit. Aetolorum agmen quum numero praeſtitit, tum vero fuit
ad omne pugnae genus inſtructiſſimum. Quae fuerint
equeſtres eorum copiae, non eſt proditum: ſed gravis armaturae fuere haud minus peditum ſeptem millia: expediti vero milites nonaginta. His imperarunt Polyarchus,
Polyphron, et Lacrates. Athenienſium imperator fuit Callippus Moeroclis filius; quod eſt a me ſuperius etiam expolitum. Copiae ipſorum fuere, primum triremes, omnes
quae deduci potueruut: equites deinde quingenti: pedites
in acio ſteterunt mille. Atque Athenienſibus quidem ob
veterem dignitatem eſt imperium *omnium conſentienti volun-*
*tate* decretum. Miſere reges conductitium militem: quingenti ex Macedonia, totidem ex Aſia venere. *Fuit uni-*
*verſa huius delectus ſumma, peditum viginti tria millia, ſentum et*
*novaginta: equitum plus minus tria millia.* Ab Antigono rege Ariſtodemus Macedo, ab Antiocho ex Aſia iniſſis auxiliis Teleſarchus praefuit: e Syria is fuit, quae ad Orontem flumen eſt. (4) His in unum ad Thermopylas copiis congregatis, ubi cognitum eſt Gallorum exercitum intra Magneſiae et Phthiotidis terrae fines caſtra iam habere, mitti placuit expeditorum globum hominum mille, et
enm his optimam equitatus partem, ad Sperchium amnem;
quo difficilem et periculoſam Barbaris traiectionem oſten-
tato certamine redderent. Hi quum eo perveniſſent, pontes, *quos Galli fecerant,* ſolverunt: ſolutis pontibus, ipſi
quoque ad fluminis ripam caſtra poſuere. Erat Brennus
haudquaquam incallidus aut rudis: quin, ut Barbarus homo, ſatis acutus et experiens ad eas artes, quibus hoſtem
falleret, excogitandas. Ea igitur, quae conſecuta eſt nocte, relicto vetere pontium tranſitu, ad inferiores amnis
partes militum decem millia, natandi peritiſſimum quemque, et corporis ſtatura (ut ſunt Galli prae ceteris hominibus eximia corporum proceritate) eminentiſſimum miſit.

Quid ageretur, hofles, *qui longius oberant*, animadvertere non potuerint: et inferior amnis per campos late ftagnans, non *ac fuperiore alueo* rapidus et altus devolvitur, fed in paludem fe ac ftagnum diffundit. Ea igitur ex parte per paludes manus illa noctu tranavit; eorum partim fcutis patriis (qui thyrei nominantur) pro ratibus utentes; partim pedibus vada (quae fuit corporum proceritas) transmeantes. At Graeci, qui ad Spercbium confliterant, eo ftatim cognita, ad exercitum, *qui ad Thermopylas erat*, retrocefferunt.

CAP. XXI. Brennus *populis* Maliaci finus accolis imperavit, ut *pons* Sperchium iungerent: qui fine fumma celeritate opus perfecerunt, tum quod illum vehementer metuebant, tum vero quod Barbaros difcedere e fuis finibus quamprimum cupiebant; ne, fi longiora haberent iltiva, indies detrimentis maioribus afficerentur. Fluvio per pontes transmiffo, ad Heracleam accedentes, agrum quidem depopulati funt, et deprehenfos in agris homines occidere. Urbem certe non ceperunt, quod fuperiore proximo anno Aetoli Heracleotas, ut fecum facerent, coegerant: opem igitur tunc illis tanquam fuae ditionis hominibus impigre tulerunt. Sed et Brennus minus omnino de Heracleotis *in fuam poteflatem redigendis* laborabat: verum hoc maxime fuit ei periculum cavendum, ne, qui de muris pugnabant, obfillerent, quo minus ad eam Graciae partem, quae intra Thermopylas eft, pervaderet. (2) Heracleau igitur praetergreffus, quum de perfugis quibusdam cognoviffet, quae copiae ex fingularum civitatum delectibus in unum conveniffent, contemplit plane Graecorum apparatum, ac poftero die fub ipfum folis ortum pugnam flatuit committere; nullis ille quidem, vel cuiuspiam Graeci arufpicis ufus confilio, vel dis ullis per facra patrio ritu fufcepta confultis: fi tamen ulla eft Gallis res futuras divinitus praefentiendi ars. Graeci cum filentio, et aequabili ac temperato greffu, in pugnam proceferunt. Ubi ad manus ventum eft, *gravis armaturae* peditatus tam longe ab acie excurrit, ut fuam ipfi phalangem *luxuris ordinibus* turbaverint: levis armatura ordinem confervavit, et hoftem *minus* iaculis, fagittis et fundis laceffivit. Equitatus in utroque exercitu prorfus nulli fuit ufui: neque id folum propter montis (quae porta appellatur) anguftias, fed quod etiam in lubrico faxo quum loci ipfius natura, tum vero ob aquarum interfluentium crebritatem, equorum vefligia haerere non poterant. Erat Gallis armatura infirmior: nam praeter fuos illos thyreos, nullo armorum genere corpora munierant: et, quod caput fuit, rei militaris fcientia multo erant hofte inferiores: furore tantum, et animi impetu oppreffa ratione, ritu ferarum in hoftes ruebant. Neque vero aut bipennibus divifos, aut gladiis concifos, fua illa efferatae mentis concitatio, dum animam agerent, deficiebat: aut fagittis et mulfibus

confixi, quandiu vitae reliquiae fuperellent, faevire definebant. Fuerunt qui e fuis ipforum vulneribus evulfa
fpicula in Graecos retorferint, vel cominus imprefferint.
Interea Athenienfium claffis vix, neque omnino fine periculo, per paludis coenum, quo late etiam procul a litore
maris pars ea obducitur, quamproxime ad Barbaros ap-
propinquans, latera *et frontem* hoftilis agminis omni incu-
lorum genere et fagittis feriebat. Laborantibus igitur
vehementer Gallis, quippe qui in illis angufliis Graecis
parum omnino obeffint, multis vero ipfi partibus maioribus afficerentur incommodis, duces receptui cani iufferunt. Temere illi, et undique conturbatis ordinibus,
quum in caftra fe recipere conarentur, *in ipfa fuga trepida-*
*tione* multi funt inter fe collifi: multi etiam in paludem
collapfi, caeca funt limi voragine abforpti. Quare non
minore retrocedentes clade affecti funt, quam quantam
ante in ipfo praelii difcrimine plagam accepiffent. (3)
Athenienfium in primis eo die virtus enituit: ipfis vero
Athenienfibus antecelluit Cydias, qui peradolefcens ac
plane tiro, prima eo bello militiae rudimenta pofuerat.
Eius a Gallis occifi, cum hac infcriptione propinqui fcutum Iovi Liberatori dicarunt:

Cydiae erat parma haec iuvenili corpore clari,
Hofpes quam facram confpicis effe Iovi:
Huic cubitum infernit flammato corde finiftram,
Quum premeret Mavors armipotens Galatas.

Manfit ea infcriptio usquedum Syllae milites et alia Athenienfium *infignia*, et fcuta e Liberatoris Iovis porticu fus-
tulerunt. (4) Hic fuit pugnae cum Gallis ad Thermopylas initae eventus. Poftero die Graeci fuorum cadavera
fepulturae mandarunt, et hoftibus fpolia detraxerunt. At
Barbari nullas omnino per caduceatorem, quantifper fuos
ad fepulturam tollerent, inducias propofcerunt; ac plane
oftendarunt, fe nihil intereffe putare, humone tegerentur,
an vero a feris et volucribus, iis quae folent infultae ad
cadavera advolare, dilaniarentur. Ac duplex (opinor)
caufa eft, quamobrem nulla illis cura fit, eos qui in pugna
ceciderint fepeliendi: una, quod maiorem ex hac *de inima-*
*nitate fua* opinione iniici hoftibus terrorem exiftimant: altera, quod non eft omnino ipfis cum ceteris communis, in eos,
qui e vita excefferint, miferatio. Defiderati funt ex omni
Graecorum numero XL. At qui caefi funt ex Barbaris,
accurate recenferi non potuerunt, quum nufpiam apparuif-
fent, quos palus abfumferat; atque is quidem magnus fuit
hominum numerus.

Cap. XXII. Septimo a pugna die, *reliquae* Gallorum
cohortes, fecundum Heracleam Oetam afcendere conatae
funt: verum peranguflo et hac in parte tramite iter erat
faciendum, fupra quem Trachinis ruinae fuere: et ultra

Trachiniae terrae fines erat Minervae templum, in quo
donaria *multa*. Ac certe per arctiffimum illum callem ipe-
rarunt tamen fe Oetae iugum Galli occupaturos; et fimul
fibi, dum aliud agerent, templi diripiendi poteflatem fore.
Sed quum il is praelidium, quod in aditu montis collocatum fuerat, Telefarcho duce occurriffet, *altero praelio* Barbari victi funt: Telefarchus quidem ipfe dimicans cecidit, vir,
ut qui maxime, in Graecorum caufa ucer. (1) Hic quum
coteros iam Gallorum duces hoftium virtus exterruiffet et
de futuris rebus animos delponderent, nempe quibus prima
quaeque adverfa eveniffenti Brenno in mentem venit. faci-
lem fibi fore belli conficiendi rationem, modo Aetolos cogere poffet, ut domum redirent. Delectis itaque e toto exercitu peditibus quadragies mille, equitibus octingentis, iis
Oreftorium et Computin praeficit: quibus mandat, ut per
Sperchil pontos, in Theffaliam primum adeant atque illinc
in Aetoliam invadant. Fuerunt duo hi, *quos nominavi*, qui
in Callienfes dira, et omnium quae unquam ad aures no-
ftras pervenerint, atrociffima edidere facinora; et quae
omnino aufos unquam homines fuiffe, veri neutiquam fimi o
videri poffit. Quicquid marium fuit, ad internecionem exciderunt: fenes et parvulos ab ipfis matrum uberibus ab-
reptos immaniter trucidarunt. Horum, fi qui erant lactis
alimonia melius curati, fanguinem hauferunt, et ipfis etiam
carnibus in cibum funt abufi. Mulieres, et nubiles puellae,
urbe expugnata, quae fuerunt elatioris animi, fua fibi manu
mortem confciverunt: quae fuperftites fuere, eas Barbari
omni cuiusvis exquifitae contumeliae genere affectas lace-
rarunt, gens fcilicet tam amoris, quam mifericordiae ex-
pert. Et earum fane multae Gallorum enfes nactae, in
eos ultro incubuerunt. Aliae non ita multo poft immaniter Barbaris in eas viciffim irruentibus, inedia et vigilia
mortem oppetiere: quibus neque fpiritum exhalantibus,
neque iam exanimis, quo minus libidinem explerent fuam,
illi parcebant. (3) Aetoli audita ex certis nunciis dome-
ftica clade, quam celerrime potuerunt cum fuis copiis a
Thermopylis in Aetoliam contenderunt: tum ob Callien-
fium exitium vehementi ira incenfi; tum vero maxime confulendum rati earum urbium faluti, ad quas nondum hoftilis furor pervafiffet. Confluxit undique in caftra ex oppidis
omnis militaris aetas; et ei etiam permiffi fenes, tum neceffitate tum priftina virtute impulfi. Foeminae certe ipfae
maiore quam viri in Gallos ira incenfae, ultro arma cepere.
(4) Iam Barbari domibus et facris aedibus direptis ac fpo-
liatis, Calloque, immiffis ignibus exullo, *prarta n--yll*, eadem via ad fuos redibant: quum foli Patrenfes ex omnibus
Achaeis, Aetolis opem ferentes, cum gravi armatura, qua
omnium fcientiffime utebantur, illis occurrere. Sed quum
ob ingentem hoftium numerum, iam debilitatis animis prope affigerentur, Aetoli, neque minus foeminae quam viri,

via utrinque armatorum ordinibus obseſſa, iaculis Gallos figebant; quos petere, thyreis tantum ſuis protectos, non erat difficile: atque inſequentes quidem Gallos quamfacillime effugiebant: eosdem ſimulac inſequi deſiiſſent, miſſilibus urgebant. Effectum certe eſt, ut Callienſes calamitatum ſuarum, quae tantae fuerunt, ut quae ab Homero de Laeſtrygonibus et Cyclopibus dicta ſunt, fabuloſa videri iam non poſſint, vindicem tamen non magnopere deſiderare debuerint. Siquidem ex eo Gallorum numero, qui fuit ( ut unus diximus) hominum quadraginta millia et octiuginti, vix dimidia pars ad Thermopylas in caſtra ſe ſua recepit. (5) Reliquae interea Graecorum res apud ipſas Thermopylas ad hunc modum geſtae ſunt.   Tramites per Oetam montem duo fuere: unus ſupra Trachinem, praeruptus et arduus valde: per Aenianas alter multo, vel cum exercitu iter facientibus, facilior. Hic nempe ille fuit, quo uſus Medus Hydarnes, Graecorum praeſidium, cui Leonidas praeerat, a tergo circumvenit. Nunciatum eſt eadem via duci Brennum ab Heracleotis et Aenianibus, non quod in Graecos animo eſſent infenſo, ſed quo bene ſecum actum iri putarent, ſi e finibus ſuis Barbari diſceſſiſſent, priusquam omnia peſſum darent. Quare veriſſime (ut mihi quidem videtur) Pindarus, quum vehementer ſuis quemque malis affici dixit, calamitatis vero alienae ſenſum haud utiquam gravem percipere. Tunc itaque excitatus Aenianum et Heracleotarum montibus ac promiſſis Brennus, Acichorium in caſtris reliquit, docens tempeſtivum ei fore in hoſtes invadere, ubi a tergo a ſe oppreſſos certior eſſet factus. Ipſe cum delecta e toto exercitu manu hominum quadraginta millium, per tramita monſtratum ſibi diverticulum, ut Graecos a tergo adoriretur, contendit. Forte ita accidit, ut mons totus ea die denſa nebula obduceretur. Quo factum, ut ea caligine ſole obſcurato, Phocenſes, qui eas anguſtiarum fauces cum praeſidio obtinebant, non an e Gallos adeſſe animadvertere potuerint, quam ſe prope circumventos ſenferunt. In ea trepidatione pugnam alii inire, alii ſtrenue hoſtis impetum ſuſtinere: poſtremo loco pulſi, ab anguſtiis illis retrocedere coacti ſunt. Cum feſtinatione itaque et curſu ad ſocios reverſi, antequam ex omni parte Graeci prorſus circumvallarentur, qui foret rerum ſtatus nunciarunt. Athenienſes re cognita, exercitum Graecorum e Thermopylarum caſtris in triremes receptum, periculo eximere maturarunt. Atque Illi ſane omnes in ſuam quisque patriam dilapſi ſunt.

CAP. XXIII.   At Brennus ne tantiſper quidem commoratus, dum Acichorius cum ſua manu e caſtris adveniſſet, recta Delphos contendit. Oppidanos prae metu ad oraculum confugientes, bono animo eſſe, ac nihil formidare iuſſit deus: ſe ſua defenſurum pollicitus. (2) Qui pro aris et foci pugnaturi arma cepere, hi fuerunt Graecorum populi: Phocenſes ex omnibus undecunque civitatibus: ab Am-

philſa gravis armatûrae pedites CCCC. Ab Aetolis pauci
quidam ad primum de Barbarorum progreſſione nuncium,
*accurrerunt*: mille deinde et ducentos duxit Philomelus.
Aetoli earum, quas habuerunt, copiarum robur, in Acichorii
agmen converterunt: neque tamen acie dimicarunt, ſed
iter facientium tergum laceſſebant; quum impedimenta di-
ripientes, tum homines ipſos qni clitellaria iumenta agebant, trucidantes: quam ob cauſam fuit. Barbaris iter illud
tanto tardius. Reliſta vero eſt ab Acichorio pars copiarum
apud Heracleam, quae pecuniam in caſtris repoſitam aſſer-
varet. (3) Adverſus Brennum, qui Delphos convenerant
Graeci in acie ſtetere. Prodigia vero repentina, et omnium
quae unquam audierimus evidentiſſima in Barbares divinitus exiliere. Primum enim terra, quantum ſoli Gallorum
acies occupaverat, ingenti motu ad multas horas contre-
muit: crebra deinde tonitrua et fulmina Gallos non ſolum
*acciter* exterruerunt, ſed ad exaudienda quae dabantur a ducibus ſigna hebetato aurium ſenſu prope attonitos reddiderunt. Neque vero ſinguli tantum homines coeleſtibus ignibus corripiebantur; ſed loco etiam proximi quique, cum
ipſis armis conſingrabant. Viſae praeterea in eos conſur-
gere heroum ſpecies, Hyperochus, Laodocus, et Pyrrhus;
quibus Phylacum civem ſuum Delphi quartum adnumerant.
Conciderunt tamen in praelio e Phocenſibus et alii complures, et Alexmachus, qui in ea pugna, quum animi egregiam quandam alacritatem ad florentis aetatis vigorem et
corporis robur adiunxiſſet, ma¿nas ediderat hoſtium ſtra-
ges. Eius effigiem Phocenſes ad viventis imaginem expreſ-
ſam Delphos ad Apollinem miſere. Atque huiusmodi quidem interdiu Galli terroribus et cladibus perculſi, *ra quae
dixm illam souſſeua* eſ nocte, funeſtioribus perculſi fuerunt
caſibus. Acerrimum ſrigus eos cum nive *plu. tum* vehementer afflixit. Saxa praeterea ingentia, et montis crepidines,
*ſponte* e Parnaſſo avullae, in Barbaros quaſi *uaicum illud eſſet
quod peterent* ſignum propoſitum, corruerunt. Neque vero
aut ſinguli aut bini opprimebantur; ſed triceni, et eo plures. uti forte ſimul, aut ad certi loci praeſidium conſtitiſ-
ſent. aut una quieſcerent, ab ingruentibus rupibus collide-
bantur. (4) Ac prima quidem luce Graeci Delphis erumpentes, ceteri recta in ipſum hoſtilis exercitus frontem impetum fecerunt: Phocenſes vero locorum notitia freti, per
medias nives, ex arduis et praeruptis Parnaſſi anfraſtibus
delcendentes. ac de improviſo Gallos a tergo adorti, miſſilibus illos et ſagittis impune figebant. Inito praelio
omnes,· et praecipue praetoria Brenni cohors, ut erant
eminentibus corporibus, et omnium fortiſſimi, praeſenti
animo reſtiterunt. Ii enim etſi undique iaculis pete-
bantur, neque magis vulneribus quam frigore erant
iam prope confecti; non tamen prius loco ſunt deturbati,
quam Brennum aliquot acceptis vulneribus, iam prope ani-

mam agentem, extra aciem extulerunt. Tum Barbari und-
vers, urgentibus ab omni parte Graecis, fugam malo suo coacti fecerunt: ac eos quidem, qui vel ob vulnera, vel aliquam corporis imbecillitatem sequi non possent. occidere.
Fugientes castra habuerunt, quo loco nox eos primum oppressit. (5) Ea nocte Panicus illis incessit ter or. Quibus
enim nulla subest causa trepidationibus, eas Panos nuncine
Immitti autumant. Coeptum est hoc pavoris genere agmen
exagitari intempesta iam nocte: et pauci sane ab initio eo
mentis errore conturbati, ut audire sibi viderentur sonitum
pulsari equorum pedibus soli, ac iam prope cernere Insul-
tantes hostes. Non ita multo post ad omnes eadem perva-
sit insania. Arreptis igitur armis, et inter se sueto agminis
dissidio, vicissim et occidebant alii alios, et occidebantur;
quum neque par turbias et amentiam illam, patriam linguam
intelligerent; neque vultus inter se, nec scutorum signa
possent agnoscere: sed contrariis ordinibus utrinque per
caeci illius erroris vecordiam. Graeci esse, qui contra pu-
gnarent, viderentur, et Graeca esse arma putarent; quin et
Graecam esse vocem crederent, quam homines mitterent..
Furorque hic divinitus immissus effecit, ut maxima Barbarorum multitudo mutuis vulneribus caderet. Primi hanc
rem animadvertere, qui e Phocensibus in agris relicti fuerant ad pecoris custodiam. Ii igitur, quae Barbaris per
noctem accidissent, Graecis annunciarunt. Excitati eo nuncio Phocenses, alacrius multo in hostes irruerunt. Greges
praeterea accuratiore multo custodia servarunt; ac ne commeatus ex agris sine pugna sumi possent, providerunt.
Quo lactum, ut mox ingenti tum frumenti. tum cibariorum
omnium penuria, universus Gallorum exercitus vehementer
laboraret. (6) Fuere corum, qui in Phocide praeliantes
perierunt, non multo pauciores quam sex hominum millia:
nocturno gelu, et postea Panico terrore confecti amplius
decem millia: non minor numerus fame consumti. (7) Qui
ex Atheniensibus Delphos speculatum missi sunt, et alia,
quae Gallis evenerant, et quibus casibus perculsi fuerant,
renunciarunt. Cum iisdem vero Atheniensibus dum castris
motis per Boeotiam iter faciunt, se Boeoti coniunxerunt:
utrique vero Barbaros infestantes, passim ex insidiis extremos interficiebant. Brenni agmen Acichori copiae superiore tantum nocte assecutae fuerant: siquidem Aetolis In-
cessentibus quum iaculis, tum fortuitorum quovis missilium
genere, lentius iter fecerunt. Quare ad ea castra, quae ad
Heraclean metati fuerant, non magna omnino ipsorum manus effugit. (8) Brenno certe vulnera reliquam fecerant
aliquam vitae spem: metu tamen, vel pudore potius, quod
auctor ipse civibus suis fuisset suscipiendae in Graeciam tam
calamitosae expeditionis. ultro aiunt hausto mero **...** **...**
**...** mortem oppetiisse. Eo mortuo vix, et periculoso
maxime itinere, Aetolis acriter urgentibus, Barbari ad

Paul. T. IV.　　　　　　　　　　H h　·

Sperchion retrocefere. Ibi eos ex infidiis Theffali et Malienfes adorti, ita funt hoftium caede fatiati, ut r‌ *‌ *‌ *‌ ho‌-
*‌*‌*‌*‌*‌ *‌*‌*‌*‌*‌ ne unus quidem falvus domum redierit.
(9) Facta in Graeciam irruptione Galli deleti funt. fummum
Athenis magiftratum gerente Anaxicrate, anno altero Olympiadis centefimae et vicefimae quintae, qua de ftadio vicit Ladas Aegienfis.    Infequenti vero anno, Democle Ar‌*‌*‌ is
eundem honorem gerente. rurfus in Afiam Galli transmifere.
re.   Atque haec ad hiftoriae fidem expofita hactenus fuerint.

CAP. XXIV.   Pro Delphici templi foribus leguntur per-
utilia vitae hominum documenta, ab iis hominibus conferi-
ptâ, quos Graeci fapientes *‌ *‌*‌*‌*‌*‌*‌, *‌ appellarunt.
Fuerunt illi, ex Ionia quidem, Thales Milefius, et Prienenfis Bias: ex Aeolica vero natione, e Lesbo infula, Pittacus
Mitylenaeus: ex iis, qui in Afia funt Dorienfibus, Cleobu-
lus Lindius:  Athenienfis praeterea Solon, et Spartanus
Chilon: feptimum Plato Arilonis filius, pro Periandro Co-
*‌*‌*‌*‌*‌ Cypfeli filio, enumerat Chenenfem Myfonem.   Incolebatur olim in Oeta monte vicus Chenae.   Hi fane Delphos
profecti, celebratas illas hominum fermone fententias A-
pollini dedicarunt:  Cognofce te ipfum:  Nequid nimis.
Haec inquam illi fcripta eo in loco reliquerunt. (2) Videas ibidem et aeream columnae fuperimpofitam Homeri
ftatuam.  In eadem columna leges illud *Apollinis* refponfum,
quod ipfi poetae *de patria fua fcifcitanti* editum memorant:

> Felix atque mifer, (uam fors te ad utrumque creavit.
> De patria quaeris; tibi matria, non patria illa eft.
> Infula Ios matris patria eft, quae colliget offa
> Exangula: fedenim puerorum aenigma caveto.

(3) Monftrant letae in infula Homeri fepulcrum, et feorfum Clymenes; Homeri Clymenen matrem fuiffe dictitantes.  Cyprii vero (nam et hi fibi Homerum vindicant) The-
millo indigenam foeminam Homeri fuiffe matrem dicunt:
Euclum vero de ipfius ortu hifce verfibus fuiffe vatici-
natum:

> Fluctifona In Cypro tunc vatem dia Themifto
> Altiloquum pariet Ditis Salaminos in agris.
> Pofthabita hic Cypro, longe provectus in altum,
> Graingenûm terras luftrabit, carmine faevos
> Heroum cafus, et triftia funera dicens;
> Nec femum metuet, nec inexorabile fatum.

Haec nos de Homero partim audivimus, partim etiam ex
oraculis quibusdam collegimus; nihil omnino, quod de eius
vel patria vel aetate fcribamus, certi ex nobis ipfis habentes
(4) Intra templum dicata fuit Neptuno ara.   Erat enim
iam tum ab initio id oraculum propria Neptuno fedes.   Exftant et Parcarum duarum fimulacra: tertiae locum Iupiter

Moeragetes, et item Moeragetes Apollo (*id est Parcarum dures*) tenent. Oftenditur ibidem focus ille, in quo Achillis filium Neoptolemum Apollinis facerdos occidit, quae de re *supra* alio loco expofuimus. Non procul hinc Pindari fella lita est, e ferro fabricata: in ea Pindarum quoties Delphos veniffet, federe, et cantica omnia, quae fecit in Apollinis honorem, decantare folitum tradunt. In templi receffu intimo, quo paucis *admodum* eft aditus, alterum pofitum eft aureum Apollinis fignum. (5) E templo egreffis, et ad laevam converfis, circumfepta quaedam eft area, in qua Neoptolemi Achillis filii fepulcrum; cui parentant quotannis Delphi. Ab eo monumento quum rurfum afcendere inceperis, lapidem videas modice magnum. Hunc fingulis diebus, et feftis maxime, oleo perfundunt, et fuccida lana velant. De eo lapide, percrebuit opinio, illum ipfum, effe, quem pro puero appofitum ac devoratum, Saturnus per vomitum eiecerit. Ubi lapidem fpectaveris, fi pedem retuleris quafi ad fanum rediturus, fontem videas, cui nomen Caffotis. Murus ei obiectus eft, non utique magnus: per murum ad fontem afcenditur: aquam credunt eius fontis fub terram mergi. In templi penetrali fatidicas foeminas verfibus aiunt refponfa dare: quae fonti nomen dederit, fuiffe de Nymphis unam Parnafii accolis.

CAP. XXV. Supra Caffotidem aedificium quoddam eft: in eo picturae aliquot Polygnoti, quas Cnidii dedicarunt: locum Delphi Lefchen vocant, (*quasi confabulationem, aut flationem dicas*) quod eo convenientes prifcis olim temporibus, feria et ioca inter fe conferebant. Talia fuiffe multa in omni Graecia *conciliabula* Homerus docuit, quo loco Melanthiis in Ulyffem convicium exponit:

Non fomnum ut capias aeratis te aedibus lufers;
Non Lefchen celebras, iftuc tam multa locutus.

(1) Ubi in hoc aedificium introieris, pictam videas in dextero templi parieto, Ilii everfionem, et Graecorum claffem domum folventem. Menelao ibi funt, qui omnia ad reditum adornant. Navis item picta, et inter Nautas permifti viris pueri. In media navi cernitur Phrontis gubernator contus difponens. Neftorem Homerus et alia Telemacho dicentem fecit, et nonnulla de Phrontide, Onetoris fcilicet filium fuiffe, Menelai gubernatorem, artis fuae peritiffimum: quodque is e vita decefferit, quum Sunium Atticae terrae promontorium iam praetervecti effent: et fana Menelaum fecum una illuc usque navigaffe refert-Neftor: eo vero in loco commoratum, dum tumulum Phrontidi exftruendum curat, et alia pro viri dignitate iufta fecit. Spectatur ille quidem in Polygnoti opere. Paulo infra ipfum, Ithaemenes nefcio quis veftimentum portans; et Echoeax per nauticum pontem cum urna aenea defcendens. Tollunt Menelai tabernaculum, quod fuerat non longe a navi collocatum, Pe-

lites, Strophius, et Alphius: et allud tabernaculum refigit
Amphialus. Sub Amphiali pedibus ledet puer: eius nomen nulla indicat infcriptio. Bárbatus unus ex omnibus
Phroneis eſt; et huius unius ex Homeri de Ulyſſe carminibus nomen ſumſit; nam cetera (ut opinor) nomina ipſe ſibi Polygnotus finxit. Stat Briſeis, Diomedes ſupra ipſam,
et apud eos Iphis, Helenae formam admirantibus ſimillimi.
Sedet ipſa Helena, et prope eam urybates. Ulyſſis eſſe
hunc praeconem coniicimus: eſt tamen adhuc imberbis.
Ancillae ibidem ſunt duae; e quibus Panthalis Helenae adſiſtit, Electra herae calceum ſubligat. Diverſa ab his nomina ſunt, quae Homerus in Iliade uſurpat, quo loco Helenam,
et cum ea ancillas ad muros euntes facit. Sedet ſupra Helenam vir purpureo velatus amiculo, moeſtus ut qui maxime: Helenum eſſe, Priami filium, facile intelligas, vel pri-
u,quam infcriptionem legas. Prope Helenum Meges eſt,
brachio faucio; quod iis verſibus mandavit Lefcheus Pyr-
rhaeus, Aeſchyleni filius, quos de Ilii populatione feck: et
vulneratum quidem ab Admeto Argivo in ea pugna, quam
Troiani poſtrema eadis jui noête commiſerunt. Piêtus eſt
proxime ad Megerem Lycomēdes Creontis filius et ipſe
faucius in eo articulo, quo cum lacerto manus iungitur,
καρπόν Graeci vocant: ea enim in parte vulneratum ſcripſit
Lefcheus ab Agenore: quod ut pingeret non fuiſſe Polygnoto in montem venturum facile credi poteſt, ni Lefcheі
poeſin legiſſet. Sed alia etiam duo vulnera accepit Lycomedes, quae penicillo expreſſit Polygnotus: in talo unum,
in capite alterum. Euryalus etiam Meciſtei filius, vulneribus affeêtus eſt duобus, in capite, et manus iunêturа. Sunt
hi omnes in ea piêtura ſupra Helenam collocati. Adiunêti
Helenae ſunt, Aethra Theſei mater, detonſo ad cutem capillo; et Theſei filius Demophon, meditans (quantum oris
figura oſtendit) num qua ratione queat aviam paternam in
libertatem aſſerere. Argivi Theſeo e Synnidis filia Mena-
lippum genitum ferunt, qui de curſu palmam tulerit, quo
tempore ü, qui Epigoni (id eſt Poſteri) ſunt appellati, Nemeorum ludicra, edita primum ab Advaſto, retulerunt. Lefcheus carminibus prodidit ſuis, Ilio capto elapfam e medio
tumultu Aethram in Graecorum caſtra veniſſe: ibi a Theſeі
filiis agnitam eſſe, Demophontemque eam ab Agamemnone
repetiſſe: et illum quidem quum gratificari Demophonti
maxime vellet, non prius tamen ſe id faêturum dixiſſe,
quam Helenae idem placere intellexiſſet. Miſſo igitur caduceatore, facile Helenam exoraſſe. Videtur igitur in ea
piêtura Eurybates ad Helenam Aethrae cauſa, ut quae mandata fuerant perferret, veniſſe. Troianae ibidem mulieres,
captivarum et lugentium habitu agnoſcuntur. Andromache
primum; cui adhaeret parvulus filius ab ubere abſtraêtus.
Hunc e turri deieêtum periiſſe ſcribit Lefcheus: non tamen
Graecorum decreto in eum ſaevitum, ſed privato Neoptole-

ml odio, qui fibi eius necem depopofcerat. Picta praeterea eft Medeficatle: una haec Priami filiarum, non illa
quidem ex legitimo toro genitat nupta fuit Pedaei (urbs ea
eft, ut inquit Homerus) cum Imbrio Mentoris filio. Andromache et Medeficalle velato funt capite: Polyxena virginum more collecto in nodum crine: mactatam illam fuiffe
ad Achillis tumulum, et poëtae decantarunt, et tabulae teftantur, quas tum Athenis, tum Pergami (quae urbs fupra
Caicum eft) mihi ipfi contigit intueri: funt vero in illis expreffi Polyxenae cafus. Pinxit eodem in loco Polygnotus
etiam Neflorem, pileo velatum, haftam tenentem. Equus
prope, fe volutantis fpeciem oftentat. Solum equo, litoris
forma, paffim iacentibus calculis. Reliqua area non qualis
mari proxima effe videtur.

Cap. XXVI. Supra eas foeminas, quae mediae funt inter Aethram et Neflorem, aliae captivae cernuntur, Clymene, Creufa, Ariftomache, et Xenodice. Clymenen Stefichorus iis, quae fecit de Ilii excidio carminibus, inter captivas numerat. Aiftomachen Priami fuiffe filiam Ennus
poëta fcripfit, Critolao nuptam Icetaonis filio. Xenodices
qui mentionem fecerit; neque carminis, neque folutae orationis auctorem ullum comperi, De Creufa memoriae proditum eft, a Deûm matre et Venere Graecis ereptam, et
in libertatem vindicatam: fuiffe vero eam Aeneae uxorem.
Lefcheus tamen, et qui Cypria carmina fcripfit, Aeneae
uxorem Eurydicen nominant. Supra has, in lectulo de-
cumbentes pictae funt Deinome, Metiocho. Pifis, et Cleodice.
Harum unius mentio Deinomes fit in eo opere, quae Parva
infcribitur Ilias: ceteris (uti ego fentio) Polygnotus ipfe
nomina impofuit. Pinxit vero etiam Epeum, Troiae muros
aequantem folo: prominet inter ruinas caput folum equi
Duratei, Adeft et Polypoetes Pirithoi filius, vitta praecin-
cto capite. Adfiftit Acamas Thefei filius, caput criftata galea tegente. Adeft et Ulyffes lorica indutus. Aiax Oilei
cum fcuto ad aram accedit iusiurandum concepturus, priusquam Caffandrae vim afferat. Sedet ipfa Caffandra humi,
Palladium complexa; quod ipfum e fuis fedibus virgo avel-
lit, quum fupplicem ab ara Aiax abftraxit. Picti etiam funt
Atrei filii, et ipfi cum galeis: Menelaus fcutum tenet. In
eo expreffus draco, is nempe, qui Aulide inter facra repens,
pro oftento fuit. Aiaci iusiurandum hi deferunt. Ex adverfo illi equo. prope Neftorem Neoptolemus confpicitur
Elaffum occidens: quisquis Ille Elaffus fuerit, iam prope
expiranti fimilis eft. Aftynoum etiam, cuius Lefcheus meminit. in genu collapfum enfe Neoptolemus ferit. Ac folum quidem ex omnibus Graecis Neoptolemum fecit Polygnotus, nondum definentem Troianos caedere: quod totum eius picturae argumentum Neoptolemi maxime tumulo
convenire voluit. Achillis quidem filium ubique Homerus
Neoptolemum nominat: et Cypria carmina teftantur, a Ly-

comede Pyrrhum, a Phoenice *deinde* nomen ei Neoptolemum impolitum; ex ea fcilicet re, quod Achilles admodum iuvenis ad bellum venerit. Ad haec ara picta ell, et
parvulus puer prae metu aram prentans. (2) Super ara
polita eft lorica aenea, forma plane his temporibus inulita-
ta: fed tali utebantur prifci *ille heroes.* Duae funt fibulis
iunctae aenae laminae: earum altera pectori et ventri, dor-
fo altera muniendo erat apta: et partem quidem anticam
Gyalon, Profegon pollicam vocabant. Satis id firmum effe
*corporis* munimentum videbitur, etiam fine clypeo. Ob
eam rem Homerus Phorcynem Phrygem fine clypeo pugnantem fecit, quod gyalothorace *id eff, kuhtle uscinque lori-*
*ta*) uteretur. Ego eius loricae imaginem in Polygnoti opere conlpexi. Et in Dianae Ephefiae, Caliphon Samius Patroclo foeminas nefcio quas pixit loricae gyala aptantes.
Laodicen pinxit Polygnotus flantem ultra aram. Hanc neminem poëtam inveni, qui inter captivas Troianas recen-
fuerit: neque confentaneum mihi ullo pacto videri poteft,
non fuiffe eam *flatim* a Graecis dimiffam. Sane Homerus
in Iliade ab Antenore hofpitio acceptos Menelaum et Ulyffem memoravit; et cum Helicaone Antenoris filio, Laodicen matrimonii caufa fuiffe. Lefcheus vulneratum in pugna nocturna Helicaonem, ab Ulyffe agnitum tradidit, vi-
vumque e pugnae periculo liberatum. Ut facile credi poffit, neque in Helicaonis uxorem quicquam Agamemnonem
et Menelaum fuiffe hoftili animo commiffuros: etfi Euphorion Chalcidenfis de Laodice mentionem fecit, quae prorfus
ab omni veri abhorrent fimilitudine. Statim poft Laodicen
eft fulcrum lapideum; cui aeneum labrum impofitum elt:
Medufa utraque manu fulcrum id fuflinens, in *imo* folo fedet. Hanc etiam inter Priami filias numeraverit, qui Hi-
meraei poëtae canticum audierit. Prope Medufan eft anus
ad cutem detonfa, fivo ille eunuchus eft: nudum infantèm
genibus fuftinet: manum infans prae metu ob oculos op-
ponere videtur.

CAP. XXVII. Mortui illie. Pelis nomine unus, nudus
et *promus* in dorfum abiectus. Infra eum Eioneus et Admetus lacent, nondum detractis loricis. Eioneum a Neopto-
mo, a Philoctete Admetum interfectos fcribit Lefcheus. Alia
fupra hos iacent cadavera: fub ipfo labro Leocritus Polydamantis filius, ab Ulyffe occifus: fupra Eioneum et Admetum Coroebus Mygdonis filius. Eft nobile Mygdonis monumentum intra Phrygum fines in Teftorenis: et ab eo poëtis
translatitium, Phrygas Mygdonas appellare. Venerat Coroebus ad Caffandrae nuptias, *quae ipfi defponfa fuerat.* Interemptum a Neoptolemo fama vulgavit: Lefcheus a Diomede occifum carminibus prodidit. Sunt fupra Coroebum, Priamus,
Axion, et Agenor. Priamum non fuiffe ad aram Hercei *Iovis*
mactatum fcribit Lefcheus, fed ab ara abftructum, quum pro
regiae foribus obvius effet Neoptolemo factus, ab eo obtrun-

catum. De Hecuba Stesichorus iis carminibus, quae de Ilii
eversione scripta reliquit, fuisse eum ab Apolline in Lyciam
transportatem cecinit: Axionem priami filium fuisse, et ab
Eurypylo Euaemonis filio occisum tradidit Lescheus. Agenoris idem poëta tellatur Neoptolomum interfectorem fuisse. Ita ergo accidit, ut huius Agenoris filius Echeclus ab
Achille, Agenor ipse a Neoptolemo fuerint interfecti. Laomedontis cadaver Sinon Ulyllis focius, et Anchialus efferunt. Est et alius illic inter caesos, cui nomen Erelus. De
Ereto quidem et Laomedonte, quod sciam, nihil quisquam
versibus mandavit. Pro Antenoris aedibus suspensa est
pardi pellis supra vestibulum. Tessera fuit ea Graecis, ne
Antenoris domum violarent. Picta Theano etiam est cum
filiis. Eorum Glaucus, loricae bipartita lamina excutae;
saxo insidet Euryinachus. Huic adsistit Antenor, et continenter Antenoris filia Crino: infantem ea puerum gestat.
Is est omnium, vultus, qui adversis percullis casibus esse
consuevit. Cillam asilli dorso, et alia impedimenta imponunt servi. insidet asello parvulus puer. Sunt in ea picturae parte Simonidis elegi:

Sacra Polygnotax Thasio satus Aglaophonte, ,
Argivum pruxit Pergama capta manu.

CAP. XXVIII. Habet altera picturae pars, quae ad
laevam est, Ulyssem ad inferos descendentem, ut Tiresiae
munes de suo domum reditu et salute consulat. Est vero
talis eius picturae forma. Aqua conspicitur; quem Acherontem esse fluvium facile existimare possis. Pisces in eius
luto palustris arundo; et pisscium formae adeo exili corpore,
ut piscium potius imbustres umbras, quam pisces ducas. Navis est in eodem amne, et ad remos portitor. Secutus est
(ni fallor) Polygnotus Minyadem poesin; in qua, ubi de
Theseo et Pirithoo agitur, hi sunt versus:

Atque hic exangues longaevus portitor umbras
Puppe velut patula, sed non et Pleiade natum.

His adductus Polygnotus, iam grandem natu pinxit Charon-
tem. Qui navi vehuntur, non satis internosci possunt; ita
parum sunt evidenti specie. Inter eos Tellis aetate puber;
et Cleoboea adhuc virgo. Cistam sustinet genibus, eadem
forma, qua Cereri fieri cistas solenne est. De Tellide aliud
nihil compertum habeo. praeterquam quod Archilochus
poeta seipsum inter Tellidis posteros tertium numerat.
Cleoboean vero primam tradunt ex Paro insula Thason Cereris initia transtulisse. In Acherontis ripa expressa est res
exempli non contemnendi. Paulo infra Charontis navem,
iniquus in patrem filius, ab ipso parente suo impune strangu-
latur. (2) Prisci enim illi, parentes prae cunctis rebus
plurimo dignabantur honore: quod facile quum ex aliis ex-
emplis colligas, tum vero ex eorum facto et eventu, qui apud

Catanen *Siciliae urbem*. Pii funt *cognomento* appellati. Quum
enim ex *proxima* Aetna eam urbem flamma corripuiffet, nulla vel auri vel argenti habita ratione, fugientes matrem
hic, patrem ille, *humeris* fuftulerunt. Sederim quum haudquaquam otiofe feftinantes incendium tamen urgeret, neque
illi propterea parentes dimitterent, ita *illum flammarum quafi*
torrentem in duas aiunt partes difceffiffe, ut per medios
ignes cum ipfis parentibus adolefcentes incolumes evafe-
rint. Iis apud Catanaeos hac etiam aetate *crsii et folennes*
honores *pietatis ergo* habentur. Prope eius effigiem, qui
quod patrem infolentius tractaffet, apud inferos poenas luit,
eft in eodem Polygnoti opere homo, qui ob facrilegium
plectitur: apparet mulierem, cui ille puniendus traditur,
quum medicamentorum omnium, tum venenorum, quibus
homines per cruciatus enecantur, effe maxime gnaram.
(3) Egregie fane, et fupra quam dici poffit, in religionis
ftudium homines incumbebant. Praeclara eius rei documenta Athenienfes dedere, quum capto Iovis Olympii apud
Syracufas templo, nihil quicquam ex omnibus donariis amoverunt: Syracufanum etiam facerdotem, qui ea cuftodiret,
reliquerunt. Declaravit et Datis Medus homo, *quam impen-
fe deos vereretur*, neque magis oratione, qua ad Delios ufus
eft, quam re ipfa. Nam quum Apollinis fignum in Phoe-
niffa navi reperiffet, illud *ftatim* Tanagraeis Delium reportandum tradidit. Erat enimvero omnibus olim *gentibus* prae-
cipuae curae deorum cultus: cuius rei non infcius Polygnotus, facrorum expilatorem ad eum modum pinxerat. Supra eos quos iam enumeravimus, eft Eurynomus. Inter
deos inferos Eurynomum numerant, qui Delphis funt *facrorum* interpretes, et circumrodere eum dicunt mortuorum
carnes, ita ut nuda relinquat offa. Sed neque Homeri de
Ulyffe Carmina, neque poëfis ea quae Minyas appellata,
nec *poftremo quae* Nolli (*id eft Reditus*) *infcribitur* (in iis enim
*potiffimum libris* de Orco, deque inferum terroribus multa
expofita funt) ullum norunt inter *maximos* deos Eurynomum.
Illud mihi fuerit reliquum, ut qualis hic fit, et qua adum-
bratus forma, oftendam. Colore eft inter caeruleum et nigrum medio, quales mufcae funt, quae carnibus infident:
dentes oftentat: fedenti, vulturis eft fubftrata pellis. Continenti poft Eurynomum fpatio, proximae funt Arcadicae
puellae, Auge, et Iphimedes. Auge in Myfiae oram eam,
quae Teuthranti proxima eft, venit; *ubi una* prae ceteris
omnibus, quibus cum familiarius fuerit Hercules congreffus
foeminis, patri fimillimum filium peperit. Iphimedeae vero
Mylaltis (Cariae ea civitas eft) magni fuerant honores tributi.

Cap. XXIX. Loco in ea tabula fuperiore iis, quos nominavimus, funt focii Ulyffis, Perimedes et Eurylochus, hoftias afferentes. Nigri eae hoftiae arietes funt. (1) Secundum illos vir quidam fedet: infcriptio indicat Ocnum
effe: texit e iunco reftim: adeft afella, totum id quod illa

Iam texuerit, pertinaciter abrodens. Hunc Ocnum aiunt gnavum et induſtrium hominem fuiſſe, qui uxorem ſumtuoſam et prodigam habuerit; quae quicquid ille opere faciendo per ſummum laborem quaeritaſſet, profundere ſolita eſſet. Eam rem credunt per ambages voluiſſe Polygnotum ſignificare. Suis ſcio Ionum verbum eſſe, quoties hominum viderint ad laborem quidem vehementer propenſum, ſed cui ſuus nulli emolumento labor ſit, Vir ille, inquiunt, Ocni funiculum torquet. Inter praeſentes etiam volucres Ocnum augures numerant: eſt ea in ardearum genere maxima et pulcherrima, et quae tam raro, quam avis alia quaevis, conſpicitur. Iam vero Tityus ita ſe in ea pictura habet, ut non plecti amplius, ſed ipſa poenae diuturnitate iam prope abſumtus et confectus videatur: ſubobſcura enim quaedam umbra eſt, ac vix iam ſub oculorum ſenſum cadens. Reliquas oculis picturae partes perſequentibus, proxime ab eo qui funem torquet, Ariadne in conſpectu eſt. E ſaxo, ſuper quo ſedet, Phaedram ſororem aſpicit, reliquo pendentem corpore, catenam vero utraque manu prenſantem. Nimirum quae de Phaedrae nece prodita memoriae ſunt, videntur honeſtiore argumenti ſpecie ſignificata. Ariadnam certe vel ſortuitn rei eventu, vel conſulto inſidiis factis, Theſeo eripuit Liber Pater, quum eſſet illo claſſe multo ſuperior: neque fuit opinione mea hic Liber alius ab eo, qui primus ad Indos cum exercitu penetravit, quum Euphratem ponte iunxiſſet, quo loco urbi Zeugma nomen fuit: in ea ad hanc usque aetatem ſervatur ſunis, quo ad pontem religandum uſus dicitur, vitigineis et hederaceis contortus ſarmentis. De Libero quidem Patre multa ſunt priſcarum rerum mortuorum-ntis, et a Graecis et ab Aegyptiis mandata. Inferius aliquanto quam Phaedra eſt, recumbit Chloris ſub Thyiae genua. Nihil omnino fallitur, qui eas, dum viverent, eximia quadam ſe mutuo benevolentia proſecutas putat. Fuit Chloris ex Orchomeno, quae eſt in Boeotia. De ipſis vulgatus eſt etiam ſermo, cum Thyia Neptunum fuiſſe congreſſum, Chlorin cum Neleo Neptuni filio nuptam fuiſſe. Adſtat proxime ad Thyian Procris Erechthei filia, et poſt ipſam Clymene; ſed avertit ſe Clymene. In ea poeſi, cui Noſti nomen, ſcriptum eſt, Minyae filiam Clymenen fuiſſe, ac Cephalo Deionis filio nuptam, e qua ille Iphiclum zenuerit. De Procri vero ſunt paſſim pervulgata, fuiſſe illam cum Cephalo multo ante Clymenen, et ab eo ipſo viro ſuo fuiſſe interemptam. Interius poſt Clymenen Megaram Thebanam videas: fuit haec herculis uxor: ſed poſteaquam iis, quos ex ea ille fuſceperat, filiis eſt orbatus, mulierem ſibi ratus non ſatis fauſtis coniunctam auſpiciis, dimiſit. Supra earum, quas recenſuimus, foeminarum caput, eſt Salmonei filia ſaxo inſidens, prope adſtante Eriphyle: ea per tunicam ſummos digitos iuxta collum exſerit. Facile vero coniicias intra tunicae ſinus manibus eam occultare

celebratum illud poëtarum verſibus monile. Subra Eriphylen Elpenorem pioxit, et Ulyſſen pronum demiſſo poplite,
et ſupra ſcrobem gladium ſtringentem. Ad ſcrobem accedit Tireſias vates. Secundum Tireſiam ſaxo inſiſit Anti-
clea Ulyſſis mater. Elpenor pro veſtimento, nautarum more, ſlorea velatur. Infra Ulyſſem in foliis ſedent Theſeus et
Piʊ̈hous: Theſeus Pirithoi enſem, et ſuum ipſius, ambabus
manibus ſtringit. Ad gladios reſpicit Pirithous: indignari
videtur, quod ad faciuus capeſſendum, quod animo agitabant, nulli ſibi ſint illi enſes uſui. Panyelis verſibus teſtatus eſt ſuis, non fuiſſe illos tarquam captivos ad folia reli-
gatos, ſed quaſi agnatum adluefiſſe pro vinculis corpori
ſaxum. Celebrem hominum ſermone eorum amicitiam utraque poëſi nobilitavit Homerus. Ulyſſes enim apud Phaeacas ſic eſt de ipſis locutus:

> Vidi etiam, lovit quos tunc vidiſſe, priores.
> Theſea, Pirithoumque, deûm de ſemine cretos.

Et in Iliade quum alia Neſtor, Agamemnonem et Achillem
ad praedium in gꝛatiam adhortans, tum illa memorat, quae ſunt
his verſibus perſcripta:

> Namque viros nuuquam vidi, talesve videbo,
> Quaiem Pirithoum formem, regemque Dryanta,
> Caenea et Exadium, et ſuperis ſimilem Polyphemum,
> Theſeaque Aegiden dis immortalibus aequum.

Cap. XXX. Pinxit deinceps idem Polygnotus Pandari
filias, de quibus Penelopen Homerus dicentem fecit: dum
virgines etiamnum eſſent, ereptos illis deorum im parentes,
orbas a Venere educatas. Tribuiſſe vero illis et alias deas
ulta munera: Iunonem certe prudentiam et formoſitatem,
corporis proceritatem Dianam, elargitas. Iam vero a Minerva edorlas lanificium, et quicquid mulieribus didiciſſe in
laude ducitur. Poſtremo Venerem in coelum aſcendiſſe,
quo a Iove puellis fauſtas nuptias conficeret; quum interea
Venere abſente ab Harpyiis abreptae, Diris traditae fuerint.
Haec de illis Homerus. Sed Polygnotus floreis eas corollis
exornavit, et talis ludentes fecit. Nomina puellarum fuere
Camiro, et Clytie. Pandarum earum pater conſtat fuiſſe
Mileſium, e Mileto Cretae urbe; Tantaloque quum in furto
per ſummam ſcelus committendo, tum vero in iurciorando
ſubdole concipiendo, ſocium fuiſſe. Poſt Pandari filias, Antilochus cernitur ſaxum altero pede premens, os et caput
utraque manu ſuſtinens. Agamemnon Antilocho proximus ſiniſtra ala ſceptro innititur: manibus virgam tenet.
Proteſilaus Achillem ſedens aſpicit. Stat ſupra Achillem
Patroclus. Imberbes omnes, excepto Agamemnone. (a)
Phocus ſuperior loco pictus eſt, impuberi adhuc aetate,
praeclara admodum indole. Anulum ei de ſiniſtrae manus
digito demit Iaſeus. Id cuiusmodi ſit, iam exponetur. Quum
Phocus Aeaci filius ex Aegina transmiſiſſet in eam regio-

nem, quae nunc Phocis dicitur: ibique, parto fibi eius continentis terrae imperio, domicilium fuum ftatuiffet, cum 'eo Ithus fingularem quandam amicitiam conciliavit; et alia quidem illi pro dignitate dona dedit, et caelatum lapidem anulo aureo inclufum. Sed quum non multo poft Phocus in Aeginam revertiffet, Pelei infidiis vitam amifit. Veteris igitur amicitiae monumentum ex anuli figno in ea tabula Iafeus poftulat agnofcere: ac *facile* quidem Phocus patitur gemmam infpici. Supra hos eft Maera, faxo infidens. De ea fcriptum in iis libris reperias, qui Nofti appellantur, virginem adhuc e vira excellitie: filiam Proeti fuiffe, qui Therfandro genitus eft Sifyphi filio. Proxime abeft Actaeon Arillaci filius, et mater eius, cervae hinnuleum manu tenentey, ac cervinae infidentes pelli: adiacet venaticus canis: ad vitam haec omnia, et Actaeonis interitum pertinent. Iam fi ad inferiores tabulae partes oculos demiferis, Orpheum ftatim poft Patroclum videas, in quodam tumuli vertice fedentem: laeva citharam contingit, altera falicis frondes contrectat: ipfe arboris trunco acclivis eft. Lucus illa Proferpinae *facer*, exiftimari poteft: in eo (uti vifum eft Homero verfibus mandare) nigrae populi et falices exfurgunt. Orpheo Graecus eft ornatus. Nam neque veftimentum, neque capitis integumentum, quicquam Thracium prae fe ferunt. Averfae falicis parti innititur Promedon. Sunt qui nomen hoc in *pictura*, tanquam in poefin Inductum a Polygnoto arbitrentur. Tradiderunt alii Graecum fuiffe hominem, cui praecipuum fuerit ftudium, tum omnes alios vocum numeros, tum maxime Orphei cantus audire. In eadem tabulae parte eft Schedlus, qui Phocenfes ad Troiam duxit: et poft eum Pelias in folio fedens, cana aeque barba, ac capite. Intuetur is Orpheum. Schedius pugiunculum ftringit, gramine coronatus. Affidet Peliae Thamyris iam calamitate oculorum affectus: fracto illum effe et abiecto animo indicat habitus corporis obfoletus, promiffa caefarie et barba. Iacet ante pedes lyra fractis cornibus, disruptis *omnibus* nervis. Paulo fuperius faxo infidet Marfyas; prope Olympus: habitus eft pueri iam pubefcentis; tibiis difcere videtur. Phryges qui Celaenas incolunt, amnem qui per oppidum labitur, *et Marfyas datur*, tibicinem olim illum *nobilem* fuiffe dictitant. Addunt Marfyae inventum fuiffe eum tibiarum cantum, quem Matroum vocant: *credo ab rom tanfans, quod in diuguae motris acris purpuretur*. Eundem vero Marfyam contra Gallos fibi opem, tuliffe, quum irrumpentes in Phrygiam, et amnis *late flagnantibus* aquis, et tibiarum modis exterruiffet.

CAP. XXXI. Quod fi rurfus oculos ad fuperiores tabulae partes fuftuleris, cernes illic continenti ferie Actaeoni proximum Aiacem Salaminium. Mox Falameden et Therfiten tefferis (quod *ludicrum ipfe* Palamedes excogitavit) lufitantes, alter Aiax afpicit. Huic Aiaci idem eft, qui naufra-

gis effe folet color, perfufo etiamnum corpore multa maris
afpergine. Videtur Polygnotus dedita opera Ulyffe inimi-
cos uno in loco conflituiffe. Idcirco vero Aiax Oilei filius
cum Ulyffe inimicitias exercuit, quod poft nefarium Caffandrae ftuprum, fententia fua cenfuerat Ulyffes Aiacem lapidibus obruendum. Nam Palamedem quum pifcatum iffet,
ab Ulyffe et Diomede demerfum in aquis periiffe, ex iis
carminibus cognovi, quae Cypria dicuntur. Aliquanto fuperior loco eft quam Aiax Oenei filius Meleager: is Aiacem intueri videtur. Cum barba ceteri; folus Palamedes
imberbis. (1) De Meleagro fcriptum Homerus reliquit,
Althaeae imprecationibus diris confixum e vita exceffiffe.
At is libri, quae funt ματίας Eoeae appellatio. et Minyas,
in idem utraque pofis confentit, adiutus ab Apolline contra
Aetolos Curetas; in eo bello ab ipfo Apolline occifum Meleagrum. Torrem vero a Parcis Althaeae datum, quo demum igni confumto Meleagrum extingui neceffe foret, at
illum torrem ab Althaea acri ira concitata exuftum: eam
rem primus omnium verfibus mandavit Phrynichus Poly-
phradmonis filius, quum Pleuronem fabulam docuit.

*Verfus in ea fabula funt:*

> Atras neque ille mortis laqueos
> Effugit: vorax peredit virum
> Inextincti flammula ftipitis
> Infidiofae matris heu dolo.

Non tamen pluribus eft eam rem verfibus perfecutus Phrynichus: quod facturus fuiffe videri poffet, fi peculiare ipfius
hoc inventum fuiffet. Satis vero (opinor) habuit, uti rem
inter Graecos pervagatam, locum hunc paucis perftringere.
Infima tabula poft Thracem Thamyrin Hectorem habet fedentem, et utraque manu laevum genu prementem trifti
a tristium facie, et lugubri habitu. Et poft Hectorem faxo infidens
Memnon: adhaeret Sarpedon. Sarpedon capite in utramque
manum incumbit: Memnon alteram manum eius humero imponit. Promiffa eft his omnibus a mento barba. In Memnonis chlamyde aves pictae, quae funt Memnonides appellatae. Eas volucres dicunt Hellefpontii ad Memnonis fepulcrum ftatis diebus quotannis advolantes, everrere foli
aream, quae circa tumulum pura, et arboribus undique atque
herba nuda fit, et eam collecta pinnis ex amne Aefepo
aqua, afpergere. Prope Memnonem nudus eft puer ex Aethiopia, quod nempe Aethiopum rex fuit Memnon Venit
tamen ad bellum Troianum non ex Aethiopia, fed a Sufis
Perfarum urbe, debellatis iis omnibus nationibus, quae mediae funt usque ad Choafpen flumen. Monftrant etiamnum
Phryges, quo itinere exercitum duxerit, dum locorum com-
pendia confectaretur. Interfecti vero eft per manfiones
via. Supra Sarpedonem et Memnonem eft Paris impuber
adhuc: plaufum dat manibus, qualem agreftes homines fo-

lent: facile coniicias ea manuum complofione Penthefileau
accerfi. Afpicit Paridem Penthefilea, et eo fane vultu, ut
appareat contemni illum, et omnino pro nihilo haberi. Virginis in morem ornata eft: arcum gerit Scythicis perfimi-
lem, pardi pelle ab humeris demiffa. Quae fupra eum locum ubi Penthefilea eft, aquam pertufis fictilibus urnulis
portant; earum altera fpecie adolefcentula eft, altera aetate iam adultior. Neutri eft quicquam privatim adfcriptum:
communis teftatur infcriptio, effe de numero earum, quibus
*interdictum fit facris arcanis*, *quod* initiatae non fuerint. Superiores iis loco funt Lycaonis Callifto, Nomia, et Nelei filia
Pero: pro qua Neleus fponfalium nomine Iphicli boves pq-
pofcit. Callifto pro ftragula vefte urfae pellem habet: pedibus imminet Nomiae genibus. Expofitum eft fuperius,
vulgatum Arcadum fermone, Nomiam unam fuiffe de Nymphis Arcadiae indigenis: ac Nymphas quidem annos vivere
pene innumerabiles, non tamen effe mortis immunes, poё-
tarum eft carminibus decantatum. Poft Callifto et eas, quae
cum ipfa funt mulieres, rupes confurgere videtur: in cuius
fummum verticem Sifyphus Aeoli filius faxum nitur fubvol-
vere. In eadem tabulae parte dolium. Infident fano fenex vir, adolefcentulus deinde, et foeminae aliquot. Earum una feni adftat, aequali aetate. *Hauftam* alii aquam
portant. Anus illa, fracta urna, quod reliquum eft aquae,
e tefta in dolium rurfus transfundit. Quantum coniectura
affequi poffum, fignificatos eos putarim, qui *is operto* quae
Eleufine fiunt facra, naucifaciant. Veteres enim Graeci initia Eleufinia religione quanta non alia quaevis facra fanxe-
runt, tantoque *ueteris initiis* auguftiora duxerunt, quanto dii
heroïbus praeftent. Infra dolium eft Tantalus, inter eos
cruciatus, quos verfibus fuis expofuit Homerus: ad quos accedit filicis inpendentis, *et iam infuper*, terror. Ab Archi-
locho id fumfiffe Polygnotum perfpicuum eft: acceperitne
vero Archilochus ipfe de faxo, quod dixit, ab aliis, an ipfe
primus id in poёfin induxerit, non fatis mihi liquet. Ac
tam multa funt numero, tamque decore et eleganter expreffa, quae Thafius pictor tabulis illis mandavit.

CAP. XXXII. Adiunctum eft facro fepto infigni opere
theatrum. Qua difceditur a fepto, fuperiore loco eft Liberi Patris fignum. Cnidii dedicarunt. Eft in fuprema urbis
parte ftadium, eo faxi genere, quo Parnaffus mons abundat,
exftructum: fed illud poftea Pentelico lapide exornavit Herodes Atticus, Atque ea quidem, quae literarum monumentis cum aliqua dignitate mandari poffe videantur; neque plura illic, neque aliter fe habentia, ad aetatem usque
meam vetuftas reliqua fecit. (1) Qua Delphis ad Parnaffi
iuga iter eft, intervallo ftadiùm ferme LX, eft aeneum fignum. * Et facilior iam expedito viatori, mulis etiam et
equis clivus 'ad antrum Corycium. Huic antro nomen inditum a Corycia Nympha paulo fuperiue docui. Omnium re-

ro quae unquam viderim antrorum, quod fpectetur digniffimum hoc mihi vifum eft. (3) Et fane in oris maritimis ac littoribus, in profundis maris recoffibus, quam fit magnus huiusmodi cavernarum numerus, facile quis vel accurate commentando confequatur. Sed maximi funt nominis quaedam tum in Graecia, tum in Barbarorum terris. Nam Phryges amnis Peucellae accolae, oriundi ab Arcadiae Azanum gente, nd ie venientibus antrum monftrant: Steunos nuncupant. Patet oftium orbiculato ambitu: defcenditur molli et amoeno clivo: intus Magnae matris fanum cum fimulacro fuo. Themifbnium urbs fupra Laodicean eft: incolunt Phryges. Quum Gallorum exercitus Ioniam, et finitimas Ioniae oras, cuncta ferens et agens vexaret, Herculem, Apollinem, et Mercurium Themifonenfes narrant ad ferendum auxilium praefto fuiffe: eorum numinum monitu, per fomnium iuffos qui fummae reipublicae praeerant, populáribus fuis imperare, ut in antrum, quod iidem dii oftenderant, et ipfi defcenderent, et in eo uxores et liberos occultarent. In huius rei memoriam figna non fane magna pro fpeluncae faucibus Herculi, Apollini, et Mercurio erecta; et ex figilla Spelartue appellari. Abeffe aiunt ab oppido ftadia XXX. Intra fpeluncam funt perennes aquae fontes. Ad eam neque femita ulla viam indicat, neque folis lumen longe pervadit: et fornicis utique pars maior non valde fe fupra folum attollit. (4) Eft praeterea apod Magnetas Lethaei fluminis accolas vicus, cui nomen Hylae. In eo fpecus Apo'lini facer, ea magnitudine, quae fane nullam afferat ad-nirationem: intra fpecum vero fignum Apollinis valde prifcum. Ex eo corporibus mirificum ad omne opus robur aillari autumant. Quo fit, ut facri Apollini homines defiliant idaei de fummis rupibus, praeruptisque faxis: iidemque praecelfas arbores radicitus evullas brat magno negotio portantos, per angulliffimos tramites et antractus iter faciunt. (5) Verum haec omnia, quae enumeravimus, magnitudine facile fuperat antrum Corycium: qui introierit, fine ulla face longiffime progredi poffit. Ab imo folo ad fuperiorem partem, quae pro tecto eft, fatis multum intereft fpatii: multi atque utime e vivis fontibus fluitant rivi; fed humoris multo plus ex ipfa quafi antri tefludine deftillat. Cernuntur vero paffim in ipfo folo gutrarum veftigia. Parnaffi accolae facrum Coryciarum Nympharum, et Panos maxime, putant. A Corycio antro vel expedito iter arduum ac difficile ad Parnafli iuga. Sunt enim ea fere fupra nubes, et illic Thyiades per furorem facra Libero et Apollini faciunt. (6) Abeft a Delphis Tithorea ftadia plus minus LXXX, iter per Parnaffum facienti: viam vero non prorfus montanam, fed qua vehicula etiam agi poffint, tenenti, aliquot ftadiis longior effe dicitur. Quod ad urhis nomen pertinet, diverfa ab Herodoto, quo loco agit de Perfarum in Graeciam irruptione, dicta fcio ab iis, quae Bacidis ora-

'tulis prodita funt. Bacis enim hunc populum Tithorenfes
vocavit: Herodotus verò, invadente Barbaro milite, horum
locorum incolas in montis verticem effugiffe dicit: urbemque Neonem, at Parnaffi iugum Tithorean nominat. Quare credibile fuerit totam aliquando regionem Titliorean
nuncupatum: temporis vero longiore curriculo ita accidiffe,
ut, quum ex vicis in unam fe urbem contuliffent, eam, quae
Neon antea fuerat, ufus pervic-fit Tithorean vocari. Sumtum hoc nomen incolae dicunt a Tithorea Nympha; de iis
una, quas prifci poetarum fermones, quum ex ceteris arboribus, tum vero e quercubus maxime genitas prodiderunt.
Aetate fane una ante me natum, Tithoreae res advesf.e fortunae impulfu peffum ire coeperunt. Manet adhuc theatri
priftina fuperficies, et vetuftioris fori ambitus. Intra oppidum funt non indigna, quae literis mandentur, Minervae Iu-
eus, fanum, et fignum; et in memoriam Antiopes et Phoci
monumentum. (7) Iam tum, quum res Thebanorum Ilyld
perfequeremur, Antiopen ira Liberi in furorem actam, quaque fuerit culpa eam noxam commerita, cominemoravimus.
Oftendimus eodem loco Phoco Ornytionis filio eam nupfiffe,
et una cum eo fepultam fuiffe: et quae fatis-avfuius, quae ce-
cinerit fatidicus Bacis eodem carmine tum de hoc, quam de Zethi et Amphionis apud Thebanos fepulcro. Et haec in oppido extant, quae merito fuerint hiftoria comprehendenda:
aliud praeterea nihil. Praeter Tithoreae moenia labitur
amnis: aquatum ad elus ripas defcendunt oppiduni: fluvio
nomen Cachales. (8) Tithorea ftadis LXX diftat Aefculapii fanum. Cognomento deus Archagetas (id eff. Orig-num an-
fter) vocatur. Colitur multa cum religione a Tithorenfibus, atque omnino pari a ceteris Phocenfibus. Intra fost. um
areae feptum, qui fupplices ad deum confugetint, et fimul
fuerati deo fervi, domicilia h-bent. In medio templum, et
marmoreum fimulacrum cum barba, duum et ampliys pedum altitudine. Ad fimulacri dexteram lectus collocatus
eft. Deo quibusvis hoftils praeterquam capellis faciunt.
(9) Ab Aefculapii, ftadia ferme XL abeft circumfepta area;
cum penetrali facrario Ifidis: religione fanctiffimum hoc eft
eorum omnium, quotcunque Graeci Aegyptiae deae confe-
crarunt. Neque enim, quantum foli in ambitum patet, habitari Tithoraeenfes fas ducunt: neque ad id penetrale acceffus eft alils, quam quos Ifis ipfa per fomniorum vifa fibi
prae ceteris delectos advocaverit. Quod Ipfum in iis, quae
fupra; Maeandrum funt urbibus, faciunt fubterrnael dii.
Quos enim intra penetralia defcendere facile patiantur, per
nocturnas imagines exfufcitant. Et Ifidi fane Tithoreae binae celebrantur quotannis nundinae; vere fcilicet anni, et
autumno. Tertio vero ante ambas nundinas die, quibus
introire penetralia fas, arcano illi fe quodam ritu luftrant;
et eorum, quae porrecta fuerant, fuperioribus nundinis extorum reliquias, in eundem femper locum deportatas, defo-

diunt. Abeſt locus illo (quantum coniicimus) a penetrali
ſtadia duo. Solennis hic eſt illius diei ritus. Poſtero die
inſtitores tabernas ſibi erigunt ex arundine, et alia ſortuita
quavis materia. Poſtremo tertio die, qui ad eum mercatum
convenere, vendunt mancipia, et quodvis genus pecudes:
veſtem etiam, argentum, et aurum. Pomeridianis iam horis ad ſacra, animum adiiciunt: immolant lautiores, boves
et cervos; tenuiores, anſeres, et meleagrides aves. Impu-
ras hoſtias ſuem et capram ducunt: eas idcirco non caedunt. Summa eſt religio, ubi adoleverint, victimas intra
adytum, ubi extructa iam pyra eſt, demittere. Colligare
vero illas neceſſe habent lineis vel byſſinis vinculis. Eſt hic
ſacri apparatus ab Aegyptiis traditus. Cum pompa vero
quae immolantur, omnia tranſmittuntur: ac iam intra adytum ſacris receptis, qui ſunt foris, tabernis exuſtis propere
abeunt. Hominem aliquando aiunt, non illum quidem, ex
eorum numero, quibus non eſt adyto interdictum, ſed plane
profanum, quum coepta eſſet iam pyra incendi, prae curio-
ſitate et confidentia ingredi auſum; ac ſibi illum viſum videre
lemurum plena omnia: reverſumque Tithoraean, quum
quae viderat uncta enarraſſet, ſtatim animam efflaſſe. (10)
His confimilia de Phoenice quodam homine audivi: Aegyptios Iſidi feſtos dies agitare, qua anni parte lugeri ab ea
Oſirin dicunt: ac per illos ſunc dies incipere Nilum uni-
verſario auctu excreſcere. Quo ſit, ut incolarum turba dicti-
tet, augeri Nilum atque impleri, lateque ea eo arva irrigari,
Iſidis lacrymis. Eo ipſo tempore Romanum hominem, qui
Aegyptum provinciam obtinebat, quendam mercede condu-
ctum iuſſiſſe Iſidis adytum intrare, quod Copti erat; rediſſe
illum; ſed mox, ubi, quae conſpexerat, expoſuit, e vita disceſſiſſe. Homeri igitur illud facile exiſtimari poteſt nihil a
vero abhorrere, Non poſſe cuiquam hominum bene vertere,
cui deos perſpicue cernere contigerit. (11) Abundat oleo
Tithoraea minus omnino quam vel Atticus vel Sicyonius
ager: ſed colore et ſaporis bonitate anteit id, quod ex Hi-
ſpania, quodque item ex Iſtria mittitur. Hoc varia inco-
quunt unguenta: hoc ipſi Caeſari unguis graviſſimum perfer-
tur.

CAP. XXXIII. A Tithoraea via altera Ledontem ducit.
Et haec olim in urbium numero ſuit: ſed hac aetate, rebus
prorſus acciſis. oppidum relinquere Ledontii tuaeli ſunt.
Eorum ad LXX ad Cephiſſum accolunt. Manat nomen vico,
ubi domicilia habent, Ledon. Recepti et hi in Phocenſium
conventum ſunt, ſicuti Panopenſes. Ab eo vico ubi nunc
ad Cephiſſum habitant, qua ad ſuperiora iter eſt, abſunt priſcae orbis ruinae ſtadia XL. Nomen urbem accepiſſe tradunt ab homine indigena. Multas enimvero alias urbes
magnis affecit calamitatibus civium ſuorum ſcelus. Sed
funditus quidem perierunt, Ilium ob Alexandri in Menelaum contumeliam: Mileſii etiam urbis ſuae excidio libidi-

nem et *fordos* amores Hefliael luerunt, dum ille modo in Edonis urbi cum Imperio et potellate praefidet, modo fe Darii confiliarium gerit, nonnunquam vero in Ioniam fe recipit. Sic *prо riuodum* Ledontiis Philomelus facrilegil ful pixculum reipublicae inflixit. (2) Lilaea iter *tvotosas* abeft unius vel hyberni diei a Delphis, per Parnaffum contendentibus. Vise fpatium effe cooiici potuft ftadiûm CLXXX. Hanc civitatem, pofteaquam reftituta eft, alterum e Macedonia infortunium oppreffit. Obfeffi a Demetrio, quum ad pacis conditiones adacti oppidani fuiffent, quin praefidium intra moenia acciperent, recufarе non potuerunt. Neque prius ea calamitate liberati funt, quam de indicenis anus, cui fuit nomen Patron, ad arma omnibus, qui militari effent aetate, concitatis, victos pugna Macedonas, pacto foedere abire coegit. Ei Lilaeenfes ob tanti erga fe meritl ineuioriam ftatuam Delphis pofuerunt. Eft Lilaeae theatrum, forum, lavacra: deorum vero templa duo, Apnllinis unum, Dienae alterum, Signa recto flatu, Attici operis. e lapicidinis Pentelicis. Lilaean de Naidibus unam, Cephiffi filiam fuiffe, et ab ea urbi nomen datum putant. Hic funt amnis ipfius fontes: erumpit e terra non perpetuo quietus, fed plerunque (meridiana maxime hora) cum fonitu, et taurinis mugitibus perfimili voce. Utitur Lilaea cocli temperie anni tribus temporibus, vere aeftatо, et autumno quo fit hyems minus clemens. ellicit Parnaffns. (3) Abeft ftadia ferme XX *ca':eftum* in praecelfa rupe fitum, *uorine* Charadra. Aquae illic *fumme* penuria homines laborant. Quod potent, e fluvio Charadro petendum. Labens is per declivia, tria procul ftadia, in Cephiffum influit. Nomen fumfiffe oppidum a flumine crediderim. Sunt Charadraeis erectae fub divo arae, iis, qui *apud i;fos* heroes appellantur: Gemelloe alii effe exiftimant, patrios alii herous. (4) Ager circa Cephiffum, folum omne Phocidis ubertate fupernt, ferendis arboribus idoneus, frugibus foecundus, et pabulo. Iure itaque tractus hic diligentiffime colitur. Hinc exftitit eorum fententia, qui *ab Homero* Parnpntamios (*id ift, fuminis accolas*) non effe civitatem, fed Cephiffo adiacentem agrum, qui colerent nominatos eo nempe verfu putarunt:

Quique habitant propter Cephifi flumina amoeni.

Sed corum opinio quum ex Herodoti hiftoria, tum vero ex lis, quae de victoriis Pythicis memorant, facile arguitur. Amphictyones enim primi inftituerunt Pythicos ludos, et in iis Aechmaea Parapotamius pugilatu pueros vicit. Herodotus item urbes Phocenfium enumerans, quas Xerxes exuffit, inter eas Parapotamios recenfuit. Non tamen funt li ab Athenlenfibus et Boeotiis reftituti; fed adverfis ac duris rebus debilitati. et ad magnam pecuniæ egeftatem redafti, in alias diffipati funt civitates. Oppidi veftigia

nulla iam relicta; neque omnino quo maxime loco fuerit, me-
morare possunt. (5) A Lilaea ducit Amphiclean via stadium LX. Urbis vocabulum cives ipsi depravarunt. Herodotus veterem famam secutus, Ophitean nominavit.
Amphictyones vero decreto de Phocentium urbibus delen-
dis edito, Ophitean ei nomen posuerunt. Incolae haec de
ea memorant. Potentem quendam si factiosum hominem,
inimicorum metuentem insidias, parvulum filium in cistam
impositum, in eum locum abdidisse, ubi tutum maxime fore
confidebat: contra lupum in puerum iam impetum facturum, praevalidum draconem cistam spiris complexum, puero praesidio fuisse: patrem, quum filium revisret, a draco-
ue puerum appeti suspicatum: misso itaque iaculo, una cum
dracone filium etiam confixisse. Verum ubi de pastoribus
cognovit, a se pueri custodem occisum, communi
draconem et filium rogo cremasset ei adhuc locum
illum busti vestigia retinere: urbem certe de serpentis
nomine Ophitean nuncupatam. Quod species illic
dignum est adytum, in quo arcana Libero Patri sacra sunt:
acceditur certa semita: signum in conspectu nullum. Narrant Amphicleenses, et futura sibi deo auctore praedici, et
contra morbos in promptu esse remedia; quod et in somnis
iam ipsi, quam finitimi de morborum medelis ab eo mone-
antur: et sacrificulus divino afflatu instinctus, de futuris
consulentes certiores faciat. (6) Stadia XV ab Amphiclea
abest Tithronium, situm plano loco oppidum. Nihil in eo
ad memoriam insigne. Hinc ad Drymaean stadia intersunt
XX. Quo loco viae iunguntur quae Drymaean, illinc ab
Amphiclea, hinc a Tithronio deducunt. lucus et arae Apollinis intra Tithronensium fines sunt: delabrum etiam, sine
ullo simulacro. Quod si ad laevam flexeris, ab Amphiclea
stadia ferme LXXX abest Drymaea. Id ei nominis in Herodoti historia; Naubolenses antiquiore nomine appellati.
Origines referunt suas ad Phocum Aeaci filium. Habent
Drymaei pervetus Legiferae Cereris fanum: signum in eo
lapide, stantis habitu. Thesmophoria sacrum anniversa-
rium faciunt.

CAP. XXXIV. Elatea omnium quae in Phocide sunt
urbium, exceptis Delphis, multo est maxima. Amphicleae
ex adverso sita est: intervallo abest ab ea stadium CLXXX.
Via magna ex parte plana, molliter assurgit proxime ad
Elateae moenia. Fluit per campos Cephissus: circa eum frequentes pascuntur aves, Otides appellatae; fere Tardae sui
aves, ut nonnulli eas a Latinis appellari posse crediderunt. (2) Inter eos, quae de Elateensibus ad laudem commemorari possunt,
ea minime obscura, quod Cassandri Macedonum regis exercitum repulerunt; quodque se Taxilo Mithridatis praefecto
non dediderunt, quo merito sunt a Romanis et libertate,
et agri immunitate donati. Controversia est de eorum ori-
ginibus. Ipsi quidem se esse affirmant inquilinos ex Arca-

dia. Elatum enim dicunt, Arcadis filium, quo tempore Phlegyae cum exercitu Delphici Apollinis templum adorti funt, praeflo fuiffe ad arcendam iniurium; ac deinde cum fuis copiis in Phocide permanfiffo; ubi fuerit ab eo primum Elatea munita. Inter Phocenfium urbes, quas Perfae incenderunt, ipfa etiam Elatea numeranda. Ac multae fane fuerunt ei ovitati cum reliquis Phocenfibus communes calamitates: multas etiam propria fua ipfius fortuna, dum a Macedonibus oppugnaretur, importavit. Factum vero eft Olympiodori opera, ut Caffandro et Macedonibus obfidio irrita fuorit. At Philippus Demetrii filius, civitatis principibus largitione corruptis, facile multitudinem iniecto metu in ordinen redegit. Interea Titus Flaminius, cum imperio ad Graeciam liberandam miffus, reidituram fe Elateenfibus priilinam rempublicam per legatos edixit, modo ut a Macedonibus deficerent: fed five univerfi populi vecordia, five magiftratuum fuorum perfuafu, in Philippi fide permanentes, obfideri fe a Romanis paffi funt. Interiecto dein tempore Taxili Mithridatis praefecti, et Barbarorum e Ponto obfidionem fuftinuerunt: quod factum Romani libertate data remunerati funt. Quum vero aetate mea Cofloboci (latronum haec manus fuit) excurfionibus in Graeciam factis Elatean usque penetraffent, Mnefibulus, comparata catuntaciorum cohorte, quum magnam Barbarorum ftragem edidiffet, et ipfe fortiter dimicans cecidit. Idem hic Mnefibulus, et alias de curfu victor palmas tulit, et Olympiade quinta ac tricefima fupra ducentefimam, ftadii, et duplicati cum clypeo curriculi. Erecta eft curfori Mnefibulo aenea ftatua Elateae In ipfa militari via. (1) Forum egregie confpicuum eft: in eo columna cum Elati ftatua. Mihi certe non fatis conftat, utrum honorem habitum voluerint conditori fuo, an vero fepulcro infigne columnam illam impofuerint. Aefculapio templum erexere; in qua lignum dei barbatum. Opus qui fecerunt, iis nomina fuere Timocles et Timarchides; genus illis ex Attica terra. In extrema urbe ad dexteram eft theatrum, et Minervae pervetus ex aere fignum. Deam hanc opem fibi tuliffe niune contra Taxili copias. (4) Diftat ab Elatea ftadia ferme XX, Minervae cognomento Cranaeae. Via ipfa qua ad templum iter eft, paulo acclivior; fed ita, ut, qui progrediuntur, ne afcendere fe quidem fentiant. In extrema via vertex confurgit praeruptus magna ful parte; non tamen late patens, aut valde eminens. In eo vertice templim exaedificatum eft, et porticus, in quibus cellae per intervalla; ubi et alii habitant deae miniftri, et is etiam, qui facris praeeft. Eum ex inpuberum numero deligunt; provident vero religione fumma, ut eo munere fe abdicet, priusquam pubefcere incipiat. Annis fors quinque perpetuis facerdotium terminatur; quo toto fine tempore vivit apud deam; et in folis vero veterum more lavat. Simulacrum fecerunt Polycles filii, eo fane habitu, ut dea in pugnam vadere videatur. Clypei eadem ell forma, qua clypeus Minervae, quae apud Athenienfes Virgo dicitur.

CAP. XXXV. Abas et Hyampolim ducit montana via,
quae ell ab Elateenfium oppido dexter i. Ad eisdem item
urb.s populari via iter ell, eadem nempe, qua Orchomeno
Opuntem contendiaur. Ab ea divertentes modic% admodum itinere Abas perveniant. Qui eam urbem incolunt,
Argis veuiffe in Phocidem, terram fe diclitant: Lynceo et
Hypermneftra Danai filia Aban genitum coloniae ducem:
(2) et antiquitus quidem facras duxerant Apollini Abas.
Oraculum illic Apollinis fuit. Neque vero eadem Perfae
olim, qua poft Romam veneratione funt deum profecuti.
Abacis enim Romani ut fuis legibus uterentur, dei cultu
adduclli, conceflerunt: Xeraia vero aercitus, ipfum etiam,
quod Abis templum fuit, exuffit. Et fane Graeci, qui confra Perfas arma ceperunt, non effo, quae il'i concremaffent
deorum templa reflituenda confuerunt, quo fempiterna exflarent inimicitiarum monumenta: eamque ob rem in Haliartiorum finibus delubra multa, et apud Athenienfes lunonis in Phalerica via, Cereris in ipfo Phalero hac etiam
aetate femiufla oftenduntur. Eandem olim fuiffe faciem
exiflimo templi apud Abaeos, eousque donec Phocico bello
pu na fuperatos Phocenfium te.lijimes quosque viros, qui
Abas confugerant, et ipfos fupplices ignibus circumdatis
Thebani perdiderunt, et una templum iam iterum poft Perficum illud incendium inflammarunt: quo faclum, ut omnium, quae igni corrupta funt, aedificiorum. hoc usque ad
meam aetatem effet maxime ruinofum. Nam quod reliquum
fecerant Perfarum flammae. poftea fere funditus deletum fuit
Igne a Boeotiis immiffo. (3) Coniuncla ell magno illi templo aedes alia, multo inferior magnitudine: quam Apollini
dedicavit Adrianus Imperator. Simulacra tamen vetufliora
funt: et quae ipfi Abaei flatuerunt, ex aere omnia, erecto
flatu, Apollo, Latona, Diana. Ell in eodem oppido theatrum et forum, utrumque prifci operis. (4) In viam, quae
recla Opuntem ducit, reverfos Hyampolis excipiet. Ipfum
urbis nomen, quae fuerint hominum origines, et onde pulfi huc venerint, indicat. Hyantes enim a Cadmo et cius
copiis fuperati, Thebis profugi huc fe receperunt: et a finitimis ium tum ab initio Hyantan polis (id oft Hyanium nbs)
appellata: pervicit deinde temporis diuturnitas, ut Hyampolis diceretur. Incendit eam Xerxes, funditus evertit Philippus. Reliqua tamen adhuc funt, veteris fori forma, et fenatus habendi locus, non magnum utique aedificium: theatrum etiam non procul a portis. Adrianus Imperator porticum erexit, quae de nomine auctoris ell nuncupata. Puteum unicum habent, neque aliam zel ad lavandum, vel ad
bibendum aquam, nifi ex imbribus collectam nonnunquam
per hyemem. Venerantur praecipuo cultu Dianam: ei deaq

fua eſt apud ipſos aedes⸗ Signum quale fit, non habeo dicere. Bis enim tantum quotannis, et faepius nunquam,
eum aedem aperire fas ducunt. Ex omni quidem percu-
dum numero, quas Dianae felegerint victimas, eas neque
ullo morbo tentari, et ceteris pinguiores inter paſcendum
reddi autumant. (5) A Chaeronea in Phocidem non ea
folum via ducit, qua Delphos iter eſt, vel qua Daulidem, Panopeo interſito, et ad viam, quae Sciſſa dicitur: ſed altera
etiam, afpera illa quidem, et fui maiore parte montana,
Stirin, quae Phocenſium urbs eſt, contenditur. Eſt ea longa haud minus ſtadiûm C et XX. Qui eos Incolunt fines, ⸗
Athenienſes olim fe fuiſſo praedicant; et cum Petreo Ornei
filio ab Aegeo Athenis eiecto, fe in ea loca veniſſe; et ex
eo Stirin urbem appellatam, quod magna Petei comitum
pars fuerit e Stirienfium curia, quae in ista cenſetur Pandio-
niae. In valde edito et faxoſo loco funt Stiritarum domus:
ob eamque rem aquarum penuria aeſtivis monſibus laborant.
Puteos enim neqno multos habent, neque ex illis aquam
fatis expetendam hauriunt. Lavacra tantum fuppeditat;
veterinis quidem potum. Nam homines ad potionis uſum
aquatum deſcendunt ad fontem, qui ſtadia ſerme quatuor
infra oppidum e faxo alte exciſo erumpit. Quo fit, ut hau-
ſturis illic deſcendendum ſit. Eſt Stiride Cereris cognomento Stiritidis fanum, e crudo extructam latereulo: Deae
fignum e Pentelico lapide; et faces praefert. Adhaeret ei
alterum fignum valde priſcum vittis redimitum. * quoscunque Cereri honores habent.

Cap. XXXVI. Stiride Ambryſſum interſuut ſtadia circiter LX. Via admodum plana: iacens enim inter montes
campi. Vites tum in toto Ambryſſenſium agro quampluri-
mae. Perpetui inter vites eius fruticis ordines, quem Iones et reliqui Graeci coccum, (id eſt grannm) Galli, qui ſupra
Phrygiam funt (Gallogranci ſcilicet), patria voce hys nominant. Magnitudo eadem fere, quae fpinae albae, folin hi-
griora et molliora quam lentiſcel: nam cetera lentiſco perſimilis. Fructus qualis fere folani, ervi magnitudine. Gignitur in huius plantae fructu puſillum animal: id ſi maturo grano exilier t, volucre iam libero ſertur coelo, culici ſi-
millimum. Verum eas baccas, priusquam inteclum concipi
potuerit, legunt: eſt tamen etiam belliolae cius ſanguis,
inficiendis lanis utilis. (2) Sub ipfo monte Parnaſſo ſita
eſt Ambryſſus: ulterius Delphi ſunt. Nomen oppido ab Am-
bryſſo heroe impoſitum putant. Thebani certe bello contra Philippum Macedonem fuſcepto duplici muro urbem
cinxerunt. Ad eum exſtruendum uſi funt vernaculo lapide:
niger is eſt colore, materia oppidoquam durus. Utriusque
muri ſtructura in ambitum lata eſt paulo minus quam paſſum
unum: altitudo duorum eſt paſſuum, et amplius dimidii, ubi
murus nondum eſt collapfus. Intervallum eſt inter utrumque
murum paſſus unius. Pinnae, et turres ac caetera, quae ad ſpe-

ciem et ornatum addi confueverunt, praetermiffa, quod eas
ununitiones *ex tempore* ad fubitani folum propugnationem fub.
ftruxere. Eft Ambryffenfibus non magnum fane forum; et e·
flatuis marmoreis, quae in eo fuerunt pofitae, multae fraclae
funt. (3) Iam Anticyram flectentibus via eft acclivis primum:
qui ftadia duo afcenderint, eos plana excipit area. Ad
viae dexteram, Dictynnaeae cognomento Dianae templum
exfurgit. Huic Ambryffenfes deae praecipuos habent hono-
.res: lignum Aeginaeae artis eft, e nigro lapide. A templo
Dictynnaeae Anticyram usque acclivis tota via eft. Prifcia
olim temporibus Cypariffum urbi nomen fuiffe dicunt: et
Homerum quidem in recenfendis Phocenfibus, *recentius* nomen memoriae prodere voluiffo: fuiffe enim tunc Anticyram coeptam appellari: nam Antioyreum, *a quo urbi nomen,*
fuiffe Herculi aequalem. Sita urbs eft iuxta Medeonis ruinas. In huius vero ipfius de Phocenfium rebus commentarii initio expofitum eft a me, *Medeonem de iis civitatibus fuiffe,*
*quas* Delphici Apollinis templum fpoliarunt. Anticyrenfes
vero a Philippo Amyntae filio fedibus eiecti fuis fuere. Eadem clade eos poftea afflixit Titus Flaminius Romani exercitus imperator, eo nempe nomine, quod ipfi
quoque fe dicto audientes praebuiffent Philippo Demetrii
filio in Macedonia regnanti. Miffus ex Urbe cum Imperio
fuerat Titus ad ferendam contra Philippum Athenienfibus
opem. (4) Qui Anticyrae imminent montes, valde funt
faxofi. In his frequens elleborum nafcitur: et nigrum quidem in ufum hominum venit; (alvum enim purgat) candi-
dum (quae aft eius altera forma) ftomachi moleftias per vomitum levat. Et haec utique ad purgandum corpus appofita medela, ex ellebori radice evenit. Sunt apud Anticyrenfes aeneae ftatuae in foro. In porta modica Neptuni
aedes, felectis lapidibus exftructa: interiorum parietum de-
albatum eft tectorium. Signum erectum eo geftu, ut altero
pede in delphinum afcendere manu femori admota videatur;
altera tridentem geftat. Gymnafia duo habent: in altero
lavacra aedificata: in eo quod ulterias eft, fuperiore multa
antiqulas, ftatua fpectatur aenea, indicante infcriptione,
effe illum Xenodamum pancratiaften Anticyrenfem, qui viros Olympicis ludis vicerit. Quod fi ea infcriptio vera eft,
iudicari facile poffit. oleaftrum accepiffe Xenodamum Olympiade undecima fupra ducentefimam; atque haec una Olympias ex omnibus in Eleorum literis praeterita eft. Supra
forum fons eft in puteo *prorumit* aquae: folem urcei faftigium
columnis fultum. Paulo fuperiore quam puteus eft loco,
monumentum exftructum e lapide vulgari: in eo fepul tos
tradunt Iphiti filios; quorum alterum e bello Troiano reducem, domi fuae mori contigerit: alter, Schedius nempe,
ad Troiam mortem oppetierit; cuius tamen ipfius offa domum fuerint reportata.

CAP. XXXVII. Ad dexteram duobus circiter ab urbe
ftadiis faxum eminet excelfum, montis pars. Erectum ibi
Dianae templum. Deae fignum, unum de Praxitelis operibus, dextera facem gerit, ab humeris pendente pharetra:
canis ad laevam adfiftit: fuperat fimulacrum illud maximae
cuiusque foeminae proceritatem. (1) Finitima eft Phocidi
urbs Bulis. Nomen ei a Bulone, qui coloniam illam deduxit ex prifcae Doridis urbibus. Contribuerunt fe Bulidii
Philomelo et Phocenfibus in eundem conventum. Bulin a
Thisbe Beeotiae oppido via media eft ftadiûm LXXX. Ab
Anticyra vero per continentem terram num ulla eo pateat
via, compertum certe non habeo. Montes enim funt quam
ardui et afperi interfunt. Ab Anticyra ad portum ftadiûm
C ker. A portu Bulim usque nihilo longiorem quam ftadiûm VII pedeftrem viam effe conicimus. Defcendit ea via
in mare torrens fluvius, quem accolae Herculeum nominant. Sita eft Bulis excelfo loco, praetervehentibus Anticyra ad Lechaeum Corinthiorum promontorium. Inquilinorum dimidia plus parte vitam tolerant, e quibus purpura
elicitur, conchyliorum pifcatu. Ornamenta intra eius urbis moenia neque alia ulla funt, quae tifentibus admirationem efficiant: et duarum aedium, quarum una Dianae, altera Liberi eft, fimulacra e ligno elaborata fuerunt: neque
omnino quis ea fecerit, ulla coniectura confequi poffumus.
Ex mussions dis, quem prae ceteris venerantur Bulidii, Maximum illum nominant: cognomentum id ex communi Graecorum opinione Iovi maxime proprium effe videri poffit.
Iidem Bulidii Saunium fontem habent. (4) Cirrham, quod
eft Delphorum navale, ab ipfo Delphorum oppido via ftadiûm LX perducit. Quum in campos defcenfum fuerit,
circus illic eft, ubi equeftres Pythiorum ludi fiunt. De Taraxippo (id eft, iumenti quod.un equorum terrislnto) quo in Olym-
giat equi confternantur, tunc diximus, quum rex Eleorum ftylo perfequeremur. Sed in hoc circo Apollini
dedicato, gravis aurigis noxa aliquando eft incuffa,
ut eft in rebus omni bus modo infenfior, modo ae-
quior fortuna. Non tamen ea in hoc curriculo equis
incetfit trepidatio, quae merito vel ad herois cuiuspiam
impulfum, vel ad aliam quamvis caufam referri poffe videatur. Campi Cirrhae adiacentes puri undique funt, five
quod veftiri eos dirae exacrationes prohibeant, feu quod
foli natura non eft arboribus educandis opportuna. Urbi
nomen hoc, quod hac aetate in ufu eft, a Cirrha Nympha
exflitiffe arbitrantur. Homerus tamen et in Iliade, et item
in hymno, quem fecit in Apollinem, Criffam prifco nomina
appellat. Longo deinde poft tempore quum incolae et aliis
impietatis generibus Apollinis numen laefiffent, et in fu-
crorum finium poffeffionem temere irruiffent, publico Amphictyonum decreto arma funt in facrilegos mota. Bellum
id Clifthenj Sisyoniorum tyranno mandarunt; Athenisque,

cuius ille confilio uteretur, Solonem evocarunt : ac de victoria confulentibus oraculum Delphici Apollinis, ita refponfum eft :

Non datur ante urbis cellas evertere turres,
Caerula quam lucis inmiferit Amphitrite
Rauca fluenta meis, vifa de gurgite ponti.

(c) Perfuafit igitur Solon, ut Cirrhaeum agrum facrarent
Apollini, quo facro dei agro inaro vicinum heret. Alio etiam idem Solon eft in Cirrhaeos ufus aftu, quod aquam Pli-
fti amnis ex alveo, unde intra urbem influebat, alio avertit.
Sed quum obfidentibus refifterent oppidani, litini aqua in
cifternas ex imbribus collecta levantes, ellebori radices
qu....ntor inias in Pliftum coniiciendas curavit ; atque ubi fatis infectam medicamento aquam intellexit, in priftinum
alveum amnem repofuit. Cirrhaei quum avidius de
uqua illa bibiffent, alvi perpetua profluentia laborantes,
moenium praefidium deferere coacti funt, Amphictyones
urbe potiti, ac Cirrhaeis male multatis, dei iniurias ulti
funt. (6) Et tune fane carpit Cirrha Delphorum navale
effe. Extant adhuc, quae fpectentur digna, Apollinis, Dianae, Latonae, commune fanum : figna in eo praegrandia
Attici operis. In eadem aede Adraftca dedicata eft, inferior
magnitudine fignis aeteris.

CAP. XXXVIII. Ager Locrorum, qui funt Ozolaa vo-
cati, proximo Cirrhae loco eft, Phocenfi adiacens. De huius populi cognomine diverfa funt, ac diffidentia inter fe,
quae audivi : referam pariter omnia. Orcftheo Deucalionis
filio, regnum in hac regione obtinenti, fua canis pro catu-
lo lighum peperit. Id quum Oreftheus defodiffet, vere appetente vitem ex ea materia enatam tradunt. A ramis itaque ex eo caudice editis (qui Oι a Grais appellantur) nomen gentem duxiffe. Narrant alii Neffum, qui portitoria
ad fluenum amnem operam viatoribus navabat, non ftatim
ab Hercule accepto vulnere occubuiffe ; fed intra huius terrae fines effugiffe. Ibi quum animam efflaffet, a tetro infe-
pulti cadaveris odore, noxam aërem contraxiffe. Tertius
quidam diffipatus eft fermo : graviter olentem vaporem e
foetida proximi fluminis aqua exhalari. Sunt qui dicant, illic Ophiadem regiam plurimam (Afpholedon vocant) gigni, e
cuius florum odore nomen hoc exftiterit. Accedit ad nomi-
norum origiaem inveftigandam, quod hos homines fuiffe indigenas accepimus : eos quum veftem texere nondum didiciffent,
velare corpora folitos ad frigus propulfandum ferarum recentibus coriis, pilo extrorfum converfo, quo vellicus plus
docoris haberet. Oportuiffe itaque confimilem tergoribus
odorem membra redolere. (2) Stadium CXX itinere Delphis abeft Amphiffa, Locrorum urbs maxima et nobiliffima :
fed Ozolarum quod nominis fuppudebat, cum Aetolis cenferi fe maluerunt. A rei certa veritate non abhorret,

quod ab Auguflo Caefare Aetolos aiunt (quo ab ipfo condita Nicopolis inqnilinis frequentior fieret) fedibus fuis pulfos Amphiffam commigraffe.  Sed omnino ab ipfis origini-
bus, civitas haec Locrorum fuit: et nomen ei quidem inditum ab Amphitla, quam a Macarea Aeoli filio genitam A-
pollo adamavit.  (3) Multis eft ea operibus exornata; fed
omnium, quae memoriae commendentur digniffima.  Am-
phiffae monumentum, et item Andraemonis: una cum eo
fepultam dicunt Gorgen uxorem, Oenei filiam.  In arce
eft Minervae aedes cum aeneo figuo, quod erecto ftatu eft,
Deportatum a Thoante ab Ilio credi volunt, o Troiana
praeda exemptum.  Mihi certe id minus perfuadent.  Do-
cuimus in alia huius hiftoriae parte, Samios homines, Rhoecum Philaei, et Theodorum Teleclis filium primos omnium
aeris fundendi rationem quam exactiffimam monftraffe: li-
dem fane primi aes conflarunt.  Nullum tamen Theodori
opus, etfi uhil quod fuerit ex aere febricatum, me omnia in-
uefligantem praeteriit, reperire usquam potui.  Nam in Dianae
Ephefiae qua ad cellam itur, quae multis depicta eft rerum
argumentis, fupor ara Dianae, cui Protothroniae cognomen, feptum eft e lapidibus ftructum.  Eminent ex eo et
alia figna, et foeminae cuiusdam effigies in extremo fepto:
Rhoeci ea opus eft; Noctem Ephefii vocant.  Sed quod Am-
phiffae eft Minervae fimulacrum, afpectantibus vetuftiorem
antiquitatem, et multo impolitiorem artem prae fe fert.
Initia quoque celebrant Amphiffenfes, quae Anactum (id
eft, praefidum) puerorum appellant.  Quinam di fint Ana-
ctes pueri, variat hominum opinio.  Alii Caftoras.  Curetas
alii: qui plus intelligendo fe affecutos putant, Cabiros effe
cenfent.  (4) Huius cognominis Locrorum aliae funt urbes, fuperiore quam Amphiffa eft loco. et a mari interius.
Ex iis una eft Myonia.  Abeft ex ab Amphiffa ftadia XXX.
Haec civitas in Olympia clypeum Iovi dedicavit.  Praecelfo
loco oppidum fitum eft.  Lucus eft apud Myonenfes, et ara
Mitium deorum: Mitichios vocant.  His nocturna fiunt facra;
in quibus ante folis exortum carnes vicilmarum abfumere co-
dent ipfo in loco folenne habent.  Neptuno fupra urbem
facra area eft: Pofidonium appellant.  In ea eft Neptuni
aedes; fed aetate mea iam nullum reliquum fuit fimulacrum.
(5) Interius igitur hi quam Amphiffenfes habitant.  Mari
proxima eft Oeanthea; cui finitima Naupactus.  Praeter
Amphiffam, alii omnes Locrorum impuli, fub ditione Patrenfium funt.  Hunc Patrenfibus honorem feorfum a ceteris A-
chaeis Augustus Imperator habuit.  Oeantheae eft Veneris
fanum; et paulum fupra oppidum lucus miftim cupreffo et
pino condenfus.  In ipfo luco Dianae templum et fignum.
Obf. lererunt vetuftate picturae parietum; neque ex illis quicquam reftat afpectabile.  Appellatam urbem five a foemina,
feu a Nympha fufpicor.  Nam quod ad Naupactum attinet,
traditum fcio Dorienfes, qui funt Ariftomachi filiae focuti,

hoc in loco claffem aedificaffe, qua in Poloponnefum transmiferunt: et a navium compactu urbi nomen datum. De Naupactiis ipfis, quemadmodum Meffeniis, qui in Ithomen montem feceffcrant. deleta prope terrae motu Sparta, Naupactum Locris ereptam, in qua habitarent, Athenienfes affignaverint; atque uti poft cladem Athenienfium ad Aegospotamos Meffenios e Naupacto quoque eiecerint Lacedaemonii: haec fatis copiofe a nobis expofita funt in eo libro, quem de rebus Meffeniorum confcripfimus. Coactis itaquo novis inquilinis Naupactum deferere, rurfus Locri in unum convenientes, eam occuparunt. (6) Iam quae a Graecis Naupactia carmina dicuntur, attribuuntur ea vulgo Milefio homini: fed Charon Pychei filius, auctorem corum perhibet Naupactium Caroinum. Nobis certe Lampfaceni hominis probatur fententia. Nam quae tandem ratio afferi poteit, quamobrem verfus, quos in foeminas Milefius homo feciffet, Naupactiorum nomine circumferantur? Eit Naupacti proxime ad mare Neptani aedes. Stat fignum ex aere factum. Eit etiam Dianae delubrum, cum figno e candido lapide, iaculantis habitu. Deae cognomen Aetola. Veneri in fpeluncа fuos habent honores. vota ei nuncupant et aliis de caufiis fed in primis viduae mulieres fibi a dea alteras nuptias expofcunt. (7) Aefculapii fanum iam nihil eit praeter rudora: fed a fundamentis illud olim erexit vir privatus Phalyfius. Ei aliquanto graviter ex oculis et fere usque ad caecitatem laboranti, qui Epidauri colitur deus, Anyten mifit nobilem verfibus faciendis foeminam, cum tabulis obfignatis. Eas per vifum in quiete mulier fibi accipere vifa fuerat; fed vero eventu res eit comprobata. Tenuit enim manibus iam vigilans obfignatas tabulas. Naupactum igitur quum appuliffet, iubet Phalyfium amoto figno literas perlegere. Illo primo putare literas a fe afpici non poffe, qui oculis captus effet: in fpem deinde erectus, falutare fibi fortaffe aliquid ab Aefculapio apportari, tabulis refignatis in oeras afpexit, et fimul fe oculorum calamitate levatum fenfit. Et Anytae quidem, quae et in illis tabulis fcripta fuerat, pecuniam expendit, bis mille nummûm aureorum.

Finis Tomi IV.

# Verlags- und Commiſſions - Artikel

der

Schäferiſchen Buchhandlung

in Leipzig 1797.

---

Familie, die, Medicis in ihren glänzendſt. Epochen. Ein
hiſtor. dramat. Gemählde. Vom Verf. der Familie Eboli.
Th. 1. 2.  M. Kpf.  8.  1795.                                2 Thlr.
Freiesleben's, J. C., bergmänn. miner. Beſchreib. des
größten Theils des Harzes. 2 Thle. M. 3 Kupf.  8.
1795.                                                 2 Thlr. 12 Gr.
Genſ's, das Schickſal, gefchild. durch eine Geſellſch. v.
Schweizern; herausg. u. m. Anm. begleitet v. E. A. W.
Zimmermann.  8.  1795.                                      4 Gr.
Gefchichte, geheime, der Lieblinge der Fürſten. Th. 1.
2.  8.  1795.                                      1 Thlr, 12 Gr.
Gefchichte und Darſtellung der polnifchen Revolution
in ihren näheren und entfernteren Urfachen, entwikkelt
von einem Vetter des Hippol. a Lapide.  8.  1796. (in
Commiſſion)                                              12 Gr.
Glück, das, der Ehe. Ein Familiengemählde. 2 Thle. M.
Kpf.  8.  1795.                                    1 Thlr. 12 Gr.
Guſtav, oder die Widerfprüche des menſchlichen Herzens.
Ein Charakrergemählde.  M. K.  8.  1797.              1 Th.r.
Hindenburg's, C. Fr., Archiv der reinen u. angewand-
ten Mathematik. Erſtes bis fechſtes Heft.  Mit Kupf.
8.  1794—97. (wird fortgefetzt)                         3 Thlr.
Hume's, Dav., Geiſt.  1. Bändch.  Politik.  Von Chr. Aug.
Fiſcher.  8.  1795.                                        16 Gr.
Jackſon, R., über die Fieber in Jamaica.  Aus dem En-
glifchen überfetzt, mit Anmerkungen und Zufätzen
von Kurt Sprengel.  8.  1796.                            20 Gr.
Kramp's, K., Kritik der praktiſchen Arzneikunde.  8.
1795.                                                   2 Thlr.
Kretfchmann's Handbuch für Sachfen u. Ausländer;
enthaltend. ein alphabet. Verzeichnifs der im Churf.
Sachfen und incorpor. Landen befindlichen Befitzungen
u Ortfchaften.  8.  1792.                               20 Gr.
Langbein's, A. F. E., Schwänke. Erſtes u. zweytes Bänd-
chen.  Neue, verb. Aufl.  8.  1795.                1 Thlr. 14 Gr.
Leben u. Abentheuer Wilh. Walters, eines Emigranten.
M.  1 Kpf.  8.  1795.                                      16 Gr.
Liebe, über die; allen Jünglingen und Mädchen gewidmet.  8.  1795.                                          8 Gr.
Marum, Mart. van, Beobachtungen und Verfuche über
die Rettungsmittel Ertrunkener.  Aus d. Holländ.  Mit
einer Vorrede des Hn. D. und Prof. Hebenſtreit.  M. K.
8  1796.                                              12 Gr.
Mesalians, die; aus den Papieren des Freyh. B**. Von
Aug. Luzak.  Zwey Theile.  Mit Kupf.  8.  1795.
1 Thlr. 10 Gr.
Michaelis, C. F., üb. d. Geiſt d. Tonkunſt.  Ein Beytr.
zu Kant's Krit. d. äſthet. Urtheilskr. Nebſt e. Verz. mu-
ſik. äſthet. Schriften.  8.  1791.                         9 Gr.
Paufaniae Graeciae defcriptio. graece et lat. Rec. enend.
explanav. Jo. Fr. Facius. Tom. I—IV.  8.  1794—96.
Druckp. 7 Thlr. Schreibep. 10 Thlr.

Plutarchi Chaeronenfis Moralia, l. e, Opera, exceptis
. vitis, reliqua. Graec. emendavit, notationem emen-
dationum, et latinam Xylandri interpretationem cafli-
gatam adjunxit, animadverfiones explicandis rebus ac
verbis, item indices copiofos adjecit Daniel Wytten-
bach, Hift. Eloqu. Litt. Gr. et Lat. in illuftri Athen.
Amftelod. Profeffor. Ad editionem Oxonienfum emen-
datius expreffa. Tomi I. Pars I. 8. 1796.
Druckp. 1 Thlr. 12 Gr. Schreibep. 2 Thlr. 8 Gr.

Preufsens, über, wahres Intereffe bey der heutigen La-
. ge der Dinge. Von einem Mitgliede des deutfchen
. Reichs. 8. 1796. (in Commiffion)             12 Gr.
Reliquien; von Veit Clausner. B. 1. M, 1 Kupf. 8.
1795.                                         1 Thlr.
Riedel's, Joh. Cll., gründl. Unterr. v. d. Gebr. d. Bouf-
fole in der prakt. Geometrie. Mit 12 Kupf. 8. 1795.
                                              1 Thlr,
Römer's, Joh. Jak., Annalen der Arzneymittellehre,
. B. 1. H. 1 u. 2. 8. 1795. 96.              1 Thlr. 4 Gr.
— — — Archiv für die Botanik. 1s Stück, Mit fchwarz.
u. illum. Kupf. 4. 1796,                     2 Thlr. 12 Gr.
Rüdiger's, Chr. Fr., Darftellung der neuen Methode
des Hrn. du Sejour, Sonnen- und Mondfinfterniffe für
ein. gegeb. Ort analyt. zu berechnen. Nebft Nachrich-
ten v. d, Leipz. Sternwarte. 8. Mit 2 Kupf. 1794.
                                              8 Gr.
Sammlung y. anat. Auffätz. u. Bemerkk. z. Aufklär. der
Fifchkunde. Th. 1. enth. Vicq d'Azyr's anat. Kenn-
zeich. d. Fifche, u. Lorenzini's Befchr. u. Zerglied.
d. Krampfroeh. A. d. Ital. u. Frz. überf. v. Joh. Glo.
Schneider. Mit 7 Kpf. 8. 1795.              16 Gr,
Schmiedlein's, Gfr. Ben., vollft. Lehrbegr. d. Entomo-
logie — z. nähern Kenntn. u. Unterr. entworf. Mit
4 Kupf. B, 1. 8. 1795.                       1 Thlr. 16 Gr.
Schwänke, erotifche, aus Kupido's Briefafche. M. Kpf.
1r Band, 8. 1797.                            1 Thlr. 12 Gr.
Sophie, oder der Einfiedler am Genferfee. Erfter und
zweyter Theil. Von Chr. Aug. Fifcher. 8. Mit Kpf.
1795.                                         1 Thlr. 6 Gr.
Sprengel's. K., Handbuch d. Pathologie. Th. 1, 8. 1795.
2 Thlr. Th. 2. 1796. 1 Thlr. 12 Gr. Th. 3. 1797.   Thlr.
.                                                   Gr.
Staatenverhältniffe, über, und Regierungereformen.
Ein Lufebuch f. Fürften und Unterthanen. Gorman. 8.
1796. (in Commiffion)                        16 Gr.
Tafchenbuch, botanifches, wifsbegierigen Spaziergän-
. gern in den engl. Anlagen um Leipzig gewidmet. 12.
. 1794.                                       10 Gr.
Velleda, Ein Zauberroman. Zweyte vermehrte Auflage.
. M. K. 8. 1797.                             18 Gr.

Wadström, C. B., Verfuch über Kolonien, vorzüglich in
Rückficht auf die weftliche Küfte von Afrika; nebft ei-.
·ner Befchreibung der bis jetzt dort errichteten Kolo-.
.nien, befonders der neuen von SierraLeona u. Fuluma.
Aus dem Englifchen mit vielen Anmerk. die Naturge-
fchichte von Afrika, deffen Bewohner und den Scla-
venhandel betreffend, von E. A. W. Zimmermann. Mit
Kpf. u. Chart. 1r Band. 8. 1796.      1 Thlr.
Wenzel von der Tanneburg. 8. 1795.     12 Gr.
Zimmermann's, E. A. W., ftatift. bidor. Archiv. B. 1.
   8. 1795.                     16 Gr.
Deffelben Ernfte Hinficht auf Deutfchland. 8. 1795. 18 Gr.

www.ingramcontent.com/pod-product-compliance
Lightning Source LLC
Chambersburg PA
CBHW020448270326
41926CB00008B/525